重庆市出版专项资金资助项目

黄希庭心理学文集③

心理学研究方法

黄希庭 著

西南大学出版社
国家一级出版社 全国百佳图书出版单位

图书在版编目(CIP)数据

黄希庭心理学文集：全十卷 / 黄希庭著. -- 重庆：西南大学出版社, 2021.10
ISBN 978-7-5697-0994-0

Ⅰ. ①黄… Ⅱ. ①黄… Ⅲ. ①心理学—文集 Ⅳ. ①B84-53

中国版本图书馆CIP数据核字(2021)第146884号

黄希庭心理学文集(全十卷)第三卷

心理学研究方法

XINLIXUE YANJIU FANGFA

黄希庭　著

出 版 人：张发钧
总 策 划：周　松　郑持军
责任编辑：郑持军
特邀编辑：陈有国
责任校对：赖晓玥
装帧设计：观止堂_未　氓
排　　版：瞿　勤
出版发行：西南大学出版社(原西南师范大学出版社)
地址：重庆市北碚区天生路2号
邮编：400715　市场营销部电话：023-68868624
网址：http: // www.xdcbs.com
印　　刷：重庆新金雅迪艺术印刷有限公司
幅面尺寸：185mm×260mm
印　　张：31.25
插　　页：4
字　　数：650千字
版　　次：2021年10月 第1版
印　　次：2021年10月 第1次印刷
书　　号：ISBN 978-7-5697-0994-0
定　　价(全十卷)：2680.00元

黄希庭（摄于2000年）

西南大学资深教授，1937 年生于浙江台州温岭。曾任中国心理学会第七、八届副理事长兼心理学教学工作委员会主任，国务院学位委员会第五届心理学学科评议组召集人，全国博士后管理委员会第六届专家组成员及教育学组召集人，教育部高等学校心理学教学指导委员会副主任，教育部长江学者评审专家组成员及教育学科组召集人。在中国开创了时间心理学、健全人格养成教育、中国特色社区心理学研究，出版了一系列高等学校心理学的优秀教材和教学参考书。曾荣获“国家级有突出贡献的中青年专家”（1992）、“首届国家级教学名师奖”（2003）、“全国先进工作者”（2005）、“重庆直辖 10 年建设功臣”（2007）、“新中国成立60 周年重庆杰出贡献英模”（2009）、“全国优秀科技工作者”（2010）、“中国心理学会终身成就奖”（2011）、“全国教书育人楷模”（2012）、“当代教育名家”（2017）等荣誉及荣誉称号。

·2003 年，黄希庭教授荣获首届“国家级教学名师奖”。

·2005 年，黄希庭教授荣获“全国先进工作者”称号后在天安门城楼上留影。

·2001 年 7 月 26 日，黄希庭与夫人孙承惠游览北加州 17 哩风景区。

·2002 年，黄希庭与夫人孙承惠在夏威夷度假。

·2005 年 7 月 11 日，黄希庭与夫人孙承惠游览吉林长白山风景区。

· 1982 年 11 月，全家福。

· 1983 年，黄希庭与夫人孙承惠、女儿黄岚。

· 1984 年，父女俩。

· 1984 年，全家福。

· 2004 年，黄希庭教授给研究生讲课。

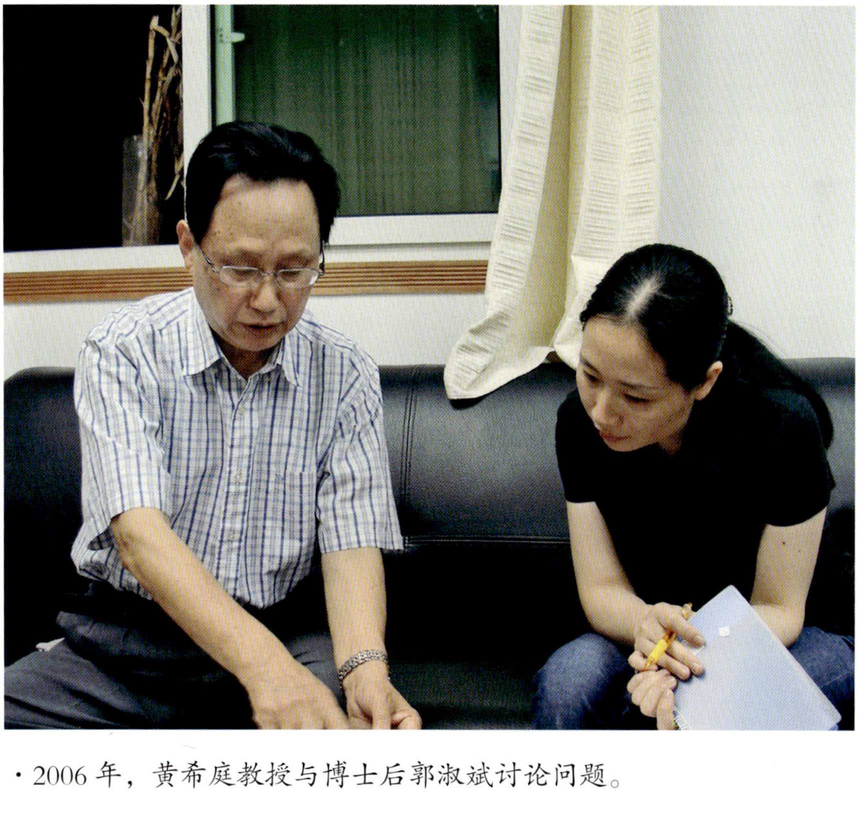

· 2006 年，黄希庭教授与博士后郭淑斌讨论问题。

·1985 年，黄希庭教授参加中国心理学会心理学教学工作委员会首届学术研讨会。

·1995 年，黄希庭教授接待张春兴教授、沈政教授的来访。

总序

我生于浙江台州温岭。我的启蒙小学是村里的鲸山小学，小学毕业后因家境困难失学一年在家干农活。初一我在离家较近的大溪中学读书。从初二开始我一直就读于温岭中学；考大学填升学志愿时，我的班主任李子英老师鼓励我向巴甫洛夫学习，报考北大心理专业。1956年9月开学那天上午，北京大学哲学系心理专业主任孙国华教授在迎新会上以“不卑不亢”为主题，教导我们做人做事都应遵循这一原则，他的教导深深地印刻在我的心里。1964年我被北京大学录取为研究生，师从沈迺璋教授；我的最大收获是学会了无师自通，并养成了终身学习和终身锻炼身体的习惯。在1961年至1964年的三年里，我在西南师范学院担任张增杰先生的助教，耳濡目染其教学的态度和技能，这为我当教师打好了基础。1977年，十年浩劫的“文化大革命”已经结束，但心理学教学并未解禁。我被校方聘为自然辩证法授课教师。

自1978年我开始讲授普通心理学，此后讲授过公共课心理学、现代心理学流派、青年心理学、心理学教学法等本科课程，还讲授过人格心理学、认知心理学、教育心理学、心理学研究方法等专题课，主持完成了40多项国家级和省部级研究课题。下面扼要地谈谈我在心理学四个领域里的教学和研究的点滴心得。

一、我与普通心理学的结缘

1978年，我开始一边撰写讲义，一边为教育系一年级学生讲授普通心理学，后经两次修改的这本讲义以《普通心理学》之名由甘肃人民出版社于1982年出版，当时读者对该书的反映较好。1984年，人民教育出版社资深编辑戚长福先生主动向我约稿。于是我重新撰写了一本《心理学导论》。这本《心理学导论》1991年5月由人民教育出版社出版。它是根据国家教委1985年武汉文科教材会议推荐的高校心理学专业、教育系有关专业的要求而撰写的普通心理学教材；后经修订，于2007年人民教育出版社出版了它的第二版。

我在普通心理学教学中特别注重以下四个环节：一是培养学生的辩证唯物主义的心理观，即用事实来论证心理是脑的机能，是客观现实的主观反映。既反对以化约的方式来解释复杂心理现象的还原论，也反对把心理现象视为与大脑活动毫不相干的副现象论；既反对把复杂的心理和行为视为对客观现实的机械反映的理论，也反对把心理和行为看作与客观现实毫不相干的唯心论；力求从当代心理学的多种取向整合的角度以事实来论证辩证唯物主义的心理观。二是在教学中既注重基础知识的传授，也重视系统分析观的传授；既重视学生记忆能力的培养，也注意他们思维能力的培养；同时注重帮助学生养成勤奋、严谨、创新、求实的品质。三是在教学中尽量引导学生学以致用，把学到的知识应用到自己的生活实际中去，使学生感受到学习心理学确实会促进自己健康成长。四是编译教学参考书以扩大学生的学习视野。我组织翻译出版了戴维·迈尔斯著《心理学(第七版)》(人民邮电出版社2006年版)，《心理学与我们》(人民邮电出版社2008年版)，主编了《简明心理学辞典》(安徽人民出版社2004年版)，等等。

值得提及的是我在讲授普通心理学时十分注重联系实际。例如，在讲解“注意”时我提出以下一些问题，引导学生学以致用。

·课前预习时，勾出教材中的重点难点，为什么记笔记和听课的效率会明显提高？(注意指向重点难点，对教材的理解深刻了)

·为什么有些人能做到认认真真学习，痛痛快快玩耍？(全神贯注，目标管理，学习效率提高了)

·为什么专心学习时觉得时间过得快，无所事事或注意力涣散时觉得时间过得慢？(注意指向的对象不同所导致)

·为什么注重体育锻炼、睡眠充足的人比不进行体育锻炼、经常失眠的人学习效率要高？(学习需要注意资源的付出，前者有足够的注意资源，后者可能缺少足够的注意资源)

·在寝室里读书与在教室和图书馆里读书，效果为什么大不相同？(环境氛围不同，注意力受干扰的程度也不同)

·为什么读书时眼到、嘴到、手到、耳到、心到，效率会显著提高？(多种感官协同活动更有助于注意力集中)

我认为，普通心理学的其他章节也可以提出类似的问题，这样做既能引导学生学以致用又能活跃课堂学习氛围。在普通心理学的教学中，我除了对学生为人为学进行引导之外，还要求学生树立终身学习的理念。在教学之余，我常叮嘱他们要努力学好马克思主义哲学、中国哲学概论、高等数学和英语。

二、我与时间心理学的结缘

算起来，我与时间心理学的结缘迄今已经有65个年头了。记得1957年，程乃颐先生给我们班讲授普通心理学，他讲到人们对时间往往容易产生错觉。当时我觉得很新奇，很想设计一个实验进行研究。到了工作岗位上，我还一直在思考有关时间心理的研究：

·什么是时间？我们能从心理学的角度进行研究吗？

·为什么有的时间过得很快？有的时间过得很慢？

·所有心理活动都有时间参与，时间无始无终，我们该怎样加以研究呢？

·我们没有专门的时间感受器，但我们为什么能觉知到时间呢？

·为什么人们对待时间的态度是如此的不同？……

通过阅读文献，设计研究，我和我的学生们曾做过许多时间心理学的研究，例如：时间的无意识加工(unconscious processing of time)或时间的内隐加工(implicit processing of time)。我们的研究表明，内隐时间表征具有方向性、顺序性、连续性和认知不可渗透性；时间修饰词和汉字字组顺序蕴含着内隐时间信息，在对时间修饰词的概念加工时会自动激活其内隐时间属性表征，内隐时间顺序表征受知觉表征系统的支配也具有自动加工和提取的特点。我们还探讨过时序知觉中意识和无意识的贡献，以及不同动态条件下的内隐时间特征及时间信息自动加工与控制加工的电生理学指标。

时间知觉(time perception)是指个体对时间的“直接”反映。但时间瞬息即逝，时间知觉依赖于同质刺激的自发组织，即在大约3秒的限度内把一些相继事件知觉为相对同时的一个单元，即知觉到的现在(perceived present)，包括对时间持续性和顺序性的知觉。我们研究过刺激的感觉通道性质(包括拓扑性质的变化)、复杂度、强度、呈现时间的长短以及人格因素、刺激的空间特征等对时间知觉的影响，得到了不少有趣的结果；探讨过时序知觉的重复启动效应，时序知觉的中枢计时与分布计时，以及多感觉整合的时间再校准；还用事件相关电位初步探讨了时间知觉的神经加工及其相关脑区的激活状况。

时间估计(time estimation)也称时间判断(time judgment)，是指个体依据主观经验对客观时间的持续性和顺序性的认知，可以用多种方法(例如比较法、产生法、估计法、再现法、等级评定法、ERP方法等)进行时间估计(包括时距或时序估计)实验。所有这些时间估计方法都会产生误差，即使是短时距估计也是如此。我们研究过时距估计中的锚定效应、重复刺激效应、标量效应、注意效应、视听通道效应以及回溯式时距估计的一些特点;发现了不同年龄段儿童时间估计准确性与利用时间标尺有关,儿童越幼小,越倾向利用空间关系来估计时间,Kappa效应越明显。

对长于5秒的刺激序列的时间认知称为时间记忆(time memory)。时间记忆包括对时距、时点和时序这三种时间信息的记忆。时间记忆可以以钟点、日期等确切的线索为参照,但大多数时间记忆实验是以某个事件的时间线索而实现的,没有任何明确的言语编码形式,仅依靠有关事件对时间信息进行编码、保持和提取。个体对时间的记忆与计时工具测量出来的时间通常是不一致的。我们曾探究过回溯式时间记忆、预期式时间记忆以及时间性前瞻记忆的某些特点:用新闻片段和公众性新闻事件为实验材料,考查了回溯式时间记忆表征的特点,发现老年人回溯式时间记忆能力下降可能是与大脑中的海马功能衰退导致信息加工速度减慢和情节记忆加工能力衰减相关。还对预期式的时点、时距和时序信息在长时记忆中的表征特点做过研究,结果发现时间记忆既有层次网络的特征也有线性结构的特征;还探讨过时间性前瞻记忆与事件性前瞻记忆具有不同的认知机制问题。此外,我们还对时间记忆的层次网络模型和变化分割模型做过实验。

我们在整合国内外一系列研究成果的基础上,于1999年的一篇论文中提出了一个理论构想——时间认知的分段综合模型(range-synthetic model of temporal cognition)。时间无始无终而又瞬息即逝,时间与人类的生活形影不离且时间就是生命,我们是怎样来把握时间的呢?一个合理的答案是人类采用分段式来把握时间。最有力的证据是人发明了各种时间标尺(如毫秒、秒、分、小时、日、周、月、年、期、纪等)并用它们来标记时间。个体心理世界的各种成分是普遍联系、相互作用的,虽然时间与人生形影不离但人却没有专门的时间感受器,人类总是凭借经验综合各种因素来认知时间。人类对不同时距具有不同的表征,我们的许多研究都表明,无论对于哪一种时距的认知均受多种因素(例如事件的数量与结构,通道性质和特点,时距、时序和时点的性质,注意资源,编码方式,提取策略,实验指标,以及个体的时间信念、情绪、人格特征、疾病等)的影响;不仅如此,还受心理的其他成分如动机、兴趣、爱好、价值观等影响。人类时间认知的分段综合模型能很好地解释爱因斯坦的时间相对性问题,他说:"把你的手放在很热的炉子上一分钟,感觉起来好像一小时;而坐在一位漂亮姑娘身边整整一个小时,感觉起来却像一分钟。"用心理学家的话来说,这就是给感受打上了不同的时间标尺之故。我和我的团队做了许多实验来论证时间认知的分段综合模型,结果表明人类的时间认知确实具有分段性和综合性的特点。这是我们研究时间认知的一个主要收获。

我们既关注人们时间认知上的共同性,也关注人们时间人格上的差异性。时间给每个人以相同的机会，但每个人对于时间的感受、把握、管理、使用和爱惜却是不同的，人们在时间上的这些稳定的个体差异，我们称之为时间人格上的差异。时间人格(time personality)就是个人对待时间的方式。人们对待时间的方式有许多差异。时间最公平，它给勤奋的人留下智慧和力量，而给懒惰的人留下空虚和懊恼；时间瞬息即逝，有的人总是在检查自己对时间抓得紧不紧，而有的人总是白白消耗时光还埋怨时间过得太慢；平庸者坐失良机，智慧者能抓住良机并且能创造良机。凡此种种实例，到处可见。

从1997年开始我们对时间人格的研究主要集中在下列三个方面：(1)时间管理倾向研究。在深入实际调查的基础上我们编制了由时间价值感、时间监控观及时间效能感三个指标构成的"青少年时间管理倾向量表"，该量表的信效度均符合心理测量学的要求，还探讨过青少年的时间管理倾向与学业成绩、个人能力、自我观念、工作成就的关系。(2)时间洞察力研究。时间洞察力是指个体对于时间的认知、体验和行动的一种人格特质，它既具有能力的性质(由认知加工、时间管理和决策等构成)，也具有动力的性质(由价值观、责任感、义务感、荣誉感、事业心等构成)。人生从过去、经现在、向着未来，时间洞察力还包含过去时间洞察力、现在时间洞察力与未来时间洞察力，其中所含的认知、情感和行动倾向成分也不相同；其中有些属于状态时间洞察力(state time perspective)，有些则属于特质时间洞察力(trait time perspective)，后者才是时间维度上的人格特质。我们从我国的实际出发探讨过时间洞察力的结构成分，编制过两个(过去、未来)时间洞察力量表。(3)不同自我同一性状态下的时间洞察力研究。我们考查了不同自我同一性状态下的被试在其过去、现在和未来的时间体验上的差异；还探讨过时间自我评价的理论意义和实践意义。

我们在时间人格领域还有许多问题需要进一步深入探讨：

(1)时间管理倾向、时间洞察力、时间自我同一性的实质是什么？其核心指标是什么？怎样区分状态时间洞察力与特质时间洞察力？

(2)时间洞察力是先天的还是后天的？

(3)时间自我同一性的稳定性与变异性有怎样的关系？

(4)时间管理就是自我管理，那么我们怎样来塑造自己的时间人格呢？

三、我与人格心理学的结缘

我曾给大学生做过几次人格心理学的专题讲座。张春兴先生邀我参加他主持的"世纪心理学丛书"撰写，我很乐意接受《人格心理学》的撰写工作。接受此任务后用什么框架来建构全书使我很是纠结。当时教科书的结构大多是理论范型取向，由于交书稿时间的限制，我便采用了人格理论范型取向加人格研究专题的方式来撰写《人格心理学》（1998年由台北东华书局出版，2002年由杭州浙江教育出版社出版）。

我的《人格心理学》虽然已经完成，但内心并不满意。怎样撰写一本中国特色的人格心理学著作呢？这成了我久久难以释怀的难题。在学习《论语》的过程中我终于找到了答案：孔子推崇的君子人生便是我要寻找的人格样板。君子人生格调也就是君子人格。孔子所推崇的君子人格都是从知、情、意、行的整体角度提出来的。例如，“子谓子产：‘有君子之道四焉：其行己也恭，其事上也敬，其养民也惠，其使民也义。’”（《公冶长》）子曰：“君子成人之美，不成人之恶；小人反是。”（《颜渊》）子曰：“君子矜而不争，群而不党。”（《卫灵公》）司马牛问君子，子曰：“君子不忧不惧。”曰：“不忧不惧，斯谓之君子已乎？”曰：“内省不疚，夫何忧何惧？”（《颜渊》）《论语》中孔子推崇的君子人格就包含了人生追求、人生态度、人生智慧和人生修养。我做了初步的归纳，今后如果要撰写中国特色的人格心理学著作，我将按这四个部分加以构建。

（一）君子的人生追求

人生追求（life purpose）也称人生目标、人生抱负，是个人内心的动力坐标，指个人以积极的行动来争取某个目标的达成，因而具有方向性和持久性。君子的人生追求是仁、义、忠、恕。

1.仁、义

子曰：“君子道者三……仁者不忧，知者不惑，勇者不惧。”（《宪问》）又说：“君子去仁，恶乎成名？君子无终食之间违仁，造次必于是，颠沛必于是。”（《里仁》）“樊迟问仁。子曰：‘爱人。’”（《颜渊》）爱人有各种表现：爱护、同情、怜悯、体谅、厚道、忍让、慈爱、友善、善良、报恩等。仁是爱人的态度。

子曰：“君子喻于义，小人喻于利。”（《里仁》）子曰：“君子义以为上，君子有勇而无义为乱，小人有勇而无义为盗。”（《阳货》）子曰：“君子之于天下也，无适也，无莫也，义之与比。”（《里仁》）子曰：“君子义以为质，礼以行之，孙以出之，信以成之。君子哉!”（《卫灵公》）孔子认为义的本质是实行仁，是对原则的态度。

2.忠、恕

《论语·颜渊》篇记载：“仲弓问仁。子曰：‘……己所不欲，勿施于人。’”又说：“己欲立而立人，己欲达而达人。”（《雍也》）推己及人的肯定方面是“尽己为人”，孔子称之为“忠”；而推己及人的否定方面是“己所不欲，勿施于人”，孔子称之为“恕”。“子曰：‘参乎！吾道一以贯之。’曾子曰：‘唯。’子出。门人问曰：‘何谓也？’曾子曰：‘夫子之道，忠恕而已矣。’”（《里仁》）忠恕之道就是行仁道。

“忠”的对象有多种，除了忠于君，如“君使臣以礼，臣事君以忠”（《八佾》），还有忠于人，如“居处恭，执事敬，与人忠”（《子路》）；忠于长上，如“孝慈则忠”（《为政》）；忠于朋友，如“子贡问友，子曰：‘忠告而善道之……’”（《颜渊》）；忠于职守，如“子张问曰：‘令尹子文三仕为令尹，无喜色；三已之，无愠色，旧令尹之政，必以告新令尹。何如？’子曰：‘忠矣！’”（《公冶长》）。

（二）君子的人生态度

人生态度（life attitude）是指对人生所持的举止心情，它是一种具有持久性和一致性的倾向，这种倾向是与对人生目的的理解相联系的。通常人生态度包含认知、情感和行为倾向三种成分。君子的人生态度如下：

1.知命而行

子曰：“不知命，无以为君子也。”（《尧曰》）孔子说的“命”就是内心的使命感。子曰：“君子有三畏，畏天命，畏大人，畏圣人之言。小人不知天命而不畏也，狎大人，侮圣人之言。”（《季氏》）孔子的人生态度坚定不移，具有“知其不可而为之”的献身精神。

2.践行仁道

子曰：“唯仁者能好人，能恶人。”（《里仁》）又曰：“我未见好仁者，恶不仁者，好仁者无以尚之，恶不仁者，其为仁矣。”（《里仁》）

子贡问：“乡人皆好之，何如？”子曰：“未可也。”“乡人皆恶之，何如？”子曰：“未可也，不如乡人之善者好之，其不善者恶之。”（《子路》）

君子好善恶恶而践行仁道。

3.言行一致

子曰：“君子耻其言而过其行。”（《宪问》）又曰：“……故君子名之必可言也，言之必可行也。君子于其言，无所苟而已矣！”（《子路》）

4.心怀宽广

子曰：“君子坦荡荡，小人长戚戚。”（《述而》）子曰：“富与贵，是人之所欲也；不以其道得之，不处也。贫与贱，是人之所恶也；不以其道得之，不去也。君子去仁，恶乎成名？君子无终食之间违仁，造次必于是，颠沛必于是。”（《里仁》）讲求安贫乐道，心安神泰。

（三）君子的人生智慧

人生智慧（life wisdom）是对人生的独特的理性思考，也是对人生的持久的创造性的智力活动。君子的人生智慧有哪些特点呢？

1.行中庸

子曰：“中庸之为德也，其至矣乎！民鲜久矣。”（《雍也》）在《中庸》中，仲尼曰：“君子中庸，小人反中庸。君子之中庸也，君子而时中；小人之中庸也，小人而无忌惮也。”

2.尊理性

“樊迟问知(智)。子曰:‘务民之义,敬鬼神而远之,可谓知(智)矣。’”(《雍也》)。《论语》中谈仁很多,谈智较少。但“知”与“智”的含义有相似之处。子曰:“知者不惑”(《宪问》),“择不处仁,焉得知”(《里仁》)。这里的知都有明智、智慧、理性的意思。《中庸》列出的三达德,智甚至排在首位,居仁之首,说明孔学是十分重视智慧、理性的,但孔学的智慧既不是技术思维,也不是聪明计算,更谈不上是探求科学的手段,而是一种修德从善的理性思考。

(四)君子的人生修养

人生修养(moral upbringing of life)指养成正确对待自己人生的行为方式,人生修养即修身。在《论语》中孔子关于君子修身的论述很多,下面择其要者而述之。

1.好学

子曰:“君子食无求饱,居无求安,敏于事而慎于言,就有道而正焉,可谓好学也已。”(《学而》)子曰:“有颜回者好学,不迁怒,不贰过。不幸短命死矣,今也则亡,未闻好学者也。”(《雍也》)

子曰:“由也!女闻六言六蔽矣乎?”对曰:“未也。”“居!吾语女。好仁不好学,其弊也愚;好知不好学,其蔽也荡;好信不好学,其蔽也贼;好直不好学,其蔽也绞;好勇不好学,其蔽也乱;好刚不好学,其蔽也狂。”(《阳货》)好学是君子必须具备的人格特征,在仁、知、信、直、勇、刚的形成中起着重要作用。同时,孔子还指出好学才能增长才干。子曰:“小子何莫学夫诗?诗,可以兴,可以观,可以群,可以怨。迩之事父,远之事君;多识于鸟兽草木之名。”(《阳货》)孔子还强调:“君子病无能焉,不病人之不己知也。”(《卫灵公》)

2.自省

子曰:“见贤思齐焉,见不贤而内自省也。”(《里仁》)

子曰:“君子有九思:视思明,听思聪,色思温,貌思恭,言思忠,事思敬,疑思问,忿思难,见得思义。”(《季氏》)又说:“君子有三戒:少之时,血气未定,戒之在色;及其壮也,血气方刚,戒之在斗;及其老也,血气既衰,戒之在得。”(《季氏》)曾子曰:“吾日三省吾身——为人谋而不忠乎?与朋友交而不信乎?传不习乎?”(《学而》)因此,“躬自厚而薄责于人”(《卫灵公》)便成了修身之方。

3.谨言敏行

子曰:“巧言令色,鲜矣仁。”(《学而》)“巧言、令色、足恭,左丘明耻之,丘亦耻之。”(《公冶长》)子曰:“君子耻其言而过其行。”(《宪问》)子曰:“先行其言,而后从之。”(《为政》)又曰:“古者言之不出,耻躬之不逮也。”(《里仁》)君子“敏于事而慎于言”(《学而》),“君子欲讷于言而敏于行”(《里仁》)。“子曰:‘能行五者于天下为仁矣。’……‘恭、宽、信、敏、惠。恭则不侮,宽则得众,信则人任焉,敏则有功,惠则足以使人。’”(《阳货》)

孔子虽然没有在《论语》中提出“修身”的概念,但却提过与之相类似的,如“克己”“修己”“正身”“求诸己”“自省”“自讼”等概念,十分重视人生修养。

2000年底,我在大学生中做过一个开放式问卷调查:“你认为什么样的行为是心理健康者的特征性行为? 依据你的看法,请写出5至10条。”收回问卷49份,提出的特征性行为共计393条,经内容分析可以看出当代大学生对心理健康的追求大多已超出了心理是否有疾病的标准。他们所追求的心理健康标准更高,可以将大学生的心理健康期盼概括为:

对世界抱开放态度,乐于学习和工作,不断吸取新经验;

以正面的眼光看待他人,有良好的人际关系和团队精神;

以正面的态度看待自己,能自知、自尊、自我悦纳;

以正面的态度看待现在和未来,追求现实且高尚的生活目标;

以正面的态度对待挫折,能调控情绪,心境良好。

综合孔子推崇的君子人格以及西方心理学家关于健康人格的理论和当代大学生对最佳的心理健康者的期盼,我提出了健全人格理论(perfect personality theory)。我认为,当代大多数大学生所追求的理想人格或优秀人格就是源自孔子推崇的君子人格。心理健康是一个连续体,连续体的一端是最差的心理健康状态,即心理疾病或心理障碍,而它的另一端是最佳的心理和行为状态,即健全人格。健全人格是个人最佳的心理和行为的有机结合,是当代大学生所期盼的人格,也是当代的君子人格。

健全人格是一个动态系统,它是由许多心理成分组成的复杂组织,其中最主要的是三个具有独立功能的成分。这三个成分可以用三个同心圆来表示,其中最核心的是正确的价值观。价值观是每个人区分好坏、美丑、对错的信念系统,它通常是充满情感的,不仅引导人们追求自己的理想,而且还决定着人生中的种种选择。健全人格的第二层次是积极的自我观,即个人积极主动地面对自己的人生,包含自爱、自立、自信、自省和自强等。健全人格的第三层次是追求未来梦想的优良品格,属于相对表层的要素,如好学、有责任心、肯实干、宽恕、同理心、互助合作、心境平和以及勇气、节俭等品格。上述这三类心理成分也就是健全人格的三个子系统,它们又是相互关联、相互影响的。我们还对健全人格系统的稳定性和可变性做过一些研究。

四、我与应用心理学的结缘

虽然我主要从事基础心理学的教学和研究,但对心理学的应用也一直十分重视。

因为我认为一门学科是否有生命力，它的影响力大小，在很大程度上取决于该学科对社会的贡献。中国心理学研究，不仅应当对学科的理论建设有更大的贡献，还应该更多地参与解决社会中的各种实际问题。无论是基础理论抑或是社会实用问题，我们都应努力进行探究。

2005年，由我担任首席专家的教育部哲学社会科学重大研究课题攻关项目“中国心理健康服务体系现状及对策研究”获得批准(批准号：05JZD00031)。我们用了五年时间完成该项目，在全国取样五万余份，其最终成果《中国心理健康服务体系建构》约50万字，内容包括第一编心理健康服务的理论基础(含三章)，第二编需求方分析(含四章)，第三编服务方分析(含三章)，第四编心理健康服务的影响因素(含三章)，第五编心理健康服务的效果与对策(含四章)，总计五编十七章构成。

20世纪初期，西方心理健康服务的理论和方法传入中国，但在我国古代典籍中早已有心理健康服务的理论和方法。例如在理论方面，孔子(前551—前479年)的仁学，倡导忠以克己，恕以待人，“知其不可而为之”的处世态度；《老子》是战国时期道家的一部经典著作，除了有其论述的修身养性之道外，还包含有丰富的辩证法思想，如以柔克刚、以弱胜强、祸福相倚、物极必反、要从反面入手才能取得正面结果等等。浩如烟海的我国儒释道经典著作无疑可以成为中国特色心理健康服务的理论根基。

关于维护心理健康的方法，我最近学习了早在春秋战国时期成书的《黄帝内经》，感慨很多。《黄帝内经》不仅是中医学的理论基础，而且在心理治疗方面也有许多独到的见解，很值得我们研究。

例如，《黄帝内经·素问》中阴阳应象大论篇和五运行大论篇都指出：“怒伤肝，悲胜怒”，“喜伤心，怒胜喜”，“思伤脾，怒胜思”，“忧伤肺，喜胜忧”，“恐伤肾，思胜恐”，这说明“情志相胜”的基本原理，即有意识地采用一种情志活动，去控制、调节因另外一种情志而引起的疾病，从而达到治疗心身疾病的目的。脏象五行学说把人的情志分为怒、喜、思、悲、恐五类，并用五行学说来表示它们的联系，但我们也不能机械地照搬五行相克之说，因为某种疾病可能是由某种情志之偏而导致的，也可能是多种原因造成的。例如情绪表达要适度，不可过度，“悲哀动中者，竭绝而失生。喜乐者，神惮散而不藏。愁忧者，气闭塞而不行。盛怒者，迷惑而不治。恐惧者，神荡惮而不收”(《灵枢·本神》)。对于过度的情绪，医家则设法加以制止。例如，一般而言，喜对身体有益，但喜乐过度，就会导致喜极气散不能收藏。《素问·举痛论》提出“恐则精却”“恐则气下”，以治疗喜乐过度而导致的精神疾患。

又例如，《素问·移情变气论篇》说：“闭户塞牖，系之病者，数问其情，以从其意。得神者昌，失神者亡。”即是说，关好门窗，向病人详细询问病情，使他愿意如实地说出病情。经过问诊并参考色脉之后，便可作出判断：如果病人面色光华，脉息和平，这叫“得神”，预后良好；如果病人面色无华，脉不应时，这叫“失神”，预后不佳。也就是说，在进行言语开导时，医生必须取得患者的信任，在安静无干扰的环境下以严肃、亲切的态度对待患者。这既有利于让患者诉说病痛，具有心理疏导之功效，同时也能使患者提升战胜疾病的信心。《灵枢·师传》中还说：“岐伯曰：人之情，莫不恶死而乐生。告之以其败，语之以其善，导之以其所便，开之以其所苦。虽有无道之人，恶有不听者乎？”岐伯说，人之常情，没有不怕死的，人们都喜爱活着。告诉他哪些对人有害处，哪些对人有好处，用适宜的方法指导他，解开他心中的苦痛。即使是不懂道理的人，难道会不听劝告吗？这正是心理疏导的精髓。医生通过阐述、解释、鼓励、安慰、保证、暗示等方法晓之以理、动之以情、喻之以例，这种开导式心理治疗对患者是很有帮助的。

从2013年起，我和陈红教授开始筹划和推进社区心理学专业委员会的建立。2014年10月10日，中国心理学会常务理事会批准筹建社区心理学专业委员会。2015年9月，中国心理学会社区心理学专业委员会（筹）首届学术会议在苏州大学召开。同年10月，在中国心理学会十一届八次常务理事会上，与会的常委们以全票通过社区心理学专业委员会（筹）的转正申请。社区心理学专业委员会挂靠西南大学心理学部，第一届主任是陈红，副主任包括马建青、王振宏、赵俊峰、刘电芝、夏凌翔（兼任秘书长，2016年底改由吕厚超担任），标志着我国制度化的社区心理学正式建立。至今，中国心理学会社区心理学专业委员会已成功举办六届学术年会。社区心理学正在我国蓬勃兴起，重庆、江苏、北京、上海、天津、湖南等地先后建立了研究机构，并开展了大量关于社区心理学的研究和实践工作。2017年11月2日，中国社区心理学服务与研究中心（China Community Psychology Service and Research Center）在西南大学举行揭牌仪式，首个中国社区心理学服务与研究中心正式成立。

为了扩大学术影响力，促进社区心理学的研究和交流，2014年12月社区心理学专业委员会（筹）决定主办《社区心理学研究》集刊，并成立了以我为主编，陈红、韩世辉（后由苏彦捷担任）、马建青、毕重增（常务）为副主编的首届编委会，至今已出版了10卷；2021年4月被南京大学中国社会科学评价中心认定该刊为CSSCI（2021—2022）收录集刊。在中国心理学会社区心理学专委会成立初期，以我为顾问，陈红教授为主任，联合二十余位心理学家翻译出版了《社区心理学译丛》（共10本）。由我任主编，毕重增、苏彦捷、陈红任副主编的《社区心理学导论》教材即将在人民教育出版社付梓出版，全书涵盖了中国特色社区心理学的观点和方法、社区氛围与社区价值观、社区亚群体心理、社区应用心理以及社区心理学的未来方向等部分。我们决心把心理学的成果写在社区千家万户的心坎里，努力构建中国特色社区心理学的话语体系。

实事求是是中国特色社区心理学生存和发展的命脉。我们要到社区中去研究，把仁爱、正义、文明、和谐、诚信作为中国特色社区心理学的理论基础。这五项价值原则不仅符合新时代的社区建设的要求，而且它源自中华传统文化的核心价值观（仁、义、礼、智、信），已经根植在中国人的内心，潜移默化地影响着我们的思维模式、情感倾向和行事风格，有助于中华优秀文化传统在我国社区的传承和弘扬。社区五价值理论（five-values theory of community psychology）弘扬了人性的真善美，鞭挞了假恶丑，为居民健全人格的养成及和谐幸福社区的建设提供理论支撑。心怀着服务国家富强、民族复兴、人民幸福安康的愿望，我相信中国特色社区心理学必定有大的发展，在理论建设和践行服务等方面取得辉煌的成绩。

心理学是一门探寻心迹、理解人生、点燃心灵真善美的学问。我热爱心理学，心理学成了我生命的一部分；它给了我欢乐和满足，也使我迷茫和焦虑。我从事心理学教学和研究61年的心得体会对于后来者少走些弯路可能是有益的。

是为序。

黄希庭 谨识

2021年5月于西南大学心理学部

序言

心理学是一门探寻心迹、理解人生、点燃心灵真善美的学问。探寻心迹就是探究人们的感知、注意、记忆、推理、决策、情绪、意志的心路历程,包括这些心理活动的性质、结构、机制、功能和规律。例如我们经常说的时间知觉,在心理学中,就要探究时间知觉的性质、时间知觉的结构、时间知觉的心理或生理机制、时间知觉对人类生产与生活的功能,以及时间知觉的发生和发展的规律等等。理解人生就是了解和解答人生追求、人生态度、人生智慧、人生修养等的性质、结构、机制、功能和规律。我们探寻心迹,理解人生的目的是点燃心灵的真善美,这属于心理学的应用研究领域。无论是探寻心迹、理解人生,或是点燃心灵的真善美,都会遇到各种心理学的疑难问题,需要我们用有效的方法和手段来加以破解。

孔子曰:“工欲善其事,必先利其器。”(《论语·卫灵公》)这里的“器”就是工具,也就是方法。破解心理学疑难问题,方法十分重要。采用有效的方法,就会“事半功倍”;而采用不当的方法,就会导致“事倍功半”甚至完全失败。俄国生理学家巴甫洛夫(Иван Петрович Павлов,1849—1936)曾以自己的切身体会告诫人们“方法掌握着研究的命运”。他说:“方法是最主要和最基本的”,“有了良好的方法,即便是没有多大才干的人也能作出许多成就。如果方法不好,即使是有天才的人也将一事无成”(1959)。

这本《心理学研究方法》一书收录了我和我的学术团队在教学和科研中破解心理学疑难问题时对方法的应用和探究。全书包含五个专题。

专题一　心理学方法论研究。方法论(Methodology)也称为方法学,是以方法为研究对象的一门学问。心理学方法论是以心理学方法为研究对象的一门学问,这个专题十五篇文章和两篇附注是我在两个时期内完成的,反映了我对心理学学科性质和要完成的学术问题上的差异。根据研究问题的不同,考验着方法是否有效。从1977年至1990年代,我主要遵循冯特开创的科学心理学的范式,探讨了心理学研究的基本原则,分析了心理学演绎实证研究的基本程序,以及心理学真实验和准实验研究的全过程和注意事项。自20世纪90年代开始我认识到我国的心理学研究必须从我国的实际出发,在撰写《当代中国青年价值观与教育》一书的序时,我写道:"我们开始研究时也采用西方的测量工具来探索中国青年价值观的特点。但我们很快就发现,由于中国人的价值观与西方人的价值观在本质上有很大差异,用西方价值观的测量工具只能测出中国青年对西方价值观中所包含内容的'反应',而不能测出中国青年价值观中真正包含了哪些内容。"(黄希庭, 张进辅, 李红, 1994)专题一后面的七篇文章是我为了实现心理学中国化和大众化这个目标而写下的方法学论文,论述了人格研究中的辩证关系,分析了质性研究的优势,提出在心理学研究中质性研究与量化研究要两条腿走路的理念。

专题二　心理学实验研究。实验法是科学心理学探究人的心理和行为的最主要的一种方法。其基本原理是,先提出一个理论假设为起点,这个理论假设是一种因果关系的陈述(假设某些自变量会导致某些因变量的变化)。然后进行如下操作:(1)在实验开始前对因变量进行测试(前测);(2)引入自变量,使其发挥作用影响因变量;(3)实验结束时再测量因变量(后测)。最后比较前测与后测的差异值来检验假设。如果无差异,表明自变量对因变量没有影响,因而推翻假设;如果有差异,表明证实了假设,说明自变量对因变量产生影响。为了排除其他因素的干扰,通常将被试分为实验组与控制组,随机分派这两组。这是真实验的原理。但在心理学实验中常常依据现场的条件和可能来设计实验方案,这叫准实验。准实验的假设并不一定是因果关系的,也可能是相关关系的,很少采用严格的随机取样,通常缺少前测与控制组。本专题包含十二篇研究报告。

专题三　心理学问卷调查研究。问卷调查研究可以用于评估人的想法、感受、性格和能力,是心理学研究中一种相当有用的方法。要进行有用和可信的问卷调查研究,首先要设计出好的问卷。设计问卷应遵循下列步骤:(1)确定探究的问题;(2)确定将使用哪种问卷类型;(3)拟定问卷初稿;(4)检查并修改初步问卷;(5)问卷的预测;(6)安排问题顺序并说明具体实施程序。在问卷设计时应遵循以下四项原则:目的明确性原则、题项的适当性原则、语句理解的一致性原则、调查对象的合适性原则。在调查时要仔细选择样本以便确保从样本中获得的结果可以推广至其代表的总体。编制有用和可信的问卷以及选择合适的样本是问卷调查研究成功的关键。本专题包含了十四篇论文和一个问卷,对上述两个问题都给予了相当的关注。

专题四　模糊数学在心理学中的应用,包含五篇论文。模糊数学(Fuzzy Theory),是研究和处理模糊性现象的一种数学理论和方法。表达人们心理和行为的许多词语都是相当模糊的,例如开心、惬意、着急、心寒、惋惜、仗义、干练、怠惰、吝啬等等。我们曾尝试用模糊偏序关系和词义模糊赋值做过一些心理学研究。

专题五　心理学的质性研究,包含四篇文章。质性研究(qualitative research)也叫质的研究,它通过搜集和分析非数字化资料以提供有关人们是怎样感知世界和体验特定情境的意义和可能的解释。质性研究不同于心理学中以实证主义为基础的量化研究(quantitative research),它依据多种理论观点和方法,解读并诠释心理事件及其情境的意义和过程。本专题有四篇文章:三篇是文献分析的研究报告,另一篇是用访谈法做的质性研究。

我希望我们对心理学研究方法的探索会对我国心理学的发展有所帮助。是为序。

目 录

专题一 心理学方法论研究

心理学的方法论是一个庞大系统，其核心是心理学的自然学科研究方法论和心理学的人文学科研究方法论的辩证统一。

引言

人为万物之灵，人的心理现象复杂多样。自古以来，人类从未停止过对自己内心世界的探索。心理学的方法论就是心理学家用来观察和阐释心理现象的系统化陈述。这种系统化陈述是与其怎样来看待心理现象分不开的。1879 年威廉·冯特（Wilhelm Wnudt, 1832—1920）在德国莱比锡大学按照自然学科模式创建了世界上第一个心理实验室，他提倡的实验内省法的理论基础就是他的结构主义。自冯特之后，心理学家们发展出了许多理论解释，这些理论便是他们提出问题的出发点，即各种研究方法的理论取向。

弗洛伊德的心理动力学研究取向（psychodynamic perspective）关注个体的潜意识本能的动力作用；他的研究对象是精神病患者，研究采用诠释学方法。行为研究取向（behavioral perspective）关注个体（人和动物）的行为是怎样受环境影响的。经典行为主义者完全否定心理，用 S–R 实验来解释人的行为；新行为主义和社会认知学习论者开始关注动机和认知机制在刺激和反应之间的中介作用，认为人类不仅以行为去适应环境，还会模仿和思考习得行为；他们用实验法对人和动物的行为进行研究。生物学研究取向（biological perspective）探讨心理事件与身体的生理机能，特别是脑的活动及基因的对应关系，力求说明心理的神经生物学基础；他们采用实验法如损毁法、切除法及脑的电生理学方法。认知研究取向（cognitive perspective）关注人类认知的信息加工机制，认为只有通过对心理过程的研究才能充分了解有机体在做什么；他们采用实验法和口头报告法来了解心理过程。人本主义研究取向（humanistic perspective）关注人类的潜能和积极的人生，强调人是自己命运的行动者，能自由地做出选择和确定目标，并能解释自己的生活选择；他们研究正常人和成功人士的生活传记，来了解自我实现等高级动机。进化论研究取向（evolutionary perspective）以达尔文进化论作为心理学的研究框架，认为人的心理是通过自然选择形成的适应装置，心理学的研究目标是发现、解释和详尽地描绘人类进化的心理设计，主张把通过基因遗传的本能作为心理学的核心概念加以研究。文化研究取向（cultural perspective）关注社会文化因素怎样影响个体心理和行为，认为心理和行为模式取决于个体所归属的特定的文化模式及所承担的社会角色；他们采用的方法是分析社会文化与心理和行为模式的相关。

由此可见，心理现象是何等的复杂！心理现象的复杂性导致心理学研究取向和具体的研究方法的多样性。从这些研究取向来看，我们大致可以区分出两大类：自然学科方法论和人文学科方法论。前者以演绎实证主义为指导，采用实验法和问卷法的数据来检验已明确定义了的假设；后者在自然的情境下对人的生活世界（包括心理世界）做深入、周全的观察，但不预先带有需要加以检验的假设，这种观察不仅仅是资料的收集，而且也是典型的理论活动，即从初始的观察，尝试性提出结论，又启发进一步观察，然后再修正结论等等，按归纳推理进行转换。针对研究课题，如果我们能将心理学的自然学科方法论与心理学的人文学科方法论辩证统一起来，那么对人的心理的了解就会更加全面、更加深刻。

本专题包含十五篇文章与两篇附注，大致可分为两个部分，第一部分是在传统的科学心理学研究框架之下，探讨了心理学研究的基本原则与程序，分析了实验法、准实验法、问卷调查法等研究方法的全过程及注意事项。第二部分是在心理学中国化与大众化的目标之下，对人格研究、质性研究、心理学研究中国化等问题所做的探讨。

试论心理学研究的方法论原则

心理学研究方法学一般可分为搜集资料、获得数据、分析资料、处理数据以及作为指导原则的科学方法论。这三级方法学是互相联系互为基础的。任何一级方法学上的错误，都将导致研究结果的失败，因此，我们在心理学研究中不能只考虑使用什么样的具体手段和仪器设备，更应重视自觉地遵循辩证唯物主义的基本原理。近年来，我国心理学家对心理学的方法论原则曾作过一些探讨，发表过一些很好的意见（李沂，1981；潘菽，1985b，1985a；王极盛，1980；王树茂，1981；马文驹，王承璐，1983）。但是哪些原则是最基本的、最重要的，看法并不一致。我认为科学心理学的基本方法论原则应当包括决定论原则、能动反映论原则、实践论原则、系统论原则和个性观原则。下面谈谈自己的粗浅认识，以求教于心理学界的同行们。

1 决定论原则

辩证唯物主义的决定论是科学心理学的一条方法论原则。在心理学研究中，怎样贯彻辩证唯物主义的决定论原则呢？

首先，应当看到心理的任何变化都是相互作用的结果。心理现象的相互作用具有广泛的涵义。在心理学研究中不能把这种相互作用仅仅理解为心理成分之间的相互作用。人的心理的发生和发展，不仅是由于各心理成分之间相互作用的结果，而且更主要的是由于人的心理和外界环境相互作用的结果，人和外界环境的关系也不是像行为主义者所断言的那样，只是外界刺激作用于人，要应该看到，人的心理、行为也作用于外部世界。

其次，心理现象的因果制约性可以有不同的性质或方式。例如，在心理学中要考察的各种性质的因果关系有：心理的某种质的特征（质变）怎样受量的特征制约，心理形式怎样受内容制约，心理结构怎样受结构中的诸因素制约，心理机能怎样受结构制约等等。又如，在心理学中要考察内因和外因的关系。内因和外因，两者有主次之分；但这种主次之分不是固定不变的，而是依一定的条件变化的。在我国的许多心理学文献中，把人的心理和外界事物的相互作用理解为内因和外因的关系。显然，这种内因和外因的主次之分在人的各种心理活动中的表现是不同的。例如，在意志活动中表现为以内因为主，而在认识活动中则可能表现为以外因为主。再如，对人的心理和行为来说，起决定作用的通常都不是单一的因果关系；而往往是一因多果、多因一果或多因多果的错综复杂的关系。在探索心理现象的因果制约性时,必须考虑到上述各种不同性质的因果制约性的复杂情况。

最后,还应考虑到,既然心理现象的种种变化都是相互作用的结果,那么原因总是先于结果的,即先于相互作用的诸因素中产生的变化。这样研究者在考察某种心理现象的产生和变化时,就往往在它们之前的互作中去寻找制约它们的原因。但是如果两个因素是互为因果的时候,这个标准就难以运用。因为两个互为因果的因素无论孰先孰后出现,其间的因果关系都是存在的。所以现实中的心理现象必然是与其自身的原因相联系的,某种心理的产生和变化的原因也有不同的性质;因此不能只是罗列各种现象,不能把对心理现象的研究仅停留在认识现象的共存关系和共变关系上;而应当把认识引向深入。从认识共存、共变关系转到认识因果关系,进而转入可解其中更加深刻、更为一般的联系形式,即发现规律。科学的心理学理论是反映心理现象的因果制约性的。这是心理学研究必须要加以考虑的问题。

2 能动反映论原则

把能动的反映论作为心理学的方法论原则有两方面的含义。一方面,就心理学的对象而言,必然要涉及认识论的问题。现代心理学认为,心理是脑的机能,是客观现实的反映。人的心理对于外部世界的反映是一种主动的过程。因此,科学的心理学必须以辩证唯物主义的能动反映论作为理解自己研究对象的基本理论观点。另一方面,就认识心理学的对象而言,科学的心理学必须以辩证唯物主义的反映论作为研究工作的指导思想。

毛泽东同志说:“认识的真正任务在于经过感觉而到达于思维,到达于逐步了解客观事物的内部矛盾,了解它的规律性,了解这一过程和那一过程间的内部联系,即到达于论理的认识。”(毛泽东, 1952)根据辩证唯物主义的反映论,心理学的科学研究主要是由(1)建立假设、(2)搜集资料、(3)分析资料、(4)推出结论这四个步骤组成的。

(1)建立假设。科学研究的基础是观察。经观察,如果对未知现象及其间的关系发生了疑问,研究者便根据已知的科学事实和原理对它作出尝试性的或假设性的推测。这就是假设。假设使科学研究带有自觉的性质,任何科学的研究,一般地说,都是运用假设,从假设出发的。在心理学研究中,研究者应当根据自己的假设,确定自己的研究方向,进行有目的、有计划的观察和实验。

(2)搜集资料。假设的真伪需要验证。建立假设后的下一步是搜集资料,以便根据事实资料来验证假设。为了有效地验证假设,研究者必须根据假设选择研究方法,作出研究设计，创设验证性的情境，使研究的问题得到有效的观测。

(3)分析资料。采用适当的方法进行分析，对真实可靠、有研究价值的原始资料加以整理、分类，使之系统化和简约化。在心理学研究中，对于资料的处理和分析通常使用统计方法和理论思维的方法。我国心理学家对于用统计方法处理资料是比较重视的，但在分析资料时往往有忽视理论思维的倾向，王极盛同志提出理论思维应当成为心理学的一种研究方法(王极盛，1984)。这个意见是正确的，应当引起我们的重视。

(4)得出结论。就某项心理学研究来说，其最后的阶段是得出结论。得出的结论必须根据事实资料，而不能凭空臆测。通过研究设计、统计分析，得出结论，就可以对研究初期提出的假设进行检验。如果假设得到了验证，这个假设的可信度便提高了。假设的进一步发展则有可能形成理论或定律。值得注意的是，在心理学研究中，由于研究对象的复杂性和指导思想的失误，往往会出现虚假的实验验证。因此，假设的验证不是一次性的，而是要不断地加以验证。能重复验证的假设是很有科学价值的，有可能发展为某种心理学的理论。如果假设得不到验证，这个假设就会被否定，使人们从这个假设中吸取到有益的教训，以免使后来者重蹈覆辙，同时也为正确假设的产生提供条件。

从认识论的角度来看，心理学研究能否发现规律性的联系主要取决于两个环节：一是研究者搜集的资料是否正确，是否完备、全面，是否能反映心理现象的种种联系和全貌；二是研究者对掌握的关于心理现象的资料所进行的理论概括是否科学。前者属感性认识，后者是感性认识向理性认识的飞跃。这两个环节中的任何一个环节有差错，都是不符合反映论原则的，据此而提出的心理学原理、理论必然是靠不住的。自然，从感性认识向理性认识飞跃形成正确的理论，不可能是一次完成的，而只能是在假设—观察—再假设—再观察的多次循环过程中实现的。

3 实践论原则

列宁指出："生活、实践的观点，应该是认识论的首先的和基本的观点。"在心理学的研究中，必须贯彻实践论原则。怎样贯彻这一原则呢？

首先，心理学的科研选题应当根据社会实践的需要。心理学属于研究的科学。社会实践的各个领域都是具有个性的人参加，有着大量的心理学问题。同时，随着人类实践活动的不断扩大，又会出现新而又新的心理学问题。例如，现代人类不仅要在正常条件下工作，还要在高温高压、低温低压、强磁场、强辐射等条件下工作，因而就提出了在这些特殊环境下工作的心理学问题。这在当代心理学分支不断增多的事实中得到了明显的反映。社会实践是心理学知识的源泉，心理学的研究工作必须面向社会实践。我国社会主义现代化建设事业的蓬勃发展给心理学研究提出了许多迫切需要解决的心理学问题,心理学工作者应当积极从事这方面的研究,使心理学更好地为两个文明建设服务。

其次,实践不仅是心理学知识发生和发展的基础,而且也是检验心理学理论是否正确的标准。前已述及心理学研究的基本程序的四个环节,而这一发展历程的基础便是人们的社会实践。科学史的事实表明,几乎所有的科学理论在最初被提出时,它所收集的资料都不全面,不能反映事物本质。它的理论也不完整,甚至是错误的。然而,通过人们的实践检验,特别是通过科学实验的检验,不完备的资料变得完备起来,不正确的理论渐趋于正确。例如实验心理学的前半个世纪的研究工作重点是探讨知觉的刺激因素,认为知觉是由刺激决定的,完全忽视了受试者的个性和动机变量。然而,二次大战后不久的许多实验表明,受试者的学习动机、情绪和个性等因素对知觉过程起着十分重要的作用,于是心理学家提出知觉是一种主动的过程。从20世纪50年代后期起高速电子计算机的出现,促进了知觉研究的新发展,认知心理学家提出用信息加工模式来解释知觉过程。显然,从知觉的刺激决定论到知觉的主动过程论和信息加工模式,心理学家对知觉过程的认识无疑是前进了。

其实,科学家并没有什么灵丹妙药,以保证他们最初提出理论时,所依据的经验资料一定是完备无缺,每一次理论概括一定是完全正确的。科学之所以成为科学,就在于找到了一套有效的方法,可以一步步地排除在收集经验资料和理论概括时所带来的偏差。因此,从实践的观点来看,由于心理学研究对象的复杂性,方法可以是多种多样的。根据研究课题的需要,可以采取这种或那种方法,并且还应当积极地移植其他学科的成就和方法。而方法的正确与否还得靠实践来检验,看它是否能使我们的认识逐步接近真理。心理学史的事实表明实验法虽然有它的局限性,但它是认识心理规律十分有效的方法。否定实验法在心理学研究中的作用是不符合马克思主义实践论原则的。同样,心理学中的其他方法在认识心理学的研究对象上有积极作用,也有它们的局限性。

4 系统论原则

系统论原则是现代科学的一种方法论,它对于心理学研究课题的价值取向、研究设计资料分析和获得结论都有指导意义,从系统论的观点来看,人的心理是一个开放的、动态的、整体系统。它是在与环境进行各种能量交换,特别是在信息交换中实现有序化的自组织系统,具体的系统是如何在心理学中表现出来的? 在心理学研究中如何贯彻系统论原则呢?

系统分析的首要原则是整体性,即把研究对象作为一个有机整体来看待,人的心理是具有各种机能的有机整体。B.Φ.洛莫夫把人的心理区分为认知子系统(实现着认识的机能)、调节子系统(保证活动和行为的调节作用)、交际子系统(是在和别人交往的过程中形成和实现出来的)。其实任何系统都可以作多种描述。从心理的反映水平来看,人的心理可以区分出意识子系统和无意识子系统。心理现象是多维度的。我们建议,从人的心理的各种维度对心理现象进行分类。这样,似乎可以把人的心理划分为下列五个子系统。心理过程子系统,这是就心理现象的过程性和动态性而言的,它包括认识、情绪和意志等心理过程。心理状态子系统,这是就心理现象的相对静止性和稳定性而言的。在心理活动进行的过程中,有时会出现某种相对稳定的静止状态。例如,注意时的分心状态和集中状态,思维过程中的刻板状态和疑惑状态等等。心理特征(也叫个性心理特征)子系统,这是就心理现象的持久性和重要性而言的,它包括气质、性格和能力。心理倾向性(也叫个性倾向性)子系统,这是就心理现象的动力性而言的,它主要包括需要、动机、兴趣、抱负、理想、信念等等。心理构成物子系统,是指心理的内容,包括个人的知识、经验、语言、技能、习惯等等。一切分类在一定程度上都是有条件的。不论对人的心理采取何种分类,上述具有独立功能的子系统以及子系统之间的相互关系,都是统一协调于人的心理整体之中的。离开了人的心理的整体的协调,这些子系统及其相互作用便失去了意义。

从系统论的观点来看,作为系统的人的心理,要素并不是像构造主义心理学所说的那样是预先给定的。系统中的子系统和要素是在分解系统的过程中建立起来的,而且对人的心理是可以作各种不同的分解的。因此,在心理学研究中,为了获得与系统相符合的知识,就必须建立对心理现象进行描述的某些类别,其中每一类的描述只能包括人的心理整体性的一定方面。

某一系统都存于更大的系统之中。人的心理处于多种不同的关系之中,表现了不同的质的特点。从心理和被反映的客观现实的关系来看,心理是客观现实的主观反映,同时它又能动地作用于客观现实。从心理和人的身体的关系来看,心理是脑的机能,同时它对人的身体生理机能起调节作用,从心理和人的活动的关系来看;心理在活动中形成、发展并表现在活动中,同时它又是活动的调节者。人的心理活动就是在上述密不可分的三种关系中实现的。

因为心理现象处于不同的关系中具有不同的质的特点,所以,在具体的研究工作中我们就应当全面地理解心理实质。孤立地研究心理现象的任何一种关系,只能给我们提供关于心理现象的某一方面的知识。在研究心理现象的某种关系时,必须注意到对它的分析并不是要解决心理的所有问题,科学地全面地认识人的心理必须要进行多方面的综合研究,进行综合的阐述。

系统分析的第二条原则是等级结构性。即把研究对象看成是一种有序的、有组织和结构的东西。就系统的内部来说，其子系统、次级子系统和要素不仅有纵向的联系和关系，而且有横向的联系和关系；同时还体现在它们对系统总功能所作“贡献”的程度上。人的心理具有多方面的层次性，例如我可以把人的心理区分出具有不同机能的上述五种子系统。其中心理过程子系统还可以进一步划分为认识次级子系统、情绪次级子系统和意志次级子系统。而认识次级子系统还包括从感性认识到理性认识的不同层次。心理特征子系统包括气质、性格和能力三个次级子系统，而能力又可区分为一般能力(智力)、特殊能力和创造力。智力还可区分出观察力、注意力、记忆力、思维力和想象力诸成分。总之，人的心理是具有多方面的、复杂的层次结构关系的。人的心理不是毫无用处的副现象，它具有认识世界和改造世界、认识人自身和发展人自身的功能。这种功能是由它所包含的诸子系统既协调又相互制约而实现的。但是，人的心理的总的功能却不等值于各子系统功能之总和。

根据系统的等级结构性原则，我们在心理学研究工作中，就应当研究心理现象是由哪些部分、哪些子系统组成的？它们之间的横向联系和纵向联系如何？它们之间相互作用的方式是什么？它们具有什么样的功能？从而找出研究对象的相互关系(结构)的网络。还应揭示支配心理各水平的规律的序列性；哪些心理规律适合于人的所有心理，哪些心理规律仅适合于某些子系统或次级子系统，哪些特殊的心理规律仅适合于某种心理因素等等。

系统分析的第三条原则是动态性。即对于系统来说，静态是相对的而动态则是绝对的。人的心理是活动的，它总是呈现一种相对的稳态而绝对地处于动态的过程，在人的现实活动中，在各种输入信息的作用下，心理经常处于运动变化之中，表现为旧的心理结构转变为新的心理结构。

根据系统分析的动态性原则，在心理学研究工作中，就应当对心理现象作动态分析，弄清心理及其子系统、要素是如何产生的？它们的发展变化经历了哪些阶段？在不同的发展阶段上形成了哪些不同质的心理结构？

系统分析的第四条原则是环境适应性，即适应外部环境变化以获取生存和发展的能力。环境适应性是开放系统的属性。开放系统是不断与环境(其他系统)发生交换关系的系统。人的心理是开放的自组织系统。就心理与客观现实的关系来说，它与外界环境(自然的和社会的)之间常存在着物质的、能量的和信息的交换，特别是信息的交换。在信息交换的过程中，人根据信息的反馈从内部和外部改变控制过程，以改变、完善和发展自己的心理的某种品质。图1绘出的是有机体与环境信息交换的简单模式。外部环境的信息由感觉器官收集起来，传输到感受器，然后沿传入神经系统传输到中枢神经系统的高级部位——大脑。在这里,将获得的信息进行识别和加工——编码、复述和搜寻策略。如果需要动机系统认为有必要的话就形成命令,沿着传出神经传输到效应器,从而对运动器官(肌肉、腺体)起作用。运动器官的活动是由反馈监视的;内反馈检验运动器官动作强度,外反馈检验执行指令的最终效果。在实际生活中人的心理和外部环境的相互作用是十分复杂而多样化的。从这里,我们可以看到作为方法论的系统分析是与信息论、控制论紧密结合在一起的。人的心理正是在与外部环境相互作用、信息交换的过程中,形成行为动机的;并在获取有关环境的信息的基础上发挥其功能的。

人的心理是在同外部环境的相互作用中形成并显示其品质,同时与环境的相互关系的性质可以是多种多样的,因此在心理学研究工作中不仅应当对人的心理,而且还应对外部环境,从系统固有的联系的集合中区分出它们的子系统和要素,揭示人的心理与外部环境相互作用的特点。不仅要揭示两个变量之间和几个变量之间的因果关系,而且要揭示研究对象(心理现象)的内部及其与其他客体的相互关系中的多种多样的联系。因此,从系统论的观点来看,在心理学中多变量的研究是十分重要的。而这却是被传统的实验心理学所忽视了的。

总之,系统分析的诸原则是互相联系的,在对心理现象进行系统分析时应当把这些原则联系起来加以考察。

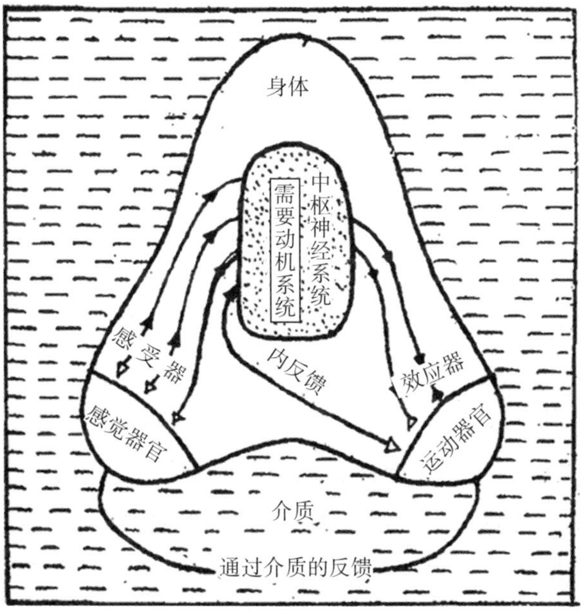

图1　有机体与环境信息交换的简单模式图

5 个性观原则

在研究人的心理时,个性观和系统观是紧密联系在一起的。所谓个性,是指一个人的整个精神面貌,它是一个多维度的、具有层次结构的有机整体。从系统论的观点来看,个性也是一个开放性的自组织系统。我们可以把它区分为个性倾向性子系统、个性心理特征子系统和自我子系统。在构成个性系统中,这些子系统各自起着不同的作用:个性倾向性子系统是个性活动的动力源泉,它制约着个性活动的方向和强度;个性心理特征子系统是个性活动的类型特点,它表征着一个人的精神面貌的静态特征;自我子系统是个性活动的调节机制,它实现对个性的认识、监督、协调和控制。上述子系统具有相对独立的功能,但是个性却不是这些功能的简单相加。个性是由这些子系统之间存在着的种种相互联系的特点所决定的,也就是说,它是由作为一个整体的系统的综合属性所决定的。

作为系统的个性,与其他系统具有种种的联系和关系,个性与个人的生物系统的关系是个性形成的基础和自然前提,没有它,个性便无由形成;而个性又能调节和控制自己的生物系统。个性和个人的社会关系是系统的关系:个性是社会化的产物,社会性是个性的本质特征;个性能改变个人的生活方式,从而也能改变社会关系对他的影响和心理状态、心理构成物等的关系,经常性的心理状态可以转化为个性心理特征,而个性又可以调控心理状态;心理构成物是个性产生的基础和内容,而个性又能监督和控制心理构成物的充实。可见,作为系统的个性有着许多外部的联系和关系。这些关系对个性的形成起着不同的作用。那么,个性具有哪些特点?在心理学研究中如何贯彻个性观原则呢?

首先,个性是一个有机整体,对人的心理的研究必须坚持个性的整体性原则。科学研究不仅允许而且也有必要对人的某种心理成分(过程、状态、特征、倾向性、构成物)进行探讨。但是,这种研究不能无视作为整体的个性,不能把人的某一种心理成分看作是与个性无联系的、独立于个性之外的某种东西。在心理学中没有一种方法是能够做到把具有个性的人的某种心理成分孤立出来的,例如,虽然用实验法我们能有意地激活某种心理成分,但与此同时也必然要激活其他的心理成分,并且这些心理成分也对被研究的心理成分发生影响。即使是用实验法来测定人的感觉能力(最简单的心理成分),也不能做到仅仅把感觉能力激活起来。例如,在测定感觉阈限时,受试者的注意、动机、思维和记忆等都可能被激活起来,并且可能影响实验结果。因此,在对人的某种心理现象进行研究时,研究者必须要把受试者看成是具有完整个性的人,并考虑到个性对研究结果可能产生的影响。

其次，个性的形成是一个连续的过程，必须注意人可能受到的种种影响。这种影响有临时性的和长期性的。临时性的影响，如实验中顺序效应（实验中的习得经验对反应的影响）。长期性的影响，如受试者所受的教育、以往的生活方式和人际关系以及知识经验、文化修养等等。在研究工作中，这些影响一定要加以注意，并考虑到受试者个性形成的复杂性，正因为个性的形成是一个连续的过程，因此，心理学的研究还必须符合教育性原则。任何不利于被试个性健康发展的心理学研究都是不允许的。

再者，个性具有积极性，对人的心理的研究必须要考虑到他的积极能动性。实验法能够有意地激活被试的某种心理活动，但是被试总是以一定态度来对待实验的。因此，研究者必须高度警惕研究中的霍桑效应（Hawthorne effect）现象。所谓霍桑效应是指1924年美国芝加哥西部电力公司霍桑工厂所进行的一项实验：研究者系统地改变照明强度，目的是确定工厂内的最佳照明条件，用以改进工作效率。结果不论照明增加或是减低，工人的工作效率都在逐渐提高。后来才发现，这是由于工人们觉得参加实验，是厂方的关心，从而提高了工作效率。这表明被试者的态度成了自变量从而影响了反应变量。由于心理学研究的对象是具有能动性的人，甚至研究者与被试者的交往方式、态度也可能不知不觉地把要被试者如何反应的期望暗示给被试者（如被试者通过对研究者的察言观色），从而影响被试者如何行为，这都是研究人的心理独具的困难性。基于此，研究者必须是训练有素的，对研究结果的解释必须是慎之又慎的。

最后，个性是人类心理的共同性和差异性的辩证统一，心理学的任务，它不仅要揭示人们（人类的、国民的、民族的、阶级的、社团的等）心理的规律和机制，而且也要揭示人们心理的差异性及其形成规律。研究者的具体任务可能很不相同、各有侧重，但任何时候都不应该忘记具有个性的人的心理是人类心理的共同性和差异性的辩证统一体。个性是社会关系的反映，在研究人的心理时，必须遵循个性的社会历史制约性原则。

总之，上述五条方法论原则，对研究人的心理现象来说，都是十分重要的。这些原则是密切联系的，组成了心理学研究的第三级的方法学——科学心理学的方法论。在心理学研究中不论采用观察法、调查法或实验法都应当遵循这些方法论原则。当然，就具体的研究问题而言，上述各项方法论原则的指导作用，是有主次之分的。

原文载于：《西南师范大学学报（人文社会科学版）》，1987年第1期。

心理学实验研究引论

心理学是研究心理现象的科学。心理学的研究是为提高人们的精神文明和物质文明程度服务的。具体地说,心理学的研究目的有两个:一是基础研究,它研究心理的规律、机制和本性,以便建立起系统的科学理论;二是应用研究,它研究人们在各种实践领域中所遇到的心理学问题,尝试用心理学的知识来解决这些问题。作为经验科学的心理学,在它一百多年来的发展过程中,已逐渐形成了一套基本的科学研究方法。在本章中,我们将讨论心理学研究方法所涉及的一些基本概念。

1 心理学研究的三类基本变量

所谓变量,是指一个物体、事件或人等所具有可以取两个或两个以上值的特征。在心理学研究中,研究者必须要分析三类基本的变量:刺激变量、机体变量和反应变量。

1.1 刺激变量

已知对有机体的反应发生影响的刺激条件称为刺激变量(简称为*S*变量)。刺激变量包括研究者可以变化与控制的环境的特征。这些特征可以具有各种各样的形式。例如:

(1)自然性刺激和社会性刺激,前者如物理或化学变化的声、光、气味、温度等,后者如人的语言、表情、动作等;

(2)具体的刺激和抽象的刺激,前者如具体的人、事、物及其各种变化,后者如文字、符号、信号等;

(3)外部刺激和内部刺激,前者来自有机体的外部环境,后者则属于有机体内部的变化,如疾病、内分泌或体内物质失去平衡等。

上述这些刺激也可以根据刺激在质上和量上的差异以及刺激的单一性或复合性而有所区别。就单一刺激而言,不同的刺激作用于不同的感觉器官可以产生视觉、听觉、味觉等。同一刺激又可以有不同属性的变化,如光刺激有波长、强度、纯度的变化,而这些属性又可以由于数量上的不同,产生不同的视感觉。又如,距离、大小、方向、形状等空间知觉则取决于基本刺激的组合以及被试者所在的方位。至于复杂的实验情境(如学习、阅读、思维、问题解决等),研究者通常不能也不必对被试感官所受到的刺激作物理性质上的定量分析,而只对情境作明白而具体的描述,如迷津的类型、大小、数目,问题的性质,社会条件等。因为,在这种情境下,研究者关心的不是刺激的单一性质的变化，而是刺激的组合所产生的情境的影响。

应当注意的是，对于刺激还应当从刺激与反应之间的关系上来考虑：凡是实际上影响有机体反应的刺激，称为有效刺激。通常，刺激变量是指有效刺激。凡是可能影响有机体反应的刺激，称为潜在刺激。而潜在刺激在一定的条件下也可以转化为有效刺激，成为研究者必须加以分析的刺激变量。

1.2 机体变量

有机体本身对反应有影响的特征称为机体变量或被试变量（简称为O变量）。心理学所研究的有机体包括人或动物、个人或团体。机体变量是可能影响反应的被试本身所具有的特性的，如被试的年龄、性别、健康状况、教育水平、特殊训练、性格、动机、态度、内驱力等等。以上这些特征与条件是有机体或被试在实验前已经具备的，所以也称为先行变量。某些先行变量是可以定量控制的，如内驱力强度可以用禁食、禁饮的时间来度量，而有些则较难定量分析，只能做具体的描述和规定。

1.3 反应变量

反应的特性称为反应变量（简称为R变量）。反应变量是刺激变量在行为上引起的变化，可以从五个方面来度量。

(1)反应的速度。例如，简单反应的时间或潜伏期、完成一项作业所需的时间、一定时间内完成作业的件数或单元数等。

(2)反应的正确性。例如，计算的正误次数、走迷津进入盲路的次数、射击中靶的次数或离中心的距离等。

(3)反应的难度。有些工作可以定出一个难度量表（难易的等级或水平），看被试者能达到什么水平，如记忆广度、比奈—西蒙智力量表等。

(4)反应的次数或概率。这是指在一定时期内被试者做出反应的次数，如在心理物理实验中，根据概率来规定阈限。

(5)反应的幅度和强度。例如，膝跳反射的幅度、皮肤电反射电阻变化的大小等。

2 心理学研究的基本方程式

心理学研究的问题固然千变万化，但基本上不会超出探讨S变量、O变量和R变量三者之间关系的范围。从研究方法上来看，这三类变量又可归纳为两大类：自变量和因变量。自变量和因变量之间存在着两种关系：一为因果关系，即自变量为因，因变量为果；二为预测关系，即自变量为预测的依据，因变量为预测的行为。心理学的研究就是要分析和测定这三种变量之间可能存在哪些基本关系，并用明确的数学形式来表述。据分析可以存在以下几种关系式。

2.1 $R=f(S)$

这种关系式表示，某种反应是某种刺激的函数。在此，刺激（S）是自变量，反应（R）是因变量。这种刺激数值与反应数值变化的关系，是心理实验中最常考察的和最基本的关系。这种关系式其实质就是测定和操纵刺激变量以观测和分析反应特征。感觉、知觉、学习等领域中所建立的定律就是根据这一关系式得出的。

2.2 $R_2=f(R_1)$

一种反应是另一种反应的函数。这种关系有两种情况，一是行为的序列现象，如讲话、作文的先行词句对随后词句的影响或干扰作用，以及运动的先行动作对随后动作的影响。这种关系是一种因果关系，即前反应是后反应的刺激。二是两种反应量度之间的平行相关，如演算数学题的正确性与演算总时间的相关。这种情况是两个变量之间的相关，故宜用相关系数的大小来表示。

2.3 $O=f(S)$

这种关系式表示，某种机体变量是某种刺激变量的函数。在这种情况下，我们主要是研究环境条件对有机体特征的影响，如不同的社会、家庭、教育训练对人的性格、能力或智力的影响。这种研究通常采用调查法或观察法，但是如果用儿童，特别是孪生子进行实验控制则可以求得更准确的关系。

2.4 $R=f(O)$

这种关系式表示，某些反应是某种机体变量的函数。研究这种关系的目的在于测定有机体的某些特征，如意识形态、教育水平、职业、性格、智力、年龄、性别、健康状况、动机、态度、内驱力等对反应的影响。在这些关系中，有些自变量，如动机、内驱力等可以采用实验控制法，而另一些自变量，如年龄、性别等则是不能用实验控制的。

上述四种关系式可用图 1 加以表示。从图 1 可见，除上述四种单向的关系外，从控制论和大量实验材料来看，有机体的反应活动存在着反馈联系，新的刺激量的大小是根据前一个反应结果，经反馈输入而加以校正的。因此，还存在着第五种关系式：$S=f(R_2)$，即某种刺激的变化是某种反应变化的函数。

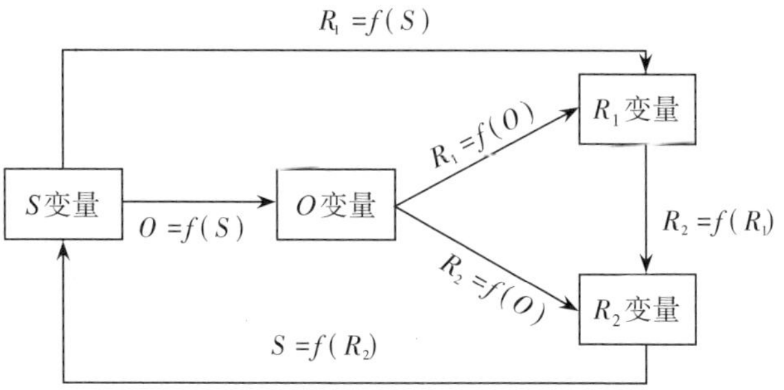

图1　三种变量之间可能存在的基本关系式的方框图

在实际的研究工作中，我们还可以研究多种反应变量之间的关系 $R_1=f(R_2, R_3, R_4, \cdots\cdots, R_n)$，某种反应变量与多种刺激变量之间的关系 $R=f(S_1, S_2, S_3, \cdots\cdots, S_n)$，某种反应变量与刺激变量、机体变量之间的关系 $R=f(S, O)$ 等等。

我们研究刺激变量、机体变量和反应变量之间的种种关系，目的是研究被试脑中发生的心理活动。而被试的心理活动，我们不可能直接观察，只能根据上述的关系式进行推论和解释。这是心理学研究的一个特点。

3 心理学研究中主试和被试的关系

在心理学研究中一般存在着研究者（主试）和被研究者（被试）之间的交往。在心理学实验中主试与被试之间的交往如图2所示，包括两类性质不同的相互作用。

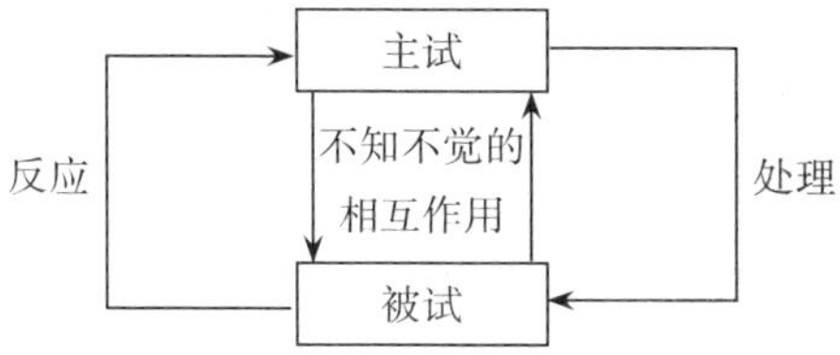

图2　心理学实验中主试与被试的相互作用

3.1 主试和被试之间根据实验目的所进行的相互作用

在实验中，主试根据实验目的干预被试，即向被试交代一定的任务；被试则按照规定去完成所交代的任务。主试为交代任务向被试讲的话，在心理学上称为指导语（或指示语）。被试得到什么样的指导语，会很大地影响他的行为反应。因此，给予被试的指导语应当注意下列几点。

（1）指导语的内容应以完备地反映向被试交代的任务、对被试的行为反应作严格的规定为原则。在向被试交代任务时，指导语通常要说明：将要向他呈现什么，他应当做什么、怎样去做等等。这些内容必须根据实验目的的要求，预先作好严格的规定。例如，是让被试尽量做得准确，还是尽量做得快，或要求既快又准。像这类问题，都应在指导语中严格加以规定。

（2）指导语的用字、遣词应当以简单、明确、达意且被试能够理解为原则。切忌词语模棱两可和用专门的术语，应力求做到所有的被试对指导语的理解程度基本上是相同的。为了检验被试对指导语的理解，防止误解，可以让被试用他自己的话来重述他应当做什么和怎么做等。

（3）指导语的给出方式应以标准化为原则。在实验中，指导语的给出方式对所有的被试来说，应当是相同的（除非实验目的不同）。例如，根据实验目的是让所有被试尽快地工作，就不允许要求一个被试尽快地工作，而对另一个被试却不给予相同的指导。

3.2 主试和被试之间不知不觉进行的相互作用

在心理学研究中，除了主试给予指导语及被试按指导语完成任务的相互作用外，他们之间还可能存在着某种不知不觉的相互作用。例如，在心理学实验中，主试可能以某种方式（如他的表情、手势、语气等）有意无意地影响被试，使他们的反应符合实验者的期望，这种现象称为实验者效应。实验者效应往往会以一种颇为微妙的方式起作用。有人曾报道过，当主试了解到他的少数几个被试有某种反应倾向时，他随后观测到的被试的资料也往往有某种反应倾向。这里，除主试者无意识地以某种方式影响被试的反应外，还可能存在着他或者不耐心地等待被试的真实反应的出现，或者仅仅记录所期望的行为反应的情况。这种现象甚至在用动物做实验时也可能出现。在罗森塔尔（Rosenthal，1966）的一个研究中，他让选修心理实验课的学生用老鼠做实验，学生（实验者）得到用来做实验练习的老鼠，有些笼子上贴有“跑迷津伶俐”的标签，有些贴有“跑迷津呆笨”的标签（其实这些老鼠是随机被分配到笼子里的）。于是，学生（实验者）根据笼子上的标签就误认为他们得到的老鼠是伶俐的或呆笨的。他们得出的实验结果是：标记为伶俐的老鼠比那些标记为呆笨的老鼠学习得快。实验者的期望莫名其妙地影响了老鼠的行为，动物的行为居然符合它们的标签。

心理学研究的主要对象是人的心理。人具有主观能动性，他总是以一定的态度来对待实验的。因此，研究结果就在很大程度上依存于被试如何来对待实验的态度，研究者必须高度警惕研究中的霍桑效应和安慰剂效应。与霍桑效应相类似的是安慰剂效应。当医生给患者以药物处理以消除某种痛苦症状时，往往会出现安慰剂效应。在接受药物处理一会儿后，患者就报告说，觉得好一些了，症状没有了。显然，这里的药物处理效应必然包含有心理成分。可以这样说，凡是以人作被试的任何研究中都可能出现霍桑效应和安慰剂效应现象。被试对指导语的理解、对实验的态度会影响他完成任务的质量和数量;而被试的成绩也会影响主试的行为。这种相互作用有时是很微妙的,实验者往往没有觉察到。因此,主试加以某种处理所引起的反应,不一定是该处理所引起的反应。自变量也不一定是主试加以操纵的那个自变量。

总之,在心理学实验中主试和被试(以人作被试)都是具有主观能动性的人。主试用指导语规定被试的反应,试图控制无关变量,使因变量的变化成为实验变量的意义性效应;但与此同时,主试与被试也可能以某种方式不知不觉地在相互作用着,使无关变量成了实验中的自变量。这是研究人的心理的另一个特点,也是研究人的心理的一个难点。

4 心理学研究的方法学

心理学研究的方法学一般可分为搜集资料、获得数据、分析资料、处理数据以及作为指导原则的科学方法论(见图3)。这三级方法学是互相联系互为基础的,任何一级方法学上的错误,都会导致研究结果的失败。因此,不能只注意研究用什么具体的手段和仪器设备,而忽视理论思维,忽视自觉地遵循辩证唯物主义和历史唯物主义的基本原理。在这方面,心理学史上的许多研究是有深刻教训的。

4.1 心理学研究的一级方法学

4.1.1 资料搜集法

心理学研究中所使用的具体手段属于一级方法学。它包括资料搜集法和心理度量法。在心理学中搜集资料的方法主要包括个案研究法、观察法、调查法、测验法、准实验法和实验法。

个案研究法是最简单、最直接的心理学研究方法,是指就一个个体的某个有关问题搜集尽可能多的资料。这种方法往往综合地运用其他五种方法,由于这种方法不是搜集资料的独立的方法,所以在图3中用括号加以表示。

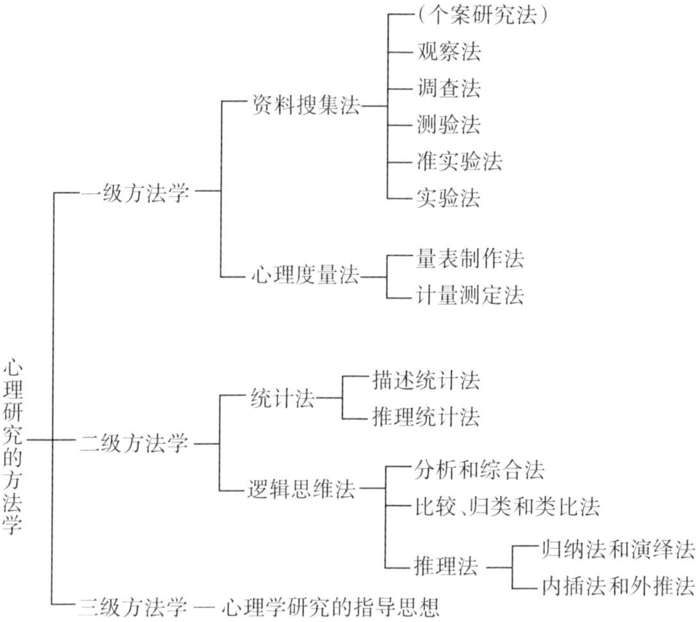

图3　心理学研究方法分类

观察法是搜集科学事实、获取经验资料、进行科学研究的最基本的一种方法。它不是心理学独具的一种方法。在心理学中观察法可分为自然行为的偶然观察和系统的现场观察。在做现场研究时,观察者既可以作为参与者,也可以不作为参与者。不论是采取上述哪一种方式,作为心理学研究方法的观察,原则上都不宜使被观察的人觉察到自己的行为是被观察的。

观察法的主要优点是可以当时当地地考察行为的发生及其特殊的气氛和情境。它不仅能从正常成人,而且还能从不能直接报告的对象(如低龄幼儿、语言表达障碍者、动物)和不愿报告的对象身上获得有用的资料。当然,即使是可靠的观察资料,“单凭观察所得的经验,是决不能充分证明必然性的”(恩格斯,1971)。因为用观察法只能见到“是什么”,即变量与变量之间的共存关系或共变关系,而不能判定“为什么”,即变量之间的因果关系。

调查法就是以提出问题的方式搜集资料以确定机体变量和反应变量之间相互关系的研究方法。调查研究的变量可分为两类:一类是被试的机体变量,如性别、年龄、教育水平等等;另一类是被试的反应变量,如他对问题的了解、意见、期望、动机、兴趣、态度、信念、行动等等。用调查法研究心理学问题时,研究者关心的主要不在于机体变量的事实资料,而在于探究机体变量与反应变量之间是否有某种相关。当然,如果向被试提出的不是一类问题而是几类问题,那么,调查法也可以用来探究各反应变量之间的相关。

根据问题提出方式的不同,调查法可分为问卷法和晤谈法。前者是以书面的方式所做的调查,后者是以口头的方式所做的调查。根据问题和回答内容标准化程度的不同,调查法又可分为结构调查和非结构调查。前者所问的问题是标准化的,对被试的回答是能够按标准化方式作数量化的处理。后者所问的问题富有弹性,被试可以较自由地回答,所取得的资料难以作数量化的处理。在心理学研究中多数用的是结构调查,而非结构调查则多用于对问题的试探性研究上。

调查法的主要优点是:方便,能搜集到大量的资料,也能一定程度上作数量化的处理,并重复验证。其主要缺点是:问卷法虽然搜集到大量的资料,但这些资料往往是表面的而难以深入地了解到人的内心世界。晤谈法虽能作深入的了解,但却费时,同时也无法控制被试受主试(如角色特点、表情态度、交往方式等)的种种影响。

测验法就是用标准化的测验搜集资料,来估量被试的心理特质。测验的种类很多,包括能力、兴趣、态度、气质、性格等多种测验。测验如果缺乏信度和效度就没有使用的价值。所谓信度是指计量的稳定性或一致性。所谓效度是指测验本身确实可以测出该测验所拟测验的心理特质的程度。测验法研究的基本程序如图4所示。测验的实施,必须按测验手册规定的程序进行。例如,在实施测验的过程中,应如何发卷、收卷,如何对被试说明做法,如何解答问题,如何控制时间等,都必须严格按测验手册上的规定去做。在整理资料时,如何计算原始分数,如何将原始分数换成其他种分数(如果需要换算的话),如何使用常模解释分数等,也必须严格按手册上的规定去做。只有这样,才能确定被试反应的意义。

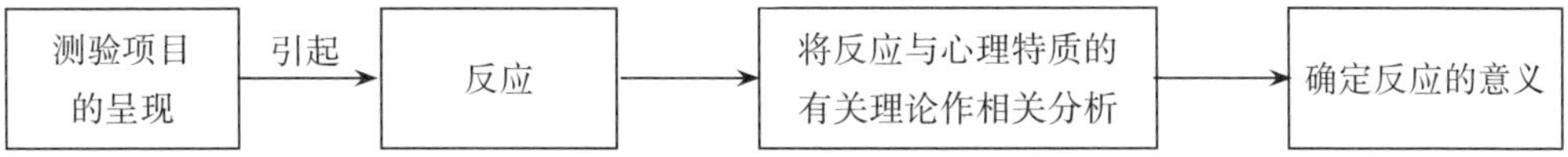

图4　测验研究模式图

测验的结果虽然可能会受指导语、测验情境以及被试的态度、练习、反应方式和心向等等的影响。然而,适当地使用测验,则可以很经济地获取研究者所需要的行为资料,进行相关研究。因此,我们在使用测验时,一方面应注意其局限性,同时还应使测验法更趋完善。

上述观察法、调查法和测验法都属于非实验法。非实验法与实验法的区别不在于在研究过程中是否使用仪器和设备,而在于研究的过程中是否控制和操纵变量。简单地说,实验法就是在控制无关变量的情况下,在被试身上操纵自变量,由被试的反应观察因变量,以探求自变量和因变量之间的函数关系的研究方法。在心理学实验中,刺激变量可分为实验变量(即研究课题所要探明的刺激变量,例如,为了获得被试的反应而呈现的某种刺激)和环境变量(即实验所处的情境,例如气温、温度、照明、噪声等)。机体变量可分为一时性变量(由呈现刺激等所决定的反应、态度、疲劳、厌倦等)和特征性变量(被试的年龄、性别、教育水平、智力、性格等)。在实验中,主试可以用适当的方法随意操纵一时性变量,因而可以作为实验变量进行实验;而特征性变量通常是不能或不允许随意使其变化的,因而不能作为实验变量来进行实验。不过,如果欲探明智力和作业成绩之间的关系,也可以用标准化的智力测验测查被试,然后选用智力水平不同的被试组来完成某项作业,那就可以探明不同智力水平与作业成绩之间的关系。这种利用自然产生的自变量选择被试组,用以研究自变量和因变量之间关系的研究方法称为准实验法。

在图3的资料收集法中,从对无关变量的控制和对自变量的操纵程度来看,观察法最低,实验法最高。由于实验法是严密控制无关变量的,因而它能探明自变量和因变量之间的因果关系。而准实验法以上的几种方法由于无关变量控制得不严密或未加以控制,因而只能弄清自变量和因变量之间的相关,而不能阐明它们之间的因果关系。这类研究称为相关研究。

4.1.2 心理度量法

在心理学研究中,除了上述各种搜集资料的方法之外,研究者还发展出多种度量法来取得研究所需要的数据。测定心理现象的度量法很多,一般可分为量表制作法和计量测定法。图5给出的是主要的几种度量法。

(1)量表制作法。心理学上量表的制作方法一般可分为四种:名义尺度、次序尺度、间隔尺度和比率尺度。

名义量表或类别量表是以识别实验变量为目的的,其“数”的意义实际上并不包含数值上的差异,仅作为识别上的码而传达某种信息。例如,甲乙两队足球运动员的“号码”:甲队10号,乙队20号,只具有识别上的功能,这两个数字没有序列性、等距性和可加性。它允许计算某一类别内的次数,其适用的统计属于次数统计,如百分比、列联相关、χ^2检验。

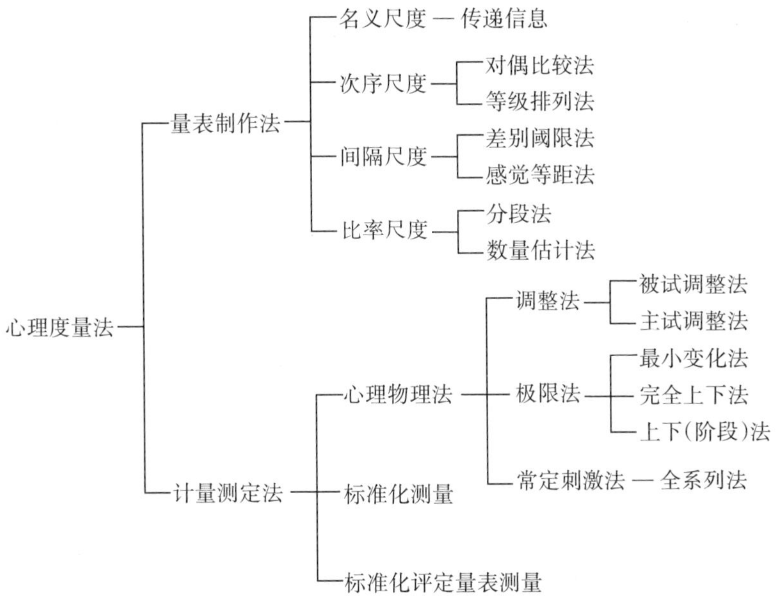

图5 主要的心理度量法

次序量表或等级量表是为比较上的功能而设计的。它只是把事物按顺序排列起来,没有相等单位,也没有绝对的零点。例如,研究者要衡量九位教师的工作能力,次序量表并不能指出其工作的能力,而只能指出这九位教师工作能力的次序:谁最高,谁其次,谁第三……至于他们在工作能力上的数量差别是无法加以衡量的。次序量表可允许的统计有中数、百分位数、等级相关系数、序次检验。次序量表有多种制作方法,最常用的有对偶比较法和等级排列法。

间隔量表或等距量表要回答的问题不仅是多少,而且是究竟多多少。它不仅有数的顺序特征,而且有数的空间特征,即间距。例如,在测量个人对社会制度和政治问题等态度时,人们所表示的意见可列在一线的七点或五点上,其中各点代表强烈赞成、赞成、无意见、反对、强烈反对等,借以区分被试对各个项目的反应位置。因此,间隔量表除了具有名义、次序量表的性质外,它的各个部分的单位是相等的,但它没有绝对的零点。它可允许的统计有平均数、标准差、积距相关、t检验、F检验。

比率量表除了含间隔量表的特征外,同时还有真正的零点。比率量表在物理上比在心理上更能经常见到。例如,绝对温度量表,质量、密度等都可以用比率量表来测定。因为0不是任意的,而是确定的。所以,在质量中0克即为无质量,10克为5克的两倍。用比率量表进行的测量,不仅可以知道两事物之间某种特点上相差多少,还可以说明它们之间的比例是怎样的。比率量表可允许的统计除了间隔量表所说的外,还可用几何平均数和相对差异量等。

间距量表和比率量表有直接制作法和间接制作法两种。前者要求被试对尺度值的直接关系作出反应,从其结果的比较中直接制成量表;后者不与尺度值直接联系,要求被试作比较简单的反应,假定这些反应是根据某项原理如费希纳定律而发生的,从反应的分布间接地制成量表。间隔量表和比率量表也有多种制作方法,其中最常用的分别是差别阈限法和感觉等距法、分段法和数量估计法。

(2)计量测定法。心理学上取得计量数据的主要方法包括心理物理法、标准化测量和标准化评定量表测量等。根据刺激呈现和变化的方法之不同,心理物理法区分为调整法、极限法、常定刺激法。其中,刺激呈现次数少、变化方法简单的是调整法。然后是极限法,呈现次数多、需要长时间的是常定刺激法。要获得精确的结果宜用常定刺激法,而预备实验一般多用调整法。

4.2 心理学研究的二级方法学

在心理学研究中处理资料的方法属于二级方法学,即把搜集到的资料经过统计处理和思维的逻辑加工,上升为理性认识。二级方法学包括统计法和逻辑思维法。

统计法是心理学最常用的处理数据的工具。心理学的各项研究都离不开统计法的两种基本类型或其中的一种:用来描述和概括研究结果的描述统计;用来推断研究结果的意义并从中引出结论的推理统计。描述统计提供概括性的数据;而推理统计则是在描述统计的基础上推论总体,即从样本的数据去推论总体的数据,从而对研究结果作出解释。统计学是心理学研究的必备的基础知识,限于篇幅,此处不作专门介绍,请读者参阅有关专著。

列宁引用黑格尔的话说:“任何科学都是应用逻辑。”(列宁, 1974)逻辑思维方法是心理学常用的研究法。它包括分析、综合、比较、分类、类比以及推理等。

分析和综合是把具体资料概括为理性认识,由事实上升到理论的基本思维方法。分析是把整体分解为部分,把复杂的事物分解为简单要素,分别加以研究的方法;综合则是把对象的各个部分、各个方面和各种因素联结起来加以研究的方法。在分析资料的过程中,分析和综合是辩证统一的。没有分析,要认识一大堆复杂的资料便无从下手;没有综合,对复杂的资料就不能有完整的认识。我们对心理规律和机制的认识就是通过分析—综合—再分析—再综合而不断深化的。

比较、分类和类比是建立在分析和综合基础上的思维方法。比较是确定资料之间差异点和共同点的思维方法;分类则是根据对象的共同点和差异点,把资料区分为不同种类的思维方法。运用比较和分类可以使研究获得的大量资料条理化、系统化,有助于深化对心理规律的认识。类比以比较为基础,它是根据两种(或两类)资料之间在某些方面的相似或相同而推出它们在其他方面也可能相似或相同的一种思维方法。在分析资料时,心理学家常常运用类比法。例如,认知心理学的信息加工模型就是通过对电子计算机的类比而建立起来的。

推理是分析资料的最重要的逻辑方法。在心理学研究中最常用的推理有归纳法和演绎法、内插法和外推法。归纳法就是从观测的事实材料、实验数据出发,推论出一般的理论性的认识,即从个别到一般、由实验事实到理论的推理方法;而演绎则是从一般的共同原则出发,推论和判断对个别事例的认识,即从一般到个别、由理论到确定实验事实的推理方法。在分析资料时归纳法和演绎法是密切结合的:在归纳基础上演绎,在演绎指导下归纳;在此基础上还经常用到内插法和外推法。内插法是在一系列已经确立的事实中间填补空档的推理方法。例如,处理实验结果外,在图上把实验结果的数据点连成曲线或直线,就是用内插法。而外推法是在假定具有同样的发展趋势下,把结果或结论推广到已有的观测事实以外的推理方法。

4.3 心理学研究的三级方法学

心理学研究的指导思想属于心理学研究的三级方法学。心理学的研究对象非常复杂,心理学的研究范围非常广泛。上述搜集资料、获取数据、分析资料、处理数据的各种方法都有可能产生主观性、片面性和表面性等毛病。为了克服这些毛病,在心理学研究工作中必须以马克思主义为指导才能正确地运用这些方法。马克思主义的许多基本原理对心理学的研究工作都具有方法论上的指导意义。科学的心理学研究必须遵循下列几项方法论原则。

(1)决定论原则。心理现象同其他任何现象一样,具有规律性、必然性和因果制约性。心理现象的规律性和因果制约性具有不同的性质或表现方式。

(2)能动反映论原则。心理是脑的机能,是客观现实的主观反映。人对现实的反映不是消极被动的,而是积极能动的过程。

(3)实践论原则。人的心理在他的生活、实践中形成和发展起来,意识表现在活动中,成为活动的内部方面并指导、调节人的生活、实践。同时,实践又是检验心理反映正确性的标准。

(4)系统论原则。心理是开放的、动态的观念系统,它是在与环境(其他系统)进行各种交换,特别是信息交换中实现有序化的自组织系统。应当按照对象本身的系统性,把各种心理现象放在系统的形式中加以考察,即对心理作系统分析。

(5)发展观原则。心理现象跟其他现象一样,不是凝固不变的,而是发展变化的,心理的发展有其特殊的矛盾性。心理的发展具有两种状态:量变和质变。由于心理矛盾运动的复杂性,心理发展的量变和质变往往不是以纯粹的形态出现,而总是互相交错的。

(6)个性观原则。个性的本质特征是人的社会历史制约性。在研究人的心理时,个性观和系统观是紧密联系的。个性与其他系统具有种种的联系和关系。个性内部的各种心理成分也具有种种的联系和关系,表现为一定的等级结构性。

作为科学心理学的方法论,上述各项原则是密切联系的整体。当然,在具体地研究某种心理现象时,上述各项原则的指导意义可能不同:有主有次。我们在具体的研究工作中应当自觉地遵循这些原则。

原文载于《心理学实验指导》,人民教育出版社1988年。

心理学研究的基本程序

科学研究是一种创造性的活动。它没有一成不变的法则,不能把科学研究看成是科学家简单地奉行某种常规的活动。尽管如此,从大量的心理学文献中,我们仍然能够分析出心理学研究通常遵循的基本逻辑程序。这些基本的逻辑程序是:

(1)选题。

(2)文献综述。

(3)形成假设。

(4)选择研究类型。

(5)对变量进行分类。

(6)选择被试。

(7)制订研究方案。

(8)收集并整理资料。

(9)得出结论。

(10)撰写科研报告。

在上述每一个步骤中,研究者都面临着某种特殊的问题而且必须要作出决策。本章将概要地阐明上述十个步骤中所遇到的问题和各种可能的选择。熟悉本章内容,对于学生掌握心理学研究的基本技能和将来从事心理学研究,都有重要的作用。

1 选题

一项科学研究总是从发现问题开始的。选择课题是科学研究的第一步。学生和有经验的研究者一样,可以从不同的来源得到启发,提出研究的课题。

1.1 实际需要

在我国社会主义"四化"建设中,有许多实际的心理学问题需要研究解决。例如,在教育改革中,教与学是一对矛盾。传统的教学方法都是以教师为主体,采用注入式,教师讲、学生听。这种教学方法虽然强调了教师的作用,但忽视了学生的积极能动作用,教学效果不好。程序教学采用小步子学习和及时强化的方法。这种教学方法虽然强调了学生的作用,但忽视了教师在教学中的作用,教学效果也不好。能不能吸取这两种教学方法的优点把教与学统一起来呢?这就产生了卢仲衡(1984)所领导的自学辅导教学的心理研究课题。结果表明，自学辅导教学不仅有利于辅导差生，而且也有利于发展优生的聪明才智，既能发展学生的求同思维，也能发展求异思维，真正做到既能调动学生学习的主动性和积极性，也能发挥教师的指导作用，为教学改革找到了一条路子（卢仲衡，1984）。

又如，在西方的工业企业管理中曾发生这样的事情：工厂要改变生产手段，工人们对此很不满意，因为他们要花很长的时间才能学会新技术，于是造成大批的人事变动。科奇和弗伦奇怀疑工人的这种反应可能是由于他们没有参与决策过程所致。于是，他们设计了一个准实验来检验参与决策过程对工人行为反应的影响。他们让第一组工人完全参与决策过程，第二组只选出部分代表参与决策，第三组则根本不参与决策。结果表明，参与决策组的工人学习新技术时间短，对工作满意，人事变动小。这一研究对管理工作有着深刻的影响。

1.2 日常观察

在日常生活中，我们经常观察到人们的种种行为，某些令人不解的观察结果可能会激起我们的科学探索。例如，张增杰（1963）在日常生活中观察到，小学一年级儿童学算术时，相当普遍地出现减式当加式或加式当减式的错误。他怀疑儿童的这种错误很可能是受运算定势和算式强成分掩蔽弱成分的影响。于是他进行了一项研究：第一步为鉴定测验，目的是判定小学一年级儿童感知加减算式错误的性质；第二步为训练实验——结合教学进行为期五周的加减法交替练习。结果表明，加强加减法交替练习后，学生的上述错误明显地减少了（张增杰，汪盼霞，1963）。

又如艾伦（Allen，1972）的助人行为的实验研究就是在日常观察中得到启发的。他写道："一天晚上，我坐在地铁车厢里等待出站，一位年轻人跨进车厢的后部，走向一位老人询问本次列车是否到达某站。那位老人开始告诉年轻人他得去乘另一趟火车，然后换乘第二趟火车以便到达他渴望的目的地。即使是我这个很少出门的旅行者也知道本次列车能够将他既便当又迅速地带到目的地。因为车上很安静，很明显，许多乘客都听到了两人之间的交谈，但是竟无一人道出正确的路线或指出老人错误的回答。"基于这一经验，他设计了一个室内模拟实验：在火车上两位助手分别坐在被试两旁，一位助手向另一位助手询问到达某地的方向，得到的是错误的回答，然后观察被试对于这一错误回答的反应。结果发现，同时询问两人（被试和另一位助手）比单独询问一人更可能给出正确的方向（Allen，1972）。

1.3 前人的研究

前人的研究也是课题的重要来源。心理学是一门年轻而又古老的科学。它所产生的问题往往多于答案。心理学的研究对象——心理和行为是受多种因素支配的。这些潜在的因素,有些是已知的,因而是能够操纵或控制的;而另一些是未知的,它可能与心理和行为有关。因此,系统地考察这些额外的变量可以检查前人的研究结果,从中获得信息,以发展出新的研究课题。这种方法一般称为参数研究。因为它是用来系统地检查影响某种行为的参数的。有的时候,研究者对前人研究中未包括进去的可能变量提出疑问,因而确定重复这一研究。他或者改变这一研究的某些方面(例如把这一未包括进去的变量作为自变量和特殊的相关进行研究)或者对它作控制实验研究。

例如,Asch和Witkin(1948)对棒框测验的研究启发了许多不同的研究课题。在早期研究中,他们发现,在暗室里参照一个倾斜的框看棒时,有些被试能够把棒调整到垂直的位置,而另一些被试则不能,他们依框的倾斜方向来感知棒的垂直位置。1954年,Witkin等把这些被试分为正确反应的“场独立性观察者”和错误反应的“场依存性观察者”,用个性特征对感知的影响来解释这些差异(Asch & Witkin, 1954)。此研究报告发表后,其他的一些研究者对场独立性观察者和场依存性观察者是否确实存在着对棒有不同感知方式表示怀疑,或怀疑这种反应差异是不是由实验条件所造成的。这些疑问引出了许多检验Asch和Witkin所用方法的研究。1966年,Morant和Aronoff的研究表明,看棒框图形的时间量,在一定的条件下,影响着被试的判断。Hellkamp(1968)发现,许多被试都有反应定势,例如他们总是把棒调成向左侧倾斜。很明显,如果这些因素在Asch和Witkin的原始研究中没有加以控制,那么,这些结果便不能对场独立性观察者和场依存性观察者的一些差异作出进一步的解释(Hellkamp, 1968; Morant & Aronoff, 1966)。

自20世纪50年代以来,研究者们在场依存性的问题上从各个方面进行了探讨,涉及的资料到1975年为止已达2500种之多,证实人们之间确实存在着场独立性和场依存性认知方式的个性差异。张厚粲和施岱安从大量的文献中发现,已有的研究观察到场依存性认知方式特征与同化错觉有显著的正相关,但是对比错觉与场依存性之间的关系至今未见有人研究。它们之间的关系如何?为此,他们设计了一个实验研究。结果发现,对比错觉量和场依存性认知方式之间存在着显著的负相关(张厚粲,施岱安,1984)。

完全重复前人的研究虽然没有科学发现上的意义,但对于学生来说,却是学习如何做研究的理想途径。由于影响行为的潜在变量很多,细心的学习者在重复前人的研究时或许会发现某些有科学价值的问题。

1.4 理论

理论也是研究课题的来源之一。一个好的理论应当能够给出许多推论或预言。有时,科学研究是用来检验理论的。根据理论进行推论,一般表述为如果X(理论)是真的,则Y应当为真。然后设计实验来检验这个推论。例如,短时记忆的组块理论认为,可以用组块作为信息单位来测量短时记忆的广度,短时记忆的组块数量是相对恒定的即7±2,并与记忆材料无关(Miller, 1956)。如果这个理论是正确的,那么,无论什么样的记忆材料(例如中文的语词),其短时记忆的广度都应当是7±2。这样,就引出了许多实验研究。例如喻柏林、荆其诚和司马贺用标准的立即回忆实验,以中文的单音词、双音合成词和四字成语为短时记忆的材料,来验证这一理论。研究表明以中文语词为材料的短时记忆广度基本上是符合短时记忆的组块理论的,但受组块的熟悉性和复杂性的影响较大(喻柏林, 荆其诚,司马贺, 1985)。

1.5 机遇

在科学研究中,有时机遇也可能引出新课题,得出重要的科学发现。这样的例子在科学史中是不胜枚举的。机遇透露了自然界的信息,为科学家研究新问题提供了线索。思想敏锐的科学家总是善于抓住这个有希望的线索而穷追不放的。例如,达尔文的儿子在谈到达尔文时写道:"当一种例外情况非常引人注目并屡次出现时,人人都会注意到它。但是,他却具有一种捕捉例外情况的特殊天性。很多人在遇到表面上微不足道又与当前的研究没有关系的事情时,几乎不自觉地,以一种未经认真考虑的解释将它忽略过去……正是这些情况,他抓住了,并以此作为起点(贝弗里奇, 1979)。"这是达尔文之所以能发现生物进化论的一个重要原因。在心理学研究中,我们应当充分认识机遇的重要作用,抓住战机进行研究。

当然,机遇不是研究课题的主要来源。研究课题不能靠坐在实验室等待机遇的到来,它通常是靠搜寻而获得的。机遇所提供的线索能否成为研究的新问题,关键在于研究者是否具有丰富的知识准备和良好的科学素养。正如法国微生物学家巴斯德(Pasteur,1822—1895)所说:"在观察的领域中,机遇只偏爱那种有准备的头脑。"

2 文献综述

有了研究问题并不意味着就能设计出一项研究。科学研究的第二步是文献综述(Literature review)。文献综述就是对既往文献的复习、整理、综合,从而系统地认识某一个专题的历史和观状、成就和展望。因此,确定课题后,文献综述将有助于研究者评价课题和发展课题。

2.1 评价课题

在评价课题时必须要注意两个问题。一是课题的可行性。就是说,研究课题能否用客观的术语加以回答。文献综述将有助于研究者判明是否具有一种恰当的方法或最终将建立起一种方法以获得课题的科学回答。如果发现缺乏获得资料的恰当方法,那么这样的课题或者必须放弃或者要加以修改。有时,还可能发现,课题的研究缺乏必要的仪器设备或不符合个性观的方法论原则,这样的课题当然是不可行的。

二是课题的意义性。通过文献综述可以判明该课题前人是否研究过,以免不必要的重复。通过文献综述还可以明确课题的科学价值。例如,如果有的人选择这样的课题:精神分裂症患者的反应时是否不同于正常人?这个课题便是没有意义的。因为即使他确实找到了他们之间在反应时上有差异,也无法对这种差异作出确定的解释。文献早已载明,反应时可以用来研究一系列的心理过程(如注意等)。如果把课题改为:精神分裂症患者的注意是否不同于正常人?这样的课题就有科学意义。因为它与已知的心理过程有着确定的联系。总之,文献综述有助于研究者辨明选题有无实用价值或科学价值以及价值的大小。

2.2 发展课题

了解特定领域内既往的研究,对于发展课题同样是必要的。心理现象是相互联系、相互影响的。最初选出的课题可能涉及很多因素,因而含糊不清。例如,如果有人想研究:早期经验对知觉发展有什么影响?很明显,这是一个需要提炼的、粗糙的课题。因为它涉及的因素太多。在此例中是哪种机体类型的经验?多早?什么经验?哪种知觉?都不明确。一般说来,在心理学的实验研究中只能对一种或主要对一种心理活动进行研究,而不可能一下子研究所有的东西。文献综述,将有助于形成一个明确的特殊的问题。例如通过查阅文献,研究者发现限制活动可能影响新生儿的深度视知觉。这样的问题就符合实验研究的要求。因为它涉及两个变量——限制活动与深度视知觉之间的关系。这样,我们就可以通过限制新生小猫的活动以考察对其深度视知觉的影响,来解决上述问题。

2.3 资料来源

要写好一篇文献综述应当从多种渠道寻找资料。资料的最基本来源是书籍和期刊。

2.3.1 书籍

涉及心理学的书籍主要有教科书、专著和手册等。教科书是专为教学而编写的专业性书籍。它具有严格的科学性、系统性和逻辑性,其内容包括心理学的基本理论和研究成果。教科书中的研究一般都经过反复验证,是比较可信的资料。如果你所选的课题手头资料很少,最好从教科书中开始搜集文献,以了解该课题的各个方面。一般说来,教科书中都有一章或更多的章节讨论有关问题的一般性论述。如果教科书是最新出版的,并附有参考书目和文献索引,这就可以获得进一步搜寻资料的线索。有的教科书配有教学参考书(例如朱智贤著的《儿童心理学》,配有六本教参书,北京师范大学出版社出版)。从参考书中也可以获得进一步搜寻资料的线索。

专著是就某一专门问题作系统深入叙述的一种著作。其内容包括有关问题的详细发展历史和现状,既往和现在学者们特别是著者个人的具体工作和见解、研究方法和成果,还包括不同学者、学派的观点和争论以及存在的问题和发展趋势,还附有大量的参考文献和书目。手册是就某一心理学分支作广泛介绍的工具性著作。例如有S.S.Stevens主编的《实验心理学手册》(*Handbook of Experimental Psychology.* New York. Wiley. 1951),G. Lindzey和E. Aronson主编的《社会心理学手册》(*Handbook of Social Psychology.* Mass: Addison-Weslep.1968)等。手册一般是就有关问题的历史、现状、方法、结果以及各家的争论观点作客观的叙述,而不阐述著者个人的见解。在确定课题时,如果能得到一本好的专著和手册,那真是雪中送炭,受益匪浅。

除了教科书、专著和手册外,还特别值得研究者查阅的文献是美国加州年鉴公司出版的《心理学年鉴》(*Annual Review of Psychology*)。它每年出一卷。其主要内容是对心理学各分支研究进展作全面系统的综述,有时也包括对新出现的研究领域、问题和方法等作专题性的综述。这些综述都由有关方面的专家执笔,搜集的资料相当丰富,每篇往往引证文献数百篇。对从事心理学研究是很有参考价值的。

2.3.2 期刊

期刊是定期或不定期连续出版的刊物。科学期刊大多刊载各种短篇的学术论文。论文的内容主要有两类:论著和综述。前者是反映研究者本人的工作;后者是综合他人的工作而不加自己的见解。(如果加上自己的见解则称为评述。)心理学的期刊种类很多,主要的有三类:杂志、学报和文摘杂志。

(1)杂志。杂志刊载的科学论文适合于一般专业人员阅读,如中国心理学会出版的《心理科学通讯》,其内容主要包括研究报告、论文、文摘、综述和动态。

(2)学报。学报刊载专业学会会员、高等院校和科研机关的研究人员的科学论文,如中国心理学会出版的《心理学报》,美国心理学会出版的《实验心理学杂志》(*Journal of Ex-*

perimental Psychology)，苏联教育科学院出版的《心理学问题》(*ВопросыПсихологии*)等。学报上刊载的文章专业性强且要求有所创新，仅适合于科研专业人员阅读。此外，我国心理学工作者的科学论文还散见于各高等师范院校出版的学报上。其内容多数属于发展和教育心理学方面的研究。

(3)文摘杂志。文摘杂志是一种期刊情报索引的刊物。美国心理学会出版的《心理学文摘》(*Psychological Abstract*)会给心理学研究者选题提供许多有用的信息。该刊每月出一期，每年两卷，其编辑方针是“全世界心理学和有关学科文献不加评论的摘要”，内容包括17个栏目(普通心理学、心理测量、实验心理学、人类、实验心理学·动物、生理心理学、生理干预、通信系统、发展心理学、社会过程和社会问题、实验社会心理学、人格、身心失调、治疗和预防、专业人员和专业问题、教育心理学、应用心理学)。从文摘中研究者可以了解到，哪一类文章对自己确定课题是最需要的，以便进一步查阅原始文献。因此，这是一本心理学科研人员必不可少的参考资料。

3 形成假设

通过文献综述之后，就有条件对选定的课题提出假设了。假设一般包括两个事件或概念之间的关系，用“如果……那么……”的句子来陈述。例如，通过关于早期经验对深度视知觉影响的有关文献的综述之后，研究者可以作出如下的假设：

“如果婴儿的活动受到限制，那么这些婴儿的深度视知觉将会受到损害。”

科学的假设必须具备下列条件：①科学性，就是说，假设必须以一定的科学实验为基础，有一定的科学事实作依据，并且是经过一定的科学论证的；②有一定的预测性，就是说，假设的基本思想和主要部分是根据已有的科学知识和科学事实推想出来的，因而是假定性的，它是否正确尚待验证；③可行性，就是说，假设中所包含的事件或概念(即变量)是可以操纵或测量的。例如，上述假设就具有可行性。因为新生动物(如猫)的活动是可以加以限制的，其深度视知觉也是可以加以测量的。

如果选择的课题缺乏充分的资料，就无法形成一个特定的假设。研究者也可以根据自己的知识经验猜想两个事件或概念间存在着某种因果联系，进行“试探性冒险”，以验明这种关系的性质。

无论是构成假设进行研究，或进行试探性冒险，研究者都必须注意使自己的思维方法符合唯物辩证法，以唯物辩证法作为自己的指导思想。这一点是非常重要的。

4 选择研究类型

就对条件的控制程度来看,心理学的研究一般可区分出三种类型:实验、准实验和非实验。有了明确的研究问题之后,研究者就将考虑选用合适的研究类型。在考虑选择研究类型时,必须注意两个问题:①能不能控制和操纵变量? ②能不能将概括的结果应用到其他情境中去?

4.1 控制和操纵变量问题

研究类型的选择,首先得考虑能否控制和操纵变量。如果能够进行一种处理,操纵自变量的出现或消失,则可以考虑选择实验或准实验的研究途径。这两种途径都能确定在该处理下所发生的情况。但是,这两种研究途径在控制机体变量上是有差别的。实验研究必须控制机体变量,将被试随机分配到一个特殊的处理条件下。而准实验研究则不过多控制机体变量。作为总体中的被试,其机体变量业已形成,因此,在引入处理之前就难以弄清楚总体中是否存在着个体差异。

在许多心理学研究中往往因为许多原因,使我们无法对变量加以操纵而采用非实验研究。例如:

(1)某事件业已发生;

(2)实际上不能操纵变量;

(3)不易控制或不能操纵。

例如,教育心理学工作者在评价某些教育教学措施的有效性时常常处理业已发生的事件。比方说,在初中入学时,同样的一些学生一部分被分到主张广泛阅读课外读物并经常提供读物的语文老师班上;而另一部分学生则被分到主张精读课文而不提供课外读物的语文老师班上。经过一段时间这样的教学后,用一种标准化的阅读测验来评定这两班学生的差异。这类特殊的非实验研究称为追溯研究(事后研究)或假实验。它跟实验不同,因为研究者既没有分配被试也没有操纵变量。

有的心理学研究是考察两种可测度的行为反应间的关系的。例如,对一个班的学生用标准化的智力测验和学科成就测验来比较学生们的智力和学科成就之间的关系。在这里,智力是个体特征,它是用标准化的测验成绩而加以定义的,因而实际上研究者是不能随意操纵的。这种非实验研究称为相关研究。

不少心理学研究,其条件是不易控制和不能操纵的。例如,成人在各种社交场合(会议室、运动场和商店里等)的社会行为,学生在学习、游戏中的行为,或者是由于条件不易控制,或者由于控制条件而造成行为失真。在这种情况下可采用观察法。又如,如果要考察处境不利的人们(盲人、聋哑人、畸形残废者、癫痫病人和智力落后者等)的心理和行为,由于研究者很难控制研究的条件,也可用非实验研究。

4.2 结果的概括程度

对于心理学来说,实验的最大优点是能够准确地探明事件或现象的因果关系,从而发现规律。但是,它总是人为地干预、控制被试,简化环境因素。因此实验条件下人的行为往往与现实生活中的行为有一定的距离。实验的结果有时难以推广用来解释现实生活中人们的行为。因此,研究者在选择研究类型时应当考虑研究结果的概括程度,考虑结果进一步推广的范围。如果想了解自然情境下人的行为,那只有牺牲观测的严密科学性,而采用非实验研究为好。总之,应当根据课题的性质来选择研究类型。

5 对变量进行分类

研究类型确定之后,研究者应当考虑涉及本研究的各种变量。首先,应当根据假设确定因变量和自变量,并且考虑是否或如何加以操纵。同时,还应根据文献综述辨明涉及本研究的无关变量,并且考虑能否或如何加以控制。

5.1 选择自变量

研究者在考虑选择自变量时,应注意以下几点。

(1)操纵性和非操纵性自变量。考虑是否选择操纵性或非操纵性自变量,应当根据研究类型而定。实验和准实验研究使用操纵性自变量,而非操纵性自变量则见于非实验研究中。在非实验研究中,研究者对变量的操纵是无能为力的,只能根据课题的要求选择具有某种期望特征的被试。

(2)自变量的数目。一项研究可能只包含一个自变量(单因素研究),也可能包含不止一个的自变量(多因素研究)。研究者应当根据研究课题来加以选择。

(3)自变量的水平数(或等级数)。一个自变量在量上的差异可以划分出不同的水平数(特定的值)。一个自变量至少分为两个水平:出现或不出现。选择自变量的水平数,应当根据课题的性质和既往研究所提供的资料而定。如果缺乏既往的资料,探索一项新课题,目的是确定自变量对因变量是否起作用,那么可以考虑选用两个等级的自变量。用出现或不出现自变量,以观测其结果。如果既往的资料已经表明,自变量是起作用的,那就应当使用三个水平或更多水平的自变量。

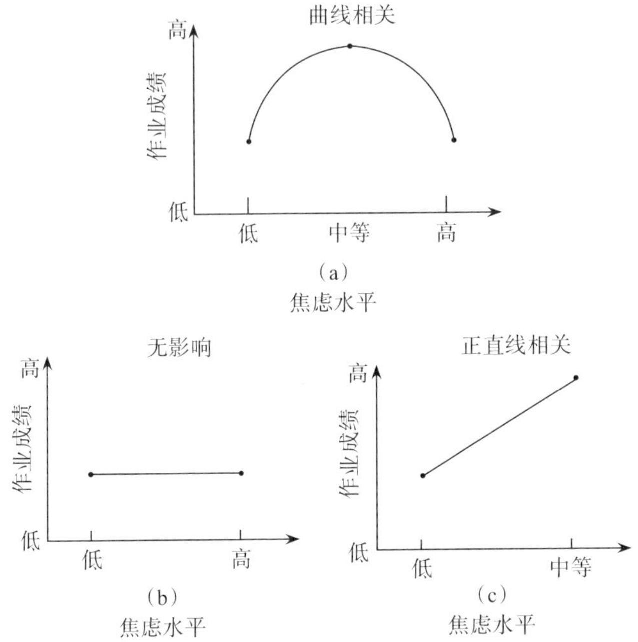

图1　作业成绩与焦虑水平之间的相关

怎样才能确定自变量和因变量之间真实的函数关系。让我们用叶克斯—多德森定律(Yerkes-Dodson Law)来说明这个问题。既往的研究表明,随着焦虑从低水平到中等水平的增加,作业成绩随之上升;然而,焦虑从中等水平增加到高度焦虑状态,作业成绩却随之下降。焦虑水平和作业成绩的关系如图1(a)所示。很明显,如果用两个等级的焦虑水平就不能正确认识这种关系。例如,用低焦虑和高焦虑两个水平,如图1(b),就会误认为焦虑不影响作业成绩。用低焦虑和中等焦虑两个水平,如图1(c),就会误认为焦虑水平和作业成绩呈直线正相关。

5.2 确定因变量

在考虑确定观测因变量时,主要应注意两点:(1)将观测哪一类的因变量? (2)如何来测量它?

心理学研究涉及的因变量主要有两种类型:行为反应(包括骨骼肌的运动反应和生理反应)以及口头或书面的报告。一旦确定了因变量之后,就需要对它下操作性的定义,以便于对它进行测量。有各种测量因变量的方法。到底选用哪一种测量方法则依课题的性质、变量的种类、测量指标的性质以及相应设备的可用性而定。

5.3 辨明无关变量

无关变量是相对于本课题所要探明的自变量和因变量的关系而言的。无关变量同自变量一样，都可以影响因变量。如果不控制或消除无关变量，就无法确定因变量的变化到底是由自变量引起的还是由无关变量引起的。这样的研究结果就毫无价值。无关变量可能来自实验和观察中被试、情境和主试等各个方面。

6 选择被试

在制定研究计划之前还得确定研究中所用的被试。涉及选择被试的有关问题有：①是使用人类被试还是非人类被试？②被试应具备哪些机体特征？③用哪一种取样方法以获得被试所能代表的总体？这些问题的解答是依课题的性质及研究结果的概括程度而定的。

6.1 依问题的性质选择被试

是选用人类被试还是非人类被试？应当依据课题的性质而定。许多心理学研究选用人类被试，因为它关心的是人类的心理和行为。只要处理不违背教育性原则，研究者就可以考虑使用人类被试。如果处理是不符合教育性原则的（更不用说是非法的和有损被试身心健康的），就不能选用人类被试，而应当考虑选用适当的非人类被试。例如，“限制活动对视知觉的影响”，这样的实验就不能选用人类被试，而只能选用动物被试。有的心理学研究使用非人类被试是考虑到要严密地控制无关变量。例如用同胎的幼小个体或限制它们的活动以削弱个体差异，然后进行实验研究。在人类被试身上就不可能做到这样的控制。

6.2 依研究结果的概括程度选择被试

在科学研究中，研究者通常是根据假设所得的结果，推广其适用的范围，从而得出一种概括性的陈述。这就涉及研究的总体以及用于研究的该总体的数目问题。在从事一项研究时必须要考虑研究结果的概括程度来选择被试。心理学研究的总体可能是很大的群体，也可能是一个小群体，或仅具有某种特性的成员。例如，所有的生物，世界上所有的人，某个国家的所有人，某个民族的所有人，所有的大学生，某个年龄组的所有成员，某个学校的学生……都可以作为心理学研究的总体。因此，必须考虑研究结果的适用范围，对总体加以界定。

由于种种条件的限制，我们不可能也没有必要对总体都加以研究，可仅仅从其组成的个体中进行取样，使样本能代表总体。而样本的代表性在很大程度上取决于对总体分类的精确性、样本的足够性和总体的异质性。如果总体的范围是明确界定的,则能增加样本的代表性。如果抽取的样本过少,则应考虑样本是否能代表总体的一般特性。如果总体中的每个个体十分相似,则较少的样本仍有其代表性。因此,在取样之前,应当先界定总体的范围,了解总体的特性,确定样本的单位,然后再决定取样的方法和样本的规模。

取样的方法很多。最常用的是随机取样法。如果总体中的个体差异甚大,且分布不均匀时,最好用分层取样法。分层取样也称分类取样,就是在取样前根据某种标准将总体中的个体分为若干类(即若干层),然后再在各层中随机取出若干个体作为样本。如果总体中的团体基本上能代表总体,为了节省时间还可以用团体取样法,即将总体按某种标准分成若干类别,然后在各类中随机选取若干类作为样本,对选取的各类均加以研究。

7 制订研究方案

在制订研究方案时会遇到许多问题。一个研究方案一般包括三项内容:(1)研究和实验设计的类型;(2)样本的大小;(3)仪器和材料的使用。研究者对这些内容都应作出详细周密的考虑。

7.1 研究和实验设计的类型

一项研究和实验设计应包括下列内容:①处理,即自变量的数目和等级的安排;②分配被试的措施(仅在实验中);③对资料分析所用的统计考验。研究和实验设计就是对上述各项作合理的安排,以便经济地、高效率地达到目的。实验设计和研究设计,这两个术语是有区别的。前者仅针对实验而言,后者则包括实验、准实验和非实验研究。

在研究的这一阶段,研究者应当对被试的处理作出决策。如果是进行一项实验,则必须考虑如何对被试进行相应的处理。对被试加以处理是控制无关变量的一种重要措施,其目的是使被试组在已知的生理和心理特征上达到大致相同。实验主要由四个步骤组成:随机选择被试→分配被试接受不同的处理→操纵自变量→观测因变量。而非实验研究仅有两个步骤:选择相似和不同的被试→观测。可见,实验和非实验研究在条件控制的严密性上是很有区别的。研究者应当根据课题的性质,选择并做好相应的设计。

在研究设计时还应预先考虑选用统计考验的问题。统计考验的选择应当根据采用的自变量的数目和水平数、被试的人数以及对被试的不同处理方式等来确定。

7.2 样本的大小

在一项研究中,关于样本大小的决策是一个难题。在考虑这个问题时,应当注意两点:一是要满足统计学上的要求,二是实际上收集数据的可能性。如果使用的样本很大,当然可以满足许多统计学上的要求;但是,这实际上是做不到的,一是时间和经济上不允许,二是也难以找到这么多可用的被试。如果使用的样本太小,当然收集数据是方便了;但过少的数据难以验证研究假设,因为被试的反应很可能存在着大量的差异,从而会掩盖真实存在的关系。

对于上述问题,许多研究是通过导向性实验(pilot experiment)或查阅该问题的既有文献来解决的。导向性实验是一种小型的研究,目的是对假设进行检验,看看是否有必要做大规模的实验验证。如果导向性实验的结果表明被试在选定的作业上成绩大致相近似,则可以选用数量较少的被试(10—12名);如果成绩差异大,则应考虑选择较多的被试(30名左右)。倘若无法做导向性实验,那么应当通过查阅既有文献来获得使用样本大小的有关信息。

7.3 仪器和材料的使用

心理学研究所使用的仪器和材料是多种多样的。使用仪器和材料的主要目的是:呈现实验处理、控制环境、观测行为以及处理观测资料。可以把心理学中的仪器和材料区分为以下四种类型。

(1)产生或测量刺激的仪器和材料。常用的如速示器(tachistoscope)、时距控制器(interval timer)、记忆鼓(memory drum)、色轮(color wheel)、闪光融合仪(flickerfusion apparatus)、棒框调整仪(rod frame apparatus)、镜画器(mirror drawing)、深度刺激仪(depth-perception box)以及用于各种测验的量表等等。

(2)侦察或记录反应的仪器和材料。常用的如计数器(counter)、反应时仪(reaction timer)、示波器(oscillograph)、多道描记器(polygraph)以及各种形式的记录纸等。

(3)控制环境的装置。常用的如暗室、眼罩、单向玻璃装置、闭路电视等。

(4)电子计算机。在心理学研究中有多种用途:既可呈现刺激和侦测反应,也可模拟实验和统计考验等。它是具有多种用途的仪器设备。

研究者可以根据课题的需要和实际的可能选择使用上述仪器和材料。在选择仪器和材料时应当以经济、实用为原则。不要片面地追求高、精、尖。实际上,心理学实验,特别是演示实验只要用简单的材料就可以进行,关键是需要研究者多动脑筋。

心理学研究必须在良好的环境下进行。最低限度应当做到:实验室内空气新鲜、温度正常、光线自然而充足;闲人不得进入实验室内;实验时不得闲谈和吸烟等。

8 收集并整理资料

把研究方案付诸实施，研究者的任务是收集资料。由于心理现象的复杂性，在心理学研究中准确无误地收集资料往往是十分困难的。这就更需要研究者具有敏锐的洞察力、严谨的科学态度，对观测资料进行全面而又细致的记录。

心理学研究所能收集到的资料，大致可分为四类。

(1)计数资料(enumeration data)，就是按个体的某一属性或某一反应属性进行分类计数的资料。这种资料只反映个体间有质的不同，而没有量的差别。例如，被试的男与女、成年与非成年；反应的有与无、对与错等。

(2)计量资料(measurement data)，就是用测量所得到的数值大小来表示的资料。例如被试的年龄(岁)、体重(公斤)、脉搏(次/分)、反应频率(次/秒)、智商(IQ)等。

(3)等级资料(ranked data)，介于计数资料和计量资料之间，可称为半计量资料。心理量表法所取得的资料都属于这类资料。例如，被试的领导能力可划分为强、中、弱；某个团体对某项改革措施的态度可划分为强烈赞成、赞成、无意见、反对、强烈反对等。

上述三种资料统称为数据。根据研究的需要，上述三种资料在一定条件下又是可以互相转化的。

(4)描述性资料(descriptive data)，即非数量化的资料。在心理学研究中，数量化的资料固然是重要的，但描述性资料也同样是重要的。有的初学心理学实验的学生有一种片面的观点，他们只重视数据，实验时只记几个数字，而对于实验的条件、过程、观察到的现象以及各种影响都不作记录。这样的实验结果是不能说明任何问题的。描述性资料可以补充说明数据，使数据更有说服力。但描述性资料由于没有数量指标作为客观的尺度，在对它进行解释时容易产生主观片面的错误。因此对它的解释务必更加小心谨慎。

实验和观察到的数据应当用统计方法加以整理，制成图表。在统计表中则要列出均值、极差、标准差和标准误等数值。如果研究是在实验组与对照组、实验组与实验组之间进行对比，则还需注明其 t 值、χ^2 值和可信度的 p 值。

9 得出结论

对于获得的结果，研究者必须持实事求是的态度给予解释，分析它与假设符合的程度；是否证实了假设？证实了假设的哪些内容？还有哪些未被证实？是否有超出假设或与假设相矛盾的情况？同时，还应分析自己的研究结果的精确性与可靠性，并将结果与既有的理论或假设加以比较。通过对研究结果的适用范围和可能存在的问题作实事求是的分析后,便可以得出结论了。

在得出结论时,应当持十分谨慎的态度。因为,即使在实验研究中,统计分析表明结果并非机遇所致,也不能绝对地断言操纵自变量就必然引起了因变量的变化。这里还可能有某些未知的和未被控制的因素而成为因变量发生变化的原因。在准实验研究中,被试是未加处理的,因而在引入自变量之前可能不一定是相等的。被试组间的差异可能是未被控制的变量所致。至于在非实验研究中阐述原因就更加困难了。即使观测到两个变量有高度的相关,也不能遽下结论说它们之间有因果联系。因此,在得出结论时,必须时刻牢记要“敏于事而慎于言”,客观而真实地反映研究的结果。

10 撰写科研报告

撰写科研报告是一项课题研究的最后一个程序,也是科研工作的总结。它概括科研工作的进程,反映科研成果,体现科研的水平和价值以及研究者的严谨科学态度。同时也便于科研成果的推广和交流。因此,撰写科研报告是研究程序的一个重要环节。

研究者应当实事求是地、精心地撰写好科研报告,做到一项课题研究善始善终。否则,一项课题研究就会半途而废。

在心理学中,科研报告主要包括下列几项内容:题目、前言、方法、结果、讨论、结论、参考文献、附录和摘要。

10.1 题目

题目实际上是科研报告的主题思想。它必须能准确地概括论文所要阐述的内容,一般应体现出自变量和因变量及其关系。例如,“照明性质对辨认色标的影响”(朱祖祥、许跃进,《心理学报》,1982年第2期),在这个题目中,“照明性质”是自变量,“对色标的辨认”是因变量。它一目了然地告诉读者论文的主题思想是什么。

10.2 前言

这是科研报告正文的开头部分。一般应叙述问题的提出、选题的依据(通过文献综述)、该课题的价值和意义,以及本研究的直接目的。这部分的内容,文字不多,通常都写得非常简短。

10.3 方法

这部分主要阐明实验研究所使用的仪器、材料、方法、工作条件和研究的基本步骤。同时还应阐明被试的特性(如性别、年龄等)以及实验组和控制组等情况。写出这部分的目的是为论文提供科学依据,以便他人用同样的方法可以进行重复。因此,凡是足以影响实验观察结果的各种条件和因素,都应在此处如实地、完整地、准确地交代清楚。

10.4 结果

这是论文的主干部分。这里,所叙述的是作者本人的实验结果,而不能夹杂前人的工作结果。也就是说,将实验研究所得到的必要数据、典型案例、观察记录用统计表、曲线图、照片并结合文字分别叙述出来。如果内容较多,则应分段陈述,并加以小标题。分段的方法很多,可以根据实验观察的指标分段,也可以根据施加的不同因素分段,或根据实验研究过程的阶段性分段等等。每段中的文字应力求简明扼要、准确无误地说明图表和照片的内容而不外加研究者的议论和分析,以保证结果的纯洁性、客观性和准确性。

10.5 讨论

写这一部分的目的是从理论上加深对研究结果的认识,为本研究的结论提供理论依据。讨论的内容必须以结果为基础,从结果出发,凡是结果可能引出的理论认识或需要作进一步解释的内容,均可在这里加以讨论。具体的内容可以包括如下几个方面:

(1)讨论某一项实验结果的有关问题,如对误差、显著性的分析,指出该项结果所能说明的原理,以及对出现的新现象的解释;

(2)对本研究几项实验结果的综合分析和推论,来说明某种理论和可能的展望;

(3)将前人在本研究问题上的观点和结论与本研究结果加以比较,分析其间的异同和原因;

(4)用其他科研领域中的成果来解释本研究的结果和推论;

(5)分析并提出本研究中尚未解决或需要进一步加以解决的问题。

总之,讨论的内容必须从结果出发,紧密围绕课题的设想,用已知的经验或理论加以解释,以显示结果的价值和意义;同时,还可以对结果中不够完善之处进行补充说明,从而为得出结论铺平道路。

10.6 结论

就是把研究结果和讨论分析后的认识，以简洁明晰的语句表达出来。概括出的结论必须要符合研究结果的实际，既不能夸大，也不能缩小，更不允许有不合逻辑的地方。

10.7 参考文献

在撰写论文时，参考过的文献资料列于科研报告的正文之后。列出参考文献时，应标以序号，写明作者、文献名称、出版单位、地点、时间以及页码等。

10.8 附录

一般把详细的原始数据、实验观察记录、繁琐的数学推导、问卷题或其他不宜放入正文中的资料，列于附录之中，以资查证。

10.9 摘要

正式发表的科研报告，一般应写出论文摘要，把它放在正文的前面。论文提要应当以最概括、最简洁的语言写出，内容包括本课题所要解决的问题、方法，以及获得的结果和结论。如果论文在供国际交流的《心理学报》等高水平的杂志上发表，则还应写出外文摘要，附于论文的最后。

应当指出，上述各项仅是为了便于学习怎么做心理学研究工作，才把一篇科研报告解剖成几个部分，分别加以说明的。实际上，由于研究的题材和内容的不同，上述各项完全可以而且应当根据需要有所增删，也可以把其中的某些项合在一起来写。但科研报告（包括实验报告）的基本思路和结构，一般都是包括上述各项内容的。

相关文献（略）。

原文载于《心理学实验指导》，人民教育出版社1988年。

附录1 数据图示

一篇优秀的论文往往是图文并茂的。心理学家经常以统计图来直观地呈现研究结果。

作图的基本要素

在心理学研究中通常采用两个变量的图表。这两个变量的关系以互相垂直的两个坐标轴来表示。因变量通常在纵轴(或y轴)上;自变量通常在横轴(或x轴)上。图1的a点的坐标值为(x_o,y_o),表示某次对x和y变量的测量,变量x的测量值为x_o时,y变量的测量值为y_o。

散点图可以用来描述两个变量之间的关系。图1中的散点图表明变量x和变量y是相互联系的:x值增加时,相对应的y值也增大。科学研究中,常用散点图来显示两个变量之间的关系。两个变量可能存在某种联系,或可能只是随机模式,而不存在任何关联。

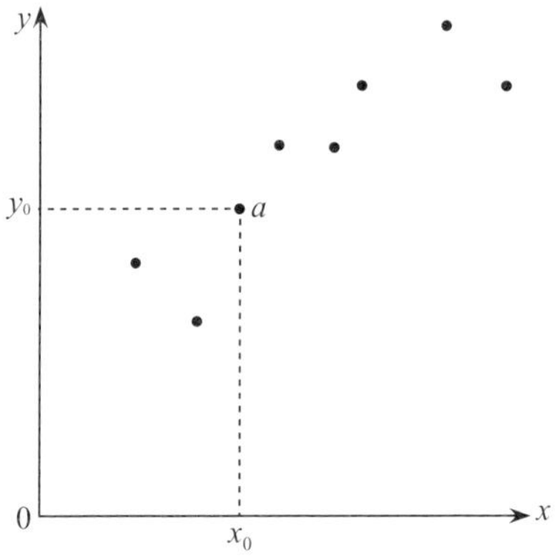

图1 用散点图绘出两个变量

假设两个变量之间存在着某种关系,我们通常会用一个线性函数或曲线来描述它们的关系。最简单的直线关系用函数$y=mx+b$来表示,这里m表示直线的斜率,b是它在y轴上的截距(当x等于0时,算出的y的值)。图2(a)呈现了这种关系。直线的斜率是把y轴上变量的变化(Δy)除以在x轴上变量的变化(Δx)得出的。(b)部分的曲线斜率是它的切线(只接触曲线一点的一条直线)的斜率。

用函数或曲线的斜率来表示两个变量之间的关系十分方便。斜率+3.0表示x轴上的变量每增加1个单位的变化,在y轴上变量的变化要增加3个单位。截距表示当变量在x轴上的值为0时,变量在y轴上的值。

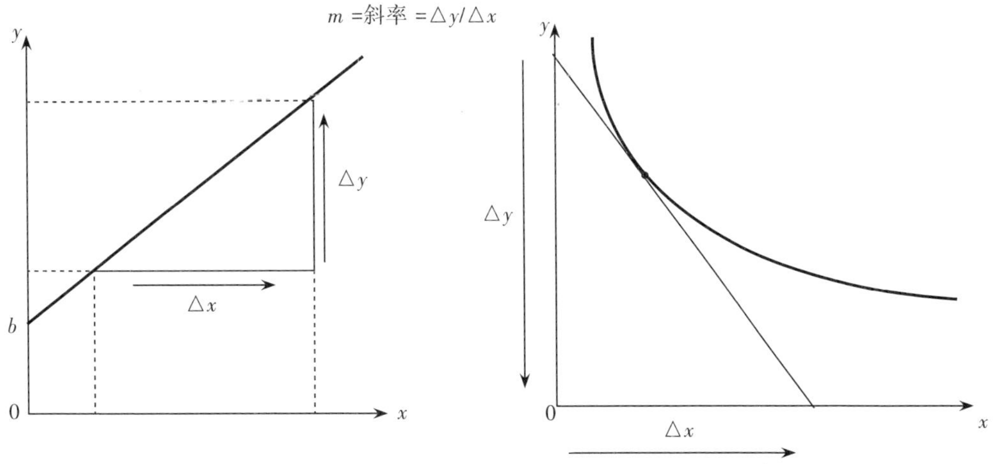

(a)直线　　(b)曲线

图2　斜率和截距

函数关系

用统计图表示两种变量之间的关系十分直观。通常两个变量之间的这种关系是函数关系,即相互依赖或因果关系。一个因果关系必有一个因变量(dependent variable)和一个自变量(independent variable)。因变量的值是由自变量的值决定的。假设我们想要考察经济收入的货币数量和一个人或一个团体主观幸福感的关系,仅用一个统计图就可以把它们的关系表达清楚。

图3表示幸福感水平和个人经济收入的关系。个人经济收入越高,人们越幸福。由该曲线的形状可知,随着个人经济收入的增加你可以得到的幸福会有一个限度。当经济收入较高时,再增加经济收入,主观幸福感的增加较少。主观幸福感水平和经济收入的关系并非一成不变的,也受到其他因素的调节,比如遗传基因、受教育水平、健康程度和生活方式的选择。很多研究发现,压力与疾病的关系呈U型曲线,如图4所示。曲线图表明压力很小,疾病发生的可能性高;然而,曲线图同时也表明,压力很大,发生疾病的可能性也很高。适量的压力,即在压力既不太高也不太低的情况下,才是最健康的,而且可以预防疾病。

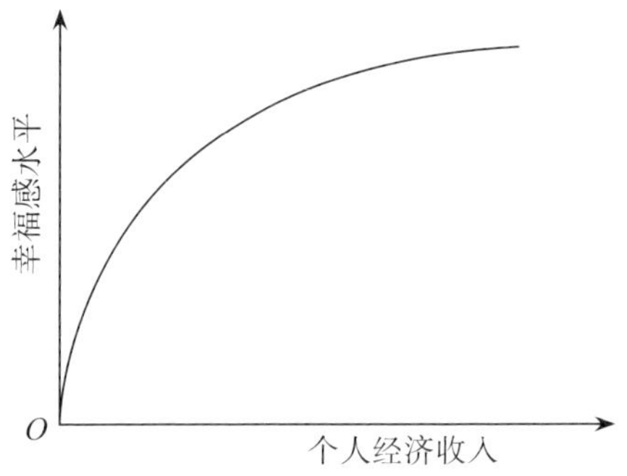

图3 主观幸福感水平与个人经济收入间的函数关系

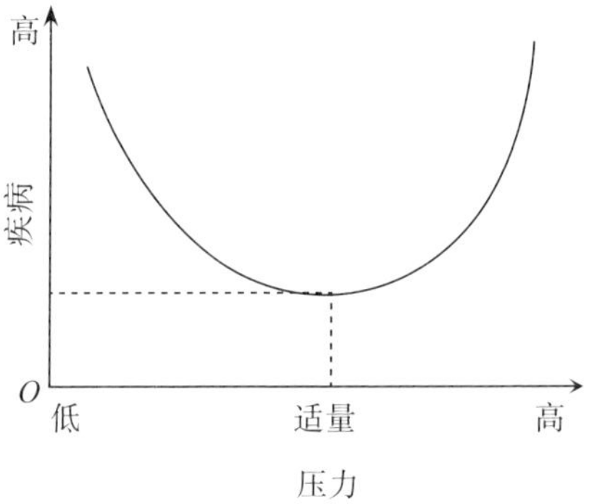

图4 压力与疾病的关系

通常,人在中等动机强度时工作效率最高。但是,动机的最佳水平还因作业的性质不同而不同,如图5所示:面对比较容易的任务,工作效率有随动机提高而上升的趋势;而面对困难和复杂的任务,动机最佳水平有逐渐下降的趋势。这种现象称为叶克斯—多德森定律。

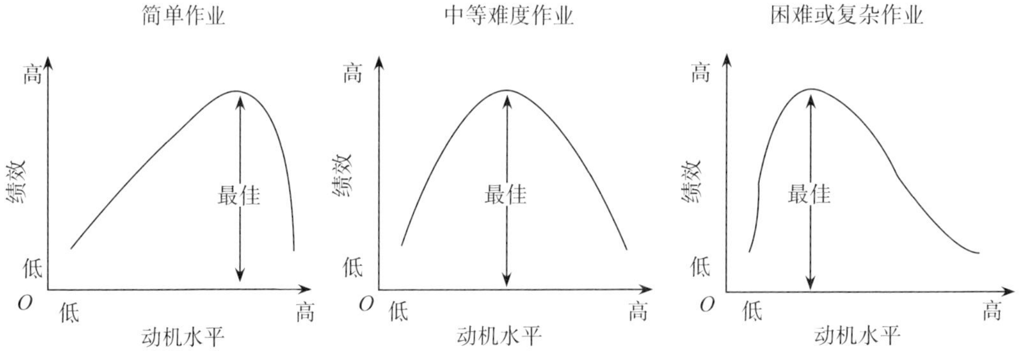

图5 不同难度作业下动机水平与绩效的关系

时间序列图

有些时候考察变量在一定时间上的变化很重要。一般用时间序列图表示一些数据序列的趋势。时间序列图专门选用小时、天、周、月、季度或年度数据来跟进一个行为变量的变化。图6是德国心理学家艾宾浩斯(Hermann Ebbinghaus, 1850—1909)以自己为被试,以无意义音节为记忆材料,以再学法的节省率为保持量的指标。他先让自己把无意义音节字表学习到一个标准(如百分之百正确),然后隔20分钟、1小时、9小时、1天、2天、6天、31天后,再学习该材料,并求出各阶段的节省率。其结果如图6所示,学习后的不同时间里保持量是不同的,刚学完时保持量最大,在学后的短时间里保持量急剧下降,然后保持量渐趋稳定地下降,最后接近水平。这条曲线称为保持曲线,由于传统上保持也被视为遗忘的反面,因而也称为艾宾浩斯遗忘曲线。

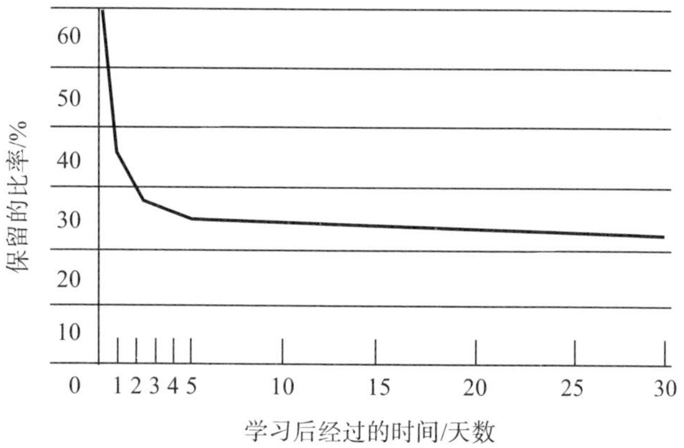

图6 艾宾浩斯遗忘曲线

如果对压力与适应行为的关系感兴趣,也可以搜集这两组数据,考察两个变量的时间序列来表现它们之间的关系。加拿大生理心理学家塞利(Hans Selye, 1907—1982)在1950年代用白鼠为被试,将其置于各种压力情境下,观察白鼠的行为反应。研究者将白鼠行为反应的适应过程分为三个阶段,如图7:(1)警戒反应阶段(alarm reaction stage),该阶段又分为两个时期:①休克期,面对刺激的突然出现,个体体温和血压下降,肌肉松弛,表现为缺乏适应能力,如果压力持续下去,紧接着是②反休克期,机体肾上腺分泌增加,进入类似的应急反应阶段,图7中两根黑色曲线下降后又继而上升,表明这一阶段有两个时期。(2)抗拒阶段(resistance stage),该阶段个体生理功能大体恢复正常,表明个体已能适应此种生活压力环境。但如果压力仍持续下去,个体的适应能力会下降,最终导致下一阶段。(3)衰竭阶段(exhaustion stage),此阶段个体适应能力耗尽,陷入崩溃状态,继之死亡。塞利将这一适应生理反应称为一般适应综合征。图7中的粗曲线表示一般适应综合征的反应过程。如果实验开始后再增加一种新的压力(如冷冻之外再加毒食),个体抗拒阶段的适应能力很快降低,结果导致出现提前衰竭阶段(图中的细曲线)。

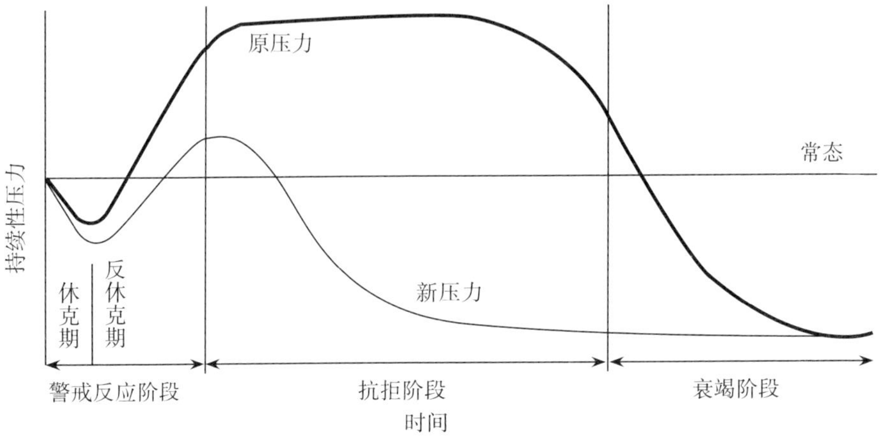

图7 持续压力下一般适应症候群

(此文为2008年为研究生讲课用的资料)

附录2　数据统计基础

面对一组数据,我们如何对相关信息进行归纳,使之成为读者有用的信息呢?心理学研究者经常会面对大量的数据,对很多变量进行许多次甚至百次以上的观察。对大量数据进行归纳的一种有效方式是直方图(histogram)。

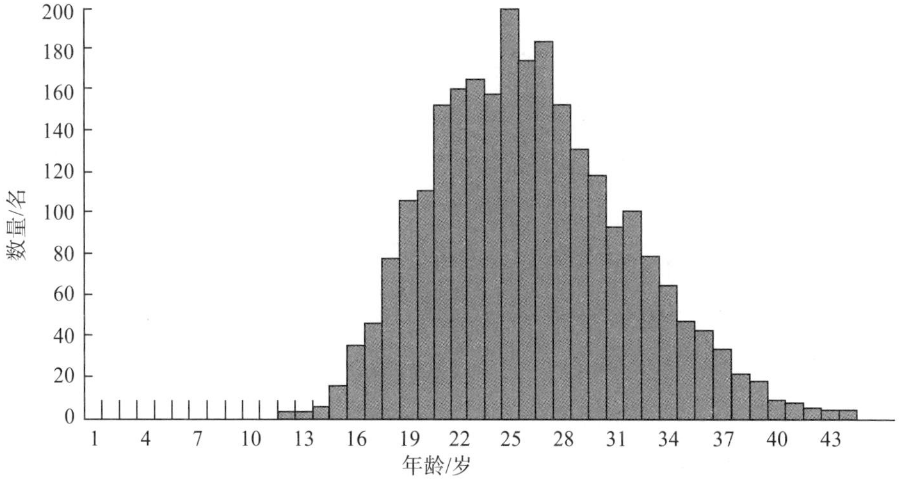

图1　产妇的年龄分布直方图

图1是1991年美国得州一所医院孕妇的年龄分布直方图。这个图告诉我们很多有关当年分娩的2 476名母亲的年龄信息:年龄最小者为12岁,最大者为44岁,年龄跨度达到32岁。出现次数最多的年龄为25岁,这是分布的近似中心。

条形图可以用统计学方法进行分析:界定分布的中心和确定数据的离散程度。其正式名称叫集中趋势和离散趋势。

集中趋势的测量标准

集中趋势也称为集中量数,是体现一组数据一般水平的统计值。它能反映频数分布中大量数据向某一点集中的情况。最常见的集中量数是平均数(mean)。平均数也称为算术平均数,是指所有观察值的总和与总的数据个数之商。变量X的平均数可以用$\bar{X}$表示,样本的平均数可用大写字母M表示。对孕妇的年龄加总为64 137岁。除以总数2 476,得到平均年龄为25.9岁。

在部分情况下,以平均数作为一组数据的代表值可能会产生误导,因为平均数易受到极端数据的影响。假设5个婴儿在某一天出生,他们的母亲分别为42岁、27岁、25岁、

23岁以及23岁。这5个女人的平均年龄为：

$$M=\frac{42+27+25+23+23}{5}=28\text{岁}$$

只有一位母亲的年龄大于28岁，而四位母亲的年龄小于28。42岁导致了平均数偏离大部分数据，而不能作为该组数据的好的代表值。

另一种集中量数叫中位数（median）。中位数也称为中数，它将我们所研究的数据分为数目相等的两半，其中一半的值比它小，另外一半的值比它大，等价于百分位数是50的那个数。如果观察数目为奇数，中位数是中间的数字。如果观察数目为偶数，中位数是中间两个数值的平均数。还有一个集中量数是众数（mode）。众数就是指一组数据中那个出现频率最高的数值，用M_0来表示。使用众数时，应该谨慎。如果在分布中不止具有一个众数，则应当考虑哪个众数能真正代表数据的总体情况。在考虑集中量数时，应当首选算术平均数。算术平均数的计算利用了所有的数据，因此对数据具有高的代表性。并且算术平均数与中数和众数比较起来，反应更灵敏，因此我们通常都使用平均数而很少使用中数和众数。

离散趋势的测量标准

要全面了解一组数据，我们既需要了解数据分布的集中趋势，还要了解数据分布的离散趋势。我们用差异量数来描述数据分布的离散趋势。差异量数越大，表示数据间的差别越大；差异量数越小，表示数据间越近似。集中量数与差异量数是相互补充的、不可分离的。通常在统计学上用标准差或方差作为测量数值偏离平均数的离散指数。

标准差（standard deviation，缩写为S或SD）是衡量数据对于平均值的偏离程度的指标，即用来衡量该组数据的离散程度。标准差越大，这组数据的离散程度越大。计算标准差的公式如下：

$$S=\sqrt{\frac{\sum(X-\bar{X})^2}{n-1}}$$

其中S是标准差；

$\sum$是西格玛，表示将其后所有数值累加求和；

X是具体的数值；

$\bar{X}$是所有数值的均值；

n是样本的数量；

方差（variance）是标准差的平方，其计算公式如下：

$$S^2=\frac{\sum(X-\bar{X})^2}{n-1}$$

其中S^2表示方差。方差的公式与标准差的公式相同，只是没有平方根符号。

另外一个常见的问题是数据分布的形状。对称分布很像左右对称的钟，最典型的对称分布是正态分布（normal distributions）。非对称的分布则是偏态分布（skewed distributions），例如图2中，数据分布A的大部分数据分布于右侧，只有少量的数据分布于左侧，这是正偏态分布。比如你参加一次难度很大的考试，只有少数人得到相当好的成绩而大多数都考得不好。分布C的大部分数据分布于左侧，而少部分数据分布于右侧，这是负偏态分布。当考试难度小时，大多数考生是高分，少数考生是低分。分布B左右对称，没有向一侧偏，则是对称分布。在正偏态分布中，平均值>中位数>众数；在负偏态分布中，平均值<中位数<众数。

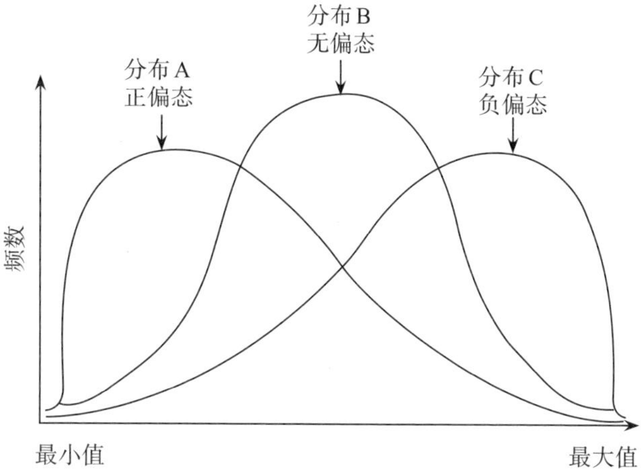

图2 不同的数据分布

相关性

在心理学的研究中往往涉及2个或更多变量之间的关系，这就会用到相关分析方法。附注A中图1的散点图是检验2个变量之间关系的一种方式。请看散点图中的点，围绕一条直线的紧密的点群说明两个变量之间存在强的线性关系，松散的点群表明有微弱的线性联系。

相关系数（correlation coefficient）表示变量之间的相关程度。相关系数可以衡量2个变量之间关系的密切程度。2个变量的完全相关意味着观察对象位于同一条直线上，其相关系数值为+1（完全正相关）或者-1（完全负相关）。极少情况的相关系数为0，2个变量没有同时上升或者下降的趋势。

相关系数说明2个变量存在某种关系，但这种关系不一定是因果关系。例如，我们看到智商分数较高的学生比那些智商分数较低的学生学习成绩更好，智商与学习成绩之间存在强的正相关关系。但是，我们不能说智商高是提高学习成绩的原因。相关不能确认影响的方向。一种可能是，高智商可能会导致儿童成为好学生；另一种可能是，在校学习努力使儿童在智商测验中得高分。另外还有其他许多因素如家庭背景、教师的责任心等都会影响学生的学习成绩。当然如果有可能控制所有这些混淆因素，相关性将为因果关系提供更有力的证据。

回归分析

相关分析只能给出一个相关系数来度量变量间关系的密切程度，其中的变量不分主次，处于同等地位。而回归分析（regression analysis）则进一步给出变量间关系的数学模型，它通常会规定自变量和因变量，并用一个数学关系式反映一个或多个变量对"一个"因变量的预测关系。不能简单地将回归分析视为对变量间因果关系的探讨，因为由于研究目的的不同，回归分析中的自变量与因变量的位置完全是可以对调的。

线性回归

线性回归（linear regression analysis）是最为简单的回归模型。在线性回归中两个变量之间为线性关系。图3以点阵图表示的假想研究中的 X 值和 Y 值，表明在每一个样本中 X 和 Y 值完全相同，即某样本的 X 值为1时，其 Y 值也为1，依次类推。这两个变量的关系可以用方程表示为 $Y=X$，即回归方程（regression equation）。由于所有4个点都在一条直线上，可以将这4个点连成一条直线，即回归线。

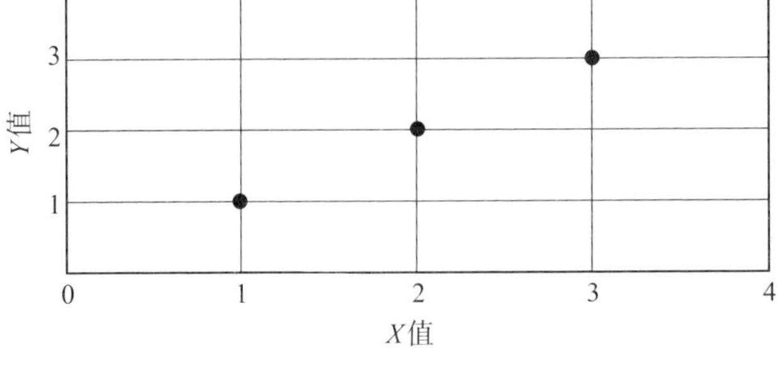

图3　X 值与 Y 值的简单点阵图

线性回归具有重要的描述作用。回归线可以直观地显示X和Y的相互关系，而回归方程则是用数学函数简明地描述该关系。回归模型也具有推论价值。回归方程在某种程度上可以正确描述两个变量间的一般关联性，已知自变量的数值，可以利用回归方程来预测因变量。例如，我们知道一个样本的X值是2.5，那么我们也可以推测Y值也是2.5。

当然，实际研究中很少只限于4个样本，变量间的关联性也不会像图3那样清楚。图4表示中小型城镇，人口与心理障碍发生率之间的假想关系。在点阵图中，每一个点代表一个城镇，其X坐标代表该城镇的人口，Y坐标表示其心理障碍发生率。在这个例子中，Y值（心理障碍发生率）基本上与X值（人口）相当；所以当X值增加时，Y值也会增加。但其关联性都不像图3那样清楚了。

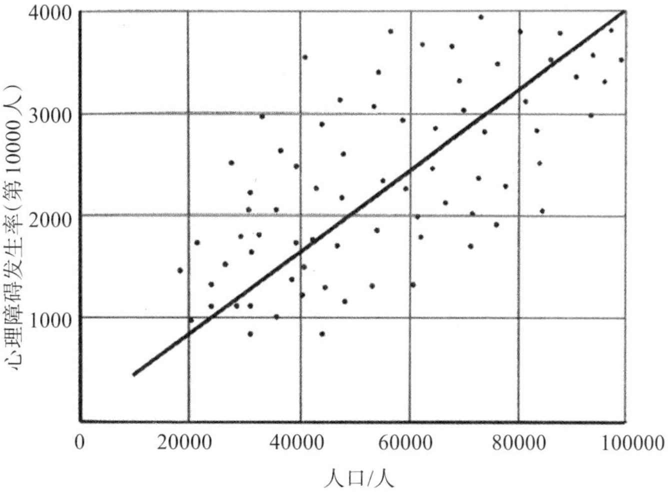

图4　假想的两变量值的点阵图加上回归线

在图4中根本无法画出一条通过所有点的直线。但是，我们却可以画出一条大致接近的直线，也就是说最能代表所有点的那条直线（像图4中已画出的）。图中的回归线可以用方程$Y=a+bX$来表示，其中X和Y表示两个变量的值。在这个方程中，如果我们已知a和b的值，那么我们便可以计算出每个X值对应的Y值。

回归分析可以建立回归方程，以求出最能代表所有点的直线。回归方程在描述和推论上都具有重要的价值，它为两个变量关系提供了数学描述，同时让我们在知道X值时可以推测出Y值。参看图4，如果我们知道某城镇的人口数，就可以推测出心理障碍发生率。

如果建立起一条回归线并用回归方程来叙述，当我们知道某变量的值之后，便可以推测另一变量的值，各种方程的一般形式是$Y'=a+bX$；a和b是已知值，X是一变量值，Y'

则是被推测出的另一变量值。根据已知的X、a和b值可以计算推测Y'值。Y'值的实际值与推测值之差的平方和称为“未被解释的变异”,它代表的是根据已知X值进行推测后仍然存在的误差。最能代表所有点的回归直线,即是“未被解释的变异”最小的直线。心理学研究往往涉及两个以上的变量,这时可以采用多元线性回归来分析。

统计显著性检验

前面我们已经介绍了已知两个变量的数据,可以计算一个相关系数。如何判断这个相关系数是稳定存在,而不是由于随机误差导致的?显著性参数检验(parametric tests of significance)可以帮助我们解决这个问题。注意:统计显著性丝毫不意味着“重要性”,它指我们由样本所推断的结论并非真实存在,而是由于取样误差所导致的可能性。

统计显著性检验的基本逻辑是:通过随机抽样获得了两个样本,分析这两个样本是从同一个总体中抽样的,还是从两个不同的总体中抽样的。当两个样本的差异达到统计显著性时,说明两个样本是从不同的总体中抽样的;反之,差异未达到统计显著性,说明两个样本是从同一总体中抽样的。因此,从样本资料观察到的关系,其统计显著性通常用概率来表示。显著性在0.05的水平($p\leqslant0.05$)意指变量间的关系强度纯粹是因取样误差造成的,即在100次中不会超过5次。就刚才的例子而言,我们假定在总体中变量间是不相关的,然后,我们会问取自该总体的样本中,有多少会产生如同实证资料中所测得的相关程度:在研究报告中经常用三个显著水平,即0.05,0.01,0.001。也就是说,由于取样误差的原因使得测量得到的相关概率分别是5/100,1/100,1/1000。如果任何测得的相关因素在哪个显著水平具有统计的显著性,便会认定两个变量间具有真正的相关性。换言之,它们不接受这个关系,则完全是由于取样误差造成的。

卡方分析

卡方分析(χ^2)在心理学研究中常用来检验计数数据的显著性。其零假设是:这两个变量的总体无任何关系。有了两个变量观测值,我们可以计算出如果两个变量没有关系时的期望值,被称为期望频次。然后将这些期望频次,与实际从样本中得到的频次进行比较,便可以确定两者间的差异完全因取样误差的概率有多少。

例如,假设我们对某些社区老人的性别与上俱乐部的次数之间的关系感到有兴趣。为了检验这种关系,我们随机取样了这些社区老年人100名,其中男40人,女60人。然后询问他们上周是否去参加俱乐部的活动。样本中有70%的人说他们上周去过俱乐部，有30%的人没有去过。如果性别与上俱乐部之间没有关系，那么样本中70%的男性应该说上周去过俱乐部，而男性中的另外30%则没有。女性中也应该出现同样的百分比。正如表1所示，应该有28名男性和42名女性去过俱乐部，12名男性和18名女性没有去过。

表1 假想的卡方检验例子

①	期望值	男性	女性	总数
	上俱乐部	28	42	70
	不上俱乐部	12	18	30
	总数	40	60	100
②	实际值	男性	女性	总数
	上俱乐部	20	50	70
	不上俱乐部	20	10	30
	总人数	40	60	100
③	(实际值−期望值)^2÷期望值	男性	女性	
	上俱乐部	2.29	1.52	$\chi^2(1)=12.7$
	不上俱乐部	5.33	3.56	$p<0.001$

表1中②是实际观察到的这100名老年人去俱乐部的情况：实际上有20名男性报告上周去过俱乐部，其余20名没有去过；女性样本中有50名去过俱乐部，只有10名说没去过。将预期次数与实际观察到的次数相比较，可以看出，实际上去俱乐部的男性比预期的稍微少了一些，而女性却比预期的要多。

卡方的计算如下：用实际值减去期望值然后平方；用平方后的值除以期望值。然后将每一格所得之结果全部加起来求和，该求和值即为卡方（本例中，卡方值为12.7）。如果性别和上俱乐部在整个老年人群体中是无关的，那么出现该卡方值的概率少于1/100。因此我们可以说在0.01的水平上变量之间具有统计显著性，因此观察到的关系不可能只是抽样误差所致。这样，我们拒绝虚无假设，并认为老年人总体中性别与是否上俱乐部这两个变量是有关系的。

（此文为2008年为研究生讲课用的资料）

心理学实验设计

1 实验设计的基本原则

实验的目的是为因果推论提供确实的依据。所谓实验设计就是研究者针对验证实验假设,有计划地搜集观察资料而预先规定出的一个模式。在实验设计时,研究者必须决定所要操纵的自变量和所要观察的因变量,考虑控制哪些无关变量和如何减少测量误差,计划怎样选择样本和适当的统计方法,以及实验结果的推论范围,从而以最合理、最有效的方式正确地验证实验假设。实验设计是研究工作的重点。良好的实验设计,不仅是实验过程的依据和处理结果的先决条件,也是使科学研究获得预期结果的一个重要保证。因此,研究者必须针对研究的主要目的和所提出的假设,在实验之前缜密地做好实验设计。

要做好一个实验设计,涉及的问题很多。但一般说来,应遵循下列一些基本原则。

1.1 选择适当的实验设计,使实验处理的效果充分显示出来

先讲实验处理和处理效果的关系。实验的目的是要阐明某些实验处理对被试行为反应的影响。所谓实验处理或处理因素(简称处理)是指实验中欲加以研究的因素。例如某种教学方法或某种词表、某种光或声音等等。在心理实验中被试本身的某些特点如性别、年龄、民族、疾病、智力等也可以成为被试因素。例如,要研究某种教学方法的效果如何,年龄和智力就成为应当加以分析的因素。因此,实验设计首先要确定实验处理。

实验处理可以是数量的也可以是质量的。实验处理对被试行为反应的影响称为处理效果。任何科学研究都假定处理和处理效果之间必然存在着质和量的关系,即是说,当处理发生质的改变时,处理效果亦应有质的变化;如果处理效果增强了,就被认为处理强度亦增强了。因此,在确定实验处理时必须考虑处理的质和量及其关系,使处理效果充分地显示出来。例如,要研究两种教学方法的效果如何,实验中选用了两种处理(即两种教学方法),在设计时就必须设法使它们彼此间尽可能不同。这样,处理效果(教学效果)才能充分显现出来。如果两种处理所引起的效应在性质上完全相同,无任何差异,则实验就毫无意义。因为它无法解释两种处理间的区别。又例如,某种处理所引起的效应与不加处理时完全一样,也就无法知道该处理是否在起作用。

当实验处理的质已经确定后,还必须考虑选定处理的强度。处理的强度称为水平或等级(level)。毫无疑问,一个良好的实验设计是要控制无关变量的。但是,如果这些干扰无法排除而处理效果又显现不出来时,最佳的办法是把处理强度加大。这正如同我们在宿舍里收听广播时由于吵闹声太大同时又无法排除时,最好的办法就是把收音机开大声些一样。所以,有时为了使实验效果充分显示出来,便可以选择处理因素的两个极端值,取其最佳值或选择几个有代表性的值,作为实验处理。这样,处理效果也就显现出来了。

在确定了实验处理的质和量之后,研究者还必须选择出一个适当的实验设计来解答自己要解答的问题,以验明假设。如果选择的实验设计不当,他便无法验明假设,达不到研究的目的。例如,有人想研究7至9岁儿童理解时间概念的能力是否有性别上的差异。对这个假设实验进行设计时,摆在他面前有两种方案:他可以分别检验男孩和女孩各自年龄和对时间理解力之间的关系,也可以检验年龄和性别对于时间理解力的联合影响。显然,第一种设计方案是不合适的,因为他可能发现男孩和女孩的时间理解力均随年龄增长而提高,但却不能决定这种发展是否有性别上的差异。但用第二种方案,在一个实验中就能检验年龄的影响、性别的影响以及年龄和性别两者的联合影响。这样的实验设计对于解答上述问题便是合适的。又如,有人想研究作业成绩是否随着焦虑水平的增强而提高,这是一个趋势分析的问题。如果使用只有一个实验组和一个控制组的实验设计便是不合适的。对于这类问题,除了设一个控制组之外,还必须设几个焦虑程度(如低、中、强三个水平)的实验组才能达到研究的目的。再如,在一个实验中,如果必须采用随机化的方法才能使各组在各方面完全相等,那么采用配对法设计将某个或两个变量加以配对,这种设计也是不合适的。

总之,实验设计必须要密切配合研究者所研究的问题和假设,使实验处理效果充分显示出来,为因果推论提供最多的信息。

1.2 控制自变量

实验的主要作用是控制自变量。在实验研究的过程中,自变量大体可分为三类:一类是在实验中被使用并表明能影响行为反应的自变量,称为相关自变量;另一类是业已表明在实验中不至于系统地影响行为反应的自变量,称为无相关自变量;第三类自变量由于它们的影响尚未被研究,称为潜在的自变量。在实验中潜在的自变量,表现形式不同,数量是很多的。根据坎贝尔和斯坦利(Campbell & Stanley)的意见,一个实验设计如果不控制好下列因素,就会降低实验设计的内在效度。这些因素有:

（1）历史，指被试的过去经验和稳定的特征；

（2）成熟或自然发展的影响，指在实验过程中随着时间的推移被试身心的变化，如变得较为成熟，变得饥渴、疲倦或失去兴趣等；

（3）测验，指由于实验处理之前所施行的前测量可能积极地或消极地影响着实验处理后的测量；

（4）仪器使用，指在实验过程中由于仪器或问卷材料发生变形（如仪器失灵、问卷涂损等）或主持实验者身心发生变化（如变得更严格、疲倦或粗心等）；

（5）统计回归，指由于选用在某一特征方面具有极端分数（最优或最差）的被试，到了实验后期测验时有归回到平均数的趋向（变得不是最优或最差）；

（6）选择，指由于没有用随机取样和随机分配的方法来选择两组或几组被试，因而在实验处理前他们在各方面并不相等或有偏性；

（7）被试的亡失，指实验过程中某一组被试如果比其他组被试有较多的中途退出实验或中途死亡（动物实验），就难以对实验结果作出解释；

（8）选择和成熟的交互作用及其他，有时上述诸因素间交互作用的效果与实验处理的效果相混淆，使研究者误认为是实验处理显示出来的效果。其中，选择与成熟的交互作用是最常见的。

前已述及，实验的目的是要阐明实验处理对被试行为反应的影响，以检验实验假设。因此，在实验设计中必须要考虑与实验处理无关的自变量，即控制无关变量。

要做到对无关变量的控制，首先，要知道什么是当前实验中应该重点控制的无关变量。要做到这一点，一是要借助文献，吸取过去同类研究的经验；二是要明确能够引起期待的行为变化的条件是什么；三是要凭实验者的知识经验和预见。至于控制的程度如何，是否做到了严格控制，则一般是通过对实验结果进行统计分析，由误差分散的大小来表示。

其次，还需要采用一些控制的方法。最常用的控制无关变量的方法有五种。

（1）消除法。就是把应当加以控制的无关变量去除。例如，为了消除作为无关变量的视觉刺激（光）和听觉刺激（声）的干扰，便分别在暗室和隔音室里进行实验，以排除其干扰。用消除法控制无关变量，做法简单、有效、可行。但是，这种方法适用的范围很有限；而且，当过于消除无关变量时，会使实验脱离实际；再者，有些被试的变量，如年龄、知识、经验等，则是无法消除的。

（2）保持恒定法。用这种方法来控制无关变量就是指在整个实验期间，使所有的实验条件、实验处理及被试都保持恒定不变。这里包括实验的空间不变（在同一间房内实验），周围环境不变（房子四周的特征如墙壁的颜色、家具等），实验的时间不变（在固定的时间内进行实验),实验的仪器不变,被试不变,主试对被试的指导语和态度不变等等。

(3)平衡对消法。当某些无关变量在某些实验中既不能加以消除,又不能或不便保持恒定时,就可以采用综合平衡的方式来消除这些无关变量对实验处理的影响。例如,我们要比较两种学习方法(如全部法和部分法)的相对效果,已知学习的情景(如学习场所的安静和嘈杂等),学习材料的性质和难度,被试学习的积极性、知识经验、智力等都可能成为此项实验的额外变量而混入自变量之中。在这种情况下,无关变量的控制可以采用下列的平衡对消法。

①单组轮流法,即采用ABBABAAB(即A处理和B处理,简称为AB)的轮流方式。此法的缺点是实验时间长,被试负担过重。

②等组法,即把被试分成相等的两组:甲组用A处理,乙组用B处理。等组法要求把可能混淆实验效应的所有被试变量都匹配得相等,这也是相当困难的。

③双组轮流法,就是甲组先用A处理,后用B处理;乙组先用B处理,后用A处理。如果因实验的需要,分组可以增至两组以上的行组,处理也可以增至两个以上的n个。这n组的每一组均面临有n个处理,但处理被给予的次序对于n组的每一组均不同。这就是通常所说的拉丁方设计。

(4)随机化。这是控制无关变量的最佳、最有力的方法。所谓随机化就是根据机遇进行选择或分组的过程。例如,在一个实验中采用两个被试组,就可以根据概率原则从可能的被试中来选择或分配每一组的被试。随机化选择的主要特征是总体(如可能成为被试的一切人)中的每个分子都有相等的机会被选择为任一组的被试。因此,从理论上来说,无关变量对两组或两种实验情景的影响应完全相等。随机化的方法很多,拈阄、摸球、抽签等方法均可使用;不过,在实验中最广泛应用随机化的方法是利用随机数字表。

(5)统计控制。除上述方法之外,还可以使用诸如共变量分析等统计控制方法来控制无关变量。

1.3 要考虑实验结果的可推论性

实验结果的可推论性是指实验所得的结果是否也适用于其他被试或其他情境。这也就是坎贝尔和斯坦利所谓的一个实验设计的外在效度问题。例如,利用男性被试的实验结果,仅适用于男性,而不能推论到女性;在农村实验的结果,仅适用于农村,而不能推论到城市。这种实验设计的外在效果便是比较低的。影响一个实验设计的外在效度有下列一些因素。

(1)测验的反作用效果。在采用单组前测后测实验设计时,前测往往会增加或降低被试对实验变量的敏感性。用这类有前测的实验设计所得到的结果,就不能直接推论到无前测的情境中去,否则就会导致错误。

(2)选择偏差与实验变量的交互作用。如果选择用于实验的被试的某种特性对实验结果会产生积极或消极的影响,那么这种实验结果的可推论性就受到限制。例如,有人想试验自己编的数学新教材的效果。他联系普通中学作试验,学校领导出于升学率的考虑,均不接受,最后只得在一所职业中学作试验。这样的试验结果就只能适用于职业中学之类的学校,而不能推论到普通中学,因为后者一般来说设备师资条件好,学生的竞争心也较强。

(3)实验安排的反作用效果。如果实验安排为被试所知晓,被试可能会产生霍桑效应和安慰剂效应。这样的实验结果就不能推论到非实验情境中去。

(4)重复实验处理的干扰。如果用单组被试重复接受两种或两种以上的实验处理,前一实验处理往往会影响后一实验处理,产生练习效应或疲劳效应。因此,用这种实验设计得到的实验结果就不能适用于非重复处理的情境。

因此,研究者在选择实验设计时还必须根据实验假设,决定实验结果的可推论性,提高实验设计的外在效度。

根据实验控制条件的严密程度的不同,我们在本书中把实验设计区分为真实验设计、准实验设计和非实验设计。凡能够提供完全控制内在无效来源的实验设计,称为真实验设计。一般认为,在条件不允许或不易做到随机分配被试,或不能主动操作实验变量的研究设计,不能称为实验设计。所以,真实验设计又可简称为实验设计。本章以下部分将讨论几种主要的真实验设计。在讨论各种实验研究的设计之前,我们先交代一下本书将采用的符号及其含义。

(1)X:表示一种处理,即研究者操纵或变化的实验变量(自变量);在比较不同的处理时,以 X_0、X_1、X_2……等来表示。

(2)O:表示处理前或后的一种观测或度量。

(3)自左至右:表示时间的次序或先后。

(4)同一横行的 X 或 O:表示这些 X 或 O 作用于同一组被试。

(5)R:表示被试已被随机化选择、分配和控制。

(6)M:表示把被试加以配对。

(7)……:表示由虚线所隔开的各组是非同质的。

(8)Ⓧ:表示事后回溯设计中的自变量,是研究者不能操纵或改变的。

2 完全随机化设计

完全随机化设计也称简单随机化设计，是指用随机化方法将被试随机分配，去接受实验各组应接受的处理。这种设计是建立在随机取样的理论基础之上的。假设我们从同一总体中抽出两个或两个以上的随机组，同时又在相同的条件下测量这两个或两个以上的样本，所得的平均数在统计上是没有差别的。因此，在一次实验中，给这两个或两个以上的随机组以不同的处理，如果得到的平均数在统计上出现差异，就可以断定，差异的产生是由于实验处理的不同。对从某一界定的总体中所抽出的样本的测量，是可以用来解释总体的。因此，采用完全随机化设计首先必须明确界定总体的范围。如果在实验中不明确界定总体，就不能够用实验中得到的资料去解释总体。同理，我们不能超越界定的总体范围，去推论我们所得到的结果。

2.1 实验组控制组前测后测设计

实验组控制组前测后测设计的基本模式如下：

$$R\ O_1\quad X_1\quad O_2$$

$$R\ O_3\qquad\quad O_4$$

该设计的基本模式说明：在利用这种实验设计时，首先必须用随机分配的方法（R）将被试分为同质的两组（理论上两组完全相同）；在未进行实验之前，对两组都加以测验，以观察两组的因变量（O_1、O_3）是否本来就不完全相同；实验开始时，实验组接受某种处理（X），而控制组则不给予实验处理，最后对两组都进行后测，得到因变量的观测值O_2和O_4。

对于该设计的实验结果的统计分析，首先要分别算出两组前测分数的平均数O_1和O_3，并进行比较，看看是否基本相同。如果基本上是等值的，则要对两组后测分数的平均数O_2和O_4进行比较。并将通过后测得到的两组平均数之差数（O_2-O_4），进行有关两个独立组平均分数差数的检验。如果统计检验表明，两组后测平均数差异是显著的，便有足够的理由说明这种差异是实验处理的结果。如果在前测中发现两组分数有差别，不是等组的，则必须参照前测成绩，对后测成绩作相应的分析与修正，不能直接用两组后测平均分数进行比较，而要对两组后测的增值平均数进行比较。即将O_2-O_1，O_4-O_3，求出两组的变化分数，然后再进行检验。

例如，假定研究者想探讨某种浓度的咖啡茶是否能提高大学生的识记效率，则他必须从所有的大学生中随机抽取一部分人，并用随机分配的方法将他们分为两组。在引入处理之前，先对两组作记忆测验。然后分别给予两组以不同的处理：实验组喝一定浓度的咖啡茶，控制组喝一种咖啡色的普通饮料（安慰剂）。在处理之后，两组均再接受记忆测验。在本例中，显然，两组前测成绩不可能是相等的。因而在比较两组后测成绩时，则需要以前测成绩作为基线度量，看看后测成绩是高于基线还是低于基线，求出两组后测的增值平均数。再将两组的变化分数的平均数差数进行t检验，这样就可以断定“大学生喝某种浓度的咖啡茶能提高记忆效率”的假设是否成立。

实验组控制组前测后测设计的优点是：(1)由于利用随机分配的方法分出两个等组，就可以控制选择、被试亡失以及选择与成熟交互作用等因素对实验结果的干扰。(2)由于安排了实验组和控制组，在前测到后测的这段时间里，如果有什么情况发生足以影响实验组，那么这些情况对控制组的影响程度也应该是相同的。因而可以控制历史、成熟、测验、仪器使用和统计回归等无效源对实验结果的干扰。(3)由于两组都进行前测和后测，这样，实验组前测和后测的差异分数（O_1-O_2）就可以与控制组的差异分数（O_3-O_4）作对照比较。这种设计的主要缺点是，由于实验组和控制组都参加前测，有可能产生测验的反作用效果，因而用该设计所得的实验结果是不能推论到本研究以外没有作过前测的群体的。

2.2 实验组控制组后测设计

实验组控制组后测设计的基本模式如下：

$$\begin{array}{lll} R & X & O_1 \\ R & & O_2 \end{array}$$

该设计与上述实验组控制组前测后测设计大体相同，只是免去了前测。即是说，研究者根据随机分配方法（R）将被试分为两个等组，并随机确定一组为实验组，给予实验处理（X）；另一组为控制组，不给予实验处理。最后对两组进行同样的测验，以比较两组的测验分数（O_1和O_2）。实验组控制组后测设计几乎具有实验组控制组前测后测设计的所有优点；同时该设计免去了对两组的前测，这既可以节省人力和物力，又可以消除测验反作用效果的影响。因此，如果研究者不易找到前测的工具或前测可能引起反作用效果时，就应当利用此实验设计。例如，有人想探讨提供丰富的文化刺激（如玩具、游戏、讲故事、电视等等）是否能提高弱智儿童的智商。他可以从一群弱智儿童中随机地抽取一部分儿童，并随机地将他们分为两组。然后，给实验组儿童提供丰富的文化刺激，控制组儿童仍在原先的文化环境中生活。持续三年后，两组儿童均接受智力测验。如果实验组儿童的智商（O_1）显著地高于控制组的智商（O_2），则就支持了丰富的文化刺激能提高弱智儿童的智商的假设。对于实验组控制组后测设计的实验结果的统计分析，应利用独立样本平均数的差异显著性的检验法。

如果在实验中一个处理因素同时具有三个或三个以上的处理水平时，上述设计的结构模式可变为：

$$R \quad X_1 \quad O_1$$
$$R \quad X_2 \quad O_2$$
$$R \quad X_3 \quad O_3$$

这种设计也称为随机多组后测设计。它与实验组控制组后测设计的不同之处仅在于被试的组数与自变量的水平个数。由于处理水平数在三个或三个以上；相应地随机部署了三个或三个以上的被试组。其中可以有一组是不接受处理的控制组，其他各组接受不同的处理；也可以几个组均接受不同的处理，然后对几个组进行后测，统计分析它们的测验分数（O_1、O_2、O_3）。

例如，用三种灯光作反应时的比较研究。这就要随机分配三组被试。实验时，分别对三组施行不同处理，如红灯、黄灯、绿灯（X_1、X_2、X_3）。然后分别记录下三组被试各自接受处理后的反应时间（O_1、O_2和O_3）。最后比较三组被试分别对三种灯光的反应时的平均数是否有显著差别。在统计分析上，便要采用超乎两组比较的统计方法，即用单向方差分析，求出F比率，进行显著性检验。

在随机多组设计中，进行统计分析时要考虑到造成各组反应变量不同的因素实际上是多方面的，但主要是由两类不同原因造成的。一类是由实验者操作的已知的实验因素（如三种不同的灯光）所引起；另一类是由偶然因素（如各组被试的个别差异）所引起。因而，在计算F比率之前，首先要计算出各组的总平方和、各组间的平方和以及组内平方和。然后计算出各组间方差（又叫处理均方）与组内方差（又称误差均方）。最后求出F比率。如果在实验设计时，还需要考虑对各对平均数之间（即各两种灯光反应效果之间）的差异做进一步比较，求出各组平均数之中有哪些对平均数之间有显著差异，则可以运用能够逐对地检验各平均数差异显著性的t检验法或q检验法。

很明显，随机多组后测设计具有实验组控制组后测设计的所有优点。由于该设计中有三个或三个以上的处理水平，因而所得到的因变量数据，明显地多于实验组控制组后测设计。实验组控制组后测设计只能通过操作一个水平的自变量，测定该自变量是否有显著效果，或接受处理的实验组后测成绩是否比不接受处理的控制组的后测成绩有显著差别。而通过随机多组后测设计，还能够测定因变量与自变量是线性关系还是非线性关系。由于随机多组后测设计有助于实验者揭示出系统的关系，所以采用这种设计类型，导致做出错误结论的情况比较少。

2.3 所罗门(Solomon)四组设计

所罗门四组设计的基本模式如下：

$$R \quad O_1 \quad X \quad O_2$$
$$R \quad O_3 \quad \quad O_4$$
$$R \quad \quad X \quad O_5$$
$$R \quad \quad \quad O_6$$

所罗门四组设计也称重叠实验设计，是具有两个实验组和两个控制组的设计。其特点是，将“有无前测验”这一变量纳入实验设计之中，将此变量所造成的变异数部分从总变异数中排除出去，以检验实验处理所产生的影响是否显著。实际上，这种设计就是把实验组控制组前测后测设计和实验组控制组后测设计加以合并的结果。因此，它除了具有前述两种设计的优点外，还具有下列优点：(1)此设计实际上是做了四个实验，从而可以比较是否 $O_2>O_1$，$O_2>O_4$，$O_5>O_6$ 以及 $O_5>O_3$，这样就进一步检验了实验处理(X)的效果。如果比较的结果确实是发生上述情况，那么就可以很有把握地说是由于实验处理之故。(2)除了可以检验前测组与无前测组的差异是否显著以及实验处理组与无实验处理组的差异是否显著外，还可以检验测验与实验处理的交互作用的差异是否显著。要进行这些检验，可以用独立样本 2×2 方差分析来分析各组的后测成绩，其基本模式如图1所示。在图1中，纵列的平均数可以估计实验处理的主要效果，横行的平均数可以估计前测的主要效果，各小格子里的平均数(O_4、O_2、O_6、O_5)可以估计测验与实验处理的交互作用效果是否显著。如果交互作用效果未达到显著水平，还可以以 O_1 和 O_3 为共变数用方差分析法依次比较 O_2 和 O_4。

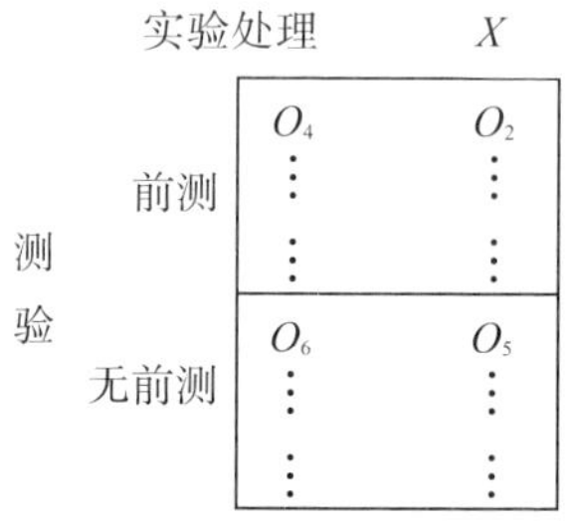

图1 所罗门四组设计数据分析的模式

所罗门四组设计在内在效度和外在效度方面都无缺点，是研究心理行为的一种理想的实验设计。但是，这种设计要用四组同质的被试，这往往是很难找到的。因此，一般的试探性研究均不采用这种设计，除非是对实验假设作决定性检验的时候才加以利用。

3 随机化区组设计

在实验设计中，一个区(plot)相当于接受处理的单位，许多区聚合在一起就组成所谓区组。被试者、配对组、班级、学校、城市、国家等均可以成为区组。这种设计就是将实验处理随机地分配到一个区组或重复的试验单位内。这样，区组这个词就可以避免与完全随机化设计中的重复相混淆。随机化区组设计的目的在于使区组内的被试差异尽量缩小，并使区组之间的差异尽量扩大。如果区组间没有差异，那么在检测处理区组间的差异方面，这种设计对精确度就没有什么帮助。随机化区组设计的基本模式如表1所示。

表1 随机化区组设计的基本模式

区组	实验处理	区组平均
	X_1 X_2 X_3 X_H	
1	O_{11} O_{12} O_{13} O_{1H}	$\bar{O}_1$
2	O_{21} O_{22} O_{23} O_{2H}	$\bar{O}_2$
3	O_{31} O_{32} O_{33} O_{3H}	$\bar{O}_3$
⋮	⋮ ⋮ ⋮ ⋮	⋮
n	O_{n1} O_{n2} $O_{n3} \cdots O_{nH}$	$\bar{O}_n$
实验处理平均	$\bar{O}_{\cdot 1}$ $\bar{O}_{\cdot 2}$ $\bar{O}_{\cdot 3} \cdots \bar{O}_{\cdot H}$	$\bar{O}_{\cdot\cdot}$

要使区组内尽量缩小差异，保持同质，可用如下三种方法：(1)用同一被试重复接受H种处理，即所谓重复测量设计。这时，每个被试的H个因变量的观测分数就是一个区组。在给予每个被试H种实验处理的顺序方面，则可以用平衡对消法或其他随机化方法来进行。(2)用配对法，把在某些特性相同的H个被试加以配对。这时，每个配对组就是一个区组。在给予配对组内的H个被试的实验处理方面，则应采用随机分配的方法来决定。(3)区组内的基本单位不是一个被试而是一个被试团体或一个子集合。例如，同一年级的几个班成为一个区组，在给予每个班的实验处理方面，用随机分配的方法来决定。

由于上述三种方法赖以划分区组或用来配对的自变量(如音乐能力)通常与该研究的因变量(如音乐成绩)有着密切的关系。因而，随机化区组设计也称为相关样本设计(或被试内设计)。这种设计与前述的完全随机化设计是不同的：在完全随机化设计中，各实验处理组之间毫无相关。因而，完全随机化设计也称为独立样本设计(或被试间设计)。随机化区组设计与完全随机化设计不仅在形式上有所不同，而且在统计方法上也是不同的。

下面介绍实验组控制组配对被试设计，其基本结构模式如下：

$$
\begin{array}{lll} & R\ X\ O_1 \\ O\ M & \\ & R\ \ \ \ O_2 \end{array}
$$

在该设计中，O表示对全体被试统一进行前测；M表示根据前测成绩对全体被试一一匹配成对；R在M之后，表示将已匹配成对的被试拆开，随机将每对中的一人分配到接受处理的实验组，另一人分到不接受处理的控制组；O_1与O_2分别代表对两组统一进行后测各组的平均分数。在统计分析上须采用相关样本统计法。

例如，要研究一种速记外文单词记忆法的有效性，研究者从学生已有的外文水平、掌握外文词汇量多少等条件基本相同的学生中，随机选择出20名。在用速记法处理之前，按一定标准，选择与因变量直接有关的内容，对20名被试统一进行前测验。根据前测成绩将20名被试一一匹配成10对，并随机地将每对中的一名分配到实验组，用速记法识记单词；而每对中的另一名则部署到控制组，仍按一般识记法学习。在本例中，由于配对组的匹配是在前测之后，已使两组的平均数与标准差基本相等，因而，在统计分析时，只需计算出两组后测中各自的平均数O_1与O_2及其标准误差，便可采用计算相关或成对样本平均数差数与标准误差的比率的公式，求得t值，以检验两组后测平均数差异的显著性，从而对速记法的记忆效果是否优于普通识记法做出推断。

实验组控制组配对被试设计的优点是：(1)本设计用被试配对的方法，对机体变量的控制方面要比完全随机化设计更为严格，能更有效地控制内在无效源。特别是当被试人数很少时，本设计在机体变量的控制上更为有效。(2)本设计在处理前两组前测成绩的平均数与标准差时基本上是相等的，所以在检验处理效果时，只比较后测成绩即可，不用考虑两组分数的增值，统计分析简易、明确；同时由于采用的是对相关或成对组平均数差异的t检验公式，计算也较容易。

实验组控制组配对被试设计的缺点也是很明显的：(1)在采用本设计时，要想选择出一些完全相同的对子或确认是适当的匹配变量，是相当困难的。有时要前测许多被试才能找到几个配对组；同时，在某变量方面即便相等，而其他有影响的变量仍可能不等。(2)如果前测的内容不是与因变量密切相关的话，则这种配对组是不适当的。在这种情况下，研究者也就难以在配对组的前提下做出有关自变量有效性的结论。

4 多因素实验设计

多因素实验设计也称析因设计，是指在同一个实验里可以同时观测两个或两个以上自变量对一个因变量的影响,以及自变量与自变量交互作用效果的实验设计。它与上面所讨论的只用一个自变量的实验设计是不同的。包括X_a和X_b两个自变量的设计,叫做双向(或二向)析因设计,简写为$A×B$因素设计。包括X_a、X_b和X_c三个自变量的设计叫做三向析因设计,简写为$A×B×C$因素设计。在因素设计中,每个因素(自变量)又可以包括几个水平。如果两个自变量X_a和X_b各有两个水平,则可称为2×2设计;如果自变量X_a有两个水平,X_b有三个水平,则称为2×3设计。例如,有人想研究大学生对红、绿、黄三种灯光的反应时是否与灯光的强度有关。在这项实验中,A代表灯光的强度,是一种因素(自变量X_a),包括强和弱两种水平;B代表灯光的频率,是另一个因素(自变量X_b),包括红、绿、黄三种水平。这种二向析因设计就是2×3因素设计。如果他还想同时研究反应时是否有性别差异,则C代表性别(自变量X_c),分男、女两个水平。这项三向析因设计就是2×3×2因素设计。当然也可以有多于三个因素的设计。不过,因素越多,解释结果的困难就越大,因而研究者一般是将研究限于二至四个自变量的。

正确组合实验所要操作的处理,是良好析因实验设计的一个重要条件。在析因设计中,研究者要操作的实验处理的个数,就是各个自变量的水平个数的乘积。例如在一项二因素实验设计中,设A因素有p个水平,B因素有q个水平,那么研究者就应操作$p×q$个实验处理。在确定了实验中所要操作的实验处理之后,就要决定怎样分配被试。将被试部署到各个自变量的各个水平的方法不同,析因设计的统计分析也不一样。研究者通常是采用随机分配、重复测量和综合分配等方法,将被试分配到析因设计的各个处理条件中去。

下面我们将概要地介绍三种主要的多因素实验设计,然后较详细地讨论一种最常用的多因素设计,最后对多因素设计的优缺点作一简短的小结。

4.1 完全随机化多因素实验设计

在析因实验设计中,用随机分配的方法把被试分为应接受处理的若干同质组,同时用随机的方法分配每一组去接受一种实验处理,这种设计称为完全随机化多因素设计或随机析因设计。由于析因设计中的实验处理是由每个自变量中的各个水平的组合决定的,在前例的大学生对红、绿、黄三种灯光的反应时是否与灯光的强度(强、弱两种水平)有关的假设实验研究中,用2×3完全随机化因素设计时,研究者须用随机分配的方法将被试分为六个同质组,并用随机化方法分配每组去接受一种实验处理。图2给出的即是2×3完全随机化多因素设计的基本模式。

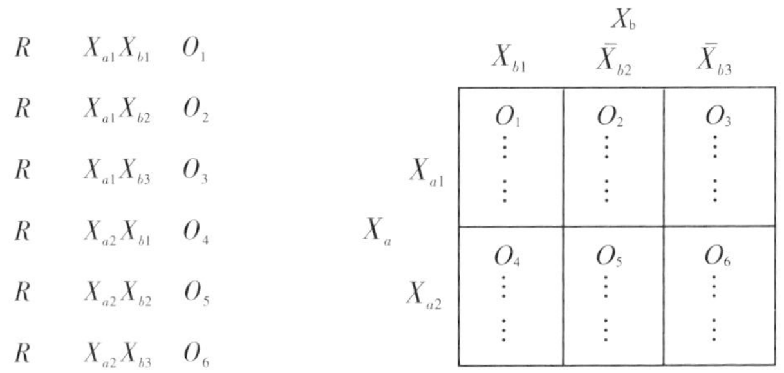

图2　2×3完全随机化多因素设计的基本模式

在该设计中，X_{a1}代表A因素（自变量）的第一个水平，X_{a2}表示A因素（自变量）的第二个水平，以此类推。实验结果得出六组因变量的观测分数（$O_1O_2,\cdots,O_6$），分别列入图2的小格子里。对于这些资料的统计分析，必须用独立样本二因素方差分析来处理。

4.2 随机化区组多因素实验设计

上述实验设计中，研究者只分别给予每个被试一种处理，每个被试只有一个反应量度。在析因设计中，还可以用一个组被试去接受设计中每一种因素各个水平组合成的全部处理，观测得到每个被试的全部反应分数就是一个区组。至于哪一个被试先接受哪一种实验处理，则须用随机分配的方法来决定。这种设计称为随机化区组多因素实验设计。以上面的假设实验为例，如果研究者采用随机化区组多因素设计，就是让同一组被试对强红光、强绿光、强黄光和弱红光、弱绿光、弱黄光等六种灯光作六次反应时实验。这种2×3随机化区组多因素实验设计的基本模式如图3所示。

在该设计中，同一组被试（1、2，⋯，n）均给予2×3=6个实验处理，每个被试均进行多重反应测量，所得结果以O_1表示。对于这些因变量的观测值的统计分析，则需用随机化区组多因素方差分析来处理。

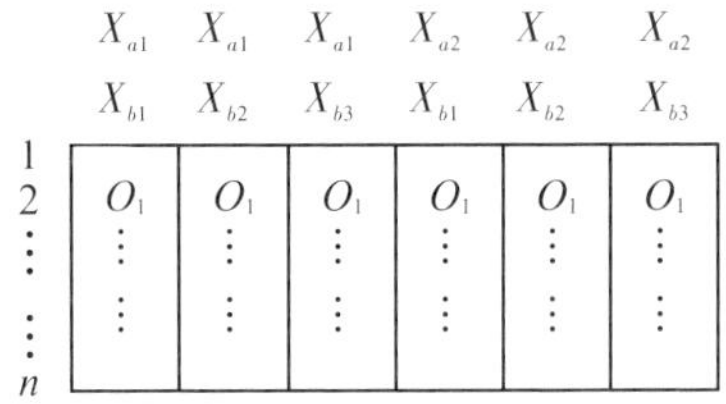

图3　2×3随机化区组多因素设计的基本模式

在采用随机化区组多因素实验设计时，只要利用完全随机化多因素实验中的一组被试就可以了。它所用的被试人数要比完全随机化析因设计少得多。由于在每个被试身上进行重复测量，从而也减少了被试反应的测量误差。所以，在只有很少的被试，而且每个被试在每次反应测量中容易发生变化的析因设计中，就可以考虑采用随机化区组析因设计。

4.3 分区重复测量多因素实验设计

在析因实验设计中,对被试的分配,有时采用随机分配与重复测量相结合的方法。即对一种自变量用随机分配法,而对其他自变量则用重复测量法,这种综合分配的多因素实验设计,称为分区重复测量多因素实验设计。仍以前面的假设实验为例,如果研究者采用分区重复测量多因素实验设计,他可以设两个被试组,随机分配其中一组只重复参加对强红光、强绿光、强黄光三种反应时实验(即重复给予B因素的三种水平和A因素的第一种水平的实验处理),而另一组只重复参加对弱红光、弱绿光、弱黄光三种反应时实验(即重复给予B因素的三种水平和A因素的第二种水平的实验处理)。这种2×3分区重复测量多因素实验设计的基本模式如图4所示。图4中小格子里的O_1表示第一区组被试反应时的观测值(因变量),O_2表示第二区组被试反应时的观测值(因变量)。

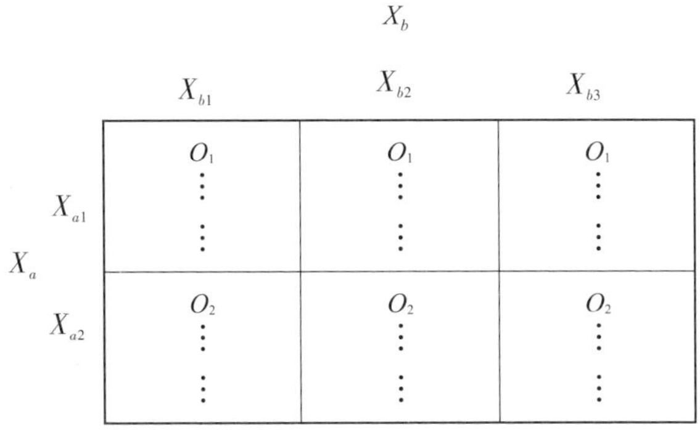

图4 2×3分区重复测量多因素设计的基本模式

在该实验设计中,A因素的实验处理主要效果被区组间的差异(即两组被试之间的个别差异)所完全混淆。用重复测量二因素方差分析来考验结果,如果结果反应时O_1与O_2的平均数差异达到显著水平,则也难以分清到底是强光X_{a1}与弱光X_{a2}的不同所造成的还是第一区组被试与第二区组被试的个别差异所造成的。但是,就B因素和AB交互作用来说,还是可以分清的。因而实验处理A效果(称为被试间的效果或区组间的效果)的统计考验远不如实验处理B效果(称为被试内的效果或区组内的效果)及AB交互作用效果的统计考验起作用。

4.4 一个最简单的析因设计示例

多因素实验设计涉及的因素越多,对结果的处理和解释就越复杂。限于篇幅,下面我们仅较详细地讨论一种最简单的析因设计:2×2完全随机化多因素设计。作为一个示例,供初学者学习时参考。

4.4.1 2×2完全随机化实验设计的基本模式

2×2完全随机化实验设计的基本模式如图5所示。从图5可见，如果研究者进行的研究包括两个自变量并备有两个水平时就可以采用这种实验设计。首先，研究者必须用随机分配的方法将被试分为四个同质组，并用随机化的方法分配每一组去接受一种实验处理。即四组被试的分配均完全随机化。表图5中的O_1、O_2、O_3、O_4分别表示由$X_{a1}X_{b1}$，…，$X_{a2}X_{b2}$四种实验处理所引起的相应的因变量，即四组中被试的测验成绩（可以是各组内被试成绩的总和，也可以是各组内被试成绩的平均数）。

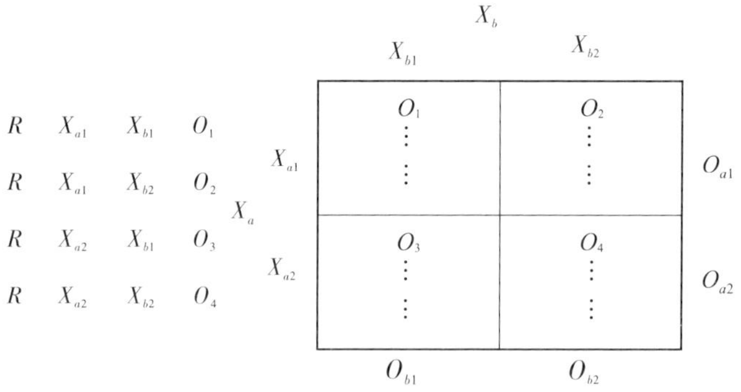

图5　2×2完全随机化设计的基本模式

从图5可见，在析因设计中各个测量结果（因变量）和所操作的两个自变量之间的关系。可以把X_{a1}行观测结果之和（O_{a1}）与X_{a2}行观测结果之和（O_{a2}）相比较，即把处理的效果与控制的效果加以比较；可以把X_{b1}列观测的结果之和（O_{b1}）与X_{b2}列观测的结果之和（O_{b2}）相比较，即比较自变量X_b的两个水平的效果。此外，还可以比较各个小格子之间不同的处理效果。将O_1与O_2比较，将O_3与O_4比较，可以识别自变量X_a和X_b可能存在的同时发生的效应。这种各个变量同时发生的效果，称为交互作用。

假如，假定在一项关于特殊记忆训练是否能起到增强记忆效果的作用的研究中，研究者把记忆方法作为自变量X_a（A因素），并分为两个水平：一个是特殊训练，另一个是一般阅读而不作特殊训练（作为控制变量）。此外，还考虑到实验被试的记忆广度可能对记忆效果产生影响，因而又增加了记忆广度的因素作为调节变量X_b（B因素），也分为两个水平：X_{b1}代表记忆广度大，X_{b2}代表记忆广度小。这就可以组合成四种实验处理。假设随机抽取被试20人，并分成四组（每组5人），随机分配每组去接受一种处理。在处理后，对四组进行同样的测验，得到四个反应变量（因变量）O_1、O_2、O_3和O_4。

4.4.2 2×2完全随机化设计中的主要作用与交互作用

从图5小格子中的4个O值及其边缘值可以看出，在该设计中，可以揭示出因变量信息的两个不同来源。一个来源是每个自变量的主要作用，即由每个单独因素（自变量)引起了因变量的变化;另一个来源是由于交互作用的结果,即当一个因素起作用时,有其他的因素出现,引起了该因素的作用发生变化,从而交互影响着因变量。以上述增强记忆效果的二因素实验为例,反应成绩-·方面可以归因于记忆方法(X_a)是否受到特殊训练的主要作用,或归因于被试的记忆广度大小(X_b)的主要作用;另一方面,还必须注意到X_a与X_b的交互作用对反应成绩的影响。

各个自变量的主要作用及其间的交互作用如何,是析因设计中的一个极为重要的问题。任何析因设计都可能揭示出影响反应效应的这方面来源。因而能否对这种信息源作出正确识别与分析,将会直接影响到推断结果的正确性与外在效度。下面将以上述记忆方法对记忆效果影响的2×2完全随机化析因设计为例,进一步分析这个问题。

首先,从图5小格子中列出的数据,将给予或不给予特殊记忆方法训练的两个边缘值O_{a1}与O_{a2}相比较。如果$O_{a1}>O_{a2}$,则说明给予特殊训练的两组成绩的平均数高于未经特殊训练的两组成绩的平均数。通过差异显著性检验,如果发现确实具有统计意义的话,则可归因于特殊训练对提高记忆效果起主要作用。关于记忆广度大小对记忆效果是否有影响,也可以进行同样的比较分析。

除了主要作用之外,还能揭示出两个自变量(记忆方法与记忆广度)之间的交互作用。假如自变量X_b(记忆广度)的主要作用与自变量X_a(记忆方法)的主要作用是不同的,其差异又是显著的,则可以说特殊训练的主要作用依赖于被试记忆广度的大小;即是说,记忆广度(X_b)对于记忆方法(X_a)的效果起着调节作用。应当指出,在析因设计中,当发现自变量之间有显著的交互作用时,对于它们的主要作用的分析就要特别注意。否则,可能对主要影响作出不恰当的结论。

4.4.3 2×2完全随机化设计的实验结果图示与解释

在析因设计中,对于自变量之间的交互作用的识别,通常是根据各个因变量的数值,绘制成图,以便于直观地对任何因素实验结果作出恰当的解释。制图时,一般是在X轴上取点,表示一个自变量的各个水平;用Y轴上的尺度来标志因变量的数值;并将其他自变量的各个水平,用分离线表示,画在图内。一个表示2×2因素设计实验结果的图示,包括两条线,每条线上有两个点。如果是3×4因素设计,则图形上包括三条线,每条线上有四个点。

以上述增强记忆效果的2×2完全随机化析因设计为例,假设其实验结果的数据如图6所示。根据图6中的数据所制成的图示见图7。

		记忆广度（X_b）		
		广度大（X_{b1}）	广度小（X_{b2}）	
记忆方法（X） 特殊训练	X_{a1}	$O_1=27$	$O_2=19$	$O_{a2}=23$
记忆方法（X） 一般阅读	X_{a2}	$O_3=18$	$O_4=15$	$O_{a2}=16.5$
		$O_{b1}=22.5$	$O_{b2}=17$	

图 6　假设 2×2 完全随机化析因设计的实验数据

图 7 表明：第一，O_1 和 O_2 分别高于 O_3 和 O_4，说明了训练的主要作用。不论记忆广度大的或是小的两组被试中，受训练组的成绩均高于未受训练组（$O_1>O_3$，$O_2>O_4$）。特殊训练对记忆广度大、小的被试的反应效果都有增值作用。第二，O_1 高于 O_2，O_3 高于 O_4，说明记忆广度的主要作用。不论是否受过特殊训练，记忆广度大的被试组成绩均高于记忆广度小的被试组（$O_1>O_2$，$O_3>O_4$）。第三，可以说明两个自变量之间的交互作用。从 O_1 与 O_2 两点离 X 轴的垂直距离之差看，特殊训练对于记忆广度大的被试比对记忆广度小的被试，效果更为显著。而且，从 O_3 与 O_2 两点在图中的位置看，是基本一致的，相差很小。这都说明，特殊训练效果依赖于记忆广度，记忆广度对于特殊训练效果起着调节作用。训练与记忆广度的主要作用，实际上是由二者之间的交互作用引起的。也就是说，交互作用是两个主要作用的原因。在记忆广度大的条件下，特殊训练才能取得更显著的效果。

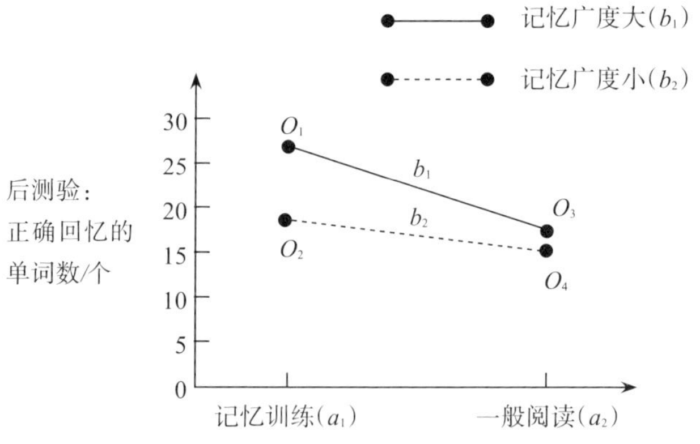

图 7　根据图 6 的实验数据制成的图示

在实际的研究工作中，往往会出现各种不同的实验结果。图 6 中各小格子中的因变量（O）及各行各列的边缘值，也随着主要作用及交互作用的不同而不同。据此绘制成的图示是各种各样的。我们应当根据自己的研究结果，给予适当的解释。

析因设计基本上是单一因素实验设计的扩展。在控制机体变量方面，它具有与单因素设计相同的控制过程。在单个因素设计中每种分配被试的方法，以及任何附加的控制程序，同样都可以在析因设计中使用。所以，析因设计在分配被试、控制机体变量方面，具有同单因素设计同样的优点。析因设计所特有的最大优点是，可以获得更多的、单因素设计所得不到的信息。二因素、三因素甚至更多因素的析因设计，可使研究者得到诸因素引起各个反应变量的信息；特别是能够识别各个因素间的交互作用。从而得以更加准确地分析影响因变量的各种自变量及其相互作用。此外，由于研究者可以在同一实验中，同时取得两个或多个自变量效果的信息及其间复杂关系的信息，因而使析因设计具有节省人力、物力和时间的优点。

析因设计的局限性在于，这种设计在各个实验处理的组合上、被试的分配上以及统计分析上，都是比较复杂的。对于三个以上因素的析因设计，实验结果的统计分析是比较困难的。因此，研究者除了采用单一因素设计外，最经常采用的是随机二因素设计，进行二向方差分析。

相关文献（略）。

原文载于《心理学实验指导》，人民教育出版社1988年。

准实验设计

前述所讲的真实验设计,是指在特定的实验条件和情境中,研究者能够按实验的目的要求,操纵自变量;能够对被试进行随机分配,控制机体变量,给予特殊处理;并能对其他无关变量有所控制,以验证变量间的因果关系。然而,当所要研究的问题性质及条件妨碍研究者对自变量的操纵,或(和)不易做到随机分配被试时,则应根据情况,考虑采用准实验设计或非实验设计。

“准”意指有某些相似。准实验设计与真实验设计有些类似,是部分的而不是全部的真实验设计,所以也称类似实验设计。

准实验设计不能像真实验设计那样充分而广泛地控制偏向的来源。但它能够控制一部分内在无效源。在心理学研究中,当实验难以或不能充分控制时,可以考虑采用准实验设计。例如,在教育心理的研究中,经常遇到这样的情况:被试所在的学校领导不同意把班级拆散或分开,以提供按随机或等组分配被试的条件;或者他们不同意给一些被试这种实验处理,给其他被试另一种实验处理等等。在这样的情况下,研究者不能做到像真实验设计那样对这些因素完全加以控制,于是可以考虑使用准实验设计,以便把实验控制到合理的极限之内。

坎贝尔和斯坦利(1963)曾提出了许多准实验设计类型,在此仅介绍其中最普遍应用的几种。

1 时间系列设计

时间系列设计是指对一个被试组作周期性的一系列的测量,并在测量的这一时间系列中呈现实验变量(X),然后观测呈现实验变量后的一系列测量分数是否发生非连续性现象,从而推断实验处理是否产生效果。其基本模式如下:

$$O_1\ O_2\ O_3\ O_4\ X\ O_5\ O_6\ O_7\ O_8$$

从该模式可以看出,时间系列设计是只有一个实验组的单组设计,但却不是只有一次前测和一次后测,而是包括一系列的前测和一系列的后测。

时间系列设计可能产生两种结果。如图1所示,AC连线的结果表明,引入实验处理后,成绩不是连续性的。处理后观测分数开始的水平比处理前所期待的要高。这说明引入处理后的成绩水平不同于处理前的水平,不是处理前分数的继续。AB连线的结果表明,处理后的成绩水平的增加是处理前成绩水平增加的继续,没有出现不连续性。这说明处理对成绩没有影响。

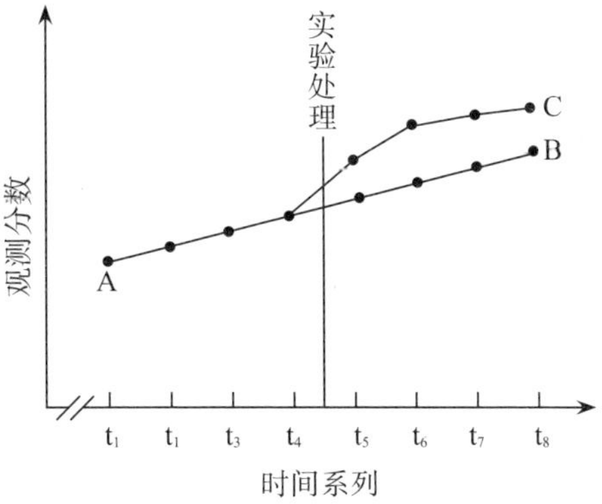

图1 时间系列设计研究的两种可能结果

在时间序列实验结果的统计分析方面，应当注意，不能只拿最接近引入实验处理的前一次和后一次的观测分数（O_4和O_5）作比较便作出结论。这样的分析是错误的。正确的统计分析应当是：如果假定实验处理X的效果是暂时性的，可根据O_1、O_2、O_3、O_4各观测分数，用直线回归或曲线回归，把假定无实验处理时t_5处可能的观测分数$\hat{O}_5$外推出来，然后用相关样本的t统计法检验O_5与$\hat{O}_5$是否有差异。如果假定实验处理X的效果是连续性的或持久的，则应如图1所示，把$\hat{O}_5$、$\hat{O}_6$、$\hat{O}_7$、$\hat{O}_8$的外推分数都求出来，然后再将它们与观测分数O_5、O_6、O_7、O_8相比较。这就涉及回归分析中的截距或斜率的差异问题。

采用时间系列设计，在控制无效源与处理效果方面，都比单组一次前测和一次后测设计要好一些。因为时间系列设计是在一定时间内经过一系列顺序的观测，能够提供对成熟的控制；对于历史作为无效源的影响，虽然不能排除，但能减少到最低限度；同时，由于每一位被试的成绩都是经过反复观测得到的，这就能够降低由于只作一次测验而出现的有偏性样本成绩的概率；并且还能够使研究者通过自变量增加的趋势与因变量变化的趋势，看出被试成绩变化与发展的趋势，从而提供测量关于被试成绩与学习发展的效应。特别是当需要反复观测、反复度量被试定期发生的行为（如工厂和学校有固定安排的作息时间）时，时间系列设计是比较适用的。

时间序列设计的缺点是，由于这种设计是在没有控制组的情况下所进行的研究，因而它不能控制与实验处理同时发生的偶发事件的影响，不能排除那些与自变量同时出现的附加变量。同时由于实验过程中对被试的反复观测，也容易导致被试疲劳、厌烦或敏感，从而影响行为效果。

2 相等时间样本设计

相等时间样本设计是指对一组被试抽取两个相等的时间样本，在其中的一个时间

样本里出现实验变量(X_1),在另一个时间样本里不出现实验变量(X_0)的实验设计。其基本模式如下:

$$X_1O_1 \quad X_0O_2 \quad X_1O_3 \quad X_0O_4$$

例如,一位艺术教师想要测量参观艺术品展览对于艺术班学生的知识和态度的影响。他用一周的时间让学生参观艺术品展览(X_1)。参观一周后,立即对学生进行了一次关于艺术知识和态度的测验(O_1);接着他用一周时间进行常规的教学(X_0),随后测验了学生的艺术知识和态度,取得反应成绩O_2;第三周,他又用一周时间让该班学生参观艺术品展览(X_1),其后再次测验学生的艺术知识和态度,并取得反应成绩O_3;第四周,教师又用一周时间进行常规教学(X_0),接着又通过测验,取得了学生关于艺术知识和态度的反应成绩O_4。最后比较这两段时间里学生关于艺术知识和态度的测验分数是否有差异。

在进行相等时间样本设计的统计分析时,可将O_1与O_3的平均数与O_2和O_4的平均数进行比较,以比较两种实验处理的效果;也可以对测定的顺序效果进行分析。这种分析方法如下所示:

	第一次施行	第二次施行
X_1	O_1	O_3
X_0	O_2	O_4

从这种测定顺序效果的分析方法表解可以看出,简单的时间效果,可用O_1和O_2与O_3和O_4的比较来确定。而从四项测量结果之间的交互作用中,又可以检验时间上的不同变化。

相等时间样本设计在内在效度方面没大缺点,但在外在效度方面却有不少缺点。第一,实验安排的反作用效果会影响该设计的外在效度。当采用相等时间样本设计时,被试很容易知道自己在接受实验,因而该实验结果便不能推及无这种反作用效果的群体。第二,选择偏差与实验变量的交互作用也会影响该设计的外在效度。由于只用一个被试组,很容易选到的被试对某种性质的实验敏感或不敏感,因而该实验结果只适用于与参加实验这一组被试同性质的被试。第三,重复实验处理,也会降低这种设计的外在效度。

3 不相等实验组控制组前测后测设计

这种设计,是在做不到按随机化原则用等组法分配实验组与控制组被试的情况下,经常采用的一种准实验设计类型。其基本模式如下:

$$\begin{array}{ccc} O_1 & X & O_2 \\ \hdashline O_3 & & O_4 \end{array}$$

从该模式可以看出，不相等实验组控制组前测后测设计，有点类似于真实验设计的实验组控制组前测后测设计。但必须注意，这两种设计是有很大不同的。不相等实验组控制组设计的基本模式中没有R，且两组之间用虚线表示。这表明这种设计不能控制对被试的随机分配，实验组与控制组的被试并不相等。此外，在准实验设计中实施前测的目的和作用与真实验设计中实施前测也有所区别。在真实验设计中，前测验主要是用来作为评价处理之后发生变化的基线；或者在随机分配之外，作为进一步控制选择偏差的一种保证措施。而在准实验设计的不相等的两组前测后测设计中，应用前测验则是为了提供选择偏差的控制方法。其目的是通过前测验取得整组等价，以提供固定整组在控制机体变量和因变量方面最初的等价数据，作为两个整组之间开始进行比较的基础。

例如，为研究小学三年级学生书法教学的效果，研究者在某所小学三年级的两个班里进行实验。学校领导不同意将原班拆散，要求不能随机重新组合相等的实验组与控制组，只能原封不动地保持原来的班级。在这种情况下，研究者便只能采用不相等实验组控制组前测后测设计。于是，采取掷一枚硬币的方法，随机确定一个班作为实验组，接受处理，另一个班作为控制组。在处理之前，研究者分别对两班进行了有关书法的前测验，并在若干控制变量方面，如性别、年龄、标准化词汇与标准化阅读的测验分数、上课时的表现以及身体失调情况等方面，对两个整班是否等价，进行了初步估计。当研究者认为在两班之间存在的选择偏差与所要进行的实验结果的比较没有强烈的关系时，便对实验组按计划给予处理。然后分别对两组进行同样的后测验。

为了克服不相等实验组控制组设计由于不能随机部署两个等组而产生的潜在的选择偏差，研究者有时可以通过使用一种或几种匹配变量来减少这种设计的弱点。但是，在不相等实验组控制组设计中所用的匹配方法，与真实验设计也是不同的。因为在不相等实验组控制组设计中，研究者没有条件像真实验设计那样用随机等组或配对组的方法去分配被试，而只能试图去寻找与接受与处理组相匹配的控制组。

例如，多伊尔（Doyle, 1975）曾将这种匹配方法用于不相等实验组与控制组设计，研究日托与家庭抚养对儿童发展的效果。由于条件不允许他将儿童随机分配到日托或家庭抚养组（实验组）中去，于是，他便根据24名日托班儿童的情况，从家庭抚养儿童中选择出24名儿童，在诸如年龄、性别、兄弟姊妹人数、父母的受教育程度以及父母的年龄和职业等一些变量方面，与日托班儿童相匹配。然后对24名日托班与24名家庭抚养儿童进行后测验。采用的因变量的量表包括智力发展、对母亲的依附、同辈的相互作用以及有关身体健康状况等。结果表明，日托班儿童的IQ分数显然高于家庭抚养儿童；而在其他有关社会的和情感等变量方面，则没有表现出显著的差异。研究者断定，虽然没有预先就断定是两个等组或配对组，不能肯定地说日托班儿童的智力发展只是由于他们进入了几个月的日托班的结果，但是，有一点是很明确的，即在日托班里取得的经验，没有阻碍他们与家庭抚养有关的智力发展。

不相等实验组控制组前测后测设计的统计分析，通常是将两组在因变量方面取得的增值分数，即$O_2—O_1$、$O_4—O_3$进行比较，以便估计处理效果。对于两组增值分数平均数差数的显著性的分析，可以采用独立的t检验。如果要使两组平均数差数的显著性达到更精确的水平，还可以采用协方差分析。

不相等实验组控制组前测后测设计的优点是可以控制历史、成熟、测验以及仪器等因素的干扰。其缺点是，由于没有使用随机化方法分配被试，实验组和控制组是不相等的，因而选择与成熟的交互作用可能会降低该设计的内在效度。又由于两组都有前测安排，因而其实验结果均不能直接推论到无前测的情境中去。

4 不相等实验组控制组前测后测时间系列设计

不相等实验组控制组前测后测时间系列设计，是前述单组时间系列设计与不相等实验组控制组前测后测设计的结合。这种设计具有时间系列设计的特点，即在实验中对被试组进行一系列的前测与后测；也具有不相等实验组控制组前测后测设计的特点，即在实验中不是使用单组被试，而是采用未经随机分配的不相等的实验组与控制组（两个整组）。所以，该设计又简称为多组时间系列设计。其基本模式如下：

$$O_1 \quad O_2 \quad O_3 \quad X \quad O_4 \quad O_5 \quad O_6$$
$$\cdots\cdots\cdots\cdots\cdots\cdots\cdots\cdots\cdots$$
$$O_7 \quad O_8 \quad O_9 \qquad\quad O_{10} \quad O_{11} \quad O_{12}$$

在该模式中，O_1、O_2、O_3表示实验组在处理前的一系列的观测成绩；O_4、O_5、O_6表示实验组在接受处理之后的一系列观测成绩。O_7、O_8、O_9表示在对实验组作一系列前测的时间系列中对控制组所作的观测成绩；O_{10}、O_{11}、O_{12}表示在对实验组作一系列后测的同一时间系列中对控制组所作的观测成绩。中间的虚线表示两组为固定整组，即被试不是随机分配的。X表示只给予实验组的处理。

例如，劳勒和哈克曼（Lawler & Hackman, 1969）曾使用不相等实验组控制组前测后测时间系列设计，研究工资刺激对控制无故旷工是否有效。整个研究比较复杂，在此仅就其中一种方法说明不相等实验组控制组前测后测时间系列设计。劳勒等将一个整组工人安排到制订工资刺激计划中去，作为参加制订该计划的实验组；安排另一个整组工人作为控制组，不允许他们参与计划的制订，只将制订出的计划向他们宣布，叫作施加组。在实施工资刺激计划之前，对两组工人的时间系列前测是12个星期的出勤率。在实施工资刺激计划之后，又分别对参加组与施加组进行了同样的16个星期的时间系列测验。其因变量是两组16个星期的出勤率。从而判断实施工资刺激计划对控制参加组与施加组无故旷工的效果是否有所不同。

在进行不相等实验组控制组前测后测时间系列设计的统计分析时，可以将两组被试各自的一系列时间前测的成绩的平均数与一系列时间后测成绩的平均数加以比较，从成绩的增值说明处理效果；也可以将两组之间的一系列时间的前测成绩或后测成绩相比较，来判断两组接受不同处理所产生的效果。

不相等实验组控制组前测后测时间系列设计的优点是能够通过系列前测与后测，对一组的比较稳定的变化有所了解；也能对两组处理前后比较稳定的系列变化进行比较。其局限性同单组时间系列设计一样，系列的前测与后测均有可能引起被试的疲劳、敏感与练习效应等。

5 修补设计

所谓修补设计，是指将两个非实验设计（后面将要详述）结合起来，使之成为一项准实验设计。就单项非实验设计来说，其自身都是不充分的，而将两项非实验设计相结合，则可设计出一种比较理想的准实验设计。

例如，有一种非实验设计是只有单组前测后测设计，如 O_1XO_2。它虽然可以控制选择效应，但是却不能完全控制历史、成熟和统计回归等无效源。另一种非实验设计，如固定组仅有后测比较设计$\begin{pmatrix} X & O_1 \\ \cdots\cdots\cdots & \\ & O_2 \end{pmatrix}$。它虽然可以对成熟和历史有所控制，但是不能完全控制选择。修补设计，则可将这两种不充分的设计结合起来，合并二者的长处，弥补它们各自的局限性。所以，修补设计也叫作弥补设计。其基本模式如下所示：

$$\begin{array}{llll} A\text{班} & X & O_1 & \\ \hline & & & \\ B\text{班} & O_2 & X & O_3 \end{array}$$

在此模式中，O_2与O_1的比较，是固定组（或整组）比较，可对成熟和历史有所控制；O_3与O_4的比较，是单组前测后测比较，能对选择有所控制。如果O_2对O_1、O_3对O_2的比较是合理的相等，则不管是历史、成熟，还是选择，都可以得到一定的控制。

当研究者面对的被试人数很多，需要给予每个被试处理，但又不可能同时给予每个被试处理时，则可以考虑采用修补设计。例如，要对1000名学生实施一项特殊训练，每次只能训练100人。每个学生都要受到特殊训练（处理），但又不能分配实验组与控制组，因而无法使用真实验设计；又因为每个学生只轮流接受一次训练（一次处理），所以也不能采用时间系列设计或相等时间样本设计。在这种情况下，修补设计是特别有用的。同时，采用这种设计，允许从训练计划进行的中途开始实验，而不一定从训练计划一开始就着手研究。再者，虽然任务规定每个学生都要受到训练是不能由研究者来控制的，然而，研究者可以控制何时对何人给予处理（训练），由此便可以对各组相继得到的处理效果加以比较，如将第一组的后测分数与第二组的前测分数进行比较（O_1与O_2比较）；第二组的前测分数与自己的后测分数相比较（O_2与O_3比较）。

6 平衡对抗设计

平衡对抗设计又叫轮换设计或拉丁方设计。这三个名称是从其作用、方法和模式三个不同角度来说明这项设计的意义的。

在实验中，前一个实验处理往往影响后一个实验处理的效果；而平衡对抗设计的作用在于提供对实验顺序的控制，使实验条件均衡，抵消由实验处理先后顺序的影响而产生的顺序误差。因而也可称之为抵消法设计。

在实验中，由于学习的首因律，先实验的内容，被试容易记住；又因学习的近因律，对刚学过的内容，被试回忆的效果一般也较好。因而在实验方法上，有必要采用轮换设计使实验内容的先后次序轮换，使情境条件以及先后顺序对各个实验组来说机会均等，打破顺序界限。

所谓拉丁方设计，是指平衡对抗设计的结构模式，犹如拉丁字母组成的方阵。例如四组被试接受A、B、C、D四种处理，其实验结构模式为：

$$\begin{matrix} A & B & C & D \\ B & D & A & C \\ C & A & D & B \\ D & C & B & A \end{matrix}$$

在让四组学生背诵四篇体裁不同的短文的实验中采用这种设计，除了能抵消学习的首因律和近因律的影响之外，还可以使文章的不同体裁、横排或竖排、内容的难易以及标点符号等多种因素的影响，在先后顺序上对四组被试是均等的。这就可以在平衡中抵消掉顺序误差；还可以控制成熟、历史和疲劳的影响。

在单组后测设计中，如果要求被试用两种方法学习两种材料，则通常采用的平衡对抗设计是按*ABBA*的顺序进行实验处理的，如下列所示：

X_1　　O_1

X_2　　O_2

X_2　　O_3

X_1　　O_4

这样，在处理条件X_1的情况下，可以得到两个因变量度量O_1和O_4；在处理X_2的情况下，也可以得到两个因变量度量O_2和O_3。统计分析时，可把每一被试在处理X_1与处理X_2之后所获得的反应成绩，分别求出平均数，并加以比较。

这种平衡对抗设计，也可以把单组被试分成两半，一半按*ABBA*的顺序给予处理；另一半则按*BAAB*的顺序进行处理。这样，对于顺序误差的控制与抵消，就会更加彻底。在统计分析时，可把从两种呈现顺序中得到的数据进行归类合并，求出平均数的差数，进行显著性检验。

相关文献（略）。

合作者：周谦。原文载于《心理学实验指导》，人民教育出版社1988年。

心理学的多样性与一贯性

我们的衣食住行都离不开心理活动,政治、经济、文化、艺术也离不开心理活动。心理学是探寻心迹,理解人生,点燃心灵真善美的一门学问。心理学的一个显著特征是它的多样性和一贯性。今天我的报告题目是“心理学的多样性和一贯性”,讲三个问题:一、心理学的多样性;二、多样性中的一贯性;三、对心理学发展的思考。

1 心理学的多样性

心理现象丰富多彩,凡是有人活动的地方就有心理学家研究的问题,心理学的研究问题十分多样化。我们可以从以下四个方面来看:心理学研究内容的多样性,研究取向的多样性,研究方法的多样性,研究机构的多样性。

1.1 研究内容的多样性

从学科内容来看,我们可以把心理学学科群划分为基础研究学科群和应用研究学科群。

基础研究学科群也称为理论研究学科群,其目的是探究心理学的原理原则,建立系统的理论,为后人据此进行解释、预测或继续研究同类问题建立基础。例如:普通心理学属于心理学的基础研究学科群,它所阐述的心理学的研究取向、方法论准则以及感觉、知觉、注意、记忆、学习、语言、思维、人格等基本原理和原则便是各科心理学,如教育心理学、工业心理学、感觉心理学、知觉心理学等的基础;而实验心理学阐述的实验设计原理则是各种心理实验的基础;生理心理学是探究各种心理现象生理机制的基础;心理学史是探究心理学发生和发展的历史,以史为鉴,它对于当前和今后心理学的发展都有重大意义。当然,基础研究学科群还有发展心理学、学习心理学、认知心理学、人格心理学、社会心理学、变态心理学等学科。

从历史发展来看,应用心理学的发展在前,而基础理论心理学发展在后。心理学的应用远在现代冯特的科学心理学之前,人类祖先早有育儿上的经验积累。应用心理学的发展又为基础理论心理学的发展提供经验积累。例如,教育心理学(educational psychology)从心理学的多种理论取向研究教育者与受教育者的交互作用,使受教育者的德智体美劳得到全面发展,并使教育者成为优秀的教师。咨询心理学(counseling psychology)是运用心理学原理帮助生活适应有困难或心理异常者,使他们了解自己,认识环境,澄清错误观念，消除困惑，改掉不良习惯，重建积极的人生。临床心理学（clinical psychology）专门研究行为异常和心理疾病，实际从事疾病诊断、治疗与预防。消费心理学（consumer psychology）以大众的消费行为为对象，探讨消费动机、购买行为、消费信息来源以及影响消费决策的因素等。工业心理学（industrial psychology）研究工业生产中人与机器、人与人的交互作用，以提升工业生产效率为目标。法律心理学（forensic psychology）研究司法程序中的犯罪动机、犯罪证据的信效度，以达成法律的公正性。广告心理学（advertising psychology）研究如何将产品信息提供给社会大众，以引起消费者的购买欲望和行为。还有健康心理学（healthy psychology）、管理心理学（managerial psychology）、人事心理学（personnel psychology）、社区心理学（community psychology）等等。

1.2 研究取向的多样性

研究取向（perspective）也称为研究视角和研究观点。目前心理学的研究取向主要有以下七种。

1.2.1 生物学的研究取向（biological perspective）

探讨心理事件与脑、神经系统的活动及基因的关系，力求说明心理现象的神经生物基础。采用的方法有：损毁法与切除法，刺激法，脑电图和事件相关电位，单个神经元记录技术，分子生物学方法，遗传学方法，等。已取得了不少成就，但不能全面解释心理现象。

1.2.2 行为的研究取向（behavioral perspective）

着重研究个体（人或动物）的行为是怎样受环境和经验影响的。经典行为主义者（behaviorists）完全否定心理因素，用刺激变量和反应变量的关系来解释行为。新行为主义和社会认知学习理论关注动机和认知机制的研究，关注刺激与反应之间的中介变量的研究，认为人类不仅以行为去适应环境，还以模仿和思考习得行为。用实验法对人和动物的行为进行研究。

1.2.3 认知的研究取向（cognitive perspective）

关注认知过程的信息加工机制，对人类心理与行为研究的基本假设前提是：（1）只有通过对心理过程的研究才能充分了解有机体在做什么；（2）强调用客观的途径来研究心理过程。

1.2.4 人本主义的研究取向（humanistic perspective）

关注人类的潜能和积极的人生，强调人是自己命运的主宰者，自己生活的建造者，能自由地作出选择和制定目标，并能解释自己的生活选择。强调人与动物相区别的那些特征，如自我实现等高级动机。研究正常人和成功人士的心理与行为。

1.2.5心理动力学的研究取向(psychodynamic perspective)

关注个体的潜意识动力因素,如内驱力、冲突与本能等。采用诠释学方法研究精神病患者。

1.2.6社会文化的研究取向(cultural perspective)

关注社会文化因素怎样影响个体心理与行为的形成过程。

认为人的心理与行为模式取决于他们所归属的特定文化模式和所承担的社会角色。

研究方法是调查社会文化与心理及行为模式的相关。

1.2.7进化论的研究取向(evolutionary perspective)

20世纪80年代形成。以进化论作为心理学的研究框架,认为人的心理是人类过程中通过自然选择形成的适应装置,心理学的研究目标就是发现、理解和详尽描绘人类的心理设计。反对行为主义的学习机制,认为人的心理是通过基因遗传的,把本能作为心理学的核心概念加以重视。

1.3 研究方法的多样性

心理学的研究方法很多,可分为14类共57种具体研究方法。

1.3.1 文化模式研究

①社会规范分析;②成语、格言、文艺作品分析;③语言分析;④心理描述(形容词核对、量表分析)。

1.3.2 生理记录

①实验毁损法;②神经活动的记录及诱发;③神经化学方法;④遗传分析;⑤内分泌研究;⑥体型;⑦面型、动作分析。

1.3.3 社会记录

①个人档案记录(学校、医院、公职、资历、组织等);②工作分析;③时间分配;④行为频率;⑤社会测量学;⑥拓扑心理学(对人、对阻碍物的反应);⑦社会网络分析。

1.3.4 个人记录

①日记;②自学系统指导;③个人信件;④主题写作。

1.3.5 表情活动

①第一印象;②外表过细分析(快速摄影分析);③外表模式分析;④字相学;⑤风格分析;⑥跨文化分析。

1.3.6 量表

①等级量表;②记分量表;③心理图示。

1.3.7 标准化测验

①标准化问卷;②心理测量(动作测验、迷津测验、语言测验等);③行为量表(想象、联想、情境测验等)。

1.3.8 统计分析

①假设检验;②方差分析;③主因素分析。

1.3.9 生活情境微型

①时间样本; ②职业微型;④欺骗性情境。

1.3.10 实验室实验

①一元实验设计;②两组实验设计;③多变量实验设计。

1.3.11 预测

①外观预报;②趋势预报。

1.3.12 深层分析

①精神科晤谈; ②自由联想; ③梦的分析;④催眠术;⑤潜意识书写;⑤幻想分析。

1.3.13 理想型

①图解式;②文艺性格分类。

1.3.14 综合法

①常人方法学;②扎根理论 ;③民族志;④个案法。

1.4 研究机构的多样性

以美国心理学会(APA)为例,它包含53个分支,每个分支代表一个特定的研究和应用领域(见表1)。

表1 美国心理学会(APA)的分支机构

1	普通心理学(General Psychology)
2	心理学教学(Teaching of Psychology)
3	实验心理学(Experimental Psychology)
4	评价、测量和统计(Evaluation, Measurement, and Statistics)
5	行为神经科学和比较心理学(Behavioral Neuroscience and Comparative Psychology)
6	发展心理学(Developmental Psychology)
7	人格和社会心理学(Personality and Social Psychology)
8	社会问题的心理学研究(Psychological Study of Social Issues)
9	心理学和艺术(Psychology and the Arts)

续表

10	临床心理学(Clinical Psychology)
11	应用咨询心理学(Consulting Psychology)
12	工业和组织心理学(Industrial and Organizational Psychology)
13	教育心理学(Educational Psychology)
14	学校心理学(School Psychology)
15	理论咨询心理学(Theory of Counseling Psychology)
16	公共服务中的心理学家(Psychologists in Public Service)
17	军事心理学(Military Psychology)
18	成人发展与老龄化(Adult Development and Aging)
19	应用实验和工程心理学(Applied Experimental and Engineering Psychology)
20	康复心理学(Rehabilitation Psychology)
21	消费者心理学(Consumer Psychology)
22	理论和哲学心理学(Theoretical and Philosophical Psychology)
23	行为实验分析(Experimental Analysis of Behavior)
24	心理学史(History of Psychology)
25	社区心理学(Community Psychology)
26	精神药理学和药物依赖(Psychopharmacology and Substance Abuse)
27	心理治疗(Psychotherapy)
28	心理催眠(Psychological Hypnosis)
29	各州心理学常务联会(State Psychological Association Affairs)
30	人本心理学(Humanistic Psychology)
31	智力缺陷和发展障碍(Mental Retardation and Developmental Disabilities)
32	人口与环境心理学(Population and Environmental Psychology)
33	女性心理学(Psychology of Women)
34	宗教心理学(Psychology of Religion)
35	儿童、青少年和家庭服务(Child, Youth, and Family Services)
36	健康心理学(Health Psychology)
37	心理分析(Psychoanalysis)
38	临床神经心理学(Clinical Neuropsychology)
39	心理学和法律(Psychology and Law)

续表

40	独立从业的心理学家(Psychologists in Independent Practice)
41	家庭心理学(Family Psychology)
42	男女同性恋的心理学研究(Psychological Study of Lesbian, Gay, and Bisexual Issues)
43	少数民族的心理学研究(Psychological Study of Ethnic Minority Issues)
44	媒体心理学(Media Psychology)
45	锻炼和运动心理学(Exercise and Sport Psychology)
46	和平心理学(Peace Psychology)
47	团体心理学和团体治疗(Group Psychology and Group Psychotherapy)
48	成瘾(Addictions)
49	男性和男性化的心理学研究(Psychological Study of Men and Masculinity)
50	国际心理学(International Psychology)
51	临床儿童心理学(Clinical Child Psychology)
52	幼儿心理学(Pediatric Psychology)
53	药物疗法(Pharmacotherapy)

1.5 小结

心理学是人类认识自己的一门学问,随着人类实践活动的扩大,人类对自己认识的加深,心理学将会更加多样,即对心理的事实、机制规律和功能的认识将会更深刻。

2 多样性中的一贯性

从1879年心理学独立到今日主流心理学,从基础心理学到应用心理学,所有心理学的研究目的都是得出科学结论,为了点燃心灵的真善美。科学心理学研究所遵循的基本原则:可公开检验原则;主客观资料科学整合原则;人文关怀原则。

2.1 可公开检验原则

所谓可公开检验原则(principle of public verifiability),是指研究结论可由任何人重验、批评、否定或继续发展。这就要求研究者对所研究的概念(某种心理现象)必须下操作性定义(operational definition),即以可观察、可测量的操作对概念下定义。

为什么要这样做?因为心理与行为大家都很熟悉,每个人对其理解不同。只有下操作性定义,才能由他人重验、批判、改进或否定。

因此在研究时，要先找出关键概念并对它下操作性定义，而不采用文意性定义(literary definition)。如果研究课题中有若干个概念，还要对它们下操作性定义。在心理学研究中，很少用直接可观测的操作来定义，绝大多数是用有间接联系的操作来定义。随着科学研究的不断发展，概念的操作性定义也是与时俱进的。

2.2 主客观资料科学整合原则

所谓主客观资料科学整合的原则(principle of scientific integration of subjective and objective data)，是指把所收集到的客观资料与主观资料科学地整合起来。通过对刺激变量、机体变量和反应变量的观测，对人的心理现象进行客观的量化。

刺激变量(stimulus variable)是指能引起机体反应的刺激特征。包括自然性的、社会性的，具体性的、抽象性的，外部的、内部的。

机体变量(organismic variable)是指个体自身的特征，包括物种特征、个体特征。有些机体变量(如性别、年龄、学历、健康状况)也容易客观观测到。

反应变量(response variable)是指由刺激引起的行为变化的特征，包括言语行为、动作行为。大多数刺激变量和反应变量能客观地观测到。

这样，心理学研究的基本方程式有：

$R=f(S)$　　如：反应时，实验

$R_2=f(R_1)$　　如：①行为的序列现象；②两种反应的平行关系

$O=f(S)$　　如：性格、能力是家庭、社会、教育的函数关系

$R=f(O)$　　如：饮水量是饥渴的函数关系(智力、态度、抱负)

$R=f(S,O)$　　如：走步数是健康状态的函数关系(年龄、性别)

考察三者之间的内在关系，并客观地、公开地加以研究。

但是，心理学的研究具有间接推测的特点，加之心理与行为关系的复杂性。因此，既不能仅靠客观观察到的行为资料，也不能仅靠内省资料下结论，要把两者科学地整合起来下结论。

2.3 人文关怀原则

所谓人文关怀原则(principle of humanistic concern)，是指心理学家在科学研究中应尊重和关爱被试。因为心理学的研究对象是一个个活生生的人。以人为被试更应考虑人文特性，了解并尊重被试。

人文关怀原则要求我们仔细评估被试可能面临的风险程度，确保被试的个人隐私

不被泄露,充分与被试沟通,使被试参与研究是自愿的(实验前、实验中、实验后)。即使以动物作为被试也要尽力避免或减少动物的不安、疾病和疼痛。

2.4 小结

坚持可公开检验原则、主客观资料科学整合原则及人文关怀原则,其目的是使研究结果具有较高的信效度,得出科学的结论,从而使心理学的知识具有可证伪性、可重复性、系统性和可争辩性。

3 对心理学发展的思考

实证研究与理论思维;多视角与多学科整合;普世性与本土性;学术性与应用性。

3.1 实证研究与理论思维

实证研究离不开理论思维。实证研究如果缺乏理论思维,就会沦为数据堆砌,或现象描述和呈现。盲目追随西方的理论,就会沦为西方理论的佐证者,不会对心理学知识积累做出贡献。要使我们的研究对心理学有所贡献,就必须在实证研究时加强理论思维修养。恩格斯说:“一个民族想要站在科学的最高峰,就一刻也不能没有理论思维。”如何才能提高理论思维?

(1)打好基础,扩大知识面。

(2)怀疑、好奇心和想象力。

3.2 多视角与多学科

心理事件的多元性与心理现象的复杂性愈益要求心理学家用多视角多学科的观点对心理现象开展综合研究。

单学科独进可能会有所收获,但获益不大。我国的心理学要想有大的发展,就必须建立多学科(包括心理学、哲学、脑科学、遗传学、文化学、社会学、法学、经济学)协同攻关的机制。

3.3 普世性与本土性

当代心理学的一个主要观点和理论体系是以自然科学为范式所建立起来的实证科学,其目标是探寻普世规律和真相。然而,现实与目标之间还有相当大的距离。

每一种社会文化传统都制约着人们的心理与行为。对中国人的性格、面子、人情、汉字书写与识别、社会教化、气功等的研究，被称为本土心理学研究（indigenous psychological study）。我们要尊重各国的文化，努力开展本国文化背景下的心理学研究。

3.4 学术性与应用性

既要重视学术性，更要重视应用性。一个学科是否有生命力，它的影响大小，在很大程度上取决于该学科对社会发展的贡献。

原文为应邀于2001年10月16日在陕西师范大学教育学院作学术报告的大纲。

关于问卷设计

关于问卷设计，今天我想讲十个问题：

一、问卷研究的科学特征；二、问卷设计的基本原则；三、问卷的类型及其优缺点；四、题项的内容，编写题项时的注意事项；五、问卷中题项的排列顺序；六、问卷中的指导语；七、总的问卷结构；八、预试的注意事项；九、项目分析；十、问卷可能出现的误差。

1 问卷研究的科学特征

（1）问卷研究受科研的逻辑程序指引。题目的确定、假设的形成、理论框架的提出、题项的选定、资料的取舍、统计方法的运用、结论的得出，都是按严格的科研程序进行的。

（2）问卷研究含有决定论的意义。科学研究的目的是探讨因果关系。问卷调查属于相关研究，其设计思想是控制变量以寻找因果关系。问卷所涉及的各变量均是可测量的，这为最终探讨因果关系奠定了基础。

（3）问卷研究所追求的是普遍性的事实。即透过样本了解总体的特征，发展出有关人类心理和行为的概括化命题。

（4）问卷研究在于化繁为简。将搜集到的繁多的资料加以量化处理，得出几个具有信效度的结论。

（5）问卷研究的结论是可以重复验证的。

（6）问卷研究的结论可用于实践，为两个文明建设服务。

2 问卷设计的基本原则

2.1 目的明确性原则

任何问卷调查都是有目的的：证实或证伪某个结论。目的明确是问卷设计的基础。只有目的明确、具体，才能提出明确的假设，才能围绕假设来设计题项。

关于目的明确性原则，你们要记住：

（1）验证什么假设？用什么理论框架建构假设？如何对研究的概念下操作性定义？如何对它进行测量？

(2)设置多少个维度及亚维度？每个维度包含多少题项？用多少个题项去测量？如何建立起各题项之间的顺序？如何建立起整个问卷的框架？特别要注意关于被试的基本事实资料的问题。

(3)确定主要和次要的收集资料的方法。

(4)如何与被调查者沟通,阐述问卷资料的保密度、不署名等。

2.2 题项的适当性原则

选择的题项要与研究假设相符,即所选择的问题是针对研究假设的,是研究假设合理的内涵和外延;所选题项在数量上要适当。题项的数量可根据以下两点来确定:①一般经验;②预试的结果。

2.3 语句理解的一致性原则

语句理解一致性,是指研究者与被试,以及被试之间对问卷题项语句的理解都要一致;如果不一致,就达不到研究者所要测量的目的。

2.4 调查对象的合适性原则

即选择的对象要符合对研究假设的推论;问卷的结构(开放式或封闭式)、题项的形式及用语都要考虑是否适合调查对象。

3 问卷的类型及其优缺点

问卷可分为无结构问卷和结构问卷。无结构问卷也叫开放式问卷,由开放式问题组成;结构问卷即封闭式问卷,由封闭式问题组成。

开放式问卷的优点:①不受所提供的答案范围的限制,被试可自由发表看法;研究者能了解到意想不到的看法。②适合于探索性研究。③便于赢得被试的合作。④ 对一时难以简化为几个小问题的复杂问题的研究,尤为可取。

开放式问卷的缺点:①易得到无价值或不相干的资料。②被试的回答是非标准化的,难以进行对比和统计分析。③对被试的回答的鉴定易带主观性。④仅适用于教育水平高的被试。⑤费时,回收率低。

结构问卷由封闭式问题组成。一般有下列几种形式:①选择式;②查核式;③是或否式;④等级量表式;⑤等距量表式;⑥对偶比较式。

结构式问卷的优点:① 回答是标准化的,便于比较、统计和编码。② 被试对问题的含义通常是清楚的。③ 回答具体、可用,不会产生不相干的回答。④ 回答简便,不需花更多时间思考,不需要较高的撰写技能。

结构式问卷的缺点:① 易产生不可信的回答。② 不能发现意想不到的资料。③ 难以发现被试回答上的细微差异。④ 被试可能对提供的答案不满或不同意而拒答。

4 题项的内容及编写题项时的注意事项

题项内容很重要。在编写题项内容时要做到:根据假设,针对要测量的概念建立起准确、清晰的类别系统,使这些类别彼此互相排斥(不互相包容);同时要顾及被试的知识水平,顺应他们;题项的内容应与研究目的相一致,以期达到研究本来的目的。

为此应该注意以下几点:

(1)根据研究目的,将欲研究的概念所包含的内容区分为互相排斥的若干类别;这些类别应穷尽欲测概念的内涵,做到在理论上是正确的。

(2)每一类别又是一个综合体,下面又可区分为若干子类别和因素;子类别和因素也是一个综合体,它们的划分也应互相排斥、清晰区分。

(3)针对所划分的子类别和因素所设计的题项,应尽可能以被试的想法为主,从被试的实际情况出发。

题项编写时应当注意的事项:

(1)题项内容应属于所研究概念的内涵或外延。

(2)题项内容应是明确的,避免含混不清。所谓含混不清包括:① 问话太一般化;② 令人费解的语意不清的措辞;③ 一个语句(题项)中包含两个或两个以上的概念或事件。

(3)题项内容不能用土语、专有名词或双重否定句来表达。

(4)题项内容应避免社会禁忌和爱好,应避免难以启齿的问题。

(5)题项内容不应有暗示和诱导作用。

(6)题项内容应避免引起强烈的情绪联想。

(7)不要用假设或猜测的语句提问。

(8)题项内容不应超过被试的知识水平和能力范围。

编写题项时,在用词造句上还应考虑以下几点:

(1)是提一般的问题还是提有针对性的问题。

(2)是直接提问还是间接提问。

(3)是问个人还是问集体。

(4)是长句好还是短句好。

在编写题项时一定要注意以下问题：

(1)要说明为什么分这样的维度、亚维度、因素，其理论依据是什么。

(2)要说明该题项是针对哪个因素或亚维度的。

(3)要说明理论上或实际上应该包含的题项。如果你的问卷经因素分析后没有包含进去，应找出其原因。可能是题项语句本身的问题，也可能是题项语句的分量问题。

(4)要处理好题项内容所涉及的传统性、现实性、时代性问题。要写好题项必须多读，多讨论。

5 问卷中题项的排列顺序

(1)敏感性、开放式问题应放在问卷的后面；容易的问题，浅近的问题应放在前面。

(2)对后面有启发意义的问题，可以放在前面，但要防止产生反应定式。

(3)问题排序应有逻辑性：①时间顺序；②内容顺序。

(4)检查信度的成对题项应分开排列。

(5)处理好相关的问题。

6 问卷中的指导语

指导语应包括以下内容：1.说明开展该研究的个人或组织；2.说明研究的意义；3.说明如何回答题项；4.说明调查对象回答问题的重要性；5.说明回答无对错之分以及保密等。要简短明了。

7 总的问卷结构

总的问卷结构应包含：1.指导语；2.关于被试的基本资料项；3.题项；4.足够的空白。

8 预试的注意事项

(1)预试对象应取自将来正式测试之团体，取样应具代表性。

(2)预试的测试方式应与正式测试方式相同。

(3)在指导语中请求或口头地请求预试对问卷予以多方面的分析批评。

(4)给被试足够的时间用于回答。

9 项目分析

9.1 项目质的分析

项目质的分析应注意以下几点:

(1)对批评意见较多的题项的处理。

(2)分析被试以“无回答”、“不能回答”和“不知道”方式来作答的题项。

(3)分析问卷中是否出现有反应定式。

(4)分析所有人(98%)都答了相同的答案的题。

主要就内容、形式、取材的合适性及编拟题项的技术方面进行评鉴。要反复进行预试→修改→再预试。

9.2 项目量的分析

项目量的分析即分析问卷的通俗度和鉴别度。

价值观、态度、人格测验的题项不存在难度问题,其指标称为通俗度。

$$p=\frac{R}{n}\times 100\%$$

p 为对该题理解的人数

n 为全体被试人数

9.2.1 信度分析

信度分析也就是内容一致性分析,其目的是检查个别试题与整个测验的作用的一致性。分析方法就是在复核过的问卷中,抽选出370份,将测验总分最高的27%被试列为高分组,最低的27%列为低分组,然后分别求出这两组被试在每个题项上通过人数的百分比,再以高分组百分比减去低分组的百分比,所得之差数,即鉴别指数。

9.2.2 效度分析

效度分析的目的在于检验每一个题项是否具有某种鉴别作用。它是以外部效标为依据,衡量题项反应与效标分数的相关程度,或分别求出各效标组在某一试题上通过人数的百分比,以其差数作为效度指标。效度分析的方法和步骤与前述的谐度分析相似,所不同的是参照标准。效度分析的参照标准的确定的步骤大致如下:

第一,分析修订或编制的量表所要测量的维度。以修订贝尔(Bell H.M.)适应量表为例,该量表包含家庭适应、健康适应、社会适应和情绪适应。在修订此量表的预测时,可同时给被试两份问卷“社会测量问卷”和“适应性自我评定量表”作为参照标准。后者作为家庭适应参照标准，前者作为健康适应、社会适应和情绪适应的参照标准。

第二，以“适应性自我评定量表”为标准，选取家庭适应较好与家庭适应较差的两个极端组（27%），其他三个维度则依社会测量问卷分别选取两个极端组。

第三，分别求出这两两对应的高分组与低分组被试在各个题项的记分答案上通过人数的百分比，然后求这两个高—低分组的差；即以前者减去后者，其差数大小，可显示各个试题在预测功能上的鉴别力。

效度分析的具体步骤如下：

（1）选取适当的样本 370 人，按规定程序进行预测。

（2）把 370 份试卷按测验总分的高低次序排列，然后从最高分向下开始取足 27%（100 人）为高分组，再从最低分向上取足 27%（100 人）为低分组。

（3）计算高分组与低分组通过每一题项的人数百分比，分别以 *PH* 和 *PL* 表示。

（4）以 $D=PH-PL$ 公式，求出每一题项的鉴别指数。或根据 *PH* 和 *PL*，从范式项目分析表中查出 *P*（整个样本通过该题百分比的估计值），Δ（常态化等距难度指标），*r*（项目反应与效标二列相关系数）等指标。

为什么通常以效标分布的上下 27% 作为对比组？因为许多便于项目分析的图表和计算程序都是遵照“27% 规则”的。例如，美国教育测验中心有一种“范式项目分析表”（Fan，1952，1954），只要知道效标组（或总分）的上端的 27% 和下端 27% 的人在某一试题的通过率，就可以查出上述所需的各项指标。

以上分析可用于非连续变量，如果是连续变量（如价值观量表和态度量表）（很重要—重要—中性—不重要—很不重要），则可用 G－P 分析法来确定每一题项的鉴别度。

（5）比较高、低分组在试题的不同答案上反应的情况。

（6）根据试题统计分析的结果，修改或选择适当的题项。

最后，在问卷设计中有两点还得考虑：① 问卷的纸型和印刷质量、封面的格式；②统计编码。

10 问卷可能出现的误差

（1）按照研究目的，决定收集资料的范围阶段：可能对内容考虑不周，想错了目的方向。

（2）决定问卷的类型和形式阶段：问卷是开放式或封闭式均与研究目的有关。

（3）草拟题项与预试阶段：题项内容、用字造句要特别细心。

(4)正式调查阶段:调查者如何讲解指导语,被试以什么心态做题都会导致种种误差。

(5)编码与过录阶段:看错、写错等登记录入错误。

在对每个步骤易导致的误差加以防范后,如果对调查结果仍不放心,修正的办法可采用:①严格检查各种记录资料,将各种资料互相对照证以进一步降低误差。②重新设计、重新调查。

也可以采用以下办法:①先做一次试行的探索性研究,用以与正式研究作比较,一方面可降低误差,同时也可探知误差的来源。②在问卷中夹杂一些意义相同而说法不同的题项,作为将来对比的标准。

问卷的调查有其局限性。它只能在一定的范围内取得资料,并且缺乏弹性。它的内部效度较低,并且不容易找出被试回答中的错误等;被试所说的与其实际行动或态度可能是脱节的。这种方法也不适用于文化程度较低的人。

原文为1998年前后为西南师范大学心理学专业硕士研究生授课的大纲。

调查研究策略

讲了问卷设计之后，我还想讲一讲调查研究的策略，这对于问卷设计也有重要的意义。

1 什么是调查

调查（survey）可以解释为“全面而仔细的观察”，特指“获得描述性数据”的活动。调查有以下一些重要的特征。

（1）覆盖范围广。研究应该有宽广的覆盖范围或开阔的视野。调查应该是全面的、全景式的。

（2）具有特定的时间点。调整收集的资料是那一特定时间点上的快照。尽管有些时候研究者可能希望使用回顾性研究。

（3）经验研究。调查工作不可避免地带有实证研究的含义，是可以被测量和记录的。

在这个策略范围内的一系列方法都可以采用。比如问卷法、访谈法、文献法和观察法。

2 调查的方法

下面列出一些最常用的调查方法。

2.1 邮件问卷

通过邮寄发出“自我完成”的问卷（‘self-completion’ questionnaire），即邮寄问卷（postal questionnaires）。使用这种方法，研究者和被调查者之间通常没有任何个人接触，在问卷到达之前被调查者也不会提前收到通知，因此邮寄发出的问卷常常不为被调查者所理睬。

能按照要求对邮寄问卷做出应答的比例是非常低的。应答率往往取决于主题的性质和问卷的长度。回收到20%的问卷就是幸运的。大量地邮寄问卷，即使应答率很低，也仍然能够提供充分的资料供研究分析之用。应答比例低通常会导致样本不能代表被调查者在年龄、性别、社会阶层等方面的真实分布情况。

2.2 网络调查

网络调查(internet survey)可以有下面三种方式:(1)电子邮件问卷,问卷作为邮件的一部分发出;(2)问卷以邮件附件的形式连同邮件一同发出;(3)基于网页的问卷,问卷设计成网页的形式链接在网站上,让人们访问网站时填写。

其应答率受问卷视觉效果和回答便捷性的影响。如果在与被调查者联系的时候能够提及一些个人化的内容,比如说出对方的名字并加以问候,则应答率有望提高。如能追踪不愿应答者,并补发一份调查问卷,也将有助于提高应答率(Dillman,2007)。网络调查表明:被调查者所提供的信息没有明显的歪曲倾向。网络问卷和纸质问卷两种传播模式的结果之间差异很小,甚至几乎没有差异。

在抽样框(sampling frame)方面,将问卷以网络的方式发给符合具体要求类别的被试比用邮寄的方式要困难得多。

2.3 面对面访谈

面对面访谈(face to face interview)是指研究者和被调查者之间直接接触。研究者可以通过"街头访谈"的方式进行。访谈主要取决于被调查者是否愿意且能够花时间给研究者提供帮助。有时访谈之前需要提前写信或打电话预约。

访谈需要的时间和交通成本也很高。但是研究者能获得的资料会更加详细和丰富,而且面对面接触提供了证实资料真实性的直接方法。在面对面的情境中,研究者能够意识到对方是否在提供虚假信息,这在问卷调查和电话调查中是不可能或难以做到的。面对面调查比其他调查方式的应答率要高得多。

2.4 电话访谈

电话访谈(telephone interview)过去一直被认为是一种很不靠谱的研究方法,用电话联系会导致一个有偏差的样本。但事实证明:电话访谈比面对面访谈更加经济和省时,且在电话访谈和面对面访谈时,人们是一样诚实的,进行电话调查完全有可能得到有代表性的样本。电话访谈是直接的、一对一的互动。其缺点在于:电话联系比邮寄问卷更容易打扰人,电话调查在某种程度上会占用人们在家的宝贵时间,而邮寄问卷则不会产生这样的问题。

2.5 小结

调查法可以应用于人,也可以应用于文献。社会研究者可以在文献的基础上进行实证研究,这些文献囊括了尽可能广泛的、全面的资料,并以"提供最新成果"为目标。

报纸、公司报告和会议记录是文献研究中几种可能被用作调查的资源。也可以采用观察的方式进行调查,这时既可以询问人们做什么和想什么,也可以观察人们实际上在做什么。

3 调查和抽样

研究人员不可能向研究对象中各个类别里的每个人去收集资料,只能从他们总体中抽取某一部分来收集证据,并期望从这一部分中获得的结果同样适用于总体中的其他部分。但是,仅仅假定样本的研究结果适用于总体中其余部分是不够充分的。要保证样本的研究结果同调查总体中其余的部分的研究结果相似。首先要认真仔细地选择样本。一种是概率抽样(probability sampling),另一种是非概率抽样(non-probability sampling)。概率抽样是建立在概率思想的基础上的。被选择的样本是研究总体中的人或事件,并具有很好的代表性。非概率抽样是在不知样本是否能很好代表总体的情况下进行的抽样。

3.1 概率抽样(probability sampling)

3.1.1 随机抽样

随机抽样(random sampling)在选择人或事件时完全是"随机"的。使用随机抽样有下列假设:

(1)选择了充足的样本中的个例;

(2)这些选择真正做到了"随机"。

研究者可以用(专为抽样编制的)随机数字表从登记名册中选择页码和行数以抽取一个个体进入样本。随机数字表保证了选择是完全随机的。

3.1.2 系统抽样

系统抽样(systematic sampling)是随机抽样的一个变式。它遵从随机抽样的原则,但在选择人和事件时引进了系统化的元素,即研究者在总体中按顺序依次选择第 n 个个体,比如在登记表中每间隔100人抽取1人进入样本。

假如研究者知道大约有10万人登记备选,他想取1000人作为样本,那么,在备选登记表中每隔100人取1人,这样就可以准确地得到需要的样本数目。

3.1.3 分层抽样

分层抽样(stratified sampling)的含义是总体中每一个个体根据他所属群体在总体中所占的比例,都有相同的中选概率。分层取样仍旧遵循随机的基本原则。它在取样的过程中加入了层次限定,并在每个层次内运用随机抽样的原则。它是随机选择和基于特质与目的而抽样的混合物。

3.1.4 定额抽样

定额抽样(quota sampling)有特定的分类(或层次),在样本中包含这样的分类具有重要意义,定额抽样也要按总体中这些分类的比例来分配样本数。分层抽样与定额抽样有一个明显差异,就是定额抽样在选择每层所需数量的人和事件时使用的一种不太严谨的非随机抽样的方法。

3.1.5 多级抽样

多级抽样(multi-stage sampling),是指从样本中再选取样本,每个样本从先前选择的样本中抽取。例如,在一个总数为5000所学校的研究中,研究者可能会用定额抽样方法选择200所学校进行研究。在这200所学校中,研究者可能会随机抽取1000个学生作为样本着手进行调查,继而,再从中选择100名学生作为进一步研究的对象。从原则上讲,多级抽样的层级数量是不受限制的,每个层级的样本都从前一个层级的样本中抽取。

3.2 非概率抽样(non-probability sampling)

有些研究很难或不可能通过概率抽取选择样本。原因多种多样:(1)这项研究无法取得足够数量的实例;(2)没有足够的有关总体的信息,无法进行概率抽样;(3)通过常规概率抽样技术选定样本极其困难。例如,对吸毒成瘾者或无家可归者进行研究,用常规的概率抽样形式将是不适合的。非概率抽样的关键和决定性特征是:不管采取哪种形式,将人或事件列入样本肯定不是一种随机选择。

3.2.1 目的抽样

在目的抽样中,样本是研究人员为研究而“精心选择”(hand picked)的。目的抽样适用于下列情况:研究人员已经了解一些有关的具体的人或事件,从而作出有意的选择。

选择那些有理由相信将对研究起至关重要的人或事。采取典型例子或差额选择,而不是经典的抽样,这样研究者就可以集中精力于更广泛的案例上,甚至集中于极端的案例来阐明手头的问题。从这个意义上讲,目的抽样不仅是经济的,而且也是内容丰富的,这是传统概率抽样所做不到的。

3.2.2 雪球抽样

雪球抽样(snowball sampling),顾名思义,就是像滚雪球一样,样本就是在由一个人推荐下一个人的过程中滚动形成的。例如,开始某个项目抽样时,可能只涉及几个人,每个人都可以提名另外两个人参与该研究。然后研究者与这两个被提名者取得联系,希望将其纳入样本。然后这些样本又会提名更多的人进入样本,样本容量就会像滚雪球般地增大了。

雪球抽样是一种有效的建立合理样本的抽样技术,尤其适用于小规模的研究项目。其优势是利用其人提名两个或更多人的累积效果,可以相当快捷地获得足够数量的样本。另研究者接触的每个新样本都是经别人提名的。

3.2.3 理论抽样

理论抽样(theoretical sampling),实例的选择遵循基于"扎根"理论构建的线路。在每个阶段,新的证据被用来改造或确证"理论",然后,这样的理论又为下一步的研究提供适当的例证。

3.2.4 方便抽样

方便抽样(convenience sampling)的样本选择建立在研究者的便利和容易实现的基础上。

原文为1998年前后为西南师范大学心理学专业硕士研究生授课的大纲。

个性的系统分析

关于个性一词的内涵和外延问题，在心理学界可谓见仁见智，莫衷一是。社会学家、生物学家、西方心理学家、苏联心理学家及我国的心理学家都各陈己见。他们的观点对于个性的理解均有助益，有的相当精辟，但也有的解释不尽如人意。综合各家对个性的理解，我们尝试着用系统分析的观点对个性作如下的定义：个性是一个人的总的（或基本的）精神面貌，是包含有许多相互联系的倾向性、特征和成分的系统构成的，它决定着一个人的思想和行为的独特性。

1 个性是一个开放系统

个性是具有许多相互联系的倾向性、特征和成分的心理构成物。它是一个具有层次结构的开放系统。这个开放系统又存在于更大的系统之中，它与个人的生物系统、环境系统（特别是社会环境系统）、行为活动系统具有种种的联系。

首先，个性与个人的生物系统是密切联系、相互作用的，虽然一个人的个性品质不是直接来自机体的生物的因素。一个人或勇敢或怯懦，或勤勉或懒惰，或诚实或虚伪都不是生来具有的。但自古以来就有这样的一种观念，认为人的身体与个性特征有关。古希腊著名医生希波克拉特（Hippocrates，前460—前377）就认为人的个性可以根据其体液的类型来描述，并认为体型和易患某种疾病有关。德国精神医学家克瑞奇米尔把人的体型分为四类：肥胖型、瘦长型、健壮型、畸异型。认为各种体型与各种心理疾病有关（如肥胖型者易患躁郁性精神病，瘦长型者异患精神分裂症），体型与正常的个性特征有关（如肥胖型者较为友善、合群、活泼，瘦长型者较为严肃、沉默、孤僻）。谢尔登拍摄了四千名男大学生的正面、侧面和背面裸体照，区分出体型的三种主要成分，他称之为内胚型（endomorphy）、中胚型（mesomorphy）和外胚型（ectomorphy），对每个大学生的这三种成分加以评定，随后又对三十三名被试的气质特征进行长时间的深入访问，最后得出的结论：体型和气质类型有高度的正相关，即内胚型者属于内脏气质型（viscerotonia），愉快乐观、闲适、乐群；中胚型者属于肌肉气质型（somatotonia），精力充沛、竞争、攻击性强；外胚型者属于脑髓气质型（cerebrotonia），压抑、内向、好孤独。很明显，这类研究的非科学成分较多，难以为人们所接受。但是体型等身体条件对个性的形成和发展的影响也是难以否认的。因为体型的有些特点符合文化的社会价值，有些则不符合，并经常受到人们的品评，这无疑会影响一个人个性的形成和发展。

个性与个人生物系统的关系研究更多的是探讨个性特质的遗传作用。对双胞胎的研究表明，同卵双生子比异卵双生子在智力上更相似，甚至当同卵双生子出生后，分别寄养在不同家庭中也是如此。在某些人格特征上和对精神分裂性精神障碍的敏感性上，同卵双生子比异卵双生子也更相似。从现代行为遗传学的观点来看，古老的关于遗传与环境在个性发展中的作用的争论已无意义。目前的探讨主要有三种倾向：一是环境阈值说，认为各种与个性有关的遗传特质的实现，都必须具有环境诱因，并且这种环境诱因必须在质上和量上达到某种程度（阈值）以上；二是遗传和环境交互作用说，探讨遗传如何限制个体的潜力，以及有利的或不利的环境条件能改变遗传潜力的程度等；三是主观能动性说，探讨人如何运用主观能动性充分发挥遗传潜力，克服不利的遗传（身体）条件。这类探讨正好说明个性与个人的生物系统的密切联系、相互作用。

其次，个性与个人所处的环境系统也是密切联系、相互作用的。个人所处的环境系统具有一定的层次结构，包括自然环境和社会环境。对个性影响最大的是社会环境，它又包括一般的文化影响、一定的社会阶级和阶层的影响、家庭的教养方式（包括父母的言传身教、家庭气氛、亲子关系和儿童间的关系等）和学校教育特点等。人的个性是社会化的结果，同一文化背景、同一社会阶层中的大多数人具有共同的个性特征，如民族性格、阶级性等，而这种行为模式常是通过子女教养方式的体制化及学校教育所逐步形成的。家庭教育不仅是文化和社会阶级、阶层影响力的媒介，其本身也塑造着下一代的个性。父母在教养子女中表现出的自己的个性，往往有意无意地影响孩子的行为。这种影响通常是通过下列途径实现的：(1)父母的行为表现提供了某种情境，从而引发孩子的行为；(2)父母是子女成长过程中模仿的对象；(3)父母对子女行为进行有意识的奖惩。这里应当指出，环境系统对个性形成的作用绝不是像行为主义者华生所说的那种机械决定论。环境对人起怎样的作用依赖于人如何认识、解释和改造他所处的环境。现代个性心理学的研究已经表明，人的个性的形成是遗传、环境等各种因素交互作用的结果。人是有主观能动性的，正在形成和已经形成的个性，通过实践活动能对自然界进行能动的改造，使自然界满足自己日益丰富多彩的需要，同时人还要服从社会运动的规律，通过劳动进行自我创造、自我实现。例如，个人的成就动机是根据个人的生活经验和社会文化特性而逐步形成的。一个人一旦形成了某种成就动机，他对现实的态度和自我实现的行为就有明显的不同。成就动机高的人通常比较努力，强调成就、事业、能力和竞争，愿意想办法、花力气去达到目标。而成就动机低的人则多半缺乏主动性，害怕成就、竞争，强调条件、环境，安于现状或甘居落后。这都说明，人的个性和他所处的环境系统是密切联系、相互作用、相互制约的。

关于个性和个人的环境系统的关系，鲁宾斯坦曾说过："因为对个性的外部影响在每个时刻都是通过内部条件折射出来的,而内部条件本身又是依赖于以前发生的外部影响来形成的,所以外部影响的效应依赖于受到这些影响的个性的内部条件,这个论点同时意味着,对个性的每个外部的(其中也包括教育的)影响的心理学的效应,都制约于个性的发展的历史、制约于它的内部的规律性。"(鲁宾斯坦, 1980)撇开鲁宾斯坦对个性的定义,仅从个性与环境的关系来看,在这段话中,如果将"内部条件本身又是依赖于以前发生的外部影响来形成的"改为"内部条件本身又是依赖于遗传、成熟和以往的环境影响而形成的",那么我们认为这段话就比较全面了。

人受社会影响,个体的社会化是在社会生活实践中进行的。个性与个人的活动系统是密切联系、相互作用的。个性在活动中形成、在活动中表现出来,同时已经形成的个性又对活动表现出特殊的倾向性和积极性。这里我们将着重分析对"活动"应作何理解的问题。显然,行为主义心理学采取刺激→反应(S—R)的二项图式对人的活动进行分析是过于简单化了,但我们也不完全赞同列昂捷夫提出的对人的活动分析的所谓三项图式,即在客体的作用和主体现在状态的变化之间加上"一个中间环节('中项')——主体的活动及其相应的条件、目的和手段"(列昂捷夫, 1980)。我们认为,在分析个性的形成时,活动的概念应作广义的理解,它包括无意识活动和有意识活动,内部操作活动和外部操作活动。列昂捷夫的活动理论强调有意识的活动在个性形成中的作用,完全忽视了无意识活动在个性形成中的作用。固然,有意识活动如游戏、学习、劳动在个性的形成中起着重要的作用,但不可否认无意识活动同样对个性的形式具有重要作用。例如许多研究业已表明,在会说话之前,婴儿的吃奶、大小便训练等早期经验对个性的发展确有很大的影响(Bowlby, Robertson, & Rosenbluth, 1952; Goldfarb, 1943; Harlow & Suomi, 1970; McClelland, 1951; Skeels, 1966; Skeels & Dye, 1939; Spitz, 1945)。苏联出版的三本心理学教科书都安排了"活动"一章,所讲的活动形式除了游戏、学习、劳动外,就是技能、熟练和习惯,并强调"活动是由自觉的目的所调节的人的内部的(心理的)和外部的(生理的)积极性"。显然他们所讲的活动是一种外部操作活动。固然,外部操作活动如技能练习,特别是习惯对个性的形成有重要的作用,但不可否认内部操作活动如认知活动、情感活动对个性的形成也确实有很大的影响。例如,人们对自己的生活经验的认识和情感体验,对于个性的形成具有强烈的影响。有一种缺陷综合征就是个人认为自己身体上、心理上、社会上或道德上有缺陷,情感上难以补偿,从而形成一种"不如他人"的牢固观念,这种观念可能未被意识到、被压挤到下意识之中,但在行为上仍会表现出来。缺陷综合征的表现是多种多样的。有的人整天追求夸奖、称赞,自我吹嘘,虚荣心甚强;有的则企图以冒险的粗鲁的行为来掩盖怯懦,显示其所谓的"大无畏精神"等等。可见认知活动、情感活动特别是对自我的认知和情感体验,对个性形成的影响是绝对不可忽视的。

至于说到已经形成的个性对活动的制约作用,心理学家早已有许多研究。例如荣格(Jung,C.G.1875—1961)把个性划分为内倾型和外倾型,内倾型者喜好安静、富于幻想、善于思索、优柔寡断、孤僻内向、适应环境困难;外倾型者好社交、开朗、对人对事均感兴趣、情绪外露、不拘小节、好冒险、易于适应环境。阿德勒(Adler,A.1870—1931)把个性划分为优越型和自卑型。前者争胜好强、不甘落后,后者甘愿退让、自卑感强等等。这都说明个性对活动的制约作用。

从上述的分析可以看出,个性与个人的生物系统、环境系统、活动系统是不能截然分开的。个性的形成和发展离不开个人的这三个系统。个性在任何时候都是个人的生物系统、环境系统、活动系统共同作用的结果。

2 个性结构的分析

个性是一个多维度的、具有层次结构的心理构成物。但是,心理学家对个性结构分析的意见也是存在分歧的。

在西方心理学中,对个性结构分析较有代表性的是弗洛伊德的精神分析范型和罗杰斯的人本主义范型。弗洛伊德认为个性是由本我(id)、自我(ego)和超我(superego)三个系统组成的。在一个精神健全的人身上,这三个系统形成一个统一和谐的组织结构。它们的密切配合使人能够有效而满意地与外界环境交往,以满足人的基本需要和欲望。如果这三个系统相冲突,人就会处于失调状态,甚至导致精神病。弗洛伊德的个性理论指出了个性结构中的动力倾向性以及个性结构中的意识成分和无意识成分,是有一定合理性的。但是他把性欲、本能、潜意识看成个性的主导因素,则显然是与人的本性相违背的。与精神分析学派强调本我驱欲、潜意识在个性中的主导作用正好相反,罗杰斯则认为人是不断前进的,其行为是理性的,个性的主要结构是自我(self)和理想自我(ideal self)。他强调:"个体所采用的行为方式,大半和他的自我观念是相一致的。"(Rogers. C. R, 1951)显然,较之于弗洛伊德,罗杰斯的个性结构理论更具合理性。无疑,自我概念(或自我意识)是个性结构的重要成分,但忽视个性的类型特征(如气质、性格、能力)和个性的动力倾向(如需要动机、信念抱负、价值观等)的个性结构理论显然也是片面的,也是不能说明个性的独特性及其原因的。

苏联心理学家对个性结构的分析别具一格。例如,波果斯洛夫斯基把个性结构划分为四个基本组成部分:(1)个性的倾向性,包括需要、兴趣、思想和实践目标体系;(2)个性的可能性,包括保证活动成功的能力系统;(3)性格,主要包括道德品质和意志品质;(4)在所有其他组成部分之上的“自我”控制系统,包括自我调节、自我监督和校正,以及生活和活动的预计和计划(波果斯洛夫斯基, 1979)。谢尔巴可夫则把个性结构划分为由低级至高级的如下四个系统:(1)在个体生活过程中形成起来的感觉——知觉的动力机能系统;(2)较稳定的心理构成物系统,包括气质、智力、知识、技能和熟练;(3)作为活动者的个性稳定性系统,包括倾向性、能力、独立性和性格;(4)反映社会性的“思想和情感”方面的特点、态度和行为系统,如人道主义、集体主义、乐观主义和爱劳动等(谢尔巴可夫, 1979)。普拉托诺夫把个性的一般结构分为六个亚结构:(1)能力表现亚结构,(2)性格一般特征亚结构,(3)倾向性特征亚结构,(4)经验特征亚结构,(5)心理过程个人特征亚结构,(6)受生物特征制约的心理特征(气质)亚结构(普拉托诺夫, 1980)。可见,他们对个性结构的分析有一致的地方,例如,都认为个性倾向性、能力、性格是个性的基本组成部分。但也有不一致的地方,如谢尔巴可夫和普拉托诺夫主张个性结构应包括心理构成物(如知识、经验等)和气质,波果斯洛夫斯基则与他们不同,主张个性结构应包括自我;谢尔巴可夫强调个性结构中人的社会性的“思想和情感”方面的特点,而普拉托诺夫甚至区分出心理过程个人特征的亚结构,如此等等。

如果把个性看作一个系统,那么我们就容易理解上述心理学家对个性结构的不同描述了。因为任何系统都可以作多种描述。例如,还可以把个性区分为个性的社会特征子系统和生物特征子系统,个性的意识活动子系统和无意识活动子系统等等。但是,个性结构这个概念通常是用来解释个性较稳定的方面和个人行为的一致性的。就是说,个性结构是个性组织中稳定而持久的成分,是用来说明人的行为在不同时间和情境中重复发生的相似性和一致性的。基于这种认识并参照前人的研究成果,我们认为个性结构的基本组成部分应包括以下具有不同功能的三种子系统:

(1)个性的激励子系统,包括需要、行为动机、兴趣、抱负、信念、价值观、世界观。它是人进行活动的能动性的源泉。它激励着人以某种方式进行活动,向自己提出某种目的并力图达到它,从而表现出一个人的精神面貌。

(2)个性的稳定子系统,包括气质、能力、性格。虽然个性的心理表现具有变异性,但正如俗话所说“习以成性”,人的潜能、行为风格总是稳定的、相对不变的。正因为如此,我们才有可能预见一个人在跨时间、跨情境中的行为的相似性和一致性。

(3)个性的调节子系统,即自我子系统,包括自我观念(现实自我和理想自我)、自我体验、自我监督和控制等。自我不是存在于一个人头脑中的另一个人,而是那些关于自己的经验的表征,它是能为个体所知晓的、所意识到的。因此,自我也称为自我意识。人们对现实的态度和行为方式总是和他们的自我意识相一致的。

个性的激励系统、稳定系统和调节系统是密切联系的整体,从而表现出一个人的基本的精神面貌。这里的自我调节系统是在其他两个系统之上形成的,对其具有调节、控制作用。当然每一个系统中的各种心理成分,也都有一定的层次性。

3 尚未结束的结语

在心理学中,个性心理是一个十分广阔的领域。对它的研究涉及人的各个方面。由于研究对象的极端复杂性,尽管人们在个性研究方面写过很多书和论文,提出了许多理论和测量方法,“虽然各有所见,各有或多或少的收获,但整个看来,个性心理学的基本问题还是没有得到哪怕大体上可以令人信服的解决。”(潘菽, 1987)面对个性心理学这样的艰巨任务,本文别无奢望,仅在于用系统分析的方法对个性作些尝试性的探讨。这或许是一条有效的途径,能使我们对个性有较深一点的理解。

个性心理学所要探讨的理论问题很多,例如,个性差异产生的原因是什么,什么是个性结构的合理模型,如何用科学的方法测评个性,怎样使青年一代的个性得到全面的发展,等等。我们认为,对于这些问题,用系统论的观点进行分析似乎较能作出合理的解答。要发展个性心理学,除进行理论探讨外,还应当做扎扎实实的研究工作。这方面,除运用测验、问卷等方法外,用实验法研究某种心理过程所反映出来的个性特征是大有可为的。例如Witkin等(1962)关于认知方式的场依存性和场独立性研究,Zuckerman(1979)关于感觉寻求高分者和感觉寻求低分者的研究,就是很好的例子。我们也准备在这方面作些具体的实验研究工作。

合作者:张庆林。原文载于《西南师范大学学报(社会科学版)》,1989年第1期。

学习心理学研究方法的重要意义

自古以来,人类一直在探索着自己的内心世界:我到底是个什么样的人?为什么在许多方面我与周围人们如此相似,而在其他方面又如此不同?我们是怎样认知世界的?为什么有时记忆会错误有时记忆会很牢固?喜怒哀乐、爱恋、责任感是如何产生的?情绪能自我调控吗?意识是怎么回事?梦是怎么回事?梦能预测未来吗?为什么一个人独处时和在群体中的行为是不一样的?我们是怎样理解语言,又是怎样组织和表达语言的?如此等等问题,从传说、神话、甲骨文中我们都能发现,人类长期以来一直对理解自身的内心世界有着浓厚的兴趣。然而直至1879年冯特(Wilhelm Wundt, 1832—1920)在莱比锡大学建立了心理实验室之后,人类才开始借助科学方法来寻求这些问题的答案,通过精密严格的数据收集与事实分析来研究心理与行为,积累知识,从而发展出今日的心理学。而随着心理学的发展,其研究方法也发展起来。

心理学家的科学研究是一种自觉的、有目的的探索精神世界的求知活动。这种探索,不仅有理论,还有与理论有关的观点、方法及仪器等。当代心理学主要有五种理论取向在探讨人类内心世界的奥秘,并对大脑如何工作提出了不同的假设,因而它们所采用的方法也不同。持生物学理论取向的心理学家认为心理是脑的机能,采用脑电图(EEG)、正电子发射断层扫描技术(PET)、功能性磁共振成像技术(fMRI)等方法来探讨人类是如何产生知觉、记忆、推理、情绪和某些人格特征的。持学习理论取向的心理学家认为心理是个体对环境条件作用积累经验的生理变化,采用操作条件作用、奖赏、惩罚、观察学习等方法来探讨人类和动物行为的形成及矫正。持认知理论取向的心理学家把人类的心理活动视为类似于计算机的信息加工,用反应时、正误率和口语报告等手段来探讨人类的知觉、记忆、言语和思维等心理过程。持精神分析论取向的心理学家把人的心理视为潜意识本能的表现,采用个案调查、诠释学方法来探讨个人内部的驱力、冲突或心理疾病等潜意识活动。持人本主义理论取向的心理学家把人的心理视为自我实现需求的表现,采用相关法、诠释学方法来探讨自由意志、个人成长、潜能实现等问题。在心理学研究中,理论观点与方法始终是结合在一起的,相辅相成的。它们既是指导这种探索活动的武器,又是保证这种活动取得成果的基础。正因为有了这一套套理论观点与方法的有机结合,心理学的科学研究才成为一种自觉的、有目的的定向活动,心理学也才成其为科学。因此,学习心理学研究方法具有十分重要的意义。

首先,有助于我们自觉地把理论与方法相结合,养成科学思维的习惯。心理学家的科学研究都具有明确的目的,即需要解决什么问题,为此,就要对该问题以往的研究和现状进行文献综述,并按照一定的有效程序对其进行探讨。即是说,心理学研究的基本程序与任何科学研究是一样的,都包含下列步骤:选题和提出假设——设计研究方案(用以检验假设的真伪)——收集资料——整理和分析资料——解释结果和检验假设。从心理学研究程序的各个环节可以看出,在心理学研究中,精密的仪器和先进的实验设备固然重要,然而最重要的还是研究者的头脑。心理学研究方法的学习,将有助于我们养成善思考和科学思维的习惯。心理学研究方法,不仅可以帮助我们运用自己的智慧去进行科学研究,而且还可以帮助我们去鉴别自己和他人的研究成果的正确与谬误。正因为如此,有经验的学者在评价一篇学术论文时往往不只是看它的结论,还要看论文作者是通过怎样的途径和方法而获得结论的。

其次,有助于激发我们的创新观念,达成创新目标。心理学的理论、观点和研究方法的多样性,导致其研究成果的科学性也不同。学习了心理学研究方法之后,我们了解到心理学研究的各种方法,如个案法、相关法和实验法在心理学研究的不同时期有不同的用途,其信效度也不同。个案研究在心理学研究初期是有用的(有助于发现可供研究的现象和变量),但是要确定变量之间的因果关系,建立科学理论,则必须借助于实验法。弗洛伊德(Sigmund Freud, 1856—1939)根据自己对歇斯底里病人的临床观察和对梦、失误和笑话等的现象分析,建立起以潜意识动机为基础的精神分析理论。这个理论不是一个科学的理论,其中许多概念和命题缺乏实证效度。然而,熟悉实验法的学者想到用实验法来检验弗洛伊德理论中的许多概念。例如对于潜意识这种现象,他们发展出一系列的内隐实验程序来进行检验,结果发现有内隐学习、内隐记忆、内隐情绪、内隐动机的存在。虽然20世纪80年代兴起的心理潜意识研究与弗洛伊德的潜意识的性本能和死亡本能有本质的区别,但却加深了我们对心理成分和潜意识性质的认识。自我是心理学研究的一个主题,在科学心理学的早期,一些著作从理论上探讨自我的性质,到了20世纪70年代开始,不少学者用相关法和实验法探讨自我的成分和机能,后来由于引入神经科学方法(如脑的电刺激、功能性磁共振成像技术)才开始探索自我的脑机制。正如巴甫洛夫(И. П. Павлов, 1849—1936)所说:"科学是随着研究方法所获得的成就而前进的。研究方法每前进一步,我们就更提高一步。随之在我们面前也就开拓了一个充满着种种新的、更加广阔的远景。因此,我们头等重要的任务乃是制定研究方法。"(巴甫洛夫, 1955)

第三,有助于年轻心理学工作者快速成长。做任何事情都要讲究方法。方法对头,事半功倍;方法不对,事倍功半,甚至导致失败。心理学史表明,有些心理学家之所以能在学科上有所建树、有所贡献,除了他们的天赋聪慧,当时的科技水平和良好的学术环境外,还往往与他们能正确运用新的研究方法有密切的关系。系统地学习心理学研究方法显然比只凭个人经验、漫无边际地去摸索，更能促进年轻心理学工作者的快速成长。

2005年秋天，重庆大学出版社“万卷方法丛书”总策划雷少波同志带着已出版的新书来征求我对翻译这套图书的意见。我很高兴看到这套书的设想：“万卷方法丛书”是重庆大学出版社从2004年开始出版的大型项目，是一套拟系统深入地介绍各门社会科学研究方法的工具性丛书，其中包括心理学研究方法。这是一项促进我国心理学事业发展的开创性工作，我给予了热情鼓励和支持。在我看来，“万卷方法——心理学研究方法”具有以下特点：

（1）品位高。对于研究方法的著作来说，质量优、品位高是最重要的。丛书所介绍的是国外心理学领域中，许多有成就的心理学家所公认的有用的心理学研究工作的原理、方法，课题设计，以及如何正确使用各种可以应用的技术手段等。例如如何做心理学实验、如何进行心理学的质性研究、如何撰写心理学学术论文，以及在心理学研究中如何使用数理统计、应遵循哪些伦理道德等。其中像心理学质性研究、心理学研究伦理道德等著作，国内至今未见有专题著作翻译出版，是国内急需的。

（2）适用面广。丛书所介绍的心理学研究方法属于基础性的，可作为高校心理学专业的本科和研究生的教材或教学参考书使用，也可供广大人文社会科学工作者参考。

（3）开放性。根据我国心理学教学和科研的需要及心理学研究方法的发展，出版社将通过版权引进翻译和本土开发，使这套丛书不断丰富与完善。

我相信广大读者会喜爱“万卷方法——心理学研究方法”，祝愿“万卷方法——心理学研究方法”不断发展，日益完善。

是为序。

谨识于2009年10月

西南大学

原文载于《万卷方法——心理学研究方法》总序，重庆大学出版社2010年。

人格研究中的一些辩证关系

一个现实的人在生活舞台上表现出的各种行为特点，是外人看得见的外在人格；同时这个人蕴藏于内，没有表现出来的人格特点，虽然人们难以知觉到，但是可以被推断出的是其内在人格。后者是人格心理学家最为关注的主题。人格是个人在思想、情感和行为上所表现出的独特模式，这种独特模式规定了个人的行事风格，并影响着个人与环境的交互作用。因此，人格研究的主题十分广泛，它涉及个人生活的方方面面，涉及社会活动的各个领域。由于人格研究工作的复杂性和独特性，在人格心理学领域中就有了不同的理论取向和许多研究方法。要想科学、高效率地发展我国的人格心理学研究，处理好人格方法学中五对范畴的辩证关系至关重要。

1 个案式评鉴与通则式评鉴

无论心理学家信奉哪一种人格理论，偏爱哪一种研究方法，都需要系统地收集资料。在人格评鉴方面有两种系统收集人格资料的研究取向：个案式评鉴与通则式评鉴。

个案式评鉴（idiographic assessment）或个案式研究（idiograhpic research）也译为特殊规律评鉴（研究）、个人记述评鉴（研究），是指力求穷尽某一个体人格的所有方面，来描述和理解这个人的人格特性。我们在日常生活中对一位大学生人格的了解，往往是通过对这个人的家庭背景，其童年少年的生活表现，他所受的家庭教育，所受的学校教育水平和特点，他目前的人际关系状况、学习表现的了解来获得的。这类研究被称为idiographic，就如idio-这个词根所代表的含义是独特的、特殊的、自身的或明确的一样，研究者力图全面收集某一个体的所有因素，其目的是完整地、明确地描述或理解其独特人格。

Allport最先把个案式研究引入对人格的探究。他认为要了解一个现实的、特定的人，唯一的方法就是研究这个人；只依靠抽象维度总加的统计分数，是不能了解个体人格独特性的。他强调必须收集个人的忠实记录，如日记、自传、信件、采访报道等，才能理解这个人的人格。为此他收集了一位名为Jenny（假名）的妇女在58岁至70岁期间给她儿子的两位朋友写的301封信函，从中对Jenny的人格作了生动的描述（Allport，1965）。

通则式评鉴（nomothetic assessment）或通则式研究（nomothetic research）也译为共同规律评鉴（研究），是指从多个个体或团体的层面来找出对在人格具有一般性影响的因素，其目的是试图找出对某一类型人格或行为都有影响的最主要的因素或规律。例如，在日常生活中，我们见到过各种各样的人，其中有一些人总是行色匆匆、心直口快，他们虽然各有特点、原因也不尽相同，但是可以从这一类人中找出少数几个决定其行为模式的因素，如时间紧迫感、时间匆忙感、争强好胜等，我们把这一类人的行为模式称之为A型性格，并编制出A型性格问卷加以测量。这就是一种通则式评鉴。像编制A型人格问卷一样，心理学家还编制了政治经济保守倾向量表、乐观主义量表、自我控制量表、自我弹性量表等来测量各种人格差异。此外，探讨遗传、家庭、学校教育、文化等因素对人格形成作用的实验以及用ERP和fMRI等来研究人格的脑机制的种种实验，都是属于对人格的通则式研究。

个案式研究通常总是尽可能将所有变量及其相互作用统统考虑进去，这与通则式研究不同，后者为了便于定量分析，通常总是尽量剔除多余变量的影响，简化为两个或少数几个变量之间的关系。个案式研究是可以转化为通则式研究的。Jaccard和Dittus（1990）认为，在心理学中常有三种研究取向，即严格的个案式取向（strictly idiographic approach）、聚集的通则式取向（aggregate-nomothetic approach）、规范的通则式取向（normative-nomothetic approach）。严格的个案式取向基本上采用主位法（emic）研究。如果研究者想把主位法研究得出的概念和关系命题推论至其他个体，那就必须先把主位法转为客位法（etic）并构建出“个案式客位法”（idioetic）的理论框架。在构建出个案式客位法之后，便可以把多个个体的资料累加起来，进行跨个体分析。这种以个体为分析基点却跨越个体而做出“团体性”的理论陈述的研究取向，就是聚集的通则式取向。它不仅具有个案式研究的优点并且能够给出通则式陈述。而规范的通则式研究对象则是多个个体或团体，即从团体的框架下来描述和解释个体的人格和行为（Jaccard & Dittus，1990）。换言之，规范的通则式研究就是以其他个体为参考系而作出的相对推论。目前规范的通则式研究被人们看好，许多本质上是个案式构想的研究却用相关系数、因果关系模型进行统计分析，而这种统计分析背后的基本假设却是规范的通则式研究，这显然是不妥当的。如前所述，严格的个案式研究仍然是很有必要的。这三类研究，各有其优点和缺点，研究者完全可以根据研究的需要来加以选择。

2 量化研究与质性研究

在人格研究中，量化研究与质性研究的本质区别在于资料的数量化与非数量化。例如，说某人很泼辣、某人很文静，所使用的是质性判断。而说某人很外向、某人很内向，如果是用内外倾量表测量得出结论：某人得分高于14分以上（很外向），某人得分低于5分以下(很内向),所使用的就是量化判断。

量化研究(quantitative research)以数学方法为基础来研究人格现象的数量特征、数量关系和数量变化,试图解释人格的发展变化规律。在量化研究框架下,科学研究的基本元素是由数字构成的变量,科学知识的基本单位是描述变量与变量之间关系的假设。所谓变量,就是个体的某种特性因时、地及与他人关系而在质或量上的变化。量化研究既可以描述人格的某一特征,也可以探讨多个变量之间的关系。

表面上看,每一项观察都是质性的,无论是某人的泼辣,或是被试在问卷中所勾画的记号,都是如此。这些资料本身是非量化的,只是根据研究的需要才将其转化为可比较的数字形式。在人格研究中,由于数据获得的方式及来源上的差异,对数据的统计处理也不同。人格心理学中主要的量化研究设计有三种:(1)问卷调查法,一种让被试填写人格问卷的答案,借以收集经验性数据的研究手段。其最大的优点是能够在最短时间内收集到最多且较严谨的量化数据。通过问卷调查得到的数据,大多以描述统计的次数分布和百分比来反映被试的反应,研究者则往往以一些人口变量(如性别、年龄、居住地)或背景变量(如教育水平、职业类别、社会经济地位),用卡方检验来进一步分析被试的反应特点。(2)相关法,一种探讨两个或多个变量之间关联性问题的研究手段。这种方法通常涉及对某种人格现象的精密测量,得到两个或两个以上的连续变量之间的关联情况,其关联强度用相关系数来表示。正相关表示两个变量具有相同的变动方向,负相关表示两个变量数值的变化方向相反。相关法只能说明变量之间的相关,但不能推断因果关系和影响的方向。(3)实验法,一种将被试随机地分配到不同实验处理中,然后操纵自变量,观察因变量,控制无关变量的研究手段。实验研究的主要目的是探讨什么导致因变量的变化。在控制了其他可能导致自变量与因变量关系的第三变量的条件下,因变量变化的因素影响就可视为随机波动和自变量两种,如果统计分析表明自变量的影响大于随机波动,因变量数据的变动就可认为来源于自变量的影响,从而可得出因果关系的结论。但是不同实验中自变量的设计和安排会有许多变异,因而就有了不同的变异数分析方法。当代人格研究中已相当普遍地用描述统计和推断统计来处理上述三种主要设计得到的数据,有的课题研究甚至使用更复杂的结构方程模型来进行分析。

质性研究(qualitative research)不采用数字,而采用语言文字来描述和解释人格结构、人格过程和人格适应等问题。一个好的质性研究依赖于研究者本人的洞察力和创造性;研究者必须在自然情境下采用多种资料搜集手段对人格现象进行整体性的探索,用归纳法分析资料并形成理论解释。与量化研究注重研究对象的代表性、研究问题的普遍性、研究结论的精确性、着重客观事实的测量、试图建立变量间的因果关系不同,质性研究注重个案的独特性,注重个案与情境的关联性与互动性,把自然情境作为资料的直接源泉,对个人进行细致动态的描述和分析。与量化的静态研究重视对研究情境与程序的控制、从操作化概念与假设出发以实验调查等方法获得数据来验证假设不同,质性研究是动态的,事先没有预定理论假设,运用无结构的、弹性的研究步骤与程序,在与研究情境的互动中用观察、访谈、实物分析等方法来搜集资料并归纳出结果。与量化研究规范化呈现的研究报告不同,质性研究撰写的是诠释性研究报告,它不仅能反映研究者对资料的构建,而且还能反映研究者已意识到读者阅读后会产生自己的构念。量化研究与质性研究的主要区别如表1所示。

表1 量化研究与质性研究的主要区别

量化研究	质性研究
研究发生在人工状态下的样本或人格变量	研究发生在自然状态下的个案或现实的人
利用预先确定的概念和理论来决定资料的收集	只有在掌握资料之后才形成概念和理论
研究行为及其他可以观察到的现象	研究个人表现的意义及其背景
通过演绎统计方法来分析资料	通过归纳方法来分析资料
撰写客观性的研究报告	撰写诠释性的研究报告

对于人格的探索,质性研究与量化研究都是必不可少的。量化研究会促进人格研究的精确化和模型化。可以预期,计算机和数学方法的发展,将会进一步促进人格的量化研究。虽然量化研究在探究人格方面有很大的优越性,但是它只有在质性研究的基础上才能对人格现象做到全面的分析,对涉及人格的有关概念给出精准的操作性定义。量化研究离开了质性研究就不可能认识人格现象和规律。例如,在人为的实验情景下,量化研究结果不仅缺乏外部效度而且实验过程还可能有损被试的人格尊严。问卷调查将人格现象简化为数量但却忽略掉一些非数量维度的信息,在问卷调查的统计分析中被试对意义的解读过程常常是被忽略了的。把人格还原为神经生理活动和信息加工等因素,表面上看问题是被深化了,但却从根本上回避了研究者最初想要回答的问题,例如人格过程、意义、自我等。而这些问题却是质性研究关注的焦点。退一步说,至今人类的认识能力还有局限性,对于不少人格现象的观察分析也不可能达到精确的水平,目前人格心理学基本上还是描述性科学,与"精确科学"(如力学、物理学、生物学等)还有很大的差距。因此还必须加强质性研究,因为质性研究能够使我们从生活中和我们生活的社会历史背景中理解到更多人性的东西,这恰恰是我国人格心理学目前研究最需要的。因此,在人格研究中,量化和质性研究两者不可偏废,最好是把两者有机地结合起来加以应用。例如,有人就力图把量化研究和质性研究结合起来研究对青少年人格发展的期望问题(陈侠,崔红,王登峰,张洪,2009)。

3 归纳推理与演绎推理

在人格研究中,要运用归纳和演绎两套逻辑。逻辑是正确推理和证明的科学,是区分正当推理与不当推理的科学。通过逻辑推理,可以弄清人格研究中最基础的关系——假设与证据之间的关系、前提与结论之间的关系。

归纳推理(inductive reasoning)是从经验观察出发,通过对大量现象的观察概括出具有一般性或普遍性的结论。例如Allport读完Jenny的301封信之后邀请36位评鉴者阅读这些信,用198个人格特质形容词来归纳这些信的内容,结果发现在Jenny身上有8种人格特质:爱吵的(多疑的),以自我为中心的,独立的,戏剧性的(引人注目的),多才多艺的,攻击性的,愤世嫉俗的,同情同事的(多愁善感的)。

个案式研究、质性研究以及我们在日常生活中理解一个人的人格特点通常采用的是归纳法。回顾一下,与我们共同学习过或工作过的某些人,我们为什么说甲是勤奋的、有理想的、自立的;说乙是懒散的、莽撞的、无礼的,就是通过这两个人在学习、工作、与他人的相处社会小团体中经常表现出来的行为来理解他们的。

归纳是从特殊到一般、从个性到共性、从具体到抽象、从经验到理论,演绎则相反。演绎推理(deductive reasoning)是从一般原理或理论出发,通过逻辑推理来解释具体的事件或现象。因此,一个有效的演绎推理,只要它的所有前提都是真的,其结论必然为真,并具有可靠的确定性;而归纳推理,即使它的所有前提都是真的,其结论的真实性,最多只是概率较高,肯定不会有绝对的确定性。演绎推理有较高的确定性是由于它是非扩充性的(non-ampliative);而归纳推理的不确定性则是因为它是扩充性的(ampliative)。由于归纳推理的结论说了一些前提中没有给出的内容,即使前提都是真的,其结论也可能是假的。结论中附加的内容可能是假的,从而导致结论可能整个都是假的。

当然,这并不是说演绎推理就优于归纳推理。只是依据不同的人格问题,寻求所需的答案。演绎推理具有确定的可靠性,从假定的模型推出预期的具体数据。相反,归纳推理只具有可能性,从具体的实际数据归结出一个推测的模型。这样看来,概率就显得非常重要,因为在很多人格研究中所能得到的最好答案,往往或多或少带有可能性的结论,而不是绝对可靠和确定无疑的。正因为如此,在人格科学研究中归纳推理和演绎推理也都是不可或缺的。

4 实证研究与理论研究

人格研究,可以分为实证研究和理论研究两大类。实证研究(empirical research)是研究者亲自收集经验资料,为检验假设所进行的研究。例如,吴俊华、张进辅(2008)的《我国大学生职业兴趣的特点调查》,吕厚超、黄希庭的(2008)《过去情绪体验对自尊影响的实验研究》,韩磊、马娟、焦亭等(2010)的《羞怯与非羞怯大学生在早期面孔加工中的差异——来自ERP的电生理学证据》,钱铭怡、陈曦、钟杰(2004)的《社交焦虑个体的注意偏差》等都属于人格的实证研究。理论研究(theoretical research)是研究者以逻辑推理或想象来陈述所连接的一组假设或命题,为解释某类人格现象所进行的研究。例如,以特质在质和量上的差异来解释个体差异的特质理论,以潜意识动机、内部心理冲突来解释人格的精神分析理论,以解剖学、生理学、遗传学观点来解释人格的生物学理论,以人们对世界的意识经验如自由意志、创造性等来解释人格的现象学理论,还有以行为论、社会学习论和认知论来解释人格的学习和认知加工理论等都属于宏观的人格理论研究,而Markus(1977)的自我图式理论、Kely(2003)的个人构念理论、Dolard和Miler(1950)的挫折-攻击理论以及Maslow(1981)的需要层次理论等都属于微观的人格模型研究。

改革开放以来,我国心理学事业有了很大的发展。但是曾在一个时期里,心理学研究的状况与它应该扮演的角色很不相称。一方面,心理学的实证研究大多停留在对国外研究的跟踪上,偏重于微观研究,没有在实证研究的基础上概括出新的理论模型;另一方面,理论研究又完全脱离实证研究,在自圆其说的框架中构建所谓的理论体系,存在着理论研究与实证研究相互分离的状态。近年来,这种分离状态虽有所改变,但总的来看仍难以与国家发展需求相适应。在我国的人格研究领域,从已发表的论文来看,理论研究与实证研究分离的状况并不明显,没有出现像我国心理学界曾经出现过的对心理学的对象、学科性质、体系、心理的本质、心理与生理的关系、心理与活动、意识与无意识关系等纯理论的探究,而更多的是对实证研究的基本程序的关注。

实证研究强调科学研究的可操作性、可验证性、可证伪性,其理论基础是实证主义。实证主义(ospitivism)最基本的观点是:经验科学是人类获取知识唯一可靠的形式;反对超自然力量和抽象、思辨的原则;认为只有实证研究才能发现经验现象之间客观存在的关系,并能预测和控制自然和人类行为;其逻辑推理采用的是演绎法,假设必须由经验事实检验,理论必须被证伪才是科学的。实证研究最看重的,一是概念选择和分析,因为如果所选择的概念与经验之间无法建立起关系,那么任何仔细的观察和推论都是没有意义的,所研究的概念必须有清楚的界定,以便于观测;二是研究设计的选择,因为选择什么样的研究设计将决定探索性数据的收集和分析,将决定假设的检验,以核查所提出的假设的恰当性。例如不少心理学者曾用实证研究对自尊、潜意识动机、利他、同理心、勇敢等做过研究,也取得了一些成果。

其实,任何实证研究都是在特定的理论假设指导下进行的。人格理论,无论是宏观的或是微观的,它们对人格现象的概括通常比现有研究中已证实的已知事实要更多更广,通过对尚未但却能够观测到的特定现象做出推论和预测,这样,理论便具有指导和激发进一步研究的功能。而研究者通过实证研究检验人格理论的推论和预测(假设),便可以检验该理论解释的正确性和恰当性。例如西方人格心理学家(Fisk,1949;Norman,1967;Casta,McCrae,1989)通过人格词汇学假说而提出大五模型用来描述人格结构;王登峰、崔红怀疑该模型是否适用于解释中国人的人格结构,他们采用西方学者的相似策略对中国人的人格结构进行了探索,结果发现中国人的人格结构是七个因素,并发展出七因素模型(王登峰,崔红, 2005)。这也表明人格理论做出推测的论据,常常会被实证研究所修正、所推翻,并发展出新的理论。

理论研究对于推进人格研究是十分重要的。理论对实证研究的选题、研究设计和数据分析都具有指导意义。在我国开展人格的实证研究,发展具有中国特色的人格理论就显得尤为迫切。因为人格是社会化的产物,是一个人与其所处的特定的文化、社会、历史模式交互作用的产物。许多研究表明,西方的人格理论、概念和评鉴工具不适合用来研究中国人的人格和社会行为。因此,摆在我们面前的首要任务是不能盲目套用西方(特别是美国)心理学家的理论、概念和评鉴工具,而是要密切联系我国实际来研究中国人的人格,即开展人格的中国化研究或本土化研究。怎样开展人格的中国化或本土化研究呢?许多专家都曾做过许多研究,积累了不少经验。例如杨中芳总结了20多年来本土心理研究的经验,认为应遵循以下几个步骤:(1)以实际观察中国人的社会行为现象为题材;(2)用日常生活中人们惯用的概念为研究构念;(3)依据自身文化传统一脉相传的社会交往意义系统;(4)形成顾及自身社会/文化/历史的研究框架;(5)研制适合理解中国人的研究工具;(6)应用上述意义系统来解释研究结果;(7)建立中国人自己的社会心理学知识体系(王登峰,崔红, 2005)。

上述经验很值得我们重视。纵观这七个步骤,我认为,开展人格中国化研究,最重要的是要有我们自己的好的研究思路。人格研究思路很多,也很容易获得,但是一个好的研究思路就不那么容易获得。之所以难以获得好思路,是因为文献会提示一些研究思路。每一项研究都有文献综述,在每一篇论文的讨论中一般都会有“需要进一步探究”或“值得深入研究”的提示性表述。初学者往往喜欢这样追踪文献,开展研究。但是这种思路只是追随他人的,这样的思路不是没有价值就是已经被别人采用并很快得出研究结论,对于年轻的科研工作者来说很难说是一种好思路。要想获得好思路,我建议可以通过以下三条途径来获得:

(1)关注现实中的社会生活,从生活实际中获得好的研究思路。例如,关注80后或

90后年轻人的行事风格，研究当代中国青年的优秀品格；关注我国的现代化进程，研究农民工家庭模式对子女人格形成的影响，研究我国工业化导致的人格转型等。

(2)从心理学史或教科书中寻找好的研究思路。历史上或教科书中有许多重大研究课题。例如人格结构问题，从Allport和Odbert(1936)用词汇学假设开始，经Cattel(1944)的16PF，再到西方心理学家的“大五”人格结构，到王登峰、崔红的中国人的“大七”结构，研究不断深入，经久不衰。其他像人格动力、人格适应等问题也是如此。

(3)从我国传统典籍中寻找好的研究思路。我国古籍，博大精深，有许多关于人性、人品、为人处世等的论述，例如，自立、自信、自尊、自强、诚信、仁爱、孝心、正直、知耻等优良品格都是当代中国人所尊崇的，也是我们研究人格的好选题。

一个好的人格研究者应该有自己长期追踪的兴趣领域，对这个领域中的重要问题和进展应当十分了解，必须熟悉该领域新的相关文献。因此，一个好的人格研究者总是将理论研究与实证研究结合起来，把好的研究思路不断付诸实施，不断产出研究成果。

5 基础研究与应用研究

人格研究也有基础研究和应用研究之分。以揭示人格本质及其机制、规律为主要目的而开展的研究称为基础研究(basic research)，例如杨国枢(2004)的《华人自我的理论分析与实证研究：社会取向与个人取向的观点》，韩磊、马娟、焦亭等(2010)的《羞怯与非羞怯大学生在早期面孔加工中的差异——来自ERP的电生理学证据》，张晓、王晓艳、陈会昌(2010)的《气质与童年早期的师生关系：家庭情感环境的作用》等；而以解决某些社会实践问题为主要目的而开展的研究称为应用研究(applied research)，例如王登峰、崔红(2005)的《中国人人格的编制与常模》，黄希庭、张志杰(2001)的《青少年时间管理倾向量表的编制》等。

人格研究中的基础研究与应用研究的区分只是相对的，并无明确的界限。实际上，基础研究的结论可用于指导实践，应用研究的结果也会促进基础理论的发展。而有些研究课题则兼有基础研究和应用研究的双重功能。例如夏凌翔(2010)的“自立的法则与培养”和凌辉(2010)的“儿童自立品格的发展与养成”两项研究，既从心理学的角度探讨了我国传统文化中的自立品格的性质、结构、功能和形成机制，又编制出信效度较高的“青少年学生自立人格量表”“6至12岁儿童自立行为问卷”，具有一定的应用价值。然而，这类研究毕竟是太少了。

当前我国人民正在党中央领导下实施科教兴国战略和人才强国战略，以人为本，全面建设小康社会，这为我国人格心理学的应用基础研究开辟了无限宽广的前景。而人格心理学的应用基础研究能为党和国家培育人才、发现人才,用其所能,任其所宜贡献自己的力量。此外,人格与健康(心理和谐)、人格与家庭、人格与教育、人格与角色等方面都有许多的应用基础研究课题迫切需要我国人格心理学家去研究。

6 结语

自1879年冯特(Wilhelm Wundt,1832—1920)在德国莱比锡大学建立世界上第一个心理实验室开始,现代心理学一直崇拜科学精神,成了坚持客观性原则的实证心理学,今日之人格心理学也是如此。不过,对人格的研究是对一个现实的人的研究,如前所述,仅以科学取向的实证研究是无法理解和解释一个完整的现实的人的,我们必须把人文精神引入人格心理学研究之中,以辩证的观点整合各种理论和研究方法,突破传统人格心理学实证主义和科学主义的局限;我们要从中国社会自身的历史文化出发,深入实际、贴近生活、贴近民众,发展出具有中国特色的人格理论、概念和评鉴工具,使人格心理学在实现科教兴国和人才强国的征程中发挥其应有的作用。

原文载于《西南大学学报(社会科学版)》,2011年第1期。

发挥质性研究的优势

各位老师、各位同仁：

上午好！

我热烈祝贺中国心理学会心理学质性研究专业委员会的成立！质性研究专业委员会的成立是中国心理学史上的一件大事！

在我看来，中国心理学要有大的发展，质性研究的加强是一个重要的步骤，同时，我也十分感谢岭南师范学院举办这次质性研究研讨班。这个研讨班的人数虽然不多，但是它是一个种子，它会有更大的发展空间。

今天，大家在这个研讨班上都要发言，我第一个发言，我想讲的一个题目是，我们怎样充分发挥质性研究优势。我准备分三个方面来讲。第一个方面是量化研究与质性研究的性质；第二个方面是质性研究的主要优势；第三个方面是我对质性研究专业委员会的期望。

先讲第一个问题，量化研究与质性研究的性质。量化研究和质性研究看起来就是数量化和非数量化的问题，好像质性研究是非数量化的，量化研究是数量化的。实际上，质性研究和量化研究的性质还有更深的内涵。

量化研究是一种在人为条件下的，对样本的数据加以提取的过程；而质性研究，是在自然状况下，对于对象和它的情境进行描述的过程，这是第一个很大的不同。

第二，量化研究是从既有的理论、既有的概念出发来测量数量的关系，质性研究则不一样，它是从对象背景的描述来推论它背后的原因，形成概念与理论，这是它们的第二个区别。

第三，量化研究是对观察到的行为和其他有关数据加以收集，提取有关数字方面的材料：考察数量关系、建立数学模型；而质性研究是通过互动、比较性思维、多种视角的思考来描述行为及其意义和它的背景信息。

第四，量化研究是通过演绎实证的方法来分析资料；而质性研究是通过归纳推理的方法来分析资料。

第五，量化研究撰写的报告是客观性的研究报告；质性研究撰写的是诠释性的研究报告。

可以看到，量化研究和质性研究的研究思路是不同的，研究路径是不一样的。从逻辑推论的角度看，量化研究运用的是演绎推理的论证方法；而质性研究运用的是归纳推理的诠释方法。也可以说，量化研究是自然科学的研究思路，而质性研究是人文社会科学的研究取向，这是两种不同的研究取向：量化研究是演绎实证主义的取向，而质性研究是归纳论证的研究取向；前者是自然科学的研究取向；后者是人文社会科学的研究取向。

我们都知道，人不属于纯自然的范畴，人具有人性和社会性，我们研究人的心理和行为不能不涉及责任和义务，不能不涉及真善美与假丑恶的对立；即使采用自然科学的量化研究，也不可能完全排除质性资料。心理学中的量化研究遵循的是演绎实证主义的路径，而演绎实证主义的论证必须是基于假设是真的这一前提。那么假设是从哪里来的呢？假设多半不是靠演绎推理来的，那么是从哪里来的呢？

用大卫·休谟（David Hume，1711—1776）的观点来说，它来源于对实际事情的真理性的接受。而要确立实际的事情，我们必须依靠归纳推理。因为归纳为与我们息息相关的推理提供了起点。依靠归纳，我们确立起日常生活中的真理，了解有关我们的社会事实，理解周围的世界。借助于演绎，我们虽然可以从已知的（或假设的）命题出发推导出其他命题；但其前提的真理性，只靠演绎是不充分的。正如恩格斯所说："归纳和演绎正如分析和综合一样是必然相互联系着的。我们不应当在两者之中牺牲一个而把另一个高高地抬上天去，我们应当力求在其适当的地位来应用它们中间的任一个，而要想做到这点，就只有注意它们的相互联系，它们的相互补充。"我认为归纳推理比演绎推理更有创新性。

归纳论证，前提与结论之间的关系不是那么必然的联系，也不能得出它是确定性的结论，甚至不能用有效和无效这样两个词来加以判定。但是我们都知道，许多学者都认为，归纳推理对寻求新知识具有一定的价值。归纳推理之所以是寻求新知识最有价值的一种逻辑论证，是因为我们在寻求新知识的时候，没有什么东西是可以确定无疑的，我们必须依靠那些前提对结论的支持是或然的，或者说是或然是真的论证，那么某一些论证可能仅仅有一般的价值，而另一些论证可能是非常有价值的。下面我会讲到，许多心理学家例如弗洛伊德的论证是很有价值的，这确实值得我们深思。

我讲了量化研究和质性研究的性质上的区别，那么质性研究有哪些优势呢？优势表现在哪里呢？这是第二个我要讲的问题：质性研究的优势。

我们可以从以下三个方面来阐述。第一，质性资料是可以转化为量化资料的。这是我们心理学家经常在做的一件事情。比如说我们说"这个孩子很聪明，他画画画得很漂亮"，这是质性的判断。我们说这个人做事情很有责任心，很自信；这个人很漂亮，很美丽；这些质性资料我们都可以把它转化为量化的东西。孩子画画得好，我们给它分成几个等级，我们的智力测验就是这样做的。我们也可以测量责任心，五因素模型中的责任心测量就是这样做的。漂亮不漂亮，美丽不美丽，我们也可以赋值进行评定，例如看她的回头率高不高,回头率高是漂亮;回头率低可能是一般,说不上漂亮。由此可见,质性的资料都可以转化为量化资料。

量化资料便于集合,便于比较,便于统计分析,也便于建立数学模型,这是它的优势。但是量化资料也有它的内在不足。量化资料的意义性比较贫乏。因为量化资料很明确、不模糊,它的意义就受到限制。量化资料往往会影响我们对数据的理解。举个例子,我们的反应时数据是确定无疑的,我们的IQ数据,年龄的数据看起来都是确定无疑的。比如说60岁,我们用质性资料来说,看起来不像60岁,跟他实际年龄比较,要年轻得多。你看,内容是不是丰富多了!又比如说,反应时,我们见到某个反应时是2秒,但是看起来2秒好像不对啊,有问题啊,它的背后可能还有原因。我们可能说,被试对指导语的理解可能有问题,例如他们可以理解为"尽快地完成""又快又准确地完成""你看到就完成"。如果有这样三种不同的理解,反应时必然会有相当大的差异,它的意义也不一样了。

所以,质性的资料可以弥补量化数据的不足,这是第二点。它可以使量化数据的意义更加丰满,更加可理解,使我们有更多的想象空间,启发我们更多地去思考。其实,心理学研究中质性研究是不可或缺的。我们做任何心理实验,包括脑功能的实验,质性资料是必不可少的,因为每一个人思考的问题、体验的情绪、回答问题的动机往往不一样,反映了人们的个体差异。这也就是说质性资料的意义比量化资料的意义更加丰富。质性资料表述的虽然比较模糊,但是它表述的意义比较丰富,可以引起我们更多的思考,唤起我们更多的想象力,使我们更好地做好心理学的研究。

第三,质性研究在理论创新上有明显的优势,首先,质性资料有助于我们澄清心理学中的一些概念是否符合我国百姓的心理和行为实际。比如说,James(1890)使用"self-esteem",指的是个体对自己的良好感觉,即自我感觉良好。中国的心理学家把它翻译成自尊,我们可以去调查一下,中国人的自尊到底是什么意思,是不是自我感觉良好就是自尊?显然不是。那么我们就可以深入实际澄清这个翻译。又比如说自我表现(self-expression),中国人为什么不愿意自我表现?他们认为自我表现是不好的,西方人认为自我表现是好的,所以质性资料可以澄清我们心理学中的一些概念。

其次,质性研究还可以帮助我们建立自己的概念。我们研究过的许多概念,如自立、自信、自省、自强、自谦、诚信、节俭、勇气等,开始时大多采用质性研究,探索这些概念的指标(indicator)和可能的维度(dimension),使这些概念具有可操作性,从而做出有自己特色的研究。

最后,质性研究的最重要优势是理论创新。这里,我想以三位学者为例子。第一位是弗洛伊德(Sigmund Freud,1856—1939),国际上最著名的心理学家之一,第二位是奥尔波特(Gordon Allport,1897—1967),第三位是马斯洛(Abraham Maslow,1908—1970)。

弗洛伊德是影响世界历史的三个犹太人之一,他的理论至今不衰,超出了心理学的影响,对哲学、医学、文学艺术,包括电影,还包括对政治学、历史学、法学、宗教学等都有深刻的影响。为什么有这么大的影响,就是因为其采用的是质性研究,创立了许多理论。如他的潜意识理论,他的性欲与本能论、他的梦理论,他的人格结论即本我、自我和超我的理论,以及他关于焦虑及自我防卫机制的理论等。针对这些概念和理论,当时他的学生提出用实验的方法来验证,并征求弗洛伊德的意见。弗洛伊德明确地表示,用不着去验证,不同意他的学生去验证。在弗洛伊德看来,这些理论实际上都是证明了的,来自生活实际的。弗洛伊德是一个非常勤奋,非常睿智,有远大志向的人。学术自信、睿智使他成为一位伟大的学者,他写了24卷书,我们可以从他的学术活动中看到质性研究在理论创新中的作用之大。

第二位心理学家是奥尔波特。有一个小插曲,他在1919年即22岁的时候给弗洛伊德写了一封信,说有一些问题想请教他,弗洛伊德答应了。奥尔波特非常高兴,专程去见弗洛伊德。他走进弗洛伊德的工作室,进去以后看到弗洛伊德坐在那里一动不动。为了打破尴尬的局面,奥尔波特把自己在火车上的经历说给弗洛伊德听。奥尔波特说他在火车上遇到一件事情,一个四岁的小男孩很怕脏,不断地跟他身边的妈妈说,我不要坐这里,我不要这个肮脏的人坐在我的身边,这个孩子的妈妈是一个非常爱干净,衣着整洁,气度不凡的女性。奥尔波特把这件事情说完后,等着弗洛伊德表态。弗洛伊德用一种非常慈祥的、治疗家的目光对奥尔波特说,这个小男孩是不是你呀。这件事情使奥尔波特感到非常惊讶、非常尴尬。这件事促使奥尔波特决定从另一个角度(不是治疗家的角度)去思考人性问题,后来,他采用个案研究,收集日记、信件等质性资料,提出了特质的理论。最有名的是他收集到珍妮的301封信,经过仔细分析提出了他的人格特质理论,并把特质分为共同特质、个人特质、首要特质、次要特质、一般特质。

还有一位心理学家就是马斯洛。马斯洛的“自我实现”的理论,并非来自临床晤谈和个案史的研究,而是对健康人的研究。他对健康的、有成就的人们的生活背景进行质性研究,得出结论:每个人都是本能地去追求成长,发展和充实自己的潜能,即人是自我实现的人。他认为自我实现的人有14种人格特质,而这些都不是他采用量化的方法得出来的,都是通过质性研究得出来的。我举个例子,他讲到的第十三个特质,就是抗拒遵从。自我实现的人就是有独立性的人,是有创造性的人。他是怎样说的呢,他说自我实现者有自己独特的想法和见解,有很强的自主性和创造性,不会因世俗的陈旧观点而失去自己的立场,更不会迫于他人的观点而牺牲自己的自我定向的自由。他们不顽固,不自大,通常非常乐于听取别人的意见和建议,取长补短,这样他们吸收外面的经验,就形成一套相对稳定的、可塑的图式，这个图式就能很好地应对环境中的各种问题。你看看他对这种特质的描写完全用的是质性资料，没有用数量化的资料。

我最近看了一本书，就是塞利格曼的《持续的幸福》一书，也采用质性资料来论述，没有见到很多量化的证据。所以我认为，相对于量化研究，质性研究最大的优势就是概念、理论的创新。我们要充分发挥质性研究的这个优势。

最后我想讲一讲我对专业委员会的期盼。中国心理学会质性研究专业委员会的成立是一件大事，它将会促进我国心理学在理论上的创新。我对它的第一个期望，就是希望它在我国心理学的理论创新上有所建树。我们应当在心理学理论创新上有所建树，应当向弗洛伊德、奥尔波特、马斯洛等人学习，深入实际，感受实际事情，体验实际事情的真理性。这很重要。

要发挥专业委员会的学术优势，对中国人的心理和行为进行详细、准确的描述，在澄清心理学的已有概念，构建心理学的新概念、新理论方面应该有建树。这些方面我觉得我们中国心理学家应该做出自己的贡献。比如《大学》第一章开头提出的，格物、致知、诚意、正心、修身、齐家、治国、平天下，这些都是中国人的人性，经多少年传承至今，我们能不能采用质性研究对这些概念加以论证？我现在正在思考怎样做中国化的人格心理学研究，正在思考以人生追求、人生态度、人生智慧、人生修养这四个方面为框架写一本人格心理学方面的书。在《人格研究的中国化》这篇文章中，我讲了这个想法，我觉得我们应该在这方面做出努力。

此外，我们还应该对一些特殊个体、特殊群体做质性研究。特殊群体、特殊个体的质性研究的内容是很丰富的。我们的民族，我们的国家，古往今来，英雄辈出。我们对这些英雄模范人物的个案研究、传记研究很少。同时，在当代的现实生活中也有一些特殊群体值得我们去关心，例如老年人，单身女人，富二代、官二代，被搬迁者，街头流浪者，还有农进城务工人员等，这些特殊群体应该受到我国心理学家的重视。我们应该出于内心的爱，用质性方法去很好地描述他们，详细、准确地描述他们。

总之，我希望，中国心理学会质性研究专委会将来在中国心理学的理论创新上有所建树。

第二点，我希望专委会在质性研究方法的创新上有所作为。科研的本质是创新，创新没有固定的模式，质性研究不应该有固定的模式，这是我的看法。讲故事属于质性研究，写传记也是。所以我们应当有自己的创新，我们学习别人有没有必要？很有必要。郑剑虹教授他们做了很多翻译工作，但是这只是搬运，还不是一个创新。我希望专业委员会要引导大家在方法创新方面多花点功夫。

还有一个问题，质性研究有优势和劣势，量化研究也有优势和劣势，两者应当取长补短,把两者结合起来进行研究,这无疑是最好的。人的心理和行为既具有社会性又具有生物性,既具有主观性又具有客观性,我们最好是把质性研究和量化研究结合起来,取长补短。在这方面国外已有一些学者在这样做,我想我们也是可以大有作为的。

最后,祝各位学习进步,收获多多,快乐安康,喜事多多!春节即将来临,祝各位阖家新春幸福,健康吉祥,大吉大利!我就讲这些,谢谢大家。

原文为2018年1月27日上午在中国心理学会心理学质性研究专业委员会青年学者心理学质性研究能力提升研修班开班仪式上的讲话稿,2018年4月3日修改。

附注A　心理学研究方法应该多样化

1879年，冯特在德国莱比锡大学建立了世界上第一个心理学实验室，使心理学从哲学中分离出来，成为一门独立学科，突出了心理学研究的自然科学取向。晚年的冯特，花了近20年时间对人类学和历史学的资料进行了系统的心理学解释，完成了10卷本的巨著——《民族心理学》，提出了心理学的另一条研究路径——人文社会科学取向的心理学。心理学的科学传统，从行为主义、认知心理学到当代的认知神经科学研究，一直是心理学研究的主流。而心理学的人文传统，为精神分析、人本主义心理学所继承，但其力量难与主流心理学抗衡。特别是最近20多年来，随着脑成像技术在心理学研究中的应用，人文取向的心理学更显势单力薄。其实，人文传统与科学传统犹如心理学的两条腿，只有两条腿长短与粗细一致，心理学之路才能走得更稳健、更遥远。

心理学的叙事研究始于20世纪80年代，心理传记学作为采用心理学理论来研究非凡人物的一门学问，其出现的时间更早，一般认为，弗洛伊德（Sigmund Freud，1910）出版的《列奥纳多·达·芬奇与他童年的一个记忆》是第一本心理传记学著作，可看作心理传记学的开端。人格心理学的奠基人奥尔波特（Gordon Allport）和莫里（Henry Murray）对这种个体生命史研究也有浓厚的兴趣，将其作为人格心理学研究的重要方法给予提倡并亲力亲为，例如，莫里本人曾对美国小说家赫尔曼·麦尔维尔（Herman Melville）进行了个案分析，奥尔波特也曾出版了一部长篇个案研究《珍妮的信件》。但人格心理学的这种人文取向却因20世纪五六十年代的研究重点转向相关研究和实验研究，而被忽略和边缘化。直到80年代以后，在一批人格心理学家的努力下，心理传记学才重新得到发展，并和叙事心理学一起，成了心理学人文取向研究的一支重要力量。

郑剑虹、李文玫、丁兴祥主编的《生命叙事与心理传记学》集刊，刊载心理传记学和叙事心理学等领域的研究论文，在海峡两岸以繁体字和简体字两种版本出版，这是一件很有意义的工作。我一直认为心理学研究方法应该是多样化的、人性化的。方法的多元化和研究领域的拓展是繁荣心理科学和促进人类理解自身的重要途径，在研究那些复杂性的任务以及从整体层面对人的理解上，个案等质性研究在产生新的心理学研究思路和积累知识上具有特殊的方法学优势。我相信，通过海峡两岸学术界的共同努力，《生命叙事与心理传记学》集刊将会越办越好，成为凝聚华人心理学人文取向研究队伍、发现和培养人才的一个重要阵地。

是为序。

黄希庭　谨识

2013年12月于西南大学

原文为《生命叙事与心理传记学》序，中央编译出版社2014年。

附注B 心理学要用科学研究和人文研究两条腿走路

尊敬的各位专家,大家上午好!

我因身体的原因,不能与会和各位专家进行面对面的交流,失去了此次学习的机会,我深感遗憾!

首先,以我个人的名义并代表我的学术团队向第四届海峡两岸"生命叙事与心理传记学"学术研讨会在云南师大召开表示热烈祝贺!

悠悠世界,人为万物之灵。心理学是一门研究人的心理和行为的学问。其研究范围十分广泛,从探讨个人内在的气质、人格特质、认知能力,对不同事物持有的态度、兴趣、情感以及个人的毕生心理发展和心理障碍,到研究不同类型的人际关系中人与人之间的相互影响、吸引力、影响力和满意度,到团体和组织之中的人际脉络、互动氛围和决策过程,甚至到社会文化、网络、舆论、风俗、时尚对人们心理及行为的影响。人类生活的各个领域都已被心理学触及,从而形成了包罗万象的各种各样的心理学分支学科。心理学起源于哲学家的思想,发展于大学校园的实验室里,最终将成为点燃人类心灵的真善美、造福整个人类社会的一门学问。要达成这样的目标,需要我们采用各种研究方法,走出实验室,特别是采用比较人性化的质性研究方法来探讨人类的心理和行为。

毋庸置疑,当今世界心理学的研究主要集中在美国。从1890年詹姆士出版《心理学原理》开始至今,经过125年的不断努力,美国心理学家取得了卓越的成就:形成了科学心理学的知识体系和科学心理学的研究方法。它采用逻辑实证主义的、线性的、决定论的研究方法,即按照自然科学研究的原则和步骤,根据理论指导对某种心理现象或行为给出操作性定义,并透过客观测量将其量化为不同的变量,以检验它们之间的可能互动或因果关系,并以具体的数字为证据来佐证研究结论。这种对人类心理和行为的客观量化研究,追求的是普遍认同的"一般规律",完全抛弃了人性。在主流的美国心理学中我们已经看不见人性的复杂性及其丰富性的展现形式了。我们从事人的心理和行为研究,却抛弃了自己的人性,这既是不可能的,在道义上也是不可取的。我们应当用科学性和人文性统一的观点来研究人的心理和行为。在心理学中要用科学研究与人文研究这两条腿来走路,两者不可偏废。科学研究的任务是通过发现、思考、探索和创造,揭示心理和行为的客观(或一般)规律,科学研究是可以证实的和可以证伪的。人文研究的核心问题是探讨人对人生意义的追求,即关注人的审美情操、道德理想、人格完美和终极关怀等文化价值。我们只有将科学研究与人文研究有机地结合起来,心理学才能够真正成为点燃人类心灵的真善美、造福整个人类社会的学问。

我从事人格心理学研究已有三十多个年头，生命叙事和心理传记学这两个研究领域与人格心理学都有密切的关系。美国西北大学的麦克亚当斯（McAdams）教授将生命故事作为人格心理学研究的三个领域之一，因此，心理传记学也有其人格心理学的传统。我曾在多个会议场合以及通过发表文章呼吁包括人格心理学在内的心理学研究，除了采用科学研究取向之外，还应当采用人文研究取向。为了推动对人的心理和行为的科学研究与人文研究的结合，在今年刚付梓的《心理学导论》（第三版）中我还把质性研究放在心理学方法这一节之中加以阐述。我相信，通过大家的努力，对人类心理和行为的科学研究和人文研究相结合的研究取向是会开展起来的。我希望本次会议能成为凝聚海峡两岸人文心理学研究队伍、壮大质性心理学研究力量的一次盛会。

最后，预祝会议圆满成功；祝海峡两岸参会专家身体健康，万事顺意！

谢谢大家！

黄希庭 敬贺

2015年6月28日

原文为《致第四届海峡两岸“生命叙事与心理传记学”学术研讨会的贺信》，《生命叙事与心理传记学》序，中央编译出版社2015年。

我的心愿是让心理学走向大众

人格是一个现实的人的存在方式。在西方心理学中,对于"人格"的定义大多涉及两个方面:一个人被他人知觉和描述的方式(外显人格)以及用来解释为什么这个人被他人认为是这样的(内隐人格)。前者如我们所说的某某很疯癫、粗鲁,是个妖形怪状之人或说某某憔悴、虚弱,是个有气无力之人;后者如我们说的某人愚笨、缺乏修养,是个自卑病态之人或说某人睿智、诚信,是个志向远大之人。因此,我们可以把人格视为一个人的认知、情感和意志行动的有机整合。在现实生活中,一个人的认知、情感和意志行动——所思、所感、所为是互相影响、互相联系的一个整体,而不是孤立存在的;同时,人格既反映个人的过去经历同时又表现在个人对现在和未来的所思、所感与所为之中,因而它是相当稳定的。

人格是很复杂的,我们可以从不同的角度对它进行分析。例如,我国古代思想家、教育家孔子对不同的人作过分类。他把人分为5类:圣人即至德之人,仁者即以合理的爱待人处世之人,智者即识时务知轻重缓急之人,君子是自强不息之人,小人即品德低下之人。在我国古代医学经典《黄帝内经》中有阴阳人格体质分类之说,如《灵枢·通天篇》根据人的阴阳多少,从心理、道德、体态等方面将人分为太阴、少阴、太阳、少阳和阴阳平和5种类型;《灵枢·阴阳二十五人篇》中根据形态特征、体格、禀性等,将阴阳体质分为金、木、水、火、土5种类型,由此派生出25种特征不同的人,并以此来考察疾病的发生与治疗。

还可以从人格特征角度对一个人的人格进行分析。例如,我们常常用内向的、外向的、离群的、合群的、吹毛求疵的、随和豁达的、迟钝的、聪明的、诚信的、无信的、恬静的、乐观的、自立的、自强的、谦逊的、专断的、稚气的、爱心的、冷酷的、苟且敷衍的、有恒负责的、胆怯退缩的、敢作敢为的、自信的、自尊的、自卑的、固执的、刚愎的、理智随和的、讲现实的、爱幻想的、勤奋的、懒惰的、消沉的、纯正的、世故的、天真的、精明的、贪婪的、直率的、机敏的等词语来描述一个人的持久特征。从以上的人格特征的形容词来看,有些人格特征如自立的、自强的、乐观的、自尊的等是积极的,有些人格特征如贪婪的、专断的、懒惰的等是消极的,还有一些人格特征如内向的、外向的、天真的、腼腆的等则可能是中性的。

积极人格特征的有机整合称为健全人格(perfect personality)。健全人格既是心理和谐的重要组成部分,又是个体心理和谐的重要条件。心理和谐就是个体各个方面的表现与自己的期望之间协调一致的状态。拥有健全人格的人能够在动荡起伏的生活中,过得安谧坦然，或高兴，或苦闷，或幸运，或失意，都不动摇对生活的信念；能够热诚欢迎并积极适应生活中的变化，不怕困难，不怕挫折，把困难与挫折当作生活赋予自己的考验而坦然接受；能够积极开拓创新，把不断创新视为生活的必然要求，既不满足现状也不蛮干胡来；能够对生活、对事业充满憧憬，充满热爱，胸有大志而不想入非非，富有幻想而不忘实干；能够对自己充满信心，有成绩不自高自大，有缺点不自卑自贱；能够对长辈和晚辈，对同志和家人充满爱心，家庭和睦、婚姻美满，有亲密融洽的同志关系。

我在主持完成教育部哲学社会科学研究重大课题攻关项目“中国心理健康服务体系现状与对策研究”时，经常想道：以通俗易懂的形式面向大众传播健全人格与心理和谐的相关知识，也是心理健康服务的一条重要途径。于是，根据我们多年来对健全人格的探索，我和我的研究生们对健全人格中的主要成分进行了反复的讨论与分析，然后分头执笔（第一章黄希庭，第二章凌辉，第三章冻素芳，第四章刘晓，第五章郑剑虹，第六章路晓宁，第七章潘伟刚，第八章鲁小周，第九章杨兵，第十章尹天子，第十一章孟景）撰写书稿，最后由我统稿定稿（孟景和苏丹协助我做了不少工作），便形成了这本《健全人格与心理和谐》一书，其间几易其稿，先后花了一年半的时间。我们参阅了许多文献，在书中列出了人类历史长河中那些最优秀的志士仁人为世人做出的光辉人生典范，还使用了前人不少的研究成果，在此，我们深表谢忱！

多年来，我的一个心愿就是让心理学走向大众，走进家庭、走进社区、走进学校、走进机关、走进军营、走进企业。本书面向最广大的读者，而不是专门针对某些专门的群体。为了能够适应人们多种多样的、各不相同的需要，我们力求以日常生活中的生动事例，图文并茂、深入浅出地阐述自立、自信、自尊、自强、正直、诚信、爱心、乐观、信念、毅力等健全人格特征的性质，如何了解、如何培养这些人格特征，以及它们在促进心理和谐、缓解心理困扰中的作用。为了促进读者养成健全人格，达成心理和谐，本书每章之后还列出了几个“学以致用”的问题。如果这本书中的建议能够对广大读者的实际生活有点裨益，我们将感到无限的欣慰。

谨以此书献给众多渴望养成优良品行和心理和谐的人们！

黄希庭　谨识

2009年秋于重庆西南大学有容斋

原文载于《健全人格与心理和谐》，重庆出版社2010年。

大力发展心理学的应用研究

我国心理学事业要想健康发展，就必须既要重视基础研究又要重视应用研究，两者不可偏废，当前特别要加强应用研究。

基础研究是应用研究的源头，是科学技术发展的主要保证。我们必须重视心理学的基础研究，使它得到持续稳定的发展。就目前我国的心理学研究状况来看，基础研究仍相当薄弱，有影响的成果也相当少。这是因为我国心理学的基础研究从党的十一届三中全会之后才真正开始，起步晚。而心理学的基础研究是揭示人类大脑活动的奥秘，探索心理和行为规律的艰巨工作。这是一种难度很大的创立新学说、新理论的创造性劳动。它需要心理学家数年、数十年，乃至毕生的探索，往往要经过无数次的失败才有可能取得进展。因此，在心理学的基础研究方面，我们应当在原有研究的基础上持之以恒、坚持不懈地进行探索，以便形成自己的优势。在基础研究方面，我认为，我们应当抓住本学科发展的主流和前沿课题，以便带动整个学科的发展。这需要我国心理学界认真地进行论证，选准方向，投入较多的力量进行研究，形成具有我国特色的基础研究成果。

我国的心理学研究必须面向国民经济，为社会主义现代化服务。固然，心理学的研究课题有一部分是学科自身发展提出来的纯基础研究，但更大量的是从经济、社会近期或长期发展中提出来的面向实际的课题。只有将科学研究与整个社会经济和社会发展紧密联系起来，我国的心理学事业才能获得发展的动力和活力。我们应当积极参与解决国民经济和社会发展中的重大问题的应用研究和开发研究，特别是全国科技攻关项目的研究。只有这样，我国的心理学事业才会得到大的发展，得到社会的承认。这类大的应用研究课题难度大，我建议由中国心理学会出面组织力量，使全国的心理学家都能参与这方面的研究。

在实现社会主义现代化建设的事业中，具有大量的心理学应用研究课题，迫切需要我们心理学工作者进行研究。但是，我们西南师范大学心理学研究所主要的研究方向是普通心理学。在一段时间里我们这些搞普通心理和实验心理的人在应用研究方面，曾感到束手无策。这里既有实际问题也有思想认识问题。由于长期从事普通心理和实验心理的教学和科研，我们确实一时难以找到实践中的应用课题。也正因为长期从事普通心理学和实验心理学的教学和科研，而进行一些应用研究，是否会被同行专家认为是不务正业？通过近几年来的摸索，我们初步解决了这些问题，其具体做法是：在发展和加强应用研究的同时，继续发展已有的基础研究，力争做到应用研究与基础研究相互支持，相互促进。在开展应用研究方面，我们的具体做法是：

(1)急社会之所急,主动上门服务,开展应用研究。我们的学校在重庆市,重庆是一个重工业城市,它拥有200多个大中型厂矿企业。这些企业都办有自己的子弟学校。据统计,重庆市厂矿子弟校的中小学学牛约占全市城镇中小学生总人数的1/3。然而,由于种种原因,厂矿子弟校的办学效率低,教学质量不高。1989年初,一些子弟校的领导和厂矿负责教育的同志找到我们,要求我们能和他们一道,为提高我市厂矿子弟校的教育质量做些工作。大家知道厂矿子弟校培养的学生,多数将在本厂矿就业。厂矿子弟校的教育质量直接影响到本厂矿职工和干部的素质。而大中型厂矿企业又是中国现代化建设的主体,是中国当代经济的脊梁。急社会之所急,出于教育工作者的责任感,我们主动上门服务,发出倡议——筹建重庆市厂矿子弟校教育研究会。这一倡议很快得到许多厂矿企业及子弟校的响应,也得到省、市领导、市经委和我校党委及行政的支持。重庆市厂矿子弟校教育研究会成立近三年来,作为心理学工作者,我们抱定一个主旨——为企业发展多办实事,尽量把心理学知识应用于教改实际。我们举办过好几期学校科学管理研讨班(如讲授学校管理心理学知识)、班主任工作研讨班(如讲授中小学生年龄特征及后进生心理特点和教育等知识)、学生学习方法优化讲习班(如讲授自学心理学及学习动机激励等知识)、教育科学研究方法讲习班等,并开展一些应用课题的研究(如探讨差生的心理特点及学习动机的激励;探讨适合厂矿子弟学校特点的最优化学习方法及教会学生如何学习等),深受厂矿子弟学校领导和教师的赞扬。他们给我们心理研究所送来一个大匾,上题"师心无瑕,泽及厂矿"。省市政府和市经委领导同志也对我们所做的工作给予了高度的评价。我们为厂矿子弟学校教育改革做了一点事,社会上对我们心理学工作者的工作就更加理解、更加支持了,从而有助于我们心理所的发展。

(2)联合相关学科的人士,开展心理学应用研究。为国民经济和社会发展服务的应用课题,靠心理学工作者单独的力量往往是无法完成的。例如,我们所里目前承担的四川省"八五"重点科研项目"厂矿子弟校教育改革研究",光靠心理学工作者的力量是无法完成的,我们便联合我市厂矿子弟校的优秀教师及我校的各科教学法专家进行联合攻关。又如,我们所里目前承担的"大学生心理咨询研究",只靠所内的力量也难以完成,我们便与我校的医院、教育系和德育教研室的同志以及重庆市的一所精神病医院的医生组成一个课题组联合进行研究。我们体会到,开展心理学的应用研究,道路虽然很宽广,但困难确实是很多的。要做好这项工作,争取社会各界人士,特别是领导干部的支持,是十分重要的。总之,我们应当千方百计地开展心理学的应用研究,以支持和促进心理学的基础研究的深入发展。

原文载于《心理学报》,1992年第1期。

人格研究中国化

从中国人的生活实际出发来研究中国人的人格,而不是把西方人格心理学的理论和概念硬套在中国人身上,目的是创建中国特色的人格心理学。

1 主要理据

理据主要有4个:中华文化与西方文化对人格基本词义的理解有差异、中国人与西方人在人格结构上有差异、中国人与西方人在人格的动力特征及自我结构上有差异,以及当代西方人格心理学不是普世的人格心理学。

1.1 中华文化与西方文化对人格基本词义的理解有差异

理据人格一词是从英语“personality”翻译过来的。而personality是由person衍生而来,person又是源于拉丁文persona,指戴有面具的人。因此人格也就有外显人格和内隐人格,由外显人格推论到内隐人格的问题,或者把外显和内隐人格结合起来加以推论的问题。在西方心理学中有许多人格定义,其核心内涵是:人格是一个独特的人,一个完整的人,其特质具有稳定性和一致性。中国古代没有“人格”一词,但有“格”这个字。《说文解字》中“格”指“木长貌”,即“样子”“格局”的意思。《广韵》中“格”指“度也,量也”,即衡量的“准绳”“规格”的意思。虽然中国古代没有“人格”一词,但有“为人”“人品”等说法。《论语·述而》曰:“叶公问孔子于子路,子路不对。子曰:‘女奚不曰,其为人也,发愤忘食,乐以忘忧,不知老之将至云尔。’”楚国的大夫叶公问子路孔子的为人怎样,子路没有回答他。孔子对子路说:“你为什么不这样说:他的为人,用功便忘了吃饭,快乐便忘了忧愁,不知道衰老将要到来,如此罢了。”《礼记·缁衣》记载:“子曰:‘言有物而行有格也,是以生则不可夺志,死则不可夺名。故君子多闻,质而守之。’”孔子说,讲话有根据,做事有规矩,所以活着的时候无人能够改变他的志向,死后也无人能够剥夺他的美名。所以君子应该博闻,在弄清楚之后就牢记在心。中国当代学者也都是从人格的社会属性,即一个人的道德品行、社会责任和义务来理解人格一词的。中华文化提倡“天人合一”,强调“仁道”,把一个人的人格放到与他人、与集体、与社会、与大自然的关系当中来衡量:不仅追求人与人之间的和谐、追求家庭的和谐、追求社会的和谐,而且追求国家与国家之间、民族与民族之间,以及人与自然、人与天地万物之间的和谐。这也表明中华文化与西方人格心理学家对于人格基本含义的理解是不同的。中华文化关注的是人格的社会属性,而不是人格的独特性。

1.2 中国人与西方人在人格结构上有差异

西方人格心理学家认为人格结构的基本单元是特质。20世纪30年代，美国心理学家G.W.奥尔波特认为特质就是以某种特别方式做出的一种反应倾向，并将其分为首要特质、中心特质、次要特质，认为人格是由多种特质构成的，提出了人格多因素模型。美国心理学家R.B.卡特尔用人格特质形容词词表进行因素分析，提出了16种人格因素。英国心理学家H.J.艾森克提出了人格三因素，即外倾性、精神质和神经质的层次模型。20世纪90年代，美国心理学家R.R.麦克雷和P.科斯塔提出了五因素模型：神经质、外向性、开放性、随和性、尽责性，用英文单词第一个字母表达即为OCEAN。他们通过自评、他评、跨文化研究、人格障碍研究、进化论和遗传学的研究，以及纵向研究、横向研究，都发现有这五个基本因素，人格五因素模型是对人格特质的实证概括，对人格的描述几乎可以用它加以完整地说明。但是中国心理学家的实证研究结果却不同于西方心理学家的研究结论，北京大学的王登峰和崔红采用与西方完全相同的词汇法，结果发现，中国人的基本人格结构由七个因素构成，而不是五个因素。这七个因素是：外向性、人际关系、行事风格、才干、情绪性、善良和处事态度。香港中文大学的张妙清、梁觉和中国科学院心理研究所的宋维真、张建新等用西方的方法也发现，中国人的基本人格结构不同于西方心理学家的五因素，而是多出一个因素，即人际关系特质。这表明，中国人的基本人格结构与西方人的人格结构是有差异的。

1.3 中国人与西方人在人格的动力特征及自我结构上有差异

西方人格心理学关于人格动力的主要理论有S.弗洛伊德的力比多理论、行为主义的刺激—反应理论、H.A.默里的需要—压力理论、L.费斯廷格的认知失调理论、A.班杜拉的目标管理自我效能理论，以及其他学者的个人计划研究、个人奋斗研究、生活任务研究等。这些理论都没有涉及中华文化关于“义以为上”的人生追求和价值观。孔子曰，“志士仁人，无求生以害仁，有杀身以成仁”（《论语·卫灵公》），“君子义以为上”（《论语·阳货》），要求人们“见利思义”（《论语·宪问》）、“见得思义”（《论语·季氏》）、“义然后取”（《论语·宪问》）、“不义而富且贵，于我如浮云”（《论语·述而》），主张用义来规范求利行为。孟子曰：“生亦我所欲也，义亦我所欲也；二者不可得兼，舍生取义者也。”（《孟子·告子上》）“义”就是“人皆有所不为，达之于其所为”（《孟子·尽心下》）。墨子曰：“万事莫贵于义。”（《墨子·贵义》）墨子的义是利人，利天下的公利。荀子曰：“义之所在，不倾于权，不顾其利。”（《荀子·荣辱》）根据中国学者陈来的研究，经历两千年的发展，中华民族已经形成了自己的价值偏好，主要有：责任先于自由，义务先于权利，社群高于个人，和谐高于冲突。义已经成为中国人民敢于承担责任和勇于与邪恶势力做斗争的内心强大动力。义不容辞、大仁大义、见义勇为、义无反顾、舍生取义、大义凛然、重情重义、大义灭亲等已成为中华民族对英雄行为的美好赞词。在西方人的自我结构中,个人与社会是分离、对立的,强调个人的独特性。在西方人心中,个人与社会的界限是很清楚的,甚至夫妻之间也是如此。但是中国人的自我结构则比较复杂,至少包含两个成分:个人成分和关系成分。中国人的自我结构中的关系成分比较复杂,包括家人关系,如父母兄弟姐妹、子孙等;婚姻关系,如夫妇、岳父母、内兄弟等;熟人关系,如地缘关系、小同乡大同乡、师生关系等;陌生人关系。人格不是一个纯自然的范畴,而是受社会文化和历史制约。研究表明,中国人在人格的动力特征及自我结构上不同于西方人。

1.4 当代西方人格心理学不是普世的人格心理学

当代西方人格心理学不是普世的人格心理学,主要是西欧和北美的本土人格心理学。①当代人格心理学的人性假设,如弗洛伊德的人性假设、生物学的人性假设、学习与认知加工的人性假设、人本主义的人性假设,都是西方哲学或西方基督教的人性观。即使是人本主义所提出的"以人为本",也与中华文化中的"以人为本"是不同的。西方人本主义理论中,"以人为本"是以"个人"为本,而中华文化中的"以人为本"则是以"社群"为本。②当代西方人格心理学研究的取样也有偏差。他们研究的人群主要集中在美国、西欧、加拿大、澳大利亚和新西兰,这些国家的人口占世界总人口的10.84%,而中国大陆人口占世界总人口的18.53%,他们没有深入中国实际对中国人的人格进行研究。并且,西方人格心理学研究中的被试主要是大学二年级的学生,他们大多来自中产阶级以上,有高度个人主义和独立自主的品格,这样的人格心理学难以成为普世的人格心理学。

2 主要途径

人格研究中国化主要有4个途径。

2.1 深入生活实际,探寻中国人实现中国梦所表现出的优秀品格

深入中国人的生活实际,从中国人实现中国梦的伟大实践中吸取养分。在伟大的改革实践过程中,中国人创造了不少新理念和新实践,涌现了许多优秀的品格,这是人格心理学理论建设的源泉。深入中国人的生活实际,提炼出指涉人格心理学的研究主题,如诚信、自谦、勇气、节俭、孝道等,是我国人格心理学家的责任。通过质的研究,找出表征这些概念的指标,然后再用量的方法去度量,如此,这些概念就可以成为人格心

理学的标准化概念。同时，深入了解为我国发展和建设做出杰出贡献的优秀人物，如时代楷模、劳动模范、改革先锋、战斗英雄等，通过故事叙事法等质和量的研究解析他们的先进事迹和优秀品格，以阐释他们人格的整体特征或某种、几种人格特征。只要我们持之以恒地开展这方面的研究，中国特色的人格心理学理论体系就一定能够建设起来。

2.2 深入生活实际，探寻中华传统美德在当代中国人中的传承

人格是遗传与环境交互作用的结果，即个体的生物性、文化性和社会性交互作用的结果。生物性是人格的基础，但一个现实的人的存在方式，取决于其所处的特定社会文化模式，是社会化的结果。中国人的人格特征是受社会文化和历史渊源影响的，不能隔断历史来片面理解中国人的人格。因此，建设新时代中国特色的人格心理学必须从中国人的生活实际出发，去探寻中国人人格的性质、结构、机制、功能和规律，以及中华传统美德在当代中国人身上的烙印与传承，这样我们的人格心理学建设才会有中华文化的特色。自1996年起，中国学者黄希庭研究团队开展了自爱、自立、自信、自省、自强等心理学研究，以中国人喜闻乐见的概念和形式了解当代中国人是如何传承和发扬中华传统美德的。

2.3 深入中国人的生活实际，厘清外国人格心理学研究成果，吸收其合理成分

厘清和检验国外人格心理学的研究，吸收其合理成分。中国的人格心理学建设必须持开放包容的态度，凡是科学的研究成果和先进的理论，无论是美国的或是其他国家的，我们都要实事求是地进行检验和吸收，使其合理因素融入我们的理论体系。但是不能采取“拿来主义”，或只做翻译、模仿的工作。必须清醒地认识到，中国的社会发展不同于西方社会，中国文化不同于西方文化。建设中国人格心理学就必须有自己的立足点，这个立足点只能是中国的社会文化和现实。

2.4 深入中国人的生活实际，增强学术自信，发展中国特色的人格心理学理论

习近平说：“社会大变革的时代，一定是哲学社会科学大发展的时代，这是一个需要理论，而且一定能够产生思想的时代，”我们应该满怀学术自信构建出自己的理论体系。理论创新是一条荆棘丛生，充满艰辛之路；挑战与机遇并存，这也是中国人格心理学走向成功之路。基于对中国传统文化典籍的分析和对当代大学生人生追求的了解，中国学者黄希庭于2005年构建了健全人格理论模型，又称幸福进取者模型。健全人格由3个同心圆的成分所构成，即三类最重要、最基本的人格特征群：最核心的同心圆是正确

的价值观,中间的同心圆是积极主动的自我观,最外层的同心圆是追求人生理想的优秀品格。每一个个体,不论其职业、社会地位如何不同,都有可能成为人格健全的人,都有可能成为幸福的进取者;而每一个幸福进取者的形成和发展过程则是个性化的。

人格研究中国化工作是一项系统工程,也是一项充满挑战性的事业。只有勇敢地扎根中国实际,切实地了解中国人的传统文化,客观地认识当代中国人的现实社会生活,既进行概念、方法和理论创新,又吸收西方人格心理学中的合理因素,才能发展出中国特色的人格心理学。

相关文献(略)。

专题二 心理学实验研究

实验法是科学心理学用来探究因果关系的研究方法。在心理学研究中，许多实验都是在严密控制条件下的实验室完成的，其研究结果具有人为性；除此之外，实验法也被用来探究自然状态的社会心理学特点和机制。

引言

心理学实验可分为准实验和真实验。准实验是指与真实验有些类似的实验，但它不能对实验条件进行充分的控制。心理学真实验通常涉及三种因素：自变量与因变量，前测与后测，实验组与控制组。从本质上讲，实验就是考察自变量对因变量的影响。自变量通常是实验设计中的刺激因素，可供实验者操纵的刺激有种类、强度、频率等的不同；实验者要比较不同种类、强度、频率的刺激所导致的被试反应上的差异（因变量）。在简单的心理学实验设计中，主试先对被试的因变量进行测量，这称为前测（pretesting）；然后让被试接受自变量的刺激，之后主试再对被试因变量进行测量，即后测（post-testing），因变量前后测之差被视为是自变量作用的结果。消除实验本身影响的首要方法是利用控制组，实验室实验很少只让实验组被试接受自变量刺激。通过采用控制组，实验者可以发现实验本身的影响。如果后测显示控制组被试的表现与实验组被试的表现是一样的，那显然是实验本身或其他额外因素所导致的结果。因此，设计控制组将有助于发现实验本身或其他额外因素对因变量的影响。

专题二"心理学实验研究"，由十二篇论文组成。这些论文反映了我们用实验法（包括准实验）所做的一些探索。

第一部分属于儿童青少年在认知发展特点方面的几个实验。《少年儿童的遗觉表象实验》一文发表较早，以普通儿童和"功能特异儿童"作为被试，通过重叠测验发现在遗觉表象方面两类儿童并不存在差异；《儿童和青少年辨认面部表情的实验研究》采用表情辨别任务，发现不同辨别条件以及年龄差异对表情辨别的影响。《5至8岁儿童对近的未来时间的认知》通过空间（直路和曲路）、参照点（现在和星期天）和事件（周一、周二、周四和周五），被试间因素为年龄（5岁、6岁、7岁和8岁）的2×2×4×4的混合设计，发现儿童的未来时间认知能力表现出随年龄递增的趋势。

第二部分探讨时间知觉的特点和影响因素。《时距加工的记忆负荷效应》采用双任务范式，通过操纵时距编码阶段的短时记忆加工负荷，以平均复制时距为因变量指标，考查了非时间任务短时记忆加工对1—6秒时距加工的影响，结果发现非时间短时记忆对时距加工的影响具有选择性；《意向保持间隔对时间性前瞻记忆的影响》通过两个实验来探讨意向保持间隔对时间性前瞻记忆的影响。实验一通过嵌入前瞻目标的背景任务来操纵保持间隔，实验二通过在背景任务之前加入不同时长的填充任务来改变意向保持间隔。结果表明，背景任务阶段和填充任务阶段对于个体保持前瞻意向可能有不同的功能；《触觉时序知觉手臂交叉效应的性别差异》一文通过两个实验在较短和较长的SOA条件下考查男性和女性被试在基于体觉和基于外部空间触觉的时序判断任务中的表现。结果表明手臂交叉效应在较短和较长的SOA条件下存在性别差异。

第三部分探索中国人在语言文字方面的认知特点，以心理学的视角探索语言在认知层面的中西方文化差异。《工作记忆中句法歧义加工的双重表征研究》一文中，实验者以自定步调逐词显示视窗范式为工具，考查了中英双语阅读者在对具有句法歧义结构的中英文句子是否在工作记忆中产生双重表征，以及任务难度对保持这种双重表征的影响。《结构对称性汉语成语的认知研究》运用命名作业，采用具有结构对称性和非对称性的成语为实验材料，从识别和再认两个方面探讨了结构对称性汉语成语的认知特点，结果发现西方拼音文字认知模型不能恰当地解释汉语成语的认知特点。《结构对称汉字识别的加工机制(I)——整字识别的实验研究》以不同倾斜角度呈现汉字，在心理旋转条件下考查了结构对称汉字识别的加工机制。结果发现汉字的结构对称性不仅可促进汉字的识别进程，而且可增强汉字识别的恒常性。《视角对高频汉字识别的影响》以汉字与双眼形成的视角为自变量，研究了视角对高频汉字识别的影响特点，发现汉字识别的最适宜视角为10°~11°。《基于语境的因果性预期推理的构建的实验研究》在实验一中探讨对因果性预期推理的支持程度不同的语境对因果性预期推理的即时构建的影响，而在实验二中探讨了当文本描述了两个不能整合的情境模型时因果性预期推理的即时构建情况。结果表明，文本的语境对因果性预期推理的支持程度及因果性预期推理的即时构建有决定性的影响。《汉语双字合成词口语产生的词素信息编码》使用三个实验，采用图—词干扰范式，以汉语双字合成词为材料，探讨汉语双字合成词口语产生中词素编码的特点。

少年儿童的遗觉表象实验

1 目的

1979年3月11日《四川日报》报道了一名儿童能够用耳朵认字的消息后，全国各地相继发现了一批具有此种功能的儿童。这样的儿童在重庆市的一些小学中也有所发现。我们和教研室的同志们一起用双盲法对这些儿童进行了多次的实地测试，确证他们在排除视觉的条件下能够用外耳道、腋下、手掌、牙齿、脚掌、头发等部位辨认图形、文字和颜色。这样的儿童我们称为特异功能儿童。与一般的少年儿童相比较，特异功能儿童在心理特点上有无特异性，这是人们普遍关心的问题之一。本实验的目的是以遗觉表象的出现频率和表象特征为指标探索特异功能者的心理特点。

2 方法

本实验参照我国心理学家林传鼎的方法（林传鼎，凤肖玉，1979）。整个实验由两套测验——图像描述测验和叠置测验所组成。

图像描述测验：将两张黑白画和三张彩色画逐张地置于浅灰色的绒布背景上，被试者观察每张画面30—60S。（他们可以随意地观看图中的一切，不一定仅注视某一部分）移去图画后，问他们在灰色绒布上还看见什么，并让他们立即详细地叙述遗觉表象或记忆表象的内容。实验者用录音机记录被试者的叙述。

叠置测验分甲、乙两种。在甲种测验中，先让被试者观察两条平行横线1分钟，紧接着让其观察折线或辐射线，考查他们能否形成冯特（Wundt）错觉或黑林（Hering）错觉（见图1）。

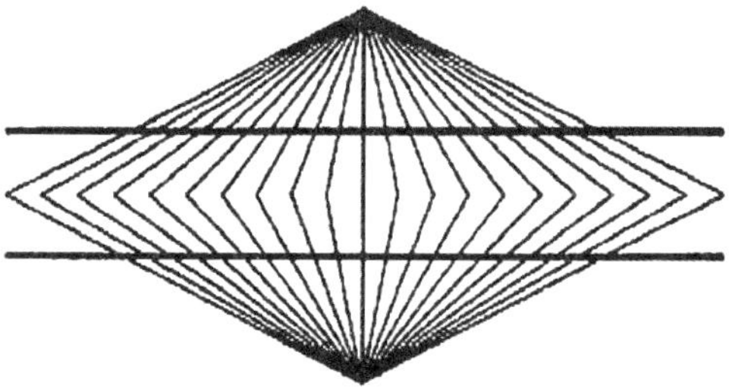

冯特错觉

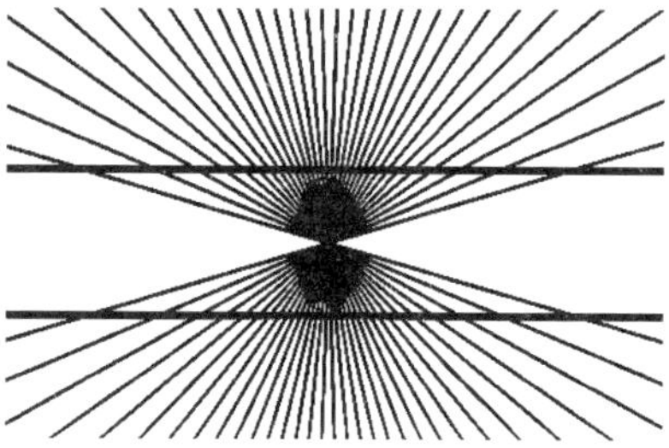

黑林错觉

图1 冯特错觉和黑林错觉

在乙种测验中，有两组不规则的圆点模式，先让被试者观察模式A1分钟，紧接着让其观察模式B，考查他们能否形成一个汉语拼音的声母或韵母。图2是乙种测验的一个样本。在叠置测验中，被试者除口头叙述外，还要将观察结果画在一张白纸上。

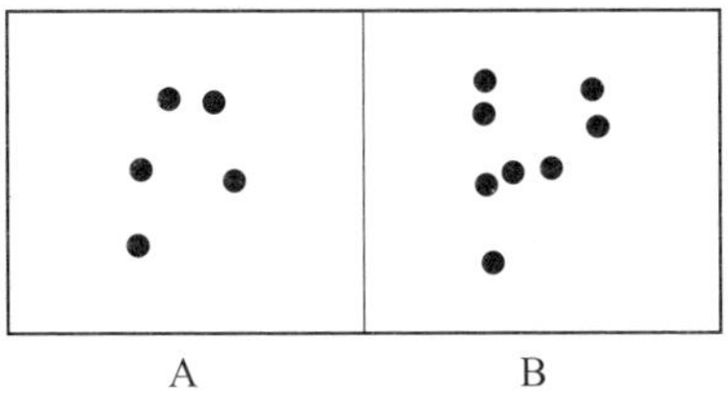

图2 文字叠置测验举样，声母“p”

被试者的组成：特异功能少年儿童11名，非特异功能少年儿童18名，系龙岗小学三、五年级的学生，由同班同学推举产生。他们的性别、年龄见表1、2。

3 结果

我们以能否通过叠置测验为鉴别遗觉者的主要指标，因为叠置测验所能形成的图像是少年儿童事先无法猜测到的。现将实验结果整理如下：

3.1 遗觉表象出现的频率

具有特异功能的少年儿童中，通过两套叠置测验的有2人，占18.18%；通过一套（甲种或乙种）叠置测验的有4人，占36.37%；合计遗觉表象出现频率为54.55%。非特异功能少年儿童中，通过两套叠置测验的有2人，占11.11%；通过一套叠置测验的有4人，占22.22%；合计遗觉表象出现频率为33.33%。在遗觉表象的出现频率方面，特异功能者和非特异功能者的差异不显著：t=1.129，p>0.05。

3.2 表象描述的特点

具有特异功能的遗觉者和非特异功能的遗觉者在记忆表象总量、遗觉表象总量以及错误和增添的成分等方面的比较，见表1。表1中的遗觉表象量是指图画取走后被试者自述看到的灰色绒布上图像内容项目的数量；错误和增添成分是指被试者记忆错误或图画中所没有的内容的数量（图画中遗漏的内容不计在内）；记忆表象总量是指图画取走后被试者在头脑中还能看到的图画内容的项目数量（也包括知觉表象量及错误和增添成分）。表内数据为五张图画的回忆总量。

表1中的材料表明，具有特异功能的遗觉者和非特异功能的遗觉者在表象的描述

（记忆表象总量、遗觉表象量以及错误和增添成分）方面虽然都有差异，但 t 检验表明：$p>0.05$，差异均不显著。

表 1　两类遗觉者在表象描述方面的比较

特异功能者					
被试	性别	年龄	记忆表象总量	遗觉表象量	错误和增添成分
利	女	11:8	109	41	2
刚	男	11:7	90	13	4
红	女	10:4	126	25	3
碚	女	8:0	111	11	7
涛	女	10:8	67	11	2
雨	男	12:8	62	11	8
平均数			94.17	18.67	4.33
标准差			25.71	12.23	2.58
标准误			10.49	4.99	1.16
非特异功能者					
梅	女	8:9	79	26	9
晖	男	8:8	102	31	8
霞	女	11:4	68	6	5
戎	男	9:8	95	28	6
平	女	11:7	90	9	8
盛	男	?	100	19	4
平均数			89	19.83	6.67
标准差			13.16	10.38	1.96
标准误			5.90	4.23	0.88

具有特异功能的无遗觉者和非特异功能的无遗觉者在记忆表象总量、遗觉表象量以及错误和增添的成分等方面的比较，见表 2。

表 2　两类无遗觉者在表象描述方面的比较*

特异功能者					
被试	性别	年龄	记忆表象总量	遗觉表象量	错误和增添成分
蓉	女	10:10	67	5	6
艳	女	9:0	82	0	8
勇	男	11:0	64	0	2

续表

特异功能者					
被试	性别	年龄	记忆表象总量	遗觉表象量	错误和增添成分
东	女	11:2	73	0	8
平均数			71.5	1.25	6
标准差			7.93	2.5	2.83
标准误			3.97	1.12	1.26
非特异功能者					
琼	女	10:2	44	0	3
清	男	9:2	89	2	6
春	男	15	70	0	10
琦	女	11:3	93	0	6
红	女	7:7	64	3	10
加	男	9:11	50	0	19
九	男	9:8	48	0	2
波	男	10:10	68	0	3
海	男	13:9	51	0	3
璇	女	11:9	43	0	5
平均数			62	0.5	5.7
标准差			18.08	1.87	6.59
标准误			5.72	0.59	2.77

*其中特异功能者黎(女,10:4),非特异功能者2人,由于记录不清,未列放该表。

表2的材料表明,具有特异功能的无遗觉者和不具有特异功能的无遗觉者在表象描述方面虽有差异,但t检验表明:$p>0.05$,差异均不显著。

表1和表2中的材料还表明,不论遗觉者或是无觉者,他们的表象都或多或少含有错误成分和增添成分。

4 讨论和小结

我们的实验结果表明,在遗觉表象的出现频率方面和表象的描述方面,特异功能者和非特异功能者之间的差异均不显著。如果将我们实验结果中特异功能者的遗觉表象出现频率(54.55%)与林传鼎的实验结果(非特异功能者的遗觉表象出现频率[22.34%])

相比较，则差异是显著的。$t=2.173$，$p<0.05$，这里的原因是什么？尚需进一步探讨。

不论是特异功能的遗觉者或非特异功能的遗觉者，他们的遗觉表象都是十分鲜明的。移去图画后，图画中有些很不显眼的部分，他们都能叙述得出来。例如，移去图画4（图略）后，有三名遗觉者除指出画面上的主题外，还能指出画面上有张大表和一面锦旗，并把各种图表和锦旗上的文字（“农作物、畜牧业”“机械操作安全×××”“作业排生产进度表”“作业分布图”“水利规划图”及锦旗上的“继续革命攀高峰”），用手指一一指示出来。又如，移去图画3（图略）后，遗觉者除说出画面上的主题情节外，还能指出画面上有几根电线杆、几条电线，人物戴什么帽子、穿什么鞋子、是否戴眼镜等。据他们说：移走图画后，“在灰布上都看得到”。当我们要求遗觉者在叙述遗觉内容时把视线从灰色绒布上移向附近的墙壁，他们报告说，当视线离开灰色布时，看到的形象就不见了。这一点与哈伯（Haer，1969）的结果相一致。

总之，遗觉者的遗觉表象是很鲜明、很生动的。但是，表1的材料也表明，遗觉者的遗觉表象也有不少内容是不清楚的或残缺不全的，他们往往用过去经验加以弥补。

不论是特异功能儿童还是非特异功能儿童，不论是遗觉者还是非遗觉者，他们在表象描述方面都有不同程度的错误内容和增添成分。例如把画面中一个工人在推油桶说成是“两个人在推车子”，把仙人掌说成是“一堆石头”“一堆水果”。把两头牛在拉一辆车子说成是“一个人用牛犁田”“一个人赶着一头牛在拉水泥”等。有的儿童的错误和增添成分甚至占记忆表象总量的38%。这是一种值得注意的现象。这种现象不仅说明遗觉表象与被试者的过去经验、兴趣等密切联系，而且也向我们提出一个重要的问题：要从小抓紧对儿童观察力的培养。因为观察的最可贵的品质就在于它的客观性。如果将自己的主观臆想加到被观察的对象上或常常将客体看错，这显然是不利于观察力的发展的。

合作者：张庆林。原文载于《普通心理学与实验心理学论文集》，甘肃人民出版社1983年。

儿童和青少年辨认面部表情的实验研究

1 引言

1872年,Darwin根据他的进化论原理断言,面部表情通常传达着相同的情绪状态。自此之后,社会知觉正确性的研究的基本过程是,让训练有素的演员表演各种情绪,拍摄其静态照片或动态影片,让受试者辨认每一画面所表达的情绪状态。研究的结果相当有分歧:有的研究表明人们是无法一致而正确地识别情绪状态的(Guilford, 1929; Sherman, 1927);另一些研究则表明受试者是能够一致而准确地识别情绪的(Langfeld, 1918; Munn, 1940; Thompson & Meltzer, 1964),许多面部表情在人类社会中具有相同的含义(Eibl-Eibesfeldt, 1970; Ekman, 1973; Ekman, Friesen, & Ellsworth, 1972)。

从信息加工的观点来看,社会知觉就是人们对信息进行解释和推论的过程。这个问题的实质是社会信息以何种方式进行传递,同时,这种社会信息又以何种方式为人们所接收,即以何种方式对它进行解释和推论。任何知觉都包括知觉者、知觉对象和知觉情境等因素的相互作用。研究社会知觉的困难就在于:对同一物理上的社会信息,人们往往以多种方式进行解释和推论;同一物理上的社会信息如果出现在不同的背景上,人们的解释和推论也可能不同;人们得到的社会知觉也可以来自各种不同的传递信息的方式。由于社会信息传送的多样性,也由于人们对同一物理上的社会信息的推论和解释的多样化,社会知觉的研究往往会遇到许多麻烦。但是,研究儿童社会知觉的发展不论在理论上还是在实践上都是具有重大的意义的。本研究拟对儿童社会知觉发展进行初步的研究,即探索8至16岁个体辨认面部表情的某些特点:①自由评定的符合度;②参照评定的符合度;③告知目标人的人格特质对辨认表情的影响。

2 方法

2.1 研究程序

本研究程序分为两个步骤:

(1)目标人面部表情的摄制。我们请重庆市话剧团的一名著名演员作为目标人,用语词描述各种情境让其表演情绪反应。共拍摄出52幅不同表情的照片,然后将这52张照片在大学生中进行预测,选择出辨认概率较高的10张照片作为表情识别的标准刺激。

这些标准刺激所表达的情绪状态及目标人所处的假定情境是：

①快乐：看到杂志上刊登了我的处女作，我感到多么高兴呀！

②喜爱：这孩子秀气、天真的脸蛋，真逗人喜爱。

③恐惧：（地震时）风在吼，地在摇，山崩地裂，房屋倒塌，我怕极了！

④愤怒：这个家伙一再诽谤我的名声，我气愤难平，严厉地责问他……

⑤哀痛：打开邮递员送来的电报，我飞快地看完了电文，顿时觉得天旋地转，眼前一片漆黑，我敬爱的老师病逝了……

⑥痛苦：我犯了罪，对不起人民，感到痛苦万分！

⑦怀疑：我怎么这次只考了70分呢？

⑧乞怜：像地主的狗腿子向其主子乞怜那样的表情。

⑨苦笑：医生说，我的亲人得了癌症，活不了多久了。我内心十分痛苦，真想大哭一场。但在病人面前，我却装得十分高兴。

⑩骄傲：他是什么优秀生，哼！我还看不上他哩！

将上述10种面部表情摄制成10cm×13cm的照片，同时也制成幻灯片。在上述10张照片中，我们将第1张至第6张称作基本情绪表情，其余称作复杂情绪表情。

（2）受试者对表情的辨认评定。

受试者辨认表情的实验按各年龄组以集体和个别两种方式进行。个别实验作了详细的询问。面部表情的照片用幻灯片呈现，每一画面或照片呈现1—2分钟，在呈现的同时让受试者进行辨认评定。更换实验条件时，再呈现每一画面或照片并发给被试者相应的记录纸。受试者依次在下列三种实验条件下辨认面部表情。集体实验时，如更换实验条件，受试者所用的记录纸也随之更换。个别实验，则由主试者作记录。

受试者对面部表情的辨认在下列三种实验条件下进行：

①自由评定：让受试者为每一画面或照片上的面部表情所表达的情绪写出（或说出）一种最合适的名称，再依次呈现每一画面或照片，要求受试者指出他喜欢哪些照片，并在记录纸的相应的序号上打"√"。

②参照评定：在呈现每一画面或照片的同时给受试者提供描写情绪状态的形容词词表。这些词语是：厌恶、怀疑、快乐、沮丧、乞怜、喜爱、恐惧、苦笑、害羞、痛苦、骄傲、抗议、哀痛、愤怒、焦急、冷笑（每个词后均注有拼音文字）。要求受试者从上述16个词中选择出一个最合适的名称，以判断面部表情所表达的情绪。

③双线索评定：暗中把每个年龄组的受试者划分为两个小组。发给一个小组受试者的记录纸上醒目地印有"幻灯片映出的这个人是一个诚实的、热情的好人！"另一个小组的记录纸上则印有"幻灯片映出的这个人是一个狡猾的、冷酷的骗子！"如果用照片呈

现时则由主试者告诉受试者:“照片上的这个人是一个诚实的、热情的好人!”或“照片上的这个人是一个狡猾的、冷酷的骗子!”然后,要求受试者为目标人的表情写出一种最合适的名称。在双线索评定后,再依次呈现每一画面或照片,要求受试者指出他喜欢哪些照片,并在记录纸的相应序号上打“√”。

2.2 受试者

将参加辨认表情的受试者分成6个年龄组。每个年龄组均为40人。他们是重庆市北碚区朝阳小学的二年级、四年级、六年级学生,西南师范大学附属中学的初二和高二以及西南农学院园艺系的二年级学生。受试者的组成见表1。

表1　受试者的组成

年龄组	人数		年龄		
	男	女	R	S	$\bar{X}$
8岁组(小二)	22	18	7.67—9.25	0.34	8.26
10岁组(小四)	21	19	9.25—10.92	0.55	10.21
12岁组(小六)	21	19	11.33—12.75	0.51	12.17
14岁组(小六)	15	25	12.33—14.87	0.56	14.24
16岁组(高二)	22	18	14.83—17.75	0.64	16.26
青年组(大二)	20	20	18.83—21.75	1.08	20.39

3 结果

3.1 自由评定的符合度

判定受试者的评定是否符合,是将他所答的名称与标准刺激相对照而确定的。如果受试者所写的名称与标准刺激相同或是它的同义词,则判为符合。如果受试者写的名称与标准刺激的含义不同或含义不清,则判为不符合。例如,“1.快乐”,受试者评定为“高兴”“欢笑”,则判为符合,记符合数1;如果受试者评定为“喜爱”或“笑”,则判为不符合。又如“4.愤怒”,受试者评定为“气愤”“很生气”,则判为符合,记符合数1;而评定为“害怕”或“咬牙齿”,“眼睛瞪得大大的”,则判为不符合。

各年龄组评定的符合数分别见表2和图1。

表2 各年龄组自由评定符合数的比较

项目	标准刺激	8岁组	10岁组	12岁组	14岁组	16岁组	青年组	全体受试者
基本的情绪表情	快乐	19	30	34	36	40	40	199
	喜爱	3	5	4	15	16	14	57
	恐惧	8	16	18	24	26	28	120
	愤怒	16	26	29	36	37	39	183
	哀痛	2	4	6	20	20	18	70
	痛苦	0	2	2	11	13	10	49
复杂情绪表情	怀疑	9	11	13	27	30	34	124
	乞怜	0	1	4	15	19	20	59
	苦笑	3	5	4	23	27	29	91
	骄傲	24	33	33	40	40	40	210
	张数	84	133	147	247	268	272	
总计	符合率(%)	21	33	37	62	67	68	

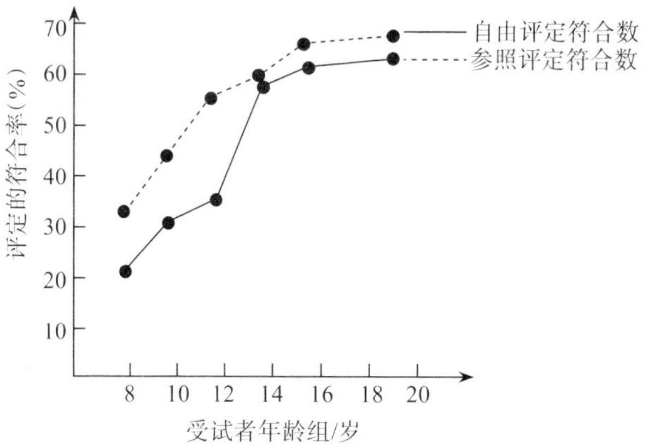

图1 受试者在不同实验条件下对10种表情进行评定的符合率

从表2和图1可以看出:(1)不同年龄的学生对不同表情的辨认能力是有差异的,随着年龄的增长,评分的符合数逐步增多,并且14岁、16岁组和青年组的评定数十分接近;(2)不同情绪的面部表情辨认的难易程度是不同的。从评定的符合数来看最容易辨认到最不容易辨认的顺序是:骄傲、快乐、愤怒、怀疑、恐惧、苦笑、乞怜、喜爱、痛苦。从自由评定实验结果的方差分析可以看出,在自由评定的条件下对基本表情的评定,各年龄组间差异均不显著(F=0.261,p>0.05);而对复杂表情的评定,各年龄组间差异达到0.05显著水平(F=2.873)。比较各年龄组在复杂表情评定符合数均值上的差异,结果表明,只有8岁组和16岁组,8岁组和青年组之间差异显著,其余各年龄组在评定符合数均值上的差异均不显著。

3.2 参照评定的符合度

表3 各年龄组参照评定符合数的比较

项目	标准刺激	8岁组	10岁组	12岁组	14岁组	16岁组	青年组	全体受试者
基本的情绪表情	快乐	35	38	40	39	40	40	232
	喜爱	7	12	13	15	14	14	75
	恐惧	3	19	23	26	29	34	134
	愤怒	11	19	30	33	34	37	164
	哀痛	7	7	13	16	16	16	75
	痛苦	9	8	11	11	13	15	67
复杂情绪表情	怀疑	12	22	29	29	33	34	159
	乞怜	6	6	18	18	29	27	104
	苦笑	15	21	22	26	33	32	149
	骄傲	33	38	40	40	40	40	231
	张数	137	190	239	253	281	289	
总计	符合率(%)	34	48	60	63	70	72	

表4 自由评定和参照评定符合数的比较

差异	年龄组						
	8岁组	10岁组	12岁组	14岁组	16岁组	青年组	全体受试者
ΣD	54	57	92	6	13	17	239
ΣD^2	689	643	1098	60	183	127	2809
t	2.541	3.032	5.604	0.758	0.957	1.628	5.499

注:$t_{0.05}$=2.262;$t_{0.01}$=3.250;$t_{0.005}$=4.781

各年龄组参照评定的符合数分别见表3和图1。从表3和图1可以看出：①随着年龄的增长，评定的符合数逐渐增多，12、14、16岁组和青年组的评定符合数较高，且十分接近；②不同情绪的面部表情，从最容易辨认到最难以辨认的顺序是：快乐、骄傲、愤怒、怀疑、苦笑、恐惧、乞怜、喜爱、哀痛、痛苦；③各年龄组参照评定的符合数均高于自由评定的符合数。

参照评定所得实验结果的方差分析表明，在参照评定的条件下，各年龄组间的差异均不显著。基本表情实验的F值为1.88，复杂表情实验的F值为2.02，均为$p>0.05$。

把自由评定和参照评定的符合数进行t检验，其结果列入表4。表4数据表明，8岁、10岁、12岁三个年龄组的自由评定和参照评定符合数的差异达到显著和异常显著的水平；14岁组、16岁组及青年组的自由评定和参照评定符合数的差异不显著；但就全体受试者来说，两种实验条件下评定符合数的差异则达到异常显著水平。

3.3 目标人的人格因素对表情评定的影响

表5 告知目标人的人格特质后的评定的变化数

实验条件	差异	年龄组					
		8岁组	10岁组	12岁组	14岁组	16岁组	青年组
提供积极人格特质前后的评定变化	ΣD	10	31	63	71	78	81
	ΣD^2	16	94	325	408	524	539
	t	2.939	4.457	5.458	5.542	5.128	5.436
提供消极人格特质前后的评定变化	ΣD	19	43	93	106	102	107
	ΣD^2	31	145	647	740	735	847
	t	5.146	5.782	6.188	7.740	6.783	6.294

注：$t_{0.05}=2.093$；$t_{0.01}=2.861$

表5是受试者在有无告知目标人的人格特质的两种实验条件下，评定发生变化的数据及对这一变异的t检验。表5中的数据表明，不论是哪一年龄组，也不论是提供积极人格或消极人格，受试者对照片的评定，明显地受提供的人格特质的影响，受试者对照片评定的变化量在告知人格特质前后有着显著的差异。此外，告知不同的人格特质（积极的或消极的）后，受试者对同一照片的命名也是不同的。

表6 告知不同人格特质引起一些受试者评定变化的举例

标准刺激	告知积极人格特质时的评定变化	告知消极人格特质时的评定变化
快乐	热情豪爽、活泼开朗	疯狂的笑、得意忘形的笑、内心空虚的狂笑
喜爱	慈爱、和气、平易近人、幸福	一丝奸笑、媚笑、假正经、皮笑肉不笑
恐惧		事败后惊恐万状,张皇失措的丑态
愤怒	义愤填膺、义正词严的谴责、大义凛然	强词夺理、凶相毕露、专横跋扈、无理取闹、大发雷霆
哀痛		沮丧、假装憨厚、装作沉痛
痛苦	自我反省、惭愧	低头认罪、心怀叵测、故作沉痛
怀疑	不耻下问、与人切磋琢磨	狡辩、故作镇定、装腔作势
乞怜	恳求、悔恨	死皮赖脸乞求宽恕,伪装出一副可怜相
苦笑	悲喜交加	奉承的笑、假笑、笑里藏刀
骄傲	自豪、傲视权贵	得意忘形、利令智昏、不可一世

表6列出的是16岁组和青年组的一些受试者。根据告知目标人的人格特质对10种面部表情命名上的差异。表6中的资料表明,告知目标人的积极的人格特质后,受试者对他的表情的评定带有积极肯定的情绪色彩;告知消极的人格特质后,受试者对其表情的评定带有消极否定的情绪色彩。

表7 各年龄组在告知人格因素前后喜欢照片张数的差异*

实验条件	差异	年龄组					
		8岁组	10岁组	12岁组	14岁组	16岁组	青年组
告知积极人格前后喜欢照片数的差异	ΣD	+5	+11	+8	+1	+8	+5
	ΣD^2	35	67	40	61	30	13
	t	0.83	1.378	1.285	0.125	1.506	1.422
告知消极人格前后喜欢照片数的差异	ΣD	−10	−24	−27	−24	−22	−22
	ΣD^2	52	74	57	64	50	46
	t	1.378	3.479	2.540	4.060	4.222	4.593

注:$t_{0.05}=2.093$;$t_{0.01}=2.861$

*告知人格因素后,喜欢照片数增多用"+"表示,减少用"−"表示。

告知不同人格因素，受试者对目标人具有不同的情绪反应还表现在他们在知晓人格特质前后，选择喜欢目标人照片的数量的变化上。表7中的数据是各年龄组受试者在被告知人格特质后选择喜欢的照片数的差异以及这种差异的t检验。表7中的数据显示：在告知积极的人格特质后各年龄组喜欢的照片数量虽有所增加，但t检验表明差异均不显著；告知消极人格特质后，各年龄组喜欢照片的数量均明显减少，t检验表明，除8岁组外，其余各年龄组的这种差异均达到显著或异常显著的水平。

表8　告知人格因素后各年龄组改变评定数的比较（F值）

实验条件	相邻年龄组比较				各儿童组、少年组与青年组的比较				
	8岁与10岁	10岁与12岁	12岁与14岁	14岁与16岁	8岁组与青年	10岁组与青年	12岁组与青年	14岁组与青年	16岁组与青年
告知积极人格后	1.05	1.60*	0.40	0.35	3.55**	2.50**	0.90	0.50	0.15
告知消极人格后	1.20	2.50**	0.65	0.20	4.00**	3.20**	0.70	0.05	0.25

注：*表示$p<0.05$，**表示$p<0.01$

把各年龄组在告知人格特质后改变的评定数加以比较，其F值列入表8。表8中的数据表明：（1）从相邻年龄组的比较来看，无论告知积极人格还是消极人格，10岁组与12岁组改变评定数的差异均达到显著和异常显著水平，而其余各组间改变评定数的差异均不显著。（2）从各儿童组、少年组与青年组的比较来看，无论告知积极人格还是消极人格，8岁组与青年组、10岁组与青年组改变评定数的差异异常显著；而其余各组与青年组相比较，改变评定数的差异均不显著。

4 讨论

关于表情辨认的难易度问题。在我们考查的10种表情中最容易辨认的是骄傲、快乐和愤怒，其次是怀疑、恐惧和苦笑，最难以辨认的是痛苦、喜爱、哀痛和乞怜。就基本的表情而言，最容易辨认的是快乐和愤怒，其次是恐惧，最难以辨认的是痛苦、喜爱、哀痛。这一结果与Ekman和彭聃龄等人的实验结果是很不一致的（Ekman，1973；彭聃龄，杨旻，杨丽珠，1985）。如何理解这个问题呢？我们认为，对人的知觉是知觉者、目标人和知觉情境相互作用的结果。对于照片上的表情的辨认，不仅取决于知觉者的特点，即知觉者对表情的辨认能力以及他们的民族文化背景和习俗，而且取决于所摄制的表情照片。虽然这三个实验所使用的都是表情照片,实验者对其的命名也有不少是相同的,然而实验设计中让演员表演的情绪情境不同,演员的表演水平也不同。此外,这三个实验的记分方法也有差异。因此,实验所得出的对各种表情的辨认难易度自然也不尽相同。本实验所得出的对各种表情辨认的难易度似不宜作过分的推广。

我们认为具有普遍意义的是,在本实验中显示出的,不同的知觉者在相同的知觉情境中,对同一目标人的表情的认知能力上的差异。

本研究的结果表明,在参照评定的条件下,提供描述情绪的词语明显地提高了知觉者辨认表情的准确性。这对于8至12岁的小学生来说尤为如此。提供有关情绪的词语之所以能非常明显地提高小学生辨认表情的准确性,可能与小学生在实验前掌握有关情绪的词语不多、运用不熟练有关。这一结果表明,同语词对物体知觉的作用一样,也能提高知觉者对人的知觉的准确性。本研究的结果还表明,告知人格特质明显影响受试者对表情的评定。这一结果与国外学者Asch和Kelley关于人格特质对人知觉的影响的结论基本上是一致的(Asch, 1946; Kelley, 1950)。但是,我们的研究表明,告知人格特质对各年龄组评定表情的影响大小是不同的。从相邻年龄组的比较来看,不论告知积极人格特质或消极人格特质,10岁组与12岁组评定变化的差异均达到显著水平,而其余的相邻年龄组评定变化的差异均不显著。从各儿童组、少年组与青年组的比较来看,8岁组与青年组、10岁组与青年组评定变化的差异异常显著,而12、14、16岁组的评定变化数与青年组相比较,差异均不显著。这些结果说明,在10岁到12岁之间,参照人格因素评定表情的能力的发展,可能存在着质的差异:12岁和12岁以上的少年与青年人一样,能参照人格因素对表情进行评定,而12岁以下的儿童则不善于参照人格因素对表情进行评定。儿童对表情认知的这种特点与皮亚杰发现的具体运算时期的认知方式是相吻合的。

本研究的结果还表明,当被的告知目标人的人格特质不同时——"诚实的、热情的好人"或"狡猾的、冷酷的骗子",受试者对目标人可能就带有不同的情绪反应:这既表现在对目标人表情评定的情绪色彩上,也表现在提供人格特质前后选择喜欢目标人的照片的数量上。这里,有一个有趣的现象:受试者知晓了目标人的积极人格特质后,选择喜欢目标人的照片数有所增多,但与告知积极人格特质前所选择的喜欢照片数相比较,其差异均未达到统计学上的显著水平;而绝大多数受试者(除8岁组外)在告知消极人格特质前后所选择的喜欢照片数,其差异均达到显著或异常显著的水平。这种现象可以用社会心理学中的宽厚效应(Leniency effect)来解释。所谓宽厚效应,是指人们在对人的知觉时,积极肯定的评价往往多于消极否定的评价,多数人总是从好的方面来估计他人的。正是由于多数人本来是从好的方面来评估目标人的,所以即使告知目标人的积极人格特质,受试者对目标人的喜欢度就不会有多大的变化。也正是由于多数人本来是从好的方面来评估目标人的,所以当告知目标人的消极人格特质后,受试者对目标人的喜欢度就明显减少了。至于在提供消极人格特质时,8岁组对目标人喜欢度的减少并不显著,则可能是由于如上所述,他们尚不会参照人格因素对表情进行评定之故。

虽然,对表情的辨认是对人的最简单的知觉过程,但是表情辨认的影响因素是极其复杂的。这里尚有许多问题需要作进一步的探讨:如果我们承认有面部表情的模式(孟昭兰,阎军,孟宪东,1985),那么在成人身上如何再现这种模式,使表情辨认的标准刺激标准化?有迹象表明人们在认知表情时是使用策略的,人们在认知表情时使用哪些策略?这方面是否有年龄上的差异?如此等等,这些问题都有待于我们进一步研究。

5 结论

(1)向知觉者提供描述情绪的有关词语能明显地提高知觉者辨认表情的准确性。

(2)告知目标人的人格特质明显影响知觉者对表情的评定和对目标人的喜爱度。告知积极的人格特质,知觉者对目标人的喜爱度有增加,但不明显;告知消极的人格特质,知觉者对目标人的喜爱度明显地降低了。

(3)在10岁到12岁之间,小学生对表情的认知有明显的变化。12岁以下的小学生不善于参照人格因素来评定表情。12岁的小学生已会参照人格因素认知表情。他们对表情的认知能力似已接近青年人的水平。

合作者:彭新鼎。原文源于:中国心理学会普通心理与实验心理专业委员会1985年学术年会(成都)。

5至8岁儿童对近的未来时间的认知

1 前言

时间认知是人类认识世界的重要内容，包括对时序、时距和时点的认知（黄希庭，李伯约，张志杰，2003），其中时序指人们能将两个或两个以上的事件知觉为不同的，并按顺序组织起来，时距指相继事件间隔时间的长短。“近的未来”指未来心理时间中以小时、日和月为计时单位的时间段（黄希庭，1994）。时间认知具有分段综合特性，不同时段内的认知表征各不相同，并受多种因素的共同影响（黄希庭 et al.，2003）。成人对未来时间的判断主要依赖于习俗时间表征系统（黄希庭，1994）。研究者们对儿童在掌握这种系统之前的未来时间认知机制及特性进行了大量探索，然而迄今为止，在此领域尚未见基于时间分段特性、同时考察时序和时距认知的多因素综合研究。

本研究探讨5至8岁儿童对未来一周和一年时间的认知特点，考虑到儿童尚未掌握习俗时间表征系统，直接使用习俗计时单位有可能造成干扰（Friedman，2002），因此在研究中用代表性事件和节假日表示时点，采用图片定位和排序法进行考查。

2 实验1

2.1 方法

2.1.1 设计

本实验为2×2×4×4的混杂设计。被试内因素为空间（S，包括直路和曲路2个水平）、参照点（R，包括现在和星期天2个水平）和事件（E，包括周一、周二、周四和周五4个水平），被试间因素为年龄（A，包括5岁、6岁、7岁和8岁4个水平）。

2.1.2 被试

用分层随机抽样法抽取某区实验小学5岁、6岁、7岁和8岁儿童各8名，男女各半。

2.1.3 材料

材料1：73cm×52cm彩图2张，分别表示S的2个水平，二者的主要区别在于路标对应的序号不同，直路上各路标沿对角线直线方向从0至7依序排列，曲路则不然，参见图1和图2。实图上不标出路标序号。材料2：10.5cm×14.5cm彩图4张，分别表示E的各水平所对应的代表性事件。材料3：10.5cm×14.5cm彩图1张，表示周三的代表性事件，材料

4:10.5cm×14.5cm彩图4张,分别为阿拉伯数字1、2、3、4。

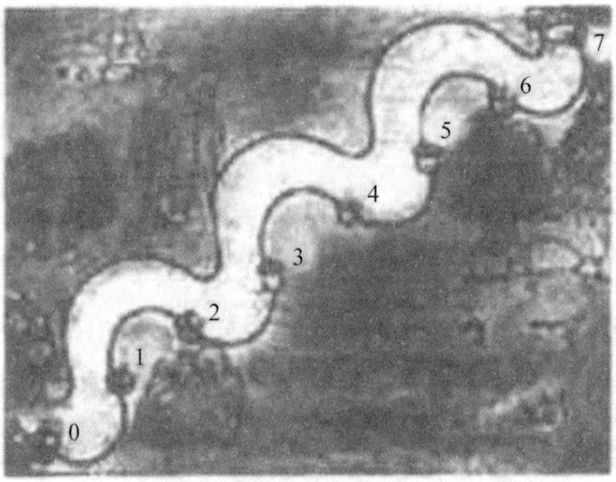

图1 实验1中的直路水平

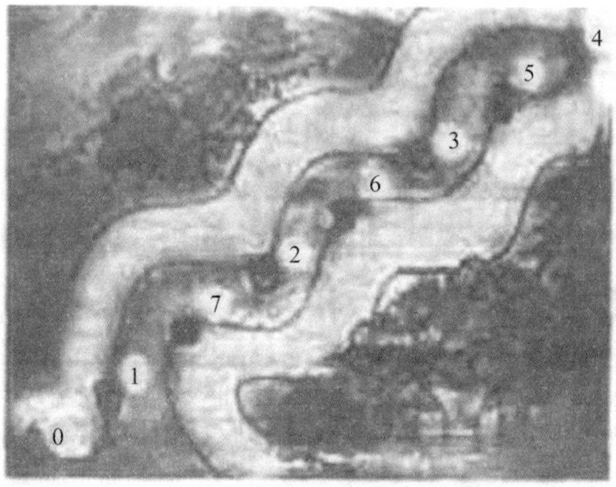

图2 实验2中的曲路水平

2.1.4程序

(1)示范预测。用材料1和4讲解规则:①必须顺着路的走向行进,不可"抄近路";②沿此方向在每相邻路标间行进所需时间相等。

(2)正式测试。分别在S和R的各个水平组合上进行图片定位作业:主试示范当前条件下材料3在小路上的正确位置,使被试了解小路代表未来一周,路的开端代表"星期天"或"现在"(即实验当天,星期三)。随机出示材料2的各张图片,要求被试根据事件与参照点的"距离"将图片放置在其认为合适的路标处,并将该路标序号作为被试的判断分数记录下来,4张图片都判断完后按相同顺序再判断一次。分别在S的2个水平上进行图片排序作业:要求被试根据材料2的4个事件从"现在"或"星期天"开始的先后发生顺序排列图片,主试记录各图片被赋予的顺序号。

2.2 结果与分析

2.2.1 时距判断

求各处理下被试两次判断分数的Pearson相关系数，结果见表1。各处理下被试的两次判断均有相当高的一致性，可用该判断值作进一步分析。

表1 实验1中被试2次判断分数的相关系数

	$T1$	$T2$	$T3$	$T4$	$T5$	$T6$	$T7$	$T8$
r	0.88**	0.90**	0.95**	0.92**	0.78**	0.87**	0.89**	0.86**
	$T9$	$T10$	$T11$	$T12$	$T13$	$T14$	$T15$	$T16$
r	0.92**	0.89**	0.85**	0.92**	0.89**	0.92**	0.93**	0.85**

$^{**}p<0.01, n=32$

对两次判断的均值作重复测量方差分析，发现其存在显著交互效应：$F_{S\times R\times E\times A}(9,84)=7.356, p<0.001$。分年龄组考查发现5至6岁组内因素$R$无显著效应。对周一的判断为（低于中点3.5视为位于路的较近端）：5至6岁组，$M_{(现在)}=1.000$，$M_{(星期天)}=0.563$；7至8岁组，$M_{(现在)}=4.875$，$M_{(星期天)}=0.969$。因素S在5至7岁组内有显著交互效应：$F_{S\times E}(3,63)=25.401, p<0.001$，降阶方差分析发现$E$的各个水平上$S$都有显著效应：$F_{S(周一)}(1,21)=15.382, p<0.001$，$F_{S(周二)}(1,21)=21.152, p<0.001$，$F_{S(周四)}(1,21)=11.058, p<0.01$，$F_{S(周五)}(1,21)=47.333, p<0.001$。将5至7岁组被试在曲路水平上的判断按直路的路标序号重新记分，0→0，1→1，2→3，3→5，4→7，5→6，6→4，7→2，分析新数据的均值，发现S无显著效应，其各水平上的分数趋于一致，参见图3。

求各处理下两次判断的均值与对应的正确值之差，将所有差值加上最小负数差的绝对值（本实验为+6.0）转化为正数后在直路水平上进行考查，结果发现各年龄组都高估周五、低估周一，现在水平上，$M_{(周五)}=8.797$，$M_{(周一)}=3.938$；星期天水平上，$M_{(周五)}=6.907$，$M_{(周一)}=5.766$。7至8岁组在“现在”水平上低估周二：$M=2.813$。考查差值的绝对值发现，7岁组被试在直路水平上的绝对偏离值显著低于曲路水平，$F_S(1,7)=43.448, p<0.001$；5至8岁组在周二水平上的绝对偏离值显著高于其余各水平，$F_E(3,84)=11.947, p<0.001$；年龄效应显著，$F_A(3,28)=16.968, p<0.001$。Duncan多重比较表明8岁组判断的绝对偏离值显著低于其余各组，参见图4。

2.2.2 时序判断

比较各事件被赋予的顺序号与对应的正确序号，相等计1，不相等计0。因素R的不同水平上各年龄组的正确判断分数如图5和图6所示。星期天水平上，各年龄组都有不少于50%的被试能做出完全正确的判断;现在水平上,只有8岁组中的6名被试和6岁组中的1名被试的判断完全无误。

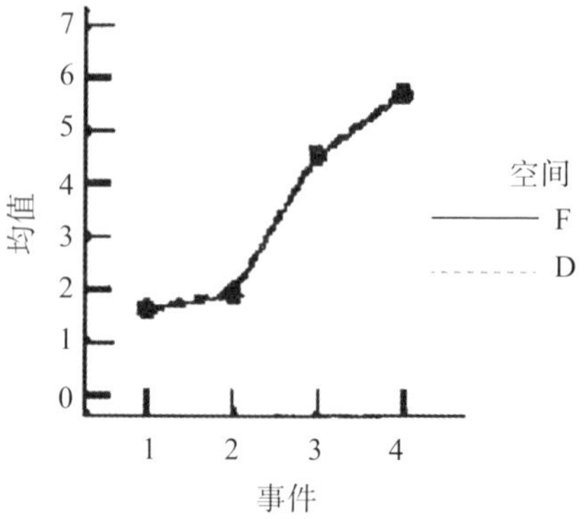

图3　实验1中5至7岁组内转换值在S上的比较

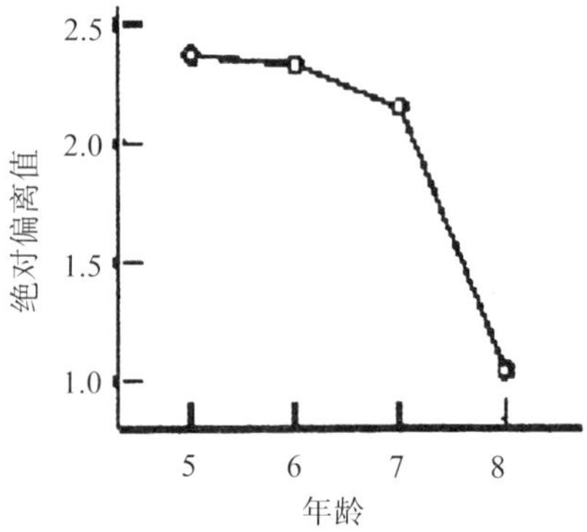

图4　实验1中各组判断准确性比较

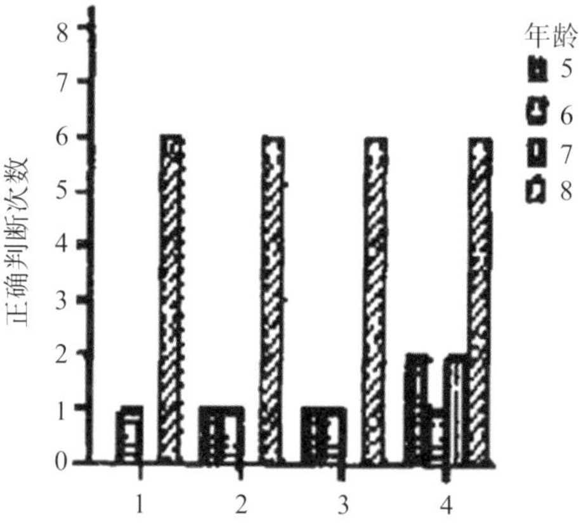

图5　实验1中"现在"水平上时序判断分数

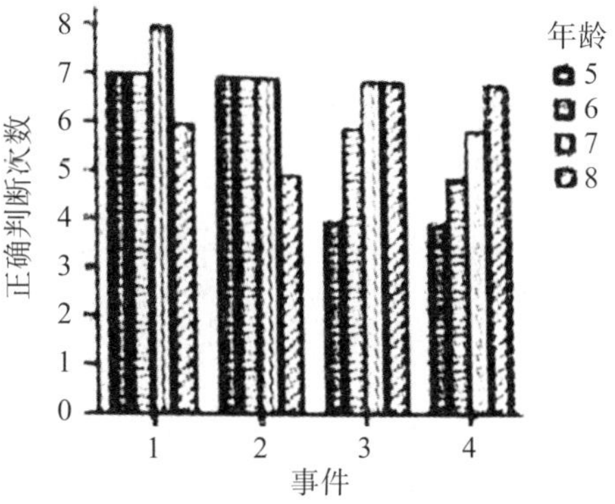

图6 实验1中“星期天”水平上时序判断分数

3实验2

3.1方法

3.1.1设计

本实验为2×2×6×4的混杂设计实验。被试内因素S的水平同实验1;R包括2个水平:现在和元旦节。E包括6个水平:1月、6月、9月、10月、12月和生日(所在月份)。被试间因素同实验1。

3.1.2被试

用分层随机抽样法抽取某区实验小学5岁、6岁、7岁和8岁儿童各8名,男女各半。

3.1.3材料

材料1:118cm×84cm彩色路标图2张,含义同实验1,路标数目为13个,参见图7和图8。材料2:10.5cm×14.5cm彩图6张,分别表示E的各水平所对应的节假日,春节(1月)与中秋节(9月)所在月份根据儿童上一次经历的公历时间而确定。材料3:10.5cm×14.5cm彩图1张,表示3月的节假日“植树节”。材料4:同实验1。

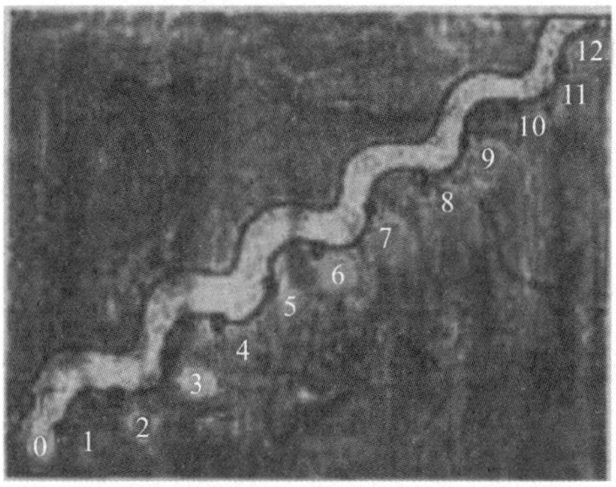

图7 实验2中的直路水平

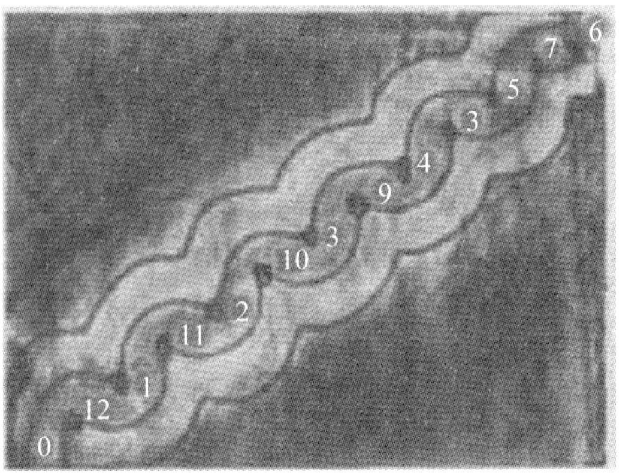

图8　实验2中的曲路水平

3.1.4 程序

与实验1基本相同，指导语根据当前实验目的作相应变化：当前实验中小路代表未来一年，路的开端代表“元旦节”或“现在”（即实验当月，2月）。

3.2 结果与分析

3.2.1 时距判断

求各处理下被试两次判断值的Pearson相关系数，参见表2，各处理下被试的两次判断均有相当高的一致性，可用该判断值作进一步分析。

表2　实验2中被试2判断分数的相关系数

	*T*1	*T*2	*T*3	*T*4	*T*5	*T*6	*T*7	*T*8	*T*9	*T*10	*T*11	*T*12
r	0.91**	0.92**	0.92**	0.91**	0.92**	0.95**	0.87**	0.92**	0.90**	0.89**	0.88**	0.90**
r	*T*13	*T*14	*T*15	*T*16	*T*17	*T*18	*T*19	*T*20	*T*21	*T*22	*T*23	*T*24
r	0.93**	0.92**	0.91**	0.91**	0.88**	0.92**	0.87**	0.88**	0.87**	0.89**	0.86**	0.91**

**$p<0.01$；$n=32$

分年龄组对2次判断的均值作重复测量方差分析，结果发现5至7岁组内因素*R*无显著效应。对1月的判断为（低于中点6.0视为位于路的较近端）：5至7岁组，$M_{(\text{现在})}=2.917$，$M_{(\text{元旦节})}=1.042$；8岁组，$M_{(\text{现在})}=11.125$，$M_{(\text{元旦节})}=0.250$。进一步分析发现5至7岁组内*S*在*E*的大部分水平上都有显著效应：$F_{S(1\text{月})}(1,21)=15.539$，$p<0.01$；$F_{S(6\text{月})}(1,21)=12.376$，$p<0.01$；$F_{S(9\text{月})}(1,21)=12.548$，$p<0.01$；$F_{S(10\text{月})}(1,21)=106.501$，$p<0.001$。按实验1的方法将这3组被试的曲路判断值重新记分，0→0，1→2，2→4，3→6，4→8，5→10，6→12，7→11，8→9，9→7，10→5，11→3，12→1。分析新数据的均值发现S无显著效应，其不同水平上的分数趋于一致，参见图9。

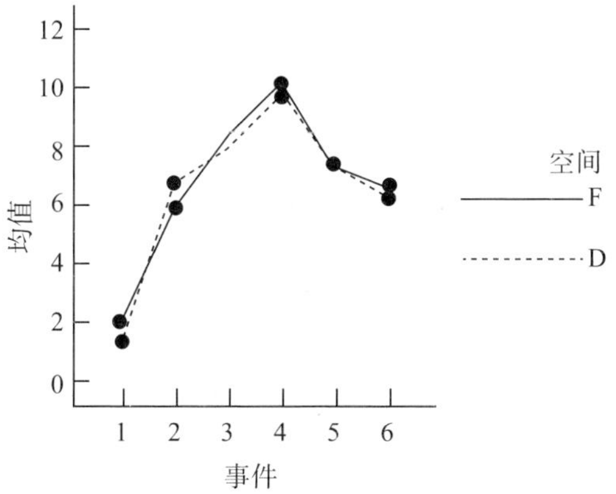

图9 实验2中5至7岁组内转换值在S上的比较

求各处理下两次判断的均值与对应的正确值之差，将所有差值加上最小负数差的绝对值（本实验为+11.0）转化为正数后在直路水平上进行考查，结果发现5至6岁组低估12月，5至7岁组高估10月、并在现在水平上低估1月，8岁组高估12月、低估6月。5至6岁组，$M_{(现在)}$=6.156，$M_{(元旦节)}$=5.188；5至7岁组，$M_{(现在)}$=13.167，$M_{10月(元旦节)}$=12.167，$M_{1月(现在)}$=2.917；8岁组，$M_{12月(现在)}$=11.938，$M_{12月(元旦节)}$=11.563，$M_{6月(现在)}$=9.625，$M_{6月(元旦节)}$=9.625。考察差值的绝对值发现，5至7岁组被试在直路水平上的绝对偏离值显著低于曲路水平：$F_S(1, 21)=44.365$，$p<0.001$；生日水平上的绝对偏离值显著低于其余各水平：$F_{E(5,140)}=22.349$，$p<0.001$；年龄效应显著：$F_{A(3,28)}=47.072$，$p<0.001$。*Duncan*多重比较结果显示8岁组的绝对偏离值显著低于其余各组，7岁组的绝对偏离值显著低于5至6岁组，参见图10。

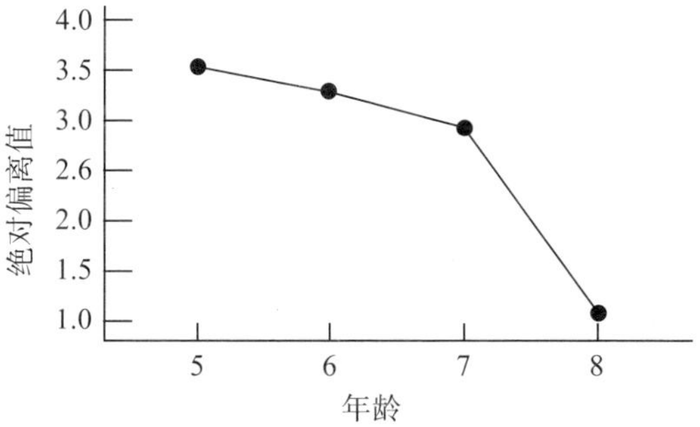

图10 实验2中年龄的判断准确性比较

3.2.2时序判断

计分方法同实验1。因素*R*的2个水平上，各年龄组对事件顺序的正确判断分数见图11和图12。元旦节水平上7岁组中有1名被试、8岁组中有3名被试的判断完全无误；现在水平上只有8岁组的1名被试的判断完全无误。

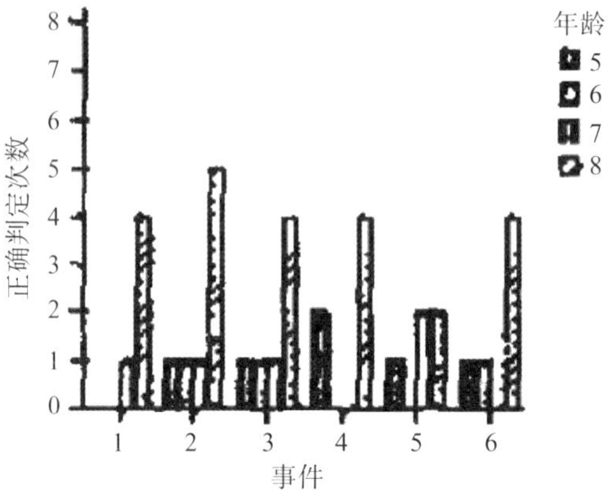

图 11　实验 2 中“现在”水平上时序判断分数

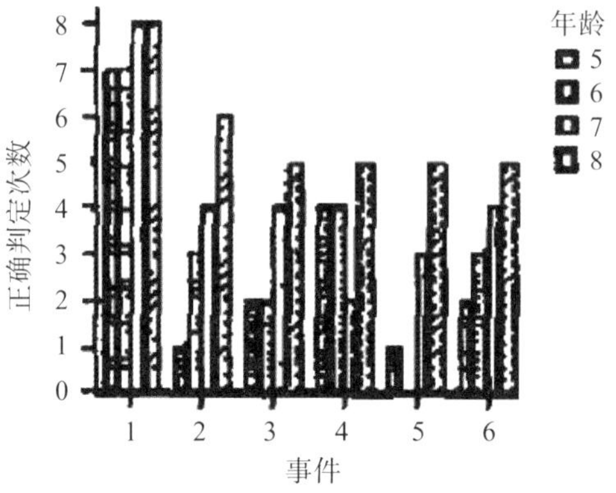

图 12　实验 2 中“元旦节”水平上时序判断分数

4 讨论

以往研究发现，成人对未来时间的判断主要以“现在”为参照点，而大部分 4 至 8 岁儿童对一天内熟悉活动的顺序表征以“早晨起床”为参照点（Friedman，2002）。本研究中，若以星期天和元旦节为参照点，周一和 1 月位于未来的较近端，其正确位置相应位于路的较近端；而若以“现在”为参照点，其正确位置应位于路的较远端。由实验结果可见，相同条件下 5 至 6 岁组被试在不同参照点水平上都将周一或 1 月置于路的较近端，这表明即使在实验要求以“现在”为参照点的情况下，他们仍倾向于以周一和 1 月这种固定事件作为参照点；7 岁组在“未来一年”时域内也表现出这种倾向；而 2 种时域内 8 岁组都未见这种倾向；如图 5、6、11 和 12 所示，5 至 7 岁组在“现在”水平上的时序判断成绩普遍都不理想，也印证了这种倾向。这种以固定事件为参照点的倾向表明被试可能使用了具有确定起点和终点的直线性标尺来衡量时间，在一定程度上体现了对时间的单向不可逆性的掌握；而以不确定的“现在”为参照点则体现了对时间的周期循环性的掌握。以往研究发现3.5至4.5岁幼儿就可在一定程度上把握时间的单向不可逆性，但通过习俗时间表征系统体现出来的周期循环性则需多年学习才能全面掌握（Friedman，2002），本研究结果有力地支持了以往的研究结论。

本研究中，空间因素2个水平的区别主要在于直路上两点间的直线距离与路径距离完全一致，曲路上则不一致：直线距离很近的两点，路径距离可能很远。示范预测中的规则1暗示被试应根据路径距离来判断两点的远近，因此相同参照点条件下，同一事件在直路和曲路上的正确位置所对应的路标序号是相同的，但视图位置不一定相同。将曲路上的判断值按直路的路标序号重新记分的目的是从视图位置的角度考查不同空间水平上被试对同一事件所作判断的关系。从实验结果以及图3和图9可见，5至7岁组被试在直路和曲路水平上所作判断的视图位置趋于一致，并且直路水平上的判断准确性高于曲路水平，这表明被试很可能在曲路水平上也应用直路标准来判断空间距离，这种标准忽略了实验要求的路径距离而依赖于两点间的直线距离。

实验结果表明各组被试都呈现出低估未来时距、高估较远时距的“两极化”趋势。实验1中以“现在”、实验2中以“元旦节”为参照点时，周二和12月分别应位于未来的最远端，但实验1中7至8岁组被试普遍低估周二，实验2中5至6岁组被试普遍低估12月，这种与“两极化”趋势相矛盾的现象反映了一种“混淆过去与未来”的特性。实验2中被试对“生日”的判断准确性显著高于其余各事件，这可能是由于“生日”对儿童具有特殊的意义，在日常生活中容易被反复提及，从而形成了个人命题之故。被试在事件因素上表现出的种种特点表明，事件的性质对儿童的未来时间认知存在不可忽视的影响。

本研究中5至8岁儿童对未来时间认知能力表现出随年龄递增的趋势，这与以往研究结果是相符的。分析其对空间标尺和时间标尺的运用特点，可见这种趋势很可能是空间认知和时间认知能力共同提高的结果，这在一定程度上支持了以往研究的发现：7岁前儿童的时间认知受空间认知的影响（黄希庭，杨宗义，刘中华，1980）。本研究中7岁儿童的判断特性与其余各组儿童都有区别，这一特殊性支持了黄希庭等的研究结论：7岁在儿童时间观念的发展历程中可能是具有质变意义的年龄段。此外，本研究还发现，儿童时间认知能力的发展在不同时域内是非同步的：在“未来一周”时域内，对时间的周期循环特性的理解能力在7岁已得到一定程度的提高，而在“未来一年”时域内，同一能力的发展在8岁才表现出来。这种跨时域差异支持了时间认知的分段综合模型。

本研究的局限与不足之处主要表现在：基于可操作性考虑，只在2种时域内各选取了一部分时点，这种人为选取不可避免地破坏了各时点之间固有的等距性和线性关系，会对研究结果造成一定影响；空间因素上可选择的维度有很多，本研究仅从直线距离和路径距离的维度来进行划分，限制了考查的范围；时序、时距和时点是时间的3个不可或缺的属性，本研究基于可行性考虑，没有涉及时点认知。今后的研究应努力探索更佳的实验方法，力图在更完整的时间段和更广泛的因素维度内进行，并将时点认知也纳入研究范畴，如此方有助于人们全面了解儿童的未来时间认知特性。

5结论

本研究结果表明，在未来一周和未来一年这2个时域内：

（1）5至7岁儿童有使用直线性空间标尺和固定时间参照点进行判断的认知特性。

（2）5至8岁儿童表现出“两极化”的时间认知特性，其判断受事件性质的影响。

（3）5至8岁儿童表现出跨时域的时间认知差异，其认知能力随年龄递增，7岁可能是认知能力发展的转折阶段。

合作者：陈莹。原文载于《心理科学》，2004年第6期。

时距加工的记忆负荷效应

1 前言

非时间任务加工对时距加工的干扰效应是研究者关注的焦点之一(Brown, 1997)。双任务范式是研究该效应的一条有效途径(Brown, 2008; Brown & Merchant, 2007; Glicksohn, 2001)。早期采用双任务范式的研究表明,时距加工成绩随非时间任务加工的数量而变化(Brown, 1985; D. Zakay, 1993)。Brown采用时间复制法,要求被试在复制16秒和32秒时距过程中用铅笔完成素描作业或者镜描作业,结果发现32秒的平均复制时距在难度较高的镜描作业条件下要较素描作业条件下长(Glicksohn, 2001)。后来,Zakay采用时间复制法,要求被试在编码12秒和22秒过程中执行Stroop作业,结果发现随着Stroop作业复杂性的增加,复制12秒和22秒所得主观时距长度均依次缩短(D. Zakay, 1993)。这两项研究结果均由注意偏离假设加以解释(Dan Zakay & Block, 1997)。该假设认为,如果在时距编码阶段执行非时间加工任务,减少了分配至时距编码过程中的注意资源,致使复制时距缩短;如果在时距复制阶段执行非时间加工任务,减少了分配至时距复制过程中的注意资源,致使复制时距延长。

然而,另一些实验研究结果却没有支持注意偏离假设(Brown & West, 1990)。基于此,Block认为用注意偏离假设解释非时间任务加工对时距加工的干扰效应是不够的。后来,Fortin等进行了一项标志性的研究,发现干扰效应可能不是由一般性注意资源的分配所致,而是由非时间任务短时记忆加工对时距加工的影响所致(Fortin, Rousseau, Bourque, & Kirouac, 1993)。该研究包括四个实验:实验一的结果发现,记忆扫描作业(涉及大量短时记忆加工)对时距产生作业的干扰效应与记忆扫描项目的数量成正比;实验二的结果发现,视觉搜索作业(涉及少量短时记忆加工)对时距产生作业的干扰效应与实验一基本类似,只是程度略微减弱;实验三和四的结果发现,视觉搜索作业(仅涉及一般性注意资源的分配)对时距产生作业没有干扰效应。Fortin和Breton进一步发现,干扰时距产生的是字母短时记忆提取过程(主动性加工),而非字母短时记忆保持过程(被动性加工)(Claudette Fortin & Breton, 1995)。由此,短时记忆需求假设得到了一定程度的验证(Fortin et al., 1993;Fortin & Breton, 1995)。

然而,有研究者认为上述支持短时记忆需求假设的证据均在时距产生法条件下得出,这可能有两个不足:其一,探讨时距加工机制的方法之间存在差异,每一种方法都可能对应不同的时距加工机制，因此Fortin等采用时距产生法的研究结果不适合推广至采用其他方法的研究。其二，已有研究表明大量练习（时距产生法要求被试在实验之前大量练习）会使时距加工变异大幅度降低（Hicks, Miller, & Kinsbourne, 1976），且使被试对实验任务次要特征的改变非常敏感（Hopkins & Kristofferson, 1980）。因此，为了有效规避上述研究局限，Fortin等开始尝试采用时距复制法探讨非时间短时记忆加工对时距加工的干扰。Fortin和Rousseau先后操纵复制阶段和编码阶段的非时间任务短时记忆负荷，结果发现1.6秒、2秒及2.4秒时距加工均受非时间短时记忆加工的影响（Fortin & Rousseau, 1998）。后来，Fortin和Couture考虑到2—3秒以下与2—3秒以上可能具有不同机制，于是在1998年研究基础上将时距范围拓广至1.85—6.45秒，继而操纵复制阶段的非时间短时记忆加工负荷，结果发现1.85—6.45秒时距加工均受非时间短时记忆加工负荷影响（Fortin & Couture, 2002）。但是这项研究存在两点可能局限：首先，两项研究以听觉信号标记编码阶段的时距，而以视觉信号标记复制阶段的时距，这种跨通道转换可能让复制时距的长度产生较大误差；其次，由于字母再认任务发生在时距复制阶段，且按键反应可以主观控制，因此有可能复制阶段的时距加工任务和字母再认任务没有同时进行且相互干扰，而仅是相继发生。这同样也可以表现出随着字母再认任务负荷增大，平均复制时距延长。尹华站、李丹和黄希庭采用数字再认任务作为次要任务，结果发现非时间短时记忆任务对时距加工的影响具有选择性，但鉴于字母认知与数字认知可能涉及不同过程（尹华站，李丹，黄希庭，2011）。为此，本研究采用双任务范式，选择1—6秒为考查对象，操纵时距编码阶段的字母再认的短时记忆加工负荷，以平均复制时距为因变量指标，旨在进一步探讨非时间短时记忆加工对不同长度时距加工的影响。

2 方法

2.1 被试

以24名自愿参与本实验、视力或矫正视力正常的各系科大学生为被试，其中年龄最小的19岁，最大的24岁，平均年龄为20.9岁，标准差为1.1岁。所有被试均熟悉计算机基本操作，并被告知在实验结束后将得到一定的酬劳。被试无既往精神疾病或神经功能障碍史，无色觉障碍，均为右利手。

2.2 设备和刺激材料

奔腾Ⅳ（1.6GHz处理器，512MB内存，32MB显存；19″显示器，1024×768分辨率）一台，标准MS键盘。采用E-Studio（E-primeV1.23）编写实验程序，并收集数据。本实验中字母串学习阶段采用的刺激是10个字母(A、B、C、D、E、F、G、H、I、J),字体和大小为宋体48号;字母的呈现颜色为黑色而背景为白色(见图1左)。双任务条件下时距学习阶段采用的材料为一个黑色正方形和一个填充有字母的黑色正方形,正方形大小为2厘米×2厘米,填充字母字体和大小为宋体24号(见图1中);时距复制阶段采用的材料为一个灰色正方形,大小为2厘米×2厘米(见图1右)。所有刺激均为由Photoshop6.0制作而成的BMP格式的图片。

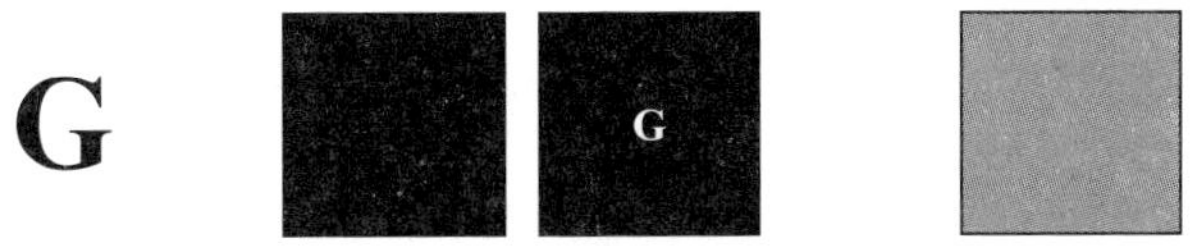

图1 刺激材料示意

注:左为学习时的字母材料;中为时距编码时的材料;右为时距复制时的材料。

2.3 实验设计

本实验单任务阶段采用3×2双因素被试内设计。自变量为字母序列(1字母序列、3字母序列、5字母序列)和测试字母类型(出现、未出现),因变量指标为再认任务反应时。双任务阶段采用6×3×2三因素被试内设计。自变量为时距类型(1秒、2秒、3秒、4秒、5秒、6秒)和负荷量(1字母序列、3字母序列、5字母序列)和测试字母类型(出现、未出现),负荷量用字母序列界定,序列越长,意味着负荷量越大,可以用字母再认任务反应时指标的变化来说明。因变量指标为平均复制时距。

2.4 实验与统计程序

本实验要求所有被试先后完成再认任务和双任务。两种任务完成的间隔时间为1星期,确保消除学习效应。

再认任务阶段分为两个子阶段:练习阶段和实验阶段。被试进入练习阶段之后,端坐在计算机屏幕前,眼睛距屏幕60厘米。首先在屏幕上呈现一个红色单词"ready",待被试准备好之后,按空格键继续。屏幕相继以1秒/字母的速度呈现字母序列(每次测试呈现的字母序列随机而不同,三种字母序列出现的概率均等),接着在屏幕上出现一个"+",提示被试复述刚才呈现的字母序列,待被试确信记牢字母序列之后,按空格键继续,间隔1500毫秒,屏幕上出现一字母,要求被试判断该字母是否在字母序列中出现过。当觉得字母出现过,即按"1"键;当觉得字母未出现过,即按"2"键。左右手按键随机平衡出现。整个实验流程见图2。每一种处理在练习阶段随机呈现两次。练习目的在于减少被试的反应变异。正式实验阶段刺激呈现顺序与练习阶段基本类似。1字母序列、3字母序列及5字母序列测试均为20次，其中再认阶段字母为出现过和未出现过均为10次，共计需要完成60次测试。

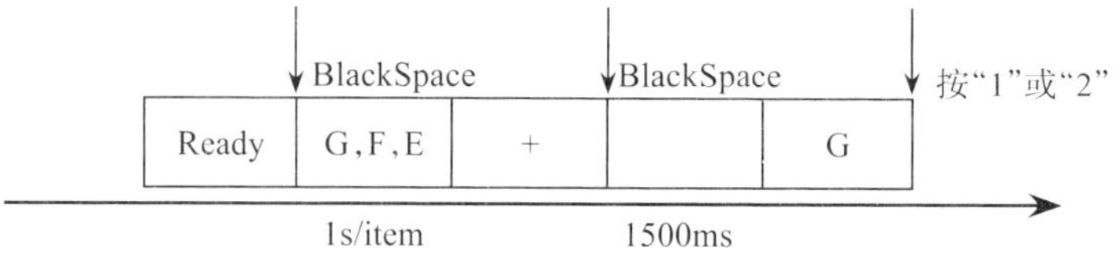

图2 字母再认刺激呈现流程

双任务分为两个子阶段：练习阶段和实验阶段。在被试开始操作之前给予适当的指导语，限制被试使用计数或打拍子等计数策略，以保证实验结果真实、准确、可靠。被试进入练习阶段之后，端坐在计算机屏幕前，眼睛距屏幕60厘米。首先在屏幕上呈现一个红色单词“ready”，待被试准备好之后，按空格键继续。屏幕相继以1秒/字母的速度呈现字母序列（每次测试呈现的字母序列随机而不同，三种字母序列出现概率均等），接着在屏幕上出现一个“+”，提示被试复述刚才呈现的字母序列，待被试确信记牢字母序列之后，按空格键继续，间隔500毫秒，出现一黑色正方形，持续一段时距（总客观时距的1/4）之后，黑色正方形中间出现一字母，再持续一段时距（总客观时距的3/4）。在黑色正方形呈现过程中一方面要求被试记住其呈现的整个时间长度，另一方面要求判断黑色正方形中出现的字母是否在先前呈现的字母序列中。接着在屏幕上出现一个“+”，如果出现过则按“1”键，否则按“2”键，然后屏幕上立刻出现一个灰色正方形，当觉得灰色正方形和黑色正方形持续时间相等时，按与刚才相同的键。左右手按键随机平衡出现。整个实验流程见图3。每一种处理在练习阶段随机呈现两次。正式实验阶段刺激呈现顺序与练习阶段基本类似。每种实验处理呈现15次，共计需要完成540次测试。考虑到整个实验过程持续时间约为两个小时，因此在实验过程中，每隔40分钟左右，安排10分钟的休息时间。实验结束后，主试就实验过程及被试回答情况（如是否出现疲劳、误答、程序显示问题和可能采用的策略）进行询问和记录。实验数据由E-prime程序自动记录，所有被试数据经E-prime工具合并后导入SPSS For Windows11.0进行统计分析。

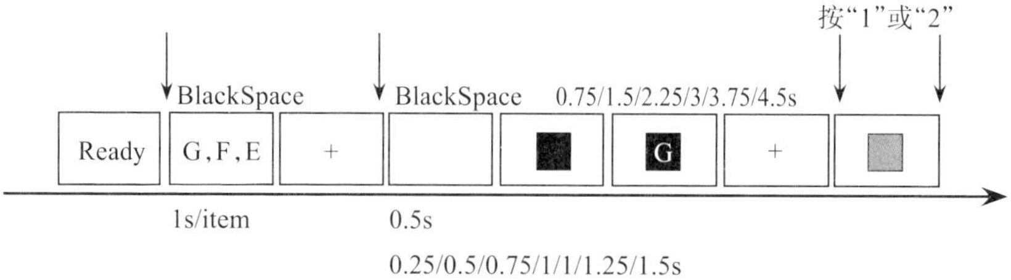

图3 双任务阶段刺激呈现流程

3 结果与分析

3.1 字母再认阶段

先排除再认错误的测试15次，再排除超出平均值3SD的极端值，将剩下的数据纳入分析。进行字母序列（1字母序列、3字母序列及5字母序列）×测试字母类型（出现、未出现）的两因素重复测量方差分析可知：字母序列主效应显著，$F(2, 46)=588.851$，$p<0.001$，进一步多重比较表明1字母序列、3字母序列及5字母序列再认反应时显著递增（$p<0.001$）。测试字母类型主效应不显著，$F(1, 23)=1.115$，$p=0.302$；且两者无交互作用，$F(2, 46)=0.029$，$p=0.957$。

3.2 双任务阶段

先排除再认错误的测试31次，再排除超出平均值3SD的极端值，将剩下的数据纳入分析。进行时距类型（1秒、2秒、3秒、4秒、5秒及6秒）×字母序列（1字母序列、3字母序列及5字母序列）×测试字母类型（出现、未出现）三因素重复测量方差分析可知：时距类型主效应显著，$F(5, 105)=7703.680$，$p<0.001$，多重比较表明从1秒至6秒平均复制时距依次显著递增（$p<0.001$）；字母序列效应显著，$F(2, 46)=2508.281$，$p<0.001$，多重比较表明，随着字母序列增长，平均复制时距依次显著递减（$p<0.001$）；时距类型和字母序列交互作用显著，$F(10, 230)=491.777$，$p<0.01$，进一步简单效应分析可知，1秒[$F(2, 46)=2.578$，$p>0.05$]、2秒[$F(2, 46)=1.436$，$p>0.05$]及3秒[$F(2, 46)=1.105$，$p>0.05$]条件下负荷效应均不显著，4秒[$F(2, 46)=18.350$，$p<0.001$]、5秒[$F(2, 46)=16.500$，$p<0.001$]及6秒[$F(2, 46)=14.135$，$p<0.001$]条件下负荷效应显著。测试字母类型主效应不显著，$F(1, 23)=2.507$，$p>0.05$；时距类型和测试字母类型交互作用不显著，$F(1, 23)=0.391$，$p>0.05$；字母序列和测试字母类型交互作用不显著，$F(1, 23)=0.014$，$p>0.05$；时距类型、字母序列及测试字母类型交互作用不显著，$F(10, 230)=0.644$，$p>0.05$。实验结果发现，在字母再认单任务中，随着字母序列的长度增加，字母再认反应时显著增加，这说明用字母序列长度来操纵双任务过程中非时间加工的负荷是可行的。而且发现测试字母类型对字母再认反应时无显著影响，这支持了短时记忆的系列全扫描假设。实验结果还发现，1秒、2秒及3秒条件下的平均复制时距不随字母序列长度（记忆负荷）而变化，而在4秒、5秒及6秒条件下，随着字母序列长度增加，平均复制时距显著递减。这说明3秒以下的平均复制时距不受记忆负荷影响，而3秒以上的平均复制时距均随记忆负荷增大而延长。

4 讨论

本研究发现,在字母再认单任务中,随着字母序列的长度增加,字母再认反应时显著增加,这说明用字母序列长度来操纵双任务过程中非时间加工的负荷是可行的,而且发现测试字母类型对字母再认反应时无显著影响,这支持了短时记忆的系列全扫描假设。本研究还发现,1秒、2秒及3秒条件下的平均复制时距均不随字母序列长度(记忆负荷)而变化,而4秒、5秒及6秒条件下随着字母序列长度增加,平均复制时距显著递减。这与Fortin和Couture研究结果不太一致(Fortin & Couture, 2002)。Fortin等以字母再认为非时间短时记忆任务,操纵了时距复制阶段的短时记忆负荷,结果发现1.85—6.45秒时距加工随着复制阶段的短时记忆负荷增大而延长。这种分歧的原因可能表现在几个方面:首先,Fortin和Couture的研究均以听觉信号编码时距,而以视觉信号复制时距,这种跨通道的转换可能让复制时距的长度产生较大的误差;其次,Fortin和Couture的研究只对字母再认任务给予反馈,而对时距复制任务无反馈,这可能使被试对两种任务的重要性作不同的评估,促使被试把更多认知资源分配至字母再认任务,而分配到时距加工的认知资源过少(Kahneman, 1973),以致干扰效应没有得到客观的反映。但是,这项研究与尹华站等的一项研究结果是基本一致的(尹华站 et al., 2011)。

为什么本研究会出现记忆负荷效应的分离呢?这可能反映了非时间短时记忆任务对3秒以下(包括3秒)和3秒以上时距加工的影响机制是不一样的,而这种差异很可能是由于不同长度时距加工机制存在不一致导致的。早在1889年,Hugo提出了预期时距加工中存在1/3秒以内的感觉加工机制和1/3秒以上基于肌肉感知觉体验的加工机制。Michon指出时距加工过程在500毫秒左右有一分界点,短于500毫秒的加工具有高度知觉的性质,这种加工发生迅速,同时进行的其他加工对它没有影响,且它不受高级认知过程控制(Michon, 1985)。Fraisse甚至将时距加工分为时距知觉加工(不超过3秒)和时距估计加工(3秒以上),继而提出了时距加工双过程模型(Fraisse, 1984)。后来,Pöppel将模型的思想假定为存在一种低频的绑定机制将连续事件整合成知觉和动作的单元(Pöppel, 1997),这种分割基于某种自动化的(前语义的)整合过程,不受加工内容的影响,该低频系统就是"知觉到的现在"的基础,其周期在各类研究中为2—3秒,因此将时距加工分成2—3秒以下的自动整合的时距知觉和2—3秒以上的记忆重构的时距估计。

人类的时间信息加工范围非常广泛。对于不同的时距,人们的加工机制和表征方式是不同的,这称为时间认知的分段性(黄希庭, 李伯约,张志杰, 2003)。由此,本文结合以往的研究观点和实证研究,针对数秒以内的时距加工,提出了一种新假说——时距加工分层机制假说。该假说认为,人类数秒以内的时距加工存在两个分界点,分界点以下与以上的加工机制不同，每一种加工机制都产生相应的代码，加工的时距越长，涉及的加工机制越多；产生的代码从表象码、前语义码向语义码依次转变，加工类型从以自动化为主逐步转向以认知控制为主。300—500毫秒以下为时距感觉加工，产生表象码，以自动化加工为主；300—500毫秒至2—3秒为时距知觉加工，倾向被整合为“格式塔”，产生前语义码，受注意资源影响，以控制性加工为主；2—3秒以上为时距记忆加工，可能以离散的形式表征，产生语义码，受工作记忆存储容量影响，以控制性加工为主。譬如，10秒加工依次涉及感觉登记机制、知觉组织机制及记忆重构机制。本研究结果发现，1秒、2秒及3秒时距加工没有出现记忆负荷效应，而在4秒、5秒及6秒时距加工中出现了记忆负荷效应。根据时距加工分层机制假说，1秒、2秒及3秒时距加工主要涉及300—500毫秒以下时间感觉登记阶段和300—500毫秒至1秒、2秒或3秒的时间知觉加工阶段，最终产生的代码以前语义码为主，在实验中字母再认任务主要在目标时距的1/4处开始呈现，即从250毫秒、500毫秒和750毫秒处开始呈现，此后的时距加工主要产生前语义码，而字母再认任务虽然也需要一定的注意资源，但产生的代码主要为语义代码，几乎不会对前语义码的存储和保持产生影响；4秒、5秒及6秒时距加工主要涉及300—500毫秒以下时间感觉登记阶段、300—500毫秒至3秒的时间知觉加工阶段及3—4秒、5秒或6秒的时间记忆阶段，最终产生的代码以语义码为主。在实验中，字母再认任务主要在目标时距的1/4处开始呈现，即从1000毫秒、1250毫秒及1500毫秒处开始呈现，此后时距加工主要产生前语义码和语义码，并最终转换为语义代码，而字母再认任务不但需要一定的注意资源，主要产生语义代码，而且占据时距加工最终转换而成的语义码的存储空间，导致时间语义码丢失。字母再认任务难度越大，占据的记忆存储空间越多，时间语义码丢失也越多，因此4秒、5秒及6秒的时距加工均会随记忆负荷的变化而变化。当然，短时记忆加工会影响时距加工并不否定其他认知过程也会影响时距加工。譬如，期待某一个信号或者中断出现均会干扰时距加工。事实上，时距加工过程涉及多重认知资源。揭示认知资源对时距加工的影响，仍然是一个艰巨的任务。

5 结论

本研究发现非时间短时记忆加工对不同长度的时距加工的影响具有选择性。

合作者：尹华站、李丹、苏琴、李波。原文载于《心理与行为研究》，2012年第10卷1期。

意向保持间隔对时间性前瞻记忆的影响

1 引言

时间性前瞻记忆(time-based prospective memory, tbPM)是指先前形成的意向在一段时间后的某个特定时间执行(Einstein & McDaniel, 1990)。在前瞻记忆中,形成一个前瞻意向,即记住要在后来对某一特定线索或某类信息进行反应,就相当于在回溯记忆中记住后面要对之前记忆的信息进行测试一样。影响回溯记忆的一个重要因素就是新信息的编码与信息提取之间的延迟时间:延迟时间越长,记忆效果越差(Wixted & Ebbesen, 1991)。由于前瞻记忆中包含回溯记忆成分,因此意向形成与执行之间的时间间隔,即意向保持间隔(retention interval),或称延迟间隔(delay),也可能影响前瞻记忆。

一般情况下,意向保持间隔是通过操纵背景任务开始(意向形成)到前瞻目标出现之间的时间来实现的。在实验室中,短暂延长背景任务中的保持间隔为几分钟或几十分钟,能够使事件性前瞻记忆的成绩变差(Einstein & McDaniel, 1990; McBride, Beckner, & Abney, 2011);而当保持间隔延长至几天或几周时,则不再影响事件性前瞻记忆(Nigro & Cicogna, 2000)。除了直接操纵背景任务中的保持间隔外,也有研究者通过在背景任务开始之前加入填充任务,并操纵填充任务的长度来改变意向形成与执行之间的间隔。在填充任务开始之前,告知被试前瞻任务,但只在背景任务阶段执行前瞻任务。填充任务的加入会影响事件性前瞻记忆成绩。Martin, Brown和Hicks同时操纵了填充任务的时长和背景任务开始到第一个前瞻线索出现之间的时间间隔,结果发现,背景任务中的保持间隔越长,前瞻记忆表现越差(Martin, Brown, & Hicks, 2011)。然而,增加填充任务的时长能够提高前瞻记忆成绩,尽管在数值上没有达到显著。Hicks, Marsh和Russell的研究也发现,填充任务时间越长,事件性前瞻记忆成绩越好(Hicks, Marsh, & Russell, 2000)。

上述研究主要针对事件性前瞻记忆,那么延迟间隔对时间性前瞻记忆的影响又如何呢? Nigro等人研究了7—11岁儿童,发现长时间隔(10分钟)虽然没有影响事件性前瞻记忆,但降低了时间性前瞻记忆的表现(Nigro, Senese, Natullo, & Sergi, 2002)。研究意向保持间隔对前瞻记忆的影响还可以使用专门评估前瞻记忆的意向记忆筛选测试(MIST)。MIST包含4个2分钟的测验和4个15分钟的测验,即有2分钟和15分钟的延迟间隔,不过这种方法多用于评估临床病人的前瞻记忆(Woods et al., 2008)。Weinborn

等人使用MIST研究发现，兴奋剂使用者在短延迟任务中的表现与对照组相当，但是长延迟任务受损，而这种损伤主要表现在时间性前瞻记忆任务上（Weinborn, Woods, Nulsen, & Park, 2011）。其他对抑郁病人和艾滋病患者的研究也发现了相似的结果（Li, Weinborn, Loft, & Maybery, 2013; Poquette et al., 2013）。

关于意向保持间隔对前瞻记忆的影响，已有研究对事件性前瞻记忆探讨得较为全面，而对时间性前瞻记忆的研究则较少。已有的研究多使用MIST量表，对保持间隔的操纵也只是简单地区分为长短延迟，不能揭示不同的保持间隔对时间性前瞻记忆及前瞻干扰效应的影响。基于此，我们在实验一中通过严格控制的实验，将背景任务中的意向保持间隔设置为3种时长，来考察其对时间性前瞻记忆及背景任务的影响。另外，关于填充任务的加入以改变意向保持间隔，已有的研究并没有涉及时间性前瞻记忆。Martin等人及Hicks等人的研究提示，延长填充任务阶段的时间，能够提高事件性前瞻记忆的成绩（Hicks et al., 2000; Martin et al., 2011）。那么这种效应是否存在于时间性前瞻记忆中？实验二在背景任务开始之前加入填充任务，进一步探讨意向保持间隔对时间性前瞻记忆的影响。相比事件性前瞻记忆，时间性前瞻记忆对注意资源的依赖性更高，且前瞻目标具有明确的时间信息（尹杰，黄希庭，2015）。填充任务作为分心任务，不仅延长了保持间隔，又占用了认知资源。因此，我们假设，填充任务越长，时间性前瞻记忆成绩越差。

2 实验

2.1 方法

2.1.1 被试

88名本科生参加本次实验。实验分为四组，每组22人。其中，控制组10男/12女，平均年龄21.00±1.88岁；2min延迟组10男/12女，平均年龄21.73±1.35岁；8min延迟组11男/11女，平均年龄21.27±1.91岁；15min延迟组11男/11女，平均年龄20.77±1.54岁。所有被试的视力或矫正视力正常，且无色盲色弱。

2.1.2 实验材料

背景任务采用颜色Stroop任务。图片有红、绿、黄、蓝四个字，每个字又分别有红、绿、黄、蓝四种颜色，共16张。当字义和字的颜色相同时，称为一致条件；而字义与字的颜色不一样时，为不一致条件。其中一致条件有4张图片，不一致条件有12张图片。图片底色为黑色，像素为75×70。

2.1.3 实验设计

实验采用单因素被试间设计，共有四个任务组。(1)控制组：单纯执行Stroop任务，任务要求为判断字的颜色。当字的颜色为红、绿、黄、蓝时，分别按“D”“F”“J”“K”键进行反应。大概7分钟。(2)2min延迟组：做背景任务(持续7分钟左右)的同时，记住每2分钟执行前瞻任务(按“A”键)。(3)8min延迟组：做背景任务(持续30分钟左右)的同时，记住每8分钟按“A”键。(4)15min延迟组：执行背景任务(持续50分钟左右)的同时，记住每15分钟按“A”键。被试在三个前瞻任务组中均可执行3次目标任务，且可以随时通过按空格键查看时钟。

2.1.4 实验程序

实验程序使用E-Prime1.0编制，通过计算机呈现并记录反应数据。每个被试单独进行实验。实验流程如图1所示，首先在屏幕中央呈现注视点“+”300ms，接着呈现刺激图片，最多呈现2500ms，被试按键反应后刺激消失，最后呈现500ms的空屏。被试先练习背景任务，当背景任务的正确率达到80%以上时，才开始正式实验。控制组中正式实验的指导语和练习实验的指导语一致。前瞻任务组的指导语与练习时不一样，练习时只呈现Stroop任务指导语，并让被试练习按空格键查看时钟。而正式实验的指导语，在Stroop指导语之后再加上前瞻任务的要求。

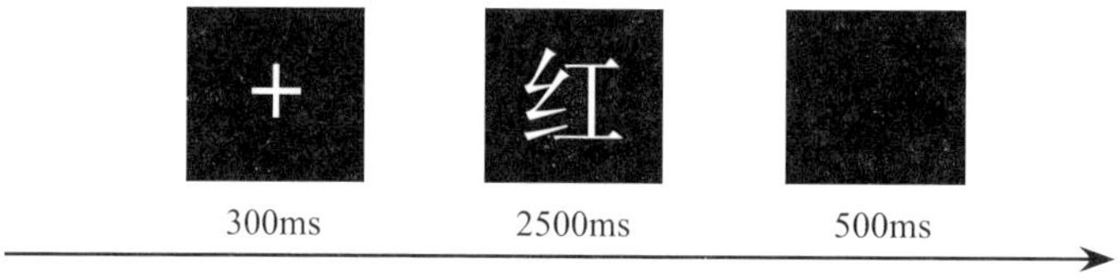

图1　实验流程示意图

2.2 结果与分析

为了检验实验过程中是否存在练习效应和疲劳效应，我们对背景任务前半部分和后半部分的反应时进行比较，发现无论长时的背景任务组还是短时的背景任务组，两半的反应时差异均不显著($p>0.05$)。说明，不存在练习效应和疲劳效应。

2.2.1 前瞻任务正确率

在目标时间前后10s的时间窗按“A”键计为前瞻任务正确。由于控制组中不包含前瞻任务，因此只对3个实验组进行统计。采用单因素方差分析，结果显示，前瞻任务的延迟间隔主效应显著：$F(2, 63)=3.46$，$p=0.037$，$\eta^2=.099$，统计检验力$\varphi=0.628$($M_{2min组}=0.91$，$SD_{2min组}=0.15$；$M_{8min组}=0.92$，$SD_{8min组}=0.18$；$M_{15min组}=0.76$，$SD_{15min组}=0.33$)。事后检验表明，如图2所示，被试在2min延迟组的时间性前瞻任务成绩显著好于15min组($p=0.034$)，在8min

延迟组的成绩也显著好于15min组(p=0.020),2min组与8min组之间没有差异。说明较长的延迟时间会降低时间性前瞻记忆的成绩。

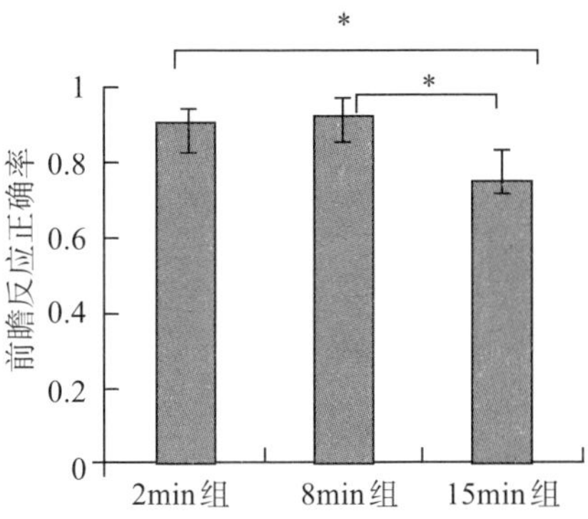

图2　前瞻任务正确率

注:*表示p<0.5

2.2.2 背景任务正确率

对于背景任务正确率,任务组间的延迟间隔主效应显著:$F(3,84)$=4.34,p=0.007,η^2=0.138统计检验φ=0.854($M_{控制组}$=.97,$SD_{控制组}$=0.02;$M_{2min组}$=0.96,$SD_{2min组}$=0.03;$M_{8min组}$=0.94,$SD_{8min组}$=0.05;$M_{15min组}$=0.95,$SD_{15min组}$=0.03)。Tukey HSD事后检验发现,如图3所示,控制组被试的Stroop反应正确率显著高于8min组(p=0.005)和15min组(p=0.050)。其他组之间差异不显著(ps>0.05)。

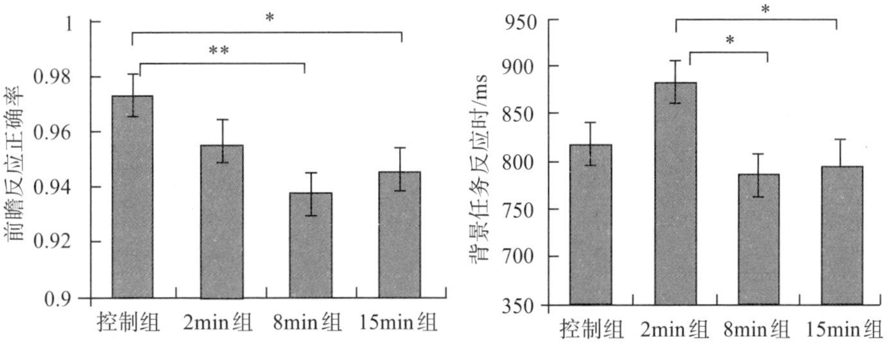

注:*表示p<0.5,**表示p<0.1

图3　背景任务的正确率和反应时

2.2.3 背景任务反应时

对于背景任务反应时,任务组间的延迟间隔主效应显著:$F(3,84)$=3.62,p=0.016,η^2=0.114,统计检验力φ=0.777($M_{控制组}$=818.06,$SD_{控制组}$=100.59;$M_{2min组}$=883.34,$SD_{2min组}$=

107.72；$M_{8min组}$=786.77，$SD_{8min组}$=94.88；$M_{15min组}$=795.09，$SD_{15min组}$=125.73）。Tukey HSD事后检验发现，如图3所示，被试在2min延迟组的背景任务反应时显著慢于8min延迟（p=0.020）和15min延迟组（p=0.040）。其他组之间差异不显著（ps>0.05）。

2.3 讨论

实验1的结果表明，前瞻目标的延迟时间越长，前瞻记忆成绩越差。说明不同延迟时间对前瞻记忆的影响不同。与以往研究一致（Mackinlay, Kliegel, & Mäntylä, 2009; Mioni & Stablum, 2014），实验中也发现被试查看时钟次数越多，前瞻记忆成绩越好，且在越接近目标时间时，查看时钟越频繁。延迟对前瞻干扰效应的影响同样表现出差异性，这种差异性主要体现在背景任务的反应时上。2min组的背景任务反应时显著高于其他组，说明短延迟的前瞻任务干扰了被试对背景任务的反应。

单纯只有背景任务时，意向保持间隔越长，前瞻记忆成绩越差。如果在背景任务开始之前插入填充任务，从而导致总的保持间隔发生变化，那么前瞻记忆成绩是否会随着总的保持间隔变长而变差，这种变化对前瞻干扰效应的影响又是怎样的？实验2继续探讨这些问题。

3 实验2

3.1 方法

3.1.1 被试

招募某大学学生120人，实验分为四组，每组30人。第一组（2min-2min）7男/23女，平均年龄21.60±1.35岁；第二组（2min-15min）9男/21女，平均年龄21.17±1.12岁；第三组（15min-2min）8男/22女，平均年龄21.37±0.85岁；第四组（15min-15min）13男/17女，平均年龄22.00±1.88岁。所有被试的视力或矫正视力正常，且无色盲色弱。

3.1.2 实验材料

实验任务分为两个阶段，第一阶段为填充任务，第二阶段为嵌入前瞻意向的背景任务。填充任务为词语探测任务，词语选自罗跃嘉主编的中国情绪词库中的中性名词211个，愉悦度评分为4.80—6.33。将词语做成图片，白色字体黑色背景，图片尺寸为145×63像素。

背景任务同实验1的Stroop任务。

3.1.3 实验设计

实验采用2（填充任务时长：2分钟，15分钟）×2（背景任务延迟：2分钟，15分钟）的被试间设计。实验要求为，先让被试做2分钟/15分钟的填充任务，然后再做背景任务。前瞻意向为执行背景任务的同时，记得每2分钟（背景任务持续约5分钟）/15分钟（背景任务持续约35分钟）执行目标任务。四组任务中被试均可完成两次前瞻反应。

3.1.4 实验程序

实验程序使用E-Prime1.0编制，通过计算机呈现并记录反应数据。每个被试单独进行实验。首先向被试呈现背景Stroop任务的指导语并练习，同时让被试练习按空格键查看时钟。当Stroop任务正确率达到80%时，呈现给被试前瞻任务的指导语，即在做Stroop任务的同时，要记得每2分钟/15分钟按一次“A”键。接下来呈现给被试填充任务指导语，并告诉他们完成这个任务之后再做Stroop任务。当填充任务做完后，在屏幕上呈现8s的简短指导语，提示被试Stroop颜色判断任务即将开始。

词语探测任务中，2分钟和15分钟组包含不同的试验次数。每个试验开始时，先呈现一个1.5s的注视点，接下来依次呈现词语，每个词语呈现1s，连续呈现5、6、7或8个。接下来是问号提示“？”，呈现1s，然后出现探测词，被试需要判断这个词在问号之前有没有呈现过。若呈现过，则按“1”；没有呈现过，则按“2”。使用小键盘反应。

Stroop任务的程序与实验1相同。

3.2 结果与分析

同样对实验中的练习效应和疲劳效应进行检验，发现，无论长时的背景任务组还是短时的背景任务组，前后两半任务的反应时差异均不显著（$p>0.05$）。说明，练习效应和疲劳效应不明显。因此，可以对不同组间的成绩进行比较。

3.2.1 前瞻任务正确率

两因素方差分析发现，背景任务延迟主效应不显著：$F(1,116)=1.14$，$p=0.288$（$M_{2min}=0.85$，$SD_{2min}=0.25$；$M_{15min}=0.79$，$SD_{15min}=0.35$）。填充任务延迟主效应不显著：$F(1,116)=0.02$，$p=0.87$，（$M_{2min}=0.82$，$SD_{2min}=0.29$；$M_{15min}=0.83$，$SD_{15min}=0.32$）。背景任务与填充任务的交互作用显著：$F(1,116)=5.24$，$p=0.024$，$\eta^2=0.043$，统计检验力$\varphi=0.622$，如图4所示。简单效应分析显示，在填充任务延迟时间为15分钟条件下，背景任务延迟2分钟组的前瞻记忆成绩显著高于延迟15分钟组：$F(1,116)=5.63$，$p=0.019$。在背景任务延迟2分钟条件下，15分钟填充任务组的前瞻记忆成绩高于2分钟填充任务组，差异边缘显著：$F(1,116)=2.98$，$p=0.087$。其他组间差异不显著。

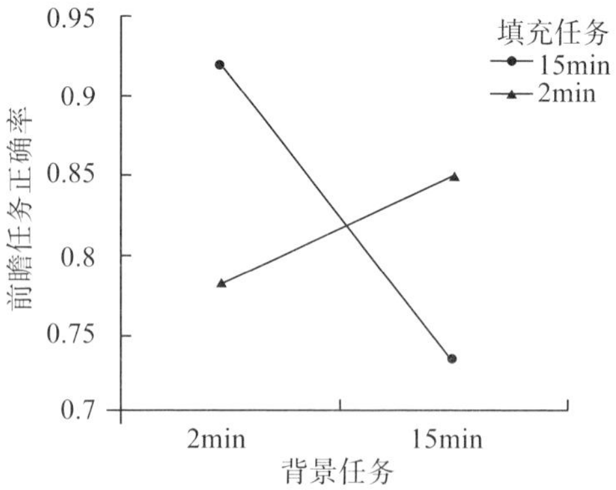

图 4 前瞻任务的正确率

3.2.2 背景任务反应时

如图 5 所示，对于背景任务反应时，背景任务间隔主效应显著：$F(1,116)=4.59$，$p=0.034$，$\eta^2=0.038$，统计检验力 $\varphi=0.566$，15 分钟背景任间隔组的反应时（$M_{15min}=790.93$，$SD_{15min=}114.37$）显著低于 2 分钟背景任务间隔组（$M_{2min}=838.84$，$SD_{2min}=130.20$）。填充任务延迟主效应不显著：$F(1, 116)=0.38$，$p=0.540$，（$M_{2min}=808.00$，SD2min=123.16；$M_{15min}=821.76$，$SD_{15min}=126.22$）。背景任务与填充任务的交互作用不显著：$F(1,116)=1.76$，$p=0.188$。

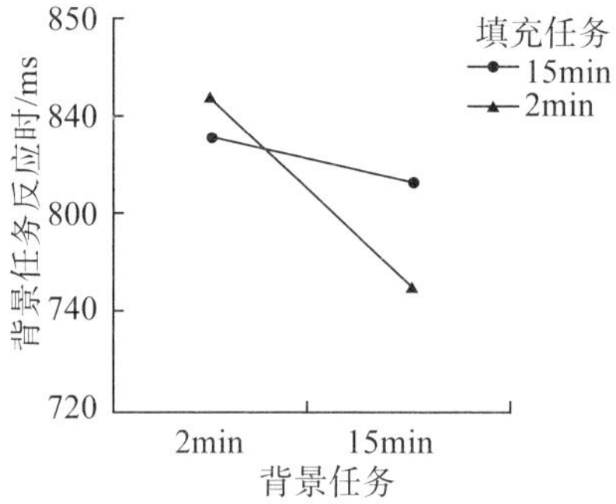

图 5 背景任务的反应时

3.2.3 背景任务正确率

分析发现，背景任务延迟主效应不显著：$F(1,116)=0.86$，$p=0.357$，（$M_{2min}=0.95$，$SD_{2min}=0.04$；$M_{15min}=0.94$，$SD_{15min}=0.04$）。填充任务延迟主效应不显著：$F(1,116)=2.16$，$p=0.144$（$M_{2min}=0.95$，$SD_{2min}=0.04$；$M_{15min}=0.94$，$SD_{15min}=0.04$）。填充任务与背景任务的交互作用不显著：$F(1,116)=1.92$，$p=0.1696$。

3.3 讨论

实验2在背景任务开始之前加入了填充任务，不同时长的填充任务和背景任务之间存在相互影响。在2分钟和15分钟填充任务条件下，不同背景任务延迟组的前瞻记忆成绩不同。当填充任务较长时，长的背景任务延迟将导致前瞻记忆成绩变差；而当填充任务较短时，2分钟和15分钟的背景任务延迟组的前瞻记忆成绩没有显著差异。另外，背景任务中前瞻目标延迟为2分钟时，长的填充任务组的前瞻记忆成绩反而高于短的填充任务组。而对于背景任务的反应时，背景任务延迟主效应显著，延迟时间长的反应时低于延迟时间短的。这与实验1相似。对于背景任务的正确率，没有发现组间的差异。

4 总讨论

4.1 保持间隔对前瞻记忆成绩的影响

实验1仅包含背景任务，前瞻目标嵌入背景任务中。前瞻目标延迟越长，时间压力越小，被试将注意资源过多地集中于背景任务而难以转换到前瞻任务上，从而导致前瞻记忆准确率下降。实验结束后对被试进行访谈发现，前瞻记忆的失败在很大程度上是因为时间监控不准确，并不是因为忘记了前瞻目标。这可以用遗忘的干扰理论来解释（Anderson, 2003）。意向保持时间延长，被试分配给背景任务过多的注意资源，从而降低了对前瞻目标的资源分配。另外，本实验中所有被试都是大学生，他们的注意、记忆等认知能力都比较好（Niedźwieńska & Barzykowski, 2012），且实验中的保持间隔相对较短，因而不易忘记前瞻目标。而特殊被试，如轻度认知功能障碍者，他们的前瞻记忆失败多半是因为忘记了前瞻记忆任务的内容（王丽娟，张哲，张常锋，李广政，于战宇，2014）。

实验2包含两个阶段的任务：填充阶段和背景任务阶段。被试只在背景任务阶段执行前瞻任务。实验结果与Martin等人对事件性前瞻记忆的研究相似（Martin et al., 2011）。前瞻记忆成绩最好的是15min-2min组。这一结果却并不完全符合干扰理论。似乎填充任务时间延长，反而促进了前瞻记忆。这种效应在Hicks等人的研究中也有发现，他们仅操纵填充阶段的长度和任务数量，发现时间越长，任务数量越多，前瞻记忆成绩越好（Hicks et al., 2000）。正如Hicks等人指出的一样，长的填充任务使被试有机会对前瞻目标反复自我提醒，从而在后续的背景任务中能够成功执行。而保持间隔最长的一组（15min-15min），被试虽然能够有机会回忆前瞻意向，但由于背景任务时间较长，导致了遗忘。不过也有研究发现，填充阶段越长，事件性前瞻记忆成绩越差（Meier, Zimmermann, & Perrig, 2006; Scullin & McDaniel, 2010）；另一些研究却没有发现不同的填充任务时长对事件性前瞻记忆的影响,但无填充任务组成绩会高于其他延迟组(贺莉,杨治良,郭纬,2005;赵晋全,杨治良,秦金亮,2003)。造成这种差异的原因可能是实验材料、保持间隔长度等不同引起的。

本研究首次将填充任务引入时间性前瞻记忆中,揭示了填充任务和背景任务的时长对保持前瞻意向或许有不同的功能,个体在这两个阶段可能使用不同的策略来保持前瞻意向。

4.2 意向保持间隔对前瞻干扰效应的影响

保持前瞻意向会竞争背景任务的认知资源,产生前瞻干扰效应。前瞻干扰效应一般使用背景任务的反应时和正确率来评估(Marsh, Hicks, Cook, Hansen, & Pallos, 2003)。实验1中,三个前瞻任务组之间的背景任务正确率没有显著差异,而2min组的反应时却高于控制组和其他前瞻任务组。当前瞻目标较近时,时间压力比较大,被试需要经常对前瞻目标进行监控,注意资源被分配到两个任务中,因此可能会影响到反应时。而当前瞻目标较远时,时间压力较小,被试只需在临近时间目标时查看时钟,因而不会或较少地影响背景任务反应时。另外,15min组的背景任务反应时和8min组、控制组相当,且正确率与2min组、8min组并无显著差异。这说明15min组的前瞻记忆成绩最差,并不是由于实验程序时间最长,被试疲劳导致的。实验2中虽加入了填充任务,但背景任务的反应时仍表现为背景任务中前瞻目标延迟越长,反应时越短,与实验1相似。两个实验的结果表明,背景任务中的保持间隔对前瞻干扰效应的影响并没有随着填充任务的加入而发生变化。

5 结论

背景任务中前瞻目标的延迟越长,时间性前瞻记忆成绩越差;在背景任务之前加入填充任务后,二者会共同对前瞻记忆产生影响。长的填充任务/短的背景任务延迟条件下,前瞻记忆成绩最好。无论单纯呈现背景任务,还是在背景任务之前加入填充任务,背景任务中意向保持间隔越长,反应时越短;间隔越短,反应时越长。说明这两个阶段对于保持前瞻意向有不同的作用,但是对反应时并没有影响。

合作者:尹杰、袁祥勇。原文载于《心理科学》,2016年第39卷第2期。

触觉时序知觉手臂交叉效应的性别差异

1 前言

时序知觉(temporal order perception)是个体对直接作用于感觉器官客观事件顺序性的知觉。近年来,在对时序知觉的研究中发现,手臂姿势是影响触觉时序知觉的一个重要因素。与手臂不交叉条件相比较,当被试手臂跨身体中线交叉时触觉时序知觉的表现显著下降。如,Yamamoto和Kitazawa研究发现,在手臂不交叉条件中,当两个刺激出现的时间间隔(Stimulus Onset Asynchrony,SOA)为70ms时被试能够正确报告两个刺激出现的时间顺序;而当手臂交叉时,尤其当SOA小于300ms时被试时序判断的正确性显著降低出现更多的判断反转(Yamamoto & Kitazawa, 2001a)。这种现象被称为时序知觉的手臂交叉效应(crossed-hands effect)或手臂交叉缺陷(crossed-hands deficit)。

触觉时序知觉的手臂交叉效应与刺激所在的外部空间位置有关。Yamamoto和Kitazawa(2001b)要求被试每只手握着一根直木棍,将触觉刺激呈现在直木棍的顶端,结果发现,当木棍交叉时,即使被试手臂不交叉,他们的触觉时序判断表现也显著下降(Yamamoto & Kitazawa, 2001b)。Yamamoto等人使用直木棍和L型木棍进行了相似的研究也同样发现,触觉时序判断的表现主要取决于呈现刺激的木棍顶端与握有该木棍的手臂解剖学侧面的空间关系,当木棍的顶端位于其所在手臂的解剖学对侧空间时,时序判断表现出明显的反转趋势,而与被试手臂是否交叉无关(Yamamoto, Moizumi, & Kitazawa, 2005)。这表明,在两个触觉刺激的时序确定前,触觉刺激在手部唤起的体觉信号被映射到了木棍顶端所在的外部空间位置。但是当要求被试基于频率、时距等触觉刺激属性做出时序判断时,手臂交叉对触觉时序判断没有影响或影响很小,只有当被试的反应基于刺激的空间属性时才出现手臂交叉效应(Roberta D. Roberts & Humphreys, 2008)。而且相对于触觉刺激,手臂交叉对位于两只手附近的视觉刺激的时序判断影响很小。这说明手臂交叉效应不但具有触觉特异性,而且仅限于基于触觉刺激空间属性的时序判断任务。

对触觉时序知觉手臂交叉效应产生机制的解释关注触觉刺激在体觉和空间表征的影响。如Yamamoto等人认为,在计算触觉时序前必须先对刺激进行空间定位,手臂交叉效应源于手臂交叉时刺激在外部空间定位的错误(Yamamoto & Kitazawa, 2001a)。Shore,Spry和Spence研究认为,当手臂交叉时人们很难重构在两手快速呈现的触觉刺激对的时空顺序,手臂交叉效应反映了被试不能正确表征两个触觉刺激引起的知觉混淆(Shore, Spry, & Spence, 2002)。这两种理论解释均认为触觉时序知觉的手臂交叉效应与触觉刺激从体觉向外部空间的映射有关。以往通过空间属性辨别触觉刺激的研究也一致发现了触觉事件存在从体觉向外部空间参考系的映射过程(Eimer, Forster, & Van Velzen, 2003;Yue, Bischof, Zhou, Spence, & Röder, 2009),而且这一映射过程是自动的(Azañón, Camacho, & Soto-Faraco, 2010),不容易受对手臂交叉姿势的适应所调节(Azañón & Soto-Faraco, 2008)。这些研究表明触觉刺激的表征既涉及体觉参考系,也涉及外部空间参考系。时间认知分段综合模型认为,个体对时间的认知主要取决于时间的长短、向隔、顺序、刺激出现的时间以及个体的认知因素和人格特征等(黄希庭,徐光国, 1997)。而目前对触觉时序知觉手臂交叉效应的研究很少涉及个体的因素。如果触觉时序知觉的手臂交叉效应受触觉刺激在体觉空间或外部空间表征的影响,从个体差异的角度来看,男性比女性有较好的空间知觉和加工能力,那么手臂交叉效应可能存在性别差异。因此,本研究的目的是通过对触觉刺激表征参考系的操纵,考察手臂交叉对基于体觉和基于外部空间的触觉时序知觉的影响是否存在性别差异。

2 实验一

2.1 目的

在SOA较短条件下,考察基于体觉和基于空间参考系的触觉时序知觉手臂交叉效应的性别差异。

2.2 方法

2.2.1 被试

本科生共24人自愿参加本实验,其中女生13名,年龄范围19—23岁,平均年龄21.5岁;男生11名,年龄范围19—24岁,平均年龄21.5岁。被试均报告为右利手,视力或矫正视力正常,触觉敏感性正常,没有弹奏钢琴或其他乐器的经验,无任何神经性疾病。实验后均获得适量报酬。

2.2.2 材料

本实验采用精密程控电流源和电流刺激仪呈现电流刺激。电流强度在实验前根据被试的感觉进行调整,并确定在正式实验中使用已确定的电流强度,确定的标准是电流刺激每次出现时被试都能很明显地感觉到而又不会给被试带来疼痛感。电流刺激呈现在被试两手的中指指骨末端,刺激时距25ms,频率210Hz,每只手中指距离身体中线

22.5cm。手臂交叉时在被试的两个手臂间放置一块泡沫板，避免两手臂接触提供的附加线索。

2.2.3设计和程序

本研究为2(性别)×3(实验任务)×8(SOA)的混合设计。性别包括男生和女生两个水平;实验任务包括:手臂不交叉条件基于体觉的触觉时序判断任务，手臂交叉条件基于体觉和基于空间的触觉时序判断任务(由于手臂不交叉条件触觉刺激的体觉表征与空间表征一致，因此手臂不交叉条件仅采用基于体觉参考系的触觉时序判断任务);SOA有±30ms，±60ms，±90ms，±150ms8个水平，负值在基于体觉和基于空间的触觉时序判断任务中分别表示左手/左侧刺激先出现，正值分别表示右手/右侧刺激先出现。其中性别为被试间变量，实验任务和SOA为被试内变量。

实验程序采用E—Prime2.0软件(Psychology Software Tools，Ine.)编制。实验时被试坐在安静的实验室内，与显示器距离约60cm，每个被试单独进行实验。

实验开始时，首先在黑色背景的屏幕中央呈现白色注视点“+”300ms，注视点消失后随机呈现400—800ms空屏，紧接着随机在被试左用或右手呈现一个电流刺激，SOA采用恒定刺激法呈现后在另一只手呈现一个同样的电流刺激，刺激消失后在屏幕中央出现一个“?”，要求被试在基于体觉和基于外部空间的触觉时序判断任务中看到“?”出现时准确并快速判断哪只手或哪个侧面的刺激先出现，并口头报告“左”或“右”，主试按键录入被试的反应后出现400—800ms空屏，随后进入下一个试验。每名被试在正式实验中要完成24个条件，每个条件重复20次，共480次试验。每做完55次休息2分钟，以使被试恢复正常的触觉敏感性。在每种实验任务前有30次练习，练习时的SOA包括±180ms，±240ms和±300ms，6个水平，有E误反馈，以使被试熟悉实验任务。

2.3 结果与分析

统计时将三种实验条件下每名被试在每个SOA水平的反应转换为做出“右手(右侧)刺激先出现”的判断频率，结果见表1。

表1 男女被试在各实验条件下的“右先”判断频率与标准差($M\pm SD$)、差值d

SOA /ms	手臂不交叉			手臂交叉(体觉)			手臂交叉(空间)		
	男	女	d	男	女	d	男	女	d
−150	0.06±0.10	0.16±0.15	−0.10	0.19±0.20	0.37±0.14	−0.17*	0.21±0.14	0.44±0.13	−0.23*
−90	0.09±0.08	0.22±0.15	−0.13*	0.22±0.13	0.44±0.17	−0.22**	0.27±0.16	0.40±0.13	−0.13*
−60	0.20±0.11	0.33±0.17	−0.12	0.20±0.12	0.45±0.14	−0.26**	0.31±0.15	0.48±0.10	−0.17*
−30	0.29±0.15	0.42±0.14	−0.13	0.39±0.11	0.50±0.12	−0.11	0.32±0.12	0.47±0.11	−0.15*

续表

SOA /ms	手臂不交叉			手臂交叉(体觉)			手臂交叉(空间)		
	男	女	*d*	男	女	*d*	男	女	*d*
30	0.75±0.12	0.69±0.21	0.05	0.58±0.11	0.52±0.11	0.06	0.49±0.15	0.51±0.16	0.02
60	0.85±0.14	0.76±0.15	0.10	0.64±0.18	0.57±0.20	0.07	0.54±0.15	0.54±0.18	0.01
90.87±0.11	0.83±0.19	0.04	0.69±0.23	0.55±0.18	0.13	0.64±0.19	0.55±0.17	0.10	—
150	0.96±0.07	0.90±0.12	0.06	0.77±0.19	0.61±0.12	0.16	0.68±0.20	0.68±0.20	0.12

注：$^{**}p<0.01$，$^{*}p<0.05$

对每种实验任务中右手(右侧)刺激先出现的判断频率进行重复测量方差分析。结果如表1所示。当SOA为正和为负时手臂交叉效应的性别差异情况不同，SOA为负时，性别具有显著主效应[$F(1,22)=17.304$，$p<0.001$]；而SOA为正时，性别主效应不显著[$F(1,22)=2.436$，$p=0.133$]，这个结果表明触觉时序判断的性别差异与刺激的出现顺序有关。

由于手臂交叉效应通常存在较大的个体差异，需要对男性和女性被试的总体数据进行分析。将每种实验任务中每个被试在不同SOA条件中的"右先"反应频率转换为z分数，对每个被试在每种实验条件下的反应进行回归分析。最佳拟合直线的斜率(b)是时序知觉表现的指标。斜率越大表明时序知觉的表现越好(Roberta D. Roberts & Humphreys，2008；Schicke & Rôder，2006)。对男性与女性在不同实验任务中的斜率b分别进行独立样本t检验，结果见图1。手臂不交叉时男性与女性的时序知觉表现没有显著差异[$t(20)=1.295$，$p=0.210$]，而当手臂交叉时在基于体觉[$t(20)=3.399$，$p=0.004$]和基于空间[$t(20)=2.364$，$p=0.028$]的时序判断任务中男性被试的时序知觉表现均显著好于女性被试。这说明相对于手臂不交叉条件，手臂交叉对女性被试时序知觉的影响比对男性被试的影响较大。

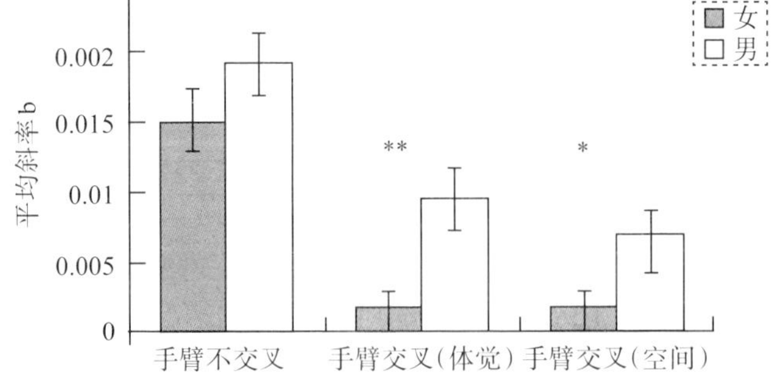

注：**表示$p<0.01$，*表示$p<0.05$

图1 男女被试在各实验条件下的平均斜率

以实验任务和SOA为自变量，对男性和女性被试的右手（右侧）刺激先出现的判断频率分别进行重复测量方差分析。男生被试的实验任务具有显著主效应[$F(2,20)=4.177, p-0.048$]；SOA具有显著主效应[$F(7,70)=68.095, p<0.001$]；实验任务和SOA交互作用显著[$F(14,140)=10.194, p<0.001$]，简单效应检验结果表明，当SOA为-30ms时三种实验任务之间均没有显著差异（$ps>0.05$），SOA为-60ms时基于空间的时序判断任务具有显著手臂交叉效应（$p=0.024$），而基于体觉的时序判断任务没有手臂交叉效应（$p=0.792$），手臂交叉条件中基于体觉和基于空间的判断任务之间具有显著差异（$p=0.026$）；在其他SOA水平基于体觉和基于空间的时序判断任务均出现显著的手臂交叉效应（$ps<0.01$）。女生被试的实验任务没有显著主效应[$F(2,24)=0.874, p=0.429$]；SOA具有显著主效应[$F(7,84)=24.971, p<0.001$]；实验任务和SOA交互作用显著[$F(14,168)=11.281, p<0.001$]，除了SOA为-30ms时三种实验任务之间均没有显著差异外，在其他的SOA水平基于体觉和基于空间的时序判断任务时均出现显著的手臂交叉效应（$ps<0.05$）。这说明男性与女性被试在基于不同参考系的触觉时序判断任务中均出现了手臂交叉效应。

3 实验二

3.1 目的

对于触觉刺激在不同参考系进行表征的时程，Pocket（2002）认为在触觉刺激出现后80—500ms人们产生了有意识知觉，但早期体觉皮层的神经活动不足以产生意识经验（Pockett, 2002）。诱发意识感觉还需要其他的神经活动。Kitazawa（2002）认为这些晚期的神经活动与感觉信号在空间的定位过程有关，当手臂交叉时正确辨别触觉刺激的空间位置至少需要200ms以上的时间（Kitazawa, 2002）。因此，有必要考察在SOA较长的条件下触觉时序知觉手臂交叉效应是否存在性别差异。

3.2 方法

3.2.1 被试

本科生共24人自愿参加本实验，其中男女生各12名，男生年龄范围19—25岁，平均年龄21岁，女生年龄范围18—26岁，平均年龄22岁。被试均报告为右利手，视力或矫正视力正常，触觉敏感性正常，没有弹钢琴或其他乐器的经验，无任何神经性疾病。实验后均获得适量报酬。

3.2.2 材料

实验材料同实验一。

3.2.3 设计

同实验一，除了正式实验时SOA包括±180ms，±270ms，±360ms6个水平。练习时的SOA包括±300ms、±400ms和±500ms，6个水平，每名被试在正式实验中要完成18个条件，每种条件重复20次，共360次试验。

3.2.4 程序

实验程序与实验一相同。

3.3 结果与分析

统计时将三种实验条件下每名被试在每个SOA水平的反应转换为做出“右手(右侧)刺激先出现”判断的频率(见表2)。

表2 男女被试在各实验条件下的“右先”判断频率与标准差($M\pm SD$)、差值d

SOA /ms	手臂不交叉			手臂交叉(体觉)			手臂交叉(空间)		
	男	女	d	男	女	d	男	女	d
−360	0.03±0.03	0.02±0.02	0.003	0.16±0.12	0.11±0.13	0.05	0.23±0.15	0.14±0.16	0.09
−270	0.01±0.02	0.02±0.04	−0.01	0.17±0.18	0.50±0.14	−0.01	0.21±0.12	0.12±0.12	0.09
−180	0.20±0.03	0.05±0.05	−0.02	0.15±0.20	0.21±0.13	−0.06	0.28±0.15	0.16±0.14	0.12
180	0.99±0.03	0.93±0.10	0.06	0.75±0.18	0.76±0.19	−0.003	0.72±0.15	0.70±0.18	0.02
270	0.99±0.03	0.95±0.07	0.04	0.86±0.23	0.77±0.19	0.09	0.76±0.19	0.85±0.16	−0.09
360	0.99±0.02	1.00±0.01	−0.01	0.85±0.19	0.83±0.14	0.02	0.77±0.20	0.87±0.18	−0.10

对男性和女性被试总体的最佳拟合直线的平均斜率进行独立样本t检验，结果如图2所示，在三种实验任务中平均斜率b均没有显著的性别差异(ps>0.05)。

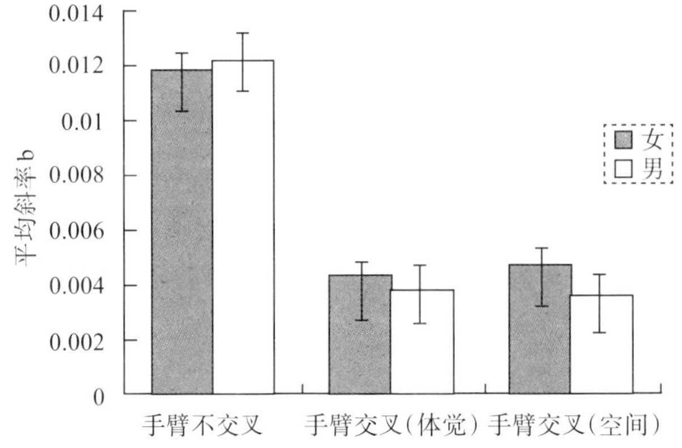

图2 男女被试在各实验条件下的平均斜率

对男性和女性被试的数据分别进行重复测量方差分析，结果表明，男性被试实验任务主效应不显著[$F(2,22)=0.482$, p=0.584]；SOA主效应显著[$F(5,55)=109.30$, $p<0.001$]；实验任务与SOA交互作用显著[$F(10,110)=8.305$, $p=0.001$]，简单效应检验结果表明，在6个SOA水平，甚于体觉和基于空间的时序判断任务均出现了显著的手臂交叉效应（$ps<0.05$）。女性被试实验任务主效应不显著[$F(2,22)=0.399$, $p=0.656$]；SOA主效应显著[$F(5,55)=170.798$, $p<0.001$]；实验任务与SOA交互作用显著[$F(10,110)=9.758$, $p<0.001$]，简单效应检验结果表明，在6个SOA水平，基于体觉和基于空间的时序判断任务均出现了显著的手臂交叉效应（$ps<0.05$）。

这些结果表明在较长的SOA条件下，男性与女性被试仍然出现了触觉时序知觉手臂交叉效应，但与手臂不交叉条件相比，手臂交叉对男性被试与女性被试的影响没有显著的差异。

对右手（右侧）刺激先出现的判断频率进行重复测量方差分析，结果表明，在不同的实验任务和SOA水平下均没有出现显著的性别差异（$ps>0.05$）。

4 讨论

本研究采用基于体觉和基于外部空间的触觉时序判断任务，通过两个实险分别在SOA较短和较长的条件下探讨了触觉时序知觉手臂交叉效应的性别差异。由于以往的研究大多要求被试通过按键（Azañón & Soto-Faraco, 2007；Röder, Rösler, & Spence, 2004；Shore et al., 2002）、按压脚踏板（R.D.Roberts, Wing, Durkin, & Humphreys, 2003）、眼动（Yamamoto & Kitazawa, 2001a）等方式作出反应，刺激呈现维度与反应维度存在空间联系，刺激—反应的空间关系可能成为一种混淆因素。手臂交叉时，当手臂位于左右位置而在上下方向作出反应时，触觉时序知觉的手臂交叉效应显著降低证明了这一点（Shore, Gallace, Mimnagh, & Spence, 2006）。为了避免这种反应偏差的出现，本研究要求被试采用口头报告的方式作出判断反应。

本研究结果表明，在SOA较短和较长的条件下，与手臂不交叉条件相比较，基于触觉刺激的体觉和外部空间属性的时序判断任务都出现了手臂交叉效应，验证了以往的研究结果（Schicke & Rôder, 2006；Shore et al., 2002；Yamamoto & Kitazawa, 2001a）。此外，本研究主要探讨触觉时序知觉手臂交叉效应是否存在性别差异。结果发现，在SOA较短的条件下，基于触觉刺激的体觉和外部空间属性的触觉时序判断任务中男性和女性被试均出现了手臂交叉效应。但相对于男性而言，手臂交叉对女性的触觉时序判断影响更大。从男性和女性被试的总体数据来看，SOA较短时男性与女性在手臂不交叉条件的时序判断表现没有显著差异,这说明触觉时序知觉本身不存在性别差异。但是当手臂交叉时在基于体觉和基于空间的触觉时序判断任务中男性被试的时序判断表现均显著好于女性被试,手臂交叉对女性触觉时序知觉的较大影响可能与空间知觉能力的性别差异有关。原因在于,对触觉时序知觉手臂交叉效应的理论解释都倾向于认为手臂交叉干扰触觉刺激在外部空间的定位,对触觉刺激的知觉时间延长(Nakajima & Ikegami, 2010;Shore et al., 2002)。至少对于视觉正常者而言,手臂交叉影响他们对触觉刺激在外部空间的定位(Kóbor, Füredi, Kovács, Spence, & Vidnyánszky, 2006)。而男性的空间知觉能力好于女性,而且女性比男性更容易出现左右混淆(Hirnstein, Ocklenburg, Schneider, & Hausmann, 2009)。因此,相对于女性,手臂交叉时男性能够更快速而正确地对触觉刺激进行空间表征,无论是对触觉刺激在体觉空间还是外部空间的表征。对触觉刺激的空间表征要达到相同的正确性水平,女性比男性需要较长的时间,尤其在手臂交叉时。这也可能是导致在SOA较短的条件下手臂交叉对女性的时序判断影响更大,而在SOA较长的条件下手臂交叉虽然导致了男性与女性被试显著的手臂交叉效应,但手臂交叉效应的性别差异消失的原因。基于触觉刺激空间属性的时序判断任务所需要的空间能力能够解释手臂交叉效应的性别差异。

本研究结果还揭示,在SOA较短的条件下,触觉时序判断的性别差异受刺激出现顺序影响。在基于体觉的触觉时序判断任务中,当左手刺激先出现时男性的时序知觉表现显著好于女性;在基于空间的时序判断任务中,当左侧(右手)刺激先出现时手臂交叉对男性时序判断的影响显著小于女性。而当基于体觉的时序判断任务中右手刺激先出现和基于空间的时序判断任务中右侧刺激先出现时触觉时序判断没有显著的性别差异。这一结果提示,生理解剖学因素可能影响手臂交叉效应的性别差异。有研究表明,时序知觉加工具有左半球优势(Von Steinbüchel, Wittmann, Strasburger, & Szelag, 1999; Wittmann, Burtscher, Fries, & Von Steinbüchel, 2004)。Efron在触觉同时性判断任务中,将触觉刺激呈现给被试左右手的手指,结果发现,左侧刺激先于右侧刺激呈现时产生同时性知觉,右侧刺激先于左侧刺激呈现比相反条件的同时性阈限较低,Efron认为大脑对右侧刺激的加工更迅速,存在信息从右半球向左半球的传递过程(Efron, 1963)。Geffen等人在触觉同时性判断任务中也发现,触觉刺激呈现在双手比呈现在单手的同时性阈限较大,存在比较两个信号的大脑半球间传递时间(interhemispheric transfer time, IHTT)。IHTT是表示神经传导速度的一个指标,指感觉信息从一个大脑半球传递到另一个大脑半球所需要的时间(Geffen, Rosa, & Luciano, 2000)。研究发现,男性和女性的IHTT有显著差异,女性的IHTT显著高于男性,男性在大脑半球间传递触觉刺激的速度较快(Reed, Vernon, & Johnson, 2004)。而神经传导速度的性别差异可能与大脑白质随年龄变化的性别差异有关(Cadieux, Barnett-Cowan, & Shore, 2010)。根据以往研究,对于视觉正常者而言,在触觉刺激的不同加工阶段主导参考系不同,早期阶段主要基于解剖学限定的体觉参考系,而在加工阶段的后期外部空间参考系起主导作用(Eimer et al., 2003; Kuroki, Watanabe, Kawakami, Tachi, & Nishida, 2010; Yue et al., 2009)。在基于体觉的触觉时序判断任务中,SOA 较短时触觉刺激主要在体觉表征,当左手刺激先出现时刺激信号从大脑右半球向大脑左半球传递。依据时序知觉的阈限模型(general threshold model),两个刺激到达中枢加工器的时间是产生时序知觉的主要原因(Ulrich, 1987)。第一个刺激信号在大脑半球间的传递缩小了与第二个刺激信号到达中枢加工器的时间间隔,而女性的 IHTT 显著长于男性,这也导致当刺激先出现在左手时,对于女性而言,两个刺激到达中枢加工器的时间间隔比男性更短,而使时序判断更为困难。这与 Efron 的研究结论是一致的(Eimer et al., 2003)。

有研究表明,女性比男性更依赖于视觉参考系(Cadieux et al., 2010)。通过对实验一和实验二结果的比较也可以发现,SOA 较短时在基于体觉的时序判断任务中男性被试的手臂交叉效应较小,而 SOA 较长时在基于空间的时序判断任务中女性被试的手臂交叉效应比男性被试小,虽然两者没有达到显著性差异,但这也表明对触觉刺激的表征男性可能更依赖于体觉参考系,而女性可能更依赖于视觉输入主导的空间参考系。因此,在基于体觉的触觉时序判断任务中,手臂交叉时触觉刺激在体觉和外部空间参考系的冲突信息对女性被试的影响更大,也可能使女性比男性出现更大的手臂交叉效应。而且,在基于外部空间的触觉时序判断任务中,女性更可能依赖于外部空间参考系对触觉刺激进行表征,也更可能采取空间视觉化的策略对触觉刺激在外部空间进行表征。左侧(右手)刺激先出现时,对于女性而言,触觉刺激的空间位置信息在两个大脑半球间的传递同样使两个刺激到达中枢加工器的时间间隔比男性更短,导致她们的触觉时序判断表现比男性更差。因此,通过以上分析我们推论,触觉时序知觉手臂交叉效应的性别差异可能与空间知觉能力及生理解剖学因素有关。

尽管本研究得到了一些有意义的结果,但是也应注意到,由于本研究为行为研究,对研究结果的推论和解释有其局限性。而目前尚未有研究者从神经科学的角度对触觉时序知觉手臂交叉效应进行研究。因此,在未来的研究中需要从神经科学的角度对触觉时序知觉手臂交叉效应及其性别差异进行分析,也需要进一步探讨人格因素与触觉时序知觉手臂交叉效应之间的关系,深化对其产生机制的理解。

5 结论

本研究采用口头报告的反应方式,通过两个实验在SOA较短和较长的条件下考察了触觉时序知觉手臂交叉效应的性别差异,得出以下结论:

(1)在SOA较短和较长的条件下,男性与女性被试在基于体觉和基于外部空间的触觉时序判断任务中均存在显著的手臂交叉效应。

(2)在较短的SOA条件下触觉时序知觉手臂交叉效应存在显著的性别差异,手臂交叉对男性时序知觉的影响显著小于女性;而SOA较长时这种性别差异消失。

(3)触觉时序知觉手臂交叉效应的性别差异可能与空间知觉能力和生理解剖学因素有关。

合作者:尹天子。原文载于《心理科学》,2013年第36卷第1期。

工作记忆中句法歧义加工的双重表征研究

1 引言

句法歧义是指句子中的某一个成分,可能具有两种句法功能,必须依赖上下文的提示来加以确定。认知心理学家探讨了相同的句子的表层结构与不同的深层结构的句法分析机制(Gibson, 1990),还探讨了嵌入的从句的加工与工作记忆(Larkin & Burns, 1977),句法歧义的加工与工作记忆的相联系(Abney & Johnson, 1991)。Just 等人提出了一个关于工作记忆广度在语言信息加工中的作用的容量理论,并指出,人的语言理解的能力取决于其语言信息加工的工作记忆的容量(Marcel A Just & Carpenter, 1992)。只有高广度阅读者才有工作记忆容量在加工歧义句时保持两种表征,具有精确性,低广度阅读者只保持偏好的表征,但速度快。Waters 等人否认了容量理论的存在,他们认为,许多短时记忆极其有限的患者也能对广泛的句子结构进行分析(Waters & Caplan, 1996)。对此,Just 等人又进行反质疑(Marcel Adam Just, Carpenter, & Keller, 1996)。对中文加工的跨语言研究表明,对汉语歧义句进行加工时,被试的偏好起很大作用(陈永明,崔耀, 1997),但该研究没有涉及句法歧义。对于在工作记忆中保持这种双重表征同任务难度之间的关系,Just 等人没有研究,Waters 等人也没有涉及。另外,对第二语言的学习能否产生双重表征,也缺乏研究。因此,本研究拟探讨中国高广度的中英文阅读者对具有句法歧义结构的中英文句子是否在工作记忆中产生双重表征,以及任务难度对这种双重表征的保持产生的影响。

本研究的目的是中国高广度英语阅读者是否对英语句法歧义产生双重表征,高广度的中文阅读者是否对汉语句法歧义产生双重表征,不同难度的任务对这种双重表征的影响。

2 方法

2.1 被试

12 名西南师大心理系学生,男女生各半,视力或者矫正视力正常,英语都过四级。

2.2 仪器

奔腾 66 微机一台,VGA 高分辨率彩色显示器一台。

2.3 材料

16个具有“V+ed”句法歧义结构的英语句子，一半解析为过去时，一半解析为过去分词。每句后有一个解析为过去分词的提问。另外还有16个无歧义句，每个句子有将第一个动词理解为过去分词的提问。所有句子匀称地分为四个组，然后随机排列。

16个“名词1+并列词+名词2+的+名词3”汉语句子。一半句子的第一个名词解析为主语，另一半解析定语。每句后有一个不同解析的提问。一半是肯定的提问，另一半是否定的提问，共有四种类型。另外有16个同实验句子类似的干扰句。所有句子均匀地分为四组，混合后随机排列。

2.4 程序

本实验采用自定步调逐词显示视窗范式（self-paced word by word windows paradigm）为工具，所有刺激句子的单词均通过计算机呈现，但每个刺激单词的呈现时间不超过300ms。呈现下一个刺激单词时，上一个刺激单词自动消失。句号消失之后，再呈现用子测试对句子的内容提出的是非问题，要求被试根据自己对其句法功能的理解对提问进行肯定或者否定的回答，在作出判断之后立即击键，“肯定”则右手中指击“＼”键，“否定”则左手食指击“A”键。回答的时间不超过3000ms。被试的反应成绩分为回答问题的正确率，回答问题的反应时。计算机自动记录从是非问题呈现到被试击键之间的反应时及反应的正误。

英语句子完全呈现完后休息3000 ms，然后呈现汉语句子。两种句子开始前各用相似的预备材料安排10次练习。表1为实验用句子的例子。

表1　实验用句子举例

英语	The soldier told about the danger did it. The soldier told recently to others.	Was the soldier told? Was the soldier told?
汉语	老张和老李的这个学生在办公室里一同工作。 老张和老李的这个学生在办公室里一同工作。 老张和老李的这个学生在办公室里单独工作。 老张和老李的这个学生在办公室里单独工作。	老张也在办公室里吗？ 老张没在办公室里吗？ 老张也在办公室里吗？ 老张没在办公室里吗？

3 结果与分析

3.1 对英语的反应

被试对不同句子以及不同解析的平均反应时和平均正确率列于表2：

表2 被试对不同句子的平均反应时和平均正确率

	歧义句		无歧义名	
	反应/ms	正确率/%	反应时/ms	正确率/%
过去时	1565(372)	62.5(16.9)	1403(314)	78.1(15.6)
过去分词	1477(260)	64.6(24.9)	1243(316)	83.3(15.6)

表2结果的方差分析表明,被试对无歧义句的平均反应速度(1323ms)快于歧义句的平均反应速度(1521ms),差异显著[$F(1.44)=4.27$,$p<0.05$],对两种解析之间差异不显著,歧义同解析之间交互作用不显著。被试对无歧义句的平均反应正确率(80.7%)高于歧义句的平均反应正确率(63.6%),差异非常显著[$F(1.44)=10.13$,$p<0.01$]。对两种解析之间差异不显著,歧义同解析之间交互作用不显著。

3.2 对汉语不同解析的反应

被试对汉语歧义句的不同解析的反应时及正确率的统计结果见表3:

表3 被试对不同解析的平均反应时及正确率

刺激反应结果	主语	定语	t检验
反应时/ms	1734(251)	1896(325)	−1.310
正确率/%	65.6(19.2)	78.1(14.5)	−1.722

表3的结果表明被试对两种解析反应时和正确率都没有显著差异。

3.3 对不同任务的反应

被试对不同任务难度的歧义句的反应时及正确率的统计结果列于表4:

表4 被试对不同任务难度的句子的平均反应时及正确率

刺激反应结果	主语	定语	t检验
反应时/ms	1815(272)	1521(301)	2.406^{**}
正确率(%)	71.9(9.4)	63.5(11.4)	1.876

表中的结果表明,被试对任务复杂的汉语歧义句的平均反应时要慢于任务比较简单的英语歧义句的平均反应时,差异非常显著($p<0.01$)。

4 讨论

英语句子的实验结果表明，无论是反应时还是反应的正确率，无歧义句与歧义句之间都有显著差异，被试对英语的句法歧义产生了双重表征。提问要求被试判断该动词是否是过去分词。由于过去时的出现频率高于过去分词，可以认为被试的偏好是将该动词解析为过去时，但两种解析之间差异不显著，被试没有产生优势表征。

汉语实验句可以通过“一同”或“单独”作出解析。但提问则比较复杂，需肯定或否定这种解析。这时被试要完成两项任务：确定提问与句子的关系，对提问作出肯定或否定的判断，任务难度较大。实验结果表明，被试对两种解析回答的反应时和反应正确率之间都无显著差异，被试对这种句法歧义结构产生了双重表征。

两种语言的比较表明，由于汉语的任务更难，被试对汉语的反应时显著长于对英语的反应时。但被试对两种语言的反应正确率差异不显著，被试对这种双重表征能够保持相当的时间，而且不随任务难度的增加而立即降低。被试中英文都出现了双重表征，可视为高广度阅读者。

总体上看，本实验的结果同Just等人的研究是一致的。因发现了对第二语言的句法歧义也产生双重表征，本研究支持并发展了容量理论。但由于引入了反应正确率指标，还可以进行更深入的讨论。Just等人的方法是以测定被试在歧义解析成分上眼注视的时间为反应指标。这种方法的优点是可以精确地测出双重表征激起的反应时间，却不能说明这种双重表征的保持：然而被试对任务较难的歧义句的反应时显著延长是双重表征的保持的指标还是任务难度的指标？设想如果任务难度增大，致使非偏好表征消失，被试的反应时同样会很长。反之，反应正确率同样是双重表征激起的指标：如果被试对歧义句仅仅产生了符合其偏好的单一表征，他对其偏好表征的反应正确率会非常高，而对非偏好的表征的反应的正确率会比较低；如果被试对歧义句产生的是双重表征，那么他对两种表征的反应正确率不会有较大的差异。反应正确率还是双重表征保持的指标：不论任务难度增大多少，只要被试的反应正确率没有出现显著变化，就表明了双重表征的保持，否则就意味着双重表征的消失。本实验中还存在一个问题：如果改用没有人工色彩的自然句子来做实验句，其结果会有什么不同？

5 结论

(1)中文高广度阅读者能对汉语并列歧义结构产生双重表征。

(2)中国的英文高广度阅读者能对英语句法歧义结构产生双重表征。

(3)任务难度在一定程度上有所增加时,这种双重表征仍得以保持,其强度没有立即随之降低。

合作者:李伯约。原文载于《心理科学》,1999年第2期。

结构对称性汉语成语的认知研究

1 引言

对拼音语言多词词素(即词组)识别的研究,主要集中在两个方面:(1)多词词素词汇信息及其词汇结构的信息在心理词典(lexicon)中是如何表征的;(2)多词词素的识别过程的加工单元或通达单元是什么?其具体加工过程是怎样的,是直接通达整词词条还是先通过词素词条的通达来识别整词?第一方面是探讨心理词典内词汇信息的组织方式,第二方面是探讨词汇信息如何补充激活和提取。

目前西方学者对这些问题所提出的理论解释主要有:(1)整词表征与通达模型(word access model)认为多词素词的表征和存储都是以整词为单位的,词的识别是通过对整词表征通达来完成的(Rubin, Becker, & Freeman, 1979)。(2)词汇通达模型(morpheme access model)认为多词素词在心理词典中是以分解的词素方式表征的,词素表征的通达是词汇识别的前提(Taft & Forster, 1975)。(3)整词-词素模型(Augmented Addressed morphology Model,简称AAM)认为词的识别有以整词为单位和以词素为单位两种方式,对高频词而言是整词识别,对低频词而言则是词素识别(Caramazza, Laudanna, & Romani, 1988)。

中文多词素词的构词关系比拼音文字复杂,以拼音文字为实验材料所提出的理论假设不一定能解释中文多词素词的认知特点,因而引起了不少研究者的关注。但这方面的研究还只是集中在中文双字词上,且研究结果和解释并不一致(彭聃龄,丁国盛,1997)。对汉语习语理解的研究也在进行(顾蓓晔,缪小春,1995)。但对四字成语认知的研究较少,至今尚未见到对结构对称性成语认知的研究报道。

成语是一直保留在现代汉语中长期习用的、意义上完整化的、结构上定型化的固定词组。本文所谓结构对称性成语,是指构成成语的前面两个字与后面两个字的意义相同(或语义重复),如“歪风邪气”“千变万化”等;或前面两个字和后面两个字均为叠音同形字(用字重复),如“堂堂正正”“弯弯曲曲”等。这种特殊的结构方式是汉语成语所独有的,在探讨汉语成语的识别规律时不可忽视。我们在前一项研究中发现(陈传锋,黄希庭,1999),结构对称效应存在于汉字识别中,在识别结构对称性成语时是否也存在这种效应?本研究的目的是在控制成语的意义匹配,考察汉语结构对称性和非对称性成语的视觉识别和再认特点及其与成语熟悉度的关系。

2 方法

2.1 材料

从《汉语成语词典》(李梅美主编，1996)和《现代汉语词典》(中国社科院语言研究所，1990)中挑出成语460条,其中结构对称性和非对称性成语各230条,所匹配的两类成语在语义上相同或相近。

将这些成语随机排列成A、B、C三份问卷,分别让200名理科大学生用五级评分法对其熟悉度进行评判,从中选出高熟悉度(平均等级为2.35)成语和低熟悉度(平均等级为3.20)成语20对共40条,作为实验材料。其中,结构对称性成语和非结构对称性成语各20条,两类成语熟悉度的等级差异小于0.5。

2.2 被试

30名大学生,男女生各半,视力或矫正视力正常。

2.3 仪器

奔腾I计算机一台,配一台VGA彩显,一个话筒。

2.4 设计及程序

采用2×2被试内实验设计。自变量是成语熟悉度的高低和成语的结构对称性与否。每个被试参加所有材料的实验。所有成语按“伪随机序”呈现。结构对称性或非对称性成语、高熟悉度或低熟悉度成语的连续出现不超过3次。

成语中的所有汉字采用(96×96)pixel的矢量字形,在屏幕上的物理大小为4 cm×4 cm。屏幕高度调整到与被试头部保持水平位置,屏幕与被试眼睛之间的距离为154 cm,视角为1.5度。

实验分两部分,第一部分实验运用命名作业,要求被试注视屏幕,当成语出现在屏幕上时,对着话筒迅速而准确地读出该成语的名称。被试的反应信号通过话筒传给计算机,计算机自动记录下从刺激开始呈现到被试开始读成语名称之间的反应时,以ms为单位;主试记录被试的错误命名反应。

正式实验前用四位数字代替成语作为刺激材料安排10次练习,使被试掌握实验程序及要求。当被试熟悉实验操作后,按回车键,屏幕中央呈现一个十字形,作为注视点,持续时间为500 ms;之后呈现刺激成语,呈现时间为50 ms。被试读出成语后,再按回车键,呈现下一个刺激。

第一部分实验后，被试休息约1分钟接着进行第二部分实验。

按照上述选取实验材料的要求，另外再增选经过匹配保持语义相同或相近的高熟悉度成语和低熟悉度成语共10对20条，其中结构对称性成语和非对称性成语各10条，连同第一部分的20对40条成语一起，共30对60条成语作为实验刺激成语。所有成语按“伪随机序”在屏幕中央依次呈现，呈现时间也是50ms。实验采用再认法，要求被试迅速而准确地判断每个刺激成语是原先出现过的，还是没有出现过的。若判断出现过，迅速按下“P”键；若判断没有出现过，迅速按下“Q”键。计算机自动记录下从成语呈现到被试作出按键反应之间的反应时（以ms为单位）及反应错误率（包括出现过的成语判断为没有出现过和没有出现过的成语判断为出现过这两类错误）。

正式实验前用四位数字代替成语作为刺激材料安排3次练习，使被试掌握实验程序及反应要求。

3 结果

30名被试在不同熟悉度的成语刺激条件下，对结构对称性和非对称性成语作命名反应的平均反应时及标准差列于表1。

表1 30名被试识别各类成语的平均反应时及标准差

（单位：ms）

	对称性成语		非对称性成语	
	熟悉度高	熟悉度低	熟悉度高	熟悉度低
平均反应时	704.5	755.4	722.5	770.9
标准差	98.6	105.4	87.9	104.3

对表1中反应时的数据进行方差分析，结果表明：成语结构对称性的主效应显著，$F(29,1)=5.516$，$p=0.026$，对结构对称性成语的识别反应明显快于非对称性成语；成语熟悉度的主效应非常显著，$F(29,1)=66.7$，$p=0.000$，对高熟悉度成语的识别反应显著快于对低熟悉度成语的反应。成语的结构对称性与熟悉度之间的交互作用不显著，$F<1$。

30名被试对结构对称性和非结构对称性成语作再认反应的平均反应时及标准差和平均错误率及标准差列于表2。

表2 被试对结构对称和非对称成语再认的平均反应时及错误率

	对称性成语		非对称性成语	
	熟悉度高	熟悉度低	熟悉度高	熟悉度低
平均反应时/ms	694.3	696.8	712.9	707.4
标准差/ms	102.6	97.7	112.9	103.1
平均错误率	0.1400	0.2057	0.1578	0.2133
标准差	0.1011	0.1056	0.1057	0.1167

对表2中的反应时数据进行方差分析的结果表明：被试对成语的再认反应时存在显著的结构对称性效应，$F(29,1)=4.23$，$p=0.049$，对结构对称性成语的再认反应时明显短于非结构对称性成语。成语熟悉度的主效应不显著，结构对称性与熟悉度的交互作用也不明显，$F<1$。

4 讨论

本研究考察了对成语认知的两个指标，即识别和再认。结果表明：对成语的识别反应时和再认反应时都存在显著的结构对称效应，但两者与成语熟悉度均无显著的交互作用；对成语的识别反应时还存在显著的熟悉度效应，再认反应时则不存在熟悉度效应。为什么会出现这种结构对称性成语和非结构对称性成语之间的差异？不仅用现有的以西方拼音文字为实验材料所建立的认知模型无法直接解释，而且用现代汉语词汇学的角度也无法加以说明。

词汇分解模型强调词素表征的通达是词汇识别的前提，但受拼音文字特点的限制，并没有考虑到词汇内部词素的组合关系的特殊作用；整词表征与通达模型强调词汇的认知可以通过直接对整词的表征与通达来完成，但却忽视了词汇的内在结构方式对整词表征与通达的影响。现代汉语词汇学家更多地强调成语的结构定型化和意义整体化，也未专门讨论成语的结构对称性。而词汇的这种特殊结构方式和词素组合关系，确实是汉语成语所具有并区别于拼音文字的特征，也正是本研究所要探讨的影响成语认知的因素。

张必隐提出的中文双字词储存模式的观点似乎更适合解释本研究结果即词汇的表征与其所包含的字的表征方式之间存在着联系，它们之间的联结强度随着词汇的结构不同而不一样(张必隐，1997)。在结构对称性成语中，由于它前面两个字和后面两个字语义相同或叠音，相对独立，因而各自成为一个独具语义的格式塔结构单元，它大于词汇内的词素(字)单元,却小于词汇整体。正是这种特殊的格式塔结构单元促进了结构对称性成语的加工进程,从而缩短了整个成语的加工时间。

但词汇内的这种格式塔结构是否可以假设为一种介于整词表征和词素表征之间的加工单元、成语的结构对称性如何影响成语的识别进程,以及建立什么样的理论模型来解释汉语成语的认知过程,尚有待进一步研究。四字成语毕竟不同于双字词,两者的认知过程有何具体区别,也有待于进一步探讨。

至于再认反应错误率的结果:即只存在显著的熟悉度效应,不存在显著的结构对称性效应,可能是由于记忆的参与,在成语的正确再认反应中介入了理解和自上而下的加工过程,受成语的整体意义及其熟悉度的影响,超过了结构对称性成语中格式塔结构单元的作用;或者说成语整体语义的作用超过了成语词形的作用。这有待于用其他实验方法和指标作进一步的对成语理解的研究。

5 小结

(1)对成语的识别,存在显著的结构对称效应和熟悉度效应,结构对称性成语的识别反应时明显短于非对称性成语,高熟悉度成语的识别反应时明显短于低熟悉度的成语。

(2)对成语的再认反应时,存在显著的结构对称效应,熟悉度效应不明显;再认反应错误率存在显著的成语熟悉度效应,结构对称效应不明显。

(3)现有的拼音文字的认知模型不能解释中文成语的认知特点。结构对称性对成语认知的具体影响还需要作进一步研究。

合作者:陈伟锋,余华,王卫红。原文载于《心理科学》,1999年第3期。

结构对称汉字识别的加工机制(I)
——整字识别的实验研究

1 引言

早期有关汉字识别的一些研究已初步涉及结构对称汉字的加工问题(喻柏林，曹河圻，1992；曾性初，宋美娥，1998；李铮，1964；艾伟，1949)。如艾伟在二十年代考察字形要素对汉字辨认和默写的影响时曾指出：笔画两边对称的字易于观察，并以此作为对汉字简化的要求之一。李铮采用自然条件下的看写法在探讨儿童对汉字的形位知觉问题时涉及对称字及其对称结构对汉字形位知觉的影响。其中的一项实验结果就是：凡相似且对称的笔画均知觉为一组，如亚字中的2横、2竖和2点(实为一点一撇，此系近似且对称)；班字中的2个王等。彭瑞祥和张武田在研究速示条件下汉字再认的特征时发现：结构上属于左右两边对称的字较易再认，其再认反应时与半包围型和左右结构非对称字均有显著差异。但是，这些研究存在着一个共同的问题，即没有把字的对称结构或对称字作为一个实验变量或因素加以控制、专门而系统地探讨结构对称汉字的加工机制；他们已得到的一些研究结果也没有继续深入下去探讨，至少目前尚未见到有关文献报道，因而关于结构对称汉字加工机制的问题还需要进一步深入研究。

我们以结构对称汉字为实验材料，将字的对称结构作为自变量，运用命名作业和词汇判断作业，专门考察了结构对称汉字的加工机制问题(陈传锋，2000；陈传锋，黄希庭，1999)。结果发现：在非速示条件和速示条件下，在整字识别的加工过程中，都存在显著的结构对称效应，即在汉字的视觉识别过程中，识别结构对称性汉字的加工明显快于非对称性汉字；且在结构对称性效应、字频效应和笔画数效应之间存在显著的交互作用。研究结果显示：一方面，汉字的对称结构是笔画或部件的特殊组合，具有局部整体性，当整字被充分加工、频率信息充分发挥作用时，结构对称效应大于笔画数效应，但小于频率效应；另一方面，汉字的对称结构是汉字的一种字形结构方式，具有特征单元的性质，当整字没有被充分加工、特征信息未得以发挥重要作用时，结构对称效应小于笔画数效应，但大于整字频率效应。

本研究拟增加识别任务难度，以不同倾斜角度呈现刺激材料，在心理旋转条件下进一步在整字层面探讨汉字识别的结构对称效应及其对汉字识别恒常性的影响，即从整字层面更为全面地反映汉字识别的加工机制。

2 实验

2.1 目的

以不同的倾斜角度呈现汉字，考察在具有一定识别难度的条件下，结构对称汉字与非对称汉字的知觉恒常性及其差异，从另一个角度探明结构对称效应的表现，进一步探讨汉字识别的加工机制。

2.2 方法

材料：根据《现代汉语字频统计表》选取结构对称的各类合体汉字和独体汉字16个，另根据字的频率、部件数、笔画数和结构类型（左右、上下、多重或独体）等属性匹配相应的非对称字16个，共32个刺激字。每个刺激字有8个呈现方位，即垂直正位0度、由0度开始以45度间隔分别按顺时针和逆时针方向旋转生成正负45度、正负90度、正负135度和180度。

被试：72名非汉语文字专业的大学生，男女各半，视力或矫正视力正常。所有被试随机分成4组，每组18人，分别参加左右结构、上下结构、独体结构或多重结构字的实验。

仪器：奔腾Ⅱ多媒体计算机一台。

设计及程序：采用2×8×4混合实验设计。自变量是汉字的结构对称与否、8种不同的呈现方位和4种不同的结构类型。前两种是被试内因素，后一种是被试间因素。各类刺激的顺序效应用“随机序”加以平衡。同一刺激字不连续出现，同一种倾斜角度也不连续出现。实验运用命名作业。被试端坐在计算机前，其头部固定在支架上，双眼观测屏幕。实验程序是：先在计算机屏幕中央呈现一个“十”符号为注视点，呈现时间是300ms，空屏300ms后在该位置呈现刺激字，持续500ms后消失。给被试的指导语是：刺激字一呈现，就迅速而准确地读出字音。计算机自动记录下从目标字开始呈现至被试开始命名反应之间的时间（以ms为单位）和反应错误率。

2.3 结果

当刺激字分别以不同的倾斜角度呈现时，被试对结构对称和不对称汉字命名的平均反应时（ms）及其标准差列于表1。因平均反应错误率（%）低于5%，故未做统计分析。

表1 被试在不同方位下对结构对称和不对称字的平均反应时

（单位：ms）

	0度	45度	90度	135度	180度	225度	270度	315度
对称字	539.4 （6.40）	549.4 （6.72）	584.2 （7.34）	602.0 （7.75）	569.1 （7.81）	602.1 （7.84）	584.2 （7.3）	562.1 （6.44）
不对称字	564.3 （9.58）	584.1 （7.64）	606.2 （7.0）	646.4 （9.19）	612.9 （8.37）	635.4 （8.54）	621.4 （7.27）	591.7 （7.85）

注：表中括号内的数据为标准差（以下同）

对表中数据进行重复测量的方差分析，结果表明：汉字识别中的结构对称性的主效应很显著，$F(1,68)=38.4, p=0.000$，说明在不同角度倾斜的条件下，识别结构对称汉字的反应时显著短于非对称汉字。同时，汉字识别中不同倾斜角度呈现的主效应也很显著，$F(7,476)=68.65, p=0.000$，说明当汉字以不同角度倾斜呈现时，对汉字的反应时具有显著的影响。此外，这两者的交互作用也很显著，$F(7,276)=2.99, p=0.004$。

因同一倾斜角度的两种不同方位下的反应时之间呈显著性相关、并经两两t检验后差异不显著，为了分析的方便，对同一角度、两种不同方位下的结果分别加以合并统计，这样，原来8种角度下的数据就成了5种角度下的数据，即正位（0度）、倾斜45度（45度与315度合并）、倾斜90度（90度与270度合并）、倾斜135度（135度与225度合并）和垂直倒位（180度）。合并后的数据列于表2。

表2 被试在合并后的五种倾斜角度下对汉字的平均反应时

（单位：ms）

	0度	±45度	±90度	±135度	±180度
结构对称字	539.4 （6.41）	555.6 （6.24）	571.1 （6.55）	592.9 （7.23）	569.1 （7.81）
不对称字	564.3 （9.59）	587.9 （7.26）	614.1 （6.83）	640.9 （8.11）	612.9 （8.37）

对表2中合并后的数据进行重复测量的方差分析，结果趋势与合并前一样：结构对称性的主效应和倾斜角度的主效应都很显著，检验结果分别为：$F(1,68)=61.91, p=0.000$ 和 $F(4,272)=85.1, p=0.000$；两者的交互作用也达到显著水平，$F(4,272)=2.73, p=0.029$。进一步简单效应的分析结果表明：刺激字在正位呈现和其他各种倾斜角度呈现的条件下，结构对称效应都达到非常显著的水平，检验结果分别为：$F(1,71)=12.86, p=0.001$；$F(1,71)=45.07, p=0.000$；$F(1,71)=110.23, p=0.000$；$F(1,71)=66.72, p=0.000$；$F(1,71)=32.47, p=0.002$。这显示出：无论在哪一种倾斜状态下，识别结构对称字的反应时均明显

地小于识别非对称字。另外,无论在结构对称字还是非对称字的识别中,汉字呈现的倾斜角度效应都很显著,检验结果分别是:$F(4,284)=33.45$,$p=0.000$ 和 $F(4,284)=44.97$,$p=0.000$。表2中的数据还表明:随着汉字呈现角度的倾斜度加大,结构对称汉字和非对称汉字的反应时均有延长的趋势,即随着识别难度的增大,汉字识别反应时相应延长。因此,表3列出了在各种倾斜角度下对汉字的反应时进行Duncan多重比较分析的结果。从对比分析的结果可见,无论汉字以哪种倾斜角度呈现,与其正位呈现相比较,它们的命名反应时都存在显著差异。

表3 不同斜角度下对汉字的平均反应时的多重比较分析

	45度	90度	135度	180度	p
0度	*	*	*	*	
45度		*	*	*	0.01
90度			*	0.088	
135度				*	

带"*"号表示两者在0.01水平上差异显著。

为比较对结构对称汉字和非对称汉字的识别反应时随汉字呈现的倾斜角度增大而延长的差异,表4分别列出了两类汉字在不同倾斜角度呈现条件下的反应时与正位呈现条件下的反应时差异,以分别了解识别条件变化(即任务难度增加)对结构对称字和非对称字识别的影响。

表4 不同倾斜角度呈现条件下与其正位呈现的反应时差异

	45度—0度	90度—0度	135度—0度	180度—0度
结构对称字	16.29 (32.64)	31.71 (38.29)	53.47 (45.61)	29.63 (51.59)
不对称字	23.57 (48.47)	49.83 (46.03)	76.67 (61.44)	48.59 (65.84)

经相关样本的t检验分析,结构对称字在倾斜状态下的反应时比在正位呈下的反应时的延长幅度显著小于非对称字在相应角度倾斜状态与其正位呈现下的反应时的延长幅度,$t=3.502$,$df=3$,$p=0.039$。这意味着:当识别任务难度增加时,结构对称字和非对称字的反应时虽然都随之延长,但结构对称字反应时的延长幅度明显小于非对称字。具体而言,这种差异主要发生在90度和135度呈现刺激字的状态下,t检验的结果分别是:$t(71)=2.39$,$p=0.019$ 和 $t(71)=2.43$,$p=0.018$。45度和180度倾斜条件对结构对称字和非对称字反应时的变化的影响程度,没有显著差异。

2.4 讨论

本研究结果表明：当知觉条件发生变化、知觉难度增加时，无论是对称字还是非对称字的识别反应时都随之变化，表现为随着识别难度的增大而延长反应时；但是，无论在哪种难度条件（即不同倾斜角度）下，结构对称字的识别速度都明显快于非对称字，而且，结构对称字的反应时随着识别难度增加而延长的幅度明显小于非对称字，说明汉字的结构对称性可以增强汉字识别的恒常性，从另一个角度揭示了结构对称性有助于汉字识别、可加速汉字识别的进程。不过，结构对称性的这种作用只在倾斜角度为正负90度和正负135度的情况下才体现出来，而在倾斜角度为正负45度和180度时，汉字识别的反应时与结构对称性无关。显示出，在0度至360度倾斜范围内，汉字的结构对称特征对汉字的识别过程具有不同性质的影响。

Koriat等以英文单词为实验材料，将阅读作业和心理旋转作业相结合，在考察字的复杂性对单词识别的加工方式的影响研究中所得到的实验结果表明：在字母数所标志词的复杂性变量与词的倾斜角度变量之间存在明显的交互作用。当倾斜角小于60度时，英文词识别的反应时跟复杂性无关，这时，词是以直接的整体方式被识别的；而在倾斜度大于60度以上时，词的识别反应时则随复杂性的增加而增加，这时，词的识别是通过最小的加工单元（字母）而通达的，故此时表现的是对成分的加工方式（Koriat & Norman, 1985）。这与本研究结果是相吻合的。当汉字倾斜度为正负45度和180度时，由于此时汉字是以直接的整体方式被识别的，故汉字识别的反应时不受结构对称性影响，即没有表现出结构对称性效应；当汉字倾斜角度为正负90度和正负135度时，由于此时主要是对成分的加工，汉字的识别是通过最小的加工单元（笔画特征）而通达的，而对称性结构作为一种特殊的笔画组合方式，具有格式塔性质，可增强局部整体性，故可促进汉字的识别过程、并增强汉字识别的恒常性。

3 小结

（1）汉字的结构对称性不仅可促进汉字的识别进程，而且可增强汉字识别的恒常性。

（2）本研究结果进一步支持了“对称性结构是一种介于整字单元和特征单元之间的特殊的加工单元”的设想。

合作者：蔡治，陈丽君。原文载于《心理科学》，2002年第1期。

视角对高频汉字识别的影响

1 前言

人机工程学的研究表明,眼睛的区分能力从中心到周围急剧下降,在视角为0°时视觉的接受能力为1,在视角为50°时,视觉的接受能力退化到1/12(赖维铁,1983)。有人发现,在眼睛不动时,人在一串句子中最多只能识别5个汉字,经测量视角恰好为5°(刘永宏,冯洪海,吕谦,2000)。其生理基础关系到眼睛的结构,瞳孔中央为黄斑,直径2毫米,与角膜的夹角约为8°,黄斑内有中央凹,直径1.5毫米,与角膜的交角约为5°,黄斑内有大量的锥体细胞,中央凹是锥体细胞最密集的地方,每一个锥体细胞都有单独的神经通路传递兴奋到大脑皮层,因此具有很高的分辨能力(蔡浩然,马万禄,1978)。因此从眼睛的生理构造上来说,实际的视角范围被划分成3段,即[0,5]、[5,8]、[8,180],其中的交界点为5°和8°,而5°左右识别效果最好,生理上是最适宜视角。

以上说明,视觉图像的视角大小会影响个体对图像的视觉接受能力,从而影响识别能力,汉字是图形,汉字的识别也应受视角大小的影响,然而近几十年的汉字认知研究没有重视这个因素的作用。虽然早在1963年,曾有人探讨了字体大小等因素对汉字识别的影响,但是受限于当时的设备条件,没有详尽结论(曹傅咏,沈晔,1963)。此后的汉字研究少有针对视角,许多学者的研究中采用的汉字视角都不相同,甚至差别很大(喻柏林,李朝晖,张蜀林,1995;张武田,冯玲,1992;彭聃龄,王春茂,1997;沈烈敏,朱晓平,1994;肖崇好,黄希庭,1998;陈凌育,赵信珍,孙复川,1999;高定国,钟毅平,曾铃娟,1995)。由此联想到不同学者的不同的研究结论是否受到了视角的影响,也即视角的不同造成了汉字在视网膜上成像大小的不同,从而造成识别的差异,导致不同的研究结果。事实上在上述研究中的确存在不同甚至矛盾的结论,比如笔画数效应,在高定国、陈凌育等的研究中没有发现,但是在张武田、彭聃龄的研究中却间或出现;部件数效应,在张武田和彭聃龄的研究中得出完全相反的结论。虽然不能确定是否由视角造成了此类差异,但是视角对汉字识别究竟有何影响,是否采用相同的视角进行实验能获得相同的结论,是否存在最佳视角等等,解决此类问题的意义显得颇为重要。本研究采用加拿大多伦多SR Research公司生产的EyeLink Ⅱ型眼动仪作为实验设备进行实验。

2 方法

2.1 实验设计

视角单因素多水平实验设计，根据以前的研究，视角采用七个水平，基本覆盖了以前的研究者使用的刺激字所形成的视角，分别为：2°、4°、7°、10°、13°、16°、19°。根据视距、字的大小可计算出视角的大小，在实验前已经编写了程序用于这三者之间的换算，可以根据任意两个值求出第三个值。视角的计算公式如下：

$$\alpha = \left(2 \times \mathrm{arctg}\frac{1}{2d}\right) \times \frac{180}{\pi}$$

（α：视角；l汉字大小；d：视距；π≈3.14）

当固定了被试头部与屏幕的距离（d），那么调整汉字的大小（1）就能够控制汉字形成的视角，实验处理即在此原理上设置。实验时被试头部放置于头架上，头架的作用是减小头部的晃动，因此被试双眼与屏幕之间能够保持稳定的视角。

2.2 实验材料

根据郭小朝（1999）实验字取样策略从《现代汉语字频统计表》（国家语言文字工作委员会、国家标准局编，1992）中选取高频汉字（社会科学、自然科学综合汉字频度表类）33个（附录1），其中30个作为实验字，另外3个作为实验练习字。字频范围为0.0548—0.4685（次/千万次），笔画数范围为5—13画。使用绘图软件Corel Draw8将每个汉字做成7种大小不同的位图图片（bmp格式），背景颜色为灰色，RGB=（128，128，128），汉字颜色为黑色，RGB=（0，0，0），宋体，长与宽比例相等，总共231个刺激字图片。

2.3 实验仪器

实验仪器包括两台联网高速电脑，一台Eye Link Ⅱ型眼动仪，一个头部支架，一个有线微型麦克风。

2.4 自变量

本实验采用的眼动指标有：注视次数、注视时间、眼跳次数、眨眼次数。因此本实验的因变量有五种类型，并且眼动指标都区分为左、右眼两类，共8类，实际有9个因变量。

2.5 被试

被试为西南师范大学2000级本科生（三年级）12人，其中女生9人，男生3人，视力或矫正视力正常。

2.6 实验程序

实验在正常室内照明条件(40W 日光灯)下进行。主试两人(均为男性),其中一人(主试1)在主机前监测实验的整个过程,另一人(主试2)为被试佩戴眼动仪,并指导被试进行实验。主试2的操作步骤如下:(1)向被试讲解实验的过程;(2)佩戴眼动仪,扭紧,不让眼动仪在头部有松动;(3)调整好被试的坐姿,使被试的双眼基本与电脑屏幕中央对齐;(4)将眼动仪的尾线放到桌椅背后;(5)告诉被试观看屏幕中点,进行瞳孔位置调整;(6)再次强调实验时要大声、准确、快速地将汉字念出来;(7)告诉被试开始实验。

此时被试端坐在实验机前,头部轻放在头架上(头架上贴附有话筒),眼睛与实验电脑屏幕的距离保持在50厘米。主试1在第5步中与主试2一起调整配戴在被试头部的眼动仪上的摄像头的角度,直到在主机上运行的程序能够准确地通过摄像头的图像找到被试的瞳孔位置。

被试在明了实验过程后,开始进行实验。屏幕上首先呈现指导语,然后呈现21个练习字,之后再次呈现一次指导语,之后开始进入正式实验。实验步骤是每次在屏幕中央呈现一个黑色的小圆点,1000毫秒后在相同的位置呈现刺激字,进行命名实验,要求被试尽快、准确、大声地读出屏幕上的汉字。在此期间,眼动仪记录被试的眼动数据。被试在对汉字进行命名之后,声音通过话筒传到电脑,触发程序进行响应,屏幕上的汉字消失,眼动仪停止记录数据,屏幕中央又出现黑色小圆点,此为一个循环。1000毫秒之后将会再次出现刺激字,直到210个实验汉字、两段指导语全部呈现完毕,整个过程大约15分钟。每个被试的实验结果为一后缀名为EDF的文件,此文件在实验进行时存储在主机,实验结束后会通过网路传递到测试电脑中存储。

实验汉字以随机方式显示,为了避免汉字的启动效应,相同的汉字不连续出现,为了避免练习效应,相同视角的汉字不连续出现。

3 结果

3.1 反应时

反应时即从计算机屏幕上呈现汉字到被试出声识别该汉字的时间,在实验进行时自动存入到测试结果文件中。反应时以毫秒为单位。为去除极端数据对结果的影响,统计时去除了±2个标准差之外的数据。H检验结果:χ^2=6.742,p=0.345,差异不显著,说明视角的变化对汉字识别反应时无影响。进一步对各水平之间进行两两比较,仅在10°与19°视角下反应时差异达到显著(p<0.05)。因此,总的来说视角对汉字识别反应时的影响不大,只在某些条件下会产生影响。各处理下的反应时变化情况见图1。

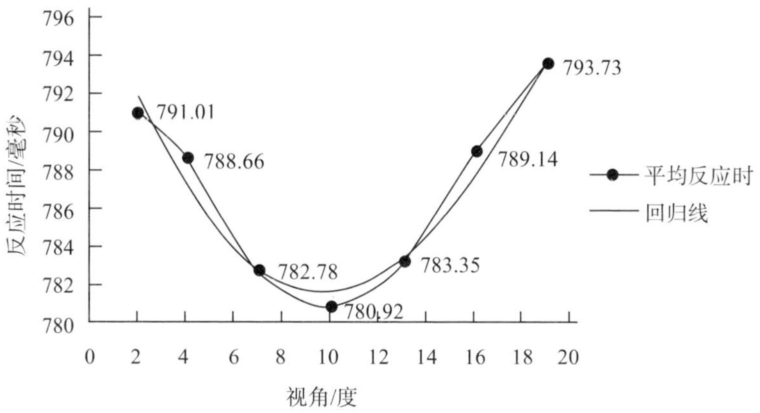

图1 不同视角下反应时变化情况

根据反应时与视角之间的曲线性质，得反应时与视角之间的回归方程如下：

$$t=0.1529\alpha^2-3.0361\alpha+797.025$$

［t=反应时（毫秒）α= 视角（度）］

根据回归方程，计算出顶点坐标为(9.928，781.953)，也即在视角为9.928(约为10°)时，识别反应时具有最小值为781.953毫秒，这个角度下的汉字识别反应时最快。

3.2 注视时间

注视时间有两类测试结果，即左、右眼的测试数据。在识别每一个字的时候个体会多次产生注视时间，这里统计的注视时间为识别一个汉字所用的总的注视时间，其间可能包括多次注视。H 检验结果：(左眼)2= 13.174，p= 0.040，(右眼)2=16.588，p=0.011，左、右眼的注视时间都显著受到了视角的影响，在0.05水平上达到显著。分别对左、右眼注视时间的变化情况见图2。

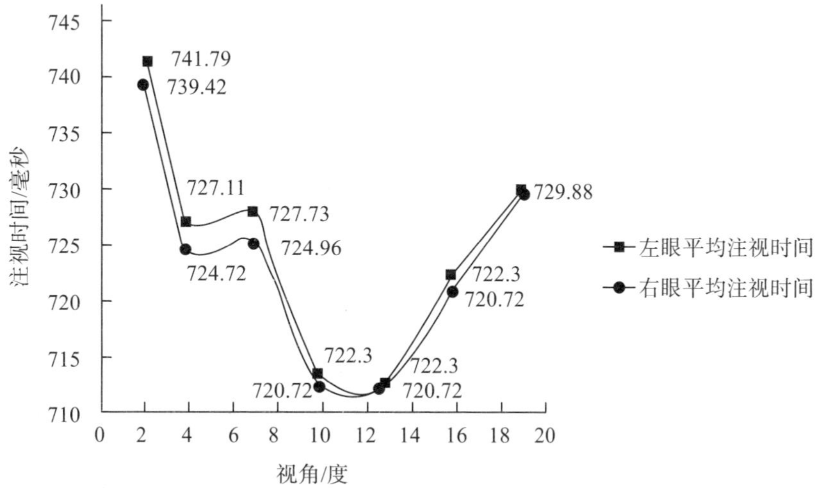

图2 不同视角注视时间变化情况(左眼)

从图中可以看出，左、右眼的注视平均注视时间随视角的变化趋势很接近，都大致成抛物线形状。分别对左、右眼作与注视时间两变量的回归分析，回归函数如下：

$$t左=0.2739\alpha^2-6.2394\alpha+749.574$$

$$t右=0.2778\alpha^2-6.4735\alpha+752.743$$

[t=注视时间(毫秒)α=视角(度)]

根据回归方程分别计算其顶点坐标，左眼为(11.390, 714.041)，右眼(11.651, 715.030)，也即左眼在11.390°时注视时间最短，右眼在11.651°时注视时间最短，分别为714.041毫秒和715.030毫秒。这个结果与反应时的回归方程所得计算出的结果接近。

从图中可以看出，左、右眼的注视平均注视时间随视角的变化趋势很接近，都大致成抛物线形状。分别对左、右眼作与注视时间两个变量的回归分析，回归函数如下：

$$t_{左}=0.2739\alpha^2-6.2394\alpha+749.574$$

$$t_{右}=0.2778\alpha^2-6.4735\alpha+752.743$$

[t=注视时间(毫秒)，α=视角(度)]

根据回归方程分别计算其顶点坐标，左眼为(11.390, 714.041)，右眼(11.651, 715.030)，也即左眼在11.390°时注视时间最短，右眼在11.651°时注视时间最短，分别为714.041毫秒和715.030毫秒。这个结果与反应时的回归方程所计算出的结果接近。

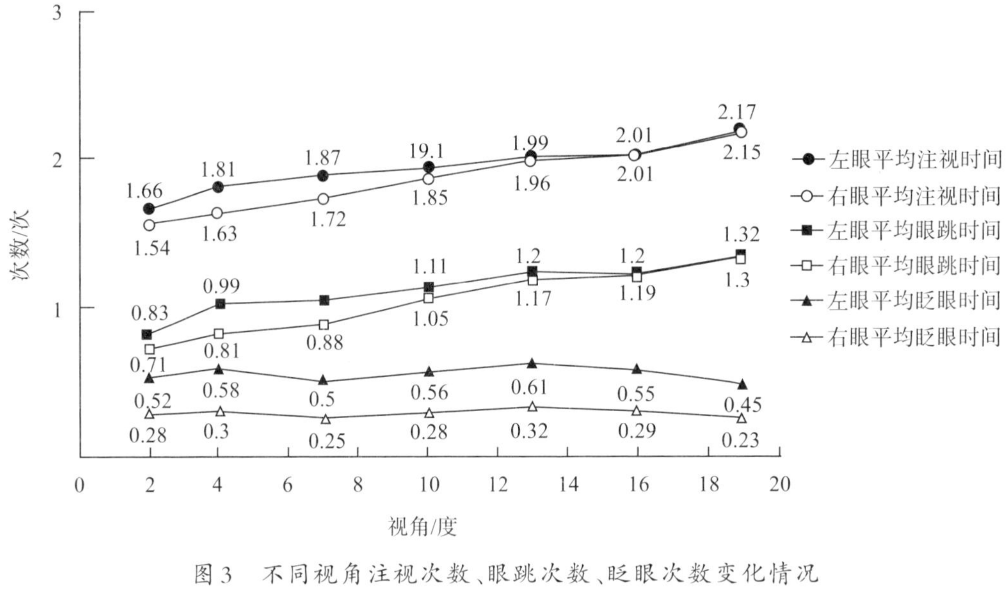

图3　不同视角注视次数、眼跳次数、眨眼次数变化情况

3.3 其他

对注视次数、眼跳次数、眨眼次数三类因变量的分析结果见表1。注视次数显著地受到处理的影响，达到0.001显著水平；眼跳次数也显著受到视角的影响，不同的视角水

平会对眼跳次数造成明显的影响，达到0.001显著水平；而眨眼次数不受视角的影响，各水平之间的差异不显著，样本数据来自同一总体。变化情况见图3。

表1　三类指标的H检验结果

	左眼		右眼	
	χ^2	p	χ^2	p
注视次数	63.335	0.000	112.711	0.000
眼跳次数	55.838	0.000	101.260	0.000
眨眼次数	4.941	0.551	6.008	0.422

4 讨论

4.1 关于反应时

实验发现，在2°—19°视角下，视角的变化对反应时的影响不大。但是有两点值得注意：(1)10°与19°之间的反应时有显著差异；(2)反应时与视角的变化曲线为抛物线，抛物线开口向上，10°左右视角时的反应时恰好在抛物线的顶点位置。可以估计，在汉字可识别时，在10°视角以下，随着视角的减小，反应时会逐渐增加；相应地，在10°视角以上，随着视角的增加，反应时也会逐渐增加。根据实验所得的抛物线方程可以计算出相应视角下的平均反应时。

可以认为10°视角是汉字识别的最佳视角，在此视角下，个体表现出最少的反应时与注视时间，也就是说在此视角下识别汉字最轻松，此时进行汉字识别的实验能够获得理想的效果。因此建议汉字识别的研究尽量将汉字的视角稳定保持在10°左右。

小于10°视角的汉字识别时间随着视角的减小而增加，估计是由于随着汉字视角的减小，汉字的清晰度也在减小，辨认汉字的难度增大，因此需要为辨认付出更多的时间。此原因类似于视力检查表中的项目，随着辨认目标的面积减小，辨认难度渐增，从而使确认的时间增加，直至不能识别。可以推测，视力的下降会使反应时抛物线的顶点向右平移，视力越差，顶点越靠右。

大于10°视角的汉字识别时间随着视角的增加而增加，其原因可能是由于需要加工的信息增加造成的。视角增加，一次注视或许只能收集到部分的信息，因此还不足以为汉字的识别提供足够的信息，需要更多的信息才能识别汉字，因此需要通过更多的注视来收集信息，从而造成较多的时间消耗，使得汉字识别的反应时延长。此原因类似于观看书法作品，往往几个字却需要许久才能识别。

4.2 关于注视时间与注视次数

与反应时的变化趋势类似，注视时间也在视角水平上呈抛物线形状，在11°左右达到顶点，此时注视时间最短，这与反应时的分析结果非常接近。左右眼表现出几乎相同的结果。但与反应时的结果不同的是，视角的变化对注视时间产生了显著的影响。注视时间反映了个体对刺激信息的加工时间，实验结果说明视角的变化能够显著地影响汉字识别的信息加工过程。且实验发现11°是加工时间最短的角度，此时消耗的信息加工时间最少。对于注视时间变化原因的解释与反应时的大致相同。

有趣的是2°视角下的注视时间大于19°视角下的注视时间，然而反应时却小于19°。也就是说，视觉目标小的字比视觉目标大的字的识别要困难，需要多消耗注视时间。因此推测，汉字的识别，除了对汉字及其部件进行模板匹配和提取的过程外，可能还存在其他消耗加工时间的过程，在视角比较小的时候，这种加工过程被分离出来了。我们推测在汉字识别的初期还存在着一种加工过程，用于判断视觉刺激属于什么类型，即判断刺激是否为汉字或是别的其他图形，如果判断为汉字，则进入汉字的匹配识别过程。这个过程可以称为刺激的类别判断。也就是说，个体会对呈现在面前的视觉刺激在进行进一步加工之前先进行分类判断，先将刺激归类，如汉字、英文、几何图形、一般图形、无意义图形等等，确定类别后，才进行属于该类别范围内的精细加工过程。对于汉字而言，目标字大则容易对刺激进行分类，而目标字小则产生分类困难现象。对于其反应时，由于19°视角下的汉字超过了一次注视的范围，需要处理的信息增加，因此增加了注视、眼跳和眨眼的次数，因此虽然每一次注视确认信息的过程很短，但是总的消耗时间增加了，因此总的反应时较长。

注视次数间接反映了目标刺激包含图形信息量的多少。实验发现，注视次数与视角的变化呈线性关系。此结果说明，随着目标刺激视角的增加，刺激所包含的信息量也在增加，而信息量只是决定反应时和注视时间的因素之一。但是大约在11°以下，注视次数的变化与反应时、注视时间呈反比，即随着注视次数的增加，反应时、注视时间在减少，这也说明了此视角范围内的信息加工存在着额外的加工过程。

4.3 关于眼跳次数

眼跳次数的变化趋势与注视次数的变化趋势相似。眼跳次数是两次注视之间的时间，表示两次信息收集过程之间的间隔，因此也反映了目标刺激包含信息量的多少。实验结果表明视角的增加会导致识别目标包含的信息量的增加，从而导致眼跳次数的增加。

4.4 关于眨眼次数

本次实验每个处理下眨眼的平均次数都小于1,且眨眼次数与时间没有明显的函数关系,因此眨眼次数对处理的影响并不大。但是可以肯定的是,眨眼会使反应时间延长,并且眨眼次数与疲劳程度有关系。过多的眨眼次数影响反应时的正确测量。由于本次实验的平均眨眼次数不到1,因此眨眼对本实验的影响不大。

4.5 最适宜视角

哪种视角是汉字识别的最适宜视角?本次实验发现,在10°左右汉字识别的反应时最短,在11°左右汉字识别的注视时间最短,因此推测10°—11°是汉字识别的最适宜视角。但是从视觉的生理结构上来说,眼睛的中央凹形成的视角为5°,因此5°左右应该是图形识别的适宜角度,5°左右时应该获得最快的反应时(刘永宏 et al., 2000),这与本次实验的结果不同。为什么会出现这种汉字识别的最适宜视角大于视觉生理结构上的最适宜视角的现象,其原因可能是汉字的特点造成的。汉字识别不仅仅是识别轮廓,而还要对部件、笔画等更小的图形单位进行加工,当汉字整体满足生理识别的最适宜视角的时候,其中的部件等小单位其实没有达到生理最适宜视角的要求,因此仍然需要延长反应时间来识别汉字。反之可作如下推理:在反应时和注视时间最短时(此时视角为10°—11°),如果汉字中有一种结构单位形成5°视角,那么这种识别单位就是生理上所需要的汉字识别的最有效单位,可以认为,这种单位就是汉字识别的基本单元。本次实验使用的刺激字都是左右结构的汉字,整字10°时左、右部件的横向部分达到5°视角,如:"对"中的"又、寸";一些笔画的组合也达到5°视角,如:"刚"中的"×","部"中的"口";等等。由此可推测,部件或类似于部件的笔画组合是汉字识别的基本单位。

5 小结

不同视角下高频汉字的实验表明:不同视角下的反应时总体差异不显著,反应时随视角的变化曲线为抛物线,开口向上;不同视角下的注视时间差异显著,双眼之间差异不显著。注视时间随视角的变化曲线为抛物线,开口向上;不同视角下的注视次数、眼跳次数差异显著,双眼之间差异不显著。注视次数、眼跳次数与视角之间呈线性关系;眨眼次数与视角变化没有关系;10°—11°之间为最佳视角,此段视角下具有最短的反应时和注视时间;汉字识别的基本单元是部件或类似于部件的笔画组合。

合作者:蔡治,陈丽君。原文载于《心理科学》,2004年第4期。

基于语境的因果性预期推理的构建的实验研究

1 前言

大量的关于因果关系推理的研究结果表明，读者一般是会即时构建回溯因果性推理的（Singer, Halldorson, Lear, & Andrusiak, 1992）。但是，对于读者是否会即时构建因果性预期推理，研究者们的观点分歧很大。有些研究者认为预期推理不会在阅读过程中产生，如最低限度观和建构主义理论均持此观点（Graesser, Millis, & Zwaan, 1997; McKoon & Ratcliff, 1998）。因为对于读者来说，在阅读过程中预测多种假设的情节、人物的计划以及未来的长长的事件链，这是很困难的，而且读者会冒着做出错误预期的风险，因此读者一般不会浪费资源去进行预期。然而直觉表明，向前推理不仅常常被构建，而且会使阅读充满乐趣。实证的结果看起来也充满矛盾。例如，Potts等人考察读者在理解包含两个句子的短的情节时，是否会进行因果性回溯推理和因果性预期推理（Potts, Keenan, & Golding, 1988）。他们在被试阅读完句子后马上呈现探测词。研究的结果证明了预期推理不会在阅读中产生。另外Singer和Ferriera也证明了预期推理不会在阅读中产生（Singer & Ferreira, 1983）。但近期的研究结果则使很多研究者同意，读者在阅读过程会预期未来的事件与当前事件有因果性联结（莫雷, 1999）。Keefe和McDaniel用命名任务发现了对预期推理的支持（Keefe & McDaniel, 1993）。他们发现，如果反映某一特定的预期推理的单词在预期性句子之后马上呈现，则对该词的命名时间明显比控制条件下的短。Murry等人用Potts等人的研究材料，但提高了文本的语境对预期推理的支持程度（Murray, Klin, & Myers, 1993），如“史蒂芬结婚几年了，他的愤慨已逐渐增加。一天，他再也无法控制他的生气，把一个精致的瓷器扔向了墙。”在第二个句子后对预期概念（如破碎）的命名时间明显比控制条件下的短，表明推理已被激活。另外，Cook和O'Brien的研究也发现，在有充分的支持性语境条件下，预期推理是会即时产生的（Cook, Limber, & O'Brien, 2001）。

我们认为，读者在阅读中是否会进行预期推理，受多种因素的影响，而文本信息所提供的支持程度无疑是其中一个重要的影响因素。因此，本研究拟在前人研究的基础上，进一步探讨文本信息所提供的语境对因果性预期推理的构建的影响。我们认为，如果当前所激活的文本的语境对某一特定的因果性结果的指向性很强，则读者就有可能推论该结果；而如果文本信息所描述的语境为预期结果所提供的指向性不够强，则因果性预期推理就不会在阅读过程中产生。

2 实验一

实验一考察当读者所加工的语境对因果性预期推理的支持程度不同时，因果性预期推理的即时构建情况。

2.1 实验1a

2.1.1 实验目的

探讨文本信息中语境支持程度对因果性预期推理的构建的影响。

2.1.2 研究方法

(1)被试。大学本科一年级学生24名，母语均为汉语，大学语文入学成绩表明无阅读障碍。

(2)实验材料。用18篇不同主题的叙事短文改编自Cook和O'Brien(2001)实验一的实验材料，故事主要内容不变。每篇短文有两种版本:语境支持性强的、语境支持性弱的。

每篇短文的开头有4—5个句子介绍故事的轮廓和主角。然后描述两种不同支持性语境中的一种:支持性强的或支持性弱的语境。两种语境的句子的表面特征差异尽可能小，一般是仅有一个双字词或三字词的差异。两种不同的语境之后是三句话的继续段落，其作用是将支持预期推理的语境从当前阅读中移开去，但不改变情境的表征。继续段落的最后一句话是引发推理的句子。接着是包含最能体现预期结果的词的短句，共四个字，这是要测量的目标句。为了避免被试把注意力放在目标句上，目标句之后是一个结尾句，为了鼓励被试为理解而进行阅读，每篇短文后均有一道阅读理解题，要求被试根据所读的文章进行是非判断。这些问题所关注的细节与预期推理的信息没有直接关系。

这样，每种实验处理各有18篇文章，每个故事有两个版本，共36篇文章，将36篇正式阅读材料随机分为A、B两组，每组18篇，每篇有强支持性语境和弱支持性语境两个版本。用A组9篇材料的强支持性版本与B组9篇材料的弱支持性版本组成第一套阅读材料(A1B2)，用A组9篇材料的弱支持版本与B组9篇材料的强支持性版本组成第二套阅读材料(A2B1)。24名被试，一半阅读A1B2，另一半阅读A2B1。这样，所有的被试都阅读全部18篇正式材料，强支持性语境和弱支持性语境两种条件各半，两种条件同等地出现在各篇材料中。

同时每组分别加入8篇填充叙事短文，形成两个系列的实验材料，每个系列包括26篇短文，以随机顺序排列。填充短文的结尾也有一道阅读理解题。

(3)评定实验。Cook和O'Brien的实验中已对强支持和弱支持的语境提供的预期结果发生的可能性高低进行了评定，弱语境条件下的平均分和强语境条件下的平均分分别是2.36和4.36，总体上，存在语境的主效应，$F1(1,34)=730.24$，$MSE=0.10$；$F2(1,17)=61.08$，$MSE=0.61$。因此本实验不再重复。

(4)实验步骤。被试被随机分配到两个实验系列中的一个，每位被试单独操作，约需40分钟完成。所有材料都在586计算机控制的15显示器屏幕上呈现。实验材料在屏幕上逐句呈现。被试用"空格键"进行阅读，阅读完每篇文章后用"是"("J"键)"否"("F"键)回答阅读理解题。

2.1.2 结果与分析

本实验记录了目标句的阅读时间和阅读理解问题回答正确率。所有被试对阅读理解题的回答正确率都在80%以上。在平均阅读时间3个标准差之外或150ms之下的极端数据均舍去。这样损失掉的数据在2%以内。在本研究所报告的所有分析中，$F1$指的是以被试为随机变量的检验，而$F2$指的是以项目为随机变量的检验。

被试对目标句的阅读时间见表1。分析目标句的阅读时间数据，结果发现，不同支持性语境下的目标句平均阅读时间差异显著。$F1(1,23)=8.640$，$p<0.01$；$F2(1,17)=4.044$，$p<0.05$。说明语境的支持性程度确实对预期推理的产生有影响作用。

表1 不同支持性语境条件下目标句的平均阅读时间

(单位：ms)

语境	目标句
强支持性语境	1133±359
弱支持性语境	1265±469

实验1a的结果表明，如果文本中有支持靶推理的语境，而且该语境对预期推理的指向性很强，那么预期推理是可以即时产生的。

2.2 实验1b

实验1a所用的阅读材料中，支持推理的语境与引发推理的点之间只有两句话的距离，并没有保证在引发推理的点上，支持性语境已经进入了长时记忆。为了验证读者是否能激活长时记忆中的支持性语境，实验1b把阅读材料中的继续段落的句子量从两个句子扩展为五个句子，以确保支持性语境已进入长时记忆，成为情境模型的一部分。另外,我们增加了一种条件,即继续段落只有一个句子的情况,在这种条件下,支持性语境仍处于工作记忆中。如果这两种条件下含有靶推理信息的目标句的阅读时间没有差异,则说明读者在读到推理引发句时确实能够快速地激活长时记忆中的支持性语境,从而构建预期推理。

2.2.1 研究方法

(1)被试。大学本科一年级学生24名,母语均为汉语,大学语文入学成绩表明无阅读障碍。

(2)实验材料。采用实验1a中所用材料中的16个故事,包括强支持性语境和弱支持性语境的短文。对所有短文的继续段落材料进行改写。

每篇短文均根据对支持预期推理的语境与引发推理的句子之间的文本距离区分为两种:近距离的和远距离的。近距离指的是语境与推理引发句之间在文本中只有一个句子的距离,而远距离指的是两者之间在文本中有五个句子的距离。但两种条件下的语句没有意义上的差别,且都不打断文章的连贯性。在这里用以区别不同距离的每个句子的字数是10—14字,平均每句12.05字。短文的结构均与实验1a中的相同。

本实验共有四种实验处理:每种实验处理有16篇文章,每个故事有四个版本,共64篇文章。64篇文章以拉丁方格平衡搭配为四组,即将64篇正式阅读材料随机分为A、B、C、D四组,每组16篇,每篇四种版本:(1)强支持性语境,近距离;(2)强支持性语境,远距离;(3)弱支持性语境,近距离;(4)弱支持性语境,远距离。用A组4篇材料的(1)版本、B组4篇材料的(2)版本、C组4篇材料的(3)版本和D组4篇材料的(4)版本组成第一套阅读材料(A1B2C3D4);用A组4篇材料的(2)版本、B组4篇材料的(3)版本、C组4篇材料的(4)版本和D组4篇材料的(1)版本组成第二套阅读材料(A2B3C4D1);用A组4篇材料的(3)版本、B组4篇材料的(4)版本、C组4篇材料的(1)版本和D组4篇材料的(2)版本组成第三套阅读材料(A3B4C1D2);用A组4篇材料的(4)版本、B组4篇材料的(1)版本、C组4篇材料的(2)版本和D组4篇材料的(3)版本组成第四套阅读材料(A4B1C2D3);24名被试,6名阅读A1B2C3D4,6名阅读A2B3C4D1,6名阅读A3B4C1D2,6名阅读A4B1C2D3。这样,所有的被试都阅读全部16篇正式材料,四种条件下的文章各四篇,四种条件同等地出现在各篇材料中。

同时每组分别加入8篇填充叙事短文,形成四个系列的实验材料,每个系列包括24篇短文,以随机顺序排列。填充短文的结尾也有一道阅读理解题。

(3)实验步骤。同实验1a。

2.2.2 结果与分析

本实验记录了目标句的阅读时间和阅读理解问题回答正确率。所有被试对阅读理解题的回答正确率都在80%以上。在平均阅读时间3个标准差之外或150ms之下的极端数据均舍去。这样损失掉的数据在2%以内。被试对目标句的阅读时间见表2。对四种条件下的目标句平均阅读时间数据进行统计分析,结果发现,语境支持性的主效应显著,$F1(1,23)=5.108$,$p<0.05$;$F2(1,15)=4.476$,$p<0.05$。但是文本距离因素的主效应不显著,$F1(1,23)=0.514$,$p>0.05$;$F2(1,15)=0.004$,$p>0.05$。语境支持性与文本距离的交互作用也不显著,$F1(1,23)=0.566$;$p>0.05$;$F2(1,15)=1.020$,$p>0.05$。

表2 各支持性语境和文本距离条件下目标标句的平均阅读时间

(单位:ms)

语境	近文本距离	远文本距离
强支持性语境	1240±397	1245±411
弱支持性语境	1312±403	1370±425

结果表明在语境支持性对预期推理的影响方面,实验1b重复了实验1a的结果。而支持性语境与引发推理的那一点之间的文本距离则对预期推理的产生没有影响。

实验一结果证明,当文本中的语境对某种特定的结果有强烈的指向性时,读者会即时地产生预期推理,而且支持推理的语境可以不必刚好在推理产生的点之前。但是,在实验一中,推理引发句之前的文本信息只描述了一个情境模型。如果在推理引发句之前的文本中除了支持性语境所描述的情境模型之外,还描述了另外一个情境模型,这个情境模型也与故事主角的目标有关,但不能与支持性语境的情境模型相整合,这时候预期推理是否仍然能够即时产生呢?我们在实验二中对此进行进一步检验。

3 实验二

实验二探讨当支持性语境与推理引发句之间插入了另一个情境模型时,预期推理是否会即时产生。

3.1 研究方法

3.1.1 被试

大学本科一年级学生24名,母语均为汉语,大学语文入学成绩表明无阅读障碍。

3.1.2 实验材料

采用实验1a中所用的16个故事,包括两种不同支持性的语境下的短文。将每篇短文再分为两种版本:其中一个版本是在继续段落之前插入一个与故事主角有关的情境,这个情境与支持性情境之间在时间、空间、因果关系、动机和物体这些维度上至少有一个维度是不同的，而且，该情境模型包含了实验1a的弱语境版本中与强语境版本不同的那一个双字词或三字词。

为了平衡文本的长度，有插入的情境模型的短文用的两个句子的继续段落，没有插入的情境模型的短文用的是实验1b中五个句子的继续段落。

实验共有四种处理，每种处理16篇文章，共有64篇文章。64篇文章以拉丁方格平衡搭配为四组。同时每组分别加入8篇填充叙事短文，形成四个系列的实验材料，每个系列包括24篇短文，以随机顺序排列。填充短文的结尾也有一道阅读理解题。

3.1.3 实验步骤

与实验1b相同。

3.2结果与分析

本实验记录了目标句的阅读时间和阅读理解问题回答正确率。首先删去了对阅读理解题的回答正确率在75%以下的被试，这样删去的被试有2名。在平均阅读时间3个标准差之外或150ms之下的极端数据均舍去。这样损失掉的数据在2%以内。被试在四种条件下的目标句平均阅读时间参见表3。

表3 各支持性语境和情境模型条件下目标句的平均阅读时间

（单位:ms）

语境	有插入的情境模型	无插入的情境模型
强支持性语境	1354±454	1149±387
弱支持性语境	1386±437	1349±449

从平均阅读时间来看，强支持性语境条件下的阅读时间都比弱支持性语境条件下的短，而有插入的情境模型条件下的目标句阅读时间比没有插入的情境模型条件下的长。进一步的方差分析表明，语境支持性的主效应显著，$F1(1,21)=6.354$，$p<0.01$；$F2(1,15)=4.608$，$p<0.05$。有无插入的情境模型的主效应也显著，$F1(1,21)=5.866$，$p<0.05$；$F2(1,15)=3.792$，$p<0.05$。但两个因素的交互作用仅边缘显著，$F1(1,21)=3.469$；$0.05<p<0.10$；$F2(1,15)=3.038$，$0.05<p<0.10$。

简单效应检验表明，有插入的情境模型条件下，强支持性语境与弱支持性语境之间目标句平均阅读时间之间差异不显著，$t1(23)=-0.625$，$p>0.05$，$t2(15)=0.528$，$p>0.05$；无插入的情境模型条件下，强支持性语境与弱支持性语境之间目标句平均阅读时间之间差异显著，$t1(23)=-3.285$，$p<0.01$；$t2(15)=-3.563$，$p<0.01$；在强支持性语境条件下，有插

入的情境模型条件下与无插入的情境模型条件下的目标句平均阅读时间之间差异显著，$t1(23)=-3.247$，$p<0.01$；$t2(15)=-3.562$，$p<0.01$；在弱支持性语境条件下，有插入的情境模型条件下与无插入的情境模型条件下的目标句平均阅读时间之间差异不显著，$t1(23)=0.521$，$p>0.05$；$t2(15)=1.045$，$p>0.05$。结果表明在这种条件下预期推理不会即时产生。

实验结果表明，当支持推理的语境与推理引发句之间插入了另一个与主角目标有关的情境模型时，预期推理不会即时产生。这可能是因为读者读到推理引发句时，同时激活了两个情境模型，但不能确定哪个情境是下文的信息加工所必需的，读者不能肯定地预期未来的事件，因此不会即时产生预期推理。

4 结论

本研究通过文本信息所描述的情境模型的数量来控制文本信息的语境对特定的预期结果的指向性，探讨文本的语境对预期推理充分性对预期推理构建的影响。实验结果表明，文本信息所提供的语境制约是预期推理是否在阅读过程中产生的决定性因素。由于读者在阅读中会自觉地维持整体连贯的关于文本的心理表征，而且读者会以因果关系为线索来理解文本的意义，所以，如果文本信息的语境对特定的结果有很强的指向性，那么读者会在阅读过程中产生因果性的预期推理。但是，如果在阅读过程中进行预期推理的难度太大，读者会放弃预期。

本研究的结论是，文本信息所提供的语境是影响因果性预期推理构建的决定性因素之一。

合作者：郭淑斌，莫雷。原文载于《心理科学》，2006年第4期。

汉语双字合成词口语产生的词素信息编码

1 引言

言语产生(Language Production),也叫语言表达(language expression),指人们利用语言表达思想的心理过程,包括从思想代码转换成语言代码再转换成生理的、运动的代码,即利用发音器官发出指代某种意义的声音或书写代表某种意义的文字(Roelofs, 1992)。词汇通达研究是探索言语产生特点的有效方法之一,当前许多研究关注词素在词汇通达中的作用。作为音义结合体,词素是最小的可以独立运用的造词单位。

印欧语系的研究发现词素是词汇产生的编码单元,即存在所谓形态学编码(morphological encoding)。如Zwitserlood等人采用图—词干扰范式发现了显著的词素启动效应,干扰词的构词类型和重复位置对该效应没有显著影响(Zwitserlood, Bölte, & Dohmes, 2002)。另有研究发现非文盲说话者口语产生的词素正字法信息被强制性激活(Damian & Bowers, 2003)。Dohmes等人发现词素相同干扰词对图片命名有显著的启动效应,该效应跟语义透明度无关,而正字法相同的干扰词启动效应只在即时情景下显著,且小于词素启动效应(Dohmes, Zwitserlood, & Bölte, 2004)。而Meunier和Longtin的研究发现词素启动效应只存在于可以解释的伪词中,说明词素启动效应需要语义成分的参与,体现为基于正字法特征的形态学分解和基于词素兼容性的语义整合两步(Meunier & Longtin, 2007)。这些研究证明印欧语系语言的口语产生中存在形态学编码,词素的正字法、语音和语义信息在编码中都有不同程度激活。

相对而言,关于词素地位的探讨在汉语研究中尚不多见。但已有研究证明词素可能是词汇理解和储存的单元,词素的频率、语音、语义和正字法都会影响整词的理解(Zhou, Marslen-Wilson, Taft, & Shu, 1999; 王春茂,彭聃龄, 1999)。汉语词汇产生的研究中,Chen等用内隐启动范式考查了汉语普通话双音节词的构词编码特征,发现词素的“音节+音调”是词汇产生的编码单元,词素正字法作用不显著(J. Y. Chen, Chen, & Dell, 2002)。2006年,他们的研究采用同样范式,发现词素正字法和语义的相似不足以引起显著准备效应,而词素相同引起的准备效应和音节相同引起的准备效应没有显著差异,说明汉语合成词产生的编码单元是“音节+音调”,而不存在印欧语系语言中所谓的形态学编码(T. M. Chen & Chen, 2006)。随后他们对这个研究结果进行了拓展和验证,也发现了相同结果(J. Y. Chen & Chen, 2007)。张清芳的研究探讨了双音节词的音韵编码单元,也发现“音节+音调”是汉语双字词产生的编码单元(张清芳, 2008)。目前所见的研究都认为“音节+音调”是汉语双字词产生的编码单元,而不存在正字法和形态学编码,但这些研究都采用内隐启动范式,尚需要其他范式的研究结果提供佐证。因此,本研究拟采用言语产生研究中经典的图—词干扰范式(Meyer, 1991),以汉语双字合成词为材料,探讨汉语双字合成词口语产生中词素编码的特点。汉语双字合成词是指由两个音节组成的词,每个音节都是根词素或依附词素,两个词素组合在一起构成一个通用的词,并且每个词素都有其独立的意义(Chirkova, 2002),如“冰水”。本研究拟选用名称为双字合成词的图片,再配以不同类型的干扰词,让被试完成图片命名任务,探讨词汇口语产生的特点。

本研究还关注了另一个现象,即词汇产生中,词汇的形、音、义信息是在不同时间进程内激活的。印欧语系的研究发现语义信息最先激活,然后是音韵信息(Rodriguez-Fornells, Schmitt, Kutas, & Münte, 2002),而词形和语义信息的激活可能出现同一时程,且可以持续较长时间(Starreveld & La Heij, 1996)。汉语词汇产生中,有研究发现语义干扰效应存在于较早的SOA(stimulus onset asynchrony)条件中,在晚期有很大的减弱,而语音促进效应和正字法促进效应同时强烈地存在于早期和晚期(周晓林, 庄捷, 吴佳音,杨大赫, 2003)。张清芳等人发现单字词在SOA为-300ms—0ms时存在语义抑制效应,当正字法促进效应存在于SOA为-100ms—100ms间,语音促进效应只存在于SOA为100ms时(张清芳,杨玉芳, 2004)。事件相关电位(ERP)的研究也有相似的发现,语义信息引起的N200的潜伏期(307ms)显著早于由语音信息引起的N200的潜伏期(447ms),表明在汉语词汇产生过程中,语义提取先于语音提取(郭桃梅, 彭聃龄, 卢春明,刘宏艳, 2005)。这些研究证明词汇产生中词汇的形、音、义信息激活的时间进程是有差异的,因此,本研究假设双字合成词的词素信息编码也可能在不同时间进程上存在正字法、语音、语义效应的分离,遂将SOA,即图片和干扰词呈现时间的异步性作为一个自变量。

2 实验一 双字合成词口语产生首词素编码

以首词素为对象考察四类干扰词在不同SOA条件下对图片命名时间的影响,以探索汉语双字合成词口语产生中词素的正字法、语音、语义信息激活编码特点。

2.1 方法

2.1.1 实验材料

本研究的材料选择都按如下程序进行：

①从张清芳等标准化的图片库中选出所有名称为双字合成词的图片，确保图片具有很高的命名一致性、熟悉性、表象一致性和视觉复杂性，对于有几个名称的图片，选取最典型的名称作为目标名称（陈永香，朱莉琪，2015）。

②查阅《现代汉语词典》《逆序现代汉语词典》《汉语倒排词典》，根据各实验要求为目标图名配上各类型干扰词，具体类别参见具体实验设计。

③请15名心理学专业研究生对所选干扰词与目标词的语义相关程度进行评价，根据目标图名和干扰词的语义相关度，初步确定实验材料。

④根据以往的研究，应该控制材料的词频以控制熟悉程度。在本研究中部分词在频率词典中无法查到，但合适实验材料难以找到而不能删除，所以本研究请30名本科二年级文科生对所选词的熟悉程度进行5点量表评定，以期控制材料熟悉程度。另请他们以5点量表评估干扰词与目标词的语义相关度。

⑤根据所选词的熟悉程度、笔画数进一步筛选目标图和相应的干扰词，确保所有图、词都具有较高熟悉性，几种条件的材料在熟悉程度和笔画数上没有显著差异。

本实验图片材料为20幅目标图片，4幅练习图片和10幅填充图片。为目标图片配上四类干扰词，词例如表1所示：和目标图名称拥有相同词素的干扰词（该词素的语音、正字法和语义完全相同），称为"词素同"；和目标图名称拥有相同字的干扰词（正字法和读音完全相同，但语义不同），称为"字同"；和目标图名称拥有相同读音的干扰词（音节和音调都一致，正字法和语义不同），称为"音同"；无关词（在语音、正字法和语义上都无关），由"音同"条件的干扰词构成，只是和不同的图片搭配，称为"无关"。填充图片与关键图片无关，其搭配的干扰词也与图片名没有形、音、义的相关。

最终材料的熟悉度评定结果见表1，各组干扰词的熟悉度彼此之间没有显著差异，$F(2, 93)=1.19$，$p>0.05$；几种条件笔画数没有显著差异，$F(3, 76)=0.77$，$p>0.05$。"词素同"和"字同"两种干扰词的主要区别在于前者与目标图名拥有一个相同词素，其形、音、义完全相同，而后者与目标图名拥有相同的字，只有形、音相同，语义不一样。在二者与目标图名的语义相关程度5点量表评分中，语义相关度分别为2.64（$SD=0.50$）和1.08（$SD=0.13$），表明前者跟图片名称语义相关性较高，后者很低，而且差异极为显著，$t(29)=17.80$，$p<0.001$。

表1 目标图片名和干扰词词例、熟悉程度、笔画数 *M*、*SD*

（单位：ms）

类别	目标图名	词素同	字同	音同	无关
词例	项链	项圈	项目	巷战	预防
熟悉度	4.16(0.56)	3.68(0.65)	3.88(0.70)	3.63(0.70)	3.63(0.70)
笔画数	16.85(4.06)	15.45(4.64)	16.10(3.89)	17.20(3.29)	17.2(3.29)

2.1.2 实验设计

实验采用4×3设计：干扰词类型（词素同，字同，音同和无关）×SOA（-100ms，0ms，100ms）。以拉丁方设计把20幅图片交叉分为四个测验组。每个测验组中每5幅图片分别与“词素同”“字同”“音同”“无关”干扰词配对，再插入10幅填充图片和对应干扰词，因此，每个测验组有30个刺激对。每个被试只完成一个测验组，重复3次，共接受90次刺激。参照周晓林等人的研究，将四个测验组以3种SOA（SOA=-100ms干扰词先于图片100ms呈现，SOA=0ms图词同时呈现，SOA=100ms干扰词后于图片100ms呈现）呈现（周晓林 et al., 2003）。干扰词类型为被试内因素，SOA为被试间因素，呈现顺序在被试间平衡。要求被试又快又准地对图片进行命名反应，记录图片命名反应时和错误率作为因变量指标。

2.1.3 实验程序

正式实验前安排被试学习图片名称。在屏幕中央依次呈现每幅图片1s，要求被试用双字词对图片出声命名，不会则猜测。被试命名后图片中央将呈现标准名称2s，要求被试记住这些名称并在正式实验中运用。一般来说，这些图片都是日常生活中常见的命名一致性很好的图片，被试给出的名称与标准名称是一致的。当被试确信自己记住了这些图片的名字后休息3min，开始正式实验。

正式实验时，首先呈现“+”字注视点500ms，然后空屏500ms，接着图片和干扰词分不同SOA呈现。图片呈现的时间最长为1500ms，干扰词呈现于图片的中央，即注视点的位置，干扰词最长呈现300ms，被试做出反应后图片和干扰词随即消失。被试的任务是忽略图片中词语，又快又准地大声说出图片的名字。间隔500ms后开始下一次测试。为了加强被试对干扰词的加工，要求被试始终把目光集中在注视点上，并且用红色呈现干扰词。

整个实验呈现程序用E-Prime编程，图片呈现在DELL电脑屏幕中央。被试反应通过PSTSR-BOX连接的麦克风记录，计算机自动记录被试的反应时间，主试记录被试命名正确与否。

2.1.4 被试

39名本科生自愿参加实验，其中男生16名，女23名，年龄18—26岁，平均年龄20.12±1.83岁。被试普通话较标准，视力或矫正视力正常。实验后获得适量报酬。因为3名被试有较多错误反应或没有反应被删除，36名被试的数据进入统计分析。

2.2 结果与分析

删除反应不正确的数据52个，包括被试命名错误以及其他声音比如“嗯”或“啊”等所记录的数据、反应时小于200ms的数据、没有反应的数据，占全部数据的2.4%。每种条件下的错误率分布均匀，且正确率很高，因此只分析反应时的数据。

表2所示为各干扰词类型和SOA条件下图片命名时间的均值和标准差。被试内（$F1$）和项目内（$F2$）重复测量方差分析表明：干扰词类型的主效应显著，$F1(3, 18)=16.35$，$p<0.001$，$F2(3, 171)=16.97$，$p<0.001$；SOA的主效应不显著，$F1(2, 6)=0.74$，$p>0.05$，$F2(2, 57)=0.79$，$p>0.05$；干扰词类型和SOA的交互作用不显著，$F1(6, 18)=0.51$，$p>0.05$，$F2(6, 171)=0.53$，$p>0.05$。

事后配对比较表明，“词素同”条件（660ms）、“字同”条件（667ms）和“音同”条件（701ms）的反应时都显著短于“无关”条件的反应时（736ms），前两者都在0.001的水平上显著，后者在0.05的水平上显著。以无关启动为基线，“音同”启动量（35ms）显著大于无关启动，$p<0.05$；“词素同”启动量（76ms）和“字同”启动量（69ms）都显著大于“音同”启动量（35ms），$p<0.01$；词素的启动效应量略大于字的启动效应量，但没有达到统计显著水平。

表2 各干扰类型和SOA条件下图片命名时间 M、SD

（单位：ms）

SOA	词素同	字同	音同	无关
−100	649(67)	646(77)	701(72)	737(70)
0	655(76)	674(86)	699(78)	720(75)
100	674(74)	681(56)	703(92)	750(77)
total	660(76)	667(74)	701(84)	736(77)

2.3 讨论

本实验以首词素为考察对象，发现图画命名反应时在干扰词和目标图名有“音同”、“字同”和“词素同”的关系时，都显著快于无关词启动，表明词素作为词的构成单位，其正字法和语音的信息都有不同程度的激活。本实验“音同”启动反应时显著快于无关启动反应时,说明词素语音显著激活,预示“音节+音调”可能是口语产生的编码单元,佐证了前人的研究(J. Y. Chen & Chen, 2007; J. Y. Chen et al., 2002; T. M. Chen & Chen, 2006; 张清芳, 2008; 张清芳,杨玉芳, 2005)。本实验还发现了“字同”启动量显著大于“音同”启动,表明词素的正字法信息也显著激活,预示词素的正字法信息在口语产生中也参与了编码。该结果和许多汉语单字词的研究(周晓林 et al., 2003)和印欧语系语义的研究(Damian & Bowers, 2003; Dohmes et al., 2004)结果相似,这些研究都发现当干扰词和目标图名称正字法相似时有显著的促进效应。但和目前所见的汉语双字词研究的结果不尽相同(周晓林 et al., 2003),他们发现词素的正字法信息在词汇产生中作用不显著。本实验中“词素同”条件启动效应和“字同”启动效应差异不明显,预示词素语义激活不显著,也说明口语产生中词素的激活还停留在语音和正字法水平上,并不存在显著的形态学编码,跟Chen等关于汉语口语产生中是否存在单独的形态学编码的研究结论一致(J. Y. Chen & Chen, 2007; T. M. Chen & Chen, 2006)。

本实验关注的另一个问题是词素的正字法、语音、语义信息激活是否在不同时间进程出现分离。由于本实验SOA的主效应以及它和干扰词类型的交互作用都不显著,不能说明词素的正字法、语音、语义信息激活出现了时间进程的分离。这和一些单字词的产生研究结论不一致,可能体现了单、双字词的差异,也可能源于SOA设置距离较小,仍需要进一步探索。本实验仅以首词素为考察对象,次词素的激活是否也具有和首词素同样的特点呢?实验二将同时以首、次词素为考察对象,设置距离较大的SOA探讨词素信息编码的特点。

3 实验二首次词素编码特征比较

用同一组目标词,同时考察首、次词素在词汇产生中词素语音、正字法和语义信息激活特点。

3.1 方法

3.1.1 实验材料

材料选择过程同实验一。图片材料为35幅目标图片,4幅练习图片和19幅填充图片。为目标图片分别以首词素和次词素为考察对象配上“词素同”、“字同”、“音同”和“无关”干扰词,共7组(首、次词素的无关干扰词为同一组),词例和熟悉度、笔画数等控制参数见表3。所选材料的熟悉度都较高,方差分析表明各类干扰词的熟悉度之间没有显著差异，$F(5,174)=1.58, p>0.05$。各种条件材料的笔画数没有显著差异，$F(6,238)=0.75, p>0.05$。填充图片由与关键图片无关的图片构成，其名称也是双字词，与其配对的干扰词同图片名称没有形、音、义的相关。

首词素的“词素同”和“字同”干扰词与目标图名的语义相关度分别为3.08（$SD=0.55$）和1.55（$SD=0.57$），次词素的两类干扰词与目标图名语义相关度分别为2.63（$SD=0.55$）和1.41（$SD=0.29$），表明“词素同”干扰词跟图片名语义相关性较高，而“字同”干扰词跟图片名相关较低，语义相关程度差异极为显著，$t(29)=15.09, p<0.001$；$t(29)=15.91, p<0.001$。

表3　目标图片名和干扰词的例词、熟悉程度、笔画数 *M*、*SD*

（单位：ms）

类别	目标图名	词素同		字同		音同		无关
		首	次	首	次	首	次	
词例	教堂	教徒	祠堂	教材	名堂	较量	池塘	后勤
熟悉度	4.64 （0.42）	4.13 （0.54）	4.17 （0.60）	3.96 （0.67）	3.90 （0.73）	4.15 （0.61）	4.22 （0.68）	4.15 （0.61）
笔画数	15.80 （4.40）	15.54 （4.57）	15.91 （4.69）	16.14 （4.18）	16.11 （5.17）	17.60 （4.14）	16.26 （4.62）	17.60 （4.14）

3.1.2 实验设计

采用4×2×2混合设计：4种干扰词的类型（词素同、字同、音同和无关）×2种SOA（-200ms，100ms）×2种词素位置（首词素、次词素），其中无关干扰词不对应于任何词素，只有一组。以拉丁方方式把目标图片交叉分为7个测验组。关键图片与干扰词的配对方法同实验一。每个测验组包含所有关键图片和填充图片，每个被试只接受一个测验组，但包含了4种干扰词类型，每个测验组重复测量3次，每个被试接受192次刺激。干扰词类型和词素考察位置为被试内因素，SOA为被试间因素，呈现顺序在被试间平衡。

3.1.3 实验程序

实验程序同实验一。

3.1.4 被试

42名本科生（没有参加实验一）自愿参加实验，其中男生18名，女生24名，年龄17—24岁，平均年龄21±1.65岁。被试普通话较标准，视力或矫正视力正常。实验结束后获得适当报酬。42个被试的数据都进入统计分析。

3.2 结果与分析

删除反应不正确的数据181个，包括被试命名错误以及其他声音比如“嗯”或“啊”等数据、反应时小于200ms的数据、没有反应的数据，占全部数据的4.1%。每种条件下的错误率分布均匀，且正确率很高，因此只对反应时数据做细致分析。

表4 各干扰类型和SOA条件下图片命名时间 *M*、*SD*

（单位:ms）

SOA	词素同		字同		音同		无关
	首	次	首	次	首	次	
−200	637(74)	657(79)	662(82)	653(74)	716(71)	713(93)	745(88)
100	670(61)	691(79)	674(73)	688(73)	694(84)	716(78)	728(79)
Total	654(69)	674(80)	668(78)	671(77)	705(78)	715(82)	737(87)

表4所示为各干扰类型和SOA条件下图片命名反应时均值和标准差。被试内（*F*1）和项目内（*F*2）的重复测量方差分析发现：干扰词类型的主效应显著，$F1(3,24)=54.36$，$p<0.001$，$F2(3,408)=44.69$，$p<0.001$；干扰词类型和SOA的交互作用的显著 $F1(3,24)=6.97$，$p<0.01$，$F2(2,408)=4.48$，$p<0.01$；其他效应均不显著。

分别对两种SOA条件下的各种干扰词类型的启动效应量进行简单效应分析。当SOA=−200ms时，各干扰词类型的差异显著，$F1(3,8)=7.29$，$p<0.05$，$F2(6,238)=8.98$，$p<0.001$。事后检验表明：以无关条件反应时（745ms）为基线，以首词素为考查对象时，“音同”启动（29ms）不显著，“字同”启动（83ms）和“词素同”启动（108ms）都显著，$p<0.001$。“字同”启动和“词素同”启动显著大于“音同”启动（$p<0.01$，$p<0.001$）。“字同”启动和“词素同”启动之间差异不显著。以次词素为考查对象时，“音同”启动（32ms）不显著，“字同”启动（89ms）和“词素同”启动（92ms）都显著，$p<0.001$。“字同”启动和“词素同”启动显著大于“音同”启动（$p<0.01$，$p<0.001$）。“字同”启动和“词素同”启动之间差异不显著。SOA=100ms时，干扰词类型的差异显著，$F1(3,8)=7.29$，$p<0.05$，$F2(6,238)=2.69$，$p<0.05$。事后检验表明，以无关条件启动图片命名反应时（728ms）为基线，以首词素为考查对象时，“音同”启动（34ms）边缘性显著，$0.05<p<0.1$，“音同”启动与“字同”启动、“词素同”启动差异不显著，“字同”启动和“词素同”启动之间差异不显著。以次词素为考查对象时，“音同”启动（12ms）不显著，“音同”启动与“字同”启动、“词素同”启动彼此差异不显著。

3.3 讨论

本实验采用与实验一相同的范式，同时考察双字合成词口语产生的首词素和次词素信息激活，发现了同实验一相似的结果。实验一根据张清芳等的研究设置了−100ms、0ms和100ms三种SOA条件（张清芳，杨玉芳，2004），发现了双字合成词词素的正字法和语音促进效应,但没有发现语义信息的明显激活,前人的研究表明语义信息会在言语产生的早期起作用,所以本实验将SOA改为-200ms,以期发现显著的词素语义激活。本实验发现当SOA为-200ms时,首、次词素都发现了正字法促进效应,在SOA为100ms时,首词素的语音信息也显著激活,而在两种SOA条件下都没有发现显著的词素语义激活。说明了汉语口语产生中,词素的正字法和语音信息都参与编码,前者先于后者激活,但词素语义激活不显著,预示汉语口语产生不存在高于形、音编码的形态学编码,重复了实验一的结果,验证了前人研究的结论(T. M. Chen & Chen, 2006)。本实验还考察了词素位置在口语产生中的作用是否有差异。有研究提出词汇产生中是以增长式逐步编码的,不同位置词素的编码特点可能存在差异(Roelofs, 1996, 1998)。本实验没有发现显著的词素位置效应,首、次词素都表现出相似的词素正字法、语音信息的激活,不支持增长式逐步编码的假说。

前人的研究和词汇产生的理论认为(Levelt, Roelofs, & Meyer, 1999; 张清芳,杨玉芳, 2004)言语产生中概念的准备是必不可少的,即语义的激活是必然的。实验一和本实验都没有发现显著的词素语义效应,一种可能是词汇产生中语义编码是以整词为单位的,没有划分到单个词素上。同时前两个实验"词素同"条件中词素的语义与词素的正字法、语音交织在一起,语义效应可能淹没在语音和正字法效应中。实验三将设置单独的"语义相关"干扰词,排除语音、正字法信息的干扰和"词素同"干扰词的效应进行对比。

4 实验三 词素语义和整词语义启动比较

设置单纯"语义相关"干扰词和"词素同"干扰词进行对比,考察汉语双字合成词口语产生中整词语义和词素语义激活特点。

4.1 方法

4.1.1 实验材料

实验材料选择过程同实验一,目标图片15幅,练习图片4幅,填充图片15幅。给目标图片以实验一相同的方式配以3类干扰词:"词素同""语义相关"和"无关",词例和控制参数如表5所示。填充图片由与关键图片无关的图片构成,其名称也是双字合成词,与其配对的干扰词同图片名称没有形、音、义联系。

表5 目标图片名和干扰词例词、熟悉程度、笔画数 M、SD

(单位:ms)

类别	目标名称	词素同	语义相关	无关
词例	领带	领结	西装	跟斗
熟悉度	4.74(0.46)	4.50(0.67)	4.69(0.49)	4.43(0.51)
笔画数	17.07(4.42)	18.27(3.45)	16.87(5.63)	15.60(3.58)

所选图片名及干扰词的熟悉度都很高,两种干扰词和目标图片的熟悉程度没有显著差异,$F(2,87)=1.61$,$p>0.05$。几种条件笔画数没有显著差异,$F(3,56)=0.94$,$p>0.05$。"词素同"、"语义相关"干扰词和图片名语义相关程度较高,5点量表的评分都在3.8以上(3.88±0.81,3.83±0.71),两种干扰词和目标图片的相关程度彼此没有显著差异,$t(29)=0.68$,$p>0.05$。

4.1.2 实验设计

采用3×2混合设计:3种干扰词的类型(词素同、语义相关、无关)×2种SOA(−200ms、100ms)。以拉丁方设计把15幅图片交叉分为3个测验组,每个测验组包含所有关键和填充图片。关键图片中同干扰词的配对同实验一。每个被试只接受一个测验组,每个测验组重复测量3次,每个被试接受90次刺激。干扰词类型为被试内因素,SOA为被试间因素,呈现顺序在被试间平衡。

4.1.3 实验程序

实验程序同实验一。

4.1.4 被试

18名没有参加过前边实验的本科生自愿参加实验,其中男生10名,女8名,年龄19—26岁,平均年龄21±2.01岁。被试普通话较标准,视力或矫正视力正常。实验后获得适当报酬。18个被试的数据都进入统计分析。

4.2 结果与分析

删除反应不正确的数据36个,包括被试命名错误以及其他声音,比如"嗯"或"啊"等数据、反应时小于200ms的数据、没有反应的数据,占全部数据的2.2%。每种条件下的错误率分布均匀,且正确率很高,因此只对反应时数据做细致分析。

表6所示为三种干扰词类型在两种SOA下图片命名反应时的均值和标准差。被试内($F1$)和项目内($F2$)的重复测量方差分析发现:干扰类型主效应显著,$F1(2,8)=25.86$,$p<0.001$,$F2(2,56)=10.25$,$p<0.001$;SOA的主效应显著,$F1(1,4)=11.43$,$p<0.05$,$F2$(1,

28)=3.04，$p<0.1$；SOA和干扰类型的交互作用显著，$F1(2,8)=7.82$，$p<0.05$，$F2(2,56)=3.46$，$p<0.05$。

简单效应分析表明，当SOA=-200ms时，不同干扰词类型的反应时差异显著，$F1(2,6)=17.68$，$p<0.001$，$F2(2,42)=10.73$，$p<0.001$。事后检验表明，“词素同”条件和“语义相关”条件都显著快于“无关”条件（$p<0.001$，$p<0.05$），二者本身差异不显著。当SOA=100ms时，被试分析差异显著，$F1(2,6)=5.90$，$p<0.05$，项目分析不显著，$F2(2,42)=1.31$，$p>0.05$。

事后检验表明，“词素同”条件快于“语义相关”条件和“无关”条件（$p<0.01$，$p<0.05$），后二者之间差异不显著，但“语义相关”启动条件反应时大于无关启动条件。

表6 每一干扰类型和SOA下图片命名时间*M*、*SD*

（单位：ms）

SOA	词素同	语义相关	无关
-200	606(60)	651(92)	710(69)
100	670(92)	745(154)	714(131)
total	638(83)	698(123)	712(103)

4.3讨论

在前两个实验中，拥有相同词素的干扰词表现出明显的促进效应，但是要想推知单纯的词素语义作用应该减去其正字法和语音效应，根据这种减法逻辑，两个实验都没有发现显著的词素语义效应，也预示汉语双字合成词产生的编码单元不存在形态学编码。本实验设计了与目标图名有语义相关但却没有正字法和语音相同的干扰词来启动图片命名，用整词语义激活情况给词素语义激活提供参照。和前几个实验结果一样，本实验中“词素同”条件在两种SOA条件下都会促进图片命名，而单纯的“语义相关”条件在SOA=-200ms时有显著促进效应，而在SOA=100ms时，出现了抑制效应倾向。这说明整词语义和词素语义在合成词产生中的作用是不同的，整词早期的语义信息激活可能促进口语产生，但是在随着概念准备的完成而向词汇编码和语音编码过渡，干扰词的语义信息就会跟已经准备的概念信息竞争，延缓图片命名，而“词素同”条件的语义信息淹没在正字法和语音信息中，难以表现出独立于语音和正字法之外的语义效应，造成词汇产生没有高于语音、正字法编码外的形态学编码。

5 总讨论

5.1 双字合成词词素的形、音编码

本研究几个实验发现“词素同”“字同”和“音同”条件与“无关”条件对比，都显著地促进图片命名。“音同”条件显著快于“无关”条件，说明语音（音节加音调）是口语产生的编码单元，跟前人的研究一致（J. Y. Chen & Chen, 2007; J. Y. Chen et al., 2002; T. M. Chen & Chen, 2006; 张清芳, 2008; 张清芳，杨玉芳, 2005）。根据Levelt等人的WEAVER计算模型，言语产生要经历概念准备、词汇选择、词形编码、语音编码、音素编码和发音六个阶段，而且这六个阶段是遵循一个接一个的序列规则进行的（Levelt et al., 1999）。因此，在言语产生后几个阶段中，提供与目标词拥有相同读音的干扰词就能促进图片命名。在本研究中当SOA为100ms时，音同干扰词显著促进图片产生，支持Levelt等人提出的WEAVER模型。

“字同”条件反应时显著短于“音同”条件，说明词素的正字法信息也参与了编码，这样的结果和一些汉语单字词口语产生研究（周晓林 et al., 2003; 张清芳，杨玉芳, 2004），以及英语研究的结论一致（Damian & Bowers, 2003），但跟仅见的两个汉语双字词产生的研究结论相左（周晓林 et al., 2003; 张清芳，杨玉芳, 2004）。这可能跟研究采用的范式和实验任务有关。在内隐启动范式中，被试的任务是根据提示词产生与之搭配的词，而在图-词干扰范式中是忽略干扰词对图片命名。前者在词汇产生过程中不会看到与目标词相同正字法的字，因而心理资源可能集中于概念选择和语音准备上，不会对词语正字法进行编码。而在图词干扰任务中，尽管要求被试在命名图片时忽略干扰词，但事实上还是要对干扰词进行加工，而且本研究中视觉呈现干扰词，同样的正字法意味着同样的读音，正字法和语音的加工同时存在，在出现语音促进效应的同时就易于出现词素的正字法促进效应。当然，合成词口语产生中是否一定存在正字法编码显然还需要进一步探索，诸如采用多音字干扰词、听觉呈现干扰词等方法，可能会为该问题的探讨提供良好的参考。

5.2 词素语义效应

本研究几个实验没有发现“词素同”条件相对于“字同”条件的促进效应或抑制效应，说明词素的语义信息激活无法促进或抑制词汇产生，证明词素编码不存在高于语音和正字法的形态学编码，为Chen等的研究结论提供了来自图-词干扰范式的证据（J. Y. Chen & Chen, 2007; T. M. Chen & Chen, 2006）。

印欧语系的研究中已有证据证明词素具有心理现实性（Dohmes et al., 2004; Meunier & Longtin, 2007; Roelofs, 1996; Zwitserlood et al., 2002)。然而汉语是一种缺乏形态学变化的语言,它没有拼音文字中复杂的词缀曲折变化,词素的地位和它在拼音文字中的地位是不同的。Chen的研究采用内隐启动范式,通过语素准备效应和音节准备效应的对比,发现前者并不能显著大于后者(J. Y. Chen & Chen, 2007; T. M. Chen & Chen, 2006)。他们认为形态学编码独立于词素的正字法和语音因素,如果词素效应不能显著大于语音或正字法效应,那么编码单元就仍然在"音节+音调"或"正字法"水平上。

双字合成词的词素语义和整词语义不能彻底分离开来,词素语义相同则两个词的整词语义必然相关。本研究参考Chen等的研究(J. Y. Chen & Chen, 2007; J. Y. Chen et al., 2002; T. M. Chen & Chen, 2006),希望采用减法逻辑离析词素的语义效应。在前两个实验中,词素启动效应跟字启动效应没有显著差别,证明词素的语义在词汇产生中作用不显著,事实上这也可以解释为整词语义效应被淹没在正字法和语音效应促进效应中而不能表现出显著语义效应。实验三采用整词"语义相关"条件和"词素同"条件的对比,二者和目标语义相关性相当,但前者只有语义相关,而后者语义相关的同时,还有正字法和语音相同。结果发现整词"语义相关"在不同时程上表现为促进效应和抑制效应,而"词素同"条件表现为促进效应,跟前两个实验结果相当,没有相对"字同"条件的显著效应。这说明整词语义对词汇产生有显著影响,而当启动词和目标有正字法和语音相同时,语义效应就被淹没其中,难以表现出显著的语义效应。另外,已有研究证明语义在词汇产生中既可能促进目标词汇语义的激活(Alario, Perre, Castel, & Ziegler, 2007),也可能与目标词汇语义产生竞争(张清芳 & 杨玉芳, 2004),分别表现出促进效应和抑制效应,或者没有显著效应。汉语双字合成词的词素语义只部分决定词汇的语义,因而在词汇产生的作用更为模糊。当然,本研究的设计难以完全把整词语义和词素语义分离开来,即使发现显著语义效应也很难推测该效应来自词素还是整词,该问题还需更巧妙的设计作进一步的探讨。

本研究中词素的语音、正字法有显著促进效应,而词素语义效应不明显,而整词语义效应显著的结果可以用Zhou等提出的汉语合成词多层表征模型得到很好的解释(Zhou et al., 1999)。该模型把音节层、正字法、词素层和整字层区分开来,认为合成词的形态学结构在各个层面上都有表征和标志,词素的正字法表征直接同词素的音韵表征和语义表征相连,而且和包含这些词素的整词的语义表征相连。根据该模型,合成词可以在词素水平编码,也可以在整词水平编码。正字法和语音信息主要在词素水平编码,基本不存在独立的整词编码,而语义则多在整词水平编码。因此词素语音、正字法在词汇产生中有显著激活编码,表现为促进效应,而词素语义往往以整词语义参与编码,淹没在语音、正字法效应中而不能表现出显著效应。

5.3 词素信息编码的时间进程和位置特点

本研究还把时间进程和词素位置作为影响词素信息编码的变量纳入研究。结果发现了词素正字法信息激活的时间进程和单字词基本相同(周晓林 et al., 2003; 张清芳, 杨玉芳, 2004),即正字法信息激活在前,在SOA=-200ms时就有出现,语音信息激活的时间稍晚,在SOA=100ms时才有出现,说明词素的形、音编码同单字词的编码相似。在双字合成词的口语产生中,词素的形、音信息可能只有词素层编码,跟单字的形、音编码相似,所以在形、音信息激活的时程上也相似。

本研究发现首、次词素信息编码没有显著差异。有研究提出言语产生是从左至右依次序列编码的(Roelofs, 1996, 1998),本研究结果不支持这样的理论。这可能和本研究所采用的材料有关。本研究采用的是双字合成词,首词素和次词素在合成词中的地位是相当的,而且仅为两个字构成,干扰词加工和词汇产生可能是以平行加工的模式进行的,所以表现出相似的信息激活特点。当然,本研究结论的外在效度有较大的局限性,难以推广到非合成词中去,汉语词汇中产生词素位置的作用仍需要对其他形式的词进行研究。

6 结论

综上所述,本研究可以得到如下结论:

(1)汉语双字合成词构成词素的语音信息、正字法信息都可以促进词汇的产生,词素的"音节+音调"以及正字法信息都可能是词汇产生的编码单元;

(2)词素语义信息在词汇产生中作用不显著,预示汉语词汇产生中不存在高于语音、正字法编码的形态学编码;

(3)词素的形、音信息编码的时间进程和单字词相似,正字法编码较早,在SOA=-200ms时就有出现,语音信息编码稍晚,在SOA=100ms时才有出现;

(4)词素的位置在双字合成词口语产生中的作用没有显著差异。

合作者:陈熙海。原文载于《心理学报》,2010年第42卷第3期。

专题三 心理学问卷调查研究

在心理学研究中常常通过问卷调查的方法来收集人们的心理与行为的资料。心理学研究者应该了解怎样选择使用这种方法并取得令人满意的结果。

引　言

在心理学中，大多数的调查研究都采用问卷对变量进行测量。它既节省时间、经费和人力，又可以获取大量数据，便于计算机处理作定量分析，可用于描述性、解释性、探索性研究，因而受到研究人员的青睐。问卷调查研究中最主要的研究工具是问卷，所以问卷必须精心设计以适合研究目的。即使问卷设计完美无缺，但是如果使用不当，例如抽取的样本不能完全代表总体，也会使我们的研究大打折扣。这些问题我在"专题一 心理学的方法论研究"中都有比较详细的分析，这里我想再一次强调现场调查的重要性。无论研究者在设计问卷时多么认真、多么仔细，错误仍随时都可能发生。避免问卷调查犯错的最有效方法就是对问卷进行预调查。例如，将问卷分发给老年群体或公务员群体10人来完成。预调查的对象无须具有代表性，但至少也应该找那些与问卷相关的人来完成。从总体来看，请人来完成问卷往往都比让人阅读来查找错误更有效，将预调查收集到的资料进行预编码，也有助于我们在计算机上设计正式的数据录入程序。总之，有许多因素都会影响问卷调查研究的结果，我们必须仔细通盘地加以考虑。

专题三由十四篇论文和一个问卷组成。该专题大致分为两个部分，第一部分较系统地介绍了问卷作为一种研究手段在心理研究中的应用；第二部分介绍了几种问卷的编制。

第一部分，有八篇论文。《大学班集体人际关系的心理学研究》，对班集体内部小团体、两极人物、领导人的特质，大学生择友以及自我观念与人际关系的相互关系进行探究；《青少年学生和中年教师时间态度之研究》，用问卷法探究A/B型人格、自我概念与时间态度的关系，并探讨了时间态度的年龄特征；《用AMSC对重庆中学成就动机的测量和分析》，对中学生成就动机进行测评，并用因素分析的方法找出不同被测对象在成就动机上的相同和相异因素；《我国大学生需要结构的调查》，用开放式、闭合式问卷调查和效度检验，发现求知、友情、建树及自尊自立的需要强度最大，性、归属、权力及躲避伤害的需要强度最弱；《老年人自我概念与心理健康水平的相关研究》，问卷法研究发现自我概念水平的高低及其不同因子和层面对老年人的心理健康具有明显不同的影响；《书法经验对心理健康及注意能力的影响》，采用问卷和划消测验结合，发现书法练习能有效改善心理健康，促进注意的稳定性；《从青少年学生的评价看教师的人格结构》，探究理想教师的人格特质，其中高尚/进取、慈爱/公正、客观/求真、外向/开朗为理想特质，退缩/粗暴、内向/怪异、损人/利己为厌恶特征。《心理疾病内隐污名：来自单类内隐联想测验的证据》采用三个独立的单类内隐联想测验（SC-IAT）考察心理疾病的内隐污名的构成及其内隐效应，发现被试倾向于将心理疾病与消极词联系在一起，心理疾病污名包括自动化的负面认知、消极情绪反应和歧视倾向。

第二部分有六篇论文。《中国人人际责任感问卷的研制》立足文献分析和开放调查，建构了人际责任感的理论结构，编制了中国人人际责任感问卷；《中国人勇气量表的建构》根据前期古籍分析、公众观调查及深度访谈，建立了中国人勇气的人格结构，编制出了中国人勇气量表；《中学生应对方式的初步研究》，编制了具有一定信效度的中学生应对方式量表，并对其特点进行分析；《中国成年人多维度健康信念量表的编制》构建了中国成年人包含德性修养、健康行为习惯、无疾病征兆、适应和享受等四个维度的健康信念量表；《健全人格取向的大学生心理健康结构初探》，在文献综述基础上建立了大学生心理健康的理论模型，编制了大学生心理健康量表。

问卷调查还可以与实验法、访谈法等相结合，为研究提供某些指标。例如《公众的社会适应观初步调查研究》中采用个别访谈法和内容分析法调查得到公众的社会适应观，为后续编制这个主题的问卷提供了依据。

大学班集体人际关系的心理学研究

1 目的

科学地认识大学生的心理特点,对于正确地贯彻党的教育方针,加强和改善学校的思想政治教育和管理工作,有着重要的现实意义。

马克思说:“人的本质并不是单个人所固有的抽象物。在其现实性上,它是一切社会关系的总和。”(马克思, 1960)大学生心理的发展主要是在社会的经济、政治、思想、文化等的关系中,在学校、家庭、社会的影响下形成和发展起来的。大学生的一个重要的社会关系就是他在班集体中的人际关系,因为班集体是大学生学习的基本单位。而“只有在集体中,个人才能获得全面发展其才能的手段”(马克思,恩格斯, 1960)。因此,弄清大学班集体的人际关系,对于认识大学生的心理特点,有着重要的意义。

大学班集体的人际关系是非常复杂的。本研究仅探讨班集体中非正式的内部结构,人缘型和嫌弃型,大学生择友的心理因素,受群众欢迎的班领导人的心理品质,以及人际关系与自我观念的相互关系等问题。

2 方法

本研究综合运用以下三种方法:(1)调查访问,(2)社会测量法,(3)实地观察法。其中,调查访问是贯穿整个研究始终的,同时我们还对四个班作了一年多的实地观察。整个研究分三个步骤进行。第一步摸底调查:我们结合教学和工作观察了五个班,并向班上的政治辅导员和一些学生作调查,以了解大学班集体人际关系的一些情况,为制订问卷作为准备。第二步制订问卷(问卷题见附录)和测验:为了保证测验结果的可靠性,测验时班上的政治辅导员一律不在场。第三步验证测验结果:把用社会测量法所取得的靶形图和矩阵表与我们对这些班上向学生政治辅导员和任课教师的调查相参照,最后得出结果。

受试者:文科选自西南师范学院(外语系和教育系的82级、81级和79级各一个班,政治系的82级、81级各一个班,历史系79级一个班),理工科选自重庆大学(无线电学系六个班,基础科学系六个班)。各班人数见表2,各年级年龄见表1。

表1 各年级大学生年龄的范围、均值和标准差

年级	年龄		
	R	$\bar{X}$	S
1年级(82级)	16:3—20:11	18:5	0.791
2年级(81级)	16:4—26:6	19:8	0.935
4年级(79级)	18:5—30:6	21:11	1.362

3 结果

3.1 班集体中非正式的内部结构

班集体中的小团体以社会测量法和调查访问的结果为参数。凡对问卷中第1、3、5个问题均互选者,定为小团体,仅对其中的一个或两个问题互选者,再根据调查访问的结果加以确定。根据被试对1—6个问题的选择情况,算出正、负人缘系数。我们用加权法计算:第一选择记2分,第二选择记1分;计算公式是,某人的人缘系数=$\frac{\text{他的得分数}}{(\text{班上总人数}-1)\times\text{最高加权分}}$,此处最高加权分是2。根据每个人的人缘系数再算出每个小团体的正、负人缘系数的相对关系。其结果列入表2。

表2材料表明:

(1)在大学里,20人左右的班集体有3—4个小团体,30人左右的班集体一般有4—5个小团体,40人左右的班集体一般有4—6个小团体,50人左右的班集体一般有8—9个小团体。

(2)大学班集体中,小团体的规模一般为2—4人。在所有的小团体(113个小团体)中以两人为一个团体的有81个,占71.68%。

(3)每个小团体的正、负人缘系数的相对关系有三种情况:正值占优势,负值占优势以及正、负值是相等的。在大学班集体中,正人缘系数占优势的小团体是主要的,占所有小团体的53.1%;其次是正、负人缘系数等值的,占29.2%;负人缘系数占优势的小团体是少数,占17.7%。

表2 文理工科各班小团体的数量、结构和成因

系科	班级	班集体人数/人			小团体数量(个)	规模(人数)	人缘系数的相对关系			小团体形成的主要原因		
		总数	男	女			正值	等值	负值	相似性	接近性	补偿性
外语系	1-3	20	8	12	3	2—3	1	2			3	
	2-1	15	4	11	3	2—3	2	1		2	1	
	4-2	26	10	16	4	2	2	2		2	1	1
教育系	1-1	42	31	11	6	2—4	5	1		2	4	
	2-1	50	37	13	8	2—3	4	3	1	4	3	1
	4-1	30	19	11	5	2—4	3	1	1	2	2	1
政治系	1-1	59	34	25	9	2—4	4	3	2	5	3	1
	2-1	50	30	20	8	2—3	5	2	1	4	2	2
历史系	4-1	50	33	17	9	2—4	5	3	1	5	2	2
无线电学系	1-1	35	30	5	5	2—4	3	1	1	1	2	2
	1-2	36	30	6	6	2—3	2	2	2	2	2	2
	2-1	35	28	7	4	2—4	2	1	1	1	2	1
	4-1	33	30	3	5	2—4	2	1	2	3	1	1
	4-2	35	29	6	6	2—4	3	2	1	3	1	2
	4-3	32	25	7	4	2—3	2	2		3	1	
基础科学系	1-1	31	23	8	4	2—4	3		1	1	3	
	1-2	32	26	6	5	2—3	3	1	1	2	2	1
	1-3	31	23	8	5	2—4	2	2	1	2	3	
	2-1	32	25	7	5	2—3	3		1	2	1	1
	2-2	29	21	8	5	2—4	2	2	1	3	1	1
	2-3	30	22	8	5	2	2	1	2	2	1	2
合计	21	733	518	215	113	2—4	60 (53.1%)	33 (29.2%)	20 (17.1%)	51 (45.1%)	41 (36.3%)	21 (18.6%)

从问卷和调查所得材料表明,正人缘系数占优势的小团体的一般特点是热情的、容纳的、利他的、自制的、随和的、成绩好或中等、对班集体有一定好影响。正、负人缘系数

等值的小团体的一般特点是孤僻的、宁静的、内向的、成绩好或中等、对班集体影响不大。负人缘系数占优势的小团体较复杂，大致可分为两类情况：一类是自私的、粗鲁的、不爱学习的、不求上进的，对班集体有消极影响；另一类虽则热心集体工作，成绩较好，但或者工作方法不对头，得罪他人，或者爱自我吹嘘，虚荣心强等，也引起了同学们的反感。

(4)形成小团体的主要原因，可分为三类：①相似性吸引，是指他们在态度、信念、价值系统和追求目标上的雷同，互相吸引而形成小团体。如说："我们性格志趣相投，谈得拢"，"他有正义感，有钻劲，生活不庸俗，我们有共同的语言"等。②接近性吸引是指时空上的接近，由于他(她)们或同时入学，或年龄相当，或住在同一个寝室，或经常在教室、图书馆一起学习，或是同乡等原因，经常接触，互相了解，从而形成了小团体。③补偿性吸引是指力图以他人的优点或特点来补偿自己某一方面的欠缺，例如在思想上、学习上或生活上从对方得到助益，也包括需要的互补，如男女之间的爱情等，因这种吸引而形成了小团体。

表3　各年级小团体成因比较

年级	小团体成因						总计	
	相似性吸引		接近性吸引		补偿性吸引			
	个数	占比	个数	占比	个数	占比	个数	占比
一年级	15	30.6%	28	57.2%	6	12.2%	49	100%
二年级	18	48.7%	11	29.7%	8	21.6%	37	100%
四年级	18	54.5%	8	24.3%	7	21.2%	33	100%
χ^2	0.35		14.86		0.29		3.49	
p值	>0.5		<0.005		>0.5		<0.5	

表3是各年龄小团体成因的比较。对小团体的三类成因的χ^2检验表明，这三类形成原因与各年级之间都有一定的联系。但相似性吸引和补偿性吸引在年级上没有差别，而接近性吸引则与年级差别有着甚为密切的关系。在大学一年级的小团体中，接近性吸引占57.2%，随着年级的升高，接近性吸引的百分比逐渐减少。

3.2 班集体中的人缘型和嫌弃型

我们取人缘系数绝对值的0.25及0.25以上者作为该班的两极人物——人缘型和嫌弃型。其结果列入表4。

表 4　各年级人缘型和嫌弃型数量

年级	班数	人缘型							嫌弃型						
		全年级人缘型人数					每班人缘型人数		全年级嫌弃型人数					每班嫌弃型人数	
		总数	男		女				总数	男		女			
			人数	占比	人数	占比	范围	平均		人数	占比	人数	占比	范围	平均
1	8	14	10	4.9	4	4.9	0—4	≈2	22	17	8.3	5	6.2	2—4	≈3
2	7	15	9	5.4	6	8.1	0—5	≈2	19	14	8.4	5	6.8	2—3	≈2
4	6	10	9	6.2	1	1.7	0≈4	≈2	14	9	6.2	5	8.3	1—4	≈2

* 这里的百分数是以人缘型或嫌弃型的人数除以各年级的男、女人数。

表4材料表明，各年级班中的人缘型和嫌弃型的人数是不等的。从人数上看，各年级的人缘型和嫌弃型，男生都比女生多。

我们把班集体成员对人缘型或嫌弃型的评价加以归类整理，并且以班上2—3人（包括3人以上）的类似评价来确定两极人物具有某种个性特质。大学生中人缘型和嫌弃型的个性特质的统计结果如表5和表6。

表 5　人缘型的人性特质

次序	个性特质	人数	占比
1	尊重他人，关心他人，对人一视同仁，富于同情心	39	100%
2	热心班集体的活动，对工作非常可靠和负责任	37	94.9%
3	持重、耐心，忠厚老实	37	94.9%
4	热情、开朗，喜爱交往，待人真诚	36	92.3%
5	聪颖、爱独立思考，成绩优良且乐于助人	35	89.7%
6	重视自己的独立性和自治，并具有谦逊的品质	35	89.7%
7	有多方面的兴趣和爱好	20	51.3%
8	有审美的眼光和幽默感（但不尖酸刻薄）	15	38.5%
9	文雅端庄，仪表美	5	12.8%

表6　嫌弃型的人性特质

次序	个性特质	人数	占比
1	自我中心,只关心自己,不为他人的处境和利益着想,有极强的嫉妒心	55	100%
2	对班集体的工作,或敷衍了事缺乏责任感,或浮夸不诚实,或完全置身于集体之外	55	100%
3	虚伪、固执,爱吹毛求疵	50	90.9%
4	不尊重他人,操纵欲、支配欲强	45	81.8%
5	对人淡漠,孤僻、不合群	45	81.8%
6	有敌对、猜疑和报复的性格	43	78.2%
7	行为古怪、喜怒无常,粗鲁、粗暴,神经质	39	70.9%
8	狂妄自大,自命不凡	38	69.1%
9	学习成绩好,但不肯帮助他人甚至小视他人	35	63.5%
10	自我期望很高,小气,对人际关系过分敏感	30	54.5%
11	势利眼,想方设法巴结领导而不听取群众的意见	30	54.5%
12	学习不努力,无组织无纪律,不求上进	24	43.6%
13	兴趣贫乏	18	32.7%
14	生活放荡	8	14.5%

3.3 班集体中大学生们择友的心理因素

我们从21个班中分层随机抽取6个班(文科和理工科的一、二、四年级各一个班)对大学生择友的心理因素,按品德、性格、知识能力、相似性、接近性、补偿性等属性加以统计。

表7中的数量按上述属性的出现次数累计。例如,有一位学生在叙述如果去郊游他最愿意同××一起去的原因时写道:“我们同住在一个寝室,他为人正直,有事业心,我们有共同的语言”;在叙述如果组织学习小组他最喜欢同班上的×××,其次是××的原因时写道:“他们成绩好,善于思考,好争论,乐于助人,同他们在一起,我可以从中学到一些东西”。对于前一种回答的记分是:“接近性”1分,“品德”2分,“相似性”1分;对后一种回答的记分是:“知识能力”2分,“性格”1分,“品德”1分,“补偿性”1分。其余类推。

表7　大学生在选择不同类型的朋友时对心理因素的要求

朋友类型	品德		性格		知识能力		相似性		接近性		补偿性		其他		合计
	数量	占比	数量	占比	数量	占比	数量	占比	数量	占比	数量	占比	数量	占比	数量
郊游时	124	22.10%	133	23.71%	57	10.16%	144	25.67%	40	7.12%	39	6.89%	24	4.28%	561
学习时	160	29.96%	38	7.12%	154	28.84%	42	7.87%	35	6.55%	93	17.42%	12	2.24%	534
分配时	135	27.33%	40	8.10%	52	10.53%	150	30.36%	26	5.26%	68	13.77%	23	4.65%	494
合计	419	26.37%	211	13.28%	263	16.55%	336	21.14%	101	6.36%	200	12.59%	59	3.71%	1589

从表7可以看出：不论文科或理工科，大学生们在选择朋友时总是优先从品德上来考虑的，同时对心理上的相似性也考虑得多些。不过，对不同类型的朋友，他们要求于对方的心理因素也有差异。对郊游的朋友的主要要求是：心理上的相似性（25.67%），性格（23.71%）和品德（2.11%）；对学习上的朋友的主要要求是：品德（29.96%）和知识能力（28.84%）；对今后工作中的朋友的主要要求是：心理上的相似性（30.36%）和品德（27.37%）。

3.4 班集体领导人的心理品质

根据“如果选举班长你最信任谁或谁”这一问题所得到的资料，用信任系数 $= \frac{\text{某人的得票数}}{\text{班集体人数} - 1}$ 的公式，算出每班获信任系数最高的两位领导人。这样，21个班就推举出42名班集体领导人。结果表明其中33名是现任的班上主要干部（正、副班长和团支书），占推举出的领导人的78.57%。在推举出的42名班领导人中，信任系数在0.5以上的有14人，占3.33%。信任系数在0.5以下的有28人，占66.67%。信任系数在0.5以上的14名都是正式领导人，分布在9个班集体中。根据调查访问和问卷资料，这14名受多数大学生信赖的领导人虽然各有特点，但都有下列一些共同的心理品质：

（1）政治思想品质——热心班集体工作，对所担任的工作认真、负责、有责仕心、能任劳任怨，为人正派，办事公道，真心诚意地关心和帮助同学，能够严于律己，宽以待人，善于听取批评，具有自我批评的精神，政治思想上能够坚持原则。

（2）组织能力——善于发挥班（支）委一班人的领导作用，善于动员班集体成员解决本班所面临的任务，善于建立起一个团结的班集体。

(3)学习成绩和知识水平——学习认真、努力,成绩优良,年龄较大,阅历较深,知识面广,有一定的社会经验。

(4)工作作风——工作热情、主动,有独立性和创造性,不说空话,不对下属发号施令,办事实事求是,以身作则,待人诚恳,光明正大,把严格要求同尊重人、关心人结合起来。

(5)群众威信——人缘关系好,在班集体中有一定的威信,信任系数在0.5以上,最高的达到0.96。

3.5 自我观念与人际关系

根据问卷中的第9个问题所得资料可以看出,大学生的自我观念主要有下列一些性质:(1)把自我和集体统一起来,认为自己是班集体中的一员。他们既尊重他人,也尊重自己。(2)严于剖析自我,既看到自己的优点,也看到自己的缺点。(3)只看重自己的优点,表现出自满、自负,强调独立性等。(4)只看重自己的缺点,表现出自卑、自责等。他们自认为自己成绩差,或长相差,或经济条件差,或年龄小而感到自卑。(5)孤独感,一些大学生在问卷中吐露出一种谁也不理解自己,自己是孤单单一个人的孤独感,其中女大学生较多些。(6)抱负水平,问卷表明大学生对自我成就的预期水平是不同的,有的过高,有的中等甚至过低。(7)无回答。

我们的研究资料表明,大学生各年级学生的自我观念是发展变化的,其发展趋势大致是:把自我和集体统一起来,严于剖析自我的大学生随年级的升高而增多;只看重自己的优点或缺点,有孤独感的大学生随年级的升高而减少;无回答的大学生人数随年级的升高而增多。

表8　自我观念的性质与人缘系数的相对关系

人缘系数的相对关系	自我观念的性质															
	自我和集体的统一		严于剖析自我		只看重自己的优点		只看重自己的缺点		孤独感		抱负水平				无回答	
											高抱负		中常或低抱负			
	人数	占比	人数	占比	人数	占比	人数	占比	人数	占比	人数	占比	人数	占比	人数	占比
正值	99	61.49%	65	53.28%	44	39.29%	45	40.18%	12	13.64%	3	11.11%	30	75%	56	78.87%
负值	37	22.98%	24	19.67%	61	54.46%	67	59.82%	51	57.95%	10	37.04%	10	25%	15	21.13%
等值	25	15.53%	33	27.05%	7	6.25%	0	0	25	28.41%	14	51.85%	0	0	0	0
总计	161	100%	122	100%	112	100%	112	100%	88	100%	27	100%	40	100%	71	100%

大学生自我观念的性质和人缘系数的相对关系见表8。表8的数据表明:(1)把自我和集体统一起来、严于剖析自我的大学生中正人缘系数占优势的居多数。(2)只看重自己优点或缺点以及有孤独感和高抱负水平的大学生中,负人缘系数占优势的居多数。(3)在把自我和集体统一起来、严于剖析自我、只看重自己优点及有孤独感和高抱负水平的大学生中,都有一些人正负人缘系数是相等的。(4)抱负中常或低的大学生中正人缘系数占优势的居多数。(5)在无回答的大学生当中,其中多数正人缘系数占优势。(6)大学生的自我认知和自我体验与实际的人际关系并不完全一致。例如,自认为自我和集体统一、严于剖析自我的大学生一般都认为自己的人际关系是融洽的,实际上在这些人中负人缘系数占优势的有22.98%及19.67%(即人际关系是不融洽的),正负人缘系数相当的占15.53%及27.05%(即人际关系不好也不坏);有孤独感的大学生一般都认为自己的人际关系是不融洽的,而实际上这些人中正人缘系数占优势的有13.64%,正负人缘系数相当的有28.41%。

4 讨论

人际吸引力是人际关系的主要问题之一。在西方的社会心理学中,关于人际吸引力的理论主要有三种:纽科姆(Newcomb)的成就平衡理论、威切(Winch)的需要补缺理论和精神分析学派关于自我的理论。纽科姆认为,人们的目标相同时,相互间便趋于吸引,如果个人遇到与其本身的态度、信念和价值观不相同的人,便产生不适、紧张等不安全感。威切认为:除了态度和意见的相似性能产生吸引外,人际间的差异也是吸引的原因。精神分析学家则强调自我观念在人际吸引力中的原因。在我们的研究中都可以见到上述的一些现象。但是,影响人际吸引力的因素不限于此。它是极为复杂的。我们的研究表明影响人际吸引力的因素有品德、性格、知识能力、心理上的相似性、接近性、补偿性等。但我们认为,制约这些因素的基础很可能是心理上的相容性即互相了解,并在互相了解基础上的互相信任。要知道对方的态度、信念、价值观和追求目标等方面是否与自己相类似,必先彼此了解。由于了解到他人的观点与自己雷同,这样也就强化了自己的观点从而使友谊得到加强。许多大学生都表示品德是他们择友首先考虑的因素,但进一步的研究表明,他们所喜爱的品德(或其他心理因素)也是以心理相容性为前提的。因为具有某种品德的人在同一环境中的表现,人们对其的了解和信任程度不同,他可能被人吸引,也可能不被人吸引,甚至可能被人排斥。这种情况在我们的研究资料中相当多。同样,接近性吸引和补偿性吸引也是以心理相容性为前提的。例如,如果心理上不相容,时空上的接近不但不会产生吸引,反而会引起十分警惕的拒斥反应。因此，我们认为，影响人际吸引力的因素是多方面的，但心理上的相容性是人际吸引力的基础。

如果把我们的研究与中学班集体人际关系的研究加以对照（章志光，王广才，季慎英，1982），可以看出大学班集体人际关系的许多特点。例如班上小团体的数量较中学班少、规模亦较小，多数以两人为一小团体（这一点与日本的青年研究也相一致）（关忠文，1982）；形成小团体的基础是心理上的相容性；对择友和对班集体领导人的要求比中学生高。总之，大学生班集体的人际关系也较中学复杂。这里的原因是多方面的。一个主要的原因可能与大学生的自我观念已趋成熟有关。少年儿童往往以别人的观点来评量人和事，大学生对人对事的评量则总是通过自我观念而折射出来的。我们的研究表明，大学生自我观念的性质已相当丰富多彩：他们要求自治自主，已经会剖析自我，有强烈的自尊心、自信心，以及各种抱负水平，等等。由于自我观念已趋于成熟，他们与人交往时，总是以自我观念为中介，来认识人与人之间的关系，来影响人与人之间的关系；同时他们对人际关系的认知又促使他们进行自我反省和自我认知。因此，大学班集体的人际关系较之于中学就显得更为多样、更为复杂。

在我们的研究中，大学班集体正式领导人的信任系数偏低者较多，其原因何在呢？根据我们的资料，原因可能有三：(1)大学生对班集体领导人的要求相当的高。他们对领导人除提出择友的一般要求外还特别提出了政治思想品质、组织能力、工作经验、群众威信等方面的要求。而目前的大学生一般来说年龄都较小，难以达到这些要求。(2)入学初期，班上的正式领导人是领导或教师商定的，这是必要的。经过一段时期大学生们对班上的同学已基本熟悉，这时如果仍采用指定或变相指定的做法就会损伤青年的自信心、自尊心和独立性，引起他们的反感。(3)大学生的自我观念发展已趋于成熟。他们竭力表现出排除他人的影响，喜欢标新立异，摆脱束缚，强求自立。这可能也是同学们之间互不服气的一个原因。基于这种认识，倘若遇到班集体正式领导人信任系数偏低，我们应该从两方面（领导人和群众）去寻找原因。这样才有可能提出妥善的教育措施。

本研究综合地应用社会测量法、调查访问和观察法三种方法。我们认为，这样做可以较全面、较客观地诊断出班集体中的人际关系。在运用社会测量法来确定班上的小团体、人缘型、嫌弃型时，我们没有完全用靶形图和矩阵表上的资料遽下结论，而是结合其他参数最后做出判断。例如，在确定班上的小团体时我们结合访问和观察的资料，在确定班上的人缘型和嫌弃型时，我们引进了人缘系数这个参数。我们之所以引进人缘系数，是因为问卷中三类题的性质不同，班集体成员在靶形图上的位置也不同。如果仅以靶形图上的位置来确定人缘型和嫌弃型，难免有判断上的主观性。为了避免这一缺点，我们用统一的标准算出每个大学生在三类题上被吸引或被拒斥的正、负人缘系数之和,取其绝对值的0.25及0.25以上者作为该班的两极人物——人缘型和嫌弃型。这样,标准划一,判断就可能较客观些。就我们的资料来看,我们把确定班上两极人物人缘系数的阈值定在0.25。这仅仅是根据我们的资料所定的,可能有主观性。因为资料表明,如果把这个阈值定在0.3—0.4,则班上的两极人物就显得太少;如果定在0.2,则班上两极人物似乎多了些。这个阈值到底定多少最合适?有待进一步的研究。

5 结论

本研究综合地运用调查访问、社会测量法和观察法,对大学文科和理工科一、二、四年级的21个班集体的人际关系进行了考察。其主要结果是:(1)大学班集体非正式的内部结构中,小团体的数量一般为3—9个,规模一般为2—4人,形成小团体的主要原因是心理上的相容性,其中60%的小团体正人缘系数占优势,负人缘系数占优势的仅为18%。(2)大学班集体中两极人物(人缘型和嫌弃型)都各有明显的个性特质。(3)大学生在班集体中选择郊游、学习和今后工作中的朋友时,在心理因素的要求上有着一定的差异,但对品德和心理相似性的要求上是共同的。(4)大学生对班集体领导人的心理品质主要是从政治思想品质、组织能力、学习成绩和知识水平、工作作风和群众威信等五方面来要求的。(5)大学生的自我观念具有不同的性质,并且与他们的人际关系有着密切的联系。

附录　问卷题

学校________　系科________　班级________　姓名________　性别________

出生年月________　测试日期________

同学们：请你们回答下面几个问题，目的是为科学研究提供资料。这既不是考试，也不作档案材料，请不要有任何顾虑。为了保证研究的可靠性，请你以科学的态度，把心里话认真地填写出来。我们对你的回答绝对保密。

1. 如果去郊游，你最愿意和你们班上的________其次和________一起去。

2. 如果去郊游，你最不愿意和你们班上的________其次和________一起去。

3. 如果组织小组学习，你最喜欢同你们班上的________其次和________在一起。

4. 如果组织小组学习，你最不喜欢同你们班上的________其次和________在一起。

5. 毕业分配时，你最喜欢同你们班上的________其次和________在一起工作。

6. 毕业分配时，你最不喜欢同你们班上的________其次和________在一起工作。

7. 如果选举班长，你最信赖的人是________或________。

8. 如果选举班长，你最不信赖的人是________或________。

原因是：

合作者：时勘、王霞珊。原文载于《心理学报》，1984年第4期。

青少年学生和中年教师时间态度之研究

1 前言

过去时间和未来时间透视的内容涉及个人的所有事件、情境和计划。物理时间，我们看不见，摸不着；但是被试者的心理时间却是与他的具体活动、思想或想象相联系的。"过去"记录着他所经历过的所有事件；"现在"与他当时的情境相联系；"未来"体现在他期盼实现的计划上。这些具有时间信息的事件、情境和计划会引起个人的积极情感或消极情感。被试者之所以能够记住这些内容，是因为他们对个人的情感和动机具有意义。中性事物或不具重要意义的事物是不可能组合在个人的时间透视之中的。过去的事件、现在的情境和未来的计划所具有的积极的或消极的情感，使人们对自己的过去、现在和未来产生了不同的态度。时间态度就是个人对自己的时间（过去、现在、未来）之主观体验与评价，其内容是与个人头脑中的过去事件、当前情境和未来的计划相联系的。这些内容通常是被意识到的，但也可能是未被意识到的（Nuttin, 1985; 黄希庭, 1993, 1994）。

个人对待过去、现在和未来的态度的重要性，不仅是由于它们具有情感内容，而且其中大多数的态度对个人当前的动机行为具有激发、调整和维持的作用。例如，对过去持悲观失望态度可能会影响个人当前的活动和对未来目标的追求；对未来的积极乐观态度则会使个人增强对其期望目标的追求。当然，对过去、现在和未来的态度也能通过心理时间的其他非情感因素反映出来。例如，被试者可能会认为他能够控制自己的现在，也可能会认为是完全不能控制的；可能感到未来是很远的，也可能感到未来是很近的；可能感到过去是有序的，也可能感到过去是无序的；可能感到过去是有用的，也可能感到过去是没用的，所有这些都属于时间态度的范畴。

"少壮轻年月，迟暮惜光阴。"人类对时间长短的意识和年龄有关，因为人体的生命过程随着年龄增长而放慢，相比之下，心理时间就显得越来越快。心理时间这种明显地随年龄而变快的现象正是彭特利（Guy Pentreath）的诗歌中的主题："当我是个婴儿，只会哭声哇哇，/时间好像在慢慢地爬；/当我是个孩子，整天嬉笑不止，/时间迈开前进的步伐；/在我长大成人以后，/时间变作奔腾的骏马；/当我老得皱纹满颊，/时间成了飞逝的流霞。"（G.J.威特罗著, 1982）。心理学家对儿童时间认知发展的研究已有许多报道（W. J. Friedman, 1982; Piaget, 1969; 黄希庭，张增杰, 1979; 黄希庭，杨宗义，刘中华，1980)，但对个体时间态度发展的研究却未见有文献报道。我们预期年龄是影响时间态度的一个重要因素，由于个人对待时间的态度通常是对他具有特殊意义的内容，因而人们在不同的年龄阶段对待不同时间（过去、现在、未来）的态度，可能会显示出不同的特点。时间态度的年龄特征是我们研究的问题之一。

自我概念总是与时间认知联系在一起的。柯萨科夫综合征（Korsakoff's syndrome）患者的事例最能说明这个问题。柯萨科夫征患者能够记住发生过的事件，但不能将这些事件与随后出现的有关信息联系起来。患者总是在相当长的时间里完全不做任何事情。大家知道，如果一件事发生后，好长时间没有其他事情发生，人们通常容易低估这件事发生后所经历的时间延续性（Ornstein，1969）。时间参照系变了形，个体对自己的认识也随之变了样。人的自我概念产生于对自己在客观时间里的经历的回忆，而这些经历已通过大脑建构成为某种概念系统。尽管研究方法的严谨上存在着较多的问题，但个人的自我概念怎样随着年龄的增长而发生变化的研究资料毕竟是相当丰富（科恩，1987）。相比之下，个人的自我概念与对待时间的态度怎样随着年龄的增长而发生变化的研究则极为贫乏。本研究的第二个问题是探讨自我概念与时间态度之间有何种相关。

Friedma 和 Rosenma（1974）把冠心病人的行为表现类型称为 A 型行为类型（Type A behavior pattern）（M. Friedman，1974）。其特点是急躁、情绪不稳定，爱发脾气；争强好胜，怀有戒心或敌意；醉心于工作，行动快，做事效率较高；缺乏耐心，常有时间紧迫感等。与此相反的是 B 型行为类型，其特点是悠闲自得，不爱紧张，一般无时间紧迫感；不喜争强，有耐心，能容忍等。A 型和 B 型行为类型者的时间认知的特点已有一些研究（张伯源，1988b；梅传强，黄希庭，1991），而他们对待时间的态度如何则是本研究试图探讨的第三个问题。

2 方法

2.1 问卷

（1）时间态度量度。在预备性问卷调查的基础上确定时间态度量表的主要维度，即从价值、情感、距离、控制和结构 5 个维度上建构量表。该量表根据 Osgood 的语义分析法（Semantic differential rating technique）制成，共由 20 个 7 点量尺组成，每一量尺的两端是意义相对立的形容词，其中表达积极意义的形容词一端为正极，表达消极意义的形容词一端为负极（见附录 1）。例如在“快乐的—痛苦的”7 点量尺的值是十分快乐、相当快乐、稍有点儿快乐、既不快乐也不痛苦、稍有点儿痛苦、相当痛苦、十分痛苦。要求被试者在每个量尺上标出他们对于自己的过去、现在和未来的态度体验。评分时,从正极到负极的7个点依次记为7,6,5,4,3,2,1。每一量尺的平均得分<3.50,评为消极;平均得分≥4.50,评为积极;平均得分在3.50—4.49之间,评为中性。20个量尺均适宜于测量对未来的时间态度;测量对现在的时间态度去掉“远的—近的”,共19个量尺;测量对过去的时间态度去掉“不变的—变化的”和“短的—长的”,共18个量尺。

(2)自我概念量表。从时间态度量表中选出适宜于测量自我概念的12个量尺,构成本量表(见附录1)。

(3)A型行为类型问卷,采用张伯源(1985)修订的问卷(见附录2)(张伯源,1988a)。

2.2 被试

(1)青少年学生358人,男172人,女186人。其中小学五年级学生123人(男53人,女70人),平均年龄为12.3岁;初中三年级学生91人(男37人,女54人),平均年龄为15.8岁;大学一年级学生144人(男82人,女62人),平均年龄为20.8岁。

(2)中学的中年教师72人,平均年龄为44.2岁,其中男42人,女30人。

2.3 实施程序

(1)向上述的班级分发自我概念量表和时间态度量表,主试者讲解指导语后,要求被试者按照规定将答案在量尺上标定出来;被试者完成后,再分发A型行为类型问卷,要求被试者按照规定回答。

(2)向上述年龄在40—55岁之间的中学教师个别进行自我概念和时间态度的测量。

(3)所有测试结果均由SPSS / PC+进行统计处理。

3 结果与分析

3.1 青少年学生和中年教师被试者的时间态度的一般特点

青少年学生和中年教师被试者在对过去、现在和未来的时间态度量表上的得分平均数和标准差列入表1。根据表1资料制成图1。

表1　不同年龄被试者在时间态度量表上得分之平均数及标准差

被试人数/人		过去		现在		未来	
		平均数	标准差	平均数	标准差	平均数	标准差
小学生	男(53)	5.33	0.73	5.02	0.84	5.58	0.63
(*N*=123)	女(70)	5.46	0.73	5.36	0.84	5.65	0.66
中学生	男(37)	5.07	1.05	4.52	0.82	5.42	0.88
(*N*=91)	女(54)	5.51	0.85	5.14	0.99	5.68	0.69
大学生	男(82)	4.94	1.06	4.79	1.20	5.22	0.95
(*N*=144)	女(62)	5.17	0.93	4.87	1.12	5.31	0.80
中年教师	男(42)	5.13	0.76	5.18	0.77	5.17	0.86
(*N*=72)	女(30)	5.31	0.81	5.13	0.77	4.91	0.90

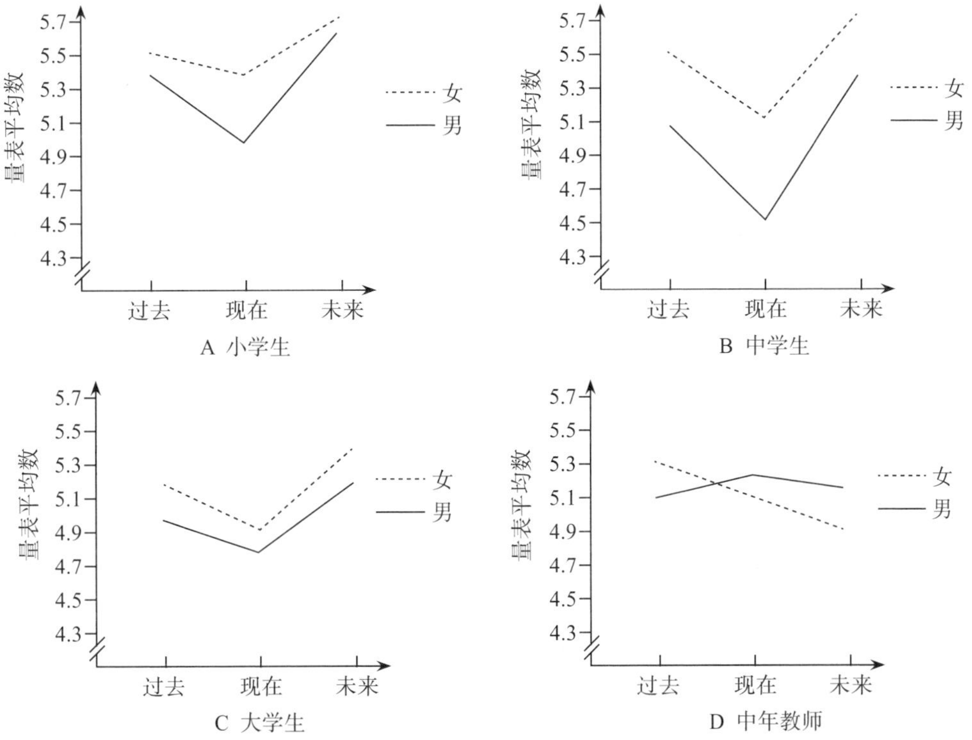

图1　不同年龄的被试者之时间态度曲线

从表1和图1可以看出：

(1)总体而言,各年龄组之男、女被试者在时间态度量表上得分的均值大于4.50,说明他们对待过去、现在和未来时间的态度是积极的。

(2)小学生、中学生和大学生被试者的时间态度曲线均呈V型,中年教师被试者的时间态度曲线呈直线型,即青少年被试之时间态度模式不同于中年被试者之时间态度模式。

(3)就青少年被试者而言，其时间态度的积极程度亦不相同，其中在对过去的时间态度上，年龄差异非常显著[$F(2, 232)=6.03$，$MSe=0.81$，$p<0.005$]，性别差异显著[$F(1, 232)=6.59$，$MSe=0.81$，$p<0.05$]，年龄与性别之交互作用不显著[$F(2, 232)=0.75$，$MSe=0.81$，$p>0.05$]；在对现在的时间态度上，年龄差异十分显著[$F(2, 232)=7.59$，$MSe=1.01$，$p<0.001$]，性别差异显著[$F(1, 232)=4.78$，$MSe=1.01$，$p<0.05$]，两者之交互作用不显著[$F(2, 232)=0.77$，$MSe=1.01$，$p>0.05$]；在对未来的时间态度上，年龄差异极显著[$F(2, 232)=8.70$，$MSe=0.61$，$p<0.001$]，性别差异不显著[$F(1, 232)=2.61$，$MSe=0.61$，$p>0.05$]，两者之交互作用不显著[$F(2, 232)=0.66$，$MSe=0.61$，$p>0.05$]。就总体而言，青少年被试者的时间态度之积极程度，从年龄上看依次为：小学生>中学生>大学生；从性别上讲，则是女生>男生。

(4)由于不同年龄、不同性质的青少年被试者之时间态度模式相同，故将其数据合并处理以检验他们对过去、现在和未来的时间态度之积极程度的差异，结果列入表2。表2表明，差异十分显著($p<0.01$或$p<0.001$)，即青少年被试者对过去、现在和未来的时间态度之积极程度存在明显的差异，其顺序为：未来>过去>现在。

表2 青少年学生被试者在过去、现在和未来的时间态度量表上得分之间的差异检验($N=358$)

	现在	未来
过去	$t=4.08$，$p<0.001$	$t=2.95$，$p<0.01$
现在	—	$t=6.89$，$p<0.001$

(5)就中年教师被试者来说，其时间态度的性别差异检验结果分别为：对过去的时间态度，$t= 0.94$，$p>0.05$；对现在的时间态度，$t=0.27$，$p>0.05$；对未来的时间态度，$t=1.21$，$p>0.05$。即中年被试的时间态度之性别差异不显著。

(6)对中年教师被试者过去、现在和未来的时间态度之积极程度的差异显著性进行检验，结果分别为：过去与现在，$t=0.56$，$p>0.05$；未来与现在，$t=0.73$，$p>0.05$；过去和未来，$t=1.08$，$p>0.05$。即中年教师被试对过去、现在和未来的时间态度之差异均不显著。

3.2 自我概念与时间态度之间的关系

不同年龄被试者在自我概念量表上的得分平均数和标准差列入表3。表4是青少年被试者在时间态度量表上得分之间及其与自我概念量表上得分之间的相关。

表3　不同年龄被试者在自我概念量表上得分之平均数与标准差

	小学生		中学生		大学生		中年教师	
	平均数	标准差	平均数	标准差	平均数	标准差	平均数	标准差
男	5.18	0.79	4.82	0.83	4.94	1.14	5.31	0.71
女	5.38	0.77	5.23	0.83	5.05	1.00	5.49	0.74

表4　青少年被试者时间态度之间其与自我概念的相关　（N=358）

	过去	现在	未来
自我概念	0.46***	0.71***	0.55***
过去	—	0.23***	0.28***
现在	—	—	0.47***

注：***为 p<0.001

从表4可见，被试者在过去、现在和未来的时间态度量表上的得分之间以及它们与自我概念量表上得分之间均存在极为显著的正相关（p<0.001），即被试者的时间态度之间及其与自我概念之间皆有密切的联系。

对各相关系数的差异进行检验（单侧）表明，$r_{过去-现在}$与$r_{过去-未来}$无显著差异（t=1.05，p>0.05），$r_{现在-未来}$与$r_{过去-未来}$及$r_{过去-现在}$的差异均极显著（t=3.36，p<0.001；t=4.42，p<0.001）；$r_{自我-现在}$与$r_{自我-过去}$与$r_{自我-未来}$的差异均极显著（t=5.94，p<0.001；t=4.38，p<0.001）；$r_{自我-过去}$及$r_{自我-未来}$的差异显著（t=1.85，p<0.05）。即被试者对现在和对未来的时间态度之间的关系最为密切；而被试者的自我概念与其对过去、现在及未来的时间态度之密切程度依次为：现在>未来>过去。

3.3 时间态度和A型／B型行为类型之间的关系

典型的A型行为类型被试者在A型行为类型问卷上的得分（≥35）与其在时间态度量表上的得分均呈负相关（见表5）；典型的B型行为类型被试者在A型行为类型问卷上的得分（≤19）与其在过去的时间态度量表上的得分呈正相关，与其在现在及未来的时间态度量表上的得分均呈负相关。但上述相关均未达到显著水平（p>0.05）。

表5　典型的A型／B型的被试者在A型行为问卷及时间态度量表上得分之相关

	过去	现在	未来
A型	−0.08	−0.21	−0.15
B型	0.30	−0.40	−0.49

4 讨论

4.1 时间态度与年龄的关系

对时间的态度与记忆中的事件、当前感知到的情境及预想的计划和目标之数量和性质密切相关。除去个体差异,就年龄方面来看,对时间态度的影响主要包含3个因素:(1)随着年龄的增长,有机体生理机能的成熟和生物节律的变化,可能对过去、现在和未来的时间态度产生影响。(2)个体在一定年龄阶段所经历的生活经验,对当前的生活情境和今后生活计划目标产生影响,从而影响对过去、现在和未来的时间态度。(3)每个年龄阶段的当前活动的主要任务能否顺利完成也影响着今后的生活计划和目标,从而对过去、现在和未来的时间态度产生影响。青少年学生被试者刚刚度过重要人生阶段——"欢乐的童年",随着小学生、中学生、大学生年龄的增长,他们离童年也越远,所能回忆起的童年经历也可能在减少。小学五年级的被试者已从幼儿园升入小学学习近五年,很快将升入六年级,面临着考初中的学习任务的转变;初中三年级学生被试者在半年之内也有升学考试的任务,这些都是家长、教师密切关注、不断强化的内容,他们既感到当前的紧张又充满对未来的幻想;大学一年级学生被试者刚入大学仅半年多,他们的学习任务依然是紧张的,也对未来充满幻想。所以青少年被试者在对过去、现在及未来时间态度量表上的评分都较高。他们都憧憬未来,对未来抱有很高的期望,并对过去眷恋。可能是当前学习任务过重,他们对现在的态度积极性较低些。总的看来,青少年对时间态度持瞻前取向:对现在时间的态度积极性相对最低,对未来时间的态度之积极性相对最高,而对过去时间的态度之积极程度又高于对现在时间的态度而低于对未来时间的态度。

"四十而不惑"。中年教师被试者担负的工作任务最沉重,社会对他们的期望也很高。他们既要做好职业工作,又要赡养老人、教育子女。40—50岁的中年人,随着生殖期的终止(女性的停经、男性的更年期)生理上已有明显变化,如出现肥胖、秃顶、老花眼等,健康状况开始走下坡路。这些都可能导致中年被试者的时间态度持重今取向,对现在的时间态度最积极(中年男性被试者更明显),或持回溯取向,对过去时间的评价最高,向往过去(中年女性被试者更明显),参见图1D。

从图1还可以看出,青少年被试者中的女性均比同龄的男性对过去、现在和未来的时间态度更积极。这种差异可能是由于男女生生理成熟速度不同和社会感受不同所致。"姑娘一枝花",从幼年开始,女孩就受到父母和教师更多的关心和爱护,赢得更多的社会赞许。在我国社会,人们对女孩的期望相对较低,女孩的成功易受到更多的褒奖,日常的小错易被宽容,因而她们比男生更多地获得社会关注和正面评价,而较少经历负面体验。这样，她们头脑中出现的积极事件、面临的乐观情境及设想的美好计划可能就较多，时间态度也就更积极。

中年教师被试者的时间态度的性别差异可能是由于男性此阶段精力充沛、事业有成，处于人生成就的高峰期，因而对时间持重今取向；而女性则不仅容颜渐衰，而且她们关心的重点往往是照料老人、操持家务、支持丈夫的事业，其成就感可能不及男性满意，这可能是她们对时间态度开始持回溯取向的主要原因。

4.2 时间态度与自我概念及A型行为类型的关系

A型行为类型者情绪不稳定，心直口快，爱发脾气，争强好胜，时间紧迫感强。这些特点容易使他们在现实生活中受到较多的挫折，更多地体验到负面情感，因而他们的时间态度积极性较低。而B型行为类型者的特点是悠闲自得，不爱紧张，一般无时间紧迫感，不喜争强，有耐心，能容忍。这些特点使他们在现实生活中容易得到满足，更多地体验到正面情感，因而他们的时间态度积极性较高。这可能是导致A型行为类型者在A型行为类型问卷上的得分同其对过去、现在和未来时间态度量表上的得分均呈负相关，而B型行为类型者在A型行为类型问卷上的得分同其对过去时间态度量表上的得分呈正相关的一个主要原因。至于B型行为类型者在A型问卷上的得分与其对现在和未来时间量表上的得分呈负相关也可能是由于时间态度量表中的其他非情感维度得分上的问题所致。这个问题尚需进一步的研究。

个人的自我概念与其对时间的态度是密切联系的。这在本研究中已得到证实。因为个人在建构自我概念过程中总是从时间维度上——过去经历的事件、现在的处境、将来的展望——提取原料，个人的自我概念既反映个人当前的处境也综合过去的经历和将来的展望，并且随着年龄增长而变化。因此，被试者在时间态度量表上的得分与在自我概念量表上的得分呈正相关。这一结果与我们预期相一致。

4.3 时间态度量表的信度和效度问题

关于时间态度的研究，国内尚未见有报告，亦无现成的测量工具。我们所编制的时间态度量表是一种初步尝试。该量表的内部一致性信度，Cronbach α 系数为0.66。从构想效度来看，我们的研究表明，被试者之时间态度随年龄而变化，不同人生阶段的个体具有不同的时间态度模式；同一人生阶段内，时间态度的模式相同，仅是积极性强度上的差异；被试对过去、现在和未来的时间态度之间均呈正相关；自我概念与时间态度呈正相关等测量结果，都支持了我们的理论构思。

诚然，此量表还需要进一步修订，特别是对更大年龄范围内的被试者进行施测则更需进一步完善。

5 结论

（1）青少年学生和中年教师被试者对自己的过去、现在和未来时间的态度均是积极的。

（2）青少年学生和中年教师被试者具有不同的时间态度模式。青少年学生被试者对时间的态度持瞻前取向，其时间态度曲线呈V型；中年教师被试者对时间的态度持重今取向或回溯取向，其时间态度曲线呈直线型。

（3）青少年学生被试者的时间态度存在年龄差异和性别差异，其中年龄愈幼小，其时间态度愈积极；女生的时间态度比男生的更积极。中年教师被试者的时间态度之性别差异不显著。

（4）青少年学生和中年教师被试者在时间态度量表上的得分与其在自我概念量表上的得分呈显著的正相关。

（5）A型行为类型者在A型行为类型问卷上的得分与其在“过去”“现在”“未来”时间态度量表上的得分呈负相关；B型行为类型者在A型行为类型问卷上的得分与其在“过去”时间态度量表上的得分呈正相关，而与其在“现在”“未来”时间态度量表上的得分呈负相关。但这种相关均未达到显著水平。

附录1　自我概念和时间态度量表

朋友：请参加我们西南师大心理学研究所的科研活动，你完成这份问卷将为我们提供宝贵的科研资料。请你想一想自己对待自己过去时间、现在时间和未来时间的态度。请在你认为最合适于你的态度的地方画一个"○"。举例来说，请你在一个7个等级的量尺上评定"我的家庭"，量尺的一端是"和睦的"，另一端是"紧张的"，其间分7个等级：

和睦的	a　b　c　d　e　f　g	紧张的

如果你认为你的家庭是"十分和睦的"或"十分紧张的"，就在"a"或"g"上画"○"；如果你认为你的家庭是"相当和睦的"和"相当紧张的"，就在"b"或"f"上画"○"，如果你认为你的家庭是"稍微有点儿和睦"或"稍微有点儿紧张"，就在"c"或"e"上画"○"，如果你认为你的家庭"既不和睦也不紧张"，就在"d"上画"○"。回答时，请注意：

（1）每一量尺上只能画一个"○"；

（2）每一量尺都不要空着不画"○"；

（3）评定时请完全按你现在的想法，不要作太多的考虑。

我以为"我自己"是：

快乐的	a　b　c　d　e　f　g	痛苦的
充实的	a　b　c　d　e　f　g	空虚的
有用的	a　b　c　d　e　f　g	没用的
顺利的	a　b　c　d　e　f　g	矛盾的
严酷的	a　b　c　d　e　f　g	温暖的
成功的	a　b　c　d　e　f　g	失败的
厌倦的	a　b　c　d　e　f　g	振奋的
光明的	a　b　c　d　e　f　g	黑暗的
有希望的	a　b　c　d　e　f　g	无希望的
艰难的	a　b　c　d　e　f　g	轻松的
珍贵的	a　b　c　d　e　f　g	无价值的

我以为"未来"是：

快乐的	a b c d e f g	痛苦的
充实的	a b c d e f g	空虚的
有用的	a b c d e f g	没用的
顺利的	a b c d e f g	矛盾的
严酷的	a b c d e f g	温暖的
成功的	a b c d e f g	失败的
厌倦的	a b c d e f g	振奋的
光明的	a b c d e f g	黑暗的
有希望的	a b c d e f g	无希望的
快的	a b c d e f g	慢的
艰难的	a b c d e f g	轻松的
远的	a b c d e f g	近的
重要的	a b c d e f g	不重要的
不变的	a b c d e f g	变化的
外部强加的	a b c d e f g	自己计划的
消极的	a b c d e f g	积极的
短的	a b c d e f g	长的
无序的	a b c d e f g	有序的
珍贵的	a b c d e f g	无价值的
可怕的	a b c d e f g	诱人的

* 过去或现在时间态度量表就是该量表的主题词。"未来"改为"过去"或"现在"并去掉其中的若干量词(参见正文)。

附录2　A型行为类型问卷

请根据你的实际情况回答下列问题。凡是符合你的情况就把“是”字这一行的○涂黑；凡是不符合你的情况的就把“否”字这一行的○涂黑。每个问题必须回答，答案无所谓对与不对、好与不好。请尽快回答，不要在每道题目上作太多思索。回答时不要考虑“应该怎样”，只回答平时“是怎样”的就行了。

1. 我总是力图说服别人同意我的观点；
2. 即使没有什么要紧的事，我走路也快；
3. 我经常感到应该做的事太多，有压力；
4. 我自己决定的事，别人很难让我改变主意；
5. 有些人和事常常使我十分恼火；
6. 在急需要买东西但又要排长队时，我宁愿不买；
7. 有些工作我根本安排不过来，只能临时挤时间去做；
8. 上班或赴约会时，我从来不迟到；
9. 当我正在做事，谁要来打扰我，不管有意无意，我总感到恼火；
10. 我总看不惯那些慢条斯理、不紧不慢的人；
11. 我常常忙得透不过气来，因为该做的事情太多了；
12. 即使跟别人合作，我也总想单独完成一些重要的部分；
13. 有时我真想骂人；
14. 我做事总喜欢慢慢来，而且思前想后，拿不定主意；
15. 排队买东西，要是有人加塞，我就忍不住要指责他或出来干涉；
16. 我觉得自己是一个无忧无虑、悠闲自在的人；
17. 有时连我自己都觉得，我所操心的事远远超过我应该操心的范围；
18. 无论做什么事，即使比别人差，我也无所谓；
19. 做什么事我也不着急，着急也没有用，不着急也误不了事；
20. 我从来没想过要按自己的想法办事；
21. 每天的事情都使我精神十分紧张；
22. 就是逛公园、赏花、观鱼等，我也总是先看完，等着同来的人；
23. 我常常不能宽容别人的缺点和毛病；
24. 在我认识的人里，个个我都喜欢；
25. 听到别人发表不正确的见解，我总想立即就去纠正他；

26. 无论做什么事，我都比别人快一些；
27. 当别人对我无礼时，我对他也不客气；
28. 我总觉得我有能力把一切事情办好；
29. 聊天时，我也总是急于说出自己的想法，甚至打断别人的话；
30. 人们认为我是个安静、沉着、有耐性的人；
31. 我觉得在我认识的人之中值得我信任和佩服的人实在不多；
32. 对未来我有许多想法和打算，并总想都能尽快实现；
33. 有时我也会说人家的闲话；
34. 尽管时间很宽裕，我吃饭也快；
35. 听人讲话或报告，如果讲得不好，我就非常着急，总想还不如我来；
36. 即使有人欺侮了我，我也不在乎；
37. 我有时会把今天该做的事拖到明天去做；
38. 人们认为我是一个干脆、利落、高效率的人；
39. 有人对我或我的工作吹毛求疵时，很容易挫伤我的积极性；
40. 我常常感到时间已经晚了，可一看表还早呢；
41. 我觉得我是一个非常敏感的人；
42. 我做事总是匆匆忙忙的，力图用最少的时间办尽量多的事情；
43. 如果犯有错误，不管大小，我全都主动承认，
44. 坐公共汽车时，我常常感到车开得太慢；
45. 无论做什么事，即使看着别人做不好我也不想拿来替他做；
46. 我常常为工作没做完，一天又过去了而感到忧虑；
47. 很多事情如果由我来负责，情况要比现在好得多；
48. 有时我想到一些说不出口的坏念头；
49. 即使领导我的人能力差、水平低、不怎么样，我也能服从和合作；
50. 必须等待什么的时候，我总是心急如焚，缺乏耐心；
51. 我常常感到自己能力不够，所以在做事遇到不顺利时就想放弃不干了；
52. 我每天都看电视，也看电影，不然心里就不舒服；
53. 别人托我办的事，只要答应了，我从不拖延；
54. 人们都说我很有耐性，干什么事都不着急；
55. 外出乘车、船或跟人约定时间办事时，我很少迟到，如对方耽误我就恼火；
56. 偶尔我也会说一两句假话；
57. 许多事本来可以大家分担，可我喜欢一个人去干；

58.我觉得别人对我的话理解太慢,甚至理解不了我的意思似的;
59.我是一个性子暴躁的人;
60.我常常容易看到别人的短处而忽视别人的长处。

合作者:李宏翰。原文载于《黄希庭心理学文选》,西南师范大学出版社2000年。

用AMSC对重庆中学生成就动机的测量和分析

1 前言

成就动机是指个人对于自己认为重要的或有价值的事情力求去做并尽量做好的心理倾向。从操作测量上来看,成就动机包含成就行为的唤起、成就行为的强度和持续时间等现象以及制约着这些现象的诸因素的相互作用。

成就动机是教育心理学研究的一个热点。McClelland甚至认为学生的成就动机与一个国家的经济发展速度呈正相关。今天,改革开放的时代要求我们的受教育者必须具备开拓创新精神,在日益激烈的竞争中敢冒风险,敢闯新路,知难而进,百折不挠地为取得高成就而奋斗。因此,对学生的成就动机进行测评,用有效的方法激励和培养他们的成就动机,具有迫切的现实意义。

心理学家对成就动机的研究始于Murray(1938)关于心因性需要调查表。20世纪四十代年末,McClelland和Atkinson等从研究成就动机的测量入手进一步推进了该问题的研究。对于成就动机的测量,目前主要采用两种方法:投射技术和问卷调查。自McCelland等(1953)始用TAT测量成就动机以来,TAT便成为测量成就动机的传统方法被使用着。不过,TAT不仅实施和收集资料的手续复杂、费时、不经济,而且信度低。用问卷法测量成就动机,种类较多。主要有:Gough(1957)的加利福尼亚心理记录表(California Psychological Inventory,简称CPI)(Gough, 1957),Carney(1966)成就倾向(Achievement Orientation,即AO)测量(Carney, Mann, & McCormick, 1966),Bendig(1964)的成就需求(NA)问卷(Bendig, 1964),Lynn(1969)的成就动机问卷(AMQ)(Lynn, 1969),Hermans(1970)的成就动机测量问卷(PMT)(Hermans, 1970),Friis和Knox(1972)的量表(Friis & Knox, 1972),Smith(1973)的简易量表(Smith, 1973),Ray(1975)的成就动机测量行为记录表(Ray, 1975)和下山刚(1979)的儿童成就动机量表(AMSC)等(下山刚, 1981)。除下山刚的AMSC和Hermans的PMT可用于中学生外,其余量表都是测量成人成就动机的。

从60年代开始,对成就动机构成因素的探讨相当活跃。这方面,最著名的要算Atkinson模型。Atkinson(1964)把实现目标的成就动机假定为成就动机的强度(Ms)、成功的主观概率(Ps)和成功诱因值(Is)三者的乘积。在Atkinson模型的基础上,日本心理学者下山刚设计出成就动机问卷。该问卷简便易行,是测量儿童成就动机的有效工具。

本研究拟用下山刚设计的儿童成就动机量表对我国中学生成就动机进行测评,并用因素分析的方法找出不同被测对象在成就动机上的相同和相异因素。在此基础上我们将进一步对学生的成就动机进行培养训练。

2 方法

测量工具是下山刚编制的"儿童成就动机量表"(AMSC)中的译本。该量表由28个项目构成。每个项目用4个等级(1.完全符合,2.相当符合,3.几乎符合,4.完全不符合)加以评定。被试为重庆市的一所重点中学和一所非重点中学的两个年级(初二和高二)的学生。重点中学学生95人、非重点中学学生79人;其中男生111人,女生63人。被试以向校方商借整个班的方式选取,而非随机取样。

3 结果

3.1 被测中学生成就动机的因素结构

对中学生总体及男女的AMSC的28个项目的结果在IBM-PC微机用罗积元编的"微机多元统计软件"算出特征值、方差贡献率和累积方差贡献率,结果见表1。

表1 中学生总体男女生在28个项目的分数的相关阵的特征值

		特征值	方差贡献率	积累方差贡献率
总体	1	4.726 5	0.168 8	0.168 8
	2	2.319 1	0.082 8	0.251 6
	3	1.853 6	0.066 2	0.317 8
	5	1.618 5	0.057 8	0.375 6
	5	1.324 6	0.047 3	0.422 9
男生	1	5.460 4	0195 0	0.195 0
	2	2.597 4	0.092 8	0.287 8
	3	1.894 4	0.067 7	0.355 4
	5	1.540 6	0.055 0	0.410 5
	5	1.397 6	0.049 9	0.460 4

续表

		特征值	方差贡献率	积累方差贡献率
女生	1	3.822 6	0.136 5	0.136 5
	2	2.814 7	0.100 5	0.237 0
	3	2.222 8	0.079 4	0.316 4
	5	1.912 5	0.068 3	0.384 7
	5	1.683 0	0.067 1	0.444 8

从表1可以看出从中抽出前4个贡献率最大因素已经能够说明本研究的基本问题。用微机对总体的结果作Varimax旋转后，得到28个项目的因素行列，将因素负荷量较大载荷阵的项目列入表2。从表2可以看出以重庆学生为样本的我国中学生成就动机诸因素的性质。

表2　中学生全体的成就动机因素

项目	因素负荷量	第一因素(说明率87.5%)
3	0.811	即使做完了一件事，我总是担心是否确实做好了，难以进行下一项工作。
7	0.949	做事遇到棘手的问题时，我多半会想到这件事是办不成了。
10	0.909	做某一件事时一想到它是关系自己的大事，我往往不敢做下去了。
12	0.840	如果做某事出了点问题，这以后即使会做的事，我也干不下去了。
14	0.926	一想到那事好像很困难，即使自己觉得也可以做好，也不想去做了。
18	0.957	一旦事情没做好，我就立即断了念头，做稍微容易的事。
19	0.757	如果不想到那事自己好像能做，我就不会产生去做的念头。
项目	因素负荷量	第二因素(说明率83.3%)
1	0.919	我学习非常努力。
4	-0.945	我学习马虎、不认真。
13	-0.979	我觉得学习没有意思，所以不想学习。
16	-0.879	我觉得家庭作业是很麻烦的事。
22	0.926	我希望把自己的学习搞好，竭尽全力去做。
项目	因素负荷量	第三因素(说明率50%)
6	0.942	遇到两个问题让选择一个时，通常我选择其中较困难的一个。
23	0.840	无论那件事需要付出多么大努力、多么不可想象，我也要尽力去做。
25	0.865	比起遇到困难就马上换一件事来做，我更喜欢迎着困难，努力克服它。
27	0.967	比起简单而保险的事情来，我更喜欢做也许会失败但却是重要的事情。

续表

项目	因素负荷量	第四因素(说明率54.5%)
5	−0.949	我常常想要成为一个有名的人、伟大的人。
11	−0.987	在与他人竞争时,我总想取得好成绩。
17	−0.942	我总想把事情做得比别人更好些。
21	−0964	我总想立即知道自己努力的结果。
24	−0.803	我总认为对于自己的事,必须全力去完成。
26	−0.854	我做竞赛性游戏,不仅得到快乐,而且想取胜。

3.2 男女中学生成就动机因素

将男女中学生在AMSC的28个项目的平均得分作t考验,结果表明有显著性差异的有4个项目,见表3。对男女中学生4个主要因子的载荷阵Varimax旋转后,从28个项目的因素载荷阵抽出4个因素,将因素负荷量较大的项目列入表4和表5,由此即可看出以重庆学生为样本的我国男女中学生成就动机诸因素的性质。

表3　男女成就动机有显著性差异项目平均分、标准差、t值

项目	男		女		t	p
	M	SD	M	SD		
5	2.036	1.035	3.397	1.040	2.203	<0.05
13	3.423	0.695	3.651	0.572	2.206	<0.05
21	1.495	0.819	1.825	0.993	2.362	<0.05
22	1.721	0.753	1.492	0.564	2.269	<0.05

表4　男中学生成就动机的因素

项目	因素负荷量	第一因素(说明率85.7%)
3	0.915	即使做完了一件事,我总是担心是否确实做好了,难以进行下一项工作。
7	0.710	做事遇到棘手的问题时,我多半会想到这件事是办不成了。
10	0.840	做某一件事时一想到它是关系自己的大事,我往往不敢做下去了。
12	0.778	如果做某事出了点问题,这以后即使会做的事,我也干不下去了。
14	0.888	一想到那事好像很困难,即使自己觉得也可以做好,也不想去做了。
18	0.889	一旦事情没做好,我就立即断了念头,做稍微容易的事。
项目	因素负荷量	第二因素(说明率66.7%)
1	−9.980	我学习非常努力。
4	0.943	我学习马虎、不认真。
13	0.953	我觉得学习没有意思,所以不想学习。

续表

16	0.807	我觉得家庭作业是很麻烦的事。
22	-0.920	我希望把自己的学习搞好，竭尽全力去做。
项目	因素负荷量	第三因素(说明率66.7%)
2	0.672	遇到一两次失败后，我会竭尽全力进行挑战。
6	0.758	遇到两个问题让选择一个时，通常我选择其中较困难的一个。
15	0.892	比起做简单的事情，我更喜欢做自己认为困难一些的事情。
23	0.701	无论那件事需要付出多么大努力、多么不可想象，我也要尽力去做。
25	0.928	比起遇到困难就马上换一件事来做，我更喜欢迎着困难，努力克服它。
27	0.975	比起简单而保险的事情来，我更喜欢做也许会失败但却是重要的事情。
项目	因素负荷量	第四因素(说明率40.4%)
11	-0.922	在与他人竞争时，我总想取得好成绩。
17	-0.797	我总想把事情做得比别人更好些。
21	-0.930	我总想立即知道自己努力的结果。
26	-0.931	我做竞赛性游戏，不仅得到快乐，而且想取胜。

表5 女中学生成就动机的因素

项目	因素负荷量	第一因素(说明率66.7%)
3	0.988	即使做完了一件事，我总是担心是否确实做好了，难以进行下一项工作。
7	0.645	做事遇到棘手的问题时，我多半会想到这件事是办不成了。
10	0.730	做某一件事时一想到它是关系自己的大事，我往往不敢做下去了。
12	0.769	如果做某事出了点问题，这以后即使会做的事，我也干不下去了。
项目	因素负荷量	第二因素(说明率40.0%)
1	0.592	我学习非常努力。
8	0.818	因为很喜欢思考各种各样的问题，所以我爱独自学习。
20	0.728	我喜欢学校，所以讨厌放假。
22	0.851	我希望把自己的学习搞好，竭尽全力去做。
项目	因素负荷量	第三因素(说明率26.7%)
6	0.631	遇到两个问题让选择一个时，通常我选择其中较困难的一个。
23	0.987	无论那件事需要付出多么大努力、多么不可想象，我也要尽力去做。
25	0.963	比起遇到困难就马上换一件事来做，我更喜欢迎着困难，努力克服它。
27	0.908	比起简单而保险的事情来，我更喜欢做也许会失败但却是重要的事情。

续表

项目	因素负荷量	第四因素(说明率40.4%)
5	-0.942	我常常想要成为一个有名的人、伟大的人。
11	-0.902	在与他人竞争时,我总想取得好成绩。
17	-0.946	我总想把事情做得比别人更好些。
24	-0.696	我总认为对于自己的事,必须全力去完成。

3.3 省重点和非重点中学生成就动机因素

将省重点和非重点中学学生在AMSC的28个项目的平均得分作t考验,结果中有显著性差异的有3个项目,列入表6。对省重点和非重点中学学生的28个项目的因素载荷阵抽出4个因素用IBM-PC微机作Varimax旋转后,将因素负荷量较大的项目列入表7和表8,由此即可看出省重点中学和非重点中学学生成就动机诸因素的性质。

表6 重点和非重点中学生显著性差异项目的平均分、标准差、t值

项目	男		女		t	p
	M	SD	M	SD		
9	1.663	0.807	1.962	0.980	2.168	<0.05
13	3.611	0.570	3.380	0.739	2.270	<0.05
20	3.316	0.775	3.025	1.050	2.040	<0.05

表7 重点中学生成就动机的因素

项目	因素负荷量	第一因素(说明率66.6%)
3	0.847	即使做完了一件事,我总是担心是否确实做好了,难以进行下一项工作。
7	0.972	做事遇到棘手的问题时,我多半会想到这件事是办不成了。
10	0.924	做某一件事时一想到它是关系自己的大事,我往往不敢做下去了。
12	0.949	如果做某事出了点问题,这以后即使会做的事,我也干不下去了。
14	0.860	一想到那件事好像很困难,即使自己觉得也可以做好,也不想去做了。
18	0.872	一旦事情没做好,我就立即断了念头,去做稍微容易的事。
项目	因素负荷量	第二因素(说明率55.6%)
1	0.793	我学习非常努力。
4	-0.977	我学习马虎、不认真。
13	-0.983	我觉得学习没有意思,所以我不学习。
16	-0.505	我觉得做家庭作业是很麻烦的事。
22	0.932	我希望把自己的学习搞好,竭尽全力地去做。

续表

项目	因素负荷量	第三因素(说明率55.6%)
6	0.941	遇到两个问题让选择一个时,通常我选择其中较困难的一个。
15	0.541	比起做简单的事情,我更喜欢做自己认为困难一些的事情。
23	0.627	无论那件事需要付出多么大努力、多么不可想象,我也要尽力去做。
25	0.692	比起遇到困难就马上换一件事来做,我更喜欢迎着困难,努力克服它。
27	0.986	比起简单而保险的事情来,我更喜欢做也许会失败但却是重要的事情。
项目	因素负荷量	第四因素(说明率62.5%)
5	0.668	我常常想要成为一个有名的人、伟大的人。
11	0.741	在与他人竞争时,我总想取得好成绩。
17	0.765	我总想把事情做得比别人更好些。
21	0.663	我总想立即知道自己努力的结果。
26	0.816	我做竞赛性游戏,不仅得到快乐,而且想取胜。

表8 非重点中学生成就动机的因素

项目	因素负荷量	第一因素(说明率66.6%)
7	−0.971	做事遇到棘手的问题时,我多半会想到这件事是办不成了。
10	−0.631	做某一件事时一想到它是关系自己的大事,我往往不敢做下去了。
14	−0.957	一想到那件事好像困难,即使自己觉得也可以做好,也不想去做了。
19	−0.665	如果不想到那件事自己好像能做,我就不会产生去做的念头。
项目	因素负荷量	第二因素(说明率62.5%)
1	−0.940	我学习非常努力。
4	0.892	我学习马虎、不认真。
13	0.903	我觉得学习没有意思,所以不想学习。
16	0.783	我觉得做家庭作业是很麻烦的事。
22	−0.922	我希望把自己的学习搞好,竭尽全力去做。
项目	因素负荷量	第三因素(说明率50%)
6	−0.838	遇到两个问题让选择一个时,通常我选择其中较困难的一个。
15	−0.505	比起简单的事情,我更喜欢做自己认为困难一些的事情。
23	−0.714	无论那件事需要付出多么大努力、多么不可想象,我也要尽力去做。
25	−0.825	比起遇到困难就马上换一件事来做,我更喜欢迎着困难,努力克服它。
27	−0.756	比起简单而保险的事情来,我更喜欢做也许会失败但却是重要的事情。

续表

项目	因素负荷量	第四因素(说明率50%)
5	-0.835	我常常想要成为一个有名的人、伟大的人。
17	-0.947	我总想把事情做得比别人更好些。
21	-0.890	我总想立即知道自己努力的结果。
24	0.840	我总认为对于自己的事,必须全力去完成。
26	-0.872	我做竞赛性游戏,不仅得到快乐,而且想取胜。
28	-0.556	同学们不明白也不会做的事,我想由我一个人来做,并且出色地完成它。

4 讨论

4.1 中学生成就动机的因素分析

表2所抽出的4个因素是取负荷量大于0.70的项目构成。这4个因素的含义,可以分析为,第1因素:因素负荷量0.7以上的项目都是与回避失败倾向有关;第2因素:因素负荷量0.7以上的项目均与学业成就倾向有关;第3因素:因素负荷量0.7以上的项目均与克服困难的倾向有关;第4因素:因素负荷量在0.72以上的项目均与社会竞争倾向有关。各项目因素负荷量的正负表明该项目与该因素是正相关或是负相关。表2资料表明,中学生的成就动机的诸因素中,有较强的回避失败倾向、学业成就倾向和克服困难倾向,而对社会竞争则表现为退避倾向。这种倾向很可能是受长期以来强调"平均主义",不鼓励个人冒尖的传统教育的影响,应引起教育工作者的关注。

4.2 男女中学生成就动机因素的比较

从表3、表4和表5可以看出,男女中学生成就动机4个因素有不少共同之处,但也有不同之处。在回避失败倾向的因素中,男生较害怕困难,一旦事情没做好,就立即断了念头去做稍微容易的事,较缺乏恒心。在学业成就倾向方面,女生学习努力,喜欢学校,爱独自学习;而男生却不想学习,视家庭作业为麻烦的事。在克服困难倾向方面,男生的积极性高于女生。在社会竞争倾向方面,男女生均有退避倾向。

4.3 重点和非重点中学学生成就动机因素比较

重点中学和非重点中学学生成就动机因素有很大的差异。重点中学学生倾向于回避失败,非重点中学学生倾向于不回避失败,似有较强的蛮干性。在学生成就倾向方面,重点中学学生学习积极性高,愿意去克服困难;而非重点中学学生则对学习不感兴趣,倾向于回避困难。在社会竞争倾向因素中,重点中学学生似倾向于想胜过他人,成为有名的人、伟大的人;而非重点中学学生则倾向于做好自己的事,缺乏胜过他人的倾向。

教育体制改革的根本目的是提高我们民族的素质,多出人才,出好人才。从本研究的测评结果来看,中学生的成就动机诸因素中对社会竞争表现为退避倾向应引起我们的高度重视。我们要使自己培养出来的学生具有创造性和社会进取精神,在教育和教学工作中加强对学生的成就动机培养和训练是十分必要的。可惜这方面的研究我国至今尚未见有报道,因此亟待开展这方面的研究。

5 结论

(1)以重庆学生为样本,中学生成就动机诸因素中有较强的回避失败倾向、学业成就倾向和克服困难倾向,而对社会竞争则表现为退避倾向。

(2)男女中学生的成就动机因素有较大的一致性和差异性;省重点中学和非重点中学学生的成就动机因素有很大的差异。

合作者:赵伶俐、张蜀林、梅传强。原文载于《心理学杂志》,1989年第4期。

我国大学生需要结构的调查

1 目的

需要是人从事活动的驱力和诱因，是人的积极性的源泉。大学生的活动动机、兴趣爱好、理想信念、抱负水平、价值观等都是其需要的各种表现形式。因此，探明大学生的需要结构，对于正确认识当代大学生的特点，有效地做好高校的教育和教学工作，把大学生培养成为坚持四项基本原则，有理想、有道德、有文化、有纪律，具有为国家富强和人民富裕而艰苦奋斗、不断创新的一代新人，有着重要的意义。近年来，我国学者对大学生需要的特点做过一些调查。在这些调查中，有的采用开放式问卷（游季浦，黄克远，1985；赵建华，1985），而开放式问卷所得资料分散，难以作数量化的统计。有的调查虽将开放式问卷和封闭式问卷较好地结合起来，可惜未对结果作效度检验，其可靠性仍不得而知（孙宝志，韩民堂，1986）。本研究试图用较严谨的问卷设计来探明我国大学生的需要结构。

2 方法

本研究主要采用问卷法，辅以观察和访问。整个研究分三次进行。

第一次是开放式问卷调查。我们以“每个大学生都有种种需要，请你把你感觉到的需要都写出来”为题，向北京大学、西北大学、同济大学、四川大学、重庆大学、西南师范大学、西南农业大学等学校邮寄问卷700份，收回问卷230份。并对其中的10名大学生作了个别访问。

第二次主要是封闭式问卷调查。我们对开放式问卷调查得到的庞杂资料加以归类整理，将我国大学生的需要分为18种，并对每一种需要的内容加以界定，制成封闭式问卷。然后，对四川大学、重庆大学、西南农业大学、西南师范大学四校中16个班（每校1至4年级各一个班）的478名大学生作调查。各年级的平均年龄为：86级18.1岁；85级19岁；84级20.1岁；83级21岁。

第三次是效度检验调查。我们请32名有经验的政治辅导员和班主任教师按照他们自己对所在班级的观察和了解，分别对本班大学生的全体以及男、女生的18种需要的重要性排出次序。以有经验的政治辅导员和班主任教师的客观评定为效标，然后计算他们对大学生需要强度的评定等级与大学生对自己需要强度的评定等级之间的相关系数，进行效度检验。

3 结果与分析

3.1 大学生的基本需要

从北大等七校收回的开放式问卷的230份资料中，可以看出大学生意识到的需要种类和性质。统计表明，大学生意识到的需要是极其多样化的。他们列出的需要（包括对10名学生的访问资料）达830种之多，但其中不少是重复的，有些是类似的，将这些资料加以归类整理，结果如表1所示（有2.2%的资料难以归类，未在表中列出），大学生意识到的需要主要有18种。这18种需要也就是大学生的基本需要。

表1 大学生基本需要的种类和内容

需要种类	内容
维持生存的需要	想吃饱，穿暖。
物质享受的需要	想吃得好、穿得好，有良好的生活环境。
性的需要	想结婚，过性生活。
秩序的需要	希望有条理，不混乱，和平安定，有民主气氛。
躲避伤害的需要	希望避开痛苦、肉体上的伤害、疾病和死亡。
躲避羞辱的需要	希望避开可能贬低自己或使自己陷于羞辱或失败的困境。
友情的需要	希望获得友谊，有知心朋友，同学间团结友爱；想得到和给予某异性的爱情。
求援的需要	渴望他人支持，帮助、培养、保护、喜爱、规劝、指引、原谅、安慰。
归属的需要	希望得到他人的接纳，渴望参加某个团体或组织。
成就的需要	希望胜过周围的人，获得成功取得成绩。
自尊自立的需要	注意自己的言行，希望得到别人的理解和尊重，对自己的事情有发言权和决定权。
权利的需要	想控制周围的人，使他人能接受自己的建议、说服和命令等。
求知的需要	渴望获得知识，具有发现问题、分析问题、解决问题的能力。
求美的需要	渴望改善文化娱乐生活和品德课教学，提高自己的精神境界和品德修养。
发展体力的需要	渴望自己体魄健全，创造优良的体育成绩。
助人的需要	乐意帮助他人，为他人做好事。
建树的需要	渴望自己有所创造、有所建树，向社会显示自己的存在。
奉献的需要	渴望为祖国、为人类社会的进步奉献自己的一切。

从四川大学等四校回收的178份问卷的附加题中，有196名学生对“如果你的需要不在表上，请写在下面”这一问题做了补充回答。有些回答基本上是重复表1上的某种

需要或对其进一步的发挥,极少数的回答反映出某些畸形的需要,有的回答是表1上各种需要的不同组合。下面是几个典型的实例:

"我渴望自己有所作为,以显示自己的人生价值;渴望成为为正义而献身的英雄;渴望投身于前线战场,为保卫祖国轰轰烈烈地牺牲;渴望能控制自己,不要由于任性而伤害根本不愿伤害的人,渴想得到爱情,使生活丰富多彩。"(一位86级18岁的男大学生)

"我强烈希望得到异性的爱情,但未得到满足。不知是自己对异性的'白昼梦'过多,还是性格方面的原因,只要一遇到异性(不管是漂亮的还是不漂亮的,也不管是自己内心喜欢的还是不喜欢的)总是不好意思,不敢正面面对异性谈话,羞于目光接触。那时我就暗地想自己不应该这样,而应该表现出有风度。我现在就很需要有这种风度。"(一位85级19岁的男大学生)

"求知的需要一直是我大学生活的主导需要。我渴望拥有多方面的知识,渴望了解社会、了解人生,希望自己在各方面都能出类拔萃。在现实生活中人们总是倾心于美。但对一个人,特别是对一个女性,要为别人所尊重,必须有自己的独立性,而知识的拥有是这种独立性的必备条件。"(一位83级19岁的女大学生)

"我渴望被理解、得到关心和帮助,渴望得到爱也渴望奉献爱。生活总是热热闹闹的,周围也不乏友爱,但我却时时觉得这种友爱似不真实,总有一种空虚、惘然、惆怅、若有所失的感觉,我渴望有个异性的知心朋友。"(一位84级20岁的女大学生)

"我渴望加入中国共产党,为振兴中华,为党的事业而奋斗。"(一位85级22岁的男大学生)

对有经验的政治辅导员和班主任教师的调查表明,所有被调查的辅导员和班主任均认为问卷列出的18种需要是大学生的基本需要。其中,81%未做任何补充,19%做了补充。但这些内容按其性质来看,仍属18种需要之列。

基于上述分析,可以看出,表1列出的18种需要是大学生意识到的基本需要。总的来说,我国大学生意识到的基本需要是积极的、健康的。

3.2 大学生的优势需要和非优势需要

根据四川大学等四校478名大学生对18种基本需要的重要性的排列次序,统计出每种需要在重要性各个位次上的次数分布,求出中数,再将这些中数由小到大,排出18种基本需要的相对强度,自1至18的等级次序,即表明需要强度由强至弱的序次,如表2所示。各年级及男女大学生中四个最重要的和四个最不重要的需要如表3所示。

表2表明,大学生的18种意识到的需要的强度是不平衡的,有主与次,优势与非优势之分,同时具有一定的倾向性。(1)从总体上来看,强度最大的前四位需要的种类依次是求知的需要、友情的需要、建树的需要和自尊自立的需要。强度最弱的最末四位需要

的种类依次是性的需要、归属的需要、权力的需要和躲避伤害的需要。(2)各年级大学生中，两个最重要的需要相当一致，而四个最不重要的需要则稍有差异。对于18种需要的重要性，用斯皮尔曼等级相关法算出各年级大学生的等级次序之间的相关系数，各对应年级的等级相关系数是：一年级至二年级，$r=0.92$；一年级至三年级，$r=0.94$；一年级至四年级，$r=0.75$；二年级至三年级，$r=0.97$；二年级至四年级，$r=0.85$；三年级至四年级，$r=0.87$。相关系数显著性检验：各项$p<0.01$，有显著相关。一年级与四年级的主要差异在物质享受的需要、性的需要和奉献的需要三种，一年级分别排在第15位、第18位和第8位；而四年级分别排在第7位、第8位和第16位。经中数检验法检验，一、四年级在此三种需要上$p<0.01$，差异显著。(3)男女大学生在18种需要的排列等级上，前六位基本相同，后几位则不大一致，特别是在躲避羞辱的需要、维持生存的需要、性的需要、求援的需要和发展体力的需要上，经中数检验法检验，$p<0.01$，差异显著，显示男女大学生需要强度上的不同特点。但就整个排列等级看，经计算男女生之间的等级相关系数，$r=0.76$。相关显著性检验：

表2　各年级及男女大学生各种需要的相对强度

需要种类		四所高校1至4年级				四所高校男女生		总体(478人)	
		一年级	二年级	三年级	四年级	男309人	女169人		
生理需要	维持生存的需要	13	12.5	11	11	10	16	6	13
	物质享受的需要	15	7	9	7	8	9		9
	性的需要	18	18	18	8	3	18		18
安全需要	秩序的需要	7	9	7	10	9	8	5	8
	躲避伤害的需要	14	15	15	15	15	14		15
	躲避羞辱的需要	12	14	14	14	16.5	10		14
交往需要	友情的需要	2	2	2	2	2	2	3	2
	求援的需要	11	11	13	13	16.5	7		12
	归属的需要	16	16	17	18	18	15		17
尊重需要	成就的需要	5	5	5	6	5	6	2	5
	自尊自立的需要	3	3	3	4	4	3		4
	权利的需要	17	17	16	17	14	17		16
发展需要	求知的需要	1	1	1	1	1	1	1	1
	求美的需要	6	6	6	5	6	5		6
	发展体力的需要	9	8	8	9	7	13		7
贡献需要	助人的需要	10	12.5	10	12	11	12	4	10
	建树的需要	4	4	4	3	3	4		3
	奉献的需要	8	10	12	16	12	1		11

$p<0.01$，仍表明男女生的需要等级之间显著相关。

表3为有经验的政治辅导员、班主任教师就大学生总体、本年级学生及男女生在18种需要的重要性上排出的次序与大学生自己排出的次序之等级相关。由表3可见,教师对学生需要重要性的评定与大学生对自己需要重要性的评定有着显著的相似性。

表3　大学生对自己需要重要性的评定与教师对学生重要性的评定之等级相关系数

	一年级	二年级	三年级	四年级	男生	女生	总体
相关系数	0.63	0.82	0.77	0.68	0.68	0.92	0.79
相关显著性检验	$p<0.01$　各项均呈显著相关						

3.3 大学生需要结构的一般模式和个别差异

我们将大学生意识到的18种需要归为六类需要:生理需要、安全需要、交往需要、尊重需要、发展需要和贡献需要。478名大学生对18种需要重要性的排列次数分布以及6类18种需要的等级次序的资料表明,大学生的需要结构具有一般模式和个别差异:(1)大学生的六类需要的相对强度,由强至弱依次为:发展需要、尊重需要、交往需要、贡献需要、安全需要和生理需要,而各类需要所包含的次级需要,其相对强度又是各不相同的。例如,发展需要中的求知需要、求美需要和发展体力的需要分别属于第1位、第6位和第7位;尊重需要中的成就的需要、自尊自立的需要和权力的需要分别属于第5位、第4位和第16位等等。这表明了大学生需要结构的一般模式。(2)在所列的18种需要上都有人把它们作为第1位重要性而加以选择,此外,除友情的需要在第17位次上没有人选择外,18种需要在其他各个位次上均有人选择。这表明了每个大学生需要结构的个别差异。

4 讨论

从系统论的观点来看,人类的需要是一个开放系统,其结构是很复杂的。马斯洛(Maslow,1954)把人类的需要分为五个层次,即生理需要(食物、水、空气、睡眠、住宅等),安全需要(生理、心理、经济上的安全),归属和爱的需要(爱情、联系、认同于团体),尊重需要(尊重感、个人价值感、胜利感、成就感、独立和自由、特权、赞扬、认识),自我实现需要(自我能力的充分发挥和完成)(Maslow, 1954)。奥尔德弗(Alderfer, 1969)把人类的需要分为三类(A.H.马斯洛,陈炳权,高文浩,邵瑞珍,1987),即生存需要(生理和物质需要、薪资、福利、工作条件),关联需要(家庭关系、督导方式、同事关系、部属关系的交往),成长需要(个人成长、能力发展)。我国心理学者陈沛霖把人的需要分为五种基本的需要,即生存需要、享受的需要、发展的需要、自主和尊重的需要以及贡献的需要(Alderfer, 1969)。我们认为,上述这些分类方法都包含有不少合理的因素,但也有某些欠缺(陈沛霖, 1984)。在研究我国大学生这一特定群体的需要结构时,我们没有硬搬既有的分类方法,而是从广泛的调查入手,将调查所得的庞杂资料加以归类整理,列出18种基本需要。封闭式问卷调查结果表明,所列出的18种需要在第一位次上都有人选择,在每一位次上几乎都有人选择;同时,效度检验调查也表明这18种需要在大学生的需要结构中是普遍存在的,大学生们对问卷所提出的补充需要,基本上是可以包含在这18种需要之内的。因此,本研究所设计的问卷有效地测量了大学生的需要。

人类的需要具有多维度、多层次的结构。正如任何系统都可以作多种描述一样,对于人类的需要系统也可以作多种描述。我们把我国大学生的需要区分为六类基本需要:生理需要、安全需要、交往需要、尊重需要、发展需要和贡献需要。在这六类基本需要中,又可以分为不同的维度和层次。它们所包含的各种具体需要的强度并不平衡。一个人的优势需要可能只是某类基本需要中的某种具体需要,而该类基本需要中的其他具体需要的强度可能较弱,也可能同时存在的几种具体的优势需要分属于不同类的基本需要之中。我们的研究表明,从478名大学生的总体来看,强度最大的前四位需要依次是:求知需要、友情需要、建树需要和自尊自立需要,它们分别属于四类基本需要。因此,简单地仅仅以三类或五类需要设计问卷调查一个人需要的相对强度,就难以对问题作深入的分析。我们以大学生对18种具体需要强度的排列序次为基础,所得结果既可以从具体需要的水平上,也可以进而从某类基本需要的水平上探讨大学生的优势需要和非优势需要,从而能较具体地分析大学生需要结构的特点。当然,我们问卷中的18种需要还可以按各种维度加以细分,如友情的需要可以分为友谊需要和爱情需要等。看来,在对人类需要结构的问卷调查中,建立清晰的类别观念,即把欲测的内容分成互相排斥的若干类,每类尽量穷举,而又不过于繁琐,这确实是个大难题。

我们的研究表明,大学生需要结构中求知、友情、建树、自尊自立的需要是优势的需要,它们均属于高层次的需要,而低层次的需要大都处于较弱的地位。这表明,我国大学生总体的需要结构是积极向上的。值得注意的是,贡献需要中的助人需要和贡献需要在大学生的需要结构中,强度不大(处于第10、11位)。这可能与前些年大公无私教育的削弱有关,应当引起我们的重视。

我们的研究表明,在18种需要重要性的排列等级上,各校之间、各年级之间、男女生之间均呈显著相关。这表明大学生的需要结构具有共同的特征,同时也表明我们所得出的我国大学生需要结构的一般模式是比较可靠的。效度检验也证实了这一点。当然,我国大学生群体中,不同年级、性别和个体的需要结构也存在着团体差异和个别差异。这些差异主要是由教育条件、生活经历、具体环境以及个人的价值观、人生观的不同造成的。例如，在生理需要方面，四年级与其他年级相比较，性的需要比较强。这可能与四年级大学生即将走向社会更多地考虑组织小家庭有关。男女生之间差别较大的是维持生存、性、躲避羞辱、求援、发展体力的需要(男生分别列在第10、13、16.5、16.5、7位；女生分别列在第16、18、10、7、13位)，很明显，这主要是性别角色化的表现。此外，从大学生在18种需要重要性排列位次上的广泛分布，可以看出大学生需要结构上的个别差异。

5 小结

(1)我国大学生需要的种类是极其多样化的，其意识到的基本需要基本可以归纳为18种，其中强度最大的前四位需要依次是求知的需要、友情的需要、建树的需要和自尊自立的需要；强度最弱的末四位需要依次为性的需要、归属的需要、权利的需要和躲避伤害的需要。总的说来，我国大学生的需要结构是积极向上的。

(2)大学生的需要结构是多维度、多层次的，其基本模式可划分出六个维度，强度由强至弱分别为：发展需要、尊重需要、交往需要、贡献需要、安全需要和生理需要。在这六类需要中又包含有强度不等的若干种具体需要。

(3)我国大学生的需要结构具有共同的特征，但不同年级、性别和个体的需要结构也存在着一些团体差异和个别差异。

合作者：张进辅、张蜀林。原文载于《心理科学》，1988年第2期。

老年人自我概念与心理健康水平的相关研究

随着年龄的增长，老年人的各种功能逐渐衰退，这是谁都必须承认的事实。然而，面临这样的功能衰退，有些人会被它压倒，而另一些人却能适应它，生活得幸福、健康。其差别原因主要是其自我概念的不同所致。自我概念（self-concept）是个人人格结构的重要基础。但不同的学者对自我概念有不同的界说，例如：Bengtson等认为自我概念是个人对自己的形象或意象、认知、情感、意志的总体看法（Bengtson, Reedy, & Gordon, 1985）；Shavelson等认为自我概念是个体对自我的知觉（Shavelson & Bolus, 1982）；Hattie则把自我概念定义为个体对自我特性的认知评估（Hattie, 1992）；而彼得罗夫斯基等认为自我概念是个体关于自己本身的一个相对稳定的被意识到的、被体验到的独特的表象系统和对待自己的态度（彼得罗夫斯基，雅罗舍夫斯基, 1997）。简单地说，自我概念就是个体对自己的知觉和评价。

自我概念是一个复杂的心理系统，它由多种成分所构成，学者们对此已提出了许多理论假设（Marsh & Hattie, 1996）。其中最有影响的一种理论是Fitts把人的自我概念区分为9个维度，即生理自我、道德伦理自我、心理自我、家庭自我、社会自我、自我认同、自我满意、自我行为和自我总体知觉。根据这一构想，Fitts编制了“田纳西自我概念量表”（Tennessee Self Concept Scale，简称TSCS）（Fitts & Warren, 1965）。

本研究以此为基础，来探讨老年人自我概念的特点及其各构成因子与其心理健康的关系。

1 方法

1.1 对象

不同文化程度和职业的正常老年被试86人，其中有效被试83人：男性58人，平均年龄67.2岁；女性25人，平均年龄为65.6岁。

1.2 工具

1.2.1 田纳西自我概念

量表共有70个问题，采用5点式度量。本研究根据老年人的特点，将其中的部分问题略加修改。本研究取样测试的分半相关系数为0.767（$p<0.001$）；各分量表测试结果与

量表总分之间的相关系数为：$r=0.696$—0.909，均达显著水平（$p<0.001$）；而自我批评分量表与量表总分之间的相关为-0.340，也是显著相关。

1.2.2 SCL-90

中国修订本共有90个问题，也是采用5点式度量（金华，吴文源，张明园，1986）。本研究测试取样的分半相关系数为0.947；各分量表测试结果与量表总分之间的相关系数为：$r=0.703$—0.954，均达显著水平。

1.3 调查方法

将印制好的“自我概念量表”和“心理健康量表”的问卷连同指导语发给被试，要求被试逐项填写。以个别或团体两种方式进行测试。所有测试结果用SPSS7.5软件处理。

2 结果

2.1 老年人的自我概念

本研究中的老年人在自我概念量表各因子分量表上的平均得分列于表1，男女之间没有显著性差异（$t=1.06$，$p>0.05$）。

表1 自我概念量表测定结果

自我概念因子	男性(n=58)	女性(n=25)	总体(n=83)
生理自我	42.1	40.4	41.6
道德自我	51.9	52.3	52.1
心理自我	47.6	46.7	47.3
家庭自我	49.9	51.1	50.3
社会自我	44.7	43.3	44.2
自我认同	81.7	82.6	82.0
自我满意	77.9	75.9	77.3
自我行动	76.5	75.4	76.2
自我总评	236.0	234.0	235.0
自我批评	27.6	28.4	27.8

不同职业的老年人在自我概念量表中各因子分量表上的得分没有显著差异[$F(3,79)<1.0$，$p>0.05$]。

在不同文化程度的老年人自我概念的比较中发现：老年人在“社会自我”分量表上的

得分明显受到文化程度的影响（$F=2.832$，$p<0.05$）；其他各类自我概念量表上各因子的得分受文化程度的影响都不显著（$F<2.68$，$p>0.05$）。

2.2 老年人的心理健康

本组老年人在心理健康各因子分量表上的得分分别为躯体化1.59±0.54，强迫症状1.92±0.61，人际敏感1.65±0.58，抑郁1.66±0.52，焦虑1.51±0.54，敌对1.52±0.56，恐怖1.50±0.66，偏执1.59±0.61，精神病性1.47±0.58。以均值加1.96标准差计算，除强迫症状因子量表分略超过“3”、达中等严重程度外，其他因子量表分均值都小于“3”，没有达到中等严重程度，阳性项目平均数为33.6±20.9。

在阳性项目数、躯体化、强迫症状、人际敏感、忧郁、焦虑和精神病性等因子分量表上的平均得分，不同职业的老年人之间存在显著的差异（$p<0.05$），教师和干部的均值较低，而农民和工人的均值高。其他症状则没有表现出明显的职业差异（$p>0.05$）。不同文化程度的老年人在阳性项目数、忧郁和焦虑等分量表上的得分明显受其文化程度的影响（$p<0.05$），而其他症状分量表的得分受文化程度的影响不明显（$p>0.05$）。男女老年人在心理健康量表各症状因子分量表上的平均得分没有显著性差异（$t=1.16$，$p>0.05$）。

2.3 老年人自我概念与心理健康的相关

将老年人在自我概念量表各因子分量表上的得分与其在心理健康量表各症状因子分量表上的得分进行相关分析，结果表明两者基本上呈负相关（自我批评和道德伦理自我因子的个别相关项目除外），即老年人在自我概念量表各因子分量表上的得分越低，其在心理健康量表各心理症状因子分量表上的得分就越高。两者的相关矩阵列于表2。

表2　自我概念量表各因子均分与心理健康量表各因子均分的相关矩阵

	生理自我	道德自我	心理自我	家庭自我	社会自我	自我认同	自我满意	自我行为	自我总评	自我批评
躯体化	0.460*	0.033	0.176	0.127	0.147	0.209	0.213	0.21	0.236	0.144
强迫症状	0.264*	0.178	0.057	0.005	0.261*	0.036	0.146	0.086	0.101	0.284*
人际敏感	0.265*	0.037	0.164	0.218	0.359*	0.211	0.255*	0.187	0.246*	0.369*
忧虑	0.389*	0.065	0.198	0.248*	0.342*	0.209	0.318*	0.317*	0.314*	0.243
焦虑	0.318*	0.004	0.127	0.120	0.120	0.213	0.161	0.168	0.196	0.195
敌对	0.234	0.002	0.009	0.224	0.086	0.158	0.125	0.079	0.136	0.281*
恐怖	0.263*	0.003	0.172	0.098	0.367*	0.142	0.185	0.248*	0.217	0.287*

续表

	生理自我	道德自我	心理自我	家庭自我	社会自我	自我认同	自我满意	自我行为	自我总评	自我批评
偏执	0.156	0.104	0.074	0.157	0.266*	0.086	0.179	0.109	0.14	0.249*
精神病性	0.353*	0.003	0.116	0.141	0.181	0.173	0.234	0.143	0.208	0.081
总体	0.371*	0.031	0.147	0.165	0.290*	0.179	0.246*	0.209	0.237	0.274*

注:因相关系数(自我批评和道德伦理因子除外)都为负值,故表中省略"-"号。

根据老年人在自我概念量表中的总分平均数,将83名有效被试分为高自我概念组(H组)和低自我概念组(L组),然后比较两组被试心理健康水平的差异,结果列于表3。

表3 高、低自我概念组SCL-90得分比较

	H组	L组	t值	p值
总均分	1.50	1.76	2.20	0.031*
躯体化	1.41	1.75	2.59	0.012*
强迫症状	1.86	2.01	0.97	0.338
人际敏感	1.52	1.79	1.88	0.065
忧虑	1.48	1.84	2.89	0.005*
焦虑	1.41	1.61	1.45	0.151
敌对	1.45	1.61	1.17	0.245
恐怖	1.3	1.70	2.50	0.015*
偏执	1.52	1.67	0.92	0.361
精神病性	1.33	1.61	2.16	0.035*

由表3结果可知:高自我概念组的老年人在躯体化、忧郁、恐怖和精神病性等因子分及总分低于低自我概念组,或者说高自我概念组老年人的心理健康水平高于低自我概念组。

3 讨论

本研究结果表明,老年人的心理健康状况明显受其自我概念的高低水平、自我概念的不同因子及其所从事的职业的影响,有些心理症状还明显受其文化程度的影响。

在所有自我概念因子中,生理自我对老年人心理健康的影响最为显著,几乎与其所有心理症状有关。因此,随着年龄的增长,机体功能逐渐衰老,但老年人要适应这一事实。个体对自己的生理状况保持积极的态度,将会促进其健康水平;相反,对自身的身体状况持消极的态度,将会削弱其健康水平。

社会自我对个体的心理健康也有相当大的影响。对自我的社会形象越满意,其心理症状就越少,心理健康状况就越好。因此,提示我们要提高老年人的社会地位,发挥社会支持系统的作用,以增进其心理健康。自我批评与大多数心理症状呈高度正相关、自我满意与部分心理症状呈高度负相关,这些结果提示老年人对自我不宜过分苛求,应维持自我满意,悦纳自我,这将有助于提高心理健康水平。

家庭自我与忧郁具有高度负相关,这提示老年人的忧郁症与不良的家庭环境和家庭生活密切相关。因此,大力提倡中华民族敬老爱老的优秀文化传统,将会促进老年人的心身健康。

4 小结

在本研究条件下,老年人的自我概念对其心理健康具有重要的影响。其中,生理自我的影响最大,其次是社会自我。

老年人自我概念水平的高低显著地影响其心理健康的水平,尤其是影响老年人的躯体化、忧郁、恐怖和精神病性等症状因子的表现程度。

老年人的心理健康受其所从事的职业的影响;有些心理症状还明显受其文化程度的影响。老年人的心理健康没有表现出明显的性别差异。

合作者:陈传锋、余华。原文载于《中国临床心理学杂志》,1998年第4期。

书法经验对心理健康及注意能力的影响

1 引言

书法可以修身养性,强身健体,延年益寿。书法艺术“肇于自然”,且“造于自然”。在书法创作中,“默坐静思,随意所实,言不出口,气不盈息,沉宓神形,好对至尊”,以调节人的整个身心活动。书法家在创作中,以静势人书,其目的在于追求恬淡虚静的审美情趣,以达到超然于外物,摆脱羁绊,去掉遮蔽,返璞归真之功效,消解以自我为中心的欲望,缓解内心之烦恼,摆脱世俗物欲。打开个人生活的障壁,获得精神上的自由。正如同庄子所言,“心斋”与“坐忘”。

实际上,中国书法的清心静虑之功效已被古今书法家所共识。清心静虑指的是书法活动所引导的心理“宁静”。一方面,书写过程要求书者必须安静下来,有一个良好的书写心理准备,以便于书写活动;另一方面,书写可以净化人的思想,使人从杂念中摆脱出来,提高人对书写的专心程度,达到聚精会神、全神贯注之功效。正如唐太宗所说的“绝虑凝神,心正气和”是书法所引起的一种内心安宁和心平气和的心理状态。有人甚至认为,练书法有类似中国传统养生保健气功的效果。而气功对人的身心疾病的治疗和保健作用,已经有不少研究证实(单怀海, 1989; 孙长华, 许淑莲, 吴振云,周晓蓉, 1986; 祝蓓里 et al., 1985)。

从现代科学研究角度来看,由于中国汉字和毛笔本身的特点,书法者在书写时除了对汉字本身的认知外,还要注意字的大小、笔画的宽窄、运笔的方向和力度、书体的类型等等,这就要求书写者的注意力、呼吸,以及手、指、腕、肘、肩,甚至全身都要达到一种和谐统一的状态。这种内调节过程激活了体内的调控系统,使人通过生理过程达到心理上的平和。高尚仁(1986)曾对书法书写过程中人的生理活动特征进行过系统的研究(高尚仁, 1986),发现人体的生理反应,如心率、呼吸、血压、脑电波、皮肤电等都会产生相应的积极变化,这些生理活动方面的改善,明显影响了人的心理活动,起到促进心理净化之效果。

根据前人的研究和理论可以推测,长期从事书写活动的人应该比未有书法经验的人在心理健康状况方面要有更高的水准,应该有更强的注意集中能力。这就是本研究的基本假设和出发点。因此,本研究之目的在于探讨有书法经验者与无书法经验者在心理健康和注意力上是否存在差异。

2 研究方法

2.1 被试者

参加本实验的被试者均为正常成人，共105名；年龄范围19—77岁，平均43.2岁；男性66人，女性39人；均为大学本科学历；无任何精神异常史。其中有书法经验者50人，无书法经验者55人。

2.2 测验问卷

SCL-90临床症状自评量表（Symptom Checklist-90，SCL-90）是以Derogatis的Hopkins症状清单（HSCL，1973）为基础编制完成（Derogatis，Lipman，& Covi，1977），是最早用以衡量临床门诊病人自觉症状严重程度的自我评价量表，涉及感觉、情绪、思维、意识、行为、生活习惯、人际关系等内容。因具有容量大、反应症状丰富、能比较准确刻画病人的自觉症状等优点，近年来在临床和心理健康评价方面广为采用。

SCL-90量表包括90个问题，采用5级评分技术，分数越高，表示症状程度越严重；评定时间范围是"现在"或"最近一星期"。评定结果分总分和因子分两部分。

总分部分主要包括：总分、总均分、阳性项目数、阴性项目数和阳性症状均分。总分是全部项目之和，即反映被试者有症状的项目数，又表示自我感觉的程度，且比较直观。因此本研究主要以总分作为一般心理健康状况的统计指标。

因子分部分主要包括9个因子：躯体化（Somatization）、强迫症状（Obsessive compulsive）、人际关系敏感（Intcr personal sensitivity）、抑郁（Depression）、焦虑（Anxiety）、敌对（Hostility）、恐怖（Phobic anxiety）、偏执（Paranoia idea）、精神病性（Psychotism）。每个因子表示不同难度的症状和感受，其结果用因子分（某因子之总分 / 该因子项目数）表示。

Deogatis先后两次对SCL-90作结构效度分析，经Procrustes和Varimax矩阵旋转后，结果发现该量表有相当好的结构效度（1970，1977）。各量表效标效度系数在0.77—0.99间，证实该量表的内容能反映各类型神经症的临床特征、病情严重程度及病情演变情况，显示有较好的可靠性。另外，SCL-90与大体评定量表（GAS）呈负相关，与临床总评定量表（CGL）的病情严重度（SI）呈正相关。研究还发现，SCL-90可重复性好。

2.3 划消测验

划消测验于19世纪末广泛用于评价人的知觉速度、辨认准确性和注意力。特别是在反映人的注意稳定性特征方面，是一个有效测验工具。测验采用随机分布的50×50数字表。测验结果包括：总查数（检测数字表内的总数）、划消数（被划消数的个数）、划错数和漏划数。

2.4 研究设计与分组

本研究采用独立组实验设计,并进行集体测试。

首先,根据有无书法经验和年龄,将被试者分为4个研究组:(1)无书法经验青年组,共36人,男22人,女14人,19—24岁,平均21.1岁。(2)有书法经验青年组,共32人,男21人,女11人,19—24岁,平均21.3岁;书法经验2—10年,平均4.2年。(3)无书法经验老年组,共19人,男11人,女8人,54—7l岁,平均62.7岁。(4)有书法经验老年组:共18人,男12人,女6人,61—77岁,平均67.6岁;书法经验2—20年,平均6.8年。

其次,根据书法经验时间长短和年龄将有书法经验的被试者进一步分组。书法经验2—4年者为短时经验组,练习5年以上者为长时经验组。4组分别为:(1)青年短时经验组,共18人,平均练习书法2.9年;(2)青年长时经验组,共14人,平均练习6.5年;(3)老年短时经验组,共8人,平均练习2.8年;(4)老年长时经验组,共10人,平均练习10.1年。

2.5 测验程序

全部被试者集中在实验室内,主试人讲解指导语,被试者依次完成划消测验和SCL-90临床症状自评量表的评定。其中老年组被试者只作SCL-90量表。划消测验共需l0min,分前后两个部分。第一部分要求在划消表上找出偶数后面的奇数,然后划除,共5min;第二部分将表上奇数后面的偶数划除,也做5min。

3 研究结果

书法练习对一般心理健康状况的影响。

首先,我们根据有无书法经验把青年和老年人分组,将两个组被试者SCL-90量表的总分统计结果进行比较,见图1。

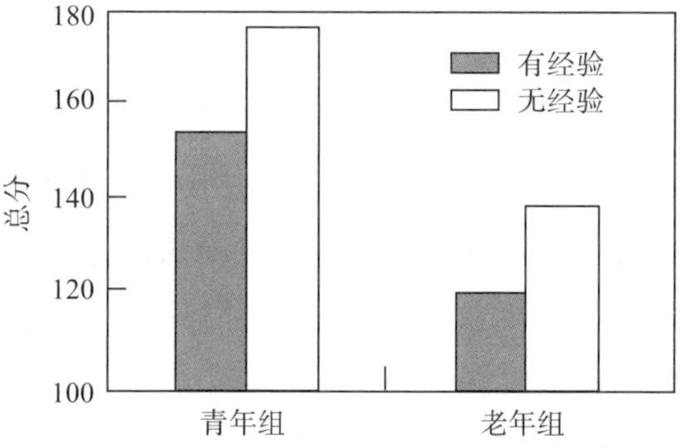

图1　有无书法经验及两个年龄组被试者SCL-90总分比较

从图1中可见，无书法经验的被试者总分明显大于有书法经验的被试者，组内方差分析，$F=10.59(p<0.01)$；青年组被试者的总分明显大于老年组被试者，组间方差分析，$F=22.8(p<0.01)$。另外，阳性项目数和阳性症状均分的统计结果也反映这样一个趋势。因此不难看出，青年与老年被试者，有书法经验与无书法经验被试者在总的心理健康方面有很大差异，青年人和无书法经验者在心理上不健康的程度明显大于老年人和有书法经验者。

3.1 书法练习对SCL-90各因子的影响

分别比较不同年龄组被试者有书法经验与无书法经验被试者的SCL-90各项因子，测验结果见图2和图3。

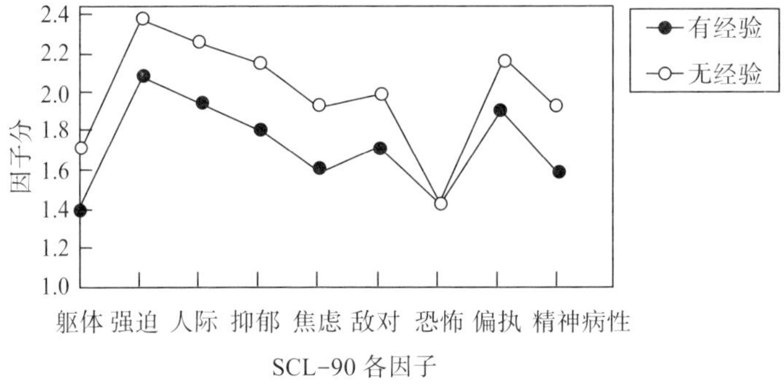

图2 青年组有书法经验与无书法经验被试者SCL-90各因子比较

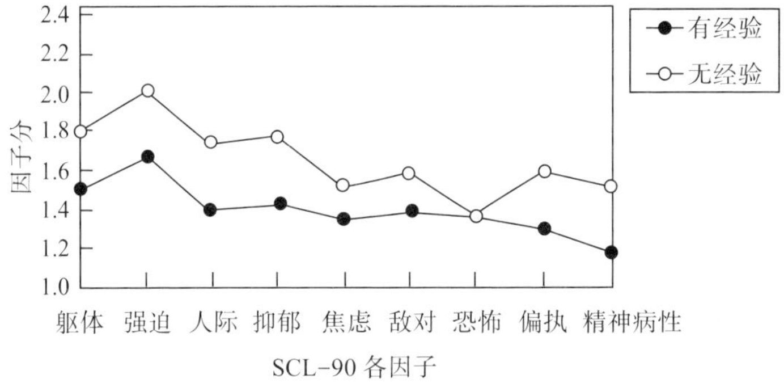

图3 老年组有书法经验与无书法经验被试者SCL-90各因子比较

总体上看，图2和图3的结果，基本上验证了有书法经验组被试者分数低于无书法经验组，老年组被试者分数低于青年组的发现。换句话说，除恐怖因子外，在SCL-90各项因子分布上均显示出，有书法经验者心理健康症状好于无书法经验者，老年书写者心理健康症状优于青年书写者的趋势。有书法经验组与无书法经验组、青年组与老年组在每项因子上的比较结果见表1。

表1　有无书法经验及青老年被试者SCL-90各因子F检验

SCL因子	有—无经验(F值)	青年—老年(F值)
躯体化	8.83**	1.00
强迫	9.22**	10.80**
人际敏感	8.87**	19.59**
抑郁	11.67**	13.84**
焦虑	7.95**	9.80**
敌对	3.69	9.97**
恐惧焦虑	0.02	3.44**
偏执	3.74	30.25**
精神病性	9.46**	16.51**

**p<0.01

表1统计结果表明，有书法经验与无书法经验被试者除敌对、恐惧、焦虑和偏执因子外，在其余6项因子上均有非常显著性差异；老年组被试者与青年组被试者除躯体化和恐怖焦虑因子外，在其余7项因子上均有非常显著性差异。

3.2 书法练习长短对心理健康的影响

将不同书法练习时间的青年和老年被试者SCL-90量表的总分统计结果作比较，结果见图4。

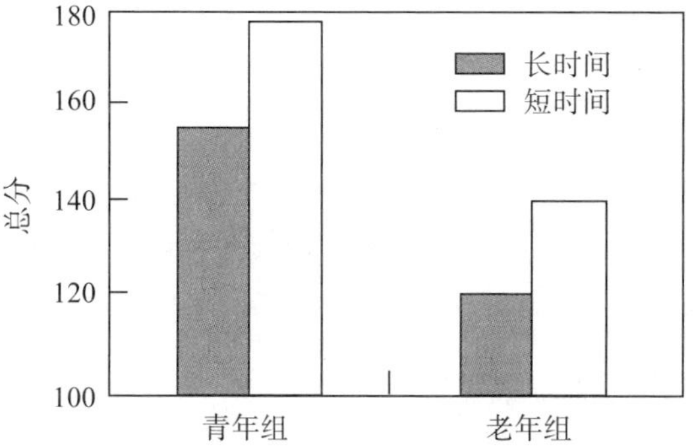

图4　不同书法练习时间及年龄被试者SCL-90总分比较

图4中可见，青年组被试者总分明显大于老年组被试者，单因素方差分析，F=10.67

($p<0.01$);而长时间练习书法的被试者总分有较明显的低于短时间练习书法者的趋势,但未达显著性水平($F=3.27$)。分别比较两年龄组被试者和不同书法练习时间SCL-90各因子分数,结果见图5和图6。

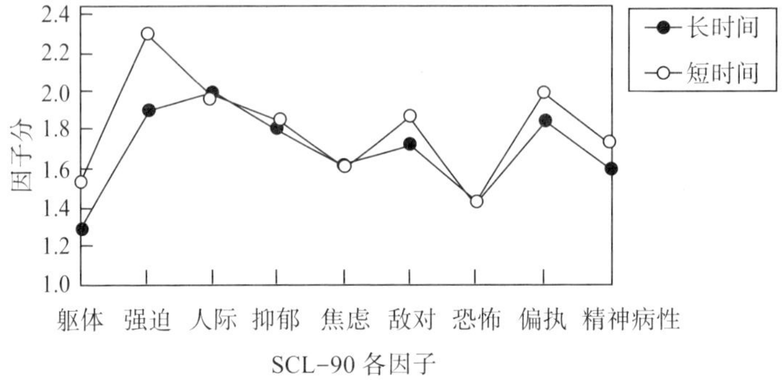

图5 青年组被试者书法练习时间长短与SCL-90各因子比较

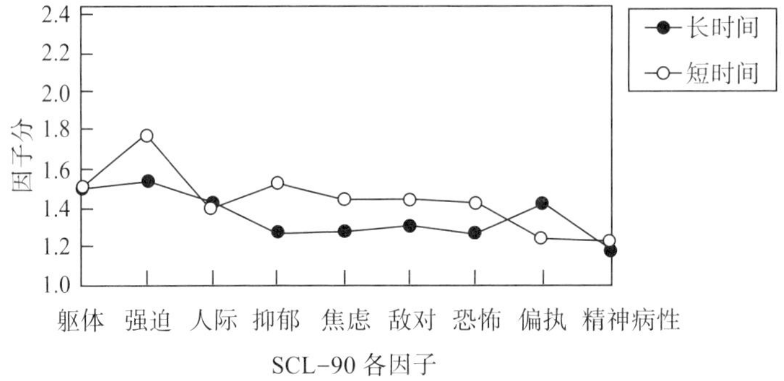

图6 老年组被试者书法练习时间长短与SCL-90各因子比较

对图5和图6进一步统计分析表明,书法练习时间长短对躯体化($F=6.11, p<0.05$)、强迫症状($F=4.39, p<0.05$)、敌对($F=4.303, p<0.05$)三项因子有显著的影响;对抑郁、偏执和精神病性有一定的影响;而对其余3项则无作用。总体上看,这种影响对老年被试者更加明显。尤其是在强迫症状($F=4.08, p<0.05$)、恐怖($F=17.70, p<0.01$)、抑郁($F=12.42, p<0.01$)、焦虑($F=4.12, p<0.05$)、敌对($F=5.30, p<0.01$)、偏执($F=15.32, p<0.01$)和精神病性($F=10.68, p<0.01$)7个因子上效果最明显。

3.3 书法练习对注意能力的影响

将有书法经验和无书法经验的青年被试者在划消测验上的总查数、划消数、错划数和漏划数进行比较,结果有书法经验组的成绩明显好于无书法经验组。其中总查数平均相差32.94个数,t值为4.73($p<0.01$);划消数两组比较(见图7),t值为4.21($p<0.01$)。漏划数t值为2.39($p<0.05$);划错数两组亦有差异,但未达显著水平(见图8)。

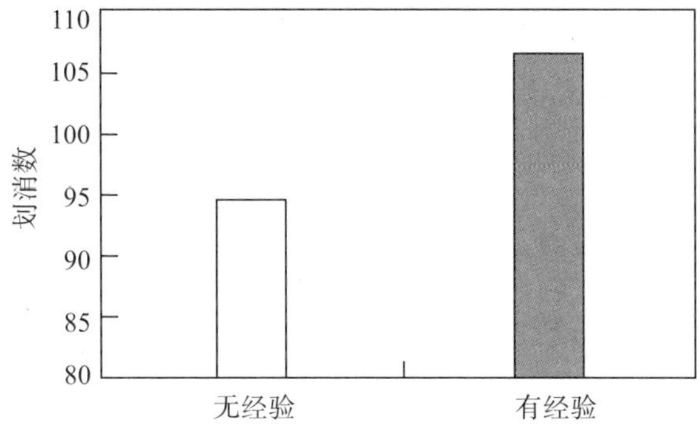

图7　有书法经验与无书法经验组的划消数比较

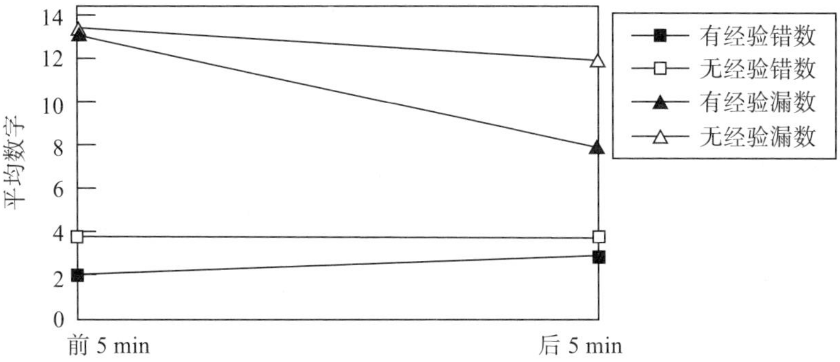

图8　有书法经验与无书法经验及不同测验时间划错、漏划数比较

从图7和图8中可以看出，有书法经验者的测验成绩明显优于无书法经验者。前后5min划消测验的错划数和漏划数，两组有一定程度的差异。首先，无论前5min还是后5min，有书法经验者的划消错误数和漏划数均少于无书法经验的被试者；而且随着测验时间的延长，有书法经验组被试者在漏划数上比无书法经验组被试者的减少更为明显。由此可以说明，有书法经验的被试者与无书法经验的被试者在注意稳定程度上有明显差异。

4 讨论

本研究所采用的SCL-90临床症状自评量表，虽然不是一个诊断量表，但却能在相当程度上刻画出临床症状的特征和组合特点。因此，在评定主观病情感觉严重度与症状分布方面，是一种有效的工具，目前已被国内外广为采用。该量表的总分代表被试者对自身总体主观感觉的评价。其值的高低，反映被试者整体的心理健康状况的水平。

高分代表其整体心理健康水平低,低分则表示心理健康水平高。因此,该量表的值常常作为心理健康状况评价的重要指标。

SCL-90的9项因子所代表的意义是:躯体化,主要反映主观的身体不适感,如心血管、胃肠道、呼吸系统以及头痛、背痛、肌肉酸痛等症状;强迫症状,主要指无法摆脱的那些无意义的思想、冲动和行为;人际敏感,主要指个体在与他人交往过程中有不自在感和自卑感,尤其与他人相比较时更为突出;抑郁,主要表现为对生活的兴趣减退,缺乏活动愿望、失望、悲观及感知和躯体方面的问题;焦虑,一般指那些无法静息、神经过敏、紧张,以及由此产生的躯体症状;敌对指从思想、感情和行为3个方面表现出来的敌意,包括厌烦、争论、摔物、争斗和不可抑制的冲动爆发等;恐怖的对象可以是出门旅行、广场、人群、公共场所、交通工具和社交等;偏执,主要指在思维方面的投射、敌对、猜疑、妄想、被动体验和夸大等;精神病性,包括诸如幻听、思维播散、被控制感等症状。

本研究的实验结果,基本上验证了我们所提出的实验假设:长期从事书写活动的人比未从事书法经验的人心理健康水平高,有更高的注意集中能力。并且根据数字统计分析,获得了4项重要的发现;(1)练习书法者比未练习法者心理健康程度高;(2)练习时间长者比练习时间短者心理健康水平高;(3)老年书法练习者比青年人心理健康水平高;(4)长时间书法练习可以提高人的注意能力。

4.1 书法练习与心理健康

图1比较了有书法经验与无书法经验被试者SCL-90自评量表的总分,结果发现,无论哪一年龄组的被试者,有书法经验组的总分均明显低于没有书法经验的被试者。其中,青年组平均相差22.2分,老年组平均相差22.0分,有显著的统计学意义。同时,在阳性项目数和阳性症状均分上两组也有非常显著的差异。这就意味着,无书法经验者在心理上不仅有较多的不健康因素,而且其程度比有书法经验者严重。

对9个因子分详细分析发现,无书法经验者在躯体化、强迫症状、人际敏感、抑郁、焦虑和精神病性6项因子分上自评症状的严重程度明显大于有书法经验组被试者。由此可以说,不论青年人还是老年被试者,无书法经验者主观上的不适感,如心血管、胃肠道、呼吸系统,以及头痛、背痛、肌肉酸痛等都多于有书法经验者,并且无意义的思想、冲动、行为等强迫症状也明显得多。因此,根据本实验结果可以得到明确的结论:书法练习有助于提高人的心理健康水平。

书法练习之所以有促进心理健康的作用,分析其原因可能有以下三点:第一,练习书法的过程能够发挥调节神经兴奋程度的作用。因为,书法练习要求书写者达到"收视反听,绝虑凝神"的高度注意、心神松弛的状态。这种心理状态,有缓解精神紧张、减轻心理压力，降低肾上腺素分泌的作用。因此，练习书法者的主观不适感要比未练习书法者轻。第二，练习书法过程中，书写者通过调神调息等一系列类似“气功”的作用，对心理和生理活动产生有益的调整作用。第三，练习书法者能提高书写者的自信心和人际交往能力。本研究表明，无书法经验者在人际交往中有更多的自卑感，有缺乏生活兴趣的倾向。练习书法是一种高雅的生活情趣，爱好是坚持练习书法的动力。因此，通过练习书法，不仅能提高个体的能力，而且可增强其自信心，可以说两者之间有相互促进的关系。特别是书法能力较强者，由于通过练习书法获得一技之长，在社会交往中便会有更强的自信心，这又反过来促进其人际交往的能力，能够有效地处理各方面的人际关系。

研究也发现，有书法经验者与无书法经验者在敌对、恐惧焦虑和偏执3个方面差异不显著（图2，表1）。对恐惧焦虑而言，差异不显著的原因，主要是与本研究所调查的全部被试者均有较低的因子分数有关。换句话，在正常人群中恐惧焦虑症状本身就偏低。分析敌对和偏执无差异的原因可以发现，主要是由于有书法经验组在该两项因子上的分数较高，可能与人格特质密切相关。这样，尽管长期练习书法会起陶冶性情之作用，但仅仅几年的书法经验，可能主要是通过调节人的心理状态，而对稳定的人格特征来说，相对时间还比较短。有关这方面的问题，有待于进一步研究。

4.2 书法练习时间长短与心理健康

从图4中可以看出，无论青年组还是老年组被试者，长时间练习书法与短时间练习书法者在SCL-90量表的总分上是有差异的，青年组平均相差10.8分，老年组平均相差9.5分，有较明显的差异趋势。练习书法长短单因素方差分析结果，F=3.27，接近显著性水平（$F_{0.05}$=4.05）。造成差异不显著的主要原因可能有3个：第一，书法练习组总人数偏少，共50人，分成两组，每组仅有20名左右；第二，书法练习时间长短相差较大，人为地划分成两组，可能会造成一定的偏差；第三，练习书法对人际敏感、敌对等因素产生改善作用可能需要更长的时间。这个问题也有待我们进一步研究。如果扩大样本量，并控制选择书法经验不同时间的被试者，那么可以预示，长时间经验书法对心理健康会有明显的促进作用。

4.3 书法练习与不同年龄者的心理健康

一般而言，人步入老年后，由于生理、心理和所接触的社会环境等发生明显的变化，会产生情感体验和消极情绪（程学超，王洪美，1986）。老年人出现的睡眠障碍（Meier-

Ruge, 1987)、动作的稳定性下降(崔金才 et al., 1985)、知觉运动和认知过程减慢等等(Schaie & Willis, 1977),都会对其心理健康造成不良的影响。随着年龄的增加,抑郁症状也就会逐渐增加(Kausler, 1982)。

但本研究却发现相反的结果。图1和图4中均显示,老年组被试者SCL-90量表总分明显高于青年组被试者,表明本研究中老年组被试者心理健康水平明显高于青年组被试者。进一步分析表明,青年组被试者在强迫症状、人际敏感、抑郁、焦虑、敌对、偏执和精神病性7个因子上的分数均明显大于老年组被试者。

分析以上结果,可能与老年人的生活状况和书写时间有关。首先,本研究中老年组被试者平均年龄65.1岁,基本达到退休年龄,因此他们的生活比较稳定,心情也比较平静。而青年组被试者平均年龄21.2岁,均为大学生,正是努力学习、追求事业的年龄。由于学习紧张、社会竞争激烈、抱负水平高、生活又不稳定等等,因而会有更多的心理问题,也必然影响他们的心理健康水平。其次,老年组被试者平均书写时间为6.8年,明显多于青年组被试者的4.2年。一方面说明书法经验时间长有利于心理健康;另一方面又进一步验证了书法练习时间长短对心理健康的效用。因此根据以上两方面的分析,来解释图1和图4中,老年组被试者无书法经验和短时间书法经验的SCL-90之总分分别低于青年组被试者有书法经验和长时间书法经验的总分的现象是不困难的。

4.4 书法练习与注意能力

练习书法不仅需要高度的注意,而且还要保持相当长时间的注意稳定状态。当我们比较有书法经验与无书法经验组被试者划消测验成绩时发现,有经验组的总查数、划消数明显多于无经验组,有经验组划错数和漏划数也比无经验组被试者少,特别是有经验组被试者漏划数随测验时间的延长,减少的程度明显比无经验组快。由此说明,书法练习对注意稳定的提高有明显的促进意义。

总之,不论是青年人还是老年人,练习书法对其心理健康都有非常大的影响,练习书法者的心理健康水平明显优于不练习书法者;不论青年人还是老年人,练习书法时间长短对个体心理健康也有一定的影响,长时间练习书法者比短时间练习书法者在躯体化、强迫症状和抑郁症状方面明显减少;青年大学生由于学习、生活、社会环境的因素,比老年人有更多的心理问题;练习书法者在注意稳定性上明显地优于不练习书法者。

合作者:王振勇。原文载于《时间与人格心理学探索》,北京师范大学出版社2006年。

从青少年学生的评价看教师的人格结构

1 问题的提出

历代的教育家提出的“学高为师,身正为范”“为人师表”“以身作则”“循循善诱”“诲人不倦”“躬行实践”,既是师德规范也可视为教师优良的人格特征。在学生看来,教师是社会的规范、道德的化身、人类的楷模、父母的替身,是他们学习和模仿的榜样。从学生的视角来研究教师人格有重要的理论意义和实践意义。

对教师人格的研究,早期是应用特质理论,以期发现教师人格特质对学生的影响。早在20世纪60年代Rushton等人就提出了成功教学所必需的人格维度:成就取向、人际取向、魅力和组织才能(辛涛,林崇德, 1996)。Ryans在大规模研究的基础上,区分出了三种教师行为模式(Ryans, 1960)。国内研究者对教师的人格特征也做了不少的探索(钟二杨, 1997; 韩向前, 1989)。沃建中等人将教师人格特质划分为:自信型、思考型、安静型、严肃型、谨慎型、活泼型和自我型等七个维度,并编制了《教师人格调查问卷》(沃建中, 吴安春,林崇德, 1996)。韦克平、许燕使用中文人格特质词汇,让教师对教师人格结构做评定,得到的五个因素:严谨认真/马虎敷衍;豁达开朗/虚伪保守;善良随和/傲慢攻击;机智敏捷/呆板迟钝;善表达/木讷(韦克平,许燕, 2002)。此外,对教师人格的研究更多研究者倾向于从优秀教师的角度入手(刘兆吉,黄培松, 1980; 张大均, 1999; 汪小琴, 胡国进, 庄伟,汪小霞, 2004; 韩进之, 1989; 高明书, 2001; 黄希庭, 1997)。朱永新论述了他心中的理想教师,是一个胸怀理想、充满激情和诗意的教师;一个自信、自强、不断挑战自我的教师;一个善于合作、具有人格魅力的教师;一个充满爱心、受学生尊敬的教师;一个追求卓越、富有创新精神的教师;一个勤于学习、不断充实自我的教师;一个关注人类命运,具有社会责任感的教师;一个坚忍、刚强,不向挫折弯腰的教师(朱永新, 2002)。连榕总结了优秀教师的人格特征:坚定自信、意志顽强;冷静沉着、深思熟虑;兴趣广泛、幽默风趣;愉快活泼、聪慧豁达;机智严谨、果断刚毅;民主公正、热情开朗;平易近人、助人为乐等(连榕, 2004)。

以往对教师人格的研究,不同的研究者从不同的角度、使用不同的测评工具进行研究,得到的结论难以进行归纳和比较。对教师人格研究应该体现教师职业的特殊性,教师的职责主要是“教书育人”。因此研究学生心目中的教师人格是教师人格研究不可缺少的。本文就试图研究青少年学生对教师人格特质评价的结构。

2 研究方法

2.1 被试

选取大学理工、医、文、艺术等专业二年级学生和高中二年级及初中二年级在校学生为被试。开放式问卷调查了317名学生；1594名学生参加了封闭式问卷调查，大学生、高中生、初中生各占三分之一。

2.2 工具

在黄希庭、张蜀林的“562个人格特质形容词的好恶度、意义度和熟悉度”的基础上，作了以下五项调整：删除描述人的个别行为或短暂状态的形容词；删除明显与教师职业不相称的形容词；删除同义词较多（三个以上）的一类词中1—2个；增加一些“文献分析”中出现频率较高的词（韩进之，1989）；增加一些四字形容词。最后确定为288个人格特质形容词，编制成用于正式测查的《青少年学生评价教师人格特质形容词检核表》。

2.3 程序

以班为单位进行团体测试，要求学生被试对288个人格特质形容词加以评分，即是否符合他们心目中理想教师的特点，采用五级评分，“1”为最不符合，“5”为最符合。数据用SPSS10.0统计分析。

3 结果与分析

3.1 开放式问卷调查

在学生回答“心目中理想教师特点”的答卷中，抽出对教师人格特征的描述，分别计算初中、高中和大学生描述每项特征的人数比率，如表1所示。从开放式问卷的统计结果看，青少年学生所看重的教师人格特点，主要反映在教师对学生的态度、教师的性格、敬业精神、个人修养等几方面。其中敬业精神、公正平等、平易近人、幽默、风趣等是不同年龄段学生看法相近的人格特质；“平易近人”是青少年学生都很看重的。初中生更强调教师要有爱心、和蔼、亲切、开朗、活泼的性格特点；高中生逐渐在意教师的理性、威信、气质和品德；大学生特别在意的是教师的个人修养、人品、学识和才能。

表1 初中生、高中生和大学生描述每项教师人格特征的人数比率

（单位：%）

理想教师人格特点	初中生	高中生	大学生
有爱心、关心爱护学生	0.43	0.21	0.18
善解人意、理解学生	0.07	0.32	0.37
和蔼可亲、温和、慈祥、不凶	0.69	0.51	0.11
外向、开朗、活泼	0.63	0.27	0.04
公正、公平、一视同仁	0.22	0.40	0.35
认真、负责、敬业、献身精神	0.22	0.32	0.23
有耐心	0.25	0.18	0.00
有威信、有理性	0.03	0.17	0.02
幽默、风趣	0.24	0.33	0.17
平易近人、尊重、信任学生	0.48	0.46	0.39
博学多才	0.01	0.21	0.47
专业好的	0.00	0.18	0.43
个人修养高、有涵养、品德高	0.01	0.17	0.58
气质好	0.00	0.26	0.13

3.2 青少年学生对教师人格特质的评价

3.2.1“青少年学生评价教师人格特质形容词检核表”的编制

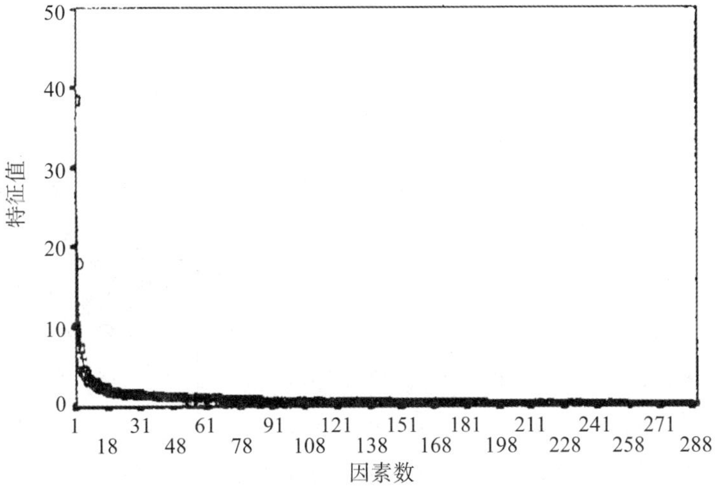

图1 因素分析碎石图

为了更详细、准确、全面地了解青少年学生对教师人格特质的看法，本研究自编了“青少年学生评价教师人格特质形容词检核表”对青少年学生进行调查，并运用探索性因素分析对886名学生评价教师人格特质的维度进行了初步考察。

采用正交旋转的主成分分析，发现有两对因素之间相关系数大于0.50，于是改用斜交旋转的主成分分析。取样适当性指标KMO为0.91，Bartlett'S球形检验统计量为132885.83，p=0.00，说明数据非常适合进行因素分析。

表2 因素分析的特征值及方差贡献率

因素	特征值	方差贡献率(%)	累积贡献率(%)
1	40.53	14.1	14.1
2	18.06	6.3	20.3
3	7.01	2.4	22.8
4	5.49	1.9	24.7
5	4.54	1.6	26.3
6	4.04	1.4	27.7
7	3.56	1.2	28.9

综合考虑因素分析陡阶检验和特征值等多方面因素，选取七个因素。各因素结构人格特质形容词和负荷值(0.3以上)如表3。

表3 “青少年学生评价教师人格特质形容词检核表”各因素的结构及负荷值

形容词	负荷值	形容词	负荷值	形容词	负荷值	形容词	负荷值
因素一:高尚/进取性							
有条理的	0.58214	充实的	0.48379	品德高尚的	0.45498	爱憎分明的	0.42406
有修养的	0.57398	有威信的	0.48310	专业好的	0.45141	善于交际的	0.42118
锲而不舍的	0.57260	精益求精的	0.48274	柔中有刚的	0.45116	有主见的	0.41392
思维敏捷的	0.55658	乐于助人的	0.48033	爱整洁的	0.44350	有魄力的	0.41294
孜孜不倦的	0.55454	品德好的	0.47999	专心的	0.44141	热爱生命的	0.40879
精力充沛的	0.55311	有激情的	0.47595	深谋远虑的	0.43711	兴趣广泛的	0.40651
有理想的	0.55129	勇于开拓的	0.46978	知识渊博的	0.43683	刚直不阿的	0.40307
有恒心的	0.55032	自我克制的	0.46847	感情丰富的	0.43334	宽以待人的	0.40223
刻苦钻研的	0.54204	爱事业的	0.46450	可信赖的	0.42631	爱学生的	0.40164
胸怀博大的	0.49983	一丝不苟的	0.46119	有礼貌的	0.42592	有朝气的	0.40158
有志气的	0.49605	严于律己的	0.46040	敬业的	0.42500	不卑不亢的	0.40061
有计划的	0.49242						

续表

形容词	负荷值	形容词	负荷值	形容词	负荷值	形容词	负荷值
因素二:退缩/粗暴性							
麻木的	0.62463	粗心的	0.52915	无知的	0.46421	奢侈的	0.43859
畏缩的	0.60695	呆板的	0.51465	忧郁的	0.46330	悲观的	0.43742
暴躁的	0.60421	马虎的	0.51137	幼稚的	0.45714	孤僻的	0.43578
懒散的	0.57026	颓废的	0.50893	油滑的	0.45667	轻率的	0.42694
消极的	0.56374	脆弱的	0.50428	粗鲁的	0.45308	专横的	0.42251
冷漠的	0.56003	浮躁的	0.49880	无能的	0.45103	偏激的	0.41826
消沉的	0.55844	敌意的	0.48646	庸俗的	0.44452	守旧的	0.41301
迟钝的	0.54232	古板的	0.48522	自私的	0.44427	胆怯的	0.40472
贪婪的	0.53787	轻浮的	0.48354	粗暴的	0.44379		
因素三:慈爱/公正性							
善良的	−0.57127	朴实的	−0.50236	公正的	−0.44922	文静的	−0.41866
和蔼的	−0.56886	俭朴的	−0.49940	正直的	−0.44566	友好的	−0.41438
忠厚的	−0.56882	谦让的	−0.49306	慈爱的	−0.43406	勇敢的	−0.40720
温和的	−0.51884	谦虚的	−0.46666	廉洁的	−0.43285	安分的	−0.40690
宽容的	−0.50467	忠贞的	−0.46533	憨厚的	−0.41916		
因素四:客观/求真性							
做作的	−0.52722	独立的	0.41511	墨守成规的	−0.37308	客观的	0.34001
专制的	−0.46282	务实的	0.38231	淡泊的	0.35878	严谨的	0.31885
善于投机的	−0.44629	势利的	−0.37308	执着的	0.35719		
坦荡的	0.44417	深沉的	0.38231	主观的	−0.34027		
因素五:外向/开朗性							
洒脱的	0.46661	外向的	0.40769	严肃的	−0.35817	豪放的	0.30424
活泼的	0.45981	幽默的	0.40315	开朗的	0.33868	严厉的	−0.30333
爱冒险的	0.45612	乐观的	0.37375	合群的	0.33855	机制的	0.30329
浪漫的	0.44066	豪爽的	0.36556	开通的	0.33687		
风趣的	0.41239	灵活的	0.36042	独特的	0.33578		
因素六:内向/怪异性							
沉默寡言的	−0.51549	易分心的	−0.42604	易冲动的	−0.38376	被动的	−0.33857
依赖性强的	−0.49887	好空想的	−0.42421	阴沉的	−0.37889	贪图享乐的	−0.33719
爱挑剔的	−0.46672	腼腆的	−0.42261	自我中心的	−0.36541	爱幻想的	−0.33211
内向的	−0.46352	放纵不羁的	−0.42207	怕羞的	−0.36067	戒备的	−0.33112

续表

形容词	负荷值	形容词	负荷值	形容词	负荷值	形容词	负荷值
倔强的	-0.45342	多愁善感的	-0.41492	啰唆的	-0.35904	追求功利的	-0.32579
狂妄自大的	-0.43944	迷信的	-0.39864	胆小的	-0.35102	古怪的	-0.31045
喜怒无常的	-0.42808	拖沓的	-0.38531	感情用事的	-0.34811	空虚的	-0.30958
因素七:损人/利己性							
爱饶舌的	-0.56615	不择手段的	-0.47693	爱挖苦的	-0.43511	爱钻营的	-0.38209
斤斤计较的	-0.52114	爱嫉妒的	-0.47636	发号施令的	-0.43157	拐弯抹角的	-0.37352
好报复的	-0.51158	反复无常的	-0.46580	小心眼的	-0.41949	因循守旧的	-0.37055
爱讽刺的	-0.48316	唯利是图的	-0.45974	欺软怕硬的	-0.41552	易焦虑的	-0.32168
爱炫耀的	-0.50742	爱埋怨的	-0.44316	偷奸耍滑的	-0.40668	优柔寡断的	-0.31269

从表3可以看出,第一个因素(单极因子)主要反映出一种高度的进取性、敬业精神和高尚的品德,可以命名为“高尚/进取性”;第二个因素(单极因子)主要反映人的消极退缩和粗暴等不健康的心理状态,可以命名为“退缩/粗暴性”;第三个因素(单极因子)反映的是一种善良和宜人的性格,故命名为“慈爱/公正性”;第四个因素(双极因子)反映了客观求真的精神(正极)或者是追求虚荣、主观臆断的性格(负极),可命名为“客观/求真性”;第五个因素(双极因子)描述的是一种开朗乐观、聪颖的性格,命名为“外向/开朗性”;第六个因素(单极因子)反映了一种内向、不合作甚至刁钻的性格特质,命名为“内向/怪异性”;第七种因素(单极因子)反映的是斤斤计较、不择手段、唯利是图,命名为“损人/利己性”。

3.2.2 青少年学生对教师人格特质评价的特点

用自编的“青少年学生人格特质形容词检核表”对708名青少年学生(大学生、高中生、初中生各占三分之一)进行了调查。

从表4可以看出,艺术类专业大学生评分标准较松,在六个维度上的评分都是最高,在退缩/粗暴、外向/开朗和内向/怪异三个维度上存在较显著的学科差异,主要还是反映在艺术类学生评分偏高。男女大学生在退缩/粗暴、慈爱/公正、外向/开朗、损人/利己四个维度上存在极显著差异,在高尚/进取因素上差异较显著。总的趋势是女大学生在评分时态度更鲜明。女大学生比男大学生更喜欢慈爱、公正、外向、开朗的品质和性格,更讨厌退缩、粗暴的性格、愤恨损人利己的恶习。

表4　不同学科、性别大学生对教师人格评价的比较

评价因素	学科(*M*)				*p*	性别(*M*)		*p*
	理工	医	文	艺术		男	女	
高尚/进取(单)	4.17	4.19	4.1	4.19	0.151	0.12	4.18	0.037*
退缩/粗暴(单)	1.43	1.47	1.5	1.58	0.004**	1.52	1.43	0.000**
慈爱/公正(单)	4.04	4.11	4.02	4.02	0.108	0.01	4.1	0.005**
客观/求真(双)	2.88	2.98	2.89	2.89	0.45	0.88	2.91	0.286
外向/开朗(双)	3.85	3.83	3.79	3.79	0.046*	3.8	3.88	0.066**
内向/怪异(单)	2.56	2.56	2.55	2.55	0.032*	2.58	2.55	0.253
损人/利己(单)	1.47	1.48	1.5	1.5	0.121	0.54	1.44	0.001**

从表5可知，青少年学生在所有因素上的评分差异都显著，在高尚/进取方面，高中生评分相对最低；在慈爱/公正因素上，初中生评分最高；对于客观/求真，大学生评分最高；对于外向/开朗因素，初中生评分最高；在退缩/粗暴、内向/怪异、损人/利己等，大学生的评分都偏低。总的看来大学生最希望教师身上具备高尚品质和进取精神，更崇尚客观求真的价值观；初中生比大学生、高中生更希望教师关爱和公正；大学生比中学生更反感退缩、粗暴、怪异的性情和损人利己的特点。不同性别青少年学生在其中的六个因素上差异都显著，女生的态度比男生更鲜明。

表5　不同年龄段、性别青少年学生对教师人格评价的比较

	年龄段(*M*)			*p*	性别(*M*)		*p*
	大学	高中	初中		男	女	
高尚/进取(单)	4.16	4.06	4.15	0.001**	4.09	4.16	0.006**
退缩/粗暴(单)	1.48	1.62	1.65	0.000**	1.62	1.52	0.000**
慈爱/公正(单)	4.06	4.24	4.15	0.002**	4.04	4.10	0.005**
客观/求真(双)	2.98	2.74	2.84	0.000**	2.84	2.81	0.267
外向/开朗(双)	3.84	3.86	3.94	0.003**	3.83	3.91	0.000**
内向/怪异(单)	2.57	2.60	2.64	0.003**	2.63	2.56	0.000**
损人/利己(单)	1.49	1.63	1.73	0.000**	1.67	1.54	0.000**

4 讨论

本研究采用开放式问卷调查和自编的“青少年学生评价教师人格特质形容词检核表”对青少年学生心目中理想教师的人格特质进行研究，初步探索了青少年学生评价教

师人格特质的维度,以及不同性别、年龄段、学科学生在评价教师人格特质上的差异。开放式问卷调查表明,青少年学生一般从教师的性格、对学生的态度、敬业精神、个人修养等几方面评价教师。不同年龄段的学生对教师人格特质有不同的要求,初中生强调教师要有爱心、亲切、开朗、活泼,高中生逐渐在意教师的理性、威信、气质和品德,而大学生则十分注重教师的个人修养、人品、学识和才能。三个年龄段的学生都要求教师要有敬业精神、公正平等、平易近人、幽默风趣。探索性因素分析结果表明,青少年学生评价教师人格特质可以大致分为七个方面:高尚/进取性、退缩/粗暴性、慈爱/公正性、客观/求真性、外向/开朗性、内向/怪异性、损人/利己性等。用"青少年学生评价教师人格特质形容词检核表"调查的结果表明,公正的、正直的、负责的、踏实的、真诚的、品德高尚的、知识渊博的、可信赖的、爱学生的、平等待人的等是学生评价很高的教师人格特质;而粗暴的、悲观的、专横的、无耻的、迂腐的、肤浅的、自卑的、虚荣的、傲慢的、虚伪的等则是青少年学生最反感的人格特质。我们抽取的七个因素与王登峰等人提出的中国人人格结构的七因素模型有相当内容是重合的(王登峰,崔红, 2003, 2004)。如慈爱/公正与人际关系,客观/求真与行事风格和处世态度,外向/开朗与外向性,高尚/进取与才干。但值得注意的是退缩/粗暴、内向/怪异、损人/利己是王登峰七因素模型中的情绪性、外向性、善良的反面,这说明了社会对教师的要求是高于对其他行业或人群的要求的,这就要求教师自身在教书育人过程中必须加强自我修养,以健全人格塑造健全人格。

青少年学生对教师人格特质的评价存在着年龄、性别和学科差异。初中生更在意教师的亲切感和质朴、自然、外向的特点,对于教师个人修养的要求要比大学生简单,高中生评价这些项目时,表现出了该年龄段逆反和不稳定的特点,大学生对粗鲁、畏缩等负性人格特质的评价更反感。这可能是中学生对这些人格特点的理解和思考不如大学生成熟,初中生对很多形容词的含义还不甚了解(在调查中遇到这种情况时,主试要求被试对不懂的词评为3分),这种情况在开放式问卷调查时也遇到过。这种年龄差异在国外的研究中也有发现(Tatar & Horenczyk, 1996)。性别差异主要表现为女生比男生态度更鲜明和激烈,女生更关注教师的性格和人品。不同学科大学生对教师的评价中,理工科学生评分标准较严,艺术类学生评分标准较松;艺术类学生较为强调"爱美的、爱冒险的、激进的"等教师特点,而理工科学生则更向往教师开朗的个性。这明显与学科之间的差异有关。有研究者从教师的角度出发,研究教师心目中优秀教师的人格特征(沈祖樾,曹中平, 1998; 边玉芳,滕春燕, 2003),张承芬等人则研究了教师认为教师应该具有的最重要的心理素质(张承芬,张景焕, 2001)。结果表明教师对自身的评定,首先是教育态度,其次是对学生的态度。从我们的研究结果中,可以看出学生评价教师,总体上首先强调的是教师对学生的态度,其次才是教师的才能。这对教师以及对教师的研究都有重要的意义。

5 小结

青少年学生评价教师人格特质的维度是:高尚/进取、慈爱/公正、客观/求真、外向/开朗、退缩/粗暴、内向/怪异、损人/利己等七个,其中前四个维度是青少年学生喜欢的,后三个维度是青少年学生不喜欢的。青少年学生评价教师人格有年龄差异、性别和学科差异。大学生对教师的个人修养、才华和学识更为看重,初中生更需要教师的关注和爱护;女生比男生在评价时态度更鲜明;评分标准上,理工科更严,艺术类较松。

合作者:张焰,阮昆良。原文载于《心理科学》,2005年第3期。

心理疾病内隐污名：来自单类内隐联想测验的证据

1 前言

心理疾病污名(mental illness stigma)是个体对心理疾病患者的负面认知，消极情感体验和歧视倾向(Wang, Huang, Jackson, & Chen, 2012; 王晓刚，尹天子，黄希庭，2012)。世界卫生组织指出"对心理和行为疾病患者康复的最大阻碍是社会施予他们的污名和与之相连的歧视"。心理疾病污名不仅会导致心理疾病患者的治疗依从性降低(Nicolas Rüsch, Todd, Bodenhausen, Weiden, & Corrigan, 2009)，而且也与社会和谐及公平相悖(Corrigan, Markowitz, & Watson, 2004)。当前，我国正在积极推进心理健康服务体系构建和《精神卫生法》的贯彻落实，因此心理疾病污名研究具有重要的理论和实践意义(岳童，王晓刚，黄希庭，2012; 王晓刚 et al., 2012)。

污名测量是心理疾病污名研究及去污名干预的前提和基础。自陈量表往往难以准确反映人们对心理疾病患者的真实态度(Peris, Teachman, & Nosek, 2008; Nicolas Rüsch, Todd, Bodenhausen, & Corrigan, 2010; Teachman, Wilson, & Komarovskaya, 2006)，因此以间接测量为基础的内隐研究逐渐成为心理疾病污名的新兴领域(Stier & Hinshaw, 2007)。众多研究表明被试更倾向于将心理疾病与"坏"、"罪有应得"和"无助"等负面评价自动地联结在一起(Peris et al., 2008; Nicolas Rüsch et al., 2010)。Rüsch 等人还发现人们对心理疾病患者存有自动化的羞耻和恐惧等负面情感反应(Nicolas Rüsch et al., 2007, 2010)。Wang 等人近期研究则发现内隐污名可能存在自动化的认知、情感和行为倾向(Wang et al., 2012)。

当前的内隐污名研究对心理疾病污名的性质与构成进行了积极的探索，但在理论和方法上仍存在一些不足。首先，心理疾病内隐污名的性质和构成有待明确。从性质上看，心理疾病污名是个体对心理疾病及患者的负面态度。根据态度的三成分说(Dovidio, Kawakami, & Gaertner, 2002; Nesdale & Durkin, 1998)，不少学者认为心理疾病污名也包括三个成分:(1)认知评价，即个体对心理疾病患者的知识结构或看法;(2)情感反应，即个体对患者的情感体验或情感反应;(3)歧视，即个体对该群体的负面行为倾向(Corrigan et al., 2004; Wang et al., 2012)。基于此，本研究认为心理疾病内隐污名(implicit stigma toward mental illness)是指个体自动化或难以精确识别的与心理疾病有关的痕迹，它潜在地调节着个体对心理疾病患者的消极观念和行为;这些痕迹包括个体对心理疾病患者难以内省的负面认知，自动化的负面情感反应和歧视倾向。已有研究表明心理疾病内隐污名包括认知和情感成分，但是否包括自动化的行为倾向并未得到有效证实（Wang et al., 2012）。其次，心理疾病内隐污名的测量方法有待改进。内隐联想测验和简式内隐联想测验是当前心理疾病内隐污名研究的主要测量方法。这两种方法都属于相对测量，均需要匹配概念的互补对，而心理疾病没有天生的配对物。再从评价属性词看，当前研究使用的属性词大多未经标准化，且单个研究中的属性词多为同义词，这并不能完整反映心理疾病内隐污名的内在结构。综上所述，本研究将选用具有代表性的心理疾病内隐污名测量材料，以大学生为被试，使用测量单一对象的内隐测量方法验证心理疾病内隐污名的三成分构想。

2 方法

2.1 被试

61名大学生有偿参加实验（男生27人，女生34人；年龄20.41±1.40岁）。所有被试视力或矫正视力正常，右利手，无色盲或色弱，熟悉电脑的基本操作。

2.2 研究工具

2.2.1 心理疾病污名内隐测量工具

本研究使用的测量方法是单类内隐联想测验（Single Category Implicit Association Test，简称SC-IAT），它是一种测量单一对象内隐态度的有效工具（Karpinski & Steinman, 2006；温芳芳，佐斌，2007）。根据心理疾病内隐污名的三成分构想，本研究将采用三个SC-IAT分别从情感、认知、行为倾向三个方面对大学生心理疾病内隐污名进行测量，即情感反应SC-IAT、认知评价SC-IAT、行为倾向SC-IAT；三个独立的SC-IAT合并后形成总的SC-IAT，即心理疾病内隐污名SC-IAT。

2.2.2 心理疾病污名SC-IAT的材料选取

三个独立SC-IAT的概念词相同，属性词不同。本研究采用的是Wang等人测量心理疾病内隐污名的概念词和属性词，这些词都经过评选，具有较好的代表性（Wang et al., 2012）。具体来看，三个SC-IAT使用的概念词是4种常见心理疾病类型的名称；属性词分别是反映人们对心理疾病患者自动化的认知评价、情绪反应和行为倾向的三类词，每类属性词中积极和消极词各4个，共计24个属性词。

2.2.3 心理疾病污名SC-IAT的程序模式

三个心理疾病污名SC-IAT的程序模式相同（见表1），分为练习阶段和测试阶段，练习阶段数据不进入实验结果分析,只分析测试阶段数据。为防止反应偏差,相容任务中"心理疾病词"、"消极词"和"积极词"按照1:1:2的频率出现,使得左、右按键的比率各占50%;不相容任务中,"消极词"、"积极词"和"心理疾病词"按照2:1:1的频率出现,使得左、右按键的比率各占50%。每次归类结束后给予被试及时反馈。判断正确会在屏幕中央出现绿色的"√",持续200ms,如果判断错误会在屏幕中央出现红色的"×",持续200ms。

表1 SC-IAT测验程序

任务描述	实验次数/次	反应键	
		"D"键	"K"键
相容任务练习阶段	24	心理疾病+消极词	积极词
相容任务正式阶段	72	心理疾病+消极词	积极词
不相容任务练习阶段	24	消极词	心理疾病+积极词
不相容任务正式阶段	72	消极词	心理疾病+积极词

2.3 研究程序

所有测试工具均采用Inquisit3.0软件编制成电脑程序,全部被试均单独在电脑上完成测量。由于三个SC-IAT程序相似,为消除可能的顺序效应和练习效应,被试完成三个SC-IAT的顺序采用拉丁方设计进行平衡。

3 结果分析

3.1 心理疾病污名SC-IAT的反应时和内隐效应分析

依据Karpinski和Steinman提出的数据分析方法,分别计算三个独立SC-IAT的反应时和值(Karpinski & Steinman, 2006)。配对t检验发现,被试在相容任务上的反应时均显著低于不相容任务($p<0.05$,见图1);将所有被试三个SC-IAT的原始数据合并后分析,相容任务的反应时也显著低于不相容任务($p<0.01$)。上述结果表明,与积极词相比,被试更倾向于将心理疾病词与消极词联结在一起。内隐效应(D值)为0表明被试对心理疾病的内隐态度为中性,既不积极也不消极。以0为标准分别对三个独立和总的SC-IAT的内隐效应进行t检验,结果发现4个D值都达到显著水平。认知评价、情感反应、行为倾向和总的SC-IAT的D值依次为0.13($t=2.75$, $d=0.51$, $p<0.01$)、0.10($t=2.51$, $d=0.45$, $p<0.05$)、0.09($t=2.12$, $d=0.51$, $p<0.05$)、0.37($t=2.75$, $d=0.37$, $p<0.01$)(见表2)。总体来看,

大多数被试在三个SC-IAT上的内隐效应值大于0,心理疾病污名的内隐效应显著;内隐污名三成分的内隐效应存在一定差异,负面评价的内隐效应最强,依次为负面情感反应和行为倾向。

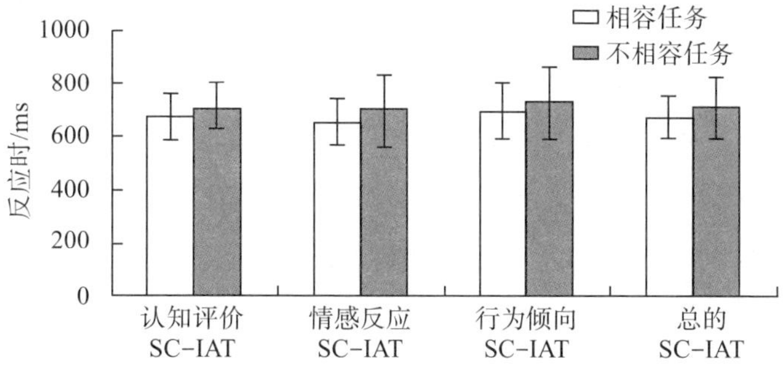

图1　心理疾病污名SC-IAT的相容与不相容任务反应时比较

表2　心理疾病污名SC-IAT内隐效应(*D*值)的差异检验

SC-IAT类型	*M* ± *SD*	*t*	Cohens' d	*D*值大于0的频次
认知评价	0. 13 ± . 37	2. 75**	0. 51	*N* = 40(65. 57%)
情感反应	0. 10 ± . 32	2. 51*	0. 45	*N* = 44(72. 13%)
行为倾向	0. 09 ± . 35	2. 12*	0. 37	*N* = 38(62. 29%)
总的	0. 37 ± 1. 06	2. 75**	0. 51	*N* = 40(65. 57%)

注: * $p<0.05$, ** $p<0.01$, 下同

3.2 心理疾病内隐污名理论构想及其SC-IAT信度的检验

相关分析发现,三个独立与总的SC-IAT之间的相关系数达到显著水平($p<0.01$,见表3)。这表明本研究提出的心理疾病内隐污名三成分理论具有较好的构想效度。信度分析表明,三个SC-IAT构成的心理疾病内隐污名测量工具的内部一致性系数0.71,Guttman分半系数为0.68。本研究使用的心理疾病内隐污名SC-IAT具有较好的信、效度指标,是测量心理疾病内隐污名及其三成分的有效工具。

表3　心理疾病污名SC-IAT内隐效应(*D*值)的相关分析

SC-IAT类型	认知评价	情感反应	行为倾向
情感反应	0. 39**		
行为倾向	0. 49**	0. 47**	
总的	0. 70**	0. 73**	0. 79**

4 讨论

本研究采用SC-IAT考察心理疾病内隐污名，反应时和D值分析表明心理疾病词与消极词联系更紧密，心理疾病污名的内隐效应显著。这与已有的采用其他测量方法的研究结果基本一致，进一步证实了人们对心理疾病的内隐态度是消极的，而不仅仅是比生理疾病或其他配对概念更消极。频次统计发现，约65%的被试对心理疾病患者的内隐态度是消极的。这一比例与已有的研究结果近似(Teachman et al., 2006; Wang et al., 2012)，表明内隐污名是一个泛文化的问题，并非某一文化所特有。内隐污名是自动化的，且较少受到社会赞许性的影响，但这并不表明内隐污名不受社会文化的影响，不存在文化差异。虽然本研究结果在一定程度上表明中西方被试可能在内隐污名的发生率上较为接近，但并不等同于两类群体对心理疾病患者的内隐态度的具体内容是完全一致的(Wang et al., 2012)。

在以往研究中，研究者指出了心理疾病污名构成的复杂性(Corrigan et al., 2004; Link & Phelan, 2001)。Rüsch等的一系列研究也发现，心理疾病与破坏性、危险性、作恶、丢脸和坏等负性词的自动化联结更紧密(N. Rüsch et al., 2009; Nicolas Rüsch et al., 2010)，人们对心理疾病患者也存在自动化的羞耻、恐惧和焦虑(Nicolas Rüsch et al., 2007)。然而，这些研究更多是从形容词的角度分析人们对心理疾病的内隐污名，测查到的也主要是人们的负面评价和情感反应，无法考察内隐污名的行为倾向成分。在现实生活中，心理疾病污名是在社会情境中发生的动态过程，只采用形容词去分析心理疾病内隐污名显而易见是不完整的。态度的三成分说也认为，态度的认知成分是基础，行为成分与外显行为之间有着直接关系，而情感因素则对态度起着相当大的影响和制约作用。

在本研究三个独立的SC-IAT中，被试在相容任务上的反应时都显著低于不相容任务，三者的内隐效应(D值)均达到显著水平。这表明在自动化的认知评价、情感反应和行为倾向上，心理疾病词和消极词的关系与被试的内隐态度一致程度高，联结更紧密，判断分类加工的自动化程度较高，反应时更短；而心理疾病词和积极词之间的关系与内隐态度不一致，二者缺乏紧密联系，导致被试的认知冲突，辨别归类需要进行复杂的认知加工，反应时更长。这一结果表明，心理疾病内隐污名包括自动化的负面评价、消极情感反应和歧视倾向三种成分，其中负面评价的内隐效应最强，其次为负面情感反应和歧视倾向。相关分析则发现三个独立的SC-IAT及其与总的SC-IAT之间具有显著的相关关系，进一步表明了内隐污名的三成分具有一定的层次结构，三者既有联系又有区分，反映了内隐污名的不同内容。上述结果基本验证了本研究关于心理疾病内隐污名的三成分构想，也表明内隐污名和外显污名可能具有相同的结构。

本研究也存在一些问题或不足。首先，本研究的被试是在校大学生，且样本量不够大，后续研究应增加被试群体的数量进一步对结果进行验证。其次，人们标记“心理疾病患者”的常用标签还有多种，而心理疾病也存在类型和严重程度的差别，未来还应进一步探讨不同心理疾病标签和疾病类型的内隐效应，以便更好地指导污名干预。

5 结论

大学生倾向于将心理疾病与消极词联系在一起，且大多数大学生对心理疾病持有负面的内隐态度。内隐污名的测量结果支持了心理疾病内隐污名的三成分构想，即内隐污名包括自动化的负面认知、消极情感反应和歧视倾向。本研究编制的心理疾病内隐污名SC-IAT具有较好的信度和效度。

合作者：王晓刚，陈瑞君，章麟。原文载于《心理科学》，2014年第37卷第2期。

中国人人际责任感问卷的研制

“己欲立而立人，己欲达而达人”（《论语·雍也》），“己所不欲，勿施于人”（《论语·卫灵公》）。两千多年前，孔子就论述了如何处理人己关系，包括推己及人、爱人知人、感化他人等，可以说是中国人人际责任感的重要渊源。

在中国社会，人际责任感有着深厚的历史与文化基础。中国传统哲学重彼此浑一，人我之间无有限隔，其以“天人合一”为主旨思想的人我观，使人对万物有了一种不可推卸的道义上的责任感，反映到人际关系上，表现为重视关系与人际和谐，要求个体从关系的角度来看待自身并对他人负责（陈来，2015）。中国社会是伦理本位，人与人之间发生的伦理关系的实质是“克己让人”，即“我”对他者的责任关系（梁漱溟，2005）。以儒家为主流的中华传统文化，其核心价值观是“五常”——“仁义礼智信”，其内涵丰富（景海峰，2012；黎红雷，2015），基本囊括“对他人尽责”的不同层次和要求（何垚，黄希庭，2017）。

现代化进程与西风东渐可能带来两方面变化。一是国民身份下对陌生人和概念化他人的人际责任感增强。近代意义上的个体，从“家国天下”的传统社会连续体中脱离出，进入另一个身份网络——与国家密切相关的国民（许纪霖，2015）。当个体的国民认同度提高，意识到自己对于社会负有责任，可能使其忧国忧民意识增强，从而更愿意去关注、帮扶和影响生疏甚至陌生的人。二是受西方文化影响，个体逐渐划分人际界限的过程可能改变人际责任感的程度与表现形式：传统人际伦常的束缚减弱（周明洁，张建新，2007），人际责任范围收缩，需要“尽责”的对象变少，限于少数亲朋好友，关系疏远的亲戚朋友可能不再激发其人际责任感，同时尽责方式也更灵活与开放，不再囿于角色本分与人情因素的影响。如此时代背景下，对当代中国人来说，“仁义礼智信”的观念是否仍然主导着个体人际责任感的价值取向，个体又是如何在对他者尽责的过程中平衡自我与他人的需要等等，都是非常值得研究的议题。

然至今未见围绕中国人人际责任感的实证研究，也缺乏适宜的测量工具。主要有两个角度可以探讨人际责任感。一是将其作为一种人格特质。纵观社会责任感、责任心与利他人格等相关概念（李明，叶浩生，2009；虞亚君，张奇勇，周炎根，2014；钟华，郭永玉，2008），均在不同程度上体现了个体“对他人负责”的倾向，可见人际责任感是普遍而重要的，但却没有专门的研究，既无明确概念界定，也无相应量表。如大五人格的尽责性包含一个稳定的子成分“可靠性”（reliability/responsibility），测量个体在行动中的可信与负责程度（Jackson et al., 2009, 2010; Roberts, Lejuez, Krueger, Richards, &

Hill, 2014),其实质仍是以自我为中心,不足以体现"为他人负责"的意味。国内的研究中,仅有少数在划分责任感的维度时包含了人际责任感(姜勇,庞丽娟, 2000;王燕, 2003)。测量上,仅青少年责任感问卷有一个分量表测量包含对亲人、同伴、一般他人的人际责任感(丁强,卢家楣,陈宁, 2014),而社会互动的取向则着重于不同社会情境中的人际责任感。比如,杨国枢提出中国人关系取向的特征之一是"关系决定论",家人关系讲责任,而熟人关系讲人情,生人关系讲利害(杨国枢, 1993)。李明,耿进昂则强调,差序格局决定了不同的人际关系负荷了有差别的责任属性,使得个体对处于不同差序位置的人会产生不同的责任意识(李明,耿进昂, 2010)。研究者主要关注差序格局下个体对于不同关系他人的责任感差异与行为模式的变化,如人际关系的"情"与"利"会影响责任感水平的高低(黄四林,韩明跃,张梅, 2016)。但此类研究侧重于关系间的横向比较,并不能据此得出中国人人际责任感的核心内涵与特征。

综上,已有研究对于人际责任感不够重视,而探究中国人人际责任感的结构与特点,编制测量问卷,既是服务心理学研究中国化的需求(黄希庭, 2004, 2007),对于社会实践也有重要借鉴意义,比如用于选拔公务员和企业管理者。本研究旨在结合传统文化与社会实际来探讨中国人人际责任感;从人格特质的角度,把人际责任感界定为个体意识到自身对他人及关系的责任,愿意为了他人的福祉付诸言行并承担后果的态度。研究将通过文献分析和开放式调查获取充分描述的测量题项,进行初测以探索中国人人际责任感的结构,再对中国人人际责任感问卷的信效度进行检验。

1 研究一:中国人人际责任感初测问卷编制

1.1 方法

1.1.1 被试

开放式调查样本:共127人,其中男性59人,女性68人,年龄跨度19—42岁(M=25.62,SD=5.753);其中学历为高中及以下21人,大专29人,本科45人,硕士及以上32人。

初测样本1:通过网络平台调查被试435人,有效问卷362份。被试来自山东、云南、重庆、四川、河南、上海、北京等18个省市,其中男性129人,女性233人,年龄跨度18—60岁(M=26.35,SD=4.275);学历为初中及以下9人,高中专16人,大专69人,本科205人,硕士及以上63人。

1.1.2 初测问卷编制

以文献分析与开放式调查结果为基础建构结构模型。古籍分析得出，传统文化中的人际责任感以克己为他、主动担当对他者责任为核心内涵，包含仁爱利他、恭敬有礼、情义担当、真诚守信四个方面（何垚，黄希庭，2017）。设计开放式问卷，采用方便抽样的方法，就当代国人对人际责任感的基本认知、典型实例进行调查。调查内容包括：①举例说明，哪些表现说明一个人对他人有较高的责任感；②举例说明，哪些表现说明一个人对他人没有多少责任感；③让被试详细列举，在哪些情况下自己会感觉自己对他人有责任；④回忆曾经出于为他人负责的目的而给出批评、建议或帮助的时刻，写下1—2个具体的事件，说明当时的情形，自己的作为、动机和感受。用Nvivo8.0软件对所获信息进行编码、频数分析和归类统计，以提取人际责任感的核心内涵。结果得到自由编码40个，关联式编码17个，核心编码6个，分别代表人际责任感的6项核心内涵。具体而言，将“待人礼貌尊重（68，指频次，下同）”“避免自身言行妨碍他人（53）”归为“尊重呵护”；将“主动关怀他人（67）”“换位思考为他人着想（66）”“识别他人的需要及异动（54）”归为“关爱体贴”；将“为他人分忧解难（82）”“指出他人错误并帮其改正（61）”“见义勇为（40）”“合作中担当责任不逃避（58）”归为“助人担当”；将“愿意为亲朋好友付出（46）”“重视情谊（73）”归为“重情有义”；将“不给他人增加负担（41）”“不损害他人（43）”“己所不欲勿施于人（39）”归为“不为难损伤”；将“信守承诺（75）”“踏实行事（40）”“以身作则（37）”归为“可靠守信”。

经验建构的人际责任感包含尊重呵护、关爱体贴、助人担当、重情有义、不为难损伤、可靠守信共6方面，在此基础上编制题项。首先，结合古籍中人际责任感传统意涵的分析、开放式调查的论述收集项目，形成问卷题项库，共132个题。然后以含义明确、表达简洁、较好反映理论构想、无重复含义为标准修改，获得98个题。请5位心理学博士生就题项表述、题项与各类属的匹配性等修改和增删项目，再由3名与研究无关的社会成人阅读和评价，确保题项通俗易懂。多次修改、增删、合并后最后得到84个题。问卷采用6点自陈式评分，1为“完全不符合”，6为“完全符合”；再加上5个控制社会赞许性效应的印象管理题及1个效度测量题，形成中国人人际责任感的初测问卷。

1.1.3 问卷施测与数据处理

采用方便抽样、个别调查和小规模团体调查相结合的方法进行施测。确认问卷填答完整性，无错答漏答，剔除印象管理题项均分大于5分、效度题小于5分的数据，用SPSS17.0处理数据。

1.2 结果与分析

1.2.1 项目分析

对初测问卷（n=362）进行项目分析，剔除临界比值≤3、与总分相关≤0.4、共同度≤0.2、因子负荷量≤0.45的题项（吴明隆，2010），共删除21个项目。

1.2.2 探索性因素分析

对剩余题项进行探索性因素分析。本研究中KMO=0.927，Bartlett球形检验的χ^2=11231.754，p<0.001，MSA=0.871–0.967，说明数据适合进行因素分析。采取主成分分析、Promax斜交法最大正交旋转方法提取因子数目，得到特征值大于1的因素6个，累计解释总方差44.49%。综合考虑特征根、碎石图、负荷值、共同度和理论结构，经多次旋转，逐步剔除交叉负荷的题项，以及因子负荷小于0.40的题项。样本量大可适当降低因素负荷量的选取标准（吴明隆，2010），因而选取0.40作为筛选标准。同时逐个比较有效冗余（redundancy）的题项择优保留（邱郑皓，2012）。最后余29个题项，包含特征值大于1的因素6个，累计解释总方差52.68%，见表1。

根据包含题项内涵，把6个因子依次命名为尊重呵护、关爱体贴、助人担当、重情有义、不为难损伤、可靠守信。尊重呵护指个体言行符合基本社交礼仪，尊重与维护他人的面子，并自觉注意不在公众场合干扰或妨碍到他人。关爱体贴指要关怀和体贴他人，注意识别他人需求并照顾他人感受。助人担当强调主动担当对他者的责任，不仅为他人排忧解难，还能见义勇为和制止他人不当言行。重情有义反映重视情谊、甘愿为重要他人付出和谋划的方面。不为难损伤指尽量不给他人增添麻烦或负担，不做有损他人的健康和利益的事情。可靠守信指为人要踏实守信，慎重许诺且言出必行。

表1　探索性因素分析结果（n=362）

题号（因素负荷值）							特征值	解释变异量
尊重呵护	Q1（0.67）	Q6（0.62）	Q13（0.62）	Q19（0.62）	Q25（0.54）	Q29（0.49）	7.55	26.02
关爱体贴	Q2（0.80）	Q7（0.67）	Q14（0.60）	Q21（0.58）	Q26（0.56）	Q31（0.49）	2.17	7.47
助人担当	Q3（0.77）	Q8（0.64）	Q15（0.62）	Q20（0.60）	Q30（0.53）	Q28（0.45）	1.64	5.66
重情有义	Q4（0.85）	Q9（0.65）	Q16（0.63）	Q22（0.48）			1.47	5.01
不为难损伤	Q5（0.79）	Q10（0.72）	Q17（0.70）	Q27（0.42）			1.37	4.74
可靠守信	Q11（0.68）	Q18（0.58）	Q23（0.48）				1.18	3.73

2 研究二:正式问卷的信效度检验

2.1 方法

2.1.1 被试

样本2:山东某高校大学生310名,问卷通过网络平台发放,得到有效问卷245份。其中男生81人,女生164人,年龄跨度18—23岁(M=20.38,SD=1.154)。

样本3:主要来自广东、安徽、四川、贵州的大学生以及研究生304人,问卷通过网络平台发放,有效问卷283份。其中男性145人,女性138人,年龄跨度18—27岁(M=19.84,SD=2.672)。

样本4:来自全国各省市、不同职业的成人被试1141人,问卷通过网络平台发放,有效问卷894份。其中男性399人,女性495人,年龄跨度18—70岁(M=35.53,SD=9.841)。学历为初中及以下48人,高中专80人,大专119人,本科330人,硕士176人,博士141人。

2.1.2 工具

“中国人人际责任感问卷”,共6个维度,采用6级评分,共29个题。

“中国大五人格问卷简式版”的尽责性、宜人性两个分量表,采用6级评分,各自包含8个题(王孟成,戴晓阳,姚树桥,2011)。本研究中这两个量表的内部一致性系数α分别是0.778和0.728。

“大学生社会联结量表”,用于评定个体的社会交往状况,采用6级评分,共18个题,包含社会参与、人际沟通、人际和谐三个维度,总分越高表明社会联结越高(王宇中,2011)。本研究中,量表的内部一致性系数α=0.847。

“大学生自我中心调查表”,采用5级评分,共19个题,包含五个维度,分别是强调利己、忽视他人、责任外推、自我认可、独特感,总分越高表明自我中心水平越高(潘修娴,张灵聪,2010)。本研究中,量表的内部一致性系数α=0.811。

“人际反映指针问卷”,用于测量特质性共情,采用5级评分,共22个题,包含观点采择、想象力、共情性关心和个人痛苦四个维度,总分越高表明共情能力越强(张凤凤,董毅,汪凯,詹志禹,谢伦芳,2010)。本研究中,量表的内部一致性系数α=0.757。

“青少年亲社会行为倾向量表”,采用5级评分,共26个题,包含六个维度——公开的、匿名的、利他的、依从的、情绪性的、紧急的,总分越高表明亲社会倾向越强(寇彧,洪慧芳,谭晨,李磊,2007)。本研究中,量表的内部一致性系数α=0.917。

2.1.3 程序与数据处理

调查采用方便抽样、个别调查和小规模团体调查相结合的方法。确认问卷填答完整性，无错答漏答，剔除印象管理题项均分大于5分、效度题小于5分的问卷数据后，用SPSS17.0和Mplus7.0处理数据。

2.2 结果与分析

2.2.1 信度

以样本2的数据进行内部一致性信度检验，指标为克隆巴赫*a*系数。对样本2中的105名大学生在一周后进行再次施测，以检验重测信度。各维度与量表的整体信度系数见表2。

表2　人际责任感问卷的信度系数（n=245）

	尊重呵护	关爱体贴	助人担当	重情重义	不为难损伤	可靠守信	人际责任感
内部一致性*a*系数	0.752	0.790	0.706	0.777	0.738	0.698	0.933
重测信度	0.710	0.725	0.669	0.710	0.694	0.633	0.859

2.2.2 结构效度

为考察量表的结构效度，利用样本2的数据计算各维度与量表总分的相关性。见表3，人际责任感的各维度与量表总分的相关系数在0.517—0.878之间，均达到显著性水平（$p<0.01$）。

同时，利用样本4的数据（n=894）考察构想模型与实际模型的拟合度，采用极大似然估计对模型进行验证性因素分析。结果显示，$\chi^2/df=2.62$，$p<0.001$，CFI=0.914，TFL=0.902，RMSEA=0.040，SRMR=0.042。

表3　人际责任感问卷各维度与总量表的相关（n=245）

维度	1	2	3	4	5	6
1.关爱体贴	0.723**					
2.助人担当	0.615**	0.690**				
3.重情有义	0.680**	0.675**	0.673**			
4.不为难损伤	0.657**	0.609**	0.517**	0.643**		
5.可靠守信	0.658**	0.608**	0.539**	0.667**	0.659**	
6.人际责任感	0.873**	0.878**	0.822**	0.854**	0.793**	0.789**

注：*$p<0.05$，**$p<0.01$；下同

2.2.3 相容效度

以大五人格中的尽责性、宜人性以及共情作为相容效度指标。对样本2和样本3的中国人人际责任感问卷与指标变量进行相关分析，见表4、5。

表4 人际责任感与大五人格中的尽责性、宜人性的相关(n=245)

	尊重呵护	关爱体贴	助人担当	重情有义	不为难损伤	可靠守信	人际责任感	χ(s)
尽责性	0.563**	0.594**	0.591**	0.531**	0.432**	0.626**	0.664**	4.38(0.685)
宜人性	0.424**	0.387**	0.372**	0.439**	0.353**	0.272**	0.454**	4.61(0.664)

表5 人际责任感与共情的相关(n=283)

	尊重呵护	关爱体贴	助人担当	重情有义	不为难损伤	可靠守信	人际责任感
观点采择	0.402**	0.477**	0.449*	0.394**	0.320**	0.382**	0.504*
想象力	0.158**	0.267*	0.209*	0.259**	0.147*	0.152*	0.249*
共情性关心	0.325**	0.350**	0.383**	0.352**	0.310**	0.193**	0.403**
个人痛苦	0.066	0.102	0.022	0.030	0.134*	0.034	0.080
共情	0.358**	0.465**	0.408**	0.389**	0.349**	0.276*	0.470**

2.2.4 区辨效度

以自我中心水平为区辨效度的指标。对样本2的中国人人际责任感问卷与指标变量进行相关分析，见表6。除了自我认可与人际责任感各维度呈较低的显著负相关外，忽视他人、责任外推与人际责任感总量表及2—3个子维度有正相关，自我中心及其余子维度与人际责任感总量表及各维度没有相关，说明问卷具有合适的区辨效度。

表6 人际责任感与自我中心的相关(n=245)

	尊重呵护	关爱体贴	助人担当	重情有义	不为难损伤	可靠守信	人际责任感
自我认可	−0.173**	−0.226**	−0.220**	−0.230**	−0.235**	−0.148**	−0.247**
强调己利	0.031	−0.025	0.009	−0.072	−0.069	−0.022	−0.024
忽视他人	0.194**	0.135*	0.209**	0.117	0.037	0.095	0.167**
责任外推	0.208**	0.076	0.160*	0.111	0.093	0.125	0.156*
独特感	0.036	0.058	0.051	−0.038	−0.071	0.030	0.020
自我中心	0.064	−0.003	0.042	−0.050	−0.087	0.002	0.001

2.2.5 效标效度

以社会联结感和亲社会倾向作为效标效度指标。对样本2和样本3的中国人人际责任感问卷与指标变量进行相关分析，见表7与表8。

表7 人际责任感与社会联结感的相关(n=245)

	尊重呵护	关爱体贴	助人担当	重情有义	不为难损伤	可靠守信	人际责任感
社会参与	0.154**	0.171**	0.154*	0.117	0.113	0.076	0.164*
人际沟通	0.202**	0.158*	0.159*	0.194**	0.190**	0.112	0.204**
人际和谐	0.429**	0.414**	0.381**	0.364**	0.392**	0.338**	0.466**
社会联结感	0.345**	0.332**	0.308*	0.293**	0.306**	0.242**	0.369**

表8 人际责任感与亲社会倾向的相关(n=283)

	尊重呵护	关爱体贴	助人担当	重情有义	不为难损伤	可靠守信	人际责任感
公开的	0.143*	0.211**	0.296*	0.200**	0.144*	0.141**	0.241**
匿名的	0.295**	0.343**	0.331**	0.198**	0.306**	0.240**	0.359**
利他的	0.415**	0.430**	0.457**	0.374**	0.413**	0.332**	0.503**
依从的	0.369**	0.418**	0.426**	0.356**	0.394**	0.366**	0.408**
情绪性的	0.367**	0.459**	0.495**	0.465**	0.383**	0.270**	0.512**
紧急的	0.298**	0.311**	0.414**	0.387**	0.322**	0.308**	0.420**
亲社会倾向	0.422**	0.490**	0.537**	0.433**	0.438**	0.366**	0.560*

3 总讨论

3.1 中国人人际责任感的结构

中国人人际责任感由尊重呵护、关爱体贴、助人担当、重情有义、不为难损伤、可靠守信六个维度构成,这与探索性因素分析所得因素结构一致,验证性因素分析也验证了该结构的合理性。这六个方面均反映出"克己为他"为核心的儒家价值取向,且为当代国人所认同。"尊重呵护"涉及最基本的人际责任,即对他人"恭敬有礼",尊重他人且不妨碍他人,对公共场合自己可能造成的潜在负面影响有所警觉。孟子云"君子以仁存心,以礼存心;仁者爱人,有礼者敬人"(《孟子·离娄上》)。当代的中国仍然是一个重视面子和人情的社会(黄光国,胡先缙, 2010),注重尊重和维护他人的"面子",这也与中国人与人交往中尚"和"的心态相一致(汪风炎,郑红, 2008)。"关爱体贴"强调以利他之心来关爱他人,关注他人身心之状况,体贴他人之感情,为他人着想。如《论语·颜渊》:"夫达也者,质直而好义,察言而观色,虑以下人。""不为难损伤"意味着不希望因为自身之事而给他人增加负担、令他人涉险或有所损失。重视孝道和人情的中国人,经常"报喜不报忧"来免除亲朋好友为自己操心。如此"照料自己以免拖累他人"的观念背后,其目的同样是避免自身对他人的负向影响。“重情有义”反映了中国人以血缘、情感、人情因素为伦理关系纽带照料他人的倾向。“仁者无不爱也，急亲贤之为务。”（《孟子·尽心上》）中国人一向讲究“情深义重”，愿意为重要他人付出且知恩图报。“助人担当”涉及帮助他人、不逃避推卸责任及见义勇为、制止他人不当言行的人际责任。它和“重情有义”反映了个体对他人负责的主动程度。“可靠守信”涉及在人际交往中诚信为人的责任层面，强调对待他人诚实不欺，遵守承诺，所谓“人而无信，不知其可也”（《论语·为政》）。该维度与尽责性的高相关暗示了其可能具有跨文化一致性，有待进一步检验。

3.2 中国人人际责任感问卷的信度和效度

本研究严格遵照心理测量学的原则和流程，通过理论探索（对传统古籍中人际责任感内涵的分析）与经验归纳（开放式问卷调查搜集行为样例），初步构建中国人人际责任感的结构模型；根据模型编制初始问卷，在全国多省市成人样本中施测，经项目分析，探索性因素分析得到中国人人际责任感的正式问卷，共29个题。信度检验表明，总量表及各维度的内部一致性系数在0.698—0.933之间，一周后再测的重测信度系数在0.633—0.725之间，说明中国人人际责任感问卷信度良好。验证性因素分析表明中国人人际责任感的六维结构拟合良好，各维度间相关系数大小在0.517—0.723之间，呈中等程度显著相关，说明六个维度既相互独立又有一定的联系，问卷的结构效度良好。利用大五人格中的尽责性、宜人性与特质性共情考察相容效度，发现总量表及6个子维度与尽责性、宜人性均呈显著正相关，与共情及其3个子维度均有显著正相关，表明相容效度良好。利用自我中心水平考察区辨效度，发现自我中心的子维度自我认可与人际责任感及其6个维度有负相关，自我中心总量表及2个子维度与人际责任感总量表及其子维度没有相关，说明自我中心与人际责任感是不同的构念，问卷有一定的区辨效度。同时，自我中心的子维度忽视他人、责任外推与人际责任感及其2个子维度有正相关，这可能与施测样本2是较为年轻的大学生群体有关（平均年龄20.38岁）：与其他年龄段群体相比，他们虽然观念上保有传统的人际责任意识，但实际上仍处在刚刚成年步入恋爱的阶段，更为关注自身而非他人，多数人也还未能意识到并真正担当起对恋人或家人的责任。这可能暗示了人际责任感在不同年龄段群体中的表现差异，未来有待在更多样化的样本群体中再次考察自我中心与人际责任感的关系。利用社会联结感和亲社会倾向考察效标效度，发现总量表及其6个维度与社会联结感及其3个维度呈显著正相关，与亲社会倾向及其6个维度的相关系数也多为中等程度的显著正相关，说明效标效度良好。

合作者：何垚。原文载于《中国临床心理学杂志》，2017年第25卷第5期。

中国人勇气量表的建构

1 引言

勇气是中华美德的核心范畴之一，也是健全人格的重要组成部分。这一人格概念既继承了优秀的中国文化传统，又具有现代生命力。我国文化中关于勇气的解读由来已久，如“知耻近乎勇”（杨天宇，1997）、“勇，志之所以敢也”（墨翟，2011）。伴随知识经济时代的到来，无论是各个国家还是普通个体都面临着日益激烈的竞争。而应对这种竞争，勇往直前、迎难而上、坚定不移的气魄是中华民族必不可少的精神支撑，能促进现代中国的道路自信、理论自信、制度自信和文化自信。同样，现代社会大力倡导社会成员发挥见义勇为、临难不惧、大胆创新的精神，可以帮助人们应对心理压力、追求事业成功、创造幸福生活。因此，在实现“中国梦”的背景下，探究中国人勇气品格的结构与测量，具有较大理论与实践的意义。

关于勇气的测量，西方心理学研究者根植于个体主义文化取得了一些有益的成果。测量勇气的工具中，影响较大的是《优势行动价值量表》（Values in Action Inventory of Strengths，VIA-IS）（Peterson & Seligman，2004）、《伍达德-普瑞勇气量表》（Woodard Pury Courage Scale，WPCS-23）（Woodard & Pury，2007）。但是相对于长期生活在集体主义文化背景中的中国人，这些西方的工具存在适用性问题。譬如，VIA-IS的勇气美德包含勇敢、坚持、正直和活力四个维度，仅从语义上看其活力维度与中国文化中勇气的内涵相距甚远，在开发中文版VIA-IS的实证研究中也发现勇气美德的信效度不高（杨鲁静，2011）。虽然国内个别研究者在勇气测量中国化方面做了些尝试，像吴沙的《大学生勇气问卷》和李林兰的《中国人勇的心理量表》（吴沙，2009；李林兰，2009），但与单纯翻译国外的勇气问卷相比，这些研究更能反映出中国人勇气的实际状况，却仍然未能完全跳出西方勇气研究的理论框架，测量结果可能存在偏差。故从中国历史/文化/社会实际出发，发展系统的勇气结构理论，设计适合测量中国人的勇气品格的工具是十分必要的。

在中国文化中，勇气被定义为人在面对困难时表现出来的以坚守、进取、突破等为特点的一种心理品质（程翠萍，黄希庭，2014）。前期系列研究发现，古代学者和现代公众对勇气的构成要素及分类都有比较一致的见解。对中国经典古籍的探析得出，勇气的内涵涉及威猛强悍、临危不惧、坚定笃志、果敢决断、大义担当、知耻革新六个方面，分为义理之勇和血气之勇两类（程翠萍，黄希庭，2016）。现代公众观调查和深度访谈的结果显示，人们认可的勇气很大程度上是一种意志品质，大致由坚定性、责任性、突破性三个因素构成，其在社会和个人两大领域具有不同的外在表现；同时采用人格特质词对典型勇者吴宓的人格特征进行分析也获得了类似的结论。这些探索性研究提示，中国人的勇气可能包括社会取向和个人取向两类，并围绕坚毅、突破、担当三个因素分别建构。因而中国人勇气品格的结构可以被假设为：勇气分为社会和个人两个相对独立的层面，每个层面均由坚定性、责任性、突破性构成。接下来的量表编制过程都在此理论假设的基础上进行。综上所述，本研究试图探究并验证中国人勇气品格的结构，同时编制测量这种品格的有效工具。

2 方法

2.1 被试

2.1.1 预试

选取重庆、四川、江西、广东、山西、云南、江苏7个省的中学生、大学生、社会人员作为预试问卷1—3的调查对象。3次预试样本依次为420人、1000人、1200人，回收问卷402份、933份、1157份，有效问卷365份、847份、1001份。其中男性178人、414人、536人，女性187人、433人、465人。

2.1.2 正式施测

正式施测的被试来自重庆、四川、江西、新疆等地的中学、大学、企事业单位。其5个样本分别为430人、130人、200人、900人、550人，回收问卷411份、126份、188份、851份、521份，有效问卷374份、110份、170份、838份、497份。其中男性173人、53人、70人、340人、245人，女性201人、57人、100人、498人、252人。

2.2 项目的编制

预试问卷1的项目编制步骤如下：第一步，根据中国经典古籍分析、公众观调查、深度访谈中的论述收集项目，并参考已有的人格量表如VIA-IS、WPCS-23、Marlowe-Crowne社会期望量表中对有关项目的描述（向东，王希林，马弘，1999），最后共获得了118个题目。第二步，以含义明确、表达简洁、较好反映理论构想、无含义重复为标准修改题目，最后获得90个题目。第三步，将这90个项目编制成问卷，分别请5位心理学专业博士及硕士研究生进行项目评价，根据他们的意见修改和增删题目，最后确定了70个题目。第四步，将由这70个题目构成的问卷，分别请10名中学生、10名大学生、20名社会人士，再次进行项目评价，根据他们的意见再次删改成47个题目，形成预试问卷1。采用“非常不符合、比较不符合、不确定、比较符合、非常符合”5点评分，其中个人取向分量表22个题、社会取向分量表19个题、印象管理5个题、效度测量1个题。预试问卷2和预试问卷3的题目都是在预试问卷1的基础上增删和修改而来。

2.3 研究工具

段文杰等人修订的中文简版VIA-IS的勇气美德分量表(VIA-IS-C)。量表采用5点评分，包含勇敢、毅力、正直、活力4项性格优势，每项优势4个项目，共16个项目(段文杰 et al., 2011)。所得总分越高，说明被试具有的勇气美德越突出。本研究中VIA-IS-C的克隆巴赫α系数为0.84。

夏凌翔等人编制的《青少年学生人际自立量表》(ISSS-AS)。量表为5点评分，包含人际独立、人际主动、人际责任、人际灵活、人际开放5个维度，共26个项目(夏凌翔，黄希庭, 2008)。各维度得分越高，表示相关特质水平越高。本次调查中各维度的克隆巴赫α系数依次是0.69、0.68、0.57、0.63和0.61。

黄希庭设计的《青少年学生总体自我价值感量表》(TSS-YS)。量表为5点评分，共6个项目。总分越高，说明自我价值感的总体水平越高(黄希庭, 1998)。此次研究中的克隆巴赫α系数为0.83。

2.4 数据处理

检查问卷的完整性与真实性，剔除效度题得分小于4分、印象管理题均分大于4分、超过5%项目未作答的数据后，采用SPSS19.0和AMOS19.0对数据进行探索性与验证性因素分析、信度分析。

3 结果

3.1 探索性因素分析

3.1.1 预试问卷1和2的探索性因素分析

分别对预试问卷1(N_1=365)中个人取向和社会取向分量表进行项目分析。根据临界比值、项目与总分相关系数、内部一致性系数及共同性4个指标(吴明隆, 2010)，实现预试问卷1的项目筛选，共删除了6个项目。再对剩余项目分别进行探索性因素分析，其KMO值0.90、0.91，χ^2值1763、2443，p<0.001，MSA值0.86—0.93、0.88—0.95。此结果表明有共同因子存在，很适合做因素分析。用主成分分析法、正交和斜交转轴，综合考虑

特征值大于1、陡坡图走向、因素命名等指标，确定两个分量表的因素个数及名称。结果提示，两个分量表均抽取3个因子，累计解释变异49.89%、53.78%，其中3个项目交叉负荷过高，予以删除。据以上结果及被试反馈加以删改得到预试问卷2。

采用相同方法对预试问卷2(N_2=847)进行项目分析和探索性因素分析，结果仍然各抽取3个因子，累计解释变异45.35%、50.17%，但交叉负荷过高或有悖于理论构想的6个项目需要删改。由此结果再次修订后形成预试问卷3。

3.1.2 预试问卷3的探索性因素分析

经过对预试问卷3项目的探索，中国人勇气量表(Chinese Courage Inventory，CCI)最终保留个人取向和社会取向分量表各14个项目、印象管理题5个项目、效度题1个项目。两个分量表的KMO值0.88、0.89，χ^2值3326、4136，p<0.001，MSA值0.85—0.91、0.86—0.90，表明很适合进行因素分析。结果显示两个分量表各抽取3个因子，累计解释变异50.14%、54.72%，因子负荷矩阵见表1。

因子1主要涉及个体在遇到各种困境时百折不挠以及对理想、信念、原则等坚定不移，命名为“坚毅之勇”；因子2主要反映个体敢于打破、超越、挑战现状，命名为“突破之勇”；因子3主要涉及个体主动承担责任、见义勇为，命名为“担当之勇”。坚毅之勇、突破之勇、担当之勇分别聚焦于个人取向和社会取向两大领域。个人取向分量表的3个因子多从维护个人利益的动机出发，而社会取向分量表主要出于对世界、国家、集体及他人的福祉考虑。

表1 预试问卷3因子负荷矩阵(N_3=1001)

题项	直接斜交法转轴后结构和样式矩阵			最大变异法直交转轴后成分矩阵			共同性
	1	2	3	1	2	3	
AA10	0.74(0.75)			0.72			0.54
AA13	0.72(0.70)			0.69			0.54
AA04	0.65(0.61)			0.61			0.44
AA01	0.61(0.58)			0.58			0.39
AA16	0.60(0.53)			0.55			0.39
AB08		−0.75(−0.72)		0.71			0.60
AB14		−0.73(−0.68)		0.69			0.59
AB02		−0.71(−0.70)		0.68			0.50
AB11		−0.69(−0.63)		0.63			0.53
AB05		−0.69(−0.67)		0.65			0.55

续表

题项	直接斜交法转轴后结构和样式矩阵			最大变异法直交转轴后成分矩阵			共同性
	1	2	3	1	2	3	
AC12			0.75(0.71)		0.72		0.58
AC06			0.72(0.71)		0.70		0.51
AC09			0.68(0.64)		0.65		0.48
AC03			0.54(0.45)		0.49		0.38
BA04	−0.80(−0.77)			0.77			0.65
BA01	−0.78(−0.81)			0.78			0.62
BA07	−0.77(−0.71)			0.73			0.62
BA13	−0.73(−0.72)			0.71			0.59
BA10	−0.71(−0.67)			0.68			0.59
BB11		−0.83(−0.80)			0.79		0.68
BB14		0.77(−0.73)			0.73		0.61
BB05		−0.70(−0.64)			0.65		0.53
BB02		−0.49(−0.37)			0.43		0.35
BC15			0.71(0.68)			0.67	0.52
BC17			0.70(0.75)			0.70	0.50
BC06			0.68(0.60)			0.61	0.48
BC03			0.66(0.65)			0.63	0.45
BC12			0.65(0.55)			0.58	0.47

3.2 信效度检验

3.2.1 信度检验

以正式问卷的样本1数据进行内部一致性信度检验，包含克隆巴赫α系数和分半信度两个指标。对正式问卷样本2施测两次以检验重测信度，时间间隔一周，正式问卷分量表及各维度的信度见表2。

表2 正式问卷的信度（N_4=374，N_5=110）

	个人取向分量表	坚毅之勇	突破之勇	担当之勇	社会取向分量表	坚毅之勇	突破之勇	担当之勇
α系数	0.89	0.85	0.80	0.80	0.91	0.86	0.84	0.85
分半信度	0.90	0.80	0.81	0.80	0.88	0.85	0.82	0.79
重测信度	0.72	0.68	0.70	0.67	0.76	0.79	0.67	0.60

3.2.2 效度检验

（1）内容效度。

采用Polit等人推荐的量表内容效度指数（scale-level content validity index，S-CVI）作为评价指标（Polit, Beck, & Owen, 2007）。请4名心理学专家对量表各项目与相应维度的关联性、覆盖范围进行4点评分，计算出两分量表的S-CVI依次为0.95、0.96，均达到理想水平。此外，前期研究在系统梳理国内外对勇气界定的基础上，确定了中国人勇气的操作性定义；量表项目主要来源于中国古籍、公众观调查及深度访谈的结果，是勇气内容范围的代表性取样，也说明量表内容效度佳。

（2）构想效度。

通过极大似然法对正式问卷样本1进行验证性因素分析，M_I和M_S的结果表明各项目因素负荷量介于0.58—0.85，误差标准误介于0.03—0.06，适配度指标见表3。计算得出潜在变量的组合信度介于0.80—0.86，平均抽取变异量介于0.45—0.59。两分量表的模型适配度及内在质量指标均达到心理测量学标准。

同时，设置了两个替代模型M_{T1}和M_{T2}。M_{T1}表示包含28个项目、3个一阶因子的斜交模型；M_{T2}表示包含6个一阶因子、3个二阶因子的斜交模型。替代模型的适配度指标如表3所示，由于M_{T2}出现非正定问题，说明模型设置不合适，故未报告相应数值。比较原始模型与替代模型可知，两个分量表各包含3个因子的模型设置更为合理。

表3 正式问卷的适配度指标（N_4=374）

模型	χ^2	*df*	χ^2/df	GFI	RMR	RMSEA	NFI	TLI	CFI	PNFI
M_I	208.64	74	2.82	0.92	0.04	0.07	0.91	0.92	0.94	0.74
M_S	232.23	74	3.14	0.92	0.05	0.08	0.91	0.93	0.94	0.74
M_{T1}	1701.99	347	4.91	0.67	0.08	0.10	0.67	0.71	0.73	0.63
M_{T2}	—	—	—	—	—	—	—	—	—	—

注：M下标中的I表示个人取向，S表示社会取向，T表示替代模型。

对正式问卷样本3的中国人勇气两个分量表与印象管理题SDR及西方勇气量表VIA-IS-C进行相关分析，结果见表4。两种取向的勇气分量表及各维度都与SDR相关较低，而与VIA-IS-C相关很高，表明量表区分效度与相容效度较好。

表4　正式问卷与印象管理、西方勇气的相关（N_6=170）

	个人取向分量表	坚毅之勇	突破之勇	担当之勇	社会取向分量表	坚毅之勇	突破之勇	担当之勇
SDR	0.09	0.08	0.06	0.08	0.18*	0.19*	0.26*	0.02
VIA-IS-C	0.68**	0.67**	0.57**	0.47**	0.68**	0.60**	0.54**	0.52**

注：*p<0.05，**p<0.01；下同

（3）校标效度。

以人际自立、总体自我价值感作为效标。将正式问卷样本4和样本5的中国人勇气两分量表与效标变量进行相关分析，结果如表5。勇气两分量表及其3个维度与人际自立的5个维度、总体自我价值感都显著正相关，且大多属中等程度相关，符合心理测量学的要求。

表5　正式问卷与人际自立、总体自我价值感的相关（N_7=838，N_8=497）

	个人取向分量表	坚毅之勇	突破之勇	担当之勇	社会取向分量表	坚毅之勇	突破之勇	担当之勇
人际独立	0.40**	0.33**	0.39**	0.28**	0.21**	0.12**	0.17**	0.23**
人际主动	0.34**	0.25**	0.36**	0.23**	0.24**	0.13**	0.23**	0.23**
人际责任	0.43**	0.39**	0.29**	0.39**	0.38**	0.35**	0.23**	0.33**
人机灵活	0.38**	0.34**	0.27**	0.34**	0.35**	0.29**	0.24**	0.32**
人际开放	0.31**	0.25**	0.25**	0.27**	0.20**	0.19**	0.07**	0.21**
自我价值感	0.56**	0.54**	0.47**	0.40**	0.37**	0.20**	0.40**	0.32**

4 讨论

4.1 中国人勇气的结构

中国人勇气的结构是设计其测量量表的重要依据。本文基于前期对中西方勇气的文献分析与实证探索，提出中国人的勇气是个人与社会两大取向围绕坚毅之勇、突破之勇和担当之勇分别建构，数次调查数据也验证了该理论构想。由此得出中国人勇气的结构既有中华民族特色，也吸收了西方人勇气的合理成分。

4.1.1 中国人勇气结构的文化特异性

首先，将勇气分为个人和社会两种相对独立的取向，反映出中国人勇气的文化特异性。不少学者认为现代中国人的心智系统中同时存在两种不同的互动模式，即个人取向和社会取向（杨国枢，2004；陆洛，2007），并依据这两种取向探索中国化人格概念的结构，如青年学生的自我价值感、华人的自我观等（孙茜如，2002；黄希庭，1998）。而且中国人的"人己观"也有"大我"与"小我"的差异，社会取向的"大我"与个人取向的"小我"所涉及的内涵各有特色（杨中芳，2009）。可见，分别从个人与社会取向两种视角解析勇气更能适应中国人的认知特点。

其次，中国人勇气的结构中的"担当之勇"成分，也体现了鲜明的中国特色。担当之勇，意指人们遇事能够主动挺身而出，果断承担责任，不迟疑、不退缩。主动承担自我责任属于个人取向担当之勇，而积极主持捍卫社会正义属于社会取向担当之勇。现代社会倡导的见义勇为精神便属于这一类型，见义勇为在救灾抢险、与违法犯罪作斗争等危急时刻显得尤为重要，历来受到全社会的广泛赞许。研究者通过分析有关"勇"的核心词汇，发现"大义之勇"因子是勇气的构成要素之一（李林兰，2009）。追溯渊源，担当之勇也被古代思想家推崇，常与仁德、大义联系在一起，如"仁者，必有勇"（杨伯峻，1980）、"有义之谓勇敢"（杨天宇，1997）。故这种大义担当的勇气不仅承载了优良的中华传统，而且闪烁着时代光辉。相反，梳理现有探讨勇气结构的西方研究发现，鲜有提及担当之勇这一维度。

4.1.2 中国人勇气结构的跨文化一致性

勇气作为一种被全人类崇尚的正向心理品质，中国人的勇气结构与西方人的勇气构成自然存在某些相通的契合点。契合点之一，两种文化背景下勇气都包含坚毅成分。坚毅之勇在中国文化中有很深的渊源，如"折而不挠，勇也"（王先谦，1988），其反映人们面对挫折、压力、诱惑时坚强不屈，追求理想、信念、原则时矢志不渝；本研究的实证数据探索出坚毅之勇是中国人勇气的构成要素之一。同时，西方人勇气的结构也存在相似的坚毅成分。譬如，被广泛应用的西方勇气量表 VIA-IS-C 中，坚毅（persistence）即是其中一项重要的性格优势；另一测量勇气的西方量表 SCS 的决心（determination）维度与坚毅之勇的含义较接近。这种坚毅之勇也常被西方先哲论及，就如柏拉图很早就指明"勇敢的人无论处于哪种逆境中，都永远保持自己的信念而不抛弃"（柏拉图，1986），并且叔本华认为"勇气就是一种坚韧"（叔本华，2003）。

另一个契合点即中西方勇气的结构均涉及突破因素。突破之勇，主要指人们敢于对现状做出突破性改变，表现为开拓创新、战胜恐惧、挑战极限、超越自我等。主动接纳自己的缺陷、努力克服内心的恐惧、尝试新事物等行为，皆是当今中国人突破之勇的现实表现(黄希庭,李继波,刘杰,2012)。而古典文献中突破之勇的表述更是不胜枚举,如"勇者不惧"(杨伯峻,1980)、"勇于惟新"(陆九渊,2008)。类似地,西方学者对勇气的解读亦包含突破创新之意。May提出了创造性勇气(creative courage)的概念,包含发现新事物、做出新发明等能够推进社会发展的重大突破(May,1975)。另有西方学者补充说明生命勇气(vital courage)或心理勇气(psychological courage)也是一种重要的勇气类型,多指遇到潜在心理障碍及情绪问题时,接受关于自我的负面信息,实现自我超越(Putman,2004)。此外,还有西方研究者赞同勇气包含战胜恐惧或风险这一标志性成分(Goud,2005)。

4.2 中国人勇气量表的有效性

CCI的编制过程具备严谨性和科学性。首先,综合前期古籍分析、开放式调查、深度访谈及传记分析的结果,建构中国人勇气的结构具有坚实的理论基础。其次,严格遵守量表编制程序,对不同样本进行8次施测,共调查4202名有效被试,并设置11个反向题、5个印象管理题来控制答题定势及社会赞许性。再次,探索性和验证性因素分析支持了两分量表的三因子结构,各因子的内部一致性信度、重测信度、内容效度、区分效度及相容效度均达到了心理测量学的要求。

5 结论

本研究得到以下两点结论:(1)中国人勇气的结构包含个人取向和社会取向两个层面,每个层面均包含坚毅之勇、突破之勇和担当之勇;(2)本研究编制的中国人勇气量表具有较好的信效度,可作为测量勇气的可靠工具。

合作者:程翠萍。原文载于《西南大学学报(社会科学版)》,2016年第42卷第1期。

中学生应对方式的初步研究

1 前言

在面向知识经济的时代探讨中学生面临生活压力的应对方式,对于促进年轻一代的健康成长,提高我国的基础教育质量具有重要的意义。应对是个体面临压力时为减轻其负面影响而作出的认知和行为的努力过程。个体的应对方式(coping style)是个体的稳定因素与情境因素交互作用的结果。不少研究发现,人们的应对方式主要有两个较大的维度:问题取向应对和情绪取向应对(Billings & Moos, 1984;Lazarus & Folkman, 1984)。一些研究表明青少年在应对方式的使用上有性别差异(Kavšek, Tismer, & Hanselmann, 1995;Seiffge-Krenke, 1993);随着年龄的增长,不管问题的性质如何,女孩比男孩较多地寻求建议、帮助、安慰以及他人的同情;应对方式年龄差异的研究不仅数量少(McCrae, 1989),且结论也不甚一致。一些研究表明,青春后期的青少年比前期和中期的青少年较多使用情绪取向应对或回避应对(Compas, Forsythe, & Wagner, 1988;Hanson et al., 1989),另外的一些研究则得出了不同的结论(Kavšek & Seiffge-Krenke, 1996;Stark, Spirito, Williams, & Guevremont, 1989;Stern & Zevon, 1990)。国内虽然有一些关于应对的研究(张卫东,黄伟清,1998;张雨新,方新,1990;肖计划,向孟泽,1995;韦有华,汤盛钦, 1997;黄希庭, 1998),但量表主要是沿用国外的;研究对象主要是成人或大学生,很少有对中学生的研究。至今尚未见到对中学生应对方式的系统研究。本研究是中学生应对方式系统研究的一部分;目的是编制具有一定信效度的中学生应对方式量表,并对中学生应对方式的特点进行初步探讨。

2 量表的编制

2.1 预试问卷的编制

本研究以中学生常遇到挫折和烦恼的五种情境(即个体在学习中遇到困难、受到老师的批评、父母期望过高、与同学发生冲突、对自己的现状不满意)提出问题,让171名中学生写出自己的应对方式(有多少就写多少条);其中初二79名,高二92名(男87,女84);事后还向一些学生和教师访谈。调查结果可归纳为35种应对方式,大致可分为六类(着眼于问题解决;寻求人际支持;回避;发泄;幻想;忍耐)。将初步编出的问卷向一些中学生和中学教师征询意见，尽量做到使问卷题项简洁易懂；制成中学生应对方式预试问卷后要求被试用Likert5点量表式（即从"没有采用这种方法"到"基本上都采用这种方法"）进行评定。

2.2 中学生应对方式的因素结构

用预试制成的问卷以"你通常是怎样对待和处理日常生活中经常遇到的挫折和烦恼?"要求被试用5级评定方式对35个题项逐一进行评定。被试是成渝两地六所中学初一到高三的1500多名学生，收回有效问卷1254份。被试的构成见表1。

表1 被试的构成及年龄

（单位:名）

学校	性别	初一	初二	初三	高一	高二	高三	合计
重点中学	男	50	53	48	52	42	33	278
	女	58	51	57	51	62	52	331
普通中学	男	31	17	19	116	119	19	321
	女	26	19	18	116	128	17	324
合计/名		165	140	142	335	351	121	1254
平均年龄/岁		13.08	13.93	15.01	15.95	16.75	17.6	15.62

根据标准差、重测信度和因素分析理论及有关标准（Kavšek & Seiffge-Krenke，1996），共剔除了5个题项。对剩下题项用主成分法和方差最大正交旋转法进行因素分析，根据因素分析的要求最终确定为六个因素，见表2。

从表2可见，6个因素解释了总方差的47.46%，题项的最高负荷为0.759，最低负荷为0.412。分析各因素所含题项的内容：第一个因素包括8个题项，内容涉及积极的认知和行为上的努力，使问题得到解决或消除压力源，可命名为"问题解决"；第二个因素包含的7个题项都是寻求工具支持或情感支持方面的内容，可命名为"求助"；第三个因素所含的5个题项反映的是个体对问题采取回避的态度或以消极的认知方式看待问题，可命名为"退避"；第四个因素包含的4个题项反映的是把不愉快的经验宣泄出来，以减轻挫折和压抑，可命名为"发泄"；第五个因素所含的3个题项都是指个体采取想象和虚构的方式来摆脱现实的烦恼和困难，可命名为"幻想"；第六个因素包含3个题项，它们反映个体对烦恼和挫折采取忍受的方式来对待，可以命名为"忍耐"。

表2 应对方式因素分析结果

因素	贡献率/%	题项	因素负荷	因素	贡献率/%	题项	因素负荷
问题解决	13.04	35. 善于从失败中吸取教训	0.718	退避	7.07	25. 换一种环境，把我苦恼的事抛在脑后	0.739
		26. 把挫折看作是锻炼的好机会，从中获取经验	0.698			24. 多想想愉快的事情	0.709
						05. 只当什么事情都没有发生过	0.484
		15. 仔细分析问题，以便更好地认识它	0.697			12. 与类似情况的人相比较，自己觉得算不了什么	0.468
		29. 注重行动，努力改变现状	0.667			06. 采取任其自然发展的态度	0.431
		20. 制订出克服困难的计划并按计划去做	0.66	发泄	6.58	31. 通过发泄来消除心中的不快	0.656
		13. 吸取自己或他人的经验去解决问题	0.63			32. 向引起挫折的人和事发脾气，对着干	0.577
		04. 努力寻找解决问题的办法	0.59			27. 借写日记来消除烦恼	0.562
		02. 专心于学习忘掉烦恼	0.569			14. 向好朋友诉说心中的烦恼	0.502
求助	9.03	30. 请求别人帮助克服困难	0.701	幻想	6.56	11. 幻想自己能用超人的本领去克服困难	0.759
		17. 立即主动寻求别人的帮助	0.683			34. 幻想一些不现实的事来消除烦恼	0.700
		07. 与父母或其他成年人商量解决	0.583			28. 幻想自己已经解决了面临的困难	0.687
		09. 尽量同与此问题有关的人讨论解决	0.578				
		10. 向有经验的亲友、师长寻求解决问题的办法	0.557	忍耐	5.18	18. 默默忍受着心中的烦恼	0.721
		33. 把自己的苦恼告诉别人，希望得到别人的同情	0.497			22. 通常都从好的方面想，能忍则忍	0.657
		16. 从有相同经历的人那里寻求安慰	0.412			21 心想坏事中也有好的一面，事情总会慢慢好起来	0.448

2.3 量表的信度和效度

本研究用稳定性系数(重测信度)来鉴定量表的信度。用正式问卷在一所中学的初二到高二的四个年级210名学生就正式测试所提出的同一问题,间隔30天先后进行了两次测试,所得的有关数据列于表3。表3数据表明本量表具有良好的信度。

表3 中学生生活压力应对方式表的信度

	重测信度	求助	退避	发泄	幻想	忍耐	总量表
重测信度	0.89	0.73	0.76	0.72	0.68	0.77	0.76
Cronbach α	0.83	0.71	0.58	0.51	0.7	0.48	0.77
题项与量表的相关	0.59—0.73	0.54—0.68	0.58—0.68	0.60—0.70	0.76—0.82	0.67—0.75	0.20—0.47

上述调查结果的因素分析,基本上与对中学生的开放式问卷调查整理出的量表构想,以及访谈了解到的内容相吻合,说明本量表具有良好的构想效度,确实反映了当前中学生应对的实际情况。

3 中学生应对方式的特点

将因素所含题项的得分平均起来作为因子的得分,可以看出,所测的中学生使用六种应对方式的次序依次为:问题解决(3.22),忍耐(2.62),退避(2.59),求助(2.52),发泄(2.47),幻想(2.04)。对它们进行重复测量方差分析的对照检验,发现中学生的应对方式,问题解决方式显著地多于其他五种应对方式,其次是忍耐和退避,再次是求助和发泄,最少使用的是幻想。表4列出不同性别、年级和学校类型的中学生在六种应对方式上的平均分和标准差。

表4 不同学校、年级、性别的中学生在六种应对方式上的平均分和标准差

		问题解决	求助	退避	发泄	幻想	忍耐
学校	重点中学	3.31±0.71	2.49±0.69	2.49±0.70	2.38±0.85	1.92±0.90	2.54±0.82
	普通中学	3.13±0.75	2.55±0.69	2.68±0.70	2.56±0.78	2.16±0.95	2.70±0.83
年级	初一	3.10±0.69	2.62±0.76	2.66±0.64	2.57±0.78	2.16±0.89	2.56±0.78
	初二	3.14±0.82	2.34±0.72	2.42±0.74	2.28±0.78	1.97±0.96	2.40±0.88
	初三	3.37±0.74	2.38±0.69	2.41±0.72	2.29±0.77	1.98±0.95	2.43±0.84
	高一	3.22±0.75	2.51±0.65	2.51±0.65	2.49±0.74	2.06±0.97	2.70±0.86
	高二	3.22±0.72	2.63±0.68	2.67±0.69	2.59±0.78	2.10±0.94	2.70±0.79
	高三	3.33±0.68	2.41±0.61	2.47±0.65	2.37±0.71	1.82±0.81	2.75±0.78

续表

		问题解决	求助	退避	发泄	幻想	忍耐
性别	男	3.20±0.73	2.48±0.70	2.56±0.74	2.30±0.73	2.13±0.96	2.58±0.83
	女	3.23±0.74	2.56±0.68	2.61±0.68	2.63±0.78	1.96±0.91	2.66±0.83
总体	—	3.22±0.74	2.52±0.69	2.59±0.71	2.47±0.77	2.04±0.94	2.62±0.83

将性别、年级和学校类型作为影响因素，六种应对方式作为因变量，进行多因素方差分析。结果表明，在主效应上，性别、年级和学校类型在六种应对方式上均有差异。中学生在对待生活压力时使用发泄、幻想和忍耐三种应对方式上有极显著的性别差异[$F(1, 1230)=20.40$，$p<0.001$；$F(1, 1230)=6.843$，$p<0.01$；$F(1, 1230)=4.133$，$p<0.05$]，女生比男生更多地使用发泄和忍耐两种应对方式，男生则比女生更多地使用幻想来应对生活压力；而中学生在对待生活压力时使用问题解决、求助和退避三种应对方式上性别差异不显著。除幻想外，在其他的应对方式上各年级中学生之间有各种不同性质的显著差异[$F(5, 1230)=3.633$，$p<0.01$；$F(5, 1230)=4.809$，$p<0.001$；$F(5, 1230)=2.893$，$p<0.05$；$F(5, 1230)=2.76$，$p<0.05$；$F(5, 1230)=2.988$，$p<0.05$]；多重比较表明，中学初一至高三学生对待生活压力使用求助、退避、发泄和忍耐这四种应对方式的多寡呈波动起伏态势，在初一时使用这些方式较多，而后不断减少，但到高一和高二又增多；除忍耐在高三基本不变外，求助、退避和发泄三种应对方式在高三又有显著的减少。在问题解决和幻想两个维度上，重点中学与普通中学学生有显著差异[$F(1, 1230)=14.560$，$p<0.001$；$F(1, 1230)=16.015$，$p<0.001$]，进一步分析发现，重点中学学生比普通中学学生更多采用问题解决方式，而较少采用幻想和退避来应对生活压力。

退避维度上，性别和学校的交互作用显著[$F(1, 1230)=3.945$，$p<0.05$]。简单效应检验发现，重点中学男女生差异显著[$F(1, 1251)=3.92$，$p<0.05$]，重点中学女生($M=2.55$)比男生($M=2.43$)更多地采用退避方式，普通中学男生($M=2.69$)与女生($M=2.67$)的差异不显著[$F(1, 1251)=0.13$，$p>0.05$]；不论是男生[$F(1, 1251)=19.76$，$p<0.001$]还是女生[$F(1, 1251)=4.04$，$p<0.05$]，普通中学学生($M=2.68$)都比重点中学学生($M=2.49$)更多地采用退避方式。

在忍耐维度上，性别和年级的交互作用显著[$F(5, 1230)=2.350$，$p<0.05$]，进一步的简单效应检验发现，男生在不同年级上差异显著[$F(5, 1247)=4.75$，$p<0.001$]，女生在不同年级间差异不显著[$F(5, 1247)=1.53$]；所有年级的男女生之间差异不显著。对不同年级的男生进行多重比较发现，初二、初三男生显著地低于高中三个年级的男生，初二男生还低于初一男生。

4 讨论

自20世纪七八十年代以来,国外学者把应对方式作为压力与健康的中介机制来研究日渐增多,目前我国对应对方式的研究尚不多,且测量工具基本上是沿用国外的。其实,社会文化背景对于应对方式具有重要的影响。中学生年龄阶段属于青少年时期,是从幼稚向成熟过渡的时期,身心迅速发展和成长,面临的生活压力不同于其他年龄者,其应对方式也可能有别于其他年龄阶段。因此,编制一个适合我国文化特点的中学生应对方式量表是很有必要的。根据压力与应对交互作用的理论,应对是个体因素与情境交互作用的结果,应对不仅可能随情境的改变而变化,而且随压力的阶段之不同而变化(Lazarus & Folkman, 1984)。本研究设计了中学生经常遇到的五种压力情境,用开放式问卷进行调查,得出中学生在经常遇到的五种压力情境下的各种应对方式,编制出预试问卷。然后正式测试时要求被试就概括性问题(见上),对35个题项进行5级评定。结果的因素分析所得出的6个因素与开放式问卷调查归纳出应对方式的构想维度相一致,并且各题项的因子负荷均在0.4以上,这说明本量表具有较好的构想效度。本量表各因子重测的相关系数在0.68—0.89之间;虽然有三个因素的内部一致性信度系数(Cronbach α)偏低,但其中的两个因素仍在0.5以上。这一方面说明本量表有一定的信度,但同时也表明问卷调查的信度和效度容易受多种因素的影响,特别是中学生应对生活压力的方式可能会随对情境评价的变化而变化。

本研究表明,中学生在面临挫折和烦恼时主要采用的应对方式依次是问题解决、忍耐、退避、求助、发泄、幻想。这与大多数成人遇到挫折和烦恼时所采取的应对方式的种类差别不大,虽然中学生的这六种应对方式在一些年级中有显著的差异,但随年龄而变化的趋势则不明显。本研究发现:女中学生比男中学生更多地使用发泄和忍耐应对,而男中学生比女中学生更多地使用幻想应对。这很可能在性别社会化过程中受我国传统文化观念的影响之故。在现实生活中我们也常常看到女孩子进入青春期后自我评价降低,进中学后来自家长和教师对她们的预期可能降低,从而导致女中学生应对方式较男生消极被动。这一点与国外的研究结果相一致(McCrae, 1989)。值得注意的是,本研究发现,重点中学学生比普通中学学生更多地采用问题解决这一积极应对,但较少地使用幻想和退避这些应对方式,这一方面可能是重点中学学生个性品质(智力、气质、性格)较优良,也可能是重点中学较普通中学学习气氛浓厚、教学条件好,优良的校风班风促使学生趋于选择积极的问题解决应对,而不采用消极的幻想和退避应对,对于这个问题,我们正在做进一步的研究。

5 结论

自编的中学生应对方式量表具有较高的信度和效度。中学生应对挫折和烦恼的方式主要是问题解决,求助、退避、发泄、幻想和忍耐;女中学生比男中学生更多采用发泄和忍耐应对,男生比女生更多采用幻想应对;重点中学学生比普通中学学生更多采用问题解决应对,而较少采用幻想和退避应对;随着年龄增长,中学生应对方式的变化趋势不明显。

合作者:余华、郑涌、杨家忠、王卫红。原文载于《心理科学》,2000年第23卷第1期。

中国成年人多维度健康信念量表的编制

1 引言

健康信念(health beliefs)是个体持有的一套关于预防疾病、维护健康、力求达成最佳生活状态的观念系统,是人们所坚信的健康生活观念。它包含个人对什么是健康,影响个人健康水平的因素,增进健康的方法,健康的重要性等问题的看法(苏丹,黄希庭,2014)。信念不同于一般观念,人们采纳一些观点并不仅仅是为了理解世界,同时还为了满足心理和社会生活的需要(Jervis, 2006)。因此健康信念能影响个体对信息的理解和建构,进而指导其行为,指引自己的生活方式和对环境的适应。持不同健康信念的个体会导致不同的健康状况。

国民健康水平是国家综合国力和国家竞争力的一个重要成分,是影响国家社会与经济发展的一个重要战略因素。因此全民健康成为世界各国社会发展的重要目标,也是各国实施人才发展战略的重要前提。2013年11月11日,国家卫生计生委通报的我国居民健康素养水平监测状况显示,近年我国不同地区和人群的健康素养水平有较大提升,但仍存在城乡、地区和人群差异,健康知识尚不能有效转化为健康行为等问题。同时国家卫生计生委还表示将大力开展全民健康素养促进行动,加强重点地区、重点人群、重点领域健康教育与健康促进工作。促进国民健康需要个体层面和社会层面的共同努力,如何支持和促进个人与社会共同承担保健责任,倡导健康生活方式,提高国民健康意识和技能,心理学家对健康信念的研究可以提供重要的参考。

心理测量法不仅可以用来探讨能力、气质、性格,而且也能用来研究态度、感情和信念,探究其结构、机制和机能。目前国内外已编制出一些测量健康信念的量表。例如Bishop和Yardley在世俗健康概念定性研究的基础上编制出一种《健康信念量表》(Wellness Beliefs Scale, WBS)用以测量普通人关注健康的不同方面的重要性(Bishop & Yardley, 2010)。该量表共21个题项,包括三个方面:无疾病的健康、执行日常活动的能力、活力和平衡的经验。Downey和Chang编制的《大学生版世俗健康概念调查表》(Lay Concepts of Health Inventory, college student version),包含35个题项,测量大学生社会情感健康、积极健康实践、无压力和焦虑、充分休息等健康因素(Downey & Chang, 2013)。张日昇和于泳红(2005)调查了中国和日本的大学生,编制了50个题项的《大学生健康观问卷》,用来测量中日两国大学生的健康认知结构(张日昇,于泳红,2005)。郝志红和梁宝勇(2012)编制的《中国成年人健康信念量表》测量中国成年人健康可控性和合理性(郝志红,梁宝勇,2012),其题项来自中华人民共和国卫生部编制的《中国公民健康素养——基本知识与技能释义》一书,从公共健康管理的角度反映民众的健康信念。从上述我们在文献里能够检索到的测量工具来看,这些量表对于我们编制中国成年人健康信念量表有一定参考价值,但却不能直接移用来测量我国成年人的健康信念。其理由是:(1)健康信念与人们所处的社会发展水平、经济状况、生活方式,甚至人生的世界观、价值观、生命意义等都有密切相关,国外成年人健康信念量表和大学生健康信念量表显然测量不出中国成年人真实的健康信念。(2)国内虽然有郝志红和梁宝勇(2012)编制的《中国成年人健康信念量表》,但该量表的题项却来自中华人民共和国卫生部编制的《中国公民健康素养——基本知识与技能释义》一书,而该书是经专家筛选后的民众健康信念,是否是民众的真实想法可以质疑,因为有研究表明人们的想法并不遵循专业知识(Hughner & Kleine, 2004),大众信念和医学知识之间存在鸿沟(Morgan & Good, 1995)。该量表把健康信念分为可控性和合理性维度也仅仅是一种视角。其实,健康信念是一个开放的观念系统,我们可以从不同维度对它进行分析(黄希庭,2014),随着我国物质文明、精神文明、政治文明、生态文明建设的发展,国民的健康信念也会发生变化。因此,编制出一种更加贴近民众、贴近时代,适合中国成年人的多维度健康信念量表就显得十分必要。这也就是本研究的目的。

2 前期调研与初编问卷

2.1 深度访谈和开放式问卷调查

采取目的性抽样,抽取能够提供较大信息量的成年人,共深度访谈21人。其中女性14人,男性7人;18—30岁6人,30—40岁6人,40—50岁2人,50—60岁1人,60岁以上6人。职业身份有学生、教师、职业经理人、私营企业主、公司职员、家庭主妇、服务业人员和退休人员等。访谈提纲包括"请你说说怎样才算健康?健康意味着什么?哪些人是健康的?你自己健康吗?举例说明。""请你说说你追求健康吗?人们追求健康是为了什么?""怎样能增进健康,你曾采取哪些方法、哪些途径来增进健康的?"等。在访谈中问题尽量开放,凡是涉及健康的话题都让受访者尽兴地谈,内容不限。时间不限,其访谈时间在40至120分钟不等,全程录音。

开放式问卷调查题项为:"一个非常健康的人,有哪些特点,请用简短的句子描述,尽可能多地列举(至少十项)"和"怎样做能够保持健康,请用简短的句子描述,尽可能多地列举(至少十项)"。

每个题项后为15个空行供被试填写。同时填写人口统计学数据。其中,一部分被试(n=82,43.4%)由研究人员在社区当面发放纸质问卷,另一部分被试(n=107,56.6%)通过互联网发放电子版问卷。补充告知,参加的是一项关于健康意识的调查,要求其根据自己的真实意见作答,尽可能多地填写。收回有效问卷189份。其中男85人,女104人;年龄19—86岁,其中18—25岁112人,26—30岁31人,31—40岁11人,41—50岁11人,51—60岁16人,60岁以上8人;来自28个省、市、自治区;学历为小学3人,初中20人,高中、中专29人,大专16人,大学100人,研究生及以上21人。

采用QSR Nvivo 8.0质性分析软件对深度访谈和开放式问卷调查资料进行分析,以被试所使用的一个特征或一个行为作为一个基本分析单位进行开放式编码。对于健康的含义、健康的人的特点、增进健康的行为等进行逐句编码,采取完全开放式的态度,分析原始资料时不使用理论框架,以原始资料中的关键词为基础进行编码。关于健康概念得到160个节点,健康途径得到172个节点。

2.2 初编问卷

以健康概念的160个节点制作健康概念评级问卷,要求对"以下说法是否符合您对健康的理解"进行11级评分。为防止疲劳,将节点随机分成了两份问卷,每份80条。通过网络调查平台发放,被试使用PC或手机填写问卷,调查被试211名,收回有效问卷139份。以个体为单位将每名被试在每个题项上的评分数据转换为标准分后求平均分,作为每个题项的评分,得到标准分大于0的题项共85个。

以健康途径的172个节点制作健康途径评级问卷,要求对"以下说法对健康的重要性"进行11级评分,填写人口统计学数据。为防止疲劳,将节点随机分成了两份问卷,每份86条。通过网络调查平台调查被试199名,收回有效问卷154份。以个体为单位将每名被试在每个题项上的评分数据转换为标准分后求平均分,作为每个题项的评分,得到标准分大于0的题项共98个。

3 问卷初测

3.1 问卷施测

初测问卷题项来自深度访谈和开放式问卷调查。其中健康概念的题项从精简后得到的85个节点中选取抽象程度较高的条目32项,健康途径的题项从精简后得到的98个节点中选取抽象程度较高的条目38项;量表设置1对质量监控题项。共71个题项,无反向计分题项。量表采用Likert5点自评式量表,从"完全不相信"到"完全相信"评定为1至5分。

通过网络调查平台调查，告知被试参加的是一项关于健康意识的调查，要求其根据自己的真实意见作答，同时填写人口统计学数据。调查被试368名，收回有效问卷362份。其中男173人，女189人；年龄段，18—25岁60人，26—30岁71人，31—40岁109人，41—50岁102人，51—60岁14人，60岁以上6人；来自26个省、市、自治区；居住地农村21人，乡镇45人，城市296人；学历为初中及以下3人，高中、中专17人，大专48人，大学260人，研究生及以上34人。

3.2 项目分析

经项目分析，全部70个题项的区分度合格，27%高低分组组间均值差异t值达0.01显著性；可靠性分析都合格，计算各题项分数与总分数的相关，全部70个题项均大于0.40；计算题项的内部一致性系数，全部70个题项修正的项目总相关均大于0.40。

3.3 探索性因素分析

KMO统计量为0.97，Bartlett's球形检验数据达到0.01以上显著水平，说明数据适合做因素分析。使用主成分分析法与Promax斜交法进行因素提取和旋转，根据主要因素载荷小于0.45、在两个及以上因素的载荷都大于0.4、在两个因素上的载荷差值小于0.25、因素包含的题项小于3个的标准删除题目，最后得到4个特征值大于1的因素，累计解释总体方差62.5%。初测问卷探索性因素分析结果详见表1。

因素一主要涉及个体在社会中、与他人相处时如何调整心理、保持健康，命名为"德性修养(virtue cultivation)"；因素二主要涉及个体保持健康的行为习惯，命名为"健康行为习惯(health behaviors and habits)"；因素三主要涉及没有疾病等影响正常生活功能的健康问题，命名为"无疾病征兆(absence of illness)"；因素四主要涉及个体适应周围，有较好的生活状态，命名为"适应和享受(adaptability and enjoyment)"。

表1 初测量表题项的因素载荷

	成分			
	1	2	3	4
T61与人为善	0.92			
T19感恩	0.90			
T44帮助他人	0.80			
T29宽容	0.77			
T36有道德	0.73			

续表

	成分			
	1	2	3	4
T32淡泊名利	0.67			
T58信任朋友	0.65			
T33关爱家人	0.63			
T11运动锻炼		0.83		
T59保持规律的作息时间		0.81		
T51饮食规律		0.74		
T10营养均衡		0.74		
T01劳逸结合		0.72		
T21戒除致病习惯		0.71		
T34疏解压力		0.66		
T27保持良好心态		0.65		
T02不容易得病			0.79	
T06没有疼痛			0.79	
T30体检各项指标合格			0.78	
T53没有任何疾病			0.77	
T24气色好			0.67	
T25没有心理疾病			0.45	
T67适应环境				0.82
T62享受生活				0.77
T64生活充实				0.71
T49生活自立				0.70
T48充满激情				0.63
T28人格完善				0.54

注：提取方法：主成分旋转法，具有Kaiser标准化的倾斜旋转法。

4 量表复测与信效度检验

4.1 信度检验

以初测数据对正式量表进行内部一致性信度检验，各维度及总量表的α系数见表2。

表2　正式量表的内部一致性系数

	德性修养	健康行为习惯	无疾病征兆	适应和享受	总量表
α	0.92	0.89	0.84	0.89	0.95

重新随便抽取40名被试对量表做四周重测信度检验，所得的重测信度r_{tt}结果见表3。

表3　重测信度系数

	德性修养	健康行为习惯	无疾病征兆	适应和享受	总量表
r_{tt}	0.86	0.83	0.88	0.82	0.90

4.2 效度检验

使用正式量表及其他效度量表，通过网络调查平台调查被试379名，收回有效问卷367份。其中男172人，女195人；年龄段，18—25岁94人，26—30岁85人，31—40岁133人，41—50岁42人，51—60岁11人，60岁以上2人；来自27个省、市、自治区；居住地农村32人，乡镇48人，城市287人；学历为初中及以下14人，高中、中专19人，大专60人，大学226人，研究生及以上48人。

4.2.1 验证性因素分析

使用Mplus7.0对健康信念四因素模型进行验证性因素分析，结果见表4。各拟合指标符合测量学相关要求，表明健康信念量表结构效度良好。

表4　健康信念量表验证性因素分析拟合指标

χ^2	df	χ^2/df	TLI	CFI	AIC	BIC	SRMR	RMSEA(90%CI)
670.19	344	1.95	0.90	0.91	18712.77	19064.26	0.06	0.051(0.045,0.057)

4.2.2 效标效度检验

以健康行为作为效标。美国护理学家Pender于1987年编制，1996修订的《健康促进生活方式问卷》(Health-Promoting Lifestyle Profile Ⅱ，HPLP-Ⅱ)用于评价人群的生活方式水平，作为健康促进行为操作性定义的测量工具。该量表采用1—4级评分法，量表总分52—208分，得分越高，表示其健康促进生活方式水平越好。量表共52个条目，包括6

个方面内容：健康责任、自我实现、营养、人际间关系、压力应对、运动。国际、国内研究数据已显示该问卷具有良好的信度、效度，该量表总量表的α系数为0.97，各分量表的α系数在0.81—0.92，可用于检验健康信念量表的效标关联效度。

因本研究中的多个变量为同源性数据，在进行各变量的相关分析之前，首先对2个变量（健康信念和健康促进生活方式）共10个维度一起进行验证性因素分析，以检验其共同方法偏差（Dulac，Coyle-Shapiro，Henderson，& Wayne，2008）。结果发现，多因素模型（健康信念四因素和健康促进生活方式六因素）各项拟合指数优于单因素模型和二因素模型（健康信念和健康促进生活方式），表明各变量间并无显著共同方法偏差，各模型拟合指数见表5。

表5　共同方法偏差的模型比较

	χ^2	*df*	χ^2/df	TLI	CFI	AIC	BIC	SRMR	RMSEA(90%CI)
单因素	8654.95	3080	2.81	0.55	0.56	52897.36	53801.76	0.107	0.075(0.073,0.077)
二因素	6499.91	3079	2.11	0.73	0.73	50554.65	51462.82	0.070	0.059(0.057,0.061)
多因素	5023.31	3035	1.66	0.84	0.84	49036.16	50110.13	0.057	0.045(0.043,0.047)

分别计算健康信念各因素与健康促进生活方式各因素及总分的相关（见表6），除健康信念的健康行为习惯与健康促进生活方式的健康责任相关不显著外，健康信念各因素与健康促进生活方式其余各因素及总分相关系数在0.22—0.44，是中等程度相关，符合测量学相关要求，健康信念量表效标效度合格。

表6　健康信念各因素与健康促进生活方式各因素的相关

	平均分与标准差	德性修养	健康行为习惯	无疾病征兆	适应和享受
	M(*SD*)	4.07(0.59)	4.42(0.43)	3.76(0.66)	3.98(0.58)
健康责任	2.38(0.61)	0.27**	0.10	0.34**	0.28**
自我实现	2.96(0.55)	0.40**	0.36**	0.40**	0.39**
营养	2.71(0.56)	0.32**	0.27**	0.40**	0.31**
人际间关系	2.87(0.49)	0.34**	0.32**	0.38**	0.34**
压力应对	2.88(0.54)	0.34**	0.33**	0.39**	0.38**
运动	2.67(0.70)	0.28**	0.22**	0.40**	0.31**
健康促进生活方式总分	2.74(0.51)	0.37**	0.29**	0.44**	0.38**

注：**$p<0.01$

5 讨论

本研究结果表明,《中国成年人多维度健康信念量表》包含四个维度:德性修养、健康行为习惯、无疾病征兆、适应和享受。信念系统的组织不根据逻辑规则,而是依赖情感体验、需要、意义等个性化的心理规则,因而结构松散、内容开放,包含大量情景材料——来自个人经验、民间传说或各类宣传的信息,与专业知识有很大的不同。因此,在探索健康信念结构之初并未设定理论框架,量表题项以深度访谈和开放式问卷调查的资料为主体,且最初收集到的题项经过了各地区不同年龄段民众的评级,筛选出认同度高的题项,保证了题项内容的有效性;项目分析表明题项的区分度和可靠性均较好;因素分析中,题项均有较高的因素负荷和共同度,表明题项质量较好。健康信念四维度因素累计解释总体方差62.5%,各题目的载荷均大于0.45,表明具有较好的因子效度。这个结构得到了验证性因素分析和效标效度检验结果的支持,表明健康信念四因素的结构是合理的。下面再从该量表各维度的具体内容进一步加以论证。

本量表中的德性修养维度包含与人为善、感恩、帮助他人、宽容、有道德、淡泊名利、信任朋友、关爱家人八个题项,是独具中国特色的健康信念,表达了"以德养生"的观念。儒家主张"调身先调心",儒家经典《论语》《中庸》就说道,"仁者寿""大德必得其寿",都是强调道德修养的养生延寿作用,通过提高道德修养获得内心的和谐、安宁而促进健康。《荀子》在其修身篇中说:"扁善之度,以治气养生,则身后彭祖;以修身自强,则名配尧禹。"其意在于阐述遵循美德、礼义,调气养生,修身自强,就能健康长寿。道家重视道德对健康的作用更是突出,《老子》中就说道:"天道无亲,常与善人",阐明道德是万物生长的必备条件,只有"善"人,才是天之"亲",才能得到长生的利益(程雅君,2013)。同时,这些优秀心理品质都有助于促进人际和谐,反映了人际和谐是维护健康的重要信念。人际和谐不仅关系到心理健康,对身体健康也有直接的影响,研究发现人际敏感可能会增加传染性疾病和心血管疾病的风险(Marin & Miller, 2013)。在特别重视人际和谐的中国社会,修身养性会落实到处理人际关系的准则。"至善"是儒家的最高理想,"老者安之,朋友信之,少者怀之。"道家把"慈"作为人际关系的最基本原则,"善者,吾善之;不善者,吾亦善之,德善,"把慈爱扩展到一切人际关系之中,同时强调对人要宽容,《老子》还强调"圣人执左契,而不责于人""见素抱朴,少私寡欲"以及无为不争等等(邱炳武,王极盛,1997)。可以看出本量表中的这一维度反映了我国民众认同优秀心理品质和人际和谐在维护和促进健康中的作用,与我国传统文化是一脉相承的。

本量表中的健康行为习惯维度包含运动锻炼、保持规律的作息时间、饮食规律、营养均衡、劳逸结合、戒除致病习惯、疏解压力、保持良好心态八个题项。健康行为习惯虽然受到自然环境和社会环境的影响,但却是可由个人选择和控制的行为。众所周知,心脑血管疾病、癌症和中风已成为人类的三大死因。其中一个重要原因就是由于不健康的行为习惯所致。有一项经典的研究(Belloc & Breslow, 1972),对7000名居民的7种与健康密切相关的行为(每天保证7—8小时睡眠、每天吃早餐、正餐之间不吃零食、不吸烟、不饮酒或适度饮酒、定期锻炼、保持或接近标准体重)进行追踪调查,结果发现实施7项健康行为的人死亡率显著低于只实施3项的人。本量表中的该维度表明,我国一般民众已经认识到健康行为习惯及健康生活方式对于维护健康的重要性,并且已成为许多人健康信念的重要内涵。

本量表中的无疾病征兆维度包含不容易得病、没有疼痛、体检各项指标合格、没有任何疾病、气色好、没有心理疾病六个题项。一般民众都认为无病就是健康,从这一维度,我们可以看到,一般民众关注自己的健康,已不限于只关注躯体无症状、体检指标合格,还关注无心理疾病。本量表中的适应和享受维度包含适应环境、享受生活、生活充实、生活自立、充满激情、人格完善六个题项。正如世界卫生组织宪章中对健康的定义——健康是身体的、心理的及社会的完好状态,而不仅仅是没有疾病和虚弱。我们欣喜地看到,我国民众的健康信念包含了无功能的疾病和各方面的良好状态两个方面。在以往的研究中也有类似发现,如Blaxter的一项定性分析发现,对一部分人来说,健康就是不生病;而对大多数人来说,健康被视为一种储备,健康的生活即精力充沛、有效地工作和身心健康等(Blaxter,2003)。Calnan的研究也发现人们的健康概念分两种,正面的定义包括精力充沛、感觉良好、体重适中、积极地展望未来和有良好的生活或婚姻等,负面的定义包括没有感冒咳嗽、很少去看病、体检结果正常等(Calnan,1987)。从本研究编制的《中国成年人多维度健康信念量表》可以看出我国民众的健康信念不仅已涉及身体的、心理的和社会的健康,而且还涉及各方面要均衡协调的完好状态。

本研究编制的《中国成年人多维度健康信念量表》中的德性修养维度和健康行为习惯维度,与Downey和Chang编制的《大学生版世俗健康概念调查表》中社会情感健康和积极健康实践两个主要维度,有相似之处;而本量表中的无疾病征兆、适应和享受两个维度与Bishop和Yardley编制的《健康信念量表》中的无疾病的健康、执行日常活动的能力、活力和平衡的经验三个维度有相似之处。虽然我们在编制这个量表之初就十分注意从我国的实际出发,开展深度访谈,进行开放式问卷调查,而最后编制出的本量表中的维度与国外民众健康信念维度有相似之处,这既反映了健康信念结构具有跨文化的共同性,同时也说明本量表测得的结果是有据可依的。

人们在谈论自己所理解的健康时,有时会具体到走路抬脚的高度、吃各类食物的数量之类的细节,有时又以非常抽象的语句来说明。过于具体的条目是可以包含在有一定概括性的普遍原则下的，限于量表题项数量，本研究即选取这类原则性的，以及概括性较高的条目进入初测问卷。通过因素分析得到的健康信念四个维度仍有层次上的区别：健康行为习惯和无疾病征兆维度包含的是相对具体的条目，更贴近现实生活，内容是指基础性的健康，反映出个体重视健康的保障功能；而德性修养、适应和享受维度则更抽象，是提升性的理念，反映出个体对更高层次健康的追求。

6 结论

中国成年人的健康信念包含德性修养、健康行为习惯、无疾病征兆、适应和享受等四个维度，本研究编制的中国成年人多维度健康信念量表符合心理测量学要求，具有良好的信效度。

合作者：苏丹。原文载于《西南大学学报（社会科学版）》，2015年第41卷第6期。

健全人格取向的大学生心理健康结构初探

1 问题提出

20世纪90年代至今,国内有关大学生心理健康的调查研究日趋增加,但是,现有的大学生心理健康量表大多还是国外编制的量表。从使用频率来看症状自评量表(SCL-90)、心理健康诊断测验(MHT)、大学生人格问卷(UPI)、卡特尔16项人格测验仍占主流,其他还有"王欣等编制的大学生心理健康综合量表、康奈尔医学量表(CMI)、王极盛等编制的中国成人心理健康量表等10余种"(廖全明,苏丹,黄希庭,2007)。这些量表中或是没有针对我国大学生这一特定人群,或是主要测量心理健康的消极方面,而且使用症状自评量表来评定正常人群的心理健康水平也不合适,越来越多的研究对此提出了批评(Vaillant, 2003)。

心理健康的积极转向是当今心理和教育领域内必然关注的一个重要课题(程科,黄希庭, 2009)。心理健康教育与服务工作者越来越关注积极取向的心理健康,正在努力探索有利于健全人格养成的教育培养模式(徐胡燕, 2007; 李祚山, 2005)。而大学生健全人格培养的基础,则是对学生的心理健康状况进行科学、客观的评定。因此本研究旨在探讨适合中国文化背景下的、基于健全人格取向的大学生心理健康结构,并编制相应的"大学生心理健康量表",为相关研究提供研究工具。

2 理论构想与题项拟定

2.1 关于心理健康的健全人格取向

心理健康是有层次性的。心理健康的表现大致可分为心理疾病或障碍、心理机能正常和人格健全三个层次(黄希庭,郑涌,李宏翰,2006)。其中,心理疾病或障碍属于不健康的层次。心理机能正常则属于低层次的心理健康,也称为"消极的心理健康",它是以心理适应为基本特征,通常表现为能消除过度的紧张不安而达到内部平衡状态,对周围环境顺从,内心无冲突,甚至上下讨好,左右逢源。人既是趋向平衡的,也是追求新的刺激与不断成长的,因而还有"积极的心理健康"。人格健全就属于这种高层次的心理健康,表现为有高尚的目标追求,发展建设性的人际关系,从事具有社会价值的创造,渴望生活的挑战,寻求生活的充实与人生意义。本研究所探讨的大学生心理健康应该能涵盖低层次和高层次的心理健康。

2.2 理论维度构想

本研究认为心理健康是指不仅没有心理疾病或变态，而且个人在身体上、心理上以及社会行为上均能保持一种良好的功能状态，它体现在个体与环境积极互动时的行为上，也包含着相对稳定并处于动态发展和完善中的人格特质。心理健康的大学生不仅是适应良好的，更应当是努力发展健全人格的个体，通常具备以下几个特点：愉快的生活体验；面对现实；憧憬和创造未来；积极向上，主动学习；发展建设性的人际关系；能够调控自己的情绪。

2.3 题项来源

一是分析有关大学生心理健康标准的探讨，进行归类和分析；二是对大学生进行开放式问卷调查；三是参考国内外同类量表的题项。

2.4 初测问卷的编制

共设计了100个题项，按维度排序，其中47个逆向题。采用Likert自评5点量表法，从“完全不符合”到“完全符合”，记为1—5分，得分越高表示心理健康状况越好。

3 测试与分析

3.1 被试与程序

选取四川、重庆、云南、福建、浙江、广东、江苏、北京17所高校的大学生为被试，以班级团体施测为主，共收回问卷4452份，剔除明显回答不认真或有严重反应倾向的问卷315份，最后得有效问卷4137份。使用SPSS11.3和Amos5.0进行数据的分析和处理。

3.2 项目分析

一是通过临界比率法，除第8、第29、第46题外，其余题项的临界比率值均达到0.01以上的显著性水平，说明其余题项的鉴别力良好；二是通过相关法，得出各题得分与总分的相关系数在0.137—0.600之间，都达到显著水平，说明各题项区分度良好。为了明晰结构模型和确定正式量表，通过因素分析剔除因素负荷值小于0.40，共同度小于0.16的题项。最终保留了27个题项。

3.3 因素确定及命名

表1 大学生心理健康量表的因素分析

因素	特征值	题项数	因素负荷值	贡献率/%
F1幸福体验	2.977	5	0.610—0.787	11.027
F2人际和谐	2.784	5	0.575—0.722	10.311
F3积极乐学	2.717	5	0.623—0.694	10.062
F4情绪调控	2.506	4	0.634—0.800	9.281
F5目标追求	2.250	4	0.501—0.765	8.333
F6勇于挑战	1.649	4	0.444—0.688	6.106

经KMO检验和Bartlett's球形检验判断,本量表适合做因素分析。因素分析结果见表1,六个因素的贡献率在6.106%—11.027%,它们解释了总变异的55.12%。题项共同度在0.435—0.694,因素对题项的解释能力较好;题项因素负荷值在0.444—0.800。因素1包含5个题项,主要涉及对生活的体验和满意程度,可命名为"幸福体验";因素2有5个题项,涉及建立建设性的人际关系和处理人际关系的能力,可命名为"人际和谐";因素3有5个题项,涉及对待学习的态度和学习过程中的体验,可命名为"积极乐学";因素4有4个题项,涉及一般的情绪状态和对情绪的控制,可命名为"情绪调控";因素5有4个题项,涉及生活目标和毕业后的打算,可命名为"目标追求";因素6有4个题项,涉及挫折应对和恢复,可命名为"勇于挑战"。这一结果与假设的理论维度构想基本吻合。

4 量表的信效度检验

4.1 信度检验

经检验,总量表和所有维度的内部一致性系数和分半信度系数均在0.585以上,重测信度在0.470以上。总量表的内部一致性系数为0.887,分半信度系数为0.889,重测信度系数为0.648,说明本量表具有良好的信度。

4.2 效度检验

内容效度。本量表的题项来源于国内外对大学生心理健康的理论和应用研究,对大学生的开放式问卷调查和访谈,并参考国内外信效度较高的心理健康测量工具的项目,从而在很大程度上保证了量表的项目能够反映大学生心理健康的实际情况。因此,本量表具有较好的内容效度。

结构效度。采用极大似然估计检验，大学生心理健康量表结构模型的各拟合指标取值见表2。可见结构模型的RMSEA和GFI值达到拟合好的标准，NNFI、CFI值超过0.9，符合要求，表明本研究建构的结构模型比较合理

表2 大学生心理健康量表结构模型的验证性因素分析结果

指标	RMSEA	GFI	NNFI	CFI
取值	0.044	0.947	0.909	0.926

关联效度。考虑到SCL-90是信效度良好且使用广泛的症状量表，有352份有效问卷还同时完成了该测试；而UPI是信效度良好并为高校普查的常用量表，另有272名学生同时完成了大学生心理健康量表和UPI测试。对测试结果的相关分析表明，大学生心理健康量表总分及各维度得分与SCL-90总分及各维度得分均呈负相关；而大学生心理健康量表各维度得分与UPI得分也均达显著水平负相关（表3）。说明本量表具有良好的关联效度。

表3 大学生心理健康量表与SCL-90和UPI的相关

	幸福体验	人际和谐	积极乐学	情绪调控	目标追求	勇于挑战	心理健康总分
SCL-90总分	−0.409**	−0.528**	−0.348**	−0.580**	−0.343**	−0.391**	−0.590**
UPI	−0.136**	−0.499**	−0.395**	−0.584**	−0.280**	−0.476**	−0.541**

注：*p<0.5；**p<0.01

5 讨论

5.1 关于大学生心理健康量表的结构

本研究结果表明，我国大学生心理健康可以包含六个维度：幸福体验、人际和谐、积极乐学、情绪调控、目标追求和勇于挑战。幸福体验是人对自己生活状况的总体评价和满意程度，它取决于个体对自己生活的看法，以及在生活中的情感体验。大学生在主观上减少痛苦，能正确看待环境，坦然、乐观面对现实，能体会到幸福、快乐，幸福体验维度体现了这一含义。通过人际交往建立积极的、有建设性的人际关系是大学生心理健康的一个重要标志。积极的人际关系能够使人产生积极情感，有利于提高生活满意度。人际和谐这一维度测量了人际交往能力、态度、现状，以及与异性交往的状况，从人际和谐方面反映大学生的心理健康。

许多研究结果都表明学习适应性水平是大学生心理健康的重要因素（郭晋，龙兴

跃，2005)。积极学习的大学生不会视学习为负担，而能在这一过程中利用已有的知识，积极地、自主地进行学习，能够持之以恒地去完成自己的学习目标，体现了积极乐学这一心理健康指标。

情绪对大学生的心理健康有着重要的影响。处在青年期的大学生，心理上正经历着急剧的变化，情绪起伏波动大，长期持续的不良情绪会危害大学生的心理健康。以往研究表明大学生情绪管理能力对大学生的心理健康有显著的影响(杜继淑，王飞飞，冯维，2007)。本研究表明，情绪调控对大学生心理健康的作用明显，以其作为大学生心理健康的一个指标。

青年大学生正处于人生发展的关键阶段，树立合理的目标可以提高自我有效感(张美兰，车宏生，1999)。有研究指出“成就目标定向、自我效能感和状态焦虑之间关系密切”(梁九清，2008)。在本研究中，目标追求这一维度体现了大学生对人生的总体把握和规划，能够在未来的生活中找准自己的方向。

人有着各种需要和愿望，而在追求目标的过程中，并非总能一帆风顺，常常会遭遇挫折，而能否以正确的态度来应对困难和挑战则会影响心理健康状况，有关研究已表明应对方式与心理健康之间有密切关系(王兰爽，刘森，2008)。勇于挑战这一维度体现了大学生勇于接受生活的挑战，遇到困难和挫折时，能尽快从打击中回复过来，能够冷静处理，选择积极的应对方式。

5.2 本量表与以往量表的比较

与包含症状诊断的心理健康量表相比，本量表最大的特点是健全人格取向。近年来，我国大学生心理健康研究中，使用最多的测量工具是SCL-90，其次是UPI，至于国内学者研发的量表，如黄铎香编制的“心理健康调查表(MMH)”(黄铎香，1994)，郑日昌等编制的“中国大学生心理健康量表”(郑日昌，邓丽芳，张忠华，郭召良，2005)使用较多。这两个工具主要反映了以神经症为主的心理障碍和情绪障碍。因此，所得结果也多是检验出大学生的心理障碍。然而当代大学生在“咨询中常见的心理问题主要为人际关系问题、恋爱问题、学习问题和神经症”(马建青，2004)等方面，其中多数还是发展性问题。本量表测量心理机能正常和人格健全这两个层次上的心理健康状况，为促进大学生心理健康和健全人格的发展提供了更为确切有效的依据。

与同类量表相比，在量表维度上有相似之处，如郑晓边编制的“学生心理健康自评量表(MHRS)”包含六个方面：学习能力与动机、情绪状态与稳定性、自我观念、自控力、生活态度、人际关系(郑晓边，1997)。苏丹编制的“适应取向的中学生心理健康量表”包含生活幸福、乐于学习、人际和谐、考试镇静、情绪稳定等五个维度(苏丹，黄希庭，

2007)。但在题项数量上,本量表与现有大多数量表差异明显,如陈会昌、李虹编制的"大学生心理健康量表"包括78个项目(李虹,陈会昌,1998),郑晓边(1997)的"学生心理健康自评量表"也有60个题项,而本量表仅有27个题项,这样的设计也便于被更多研究者接受和使用(郑晓边,1997)。国外已有研究表明,20个题项的问卷用于测量全面的心理健康就可以有较好的信效度(Kopta & Lowry, 2002)。

5.3 研究展望

量表的编制是一项长期的工作,今后会随着心理健康量表的理论发展和大学生心理健康的实践需要,不断修订、完善本量表,以其健全人格取向和简洁实用的鲜明特点,成为心理健康的研究者及咨询、教育领域的工作者乐于使用的测量工具。

6 结论

(1)大学生心理健康包含6个维度:幸福体验、人际和谐、积极乐学、情绪调控、目标追求和勇于挑战。

(2)本研究编制的"心理健康量表"具有良好的信效度,并且27个题项的量表短小精炼,方便使用。

合作者:程科。原文载于《心理科学》,2009年第32卷第3期。

公众的社会适应观初步调查研究

1 问题的提出

现代社会的突飞猛进对人类的社会适应提出了许多问题。但迄今为止,心理学者对社会适应的研究却不多见。仅有的研究大多集中在社会适应性和社会适应评价标准两个方面。(1)对于社会适应性,主要涉及人们适应社会应该具备的人格特征。Costa & McCrae认为"五因素模型"所揭示的五种人格特质就是人们适应社会的基本动力特征和内在核心因素。(2)对于社会适应的评价标准,主要涉及社会适应结果的评价指标的选择和确定。概括起来,社会适应评价指标可以归结为两种取向:个人取向的评价指标和社会取向的评价指标。社会适应问题来源于人们的生活实践。"社会适应"一词也活跃在人们的日常用语中。那么公众是怎样理解社会适应性的?公众评价社会适应的标准是什么?本研究的目的是通过调查重庆市的社会公众,了解社会公众对社会适应性的内涵和社会适应评价标准的看法,从而为进一步的理论研究提供事实依据。

2 方法

2.1 个别访谈法

(1)采用结构式和无结构式相结合的个别访谈法进行。

(2)访谈对象在重庆市的公园、车站、码头、超市、校园等公共场所随意寻找被试,在其愿意回答问题时进行个别访谈。访谈被试共100人,其中男57人,女43人(包含不同年龄、教育程度和职业类型的成年人)。

2.2 内容分析的程序

(1)详细阅读并根据个别访谈获得的资料,参照有关理论依据,把社会适应性的资料按能力特征、情意特征和态度特征三个类目进行内容分析统计,把社会适应评价标准的资料按社会、个人和道德取向三个类目进行内容分析统计。

(2)分析单元为被试具体叙述的词汇。

(3)采用两位评判员进行评判记录,将访谈被试叙述的词汇或短语看作分析单元,进行类目归属判断,并作频数记录。

(4)信度指标:社会适应性内容分析信度r_1=0.89;社会适应评价标准内容分析信度r_2=0.91。

3 结果

3.1 对公众社会适应性方面的叙述资料进行内容分析，统计结果列入表1

表1 公众的社会适应性的内容分析表

类目(频数)	小类目(频数)	分析单元(频数)
能力特征(258)	工作能力(84)	职业特长(48)、工作经验(16)、办事能力(10)、创新能力(10)
	表达能力(58)	有口才(50)、善于表现自己(8)
	社会活动能力(83)	社交能力(60)、协调能力(15)*、应变能力(8)
	其他能力(33)	聪明(14)*、有知识(12)、独立生活能力(7)
情意特征(247)	意志特征(107)	勤劳吃苦(40)、上进心(27)、心理承受能力、(25)实干精神(15)
	情感特征(63)	外向热情(29)、乐观主义(19)、沉着稳重(15)*
	自我概念(25)	自信自尊(25)、自我定位(12)、自知之明(10)
	其他特征(30)	时间观念(12)*、兴趣爱好(11)、虚心好学(7)
态度特征(161)	对家庭(30)	尊老爱幼(11)、有爱心(10)*、家庭责任感(9)
	对他人(63)	责任心(27)、真诚正直(11)、友好尊重(15)、宽容大度(10)
	对单位(21)	集体观念(10)、组织纪律性(7)、合作态度(4)*
	对社会(47)	遵纪守法(20)、品行端正(12)、有道德修养(15)

*表示另一个评判员对该分析单元有不同的归属判断。

从表1可以看出，能力特征类目和情意特征类目的频数较多，态度特征类目的频数较少。

3.2 对公众社会适应评价标准方面的叙述资料进行内容分析，统计结果列入表2。

表2 公众社会适应的评价标准的内容分析表

类目(频数)	社会取向(217)	个人取向(109)	道德取向(27)
分析单元(频数)	有经济地位(85)	生活幸福、充实(47)	好人(好父亲、好朋友、好同事)(15)
	有社会地位(47)	有工作成就感(35)	遵纪守法的公民(12)
	人际关系好(53)	自我满意(27)	
	能独立的生活(32)*		

*表示另一个评判员对该分析单元有不同的归属判断。

从表2中可以看出，社会取向的频数最高，个人取向的频数次之，道德取向的频数最少。

4 讨论

本次研究采用内容分析法所得到的频数作为分析讨论的依据，这里有一个前提假设：所得项目的频数在相当程度上反映了公众的认同度，从而反映某些品质在人们心目中的重要性程度。

本研究采用个别访谈法和内容分析法调查公众的社会适应观。首先，从调查资料看，总体上，公众社会适应观可以分为关于社会适应性的看法和关于社会适应评价标准的看法两个方面。社会适应性是指个体适应社会应该具备的人格特征，因此，可以看作社会适应观的素质维度。社会适应评价标准是指人们采用那些标准来衡量人们是否适应了社会，因此可以看作社会适应观的评价维度。由此看来，公众的社会适应观其实包括对社会适应的素质维度和对社会适应的评价维度两方面的看法。其次，在内容分析中，其信度是指不同的评判者是否能够将相同的分析单元归入相同的类目中，并且使所得的结果一致。本研究的社会适应性的内容分析信度达到0.89，社会适应评价标准的内容分析信度达到0.91。二者都达到非常显著的程度。可见，本研究的信度也是可靠的。

从表1可以看出，在社会适应性上，公众更注重能力特征和情意特征，态度特征相对次要一些。(1)在能力特征类目中，公众特别注重工作能力、表达能力和社会活动能力，特别是"职业之长"、"有口才"和"社会能力"。正所谓一个被试所概括的"一个人是否吃得开，混得好，关键看他是否有本事，特别是一技之长"。(2)在情意特征类目中，公众比较注重"勤劳吃苦""上进心""心理承受能力"等意志特征，"外向热情"等情感特征，"自信自尊"等自我特征。西方的研究表明，强烈的进取精神、良好的心理承受能力、乐观的人生态度、热情随和的待人方式和自信自尊的积极品质都是人们适应社会所需要的性格特征。另外，尽管"勤劳吃苦"这一优良品质没有被西方人所注意到，但是却得到大多数的中国公众的认同，这说明尽管当今中国社会发生了很大的变化，"勤劳吃苦"这一传统美德却没有被中国人所抛弃。(3)在态度特征类目中，"对他人"和"对社会"的频数明显高于"对家庭"和"对单位"的频数，这在很大程度上反映了老百姓口头常用的"会做人""会为人处世""安分守己"的看法。

关于公众的社会适应评价标准，公众注重外在社会取向的评价标准，尤其注重经济地位和人际关系两方面的评价标准。分析起来，一方面，在市场经济条件下，当今的中国公众理所当然把经济地位这样的社会取向的评价标准看作适应社会的最重要的评价指标。另一方面,有研究表明,中国人的自我概念是建立在重要他人、群体接受性和关系和谐的基础上的,是互倚性自我概念;西方人的自我概念是建立在独特的自我能力和特征、自我价值重要性的基础上的,是独立性自我概念。因此,在评价社会适应的结果时,中国人注重人际关系和谐,西方人注重自我的主观幸福感。这是中西方文化所造成的差异。

5 结论

(1)本研究的内容分析法具有可靠的信度。

(2)在社会适应性上,公众注重能力特征和情意特征,尤其注重工作能力和意志特征。

(3)在社会适应评价标准上,公众注重社会取向评价标准,尤其是注重经济地位和人际关系两方面的评价标准。

合作者:陈建文。原文载于《心理科学》,2001年第24卷第1期。

兴趣的评定

有经验的教师都懂得,要使学生学好某门功课,必须使他对该学科发生兴趣。那么,怎样来了解学生的兴趣倾向呢?请你用下列的问卷题和记录纸让班上的学生如实地加以填写(可以让学生带回家中填写),便可以评定出学生们的兴趣倾向。

1 兴趣调查题

同学:请你仔细阅读下面这些问题,你喜欢吗?如果喜欢请在答案纸上划上符号。

(1)阅读有趣的物理或有趣的数学书籍。

(2)阅读关于化学发明的书。

(3)查阅无线电仪器的构造。

(4)阅读技术杂志(《我们爱科学》《科学24小时》《科技动态》)。

(5)了解各国人们的生活、各国的国家制度。

(6)了解动植物的生存情况。

(7)阅读世界文学的经典著作。

(8)讨论国内外时事政治事件。

(9)阅读关于教育的书籍。

(10)了解医生的工作。

(11)关于住宅、班级和学校的舒适环境。

(12)看戏,参观博物馆、艺术展览会。

(13)阅读有关战争和作战的书籍。

(14)阅读有关物理(数学)发明的科普书籍。

(15)做化学的家庭作业。

(16)修理日用电子仪器和无线电仪器。

(17)参观技术展览会或收听(收看)技术新消息节目。

(18)到故乡附近旅游,实地考察。

(19)学习有关生物学、植物学和动物学的书籍。

(20)阅读有关文学评论的文章。

(21)参加社会工作。

(22)如果有同学自己不能完成作业,向他们讲解如何做作业。

(23)阅读有关人们怎样学会同疾病作斗争的书籍。

(24)缝、绣、做饭。

(25)阅读有关艺术的书籍。

(26)了解军事技术。

(27)做物理实验。

(28)做化学实验。

(29)阅读科普杂志上有关无线电技术新消息的文章。

(30)装配和修理机器,如自行车、钟表等。

(31)搜集矿物收藏品。

(32)花园、菜园里劳动。

(33)记述自己的观察和思考(写诗)。

(34)阅读有关历史的书籍。

(35)给孩子们讲故事,同他们一起玩耍。

(36)照料病人,关心他以正确的方式服药。

(37)帮助料理家务。

(38)在某种业余文艺活动小组中学习。

(39)参加军事游戏或行军。

(40)在数学小组(或物理小组)中学习。

(41)准备溶液。

(42)装配收音机。

(43)制作模型,如做滑翔机模型等。

(44)参加地质或地理参观活动。

(45)观察生机勃勃的大自然。

(46)研究外国语。

(47)作历史题材的报告。

(48)做少先队辅导员的工作。

(49)照看孩子们。

(50)采购各种东西。

(51)与同学们谈论艺术。

(52)在运动小组中学习。

(53)参加物理(数学)有奖竞赛。

(54)解化学习题。

(55)做用测量仪器完成的作业。

(56)做简单计算的力学作业。

(57)熟悉地质(地理)图。

(58)做生物实验的作业。

(59)与同学们讨论读过的书籍。

(60)研究各国的政治制度。

(61)讨论教育问题。

(62)了解人类有机体是如何构成的。

(63)了解人们信服什么。

(64)了解艺术史。

(65)做行军和游戏的组织者。

(66)用公式解数学问题。

(67)寻找自然界中的化学现象。

(68)搞清楚无线电图解。

(69)制图。

(70)做地形测查。

(71)照料动物。

(72)作文学问题的报告。

(73)了解文艺史。

(74)给小学生讲故事。

(75)研究各种疾病发生的原因。

(76)与各种人结识、交际。

(77)参加业余文娱会演或造型展览。

(78)遵守作息制度。

2 答案纸

姓名__________　组别__________　日期__________

下面这张表的小方格内印着兴趣调查题的番号。请你仔细地读每一个兴趣调查，在具有同样番号的方格中填写你的答案:

非常喜欢,想成为专家。划上两个“+”号;

喜欢了解,但不想做。划上一个“+”号;

不喜欢。划上一个“-”号。

在答案纸的背面写上你为什么作这样的选择,你对作这样的选择有多大的信心。

上述记录各横行的相应的兴趣倾向是:

第1行:物理——数学倾向;

第2行:化学;

第3行:电子无线电技术;

第4行,技术;

第5行:地理学和地质学;

第6行:生物学和农学;

第7行:语文和新闻工作;

第8行:历史和社会活动;

第9行:师范和教育工作;

第10行:医学和医务活动;

第11行:家务;

第12行:艺术;

第13行:军事。

1	14	27	40	53	66
2	15	28	41	54	67
3	16	29	42	55	68
4	17	30	43	56	69
5	18	31	44	57	70
6	19	32	45	58	71
7	20	33	46	59	72
8	21	34	47	60	73
9	22	35	48	61	74
10	23	36	49	62	75
11	24	37	50	63	76
12	25	38	51	64	77
13	26	39	52	65	78

对学生的答案按下列标准计分：

++=5，+=3，-=1。依次算出每一类兴趣倾向的分数，然后把这13类兴趣倾向按得分多少依次排成顺序，就可以揭示每一个学生的主导的兴趣倾向性。每个学生在"答案纸"背面写的理由，为我们深入了解他的兴趣的形成及今后的发展提供了可靠性。

原文载于《大众心理学》，1986年第3期。

专题四 模糊数学在心理学中的应用

心理现象的模糊性使我想到模糊数学在心理学研究中的应用是大有可为的。

引言

科学心理学从一开始就是一门定量的实验科学，采用实证主义的方法来理解人类的心理。但是仔细想来要对人类的心理现象进行量化研究仅用传统的心理测量学方法仍然是有欠缺的。例如我们对时间认知的词汇常用“不久”“刚才”“现在”“过去”“太久”“往后”等等都是模糊的；我们对心理感受的描述词汇“郁闷得很”“相当自信”“心疼”“焦虑”“害羞”“悲喜交集”等也是模糊的。1989年前后我的夫人孙承惠老师正在为数学系学生讲授模糊数学，于是便建议她也为我指导的几位研究生讲授模糊数学。孙老师开始有些担心自己不了解心理学，怕研究生们理解有困难。经过我的动员，她最终同意了。以后上课前我们经常切磋讲授内容。本专题中的《时间词义赋值特征的分析》和《模糊偏序关系在心理学研究中的应用》两文就是当时逐渐形成的；其他三篇论文也是在孙承惠老师影响下完成的。

专题四“模糊数学在心理学中的应用”，由五篇论文组成。该专题较系统地介绍了模糊数学在心理学研究中的初步应用，反映了我们对这一领域的探索，旨在为未来的心理学研究提供参考。

汉语语法在动词时态体系中不用时态变化，而用时间修饰词来表达意思。心理学家常采用现象学研究时间修饰词，但这一方法无法满足计算机自然语言的要求。《时间词义赋值特征的分析》一文采用模糊统计试验方法，对常见的时间修饰词作了经验赋值工作，探讨人们对时间词义理解的特点和心理表征。

心理测量学中顺序量表通常是根据频数原理、相互比较原理以及与已知尺度相比较原理，采用多种方法，例如等级排列法、选择法、对偶比较法和评定量表法等进行制作的。这些方法的优点是简便易行，其缺点是不能反映人的心理的模糊性，对心理量的评定显得粗糙。《模糊偏序关系在心理学研究中的应用》一文基于模糊偏序关系的排序方法，研究颜色喜好程度，研究结果所建立的模糊偏序关系矩阵更细致地反映颜色爱好程度在心理测量上的差异性，有助于心理学研究方法的优化，并且能够广泛应用于心理学的相关研究中。

心理现象具有模糊性，词义赋值模糊统计方法是研究心理现象模糊性的一种有效工具。考虑到传统的手工统计分析的繁琐劳动和易出差错，我们在《词义赋值模糊统计的计算机通用程序》一文采用AST-286计算机作为工具，实现了词义赋值模糊统计的通用程序。这种方法不仅通用性强、使用方便、分点多、图形数字结合，醒目、直观，赋值更精细、准确，而且操作简便，统计速度快，具有较高的应用价值。

《模糊分组的时间层次网络结构研究》一文指出人们对较多的一系列事件的时间信息进行认知的时候，倾向于分组，形成组块，然后再对组块分组，以至于最终形成层次网络的结构，以提高认知的效率。“米制”的时间表征就是以这样的层次网络结构形式而组织起来的。对于非米制的连续性时间，时间顺序标码层次网络的形成具有自动性、内隐性的特点。连续性的时间顺序标码的层次网络结构是主观的、模糊的。不同小组的项目之间出现了距离效应，而不同大组的项目之间则出现了越界效应，越界效应大于距离效应。

《情绪形容词词义的模糊赋值》一文采用模糊赋值的方法，对表示喜、怒、哀、惧四种基本情绪的形容词，从强度和复杂度作语义经验赋值，表明情绪形容词的模糊性和词义差异，为研究情绪表达和情绪识别提供新的研究方法和思路。

时间词义赋值特征的分析

1 前言

时间和空间是运动着的物质存在的基本形式。任何物质的运动过程都以或前或后的相继顺序性和或长或短的持续性表现出来。从信息加工的观点来看,人们对时间词义的理解就是对客观现象的顺序性和持续性信息的认知。

今天人类社会已进入信息时代,进入计算机时代。自然语言的理解是当今人工智能的中心课题之一。要使机器理解语言,语义赋值是一项基础性的工作(史忠植,1988;马谋超,1990)。但是,汉语不同于英语、俄语、法语等语种的一个显著特点是汉语语法在动词时态体系中不用时态变化,而用时间修饰词(如过去、现在和将来等)就能达到表意的目的。关于人们对时间修饰词的理解的研究,心理学家常采用现象学的分析方法(Arnell, Shapiro, & Sorensen, 1999; Fraisse, 1963; Ganesan, 1982; Panides, 1984),但至今未见有对时间词义赋值的研究。本研究的目的是采用模糊统计试验方法探讨人们对时间词义理解的特点。

2 方法

被试:参加这一赋值调查的对象是大学二、三年级学生260人(文理科学生各约占一半),以及高中二年级学生160人。

材料:给定的时间修饰词是:"过去"、"将来"、"刚才"、"现在"、"很久以前"、"此刻"、"不久"、"即将"和"遥远的未来"。为降低各词出现次序的影响,将它们随机地印在试验用纸上,形成两种试验用纸。它们的排列方式是:"过去""刚才""将来""现在""遥远的未来""此刻""不久""即将""很久以前""将来""此刻""刚才""过去""很久以前""现在""不久""遥远的未来""即将"。每个词的后面都留有空格。将这两种不同的排列方式的试验用纸随机地分发给被试。要求被试根据词义的特征在指定的闭区间上选出一个适当的数值范围或一个实数填入空格内。

赋值规则:给定的闭区间是[0,1]。被试按下列规则赋值:①该词表示的时间越指向未来就选取越大的数字;反之,越指向过去就选取越小的数字。②该词的词义越含混给出的数值范围应越宽;反之,该词的词义是明确的、毫不含混的就可以用[0,1]中的一个数来表示。③选择出来的数值范围或一个数必须限于给定的区间。

统计方法：给定论域 $X=[0,1]$，为了赋值和统计的方便，首先将 X 转化为离散的有限论域 $X:=\{X_1, X_2, \cdots, X_{21}\}=\{0, 0.05, 0.1, \cdots, 0.95, 1\}$。利用公式（汪培庄，1983）

$$f_i = \frac{“X_i \in D”\text{的次数}}{N}(i=1, 2, \cdots, 21) \tag{1}$$

统计出分点 $X_i \in X_1$ 对每个词的隶属频率 f_i，其中 D 是对词的赋值区间，N 是被试总人数。我们把此 f_i 定义为 X_i 对该词所对应的模糊集的隶属度。再按最大隶属原则 1（汪培庄，1985），取隶属度最大值所对应的分点 $X_k \in X_1$，作为词在 X 上的赋值。由于 X_k 不便于进一步分析，再计算赋值区间的中点平均值（汪培庄，1985）

$$a = \frac{1}{N}\sum_{j=1}^{N}\frac{a_i + b_j}{2} \tag{2}$$

其中 a_j 和 b_j 分别代表 D 的左、右端点的坐标。由公式（2）所得的 a 称为词在 X 中的位置点的估计值。再利用盲度公式（汪培庄，1985）

$$\bar{m} = \frac{1}{N}\sum_{j=1}^{N}(b_i - a_j) \tag{3}$$

计算点估计值 a 的把握度。$\bar{m}$ 越大，评量的把握度越小；$\bar{m}$ 越小，评量的把握度越大，特别地，$\bar{m}=0$，意味着绝对有把握。

为了比较和分析词义的模糊程度，采用欧几里得模糊度公式（汪培庄，1985）

$$d_E(\underset{\sim}{A}) = \frac{2}{\sqrt{n}}\left\{\sum_{i=1}^{n}\left[\underset{\sim}{A}(X_i) - \underset{\sim}{A}_{0.5}(X_i)\right]^2\right\}^{1/2} \tag{4}$$

其中用 f_i 代替 $\underset{\sim}{A}(X_i)$ 计算，n 是有限论域 X_i 中的元素个数。$\underset{\sim}{A}_{0.5}$ 是模糊集 $\underset{\sim}{A}$ 的 0.5 一截集。

3 结果和分析

根据公式（1），算出各分点对 9 个时间修饰词的隶属频率，结果见表 1 和表 2。表 1 和表 2 资料表明，①从隶属频率最大值所对应的分点来看，“此刻”“现在”位于论域 $X=[0,1]$ 的中点上；“遥远的未来”和“很久以前”分别位于 X 的两个端点 1 和 0 上；“将来”和“过去”分别位于 0.75 和 0.25 上；“即将”和“刚才”分别位于 0.55 和 0.45 上。从这三对词的隶属度来看，它们都在论域 X 的中点两边呈较好的对称性。②对于每个词，论域 X_1 的每个元素 $X_i(i=1, 2, \cdots, 21)$ 通过映射，在连续闭区间 $[0,1]$ 都对应于一个唯一确定的值，而不是取集合 $\{0,1\}$ 中的值，这正反映了人们对这 9 个词的词义理解的模糊性，说明了它们都是模糊概念，所以这 9 个词是论域 X 上的模糊集合 $\underset{\sim}{A}^{(1)}(1=1, 2, \cdots 9)$。

表1和表2所得的赋值结果仅是各分点对各词的隶属度，不便于使用，我们采用了两种不同的方法得到最后的赋值结果X_k和a，总称之为9个时间修饰词的量表值。

表1 大学生对时间修饰词的赋值结果

频率/%		词义								
		很久以前	过去	刚才	此刻	现在	即将	不久	将来	遥远的未来
分点	1.00						0.02		0.68	0.97
	0.95						0.05	0.02	0.72	0.49
	0.90						0.05	0.02	0.77	0.34
	0.85						0.07	0.03	0.80	0.24
	0.80						0.04	0.05	0.78	0.21
	0.75		0.02			0.03	0.08	0.12	0.82	0.17
	0.70		0.02			0.04	0.09	0.20	0.58	0.10
	0.65		0.02			0.04	0.16	0.34	0.063	0.07
	0.60		0.02	0.03		0.12	0.28	0.53	0.57	0.06
	0.55		0.02	0.03	0.07	0.39	0.65	0.55	0.43	0.12
	0.50	0.03	0.28	0.37	0.72	0.81	0.39	0.43	0.37	0.04
	0.45	0.04	0.48	0.67	0.07	0.36	0.08	0.25	0.08	0.04
	0.40	0.06	0.58	0.26	0.06	0.11	0.04	0.23	0.06	
	0.35	0.07	0.68	0.13	0.03	0.07	0.05	0.13	0.04	
	0.30	0.10	0.72	0.08	0.04	0.05	0.04	0.08	0.03	
	0.25	0.20	0.78	0.06	0.03	0.05	0.02	0.06	0.02	
	0.20	0.28	0.75	0.06	0.02	0.02		0.02		
	0.15	0.39	0.73	0.04		0.02		0.02		
	0.10	0.46	0.70	0.03						
	0.05	0.57	0.70	0.02						
	0.00	0.90	0.67							

表2 高中生对时间修饰词的赋值结果

频率/%		词义								
		很久以前	过去	刚才	此刻	现在	即将	不久	将来	遥远的未来
	1.00								0.63	0.97
	0.95							0.03	0.65	0.53
	0.90						0.04	0.66	0.67	0.38
	0.85				0.01	0.04	0.08	0.05	0.72	0.25
	0.80			0.02	0.02	0.05	0.06	0.10	0.73	0.18
	0.75			0.02	0.02	0.04	0.09	0.21	0.74	0.11
	0.70			0.02	0.02	0.03	0.11	0.31	0.64	0.03
	0.65			0.01	0.01	0.02	0.16	0.49	0.57	0.03
	0.60			0.01	0.04	0.09	0.33	0.61	0.52	0.02
	0.55		0.02	0.04	0.19	0.30	0.55	0.49	0.45	0.02
分点	0.50		0.20	0.30	0.68	0.77	0.27	0.28	0.24	
	0.45	0.01	0.54	0.68	0.13	0.23	0.04	0.15	0.03	
	0.40	0.02	0.61	0.28	0.07	0.10	0.04	0.11	0.02	
	0.35	0.02	0.67	0.19	0.04	0.04	0.01	0.10		
	0.30	0.03	0.69	0.11	0.02	0.03	0.02	0.06		
	0.25	0.15	0.79	0.07	0.02	0.01	0.01	0.04		
	0.20	0.20	0.77	0.04	0.01	0.01		0.01		
	0.15	0.32	0.76	0.01	0.01			0.01		
	0.10	0.47	0.71	0.01						
	0.05	0.58	0.71	0.01						
	0.00	0.90	0.61							

表3 时间修饰词的量表值、盲度、模糊度

		很久以前	过去	刚才	此刻	现在	即将	不久	将来	遥远的未来
大学生	X_K	0.00	0.25	0.45	0.50	0.50	0.55	0.55	0.75	1.00
	n	0.06	0.21	0.43	0.48	0.49	0.55	0.56	0.79	0.96
	$\bar{m}$	0.10	0.306	0.038	0.004	0.05	0.052	0.104	0.310	0.088
	$dn(A)$	0.368	0.462	0.257	0.184	0.262	0.281	0.419	0.485	0.315

续表

		很久以前	过去	刚才	此刻	现在	即将	不久	将来	遥远的未来
高中生	X_K	0.00	0.25	0.45	0.50	0.50	0.55	0.60	0.75	1.00
	n	0.09	0.23	0.48	0.50	0.51	0.58	0.59	0.79	0.95
	$\bar{m}$	0.094	0.30	0.05	0.017	0.038	0.05	0.104	0.290	0.08
	$dn(A)$	0.330	0.452	0.250	0.177	0.206	0.291	0.418	0.513	0.301

根据公式(2),(3),(4)计算9个时间修饰词的量表值、盲度、模糊度见表3。由表3看出,①按最大隶属度原则1和由公式(2)两种方法所确定的同一个词在区间[0,1]上的位置X_k和a,其差异都很小。就其对点估计值a的把握度而言,以“此刻”的把握度最大,“现在”和“刚才”的把握度大于“即将”和“不久”的把握度。从把握度的大小来看,基本上是以“此刻”为中心,两边呈对称。总的看来,盲度值$\bar{m}$都很小,因此,取a作为赋值结果是有效的。②表3资料表明,“此刻”的模糊度最小,“将来”和“过去”的模糊度最大,“不久”的模糊度较大;对大学生而言,模糊度由小到大的排列顺序为:“此刻”,“刚才”,“现在”“即将”“遥远的未来”“很久以前”“不久”“过去”“将来”。对高中生来说,模糊度由小到大的排列顺序为:“此刻”“现在”“刚才”“即将”“遥远的未来”“很久以前”“不久”“过去”“将来”。③表3资料还表明,把握度与模糊度呈负相关。④根据表1和表2所列的9个词的排列顺序,计算相邻两个词之间的距离,公式为(区奕勤, 1988)

$$M(\underset{\sim}{A},\underset{\sim}{B})=\left[\sum_{j=1}^{N}(\underset{\sim}{A}(Xi)-\underset{\sim}{B}(Xi))^2\right]^{1/2} \tag{5}$$

见表4,由表4数据表明,它们在心理量表上的距离是不等的。

表4 时间修饰词之间的距离

	大学生	高中生
很久以前—过去	1.444	1.617
过去—刚才	1.921	1.917
刚才—此刻	0.667	0.741
此刻—现在	0.467	0.191
现在—即将	0.621	0.665
即将—不久	0.447	0.536
不久—将来	1.874	1.567
将来—遥远的未来	1.583	1.514

4 讨论

词的意义就是我们对这个词所具有的知识。人类处理数据最杰出的特征之一是处理不完整格式数据的能力。从我们给定的9个时间修饰词来看,人们对它们的理解都是模糊的。由于各人的知识经验不同,人们对它们的赋值范围不尽相同,但又有共同的理解。这9个时间修饰词以"此刻""现在"为中点所表现出来的对称性,正是反映了人们对时间定向的一个基本特征。

从表3模糊度的排序上来看,仅在"现在"和"刚才"这两个时间修饰词上大学生和高中生恰好相反:对大学生来说,"现在"比"刚才"模糊度大;而对高中生来说,"刚才"比"现在"模糊度大。从词的模糊度来看,显然大学生对这两个时间修饰词的理解是正确的,而高中生的理解是欠妥的。因为"刚才"是指刚过去不久的时间。而"现在"正如《现代汉语词典》所下的定义:"这个时候,指说话的时候,有时包括说话前后或长或短的一段时间",它比"刚才"更模糊。由此可以推论被试的年龄特征对时间修饰词的理解是有影响的。

当我们说到"过去"和"将来"等词时,头脑里总是要区分出一个"现在"。这种区分可能是有意识的也可能是无意识的。我们生活中的某一个时间(例如,早晨7时,今天上午,这个星期,这个月)作为"现在",作为认知"过去"和"将来"的参照点。与这个"现在"(或"此刻")相关联,人们头脑里都有一个由记忆和知识构成的"过去"的表征,也都有一个"将来"的表征。表1和表2的材料表明,绝大多数被试对"此刻""现在"的赋值集中在0.5,但也不尽然如此,极少数被试对"此刻""现在"的赋值是很小(如0.15,0.20,0.30)或很大的(如0.9,0.85,0.80)。由于这些被试对"现在"和"此刻"的赋值取偏向于论域[0,1]中的两个极端,所以,像"很久以前""遥远的未来"等修饰词在0.5以上或0.5以下赋值还有一定的频率。这说明人们对时间词义赋值,在选取参照点和以该参照点所建构起的对"过去"、"将来"、"刚才"、"不久"、"很久以前"和"遥远的未来"的心理表征上既有较大的共同性,也有一定的差异性。至于时间词义心理表征的特点,我们将另文进行探讨。

词义赋值要求被试在给定的实数闭区间上明确划分区间,它有合理性也有不合理性。其合理性已有研究作了阐释(马谋超,1990),我们的研究也证明这种做法是合理的。其不合理性可能是由于我们取的是闭区间,像"很久以前""遥远的未来"一类词,赋值的范围受到了限制。表3中的"很久以前"和"遥远的未来"的X_k值分别在区间的两个端点上,这说明它们的模糊性尚未得到充分的显示。关于这一类词如何赋值更为合理,仍有待于进一步研究。

本研究取了2个分点将连续的无限论域转化为离散的有限论域。从表3的量表值看,“很久以前”、“过去”、“刚才”、“将来”和“遥远的未来”等时间修饰词具有较好的区分度。但是“现在”和“此刻”的赋值是相同的,这可能反映了人们对这对词在时间坐标上的位置是相同的,也可能是我们所取的分点还不够多所致。至于“不久”和“即将”的赋值,大学生和高中生的结果略有差异(对“即将”的赋值两者均为0.55,对“不久”的赋值大学生为0.55,高中生为0.60),但主要是相同的,即对这两个词的赋值都倾向于“将来”一侧。

其实,“不久”一词,在汉语中既可以表示“不久的将来”也可以表示“过去不久”。例如说:“厂房不久就能完工”或“插完秧不久就下雨了”。对“不久”的赋值既可以倾向于“将来”一侧,也可以倾向于“过去”一侧。然而,在我们的实验中,从表1和表2的隶属频率可以看出,绝大多数被试把“不久”理解为“不久的将来”,仅有极少数被试把“不久”理解为“过去不久”,因而得出了对“不久”的赋值倾向于“将来”一侧。这里的难题是,如果我们运用公式(2),得到的a值只能是一个,赋值也只能是一个;如果按最大隶属度原则,有可能出现两个赋值并且可能一个倾向于“将来”一侧,另一个倾向于“过去”一侧,不过这种情况几乎是罕见的。这说明用上述两种方法要想对“不久”一词得到两个赋值是很不可能的。因此,本研究的结果对“不久”一词的赋值可能是不够全面的。至于用什么方法才能全面反映像“不久”这类时间修饰词的赋值,仍有待于我们进一步的探讨。这里需要指出的是,本研究得出的“不久”的词义赋值特征,看来也不像是由于被试对呈现材料的反应定势所致。因为在本试验中,9个时间修饰词随机地形成两种排列方式呈现给被试,在这两种试验用纸上都很难看出会造成倾向于“将来”一侧的反应定势。因此,“不久”一词的赋值特征也可能反映了我们中国人对该词的心理表征的一个特点。

5 结论

模糊统计试验结果表明,给定的9个时间修饰词都是模糊概念,其中“此刻”的模糊度最小,“将来”和“过去”的模糊度最大,“不久”的模糊度较大。对大学生来说,模糊度由小到大的排列顺序为“此刻”“刚才”“现在”“即将”“遥远的未来”“很久以前”“不久”“过去”“将来”。对高中生来说,模糊度由小到大的排列顺序为“此刻”“现在”“刚才”“即将”“遥远的未来”“很久以前”“不久”“过去”“将来”。词义的模糊度与评量的把握度呈负相关。给定的这9个时间修饰词在心理量表上的距离是不等的。

合作者:孙承惠。原文载于《心理学报》,1991年第23卷第3期。

模糊偏序关系在心理学研究中的应用

1 问题的提出

在心理测量学中顺序量表通常是根据频数原理、相互比较原理以及与已知尺度相比较原理采用多种方法,例如等级排列法、选择法、对偶比较法和评定量表法等进行制作的(吉冈一郎, 1980)。这些方法的优点是简便易行,其缺点是不能反映人的心理的模糊性,对心理测量的评定显得粗糙。随着模糊集理论的发展,顺序量表的制作方法有了新的进展。例如,戚国栋用改进的对偶比较法确定权系数然后转化为总体的排序(戚国栋, 1985);汪培庄介绍了先在二元对比中建立相对比较级,然后再通过一定的算法转化为总体的排序(汪培庄, 1983)。关于在二元对比基础上转化为整体排序的方法,有资料表明,可以在二元对比基础上得出模糊序矩阵(关系),再利用这个矩阵得到二元对比排序的方法。除对偶比较法外,优先关系定序法、对偶优先关系定序法、相对比较法、比赛法(Ⅰ)(Ⅱ)、传递闭包法、直接排序法都属于这类方法。我们把这些方法称为基于模糊序矩阵的排序方法。研究表明,优先关系定序法、对偶优先关系定序法、相对比较法效果较差,排序中信息损失较多;比赛法仅适合于综合考虑场合;而传递闭包法、直接排序法则更适合于优先程度的排序,即从优先程度观点看,效果较好(陈图云,郑明珠, 1986)。不过,后两种方法也有不足之处,因为从它们排序的过程中看出,要求所考虑的实际问题都要具有"优越性一致超过λ",这一特性,其中 $\lambda\in[0,1]$。因而使用上便受到了限制。

鉴于上述的不足,我们在此介绍基于模糊偏序关系的排序方法。这种方法不仅在排序上有许多优点,而且在心理学研究中至今尚未见应用过。显然,应用这种方法有助于心理学研究方法的优化。

2 模糊偏序关系及排序方法

设任意论域 U,直积 $U\times U$ 上的模糊集的全体记为 $F(U\times U)$。论域 U 上的模糊关系是直积 $U\times U$ 上的一个模糊集,记为 $\underset{\sim}{R}$,显然 $\underset{\sim}{R}\in(U\times U)$,隶属度 $\underset{\sim}{R}(u,v)$ 表达论域 U 中的元素 u,v 满足关系 $\underset{\sim}{R}$ 的程度。当论域 U 是有限集时,模糊关系 $\underset{\sim}{R}$ 唯一地对应一个模糊关系矩阵 R。

2.1 模糊偏序关系

设 $\underset{\sim}{R} \in F(U \times U)$

(1)$\underset{\sim}{R}$ 叫做具有模糊自反性,或者说 $\underset{\sim}{R}$ 是模糊自反关系,是指每个 $u \in U$,都能使 $\underset{\sim}{R}(u, u)=1$。

(2)$\underset{\sim}{R}$ 叫做具有模糊完全反对称性,或者说 $\underset{\sim}{R}$ 是模糊完全反对称关系,是指,由 $\underset{\sim}{R}(u, v) \wedge \underset{\sim}{R}(v, u) \neq 0$ 必可推出 $u=v$。

(3) $\underset{\sim}{R}$ 叫做具有模糊传递性,或者说 $\underset{\sim}{R}$ 是模糊传递关系,是指对任何 $u, w \in U$,不等式

$$\underset{\sim}{R}(u,w) \geqslant \bigvee_{v \in u} [\underset{\sim}{R}(u,v) \wedge \underset{\sim}{R}(v,w)]$$

永远成立。其中"∨"表示上确界,"∧"表示下确界。

关于 U 上的模糊关系 $\underset{\sim}{R}$ 具有模糊完全反对称性的逆否命题是:对任何 $u, v \in U$,由 $u \neq v$,必可推出 $\underset{\sim}{R}(u, v)$ 和 $\underset{\sim}{R}(v, u)$ 中至少有一个必为零。我们知道,逆否命题与原命题是等价的,为了使用方便,本文用它的逆否命题。

(1)具有模糊自反性及模糊传递性的模糊关系叫做模糊预序关系。

(2)具有模糊自反性、模糊完全反对称性及模糊传递性的模糊关系叫模糊偏序关系。

在论域 U 上给定模糊偏序关系 $\underset{\sim}{R}$,又 $u \in U$,当且仅当 U 的其他元素 $v \neq u$ 都使 $\underset{\sim}{R}(v, u)=0$ 时,u 叫做对 $\underset{\sim}{R}$ 来说的优越元。

有数学理论保证,在有限论域 $U=\{u_1, u_2, \cdots, u_n\}$ 中,借助模糊偏序关系 $\underset{\sim}{R}$ 必然可以排出 U 中元素的优越次序(区奕勤, 1988; 浅居喜代治, 1982)。

2.2 排序方法

利用模糊偏序关系矩阵排序的具体步骤如下:

第一步,借助有限论域 $U=\{u_1, u_2, \cdots, u_n\}$ 上的 n 阶模糊偏序关系方阵 R 得到 U 的第一优越元,即在方阵 R 中第 i 列,除了主对角线上的元素是 1 以外,其余的元素都是零,那么 u_i 就是第一优越元。其中 $i \in \{1, 2, 3, \cdots, n\}$。

第二步,划去第一优越元所在的行和列,得到新的 $n-1$ 阶模糊偏序方阵,用同样的方法得到优越元作为整体的第二优越元。

如此类推,可将 U 中所有元素排出一定的优越次序。

3 模糊偏序关系的建立途径

设有限论域 $U=\{u_1, u_2, \cdots, u_n\}$。从模糊偏序关系的定义看出，要想通过心理试验直接得到它是困难的，其原因在于一个模糊关系很难满足模糊完全反对称性和模糊传递性。我们研究了建立模糊偏序关系的一条可行的途径。具体作法是：

首先，利用二元相对比较级。所谓二元相对比较级指的是对于每对元素 $(u_i, u_j)\in U\times U$，给出数对 $(f_j(u_i), f_i(u_j))$，满足

$$0\leqslant f_j(u_i)\leqslant 1, 0\leqslant f_i(u_j)\leqslant 1$$

其意义为：在 u_i 与 u_j 的二元对比中，如果 u_i 具有某种特性的程度为 $f_j(u_j)$ 的话，那么 u_i 具有该特性的程度为 $f_i(u_i)$。当 $i=j$ 时，令 $f_i(u_i)=1$。

由二元相对比较级排列的模糊关系矩阵 R

$$R=\begin{pmatrix} 1 & f_2(u_1) & f_3(u_1)\cdots f_n(u_1) \\ f_1(u_2) & 1 & f_3(u_2)\cdots f_n(u_2) \\ \cdots\cdots & \cdots\cdots & \cdots\cdots \\ f_1(u_n) & f_2(u_n) & f_3(u_n)\cdots 1 \end{pmatrix} \tag{1}$$

称为二元相对比较矩阵。R 具有模糊自反性。

其次，求 R 的传递闭包 $\hat{R}$。由于 R 具有模糊自反性，故

$$\hat{R}=R^{n-1} \tag{2}$$

其中 $R^{n-1}\overbrace{RoRo\cdots\cdots oR}^{n-1次}$ 为 max-min 合成。为了减少计算量，可以通过逐次平方法求得。此时 $\hat{R}$ 是具有模糊自反性和模糊传递性的模糊关系，因此，$\hat{R}$ 是 U 上的模糊预序关系。

最后，将模糊预序关系 $\hat{R}$ 改造成 U 上的模糊偏序关系 $\underset{\sim}{Q}$，其隶属度规定为（区奕勤，1988）

$$\underset{\sim}{Q}(u_i,u_j)=\begin{cases} 1 & 当 j=i \\ [\underset{\sim}{\hat{R}}(u_i,u_j)-\underset{\sim}{\hat{R}}(u_j,u_i)]\vee 0, & 当 i\neq j \end{cases} \tag{3}$$

$\underset{\sim}{Q}$ 满足传递性已证明（浅居喜代治，1982）。

由上看出，这条建立模糊偏序关系的途径的基础是二元相对比较级，它可以通过二元对比的心理实验而得到。

下面以我们做的一项心理实验来说明这种方法的具体应用。

4 实例

4.1 问题

关于颜色爱好问题,国内外学者曾用等级排列法、选择法和对偶比较法做过不少研究(Chou & Chen, 1935; Garth, 1931; Shen, 1937; 张增慧, 林仲贤,茅于燕, 1984; 曾虹文, 1986; 李文馥, 1990; 陈立,汪安圣, 1965)。然而,人们对颜色的爱好从爱好到不爱好之间并没有分明的界线。实际上,所有用来试验的颜色都可能使人感到爱好,差异仅在于爱好的程度上(对某种颜色的爱好不是一种全或无的性质)。即是说,人们对颜色的爱好具有模糊性。因此,用模糊集理论的方法进行实验就更为合适。本研究采用模糊偏序关系的排序法来研究颜色爱好问题。

4.2 方法

为了得到模糊偏序关系,我们设计了关于9种颜色(红、黄、橙、绿、蓝、紫、黑、白、灰)爱好程度的二元相对比较级的心理实验。此实验的程序如下。发给被试一张精制的调查表。调查表上印有这9种颜色及其名称(其反射率和色度坐标见表1)以及这9种颜色的配对——36对颜色名称。要求被试对每对中的两种颜色作相对爱好程度比较。具体做法是,参看调查表上印的坐标轴上的数值意义(坐标轴上的数值从0至10;0表示“最不喜爱”,2表示“较不喜爱”,4表示“不喜爱”,6表示“喜爱”,8表示“较喜爱”,10表示“最喜爱”)。这里数值的划分是根据马谋超、汪培庄的实验结果而定的(马谋超,汪培庄, 1985)。各取坐标轴上的一个数分别填写在这两种颜色名称下面,以表示被试对每对颜色的相对爱好程度。

被试是大学本科1、2年级学生170人,其中男生86人,女生84人。

表1 9种颜色的反射率和色度坐标

颜色		红	橙	黄	绿	蓝	紫	黑	灰	白
反射率/%		29.1	41.2	61.2	31.7	22.1	8.5	5.0	15.8	83.8
色度坐标	x	0.503	0.461	0.437	0.294	0.161	0.276	0.211	0.281	—
	y	0.355	0.409	0.438	0.441	0.218	0.226	0.220	0.310	—

4.3 结果

将男女大学生对每对颜色的相对爱好程度的数值除以10,得到他们对9种颜色爱好程度的二元相对比较级的实验结果,见表2和表3。

表2 男大学生对9种颜色爱好的二元相对比较级

红	黄	红	橙	红	绿	红	蓝	经	紫	红	黑
0.66	0.62	0.65	0.61	0.62	0.82	0.52	0.77	0.66	0.39	0.65	0.41
红	白	红	灰	黄	橙	黄	绿	黄	蓝	黄	紫
0.61	0.62	0.66	0.29	0.62	0.61	0.59	0.77	0.60	0.88	0.63	0.39
黄	黑	黄	白	黄	灰	橙	绿	橙	蓝	橙	紫
0.60	0.53	0.58	0.63	0.62	0.30	0.62	0.78	0.60	0.74	0.56	0.42
橙	黑	橙	白	橙	灰	绿	蓝	绿	紫	绿	黑
0.61	0.46	0.57	0.60	0.59	0.31	0.78	0.72	0.80	0.42	0.88	0.51
绿	白	绿	灰	蓝	紫	蓝	黑	蓝	白	蓝	灰
0.79	0.61	0.78	0.34	0.85	0.40	0.73	0.46	0.73	0.62	0.72	0.29
紫	黑	紫	白	紫	灰	黑	白	黑	灰	白	灰
0.53	0.42	0.41	0.60	0.32	0.31	0.55	0.72	0.47	0.31	0.62	0.36

表3 女大学生对9种颜色爱好的二元相对比较级

红	黄	红	橙	红	绿	红	蓝	经	紫	红	黑
0.67	0.71	0.63	0.61	0.59	0.70	0.67	0.77	0.62	0.54	0.68	0.71
红	白	红	灰	黄	橙	黄	绿	黄	蓝	黄	紫
0.63	0.78	0.65	0.38	0.75	0.61	0.62	0.70	0.62	0.78	0.62	0.56
黄	黑	黄	白	黄	灰	橙	绿	橙	蓝	橙	紫
0.62	0.62	0.62	0.77	0.64	0.40	0.59	0.68	0.58	0.75	0.59	0.54
橙	黑	橙	白	橙	灰	绿	蓝	绿	紫	绿	黑
0.57	0.62	0.59	0.73	0.60	0.37	0.68	0.75	0.67	0.51	0.66	0.61
绿	白	绿	灰	蓝	紫	蓝	黑	蓝	白	蓝	灰
0.69	0.74	0.70	0.42	0.74	0.52	0.79	0.62	0.80	0.78	0.76	0.73
紫	黑	紫	白	紫	灰	黑	白	黑	灰	白	灰
0.54	0.63	0.61	0.76	0.57	0.41	0.70	0.79	0.63	0.41	0.75	0.42

根据公式(1)将表2和表3分别转化为二元相对比较矩阵R_m,R_f(m表示男,f表示女,以下同),再按公式(2)用逐次平方法求出$\hat{R}_m=R^8_m$,$\hat{R}_f=R^8_f$。最后由(3)得到模糊偏序关系矩阵Q_m,Q_f。男、女各三个矩阵如下。

$$R_m=\begin{bmatrix} 1.00 & 0.66 & 0.65 & 0.62 & 0.62 & 0.66 & 0.65 & 0.61 & 0.66 \\ 0.62 & 1.00 & 0.62 & 0.59 & 0.60 & 0.63 & 0.60 & 0.58 & 0.62 \\ 0.61 & 0.61 & 1.00 & 0.62 & 0.60 & 0.60 & 0.61 & 0.57 & 0.59 \\ 0.82 & 0.77 & 0.78 & 1.00 & 0.78 & 0.80 & 0.88 & 0.79 & 0.78 \\ 0.77 & 0.88 & 0.74 & 0.72 & 1.00 & 0.85 & 0.73 & 0.73 & 0.72 \\ 0.39 & 0.39 & 0.42 & 0.42 & 0.40 & 1.00 & 0.53 & 0.41 & 0.32 \\ 0.41 & 0.53 & 0.46 & 0.51 & 0.46 & 0.42 & 1.00 & 0.55 & 0.47 \\ 0.62 & 0.63 & 0.60 & 0.61 & 0.62 & 0.60 & 0.72 & 1.00 & 0.62 \\ 0.29 & 0.30 & 0.31 & 0.34 & 0.29 & 0.31 & 0.31 & 0.36 & 1.00 \end{bmatrix}$$

$$\widehat{R}_m=\begin{bmatrix} 1.00 & 0.66 & 0.65 & 0.62 & 0.62 & 0.66 & 0.65 & 0.62 & 0.66 \\ 0.62 & 1.00 & 0.62 & 0.62 & 0.63 & 0.62 & 0.62 & 0.62 & 0.62 \\ 0.62 & 0.62 & 1.00 & 0.62 & 0.62 & 0.62 & 0.62 & 0.62 & 0.62 \\ 0.82 & 0.78 & 0.78 & 1.00 & 0.78 & 0.80 & 0.88 & 0.79 & 0.78 \\ 0.77 & 0.88 & 0.77 & 0.72 & 1.00 & 0.85 & 0.73 & 0.73 & 0.72 \\ 0.53 & 0.53 & 0.53 & 0.53 & 0.53 & 1.00 & 0.63 & 0.53 & 0.53 \\ 0.55 & 0.55 & 0.55 & 0.55 & 0.55 & 0.55 & 1.00 & 0.55 & 0.55 \\ 0.62 & 0.63 & 0.62 & 0.62 & 0.62 & 0.63 & 0.72 & 1.00 & 0.62 \\ 0.36 & 0.36 & 0.36 & 0.36 & 0.36 & 0.36 & 0.36 & 0.36 & 1.00 \end{bmatrix}$$

$$Q_m=\begin{bmatrix} 1.00 & 0.04 & 0.03 & 0.00 & 0.00 & 0.13 & 0.10 & 0.00 & 0.30 \\ 0.00 & 1.00 & 0.00 & 0.00 & 0.00 & 0.10 & 0.07 & 0.00 & 0.26 \\ 0.00 & 0.00 & 1.00 & 0.00 & 0.00 & 0.09 & 0.07 & 0.00 & 0.26 \\ 0.20 & 0.16 & 0.16 & 1.00 & 0.06 & 0.27 & 0.33 & 0.17 & 0.42 \\ 0.15 & 0.26 & 0.15 & 0.00 & 1.00 & 0.32 & 0.18 & 0.11 & 0.36 \\ 0.00 & 0.00 & 0.00 & 0.00 & 0.00 & 1.00 & 0.00 & 0.00 & 0.17 \\ 0.00 & 0.00 & 0.00 & 0.00 & 0.00 & 0.02 & 1.00 & 0.00 & 0.19 \\ 0.00 & 0.01 & 0.00 & 0.00 & 0.00 & 0.10 & 0.17 & 1.00 & 0.26 \\ 0.00 & 0.00 & 0.00 & 0.00 & 0.00 & 0.00 & 0.00 & 0.00 & 1.00 \end{bmatrix}$$

$$R_f=\begin{bmatrix}1.00&0.67&0.63&0.59&0.67&0.62&0.68&0.63&0.65\\0.71&1.00&0.76&0.62&0.62&0.62&0.62&0.62&0.64\\0.61&0.61&1.00&0.59&0.58&0.59&0.57&0.59&0.60\\0.70&0.70&0.68&1.00&0.68&0.67&0.66&0.69&0.70\\0.77&0.78&0.75&0.75&1.00&0.74&0.79&0.80&0.76\\0.54&0.56&0.54&0.51&0.52&1.00&0.54&0.61&0.57\\0.71&0.62&0.62&0.61&0.62&0.63&1.00&0.70&0.63\\0.78&0.77&0.73&0.74&0.78&0.76&0.79&1.00&0.75\\0.38&0.40&0.37&0.42&0.43&0.41&0.41&0.42&1.00\end{bmatrix}$$

$$\bar{R}_f=\begin{bmatrix}1.00&0.68&0.68&0.68&0.68&0.68&0.68&0.68&0.68\\0.71&1.00&0.76&0.76&0.69&0.69&0.69&0.69&0.70\\0.70&0.68&1.00&0.68&0.68&0.68&0.68&0.68&0.68\\0.71&0.78&0.76&1.00&0.69&0.69&0.69&0.69&0.69\\0.78&0.78&0.76&0.76&1.00&0.76&0.79&0.80&0.76\\0.61&0.61&0.61&0.61&0.61&1.00&0.61&0.61&0.61\\0.71&0.70&0.70&0.70&0.70&0.70&1.00&0.70&0.70\\0.78&0.78&0.76&0.75&0.78&0.76&0.79&1.00&0.76\\0.43&0.43&0.43&0.43&0.43&0.43&0.43&0.43&1.00\end{bmatrix}$$

$$Q_f=\begin{bmatrix}1.00&0.00&0.00&0.00&0.00&0.07&0.00&0.00&0.25\\0.03&1.00&0.08&0.00&0.00&0.07&0.00&0.00&0.27\\0.02&0.00&1.00&0.00&0.00&0.08&0.00&0.00&0.25\\0.03&0.02&0.08&1.00&0.00&0.08&0.00&0.00&0.25\\0.10&0.09&0.07&0.07&1.00&0.15&0.09&0.02&0.33\\0.00&0.00&0.00&0.00&0.00&1.00&0.00&0.00&0.18\\0.03&0.01&0.02&0.01&0.00&0.09&1.00&0.00&0.27\\0.10&0.09&0.08&0.06&0.00&0.15&0.09&1.00&0.33\\0.00&0.00&0.00&0.00&0.00&0.00&0.00&0.00&1.00\end{bmatrix}$$

由 Q_m,Q_f 首先得到男、女大学生对9种颜色爱好程度的第一优越元分别是绿色、蓝色,再按前面的排序方法得到整体的次序,具体结果如下:男大学生对9种颜色爱好程度从强到弱的顺序依次为:绿—蓝—红—白—橙—黄—黑—紫—灰;女大学生对9种颜色爱好程度从强到弱的顺序依次为:蓝—白—黑—绿—黄—橙—红—紫—灰。

4.4 讨论

当我们把模糊偏序关系的排序方法应用于颜色爱好的研究中时,可以清楚地看出,本文给出的建立模糊偏序关系矩阵是可行的途径,以及基于模糊偏序关系矩阵的排序方法是制作顺序量表的一种较佳方法。这是因为这种方法具有明显的优越性。首先,二元相对比较级在心理实验中不仅切实可行而且具有许多优点。例如,在二元对比中,被试对颜色的爱好不是全或无的二值逻辑而是[0,1]上的连续量,因而能客观地反映出这种心理量的模糊性。在二元对比中,被试对两种颜色的爱好程度不同可以分别在[0,1]上取值;对两种颜色都爱好或不爱好(或都较爱好或较不爱好)也可以在不同的水平上取相同的数值,因而能更细致地反映颜色爱好程度在心理测量上的差异性。其次,对于一般的 $n \times n$ 阶模糊关系矩阵 R,其传递闭包 $\hat{R}\bigcup_{k=1}^{n}R^{k}$,计算时不能采用逐次平方法,所以计算量相当大。而二元相对比较矩阵 R 具有自反性,其传递闭包公式简单,见公式(2),可以用逐次平方法求得,计算简捷。第三,利用模糊偏序关系矩阵排序,不要求“优越性一致超过λ”这一特性,因此这种方法的适用范围宽。

利用模糊偏序关系矩阵排序方法可以广泛地应用于心理学的许多研究之中,并且能克服过去一些研究在方法上的弊端。下面仅举两例加以说明。例1,国际上通行的Rokeach编制的“价值调查表”(Value Survey)要求被试对终极性价值观(Termina Value)和工具性价值观(Instrumental Value)各18项根据它们对于自己的重要性用等级排列法排除顺序(Rokeach, 1973)。被试用这种方法完成此项任务非常困难(黄希庭,张进辅,张蜀林, 1989),因为18个项目早已超出了人类短时记忆的容量。然而既往的研究在用Rokeach编制的“价值调查表”时仍都采用等级排列法。如果不采用等级排列法而采用基于模糊偏序关系的排序方法,这一难题就可以迎刃而解。例2,为了推销某种商品,吸引消费者,向顾客调查下列7种重要广告媒体(电视、电影院、报纸、户外招牌、广播、杂志、夹报)的有效性如何?要完成这一课题使用本文给出的方法就更为有效。类似上述两例的研究课题,均可采用这种方法。

5 结语

模糊偏序关系矩阵的排序方法是制作顺序量表的一种较佳方法。这种方法可以广泛应用于心理学的有关研究中。

合作者:孙承惠。原文载于《心理学报》1992年,第24卷第2期。

词义赋值模糊统计的计算机通用程序

1 前言

心理现象的模糊性是一种普遍现象。词义赋值模糊统计方法是研究心理现象模糊性的一种有效工具。凡是可以在意义对立的成对形容词构成的量尺上进行评定的概念或事件(它们总是用词来表示的),都可以运用这种方法。例如:用大—小,过去—未来,好—坏,轻—重,高—低,美—丑,重要—不重要,强—弱,快—慢,光明—黑暗,活泼—呆板等对立的形容词可以组成不同的量尺,对于欲进行评定的某个概念或事件,就可以采用这种方法。过去,用手工方法进行词义赋值模糊统计不仅手续繁琐,而且容易出错。为了克服这些弊端,我们用AST-286计算机作工具,实现了词义赋值模糊统计的通用程序。它可以广泛地应用于这一类的研究。

2 计算机实现方法

在汉字操作系统下,计算机可以方便地显示指导语,其强大的图形功能为直观赋值带来了极大的方便。对于不同的概念或事件(即词或一组词),根据其赋值特征的要求,可以适当地修改指导语。例如:要求被试对不同的职业(售货员、司机、经理、大学教授、中学教师、小学教师……)在职业声望“高—低”上给予赋值,即在指定区间上选出一个适当的数值范围或一个实数给它们赋值。其赋值规则是:给定的闭区间是[0,1]。被试按下列规则赋值:①该词表示的词义愈指向左边,就选取较小的数字;反之,愈指向右边,选取较大的数字。②该词的词义越含混,给出的数值范围应越宽;反之,该词的词义是明确的、毫不含混的就可以用[0,1]中的一个数来表示。③选择出来的数值范围或一个数必须限于给定的区间。本文给出的词义赋值模糊统计的理论模型详见另文(黄希庭,孙承惠, 1991)。由于对各种概念或事件的词义赋值的基本形式是一样的,因而计算机能实现通用化的词义赋值。

为了提高程序的通用性,首先用文字处理软件如WORDSTAR等,编辑一个关于需要赋值的一组词的相关信息文件,称为INFORM.LIB。其中包含了指导语和所要赋值的词或一组词。指导语以$符号结尾,后面紧跟的是这个或这些词,每一个词以回车结束。又如:要求对“诚实”“幽默”“大方”“虚伪”“小气”“勇敢”“世故”“俭朴”等品质的好恶度(好—坏)进行评定,适当修改指导语,输入上述各词,相应的INFORM.LIB即可输出。

在实验开始时，首先要求输入存放赋值结果的文件名，接着从文件INFORM.LIB读出其中的指导语和词或词组，并将指导语显示在屏幕上。如果指导语在一个屏幕上不能显示完，按空格键可以继续显示下一屏幕的指导语。然后，在蓝色线条上画出100等分的红色长条，同时在蓝色线条左端标上“0”，右端标上“100”。屏幕正中显示出当前红色长条的起始位置和结束位置。刚开始时为：0—100。下面以放大形式提示当前正被赋值的词。红色长条可以用“↑”键与“↓”键以1/100的步长增长或缩短，如超出界线，则响铃报警，本次按键无效，防止了赋值错误。如按一下“↓”键，红色长条缩短一格，下面位置指示变为：0—99。这个范围表示了被试对这个词的赋值区间的大小。用“←”键和“→”键可以使红色长条在蓝色线条上左右滑动，例如：按一次“→”，键，整个红色长条向右滑动一格，下面的位置的变为：1—100。红色长条相对于蓝色线条的位置表示了词义赋值的指向性，例如上例中指向“好”或“坏”。当确定好了红色长条的长度和位置后，按一下“DEL”健，这个词的赋值便被存入到预先指定的数据文件中，如果这个文件已经存在，就将数据添加到文件末尾；如这个文件不存在，就重新建立一个文件。对于新建立的文件，还要向其中写入词的个数、分点数和这几个词本身，接着的数据是每个人对这些词的赋值结果。向文件中写入这些数据的目的是向统计程序提供必要的信息，提高统计程序的通用性。接着进行下一个词的赋值，当所有的词赋值完毕，计算机会询问是否有下一个人继续实验，按“Y”键继续，“N”键则关闭数据文件，退出实验。

统计分析为一独立的程序。首先要求用户输入要统计的数据文件的文件名，此文件必须按以上格式存放。从数据文件中读出词的个数、分点数后，根据词的个数，读出这几个词和数据，同时检查数据的合法性，即赋值必须在0和分点数之间。否则，报错，拒绝统计分析。如数据合法，就进行自动统计，打印出总人数和表格形式的结果，包括赋值结果、中点均值、最大隶属度、模糊度、盲度、各词之间的距离。

3 本程序的主要优点

本程序不仅克服了手工统计分析的繁琐劳动和易出差错的缺点，而且还有下列优点：(1)通用性强、使用方便。对于不同的概念或事件(词或一组词)，只需修改信息文件INFORM.LBI；统计程序可自动对不同的词组，不同的分点数、人数的数据文件进行统计分析和自动生成表格，得出结果。它既可用于基础研究，更可用于应用研究。例如对服装样式喜爱度、对广告媒体重视度等的评定，因而有很高的应用价值。(2)分点多、图形数字结合，醒目、直观，赋值更精细、准确。(3)操作简便，统计速度快。

合作者：李强。原文载于《心理科学》，1994年第17卷第4期。

模糊分组的时间层次网络结构研究

1 引言

就其本质而言，时间的形式是线性的。虽然许多学者认为，项目或事件是以线性形式储存在记忆中的(Block, 1978; Hinrichs, 1970)，但也有些时间记忆理论就开始转向用层次网络结构来说明时间信息记忆的加工(Estes, 1985; Neisser, 1986)，在对较多的一系列事件的时间信息进行认知的时候，人们要把它们分组，形成组块；进而再对组块分组，以至于最终形成了层次网络的结构，以提高认知的效率。例如，我们在先前的研究中发现，"米制"的时间表征就是以这样的层次网络结构的形式而组织起来的(李伯约，黄希庭，2002)。值得注意的是，所谓"米制"的时间信息，如"年、月、日、时、分、秒"等，是有精确的外显的层次结构以及组块的界限的。

然而，非米制的连续性时间，如以 26 个字母为代码所表明的若干事件的时间顺序，是没有这种外显的层次结构以及组块的界限的。对此，已经有了若干初步的研究。例如，有人指出连续性的时间顺序标码所形成的层次网络结构是主观的(Lee & Estes, 1981)。另外，有人提出时间表征可分为外显表征和内隐表征(Mitchell, 1989)，并指出外显表征是有意识的、概念性的结构；而内隐表征是潜意识的，具有动力性，同内隐记忆有关。关于时间信息的自动性，现在还存在着较大的争论(Naveh-Benjamin, 1990; Shiffrin & Schneider, 1977)。特别要指出的是，对于时间的模糊性的研究，迄今仅仅见到一例(黄希庭，孙承惠，1992)，但是没有涉及这种层次结构以及组块的界限。综上所述，对时间顺序标码层次网络组织及其各种特征，至今尚未有比较系统的研究。

为了对时间顺序标码层次网络组织进行探讨，我们做了一个系列研究。作为其中的一项，本文论证了连续性的时间顺序标码的层次网络结构是否存在，考察了这种层次网络结构的各个方面的特征，诸如自动加工和控制加工、内隐加工和外显加工、模糊加工和精确加工的影响，以及标码之间的距离效应和越界效应的作用。

2 实验一

2.1 目的

通过操纵标码的组别与距离，考察在没有明确的组界的条件下，不同组别的两个项目之间是否存在越界效应和距离效应。

2.2 方法

2.2.1 被试

随机抽取12名重庆某高校学生，男女各半，年龄21岁左右，视力或矫正视力正常。

2.2.2 仪器与材料

奔腾-Ⅲ微机一台，VGA高分辨彩色显示器一台。

学习用的材料为彼此之间没有语义连续性的十个项目组成的一个词表。其中每个项目各是生活中的一个熟悉度较高的事件的名称。主试事先人为地规定了该十个项目的先后顺序，并用十个汉语拼音字母（从“j”到“s”）标在该项目之后。这种先后顺序同随机规定的呈现的顺序是不一致的，如：“联欢—o”、“讲演—n”、“辩论—l”。

正式实验用的刺激材料为在上述词表中选取出来的两个项目。刺激材料又分为两种情况，一种是两个项目的顺序同词表中规定的标码顺序一致，如：“联欢 辩论”或同词表中规定的标码的顺序不一致，如：“辩论 联欢”。两种刺激材料各二十个，混合以后随机排列。

2.2.3 实验设计与程序

本实验采用2×2的被试内设计。两个自变量分别为组界与两个项目之间的距离。组界因素又分为跨越组界和不跨越组界两个水平，距离因素又分为大小两个水平。

首先在计算机屏幕上呈现学习材料，要求被试记牢词表上的各项目用标码所表达的顺序。被试记住词表后，用同正式实验类似的预备材料安排10次练习。在正式实验时，同时呈现两个词表上的项目，要求被试对其规定的顺序进行推理判断之后立即击键。被试的成绩分为从刺激材料出现到击键之间的反应时及反应的正误，计算机自动予以记录。完成一次作业3000ms后呈现下一个刺激项目。

2.3 结果与分析

被试对越界及距离的平均反应时与正确率的统计结果见表1：

表1 被试对越界及距离的平均反应时及正确率

	越界		不越界	
	反应时/ms	正确率/%	反应时/ms	正确率/%
距离大	2212 ±803	68 .9±17.2	2022 ±617	70.0±18.0
距离小	2333 ±666	61 .6±17.2	2271 ±664	64.8±17.5

对越界与否及距离大小的反应时进行重复测量的方差分析的结果表明，两个刺激项目的位置是否越界的差异不显著：[$F(1, 11) = 1.074$]，$p>0.05$。然而两个刺激项目相隔

的距离的大小之间则差异显著：[$F(1,11)=5.513$]，$p<0.05$，这说明对大距离的两个项目的反应时显著地短于对小距离的两个项目的反应时。再者，越界与否与距离大小之间的交互作用的差异也是不显著的：[$F(1,11)=0.547$]，$p>0.05$。

对越界与否及距离大小的正确率进行重复测量的方差分析的结果表明，两个刺激项目的位置是否越界的差异不显著：[$F(1,11)=0.876$]，$p>0.05$。两个刺激项目相隔的距离的大小之间的差异也不显著：[$F(1,11)=0.221$]，$p>0.05$。再者，越界与否与距离大小之间的交互作用的差异也是不显著的：[$F(1,11)=0.050$]，$p>0.05$。

2.4 讨论

根据 Estes 等人的观点，对于数量较多的时间项目，个体会自动地将若干个项目分成一个组，形成一个组块。对事件的顺序标码来说，分组就是对标码的分组。实验一使用了从“j”到“s”这十个汉语拼音字母来作项目的顺序的标码，并假定由于项目较多，被试会内隐地将这些标码分为“j、k、l、m、n”和“o、p、q、r、s”两个组，在“n”和“o”之间会出现一条组界，出现越界效应。然而，本实验的结果却没有出现这样的越界效应。在距离小时，被试对“n”和“l”的反应时，等同于对“m”和“o”的反应时。距离大时，被试对“o”和“s”的反应时，也等同于对“l”和“p”的反应时。总而言之，被试根本没有把这些标码分成两个明确的组。对此，将在实验二中继续探讨。实验一的结果还表明，字母标码的距离效应是非常明显的，不论“跨组”与否，被试对间隔较大的两个项目的反应时都显著地短于对间隔较小的两个项目的反应时，说明距离效应是一个普遍现象。

3 实验二

3.1 目的

通过操纵标码的组别与距离，考察在具有明确的组界的条件下，不同组别的两个项目之间是否存在越界效应和距离效应。

3.2 方法

3.2.1 被试

随机抽取12名重庆某高校学生，男女各半，年龄21岁左右，视力或矫正视力正常。

3.2.2 仪器与材料

仪器同实验一。

学习用的材料为一个等同于实验一的词表,但所用的标码不同(从a到e,从v到z等十个汉语拼音字母)。其先后顺序同随机规定的呈现的顺序是不一致的,如:"郊游—z""讨论—a""比赛—x""考试—b"。

正式实验用的刺激材料为在上述词表中选取出来的两个项目,或同规定的标码的顺序相一致,如"考试 郊游";或同规定的标码的顺序不一致,如"郊游 考试"。上述两种刺激材料各有二十个,混合以后又随机排列。

3.2.3 实验设计与程序

采用2×2的被试内设计。两个自变量分别为两个项目之间的距离及组界。距离因素又分为大小两个水平,组界因素又分为跨越组界和不跨越组界两个水平。

程序基本上同实验一。

3.3 结果与分析

被试对越界及距离的平均反应时与正确率的统计结果分列于表2:

表2 被试对越界及距离的平均反应时与正确率

	越界		不越界	
	反应时/ms	正确率/%	反应时/ms	正确率/%
距离大	2241 ±632	66.8±23.7	2537 ±675	65.7±18.5
距离小	2151 ±662	62.6±20.7	2538 ±933	64.7±23.7

越界与否及距离大小的反应时进行重复测量的方差分析的结果表明,两个刺激项目的位置是否越界的差异显著:[$F(1,11)=7.938$], $p<0.05$,这说明对处于不同组别的两个项目的反应时显著地短于统一组别内的两个项目的反应时。然而两个刺激项目相隔的距离的大小之间不再存在显著差异:[$F(1,11)=0.144$], $p>0.05$。再者,越界与否与距离大小之间的交互作用的差异也不显著:[$F(1,11)=0.155$], $p>0.05$。

对越界与否及距离大小的正确率进行重复测量的方差分析的结果表明,两个刺激项目的位置是否越界的差异不显著:[$F(1,11)=0.005$], $p>0.05$。两个刺激项目相隔的距离的大小之间的差异也不显著:[$F(1,11)=0.330$], $p>0.05$。再者,越界与否与距离大小之间的交互作用的差异也是不显著的:[$F(1,11)=0.117$], $p>0.05$。

3.4 讨论

由于在实验一中没有出现越界效应,因而实验二对项目的标码做了改变,采用字母表两端的字母,扩大这两个组在字母表上的距离,假定被试会自动地内隐地将这些标码分为“a、b、c、d、e”和“v、w、x、y、z”两个组，这样，在“e”和“v” 之间就有边界，因此会出现越界效应。实验二的结果表现出非常显著的越界效应，处于不同组的两个项目，反应时都较短；而处于相同组的两个项目，反应时则都较长。证明了在“e”和“v”之间出现了一条无形的组界。实验二的结果中没有出现距离效应。尤其是不同组但间隔距离小的两个项目（“e”和“v”）的反应时还短于同组但间隔距离大的两个项目（“e”和“a”）的反应时。这说明被试没有在思想上将上述两个组的十个字母组成一个连续的表征：“a、b、c、d、e、v、w、x、y、z”。“e” 和“v”尽管间隔距离小，但并不是相邻的，仍然是跨组的两个项目，其间隔的项目仍然达十六个之多。而“e”和“a”是间隔距离大但同组的两个项目。换言之，只要是跨组的两个项目，都是距离大的。

4 总的讨论

由于被试加工了不同的标码，两个实验的结果似乎是“矛盾”的，对此做出统一的解释是很有意义的。应当指出，在实验一中，被试对间隔2—3个项目的反应时显著地短于间隔0—1个项目的反应时。而在实验二中，被试对间隔16个（及以上）项目的反应时则又显著地短于间隔2—3个项目的反应时。因此，两个实验的结果表现出的是这样一种共同的趋势：两个项目之间间隔的项目愈多，被试对之的反应时愈短。这一结果同我们以前所做的“米制”时间的层次网络的结果是相一致的。可以认为，这种趋势表明，对一个项目众多的标码系统的分组是多层次的，不仅几个项目要组成一个小组，几个较小的组还要组成一个较大的组，以至形成一个层次网络。字母表的分组也形成一种如此“大组—小组—字母”的三级结构。“e”同“d”可同属一个小组，但同“b”分属不同小组而同属一个大组，同“ v”则分属不同大组。不同小组的项目之间出现了距离效应，而不同大组的项目之间则出现了越界效应。由于两个大组的项目的平均距离大于两个小组的项目的平均距离，越界效应还大于距离效应。距离效应同越界效应实质上是相同的，都是这种层次网络的效应。

距离效应表明，就任何一个项目而言，同其间隔0—1个项目的项目，都可视为是同一个组的项目，而间隔达到2—3个项目时，则可视为不同组的项目。例如，就“n”而言，“o”乃至“p”与之同属一个组，而“q”“r”则分属其他组，组界划在“o”与“p”之间。然而就“p”而言，“q”乃至“r”则同属一个组，组界划在“r”与“s”之间。对于诸如字母表这样的连续性的顺序标码系统来说，不存在两个相邻的项目（如“n”和“o”）之间的一条明确的组界，这条组界是主观的、模糊的、游移的。

5 结论

(1)对一个项目众多的时间标码系统要进行多层分组,按照层次网络的结构组织起来。

(2)时间标码层次网络的形成具有自动性、内隐性的特点。

(3)连续性的时间顺序标码的层次网络结构是主观的、模糊的。

(4)不同小组的项目之间出现了距离效应,而不同大组的项目之间则出现了越界效应,越界效应大于距离效应。

合作者:李伯约。原文载于《心理科学》,2003年第26卷第6期。

情绪形容词词义的模糊赋值

1 前言

情绪交流包括情绪表达和情绪识别,当前人工智能领域的一个研究热点是如何实现人与计算机之间的情绪交流,特别是如何使计算机"知觉"人类的情绪。作为其应用,开发基于此目的的人性化的用户界面和人机互动(human-computer interaction,HCI)系统将成为下一代计算机系统的典型特征之一。

1970年代以Ekman等为代表的心理学家用面部表情的迫选式命名作业研究了跨文化条件下人类基本情绪的一致性,并建立了一个包括46个面部肌肉动作单元的"面部动作解码系统"(FACS)(Altarriba, Basnight, & Canary, 2003; Ekman, 1992; Smith, Bartlett, & Movellan, 2001)。此种研究模式在1990年代遭到很多批评,如Russell指出此种范式可能无法揭示各种文化中情绪"概念"的准确等价物(Russell, 2002)。尽管如此,FACS所代表的研究方法仍成为HCI建模的主要思路之一,即给计算机系统加装视频设备采集用户面部的静止图像或视频片断,通过分析面部表情特征或表情的动态变化来达到识别用户情绪状态的目的(Mcgilloway, Cowie, & Douglas-cowie, 2000)。然而单纯的面部表情非常"模糊",只能提供一般情绪类型的线索,而言语通路则能够提供情绪状态的具体细节,其作用远非非言语通路或辅助言语通路所能代替(Russell, 2002)。随着对情绪言语识别研究的进展,基于言语驱动(speech-driven)的情绪识别系统也正成为HCI建模的另一方向,该系统能够通过用户的言语"知觉"其情绪状态并做出适当的反应(Mcgilloway et al., 2000)。

许多研究者认为必须利用语言的内容来进行情绪识别,Clark认为必须利用句子中的情绪关键词等特征来提取出其中的情绪信息;Polzin指出句中的动词对情绪的指示作用远强于言语的内容。然而,言语内容和表情一样可能是"模糊"不可辨的,一个句子可能表达多种情绪。因此,基于"言语"驱动的这种情绪识别系统虽然也考虑到诸如词汇、短语序列等言语内容信息(Morgan & Heise, 1988),但更强调结合辅助言语通路的有关信息,即用户言语的语音学或声学特征如语调、音调、重音、节律特征、基础频率、能量等。这方面的一些重要发现如:"哀"情绪往往和音调标准差较小且语速较慢相联系,而"怒"情绪则和大音调标准差及高语速相联系等(Mcgilloway et al., 2000)。

然而,这种识别系统仍然停留在识别基本情绪类型的水平上;同时即便是精细的频谱分析对于不同的文化、不同的说话习惯也未必奏效。正如Campbell指出的,情绪识别研究所依赖的语料库内容有限,其中大部分都使用演员来复制情绪化语言,因此未必能代表自然口语中情绪的真正特征(Campbell & Kashy, 2002)。从这个角度讲,直接采用表达情绪状态的形容词为材料进行词义赋值对于丰富情绪研究的资料,探讨词汇等言语内容和情绪之间的关系有着重要的意义(Mcgilloway et al., 2000; Morgan & Heise, 1988)。

本研究采用一种模糊区间统计的方法,即将情绪词视为模糊集,利用模糊集值理论评量情绪形容词的代表值以及把握度、模糊度。事实上,许多研究者都发现情绪表达和情绪识别中存在着一定的模糊性。如Ortony和Turner认为采用早期Ekman等的面部表情识别和分类的研究范式要得到稳定可靠的、跨情境和跨文化的情绪命名结果十分困难,而这种困难根源于情绪本身的模糊性(Ortony & Turner, 1990)。Russell和Feh揭示了情绪词汇的模糊性以及词义命名和真实情绪表征的分离(Russell & Fehr, 1994)。本研究选取代表喜、怒、哀、惧四种基本情绪的若干形容词,从强度和复杂度两个维度进行了模糊赋值,试图验证这些所谓的"基本"情绪形容词的模糊性和词义差异。

2 方法

2.1 被试

选取大学本科一、二年级学生共400名,淘汰无效问卷,最后参加统计分析的被试为353名,男女分别为128名和225名。

2.2 材料和程序

从《现代汉语词典》中选取表示喜、怒、哀、惧四种基本情绪的形容词320个。根据专家意见和词频选取了其中有代表性的48个(其中表示四种基本情绪的形容词分别为14、11、12和11个),按随机顺序排列在答题纸上。采用集体施测,主试在测试前宣读指导语,重点强调赋值规则,要求被试认真填写,整个过程大约耗时30分钟。

2.3 赋值规则

要求被试根据自己对各情绪形容词的体验,采用区间赋值法分别对它们的"强度"和"复杂度"进行区间赋值。赋值的规则是:①该词表示的情绪体验越强烈或越复杂,选取越大的数字;反之,越"微弱"或越"简单",选取越小的数字。②该词的词义越含混,给出的数值范围越宽；反之，该词的词义是明确的、毫不含混的，就可以用[0，100]中的一个数来表示。③赋值范围或单值在给定的区间[0，100]内（黄希庭，1994）。

2.4 统计方法

为统计方便，先将给定论域$X=[0,100]$转化成离散的有限论域$X'=\{X_1,X_2,X_3,\cdots,X_{21}\}=\{0,5,10,15,\cdots,100\}$。设被试j的赋值区间为$[a,b]$（被试给出的单值时$a=b$），利用公式

$$f_i=\frac{\sum_{j=1}^{N}u_j(X_i)}{N} \quad (1)$$

其中$u_j(X_i)=\begin{cases}0, X_i\notin[a,b]\\1, X_i\in[a,b]\end{cases}$，$i=1,2,\cdots,21$；$j=1,2,\cdots,N$。统计出分点$X_i\in X'$对$[a,b]$的平均隶属频率，定义为该词所对应模糊集的隶属度（马谋超，1990；黄希庭，孙承惠，1991），再计算各词的量表值。根据以往的经验，我们采用中点平均值a作为量表值以比较赋值结果。再利用盲度公式计算赋值的把握度$\bar{m}$。计算每个词的欧儿里得模糊度$d_E(A)$表示各词义的模糊程度。最后，尝试利用模糊距离测度和关联测度对各类形容词进行了聚类分析（黄希庭，孙承惠，1991），分析软件为SPSS for Windows 10.0。

3 结果分析

男、女生在“喜”“怒”“哀”“惧”四类情绪形容词强度和复杂度上的模糊赋值结果见表1—表4。

3.1 “喜”情绪形容词的强度和复杂度

强度赋值代表了大学生对情绪形容词强度的主观理解，反映了他们在日常生活中体验到的各种基本情绪的强度。

在“喜”形容词中，强度取值在50附近的开心、欢欣、喜悦、愉快等反映了一种弥漫的快感体验，同时它们基本上也是强度最低的形容词；男、女生最大量表值前三位都依次是：狂喜、销魂、痛快，且除在盲度上女生对“销魂”的赋值把握度较小（盲度最大）外，对上述其他词的把握度都较高。另一方面，复杂度量表值约在30—50间，跨度较大。复杂度较大的词有：美滋滋、销魂、痛快、得意等，而乐呵呵、高兴、欢喜、喜悦等复杂度较小。这里，男、女生的强度赋值和复杂度似乎没有关系，虽然销魂、痛快在两个维度上都较高，但乐呵呵等强度较大的词却并不复杂，经等级相关检验都不显著（$p>0.05$）。

将各类词视为不同的案例，利用相关分析或差异检验等统计方法对男、女生的量表值排序一致性或差异进行考察，但考虑到模糊赋值的数据特点，只能采用等级相关或非参数检验方法。就男、女生各类词的量表值排序而言，等级相关考察的是各词等级的一致性，而秩和检验考察的是两样本的平均等级差异性，检验表明男、女生在“喜”各情绪词上的强度和复杂度排序一致、无显著差异（见表5、表6）。

表1　表示“喜”体验的情绪形容词赋值统计结果

形容词			乐呵呵	愉快	销魂	高兴	美滋滋	欢欣	狂喜	欢喜	喜洋洋	得意	喜悦	开心	快乐	痛快
强度	男生	a	60.60	53.80	64.80	64.20	56.50	52.80	68.40	53.50	58.60	65.70	52.90	49.50	59.80	64.60
		$\bar{m}$	13.00	12.60	10.70	12.10	12.60	12.30	11.40	10.60	11.80	11.60	9.37	10.90	12.60	11.10
		$d_E(A)$	0.23	0.21	0.18	0.21	0.22	0.23	0.19	0.18	0.20	0.19	0.17	0.18	0.22	0.18
	女生	a	55.40	52.60	64.80	63.40	58.60	52.10	68.40	56.70	56.80	61.60	50.20	55.50	62.10	64.60
		$\bar{m}$	10.70	11.60	12.70	11.10	11.50	10.10	10.4	11.00	11.30	11.30	10.30	11.10	11.50	11.60
		$d_E(A)$	0.19	0.22	0.20	0.20	0.21	0.18	0.18	0.19	0.20	0.19	0.18	0.21	0.19	0.21
复杂度	男生	a	34.40	39.90	43.70	39.20	42.90	39.90	39.70	36.80	41.30	46.50	39.20	42.70	41.60	48.80
		$\bar{m}$	11.30	12.10	11.00	9.32	10.10	8.55	9.19	8.70	10.70	10.60	8.51	9.06	10.70	12.30
		$d_E(A)$	0.19	0.19	0.20	0.16	0.19	0.18	0.17	0.16	0.18	0.16	0.16	0.17	0.17	0.22
	女生	a	32.90	37.50	41.90	33.70	42.10	38.60	42.40	35.00	35.90	41.10	33.90	37.40	39.90	49.00
		$\bar{m}$	11.10	10.9	12.20	8.11	12.10	8.66	8.54	7.93	9.93	11.70	9.90	11.70	11.90	13.90
		$d_E(A)$	0.20	0.20	0.22	0.15	0.20	0.17	0.16	0.17	0.18	0.21	0.18	0.21	0.20	0.26

3.2 “怒”情绪形容词的强度和复杂度

在“怒”情绪词中，男、女大学生各量表值排序也比较一致（见表5、表6），强度最大的词是：恼怒、震怒、愤怒、激愤、怒冲冲（女生），强度最小的是忿忿、嗔怒、生气。另一方面，恼怒、激愤、震怒、忿忿、嗔怒等词的复杂度较高，复杂度较低的是怒冲冲、愤怒、气呼呼、盛怒等词。同样，女生的量表值和盲度间呈正相关，表明其对复杂度越大的词把握度越小（tau-b=0.661，$p<0.01$）。这里，强度和复杂度的赋值结果在任何团体上均无关联（$p>0.05$）。强度较大的词如怒冲冲、愤怒等复杂度较低，而强度较小的词如忿忿、嗔怒等复杂度反而较高，复杂度和强度可能不是同一个维度。

表2 表示“怒”体验的情绪形容词赋值统计结果

形容词			恼怒	愤怒	怒冲冲	激愤	懊恼	震怒	忿忿	气呼呼	嗔怒	盛怒	生气
强度	男生	a	65.90	58.40	54.70	56.00	51.10	65.10	47.50	52.40	47.90	52.90	48.50
		$\bar{m}$	11.20	11.00	11.30	12.60	10.70	11.40	11.50	12.50	13.10	11.50	13.60
		$d_E(A)$	0.19	0.19	0.22	0.20	0.18	0.18	0.20	0.21	0.22	0.20	0.24
	女生	a	61.90	58.50	59.40	55.50	52.10	67.50	50.40	53.30	47.90	57.70	49.40
		$\bar{m}$	11.20	11.20	9.45	10.90	9.98	9.39	10.80	11.00	11.70	10.40	14.00
		$d_E(A)$	0.19	0.18	0.18	0.17	0.18	0.17	0.21	0.19	0.20	0.19	0.25
复杂度	男生	a	44.90	40.10	41.10	44.50	44.20	49.40	44.80	39.50	45.10	41.50	44.20
		$\bar{m}$	9.68	11.50	10.10	13.60	11.10	13.30	13.80	10.60	11.40	12.70	12.10
		$d_E(A)$	0.17	0.22	0.20	0.73	0.18	0.23	0.24	0.20	0.19	0.23	0.22
	女生	a	45.70	41.90	35.10	44.30	42.40	47.20	43.10	36.20	44.10	38.30	43.40
		$\bar{m}$	12.60	10.40	8.48	11.50	9.04	10.80	10.40	10.40	11.90	9.06	10.80
		$d_E(A)$	0.21	0.18	0.17	0.20	0.17	0.19	0.20	0.19	0.21	0.18	0.20

3.3“哀”情绪形容词的强度和复杂度

该类情绪词中，男、女生的量表值排序仍显著一致（见表5、表6），但从取值看，女生的变化范围明显大于男生：悲哀、痛苦（男生）、肠断、绝望、沉痛（女生）是量表值较大的词，而且在绝望、沉痛、肠断等强度最高的词上，女生的赋值水平和把握度大都高于男生；而在酸溜溜、惨兮兮、伤感等强度最弱的词上，女生的量表值又都低于男生。这似乎说明女生在“哀”这种负面情绪体验上的反差更大而男生则相对更稳定。另一方面，哀愁、痛苦、沉痛、酸溜溜、伤感的复杂度较高，绝望、悲哀、难过、肠断的复杂度较低。这里，男生的强度与复杂度量表值呈显著负相关（tau-b=-0.455，$p<0.04$），但女生的两个维度间则不相关。

表3 表示“哀”体验的情绪形容词赋值统计结果

形容词			悲伤	哀愁	绝望	悲哀	痛苦	难过	惨兮兮	沉痛	辛酸	肠断	酸溜溜	伤感
强度	男生	a	55.70	48.90	56.50	61.70	57.00	50.50	50.10	56.30	52.50	56.80	49.70	51.40
		$\bar{m}$	12.90	10.70	10.00	12.40	14.30	13.50	13.70	11.60	10.90	10.90	11.10	12.60
		$d_E(A)$	0.22	0.18	0.16	0.20	0.25	0.24	0.24	0.19	0.20	0.20	0.20	0.23
	女生	a	54.70	49.80	60.60	61.60	57.40	52.10	45.60	59.10	55.00	61.6	47.00	48.40
		$\bar{m}$	12.50	12.50	9.77	11.60	12.30	12.80	11.70	11.90	11.90	9.47	11.50	12.40
		$d_E(A)$	0.22	0.21	0.15	0.19	0.22	0.24	0.21	0.20	0.22	0.16	0.19	0.22
复杂度	男生	a	44.10	48.60	40.80	40.00	44.60	38.10	44.70	46.10	42.20	41.80	48.30	47.60
		$\bar{m}$	12.30	9.75	9.43	11.30	12.00	10.80	11.00	11.30	11.00	9.07	10.50	15.10
		$d_E(A)$	0.21	0.16	0.15	0.20	0.21	0.21	0.21	0.22	0.22	0.18	0.18	0.27
	女生	a	44.50	49.10	44.00	40.10	45.70	39.30	40.00	49.10	41.90	39.30	44.70	45.10
		$\bar{m}$	12.70	12.70	8.56	10.30	11.70	10.70	11.00	12.20	10.50	10.50	13.00	13.40
		$d_E(A)$	0.23	0.23	0.15	0.19	0.21	0.22	0.20	0.21	0.20	0.20	0.23	0.25

3.4“惧”情绪形容词的强度和复杂度

该类情绪词中，男、女生的量表值在强度上排序趋势仍显著一致，在复杂度上虽然等级显著正相关，但男生的量表值平均等级更高（见表5、表6）。在强度不同的词上的量表值表现出和“哀”情绪词非常一致的模式：在骇然、惊魂、胆寒、后怕等强度最大的词上，女生的赋值水平和把握度都高于男生，赋值水平相差大都在5以上（约10%）；在忌惮、害怕、胆怯、战兢兢等强度较弱的词上女生的赋值又多比男生低。这里，女生的赋值水平越高，把握度越大（盲度越小，tau-b= -0.5，$p<0.035$）。另一方面，复杂度较高的是：后怕、战兢兢、骇然、害怕，较低的是忌惮、惊魂、畏惧、胆怯等。该类词中，强度和复杂度的赋值结果在任何团体上也无关联。惊魂等强度较高，复杂度反而低，而战兢兢、害怕等强度较低，复杂度反而高。意外的是，预想的如畏忌等复杂度反而较小，而害怕、骇然等反而复杂度较高。这可能跟该情绪类别形容词本身复杂度差别较小有关。

表4　表示“惧”体验的情绪形容词赋值统计结果

形容词			战兢兢	忌惮	惊魂	胆怯	恐惧	后怕	畏惧	胆寒	畏忌	骇然	害怕
强度	男生	a	49.50	47.10	56.00	49.70	52.10	55.00	46.50	56.70	49.90	57.40	49.20
		$\bar{m}$	14.50	12.30	13.00	13.60	14.80	11.60	11.70	12.90	13.10	12.30	15.10
		$d_E(A)$	0.25	0.24	0.21	0.25	0.26	0.18	0.20	0.22	0.22	0.20	0.26
	女生	a	47.30	49.80	62.60	50.10	56.10	60.9	54.40	60.00	55.50	64.00	47.80
		$\bar{m}$	11.50	11.60	10.80	10.80	11.30	11.00	12.20	11.20	11.10	11.00	12.60
		$d_E(A)$	0.21	0.21	0.19	0.18	0.19	0.17	0.22	0.19	0.20	0.19	0.22
复杂度	男生	a	46.70	41.40	43.90	45.20	46.30	47.5	40.90	45.10	44.80	47.20	47.40
		$\bar{m}$	12.90	10.80	9.25	11.80	11.70	9.45	9.14	12.20	11.40	10.90	12.50
		$d_E(A)$	0.24	0.20	0.19	0.21	0.20	0.17	0.16	0.21	0.21	0.20	0.22
	女生	a	45.70	37.60	39.90	42.60	43.60	45.10	37.70	40.80	44.90	44.80	43.90
		$\bar{m}$	11.50	10.40	9.36	11.50	11.40	10.30	9.51	9.71	11.10	12.30	13.70
		$d_E(A)$	0.20	0.20	0.17	0.21	0.21	0.17	0.18	0.17	0.21	0.21	0.25

表5　男、女生各词量表值间等级相关Kendall's　tau-b系数

	喜	怒	哀	惧
强度	0.648	0.782	0.718	0.673
p	0.001	0.001	0.001	0.004
复杂度	0.589	0.734	0.585	0.636
p	0.004	0.002	0.009	0.006

总的说来，各类情绪词的强度量表值，即赋值区间的中点均值a，其取值基本符合人们日常对这些词所表达情绪体验强度的理解：取值多在50—60范围内。各情绪词的复杂度多在40—50之间，强度的量表值显著大于复杂度（符号等级检验，$p<0.01$）。赋值结果表明这些所谓的“基本”情绪体验同样存在着复杂度上的差异，相关分析表明，就各词的排序而言，复杂度赋值和强度赋值结果间总体上大多没有关系。

表6　男、女生各词量表值差异秩和检验

	喜		怒		哀		惧	
	强度	复杂度	强度	复杂度	强度	复杂度	强度	复杂度
Mann-Whitney U	95.00	62.00	50.00	36.00	70.00	68.00	38.00	24.50
Wilcoxon W	200.00	167.00	116.50	91.00	148.00	146.00	104.00	90.50
Z值	−0.14	−1.66	−0.66	−1.36	−0.12	−0.23	−1.48	−2.37*
近似*p*（双侧）	0.89	0.098	0.511	0.181	0.908	0.817	0.140	0.018

3.5 各类形容词的模糊聚类分析

考虑到强度的赋值结果较理想，我们考虑根据强度赋值对各类形容词进行聚类。为此，定义两形容词所代表的模糊集合间的距离为：

$$D(A,B)=\sqrt{\sum_{i=1}^{21}\left[A(X_i)-B(X_i)\right]^2} \tag{2}$$

该距离就是用隶属度f_i代替$A(X_i)$的欧氏距离（Euclidean distance）。在此基础上，我们将有限论域中21个分点作为案例而将情绪词作为变量，调用SPSS10.0 Hierarchical Cluster过程，采用组间平均联结（average linkage between groups）法对各类别形容词进行聚类，结果见表7。从表7对照树状聚类图可以看出，男、女生的聚类结果除在“怒”上差异较大外，其他类别上均差别不大。对基本情绪词的强度赋值总体比较温和，处于第一类和第二类的词汇较多，第三类的很少。

表7 女生各情绪类别形容词强度赋值聚类结果

喜情绪词	形容词	乐呵呵	愉快	销魂	高兴	美滋滋	欢欣	狂喜	欢喜	喜洋洋	得意	喜悦	开心	快乐	痛快
	男生[a]	3	1	3	3	2	2	3	2	2	3	1	1	2	3
	男生[b]	2	1	2	2	1	1	2	1	1	2	1	1	1	2
	女生[a]	1	1	3	2	2	1	3	1	1	2	1	1	1	3
	女生[b]	1	1	2	2	2	1	2	1	1	2	1	1	1	2
怒情绪词	形容词	恼怒	愤怒	怒冲冲	激愤	懊恼	震怒	忿忿	气呼呼	嗔怒	盛怒	生气			
	男生	2	1	1	1	1	2	1	1	1	1	1			
	男生	2	1	1	1	1	2	1	1	1	1	1			
	女生	2	2	2	2	1	3	1	1	1	2	1			
	女生	2	2	2	2	1	3	1	1	1	2	1			
哀情绪词	形容词	悲伤	哀愁	绝望	悲哀	痛苦	难过	惨兮兮	沉痛	辛酸	肠断	酸溜溜	伤感		
	男生	2	1	3	2	2	1	1	1	1	3	1	1		
	男生	2	1	3	2	2	2	2	2	2	3	1	1		
	女生	1	1	3	2	2	1	1	2	1	3	1	1		
	女生	1	1	3	2	2	1	1	2	1	3	1	1		

续表

	形容词	战兢兢	忌惮	惊魂	胆怯	恐惧	后怕	畏惧	胆寒	畏忌	骇然	害怕			
惧情绪词	男生	1	1	1	1	1	2	1	2	1	2	1			
	男生	1	1	1	1	1	2	1	2	1	2	1			
	女生	1	1	2	1	1	2	1	2	1	2	1			
	女生	1	1	2	1	1	2	1	2	1	2	1			

注：a 欧氏距离测度组间平均联结法聚类结果；b phi-square 关联测度组间平均联结法来聚类结果。

4 讨论

4.1 基本情绪形容词的强度和复杂度关系

模糊赋值统计结果表明，尽管我们选用的形容词主要都表达喜、怒、哀、惧四种基本情绪，但赋值结果显示这些词所表达的情绪体验含义并不“单纯”，即便是那些我们日常认为词义很“纯粹”的词汇。除男生在“哀”类外，绝大多数类别中，男、女生团体的量表值在两个维度上都没有什么关联，强度大的词复杂度可能反而小，反之亦然；若以两维度量表值建立坐标系，则各情绪词在这个二维坐标系中的散点分布大多呈块状分布。“喜”相比其他三类强度分布整体大5分（右移），“喜”情绪词强度都在50以上，“哀”和“惧”情绪词强度都在65以下，男生甚至多在60以下；而“喜”的复杂度分布虽然较广，但平均也要小5分（下移）左右，“哀”和“惧”情绪词的复杂度则平均最高。

至于“哀”情绪词中男生的强度、复杂度量表值间显著负相关，我们认为这可能跟该类中强度、复杂度特别是前者的量表值范围过小有关：除“难过”外，其他词强度、复杂度取值都在49—62和40—49之间，导致数据比较集中。个别词的赋值结果也不很理想，如“悲哀”的强度甚至比“绝望”还高，“辛酸”“惨兮兮”的复杂度也没有预想的那么高。总的来说，“基本”情绪形容词所表达的情绪体验并不一定“简单”，同样存在复杂度上的差异。同时，强度和复杂度的独立性还表现在赋值盲度甚至情绪词两个语义维度模糊度的性别差异上。

4.2 基本情绪形容词模糊赋值的性别规律

我们选用的形容词都是一些高频词，对于这些词所代表的情绪体验的理解，男、女大学生的赋值既表现出较高的一致性，也表现出差异。

从量表值的排序看，男、女生的强度、复杂度取值均显著正相关，Kendall's tau-b 等级相关系数大多在0.6—0.9之间（见表5）；非参数检验也表明大多没有显著差异（见表6）。这些都说明大学生对不同情绪词所表现的体验强度和复杂程度大小有着相似的认识。对个别词而言，“喜”中的狂喜、销魂、痛快，“怒”中的震怒、恼怒、愤怒，“哀”中的悲哀、肠断、绝望和“惧”中的骇然、惊魂、胆寒、后怕都是强度最大的词，而“喜”中的痛快、美滋滋，“怒”中的震怒、恼怒、嗔怒，“哀”中的哀愁、沉痛、伤感和“惧”中的后怕、骇然都是复杂度最大的词。尽管如此，强度的量表值没有超出70，如果考虑到盲度约为10（区间长度），那么平均最大赋值不超过75，这似乎说明大学生对各种情绪体验的认识都有所压制，即便像狂喜、震怒、绝望、惊魂等这样的极端情绪体验在他们看来也没有高得离谱。从四类情绪词所代表体验的强度和复杂度来说，前已述及，“喜”这种四类情绪中唯一的正面情绪的强度体验相对要更高一些，“哀”和“惧”负面情绪的强度体验则相对更低一些，显然，这与他们在日常生活中通常更多地体验到正面情绪有关，负面情绪特别是“惧”情绪则相对体验的较少。男、女生对“喜”情绪词复杂度的盲度和模糊度均显著相关（tau-b=0.411，$p<0.05$；tau-b=0.475，$p<0.03$）也说明了大学生对体验较多的“喜”类词认识比较一致，大学生可能正是根据对生活中体验到的各类情绪的评价来赋值的，情绪词汇的赋值很大程度上取决于日常生活中形成的关于情绪体验的表征。另一方面，在每种情绪词内部，各形容词的强度、复杂度取值又表现出一定的性别差异，如在“哀”“惧”两种情绪词上，女生的强度取值比男生更为极端化。这似乎说明女生在这些负面情绪体验上的反差更大而男生则相对更稳定。这可能仍然和男、女生的情绪经验有关，因此就对情绪词的主观体验评价而言，女性可能比男性更“情绪化”一些，特别是对于高强度应激源。此外唯独在“惧”情绪词的复杂度上，虽然各词的等级显著正相关，但男生的复杂度量表值几乎都高于女生（Mann-Whiteny U 检验 $Z=-2.366$，$p<0.02$），男生的这种强度低而复杂度高（四类词中最高）的赋值趋势究竟是因为他们认为这些词确实复杂度较大，还是因为不熟悉，体验不明确？如果是因为后者，那么在强度赋值上，男生的低量表值和高盲度值就可以解释，但复杂度的盲度却并不高。关于这一点尚待进一步研究。

此外，结合赋值盲度和模糊度，在个别词的赋值上也体现出不同性别情绪体验上的差异，如男生在嗔怒上的强度赋值把握度较低，女生在“喜”情绪词复杂度上的量表值与盲度正相关（tau-b=0.442，$p<0.03$）；在“怒”情绪词强度上的量表值与模糊度呈负相关（tau-b=-0.506，$p<0.04$），而复杂度量表值与盲度和模糊度均呈正相关（tau-b=0.661，$p<0.01$；tau-b=0.506，$p<0.04$）；在“惧”情绪词强度上量表值与盲度、模糊度呈负相关（tau-b=-0.5，p<0.04；tau-b=-0.492，$p<0.05$）等。总的来说，对于不熟悉的或体验不多的词赋值往往可能表现出强度估计发生系统偏差，但都对应着强度赋值的盲度较大，但这种关系却

不一定反应在复杂度的盲度值上。强度和复杂度虽然相对独立，但就赋值来讲，两个维度的分化还不够细致，确实在赋值过程中，要让被试理解两维度特别是复杂度赋值的把握程度（即认为复杂程度越明确区间应越小，反之越大）比较困难，因为复杂度越大本身就可能意味着难以确定，把握度低或模糊度大。这也是本研究有待改进之处。

4.3 情绪形容词赋值的盲度和模糊度

从各词的盲度 $\bar{m}$ 看，$\bar{m}$ 越大表示估计越没有把握，反之就越有把握，特别地 $\bar{m}$ 为0时表示赋值绝对有把握。盲度大体取值在10附近，说明被试对各形容词的赋值有较大把握（相对于赋值水平）。从模糊度 $d_E(A)$ 值看，都在0.15—0.25间且大多在0.2附近，说明被试普遍认为不论是强度还是复杂度，各基本情绪形容词的词义都"较含糊"，这也正验证了Russell和Fehr（1994）关于情绪词汇模糊性的结论。最后，从赋值盲度和模糊度的关系看，二者呈极显著的正相关，相关系数大多在0.6—0.9间（见表8）。说明赋值把握度越大的词，其含义的模糊度就越小。被试正是按照指导语中所要求的根据各词含义的明确或模糊程度来确定赋值区间大小的。

表8 各词盲度和模糊度间相关系数

	tau-b	喜	怒	哀	惧
强度	男生	0.865	0.636	0.824	0.800
	女生	0.639	0.530	0.755	0.741
复杂度	男生	0.561	0.801	0.624	0.867
	女生	0.815	0.849	0.863	0.730

注：表列为Kendall's tau-b系数，$p<0.01$

4.4 强度的距离测度和关联测度聚类分析

情绪形容词的模糊性是毋庸置疑的，但其赋值又是相对稳定的。表7中各词的类别只是根据聚类图大体按照各词强度量表值做的主观命名。我们采用的组间平均联结法是根据变量间的距离大小逐个聚类，两类别间的距离为类别内所有案例间的平均距离，是一种效果良好的聚类方法。另一方面，考虑到隶属度原始数据本质上属于计数数据，而以往研究中采用的欧氏距离测度通常适用于等距尺度数据。因此，我们再利用适用于计数数据的Phi-square关联测度（该测度相比另一种关联测度——Chi-square测度考虑到了各分点频率之和不一定相等的实际情况）进行聚类，比较发现其三类别聚类结果和原先的非常相似(见表7)。大体上,聚类结果能够反映人们日常对这些情绪词强度的理解。

5 结论

(1)强度和复杂度是两个不同的情绪评定维度,两者间的情绪形容词模糊语义赋值结果没有必然联系。

(2)在强度和复杂度赋值上,各词的取值基本符合人们日常对这些词所表达情绪体验强度的理解;男、女生的量表值存在较大一致性。

(3)男、女生在强度赋值上的差异主要表现在各词位次和把握度的不同,这种差异可能和性别差异及个体差异有关。

(4)大学生情绪形容词模糊赋值的把握度总体上都较高,赋值把握度和词汇模糊度间均呈中等水平以上极显著正相关;各词语义在强度和复杂度上都存在一定程度的模糊性。

(5)根据大学生强度赋值,采用欧氏距离测度和Phi方关联测度得到的聚类分析结果比较符合人们的日常理解。

合作者:凤四海。原文载于《心理学报》,2004年第36卷第6期。

专题五 心理学的质性研究

量化研究与质性研究各有其优势和劣势，在心理学研究中应当取长补短，把两者结合起来进行研究。这无疑是最好的。

引言

在本卷的专题一“心理学的方法论研究”中的《发挥质性研究的优势》一文中我较详细地讲解了质性研究的性质，与量化研究相比较质性研究的优势，以及怎样发挥中国心理学会质性研究专业委员会的学术优势开展对中国人的心理和行为的研究。经过两年时间，我们两次到国内6个省市近20个社区进行调研，发展出一种开放式主题访谈研究范式。开放式主题访谈是一个描述性概念，它适用于中国社区心理学的研究，是指以访谈者和受访者的关系为其结构，以访谈主题为其探访核心，来了解社区心理普遍联系的研究范式。它的显著特征是其开放性及与时俱进。

开放式主题访谈遵循的基本程序是：①访谈准备阶段：访谈者要认真做好访谈准备工作，搜寻并阅读相关文献，根据社区实际确定访谈主题，了解访谈主题在中国文化与西方文化上的主要差异及其表现。做好粗线索的访谈提纲并牢记在心。②访谈开始之初：与受访者初次接触，访谈者自我介绍并与受访者商定访谈有关事项时既要符合访谈研究的伦理又要营造出一种宽松、自由、和谐的氛围。因为开放式主题访谈本质上是由访谈者来确定访谈方向的。③受访者主述阶段：当访谈者提出访谈主题后，他便可以全神贯注地倾听受访者对主题相关内容的陈述。为了获得深入的答案，不产生误导的结果，访谈者应当学会做一个好听众的技巧，例如，学会适时地说：“这是怎么一回事？”“用了什么方法？”要学会很期盼地注视和聆听，千万不要随意地打断受访者的陈述。④访谈互动阶段：当受访者对主题陈述完结之后，访谈进入互动阶段。访谈者不能沉默不言或者只对受访者的陈述表示赞同，而是应当用一些希望得到回答的问题或次级主题把访谈继续引向深入。⑤访谈即将结束：如果访谈已超过事先约定的时间或受访者面露倦容，环境不宜继续访谈就应该结束访谈；向受访者致以诚挚的谢意并给予一定的物质报酬。⑥反思总结阶段：访谈者在访谈结束后的反思主要抓两个问题：访谈涉及主题的情况如何？访谈技巧使用是否有创意？无论以何种方式记录访谈内容，最终都会生成大量的文本资料，我们可以从不同角度对文本资料进行分析，用来阐述主题的各种特征。因此，开放式访谈不仅仅是收集资料的，同时它也是产生理论的活动。

本专题一共有四篇论文，分别为三篇文献分析研究报告，一篇访谈研究报告。《论〈周易〉的自强人格及其培养》一文从古籍《周易》入手，分析探讨了《周易》所反映的自强人格特征及其培养途径；《古籍中自立涵义的概念分析》一文通过对98部古籍中的“自立”用概念分析、内容分析的方法，从中提炼出具有中华民族精神的自立的心理学涵义；《从〈四库全书〉看小我自强的人格特征》一文以《四库全书》的经验为材料，采用内容分析法，论述了小我自强人格的内容；《如何做社区心理学访谈——以〈社会心理学〉教材研究思路和主题对社会工作者的访谈为例》采用访谈的方法，通过对成都、重庆、贵阳、遵义四个城市中的17名社区工作者的实地访谈，了解到社区工作者对《社区心理学》教材的需求，探讨了如何在社区做心理学访谈。四篇论文分别从不同角度介绍了我们对质性研究的理解。

论《周易》的自强人格及其培养

《周易》是一部中国古人对自然和社会的深刻认识和反思的古老文献，是中国儒家和道家思想的起源。其中蕴涵着丰富的心理学思想，国内外一些学者对此进行了研究。燕国材认为《周易》不仅蕴涵有对心理学有重大影响的基本观点，如天人观、阴阳观和发展观，而且还生动具体地描述了人的认知、情感、意志等心理活动。他还概括出了《周易》中所描述的理想人格的18项心理特征（燕国材，1994）。申荷永通过《易经》中所使用的"心"字，《易传》中所发挥的"心"的意义和《易经》卦象中所表达的心理的象征性等几个方面，阐述了《易经》中所包含的"中国文化心理学"及其对当代西方心理学思想的影响（申荷永，高岚，2000）。刘青考察了《易经》中所包含的心理动词，发现其中只有表示喜爱与怨恨两个"义"类的心理动词，它们反映了古人忧祸趋福的强烈意识。同时，刘青还把这些心理动词与《易经》之前的甲骨卜辞中的心理动词进行比较，发现无论在心理动词的数量上还是在语法功能上，《易经》都超过后者，反映了先民思维的发展变化（刘青，2002）。国外学者的研究主要为荣格的分析心理学派。荣格在1934年的一次学术研讨会上，专门介绍了《易经》的心理学意义；随后，利策玛（Ritsema）花了40余年的心血，从心理学的角度来研究《易经》，认为《易经》充满了深刻的心理学意义，包含着目前西方深度潜意识心理学以及分析心理学的深刻道理，包含着荣格所描述的原型力量（申荷永，高岚，2001）。May Lee认为《周易》中的卦象显示了一种包含自我与外界相联系的结构。在这种结构中，最下面的爻代表着自我的最深层部分，即心灵层；第2爻代表着可受到教育影响的自我；第3爻则是自我与外界的边界；第4爻代表着社会结构；第5爻代表着国家或统治者；第6爻则代表着宇宙（Lee，2002）。Dennis Merrit则论述了《易经》中所反映的隐喻、象征、原型、共时性等在心理分析过程中的应用（Merrit，2002）。美国易学专家安东尼（Anthony）提出了《周易》的自我人格模式，即自我（self）由本我（essential self）、表我（ego）和欲我（bodily self）三种力量构成。当本我在自我设定中占据优势时，自我表现为真我，体现的是君子的自我人格；当表我占据优势时，自我表现为表我、假我，体现的是小人的自我人格（赵继明，1998）。

总之，从心理学角度来看，《周易》主要反映了一种人格心理学思想。近年有人提出《周易》成书于西周末年，是为西周末年的周厉王而写的，全书表达了作者希望周厉王自强不息、中兴复国的愿望。可以看出，全书是围绕自强者（君子）应具有的品质特征以及自强人格的培养而展开论述的。从心理学层面看，它体现了一种自强心理学思想。

1 自强者的人格特征

“自强”一词出现在《周易》64卦之首卦——乾卦的“大象辞”中，即象曰：“天行健，君子以自强不息。”意思是君子应该像乾卦所代表的天那样运行不止、刚健不衰。“君子”一词在《周易》中共有125见，其中卦爻辞20见，大象传53见，小象传10见，彖传11见，文言10见，系辞传20见，杂卦传1见。须注意的是在64卦中就有53卦的“大象辞”中提到“君子”一词，从具有总揽全书性质的首卦——乾卦始一直到最后的未济卦止，比例极高。根据上述《周易》的成书年代、作者写作意图以及《周易》所阐述的内容，可以把“君子”看成“自强者”。因此，书中所论述的君子的人格特征就是自强者的人格特征。其主要人格特征概括如下：

1.1 努力进取，持之以恒

乾卦九三爻辞曰：“君子终日乾乾，夕惕若，厉，无咎。”意思是说君子整天不停地努力奋斗，即使到了晚上也仍然保持警惕，不敢松懈，这样尽管遇到危险，也会安然无恙。努力进取、坚持不懈，不仅能够使人转危为安，而且能够办好事情、获得成功，即“贞固足以干事”(《乾·文言》)。又《家人·大象》云：“君子以言有物而行有恒”。因此，做事情有恒心是君子或自强者的品质特征。《周易》还专门以《恒》卦从正反两方面论述了君子有恒的重要性：君子若能持之以恒，就会亨通顺利，没有坏处，即“恒，亨，无咎，利贞，利有攸往”。如果不能保持恒久性，或损害恒常之道，或在坚持的过程中有所动摇，就会有凶险或蒙受耻辱，即使做的正确，也不会有什么好处。即“不恒其德，或承之羞，贞吝”“浚恒，贞凶，无攸利”“振恒，凶”。因此，要求“君子以立不易方”，即君子要坚定不移，树立不可改变的原则。

1.2 谦虚谨慎

《周易》极为重视并推崇君子或自强者谦虚谨慎的人格品质，在书中多次对此进行阐述。《谦》卦在开头的卦辞中就讲到君子谦虚就会亨通、有好结果(“谦，亨，君子有终”)，在随后的爻辞中则具体论述了这种好处表现在能战胜困难、能使人们服从等方面，即“谦谦君子，用涉大川”“劳谦君子，万民服也”。因为谦虚的品格是符合天道、地道和人道的，甚至鬼神也是“害盈而福谦”。因此，《周易》指出谦虚是君子最终的归宿或追求的目标，即“谦尊而光……君子之终也”；谦虚或谦退的人格体现了自强者或君子的一种自控力(“谦谦君子，卑以自牧也”)。关于君子或自强者的谨慎人格在《周易》中更是多处给予强调和论述，以“慎”“谨”“惕”“顺”等字出现于书中。《系辞》上传说：“君子慎密而不出也”。谨慎严密不乱说话是君子的品质特征。君子的这种谨慎人格表现于各个方面：言语（“盖言谨也”）、行为（“庸行之谨”）、辨物（“君子以慎辨物居方”）、用刑（“君子以明慎用刑”）、择偶（“君子以永终知敝”）、做事（“君子以作事谋始”）、德行（“君子以顺德”）等；同时，还表现为要“戒不虞”、要“思患而豫防之”，即要居安思危，防患于未然。君子（自强者）具备了这种人格特征就不会失败（“敬慎不败也”），就不会坏事（“慎不害也”），而是“吉”“无咎”。

1.3 坚强勇敢

《困》卦的彖辞曰：“困……险以说，困而不失其所亨，其惟君子乎？”意思是说君子（自强者）面对困难时不是垂头丧气、愁眉苦脸，而是能保持一种和悦的心态坚定其目标，勇敢地面对困难，甚至为了目标的实现、志愿的达成而不惜牺牲生命（“君子以致命遂志”）。如果君子能保持这样的心态和坚定性，在任何困境（“困于金车”“困于赤绂”“困于葛”）下最终都会“吉”。《蹇》卦进一步论述了君子面对困难时采取的态度和措施。其象辞云：“山上有水，蹇，君子以反身修德。”告诫我们在遇到艰难险阻时，要回头来检查自己，找出自身存在的问题，加强修养，以求得克服困难的办法。《明夷·象》中举了文王和箕子这两个君子人物在面临逆境时所表现出的坚强性。其象辞曰：“明入地中，明夷。内文明而外柔顺，以蒙大难，文王以之。利艰贞，晦起明也，内难而能正其志，箕子以之。”周文王在蒙受大难和箕子在面临困境时表现出了一种外柔内刚、坚贞不渝而守其志的品格。因此，《周易》认为“君子以独立不惧”，君子（自强者）是独立勇敢、无所畏惧的人。

1.4 诚信

《周易》中的“孚”指的是“诚信”。“孚”在《周易》中至为重要，有许多卦论述了君子“孚”的人格及其重要意义。“孚”是上天赋予君子（自强者）的一种品格，如《益》卦九五爻辞：“有孚惠心”；面临危险时“孚”有很强的号召力，如《夬》卦卦辞：“孚号有厉”；“孚”能使“生天生地”的道得以彰明，如《随》卦九四爻辞：“有孚在，道以明”。总之，人有了“孚”就会无往而不利，如《坎》卦卦辞：“有孚维心，亨，行有尚”；《损》卦卦辞：“有孚，元吉，无咎”。《周易》中还以《中孚》卦和《无妄》卦对“孚”进行专门的论述和概括。《中孚》彖曰：“中孚，柔在内而刚得中，说而巽，孚乃化邦也。豚鱼吉，信及豚鱼也。”在这里，“孚”的作用被大大扩展了，不仅化及邦国，而且还化及人事之外的异类——豚鱼。这是因为“孚”不仅是指诚信，还包含着和悦、谦逊的特征。《无妄·初九·象》曰：“无妄之往，得志也。”

“无妄”即没有虚妄，指的就是“孚”。该句的意思是诚信的人做事情会达到自己的目的，反过来说，如果不诚实守信，就不能实现自己的愿望。因此，无妄，元亨，利贞。

1.5“知几”

“几”是指事物变化之初所表露出来的征兆，即“几者，动之微，吉凶之先见者也”（《系辞下传》）。“知几”就是指能预见到事物将要出现的苗头，包含有待时而动、审时度势、善于把握机会等含义。“知几”反映了自强者或君子的一种能力特征。《系辞下传》说：“知几，其神乎？君子上交不谄，下交不渎，其知几乎？……君子见几而作，不俟终日。”这里提到君子“知几”能力的两层含义：一是君子的人际交往能力，即君子与上级交往不阿谀谄媚，跟下级交往不轻慢亵渎，这是“知几”的前提；二是君子睿智果决，善于把握机会的能力，即君子见到机会能立即行动，一天也不耽搁。《屯》卦则论述了君子知难而变、待时而动的重要性。其六三爻辞曰：“即鹿无虞，惟入于林中。君子几，不如舍，往吝。”意思是说，在没有虞人作为向导的情况下入密林中去追鹿，君子应伺机而动，当舍则舍。若坚持追下去，就可能会被困于密林中，遭受灾咎。《屯》卦意味着难，处《屯》难之时，不可妄动，亦不可拘泥，要相机而动，这样就会有利，就能脱难。即“君子藏器于身，待时而动，何不利之有？”（《系辞下传》）。

2 自强人格养成的途径和方法

《周易》中有关自强人格养成的论述，主要体现在其中的53卦的大象辞中，涉及德、知、行、意、人际关系等五个方面。

2.1 修德方面

《周易》中所提到的“君子”既指职位君子又指德位君子但重在后者（叶岗，1998）。因此，通过修德来培养自强人格是一个最主要的途径。从53卦的大象辞中有12卦出现“德”字也说明了这一点（如“君子以厚德载物”“君子以果行育德”等）。对这12卦大象辞的内容进行概括，其修德的方法包括三个方面：一是笼统的或总的论述。如“君子以居贤德善俗”“君子以常德行”“君子以自昭明德”，即君子应该不断积累、保持和提高自己的美德。二是具体的方法。包括通过培养宽广的胸襟、行为的果敢性、学习前人的言行、反省自己以及乐善好施、节俭等来提高自己的品德。三是通过研究他人的品德和培养他人的美德来对自己进行修德。此外，《周易》还强调修德重在实践以达到“日新其德”（《大畜·象》）。

2.2 认识方面

培养自强人格还可以从认识即“知”的途径入手。要成为一个自强者或君子，除了前面所提到的“知几”外，还要能“知微知彰，知柔知刚”“知进退存亡而不失其正”。如果“知进而不知退，知存而不知亡，知得而不知丧”，那是一个愚蠢的人。在观察问题上，自强者或君子不是像小人那样的“童观”，即狭隘、肤浅、片面地看问题，而是观察问题能得其大、其远。如何做到上述方面，《周易》认为要通过学习来积累知识，通过询问来辨别知识，以胸怀宽广来包容知识，以存心仁厚来实践知识。即“学以聚之，问以辨之，宽以居之，仁以行之”（《乾·文言》）。此外，在学习上要多多记住前人的格言和卓越行为，即“君子以多识前言往行”（《大畜·象》）。

2.3 言行方面

言行锻炼是培养君子自强人格的又一个主要途径。《周易》十分强调君子的言行，认为言语和行为至关重要，它的表现是光荣和耻辱的主要根据。即所谓“言行，君子之枢机，枢机之发，荣辱之主也”。君子在言论和行为上应如何表现呢？从言语来说，首先，讲话要慎重，即“君子以慎言语”。“出其言善，则千里之外应之……，出其言不善，则千里之外违之。”说明了讲话好坏的重要性，所以君子在言语上要特别慎重。其次，讲话要有内容，而非空洞无物，即“君子以言有物”。从行为或行动来说，一是行动要果断（“果行”）；二是行为要恭敬（“行恭”）；三是行动要持之以恒（“行有恒”）。

2.4 意志方面

目的性、坚定性和调控性或自制力是意志的主要特征。从意志的这三个基本特征来论述自强人格的培养主要体现在《周易》的《恒》《困》《蹇》《节》《损》等卦。如前所述，《恒》卦主要是论述意志的坚定性或坚持性特征的；《困》卦和《蹇》卦除了阐述意志的坚定性、调控性特征外，《困》卦还论述了意志的目的性或目标性特征。《损》和《节》两卦则涉及意志的自制力特征。《损·象》曰：“君子以惩忿窒欲。”意思是说君子应当控制自己的愤怒情感和各种贪欲。人们常常因一时的愤怒，感情冲动失控而坏事，造成终生遗憾。因此有“忿”应当“惩”（即止住）。又一切恶端常常因贪欲而产生，因此应当把“欲”窒息和控制住。但这种控制或节制不是使自己感到痛苦，即非“苦节”，而是要感到“安节”和“甘节”，即这种节制是心安理得的、甘美愉快的节制。因此，控制或节制各种不良情感和贪欲，并且能做到心安和愉悦，事情才能亨通、成功，才能成为君子或自强者。

2.5 人际关系方面

《周易》也十分重视人际关系在培养自强人格方面的作用。在53卦中有7卦涉及人际关系。《同人》卦则是专门阐述与人和同的人际交往原则的。《周易》关于人际关系的论述，归纳起来，主要表现在以下几个方面：一是在待人的态度和方式上，要求谦虚待人、宽容待人和以礼待人。二是在对待不同的交往对象上。与上级交往不阿谀谄媚，跟下级交往不轻慢亵渎；与朋友交往要互相切磋和学习（“君子以朋友讲习”）；如果是小人则要远离他，不与其交往（“君子以远小人”）。三是十分强调团结和广交朋友。《同人》卦认为与人团结、和同不能仅限于“同人于门”和“同人于宗”，而要破除一家一族的私见，在更大的范围、更广泛的基础上与人和同，即“同人于郊”“同人于野”。此外，与人交往时，要能够辨别事物的异同，做到求大同存小异，以团结更多的人。只有这样，才能“亨，利涉大川。”

3 自强及其培养应遵循的两条基本心理原则

3.1 创新变革原则

可以说创新变革的观念是贯穿于《周易》64卦始终的。以首卦和末卦为例，作为首卦之乾卦详细描述了龙从“潜龙”到“见龙”再到“飞龙”的变化过程；最后一卦取名《未济》，即说明64卦没有终结，仍然在发展变革着。在64卦中《革》《鼎》两卦则是专门阐述变化革新的思想的。此外，从阴阳2爻到8卦再到64卦和384爻，本身就是一个发展变化的过程。《周易》以“易”名书，就含有变革之义。《周易》的创新变革思想对中国的历史发展起到了重要的推动作用。在政治经济改革上，从商鞅变法、王安石变法、张居正改革、近代的百日维新一直到现代的改革开放；在科学创新上，从中国古代的四大发明到现代的核技术和航天技术，无不体现着《周易》的这种变革精神。因此，作为一个自强者，就要具有这种创新变革的精神或遵循创新变革的原则，自强的过程也应该是一个不断创新变革的过程，创新变革心理的培养也应该是自强人格培养的重要方面。

3.2 “顺天”原则

“顺天”就是指遵循规律，按规律行止。《周易》是一部阐述、总结和应用规律的奇书。不仅《易经》64卦的内容、其间的关系及其排列次序体现出规律思想，而且《易传》更是规律的系统论述和归纳。有人曾总结了《周易》中有关规律的论述，认为包括三个层次，即规律系统、一般规律和特殊规律（李廉，1994）。在《周易》中“天”“道”“法”“情”“文”等字含有规律之义。《周易》认为顺天、循道就会亨通、吉利、成功。《革卦·彖传》在谈到商汤、周武王的革命时，说："顺天而动，不失其时。汤武革命，顺乎天而应乎人。革之时，大矣哉！"汤武革命之所以成功是因为遵循了规律。如果违背或不遵循规律，就会"凶""吝""悔"。如《颐》六三：拂颐，贞凶，十年勿用，无攸利。《象》曰："十年勿用"，道大悖也。《象》辞说六三爻之所以"凶，十年不可用"是因为大大违反了规律之故。因此，要成为一个自强者或在追求自强的过程中，就要遵循事物的规律和原则。如讲究"坚持不懈""勇敢坚强"，并非一味地盲干和冒险，而是要充分了解自身的长处和局限，选准前进的方向，把握事物发展的规律，做到有所为有所不为。在培养自强人格的过程中，也要考虑到心理发展的年龄规律和遗传规律。否则，不仅不能成为自强者，而且有可能导致祸患或灾咎。这两条基本心理原则体现了"易"之三义——简易、变易和不易的思想。宇宙万物、人类社会每时每刻都处在革新变化之中，所以叫作"变易"。此即自强所要遵循的"创新变革"的心理原则之依据。宇宙万象虽变化多端，但是在变化之中，还是有其不变的道理存在，亦即是有规律可循的，故叫作"不易"；宇宙万物不管多么复杂，但其根本道理是简单的，是能够预知、推断的，故叫作"简易"。此即自强所要遵循的"顺天"的心理原则之依据。总之，《周易》是从个体的角度来论述自强的，主要是一种个人取向的自强，更多强调的是个体自强的自发性和主动性。《周易》的这种自强心理学思想对中国人的自强人格的塑造以及整个中华民族自强精神的树立都产生了积极而深远的影响。

合作者：郑剑虹。原文载于《西南大学学报(社会科学版)》，2004 年第30卷第6期。

古籍中自立涵义的概念分析

1 前言

自立是中华民族精神的精华，自古就被视为一种重要的品质。从春秋战国时起，自立一词就开始出现在我国的各类文献中。陆游曾写过“吾儿早自立，所惧非饥寒”的诗句。近现代以来，在内忧外患的背景下，自立就更被视为需要弘扬的民族精神，值得培养的品性。陶行知曾专门创作了《自立歌》。在《中共中央关于加强社会主义精神文明建设若干重要问题的决议》、《公民道德建设实施纲要》、《自尊、自信、自立、自强，为夺取改革攻坚阶段的胜利建功立业——在中国妇女第六次全国代表大会上的工作报告》以及胡锦涛总书记《在新时期保持共产党员先进性专题报告会上的讲话》等文件与领导人的讲话中都提到了发扬自立精神、增强自立意识的问题，并将之与发展社会主义市场经济联系起来。《九年义务教育小学思想品德课课程标准(试行)》、《思想品德课程标准(实验稿)》与《普通高中思想政治课程标准(实验)》等德育文件中则将自立作为学生思想品德的内容和目标。可见，发掘和弘扬自立精神，进行自立教育具有重要意义。

自立自古就被大量学者视为一种重要的人格特征或道德品质，是健全人格的重要方面(黄希庭，2003)，是中国传统文化特别重视的自我方面(黄希庭，夏凌翔，2004)。因此，有必要从人格心理学角度来进行自立研究。但是自古以来，不同的学者就对自立有不同的理解，这导致一方面我们非常强调自立，另一方面自立至今仍是一个模糊概念，人们对自立的内涵和外延并没有一个清楚和统一的认识(夏凌翔，钟慧，2004)。前期研究曾经对孔子、陆象山和近现代学者的自立观进行了初步的梳理(夏凌翔，钟慧，2004)，但是这对于自立涵义的全面挖掘还远远不够。要发掘和弘扬自立精神，科学而深入地研究自立问题，就必须弄清楚自立的涵义与特点。

对古籍中的自立涵义进行深入的挖掘与梳理是首先应该着手的工作。因为，第一，自立是根植于我国传统文化的一个人格构念，通过梳理古籍中的自立涵义才能更好地站在传统文化的角度把自立概念认识清楚。第二，自立是我国土生土长的概念，西方似乎并没有完全对应的人格概念。不过，西方有诸如独立、自主等近似的概念，一些人也容易将西方的这些概念与自立相混淆。因此，需要通过对古籍中的自立涵义的整理来初步揭示自立的实质与特点，并据此辨别其与西方近似概念的异同，以便确定自立研究的价值与方向。

概念分析是通过识别概念使用中的共同性来澄清概念涵义的有效方法，是一种将定性与定量研究结合的分析方式，是澄清那些涉及多个学科、被广泛使用而又涵义模糊的概念的一种新兴的有效的科学手段。规范的概念分析方法在西方学者的研究中已经逐渐成熟，不少学者开始使用概念分析模型(conceptual analysis models)进行研究，例如Spear和Kulbok就使用概念分析模型对青少年自主的概念进行了有效的分析(Spear & Kulbok, 2004)。由于前期的文献检索未能发现关于自立涵义的综述性论文，在古籍中也鲜见对自立的直接论述。此外，我国的古代文献卷帙浩繁，至今都没有一个易于操作的梳理古籍中人格概念涵义的方法。因此，本文试图借鉴概念分析模型的有关方法，通过对常见古籍中“自立”一词的概念分析来初步探讨古籍中的自立的涵义及其历史演变。

2 方法

2.1 文献选取

我国古代文献众多，难以逐一检索，同时手工检索费时、费力且难以保证准确性。因此采取概念分析常用的数据库检索的方法，从Apabi数字图书馆、中华诗词、国学备览等电子图书、软件以及图书馆中尽可能全面地收集它们已经收录的古典文献。同时，根据前期研究的发现(夏凌翔，钟慧，2004)，补充了一部在电子图书中未找到但对自立论述较多的《陆九渊集》。最后，共获得了200部古籍，它们涉及各个历史时期和经史子集等各种文献类型，并且都是对后世有较大影响力的文献，例如13经、13经注疏、24史、四大小说名著等。按成书年代分类：先秦的40部(包括周、春秋、战国)，秦朝的2部，汉朝的15部，晋朝的6部，南北朝的12部，唐朝的20部，五代的2部，宋朝的18部，金朝的1部，元朝的6部，明朝的31部，清朝的28部，其他(即朝代不明或涉及多个朝代)的19部。按文献性质分类：宗教类的5部，哲学类56部，文学类(包括小说、诗词、文学理论等)73部，历史类33部，科技类18部，军事类6部，其他类(即指难以划分为以上类别或涉及多种类别)9部。

2.2 检索策略

由于古籍中的不少概念都涵义宽泛而模糊，为避免事前的期望与过多的推论，仅以“自立”为关键词对199部电子图书进行检索，用手工对字纸的《陆九渊集》进行检索，来获取出现了“自立”一词的古籍。检索中注意排除不能以“自立”成词的情况，如《诗经·雅·大雅·板》中的“民之多辟，无自立辟”，《礼记正义·卷十四·月令第六》中的“自立夏之后北游”。

2.3 分析策略

根据查找到的对古籍的白话翻译或解释，古籍中的上下文，一些古籍对先前古籍的解释如十三经注疏以及请教有关专家等途径了解和解析“自立”一词在古典文献中的涵义。

2.4 自立人格特征的收集方式

对古籍中明确和直接提及的自立人格特征如“以忠义自立”(《三国志·吴书十九》)、“以孤特清苦自立”(《后汉书·卷八十二下·方术列传第七十二下》)进行收集，有关人格特征的用词尽量以原文为准。总之，在收集中尽量避免主观的期望。

3 结果

3.1 “自立”一词的检出情况

200部古代典籍中共检索到有“自立”一词的古籍98部，检出率为49%。其中按成书年代：先秦的13部(检出率为32.5%)，秦朝的1部(检出率为50%)，汉朝的6部(检出率为40%)，晋朝的3部(检出率为50%)，南北朝的6部(检出率为50%)，唐朝的20部(检出率为70%)，五代的1部(检出率为50%)，宋朝的12部(检出率为66.7%)，金朝的0部，元朝的4部(检出率为66.7%)，明朝的16部(检出率为51.61%)，清朝的12部(检出率为42.9%)，其他的9部(检出率为47.37%)。按文献性质：宗教类的0部，哲学类27部(检出率为48.21%)，文学类7部(检出率为25%)，历史类29部(检出率为87.9%)，科技类6部(检出率为33.3%)，军事类1部(检出率为16.7%)，其他类7部(检出率为77.8%)。

3.2 古籍中自立涵义的整理分析

对古籍中出现的自立涵义进行整理分析后发现，古籍中对自立的使用主要是从个体自立、事物自立、针对它物与他人的自立以及国家自立四个方面进行。个体自立、事物自立是针对个体、事物(包括具体事物与抽象事物)自身的“立”，针对它物与他人的自立则是主体施于它物与他人而导致的“立”。国家自立则是与国家有关的“立”，既涉及国家自身的独立自主，也涉及主体使国“立”。自立涵义的四大方面又包括各种不同的具体涵义。关于自立涵义的类型、具体涵义、所见典籍数量及实例见表1。

表1 古籍中自立涵义的整理分析

类型	含义	所见典籍数量/部	实例
个体自立	自修立身	45	“琦感家门殄灭，力学自立”《资治通鉴·后梁纪二》，“或当败败自立”《鬼谷子·中经》，“光禄大夫刘寔，寒苦自立，终始不衰”《晋书·卷四十八·列传第十八》，“失忠与义，难以自立”《梁书·卷第五·本纪第五》，“好书，学能自立”《王安石集·卷九十三》
	自我拥立（自封、自己即位）	66	“不请于天子而自立”《资治通鉴·周纪一》，“而耶律淳自立于燕京”《续资治通鉴·卷九十四·宋纪九十四》，“负刍杀其大子而自立也”《左传·成公十三年》，“子朝自立”《史记·周本纪第四》，“自立为魏王”《汉书·高帝纪》，“李宪自立为淮南王”《后汉书·卷一上·光武帝纪第一上》，“杀县令自立为王”《梁书·卷第五十四·列传第四十八》，“遂胁国人，自立为王”《水经注·卷三十六》
	独立、卓尔不群	7	“李彪之入京也，孤微寡援，而自立不群”《魏书·列传第四十一》
	自己控制局面、主持大局	9	“成帝暗弱，不能自立”《晋书·卷一百九·载记第九》，“鲁秀北走，义宣不能自立，欲随秀去”《资治通鉴·宋纪十》
	自己确定立下	6	“陛下自立异图”《资治通鉴·梁纪十二》
	自行创立、创作（学说、学派、诗文等）	11	“公之学问文章，往往杂于神仙浮屠之说，不皆合于理，及其奋然自立，能至于此者，盖天性然也”《曾巩集·卷十八·记十三首》
	依靠自己创立、获得（事业、功绩等）	14	“吾儿能自立功业，不患无良姻也”《东周列国志·第九回》，“操、含托身驰骤之秋，自立功名之地，可谓志识之士矣”《魏书·列传第十一》
	使自己树立、获得（威信、信誉等）	4	“若多所诛戮以自立威权”《资治通鉴·陈纪五》，“盖以去朝廷远，能自立威福故也”《续资治通鉴·卷一百二十七·宋纪一百二十七》
	依靠自己养活自己	18	“子孙当念自立，何必田宅”《续资治通鉴·卷三十三·宋纪三十三》
	自己站立	7	“真君命甘、施二弟子，遍处寻索，乃自立于一石上”《警世通言·第四十卷》
	使自己立足、安身	4	“夫举大事，非据一州，无以自立”《后汉书·卷七十四上·袁绍刘表列传第六十四上》

续表

类型	含义	所见典籍数量/部	实例
	依靠自己站立、耸立	6	“槐既细长，不能自立”《农政全书·木部》，“嗟哉寄生树，微根不自立”《全宋诗·寄生树》
	自行树立	7	“东海有大石自立，旁有血流”《晋书·卷一百六·载记第六》
事物自立	自圆其说，得以成立	2	“卿之三义，何以自立？”《北齐书·第二十四卷·列传第十六》
	自保自存	15	“洛阳既败，虎牢无以自立，理数必然也”《南史·卷二十五·列传第十五》
	使自己显现、立足	2	“有知不独存，依无知以自立”《梁书·卷第五十一·列传第四十五》
	自行产生、形成	6	“行修而名自立”《孔子家语·卷一·相鲁第一》
针对他物与他人的自立	自行设置、制定	10	“各随意增科，自立色目”《资治通鉴·唐纪四十二》
	自行修建、设立、树立	12	“纪季虽降为附庸，得自立庙社，而其国不灭也”《春秋左传正义·卷八》
	自行拥立	21	“唐末，中原多事，其国遂自立君长”《曾巩集·卷三十一·札子》，“民不能自治，自立君以主之”《尚书正义·卷十·西伯戡黎第十六》
国家自立	（国家）独立自主	4	“说中国将来一定不能自立”《二十年目睹之怪现状·第二十二回》
	自己建立（国家）	7	“盖苦契丹残忍，欲自立国”《续资治通鉴·卷九十二·宋纪九十二》
	使国家树立威信等	3	“外以德自立，内以力自备”《论衡卷十·非韩篇第二十九》

人格心理学研究所关注的是个体心理问题。因此，为了进一步探究古籍中个体自立涵义的演变过程，对个体自立各涵义的古籍数量按照古籍内容的实际朝代（如《古文观止》成书于清代，但内容多非清代）顺序再次进行了整理，具体情况见表2。

表2　个体自立各涵义的古籍朝代与数量

含义	朝代（古籍数量/部）
自修立身	春秋（1）、战国（2）、汉（1）、晋（1）、南北朝（4）、唐（13）、五代（1）、宋（10）、元（2）、明（6）、清（4）
自我拥立（自封、自己即位）	春秋（1）、战国（4）、秦（1）、汉（4）、晋（1）、南北朝（6）、唐（17）、五代（1）、宋（11）、元（3）、明（8）、清（9）

续表

含义	朝代(古籍数量/部)
独立、卓尔不群	南北朝(1)、唐(4)、宋(1)、元(1)
自己控制局面、主持大局	战国(1)、南北朝(1)、唐(4)、宋(2)、清(1)
自己确定立下	唐(2)、宋(2)、明(2)
自行创立、创作(学说、学派、诗文等)	汉(1)、唐(2)、宋(5)、元(1)、明(1)、清(1)
依靠自己创立、获得(事业、功绩等)	南北朝(1)、唐(3)、宋(1)、元(1)、明(3)、(5)
使自己树立、获得(威信、信誉等)	汉(1)、唐(1)、宋(1)、清(1)
依靠自己养活自己	南北朝(4)、唐(3)、宋(4)、元(1)、明(2)、(4)
自己站立	汉(1)、明(6)
使自己立足、安身	南北朝(2)、宋(2)

从表2可见,除了3种涵义以外,个体自立的其他涵义都出现在汉代或其之后。涉及春秋时期的古籍内容是《礼记》中对孔子言论的记载以及《左传》的内容。由于不少学者怀疑《左传》其实成书于战国时期,因此孔子关于自立的论述很可能是最早的。

3.3 古籍中自立人格特征的内容分析

采用如前所述的方法,收集到了古籍中明确和直接描述自立者的人格特征的词汇,并对这些词汇进行了内容分析。首先通过查阅书刊、请教专家等方式确定这些词汇在描述自立者时的具体涵义,然后与汉语言文字学专业的教师讨论这些词汇涵义的共同性与潜在的类别,并在参考了前期研究结果(夏凌翔,2006;夏凌翔,黄希庭,2004,2006c,2006a,2006b;黄希庭,李媛,2001)的基础上最终确定出了这些词汇的类别与归属情况,即这些词汇应该分为主动性、道德性、独立性和其他四类,具体情况见表3。

表3 古籍中自立人格特征的内容分析

类型	人格特征(古籍数量/部)
主动性	强学(2)、力学(3)、好学(2)、勤学(1)、力行(1)、寒苦(1)、勤苦(4)、克苦(1)、忠(3)、信(3)、礼(5)、仁(1)、廉白(1)、清廉(1)、贞白(1)、贞(1)、贞和(1)、肃恭(1)、恭敏(2)、恭孝(1)、孝谨(1)、孝(3)、诚敬(2)、清苦(3)、清素(2)、贫素(1)、轨素(1)、贬素(1)
道德性	贫约(2)、俭约(1)、清贫(2)、清简(2)、清静(1)、检静(1)、清净(1)、清白(1)、淡然(1)、端庄(1)、刻厉(1)、清介(1)、名节(6)、强直(1)、直道(1)、刚直(1)、正直(1)、守正(1)、侃然(1)、不更其所(2)、修饬(1)
独立性	自作主宰(1)、本无欠阙,不必他求(2)、才学(9)、不随流俗(2)、有骨(1)、孤(4)、挺然(2)、介然(1)、特(1)、刚鲠(1)、不受(1)、有克(1)、强济(2)、卓然(2)、矫然(2)
其他	风流(1)、智诈(1)、勇劲(1)、勇敢(1)

注:每种人格特征后面括号内的数字表示该种人格特征在多少部古籍中出现。

4 讨论

4.1 古籍中自立涵义的概论

从自立一词的检索情况和表1可以看出，“自立”一词出现的时间很早，而且在历史发展中自立一词不断出现在各类古籍中。自立一词出现频率最多的是在与历史有关的史书和小说中。此外，在大型文集(包括几位著名学者的文集、《全唐文》和《全宋诗》等)中也均检索到了该词。这暗示，自立一词在古代的使用情况与当前类似，即自立虽然不是人们生活中的最常用概念，但也是不可或缺的概念，大量的有识之士都重视或注意到了自立问题。

从表1和表2还可以看出，从春秋时起，自立的涵义就不单一，经过历史发展，古籍中所反映的自立涵义更是多样化。虽然自立的具体涵义众多，但是这些涵义使用的范围和频率是不同的，一些涵义在众多古籍中反复用到，一些涵义仅在少数古籍中偶尔出现。自修立身和自我拥立是在古籍中使用频率最多的两种涵义，可以视为自立最主要的两种涵义。这可能也是《辞源》中对自立的解释仅有“谓以自立有所建树；谓自立为王”两种涵义的原因。此外，出现“自立”次数较多的古籍中的自立一词一般具有多种涵义。最后，在古籍中自立指称的对象是非常多的，可以是具体的人和物体，也可以是抽象的国家、制度、名声等。但是针对个体自身的自立是古籍中自立涵义的主流和重点。

4.2 古籍中个体自立的实质

自立的涵义有很多，其中个体自立是心理学研究所关心的重点。从表1可以看出，个体自立的涵义有11种，是自立涵义的主要方面。虽然从具体的上下文来看，这11种涵义各不相同，但是仔细分析后可以发现，“自修立身”是最抽象和概括能力最强的一种涵义，是古人对个体自立的总体认识。其他10种涵义则是对个体自立的不同方面的具体阐释。根据对自立领域的划分可以发现，“自己确定、立下”与“自行创立、创作(学说、学派、诗文等)”两种涵义表达的是心理自立的内容；“依靠自己养活自己”表达的是“经济自立”的内容；“自己站立”表达的是身体自立的内容；“自我拥立”“自己控制局面、主持大局”“依靠自己创立、获得(事业、功绩等)”“使自己树立、获得(威信、信誉等)”四种涵义表达的是社会自立的内容；“独立、卓尔不群”兼有心理自立和社会自立的内容；“使自己立足、安身”兼有社会自立和经济自立的内容(夏凌翔，黄希庭，2006c；黄希庭，李媛，2001)。

可见，自古以来自立就涉及了个体生活的多个领域，用“自修立身”可以解释和涵盖古籍中对个体自立的种种理解，是对古籍中个体自立的概括性表述。由于在古籍中，自立的内涵和外延在不断的发展变化,因此要深入理解古籍中个体自立的实质还需要对不同古籍中个体自立的涵义的演变过程做进一步探讨。

从表2可以看出,孔子关于自立的论述很可能是目前能查到的关于个体自立的最早论述。此外,表2还显示个体自立的涵义多出现在汉代及其以后。考虑到汉代以来我国就独尊儒术、《礼记·儒行》中关于自立的论述概括性最强等情况可以推论,即使春秋战国时期就有关于个体自立的多种说法,但是自汉代以来,人们对究竟什么是个体自立,如何实现个体自立等问题的理解的共同基础可能主要源于《礼记·儒行》中孔子对个体自立的论述。

在《礼记·儒行》中对个体自立有两句论述,即“儒有席上之珍以待聘,夙夜强学以待问,怀忠信以待举,力行以待取。其自立有如此者”和“儒有忠信以为甲胄,礼义以为干橹,戴仁而行,抱义而处,虽有暴政,不更其所。其自立有如此者”。可以看出,其所认为的个体自立的涵义应该是“自修己身以立身”。“自修己身”就自己修炼自己的人格,主要包括修智修德、力行与坚守道德三种方式。修智的方法是强学,修德的方法是怀忠、信、礼、义、仁。力行是智与德的身体力行。坚守道德则是对忠、信、礼、义、仁等品德的坚守、不动摇。“立身”包括内在的心理标准和外在的社会标准两种,即内在的“人格之立”与外在的“社会之立”。人格之立的表现就是“智立”与“德立”。“智立”主要指有学识、智慧,这样理解也可以从《中庸》中的“好学近乎知”中得到旁证。“德立”就是具备并能坚守住道德。社会之立就是能够被“聘”“问”“举”“取”,即被社会或他人认可。《礼记·儒行》中认为人格之立比社会之立重要,因此,如果处于“暴政”则内在的道德坚守比外在的社会认可更重要,不能因为外在的社会之立而“更其所”。此外,从“待聘”“待问”“待举”“待取”这“四待”中还可以看出,《礼记·儒行》认为社会之立仅是人格之立的附带之物,人格之立必然导致社会之立,这与《大学》中提出的“内圣外王”以及在《孔子家语·卷一·相鲁第一》中的“夫内行不修,身之罪也;行修而名不彰,友之罪也;行修而名自立”等论述所反映的思想是一致的。可见,自立最初是围绕智与德的一种人格修行方法和初步的人格养成结果,获得名誉、地位等外在的社会认可并不受重视。

从“待聘”、“待问”、“待举”、“待取”以及“忠”、“信”、“礼”、“义”、“仁”中还可以看出,《礼记·儒行》中的“自立”暗含有以相互依赖、人际责任为特征的人伦内容。这与儒家强调人伦道德的基本思想一致,同时也与西方的独立、自主等类似概念明显区别。西方的独立、自主概念多强调的是人际分离、个人自由与权力,既没有“四待”,也不强调人际责任(夏凌翔,黄希庭, 2006a)。

可以推测,《礼记·儒行》中对自立的认识影响了后来学者对个体自立的认识,学者们在此基础上发展了个体自立的涵义,主要表现为扩展了自立所涉及的范围,增强了自立的主体性，弱化了自立作为人格修行方法和人格养成结果的特征以及相互依赖的内容。

第一，扩展了“智”与“德”的内容。《礼记·儒行》提出的“智”主要是以学识为主，“德”是以忠、信、礼、义、仁为主。以后的一些古籍中对它们进行了扩展。例如，《资治通鉴·宋纪十四》的“少能以廉白自立者”；《后汉书·卷八十二下·方术列传第七十二下》的“以孤特清苦自立”；《晋书·卷三十七·列传第七》的“以贞白自立”；《晋书·卷八十三·列传第五十三》的“亦以轨素自立”；《晋书·卷九十四·列传第六十四》的“以贫素自立”；《宋书·列传第十三》的“登之少以强济自立”；《陈书·卷三十三·列传第二十七》“以勤苦自立”；《北齐书·第二十一卷·列传第十三》的“但以风流自立”；《隋书·卷四十八·列传第十三》的“然专以智诈自立”；《隋书·卷四十九·列传第十四》的“宜以诚敬自立”；《旧唐书·卷一百六十八·列传第一百一十四》的“以文辞自立”；《南史·卷五十一·列传》的“少以清静自立”；《旧唐书·卷一百七十二·列传第一百一十八》“与弟铢、锴皆以检静自立”等等。

第二，将自立的对象从以内在的智与德为中心拓展为涉及个体生活的方方面面。《礼记·儒行》中自立的“自修立身”，所修和所立的都是以智与德为主的内在人格品质。后来的古籍则将自立的范畴扩大了。从表1的“使自己树立、获得(威信、信誉等)”、“依靠自己养活自己”“自己站立”“自己确定、立下”等涵义可以看出，自立的范围已经扩大到社会自立、经济自立、身体自立和心理自立等领域。如果说身体自立、心理自立还属于《礼记·儒行》所强调的内在的人格之立的范畴，是顺着《礼记·儒行》的自立思想继续发展的话，那么社会自立和经济自立的内容则表明古人的自立观已经开始从重视内在的心理标准转变为重视外在的社会标准。因此自修的内容也开始从“修己身”演变为修己的名、利、位等；立身的内容也开始从以立智、德为中心演变为以立名、利、位等为中心。这种趋势可以从古籍中对自立一词的使用情况看出(参见表2)。具体如，《资治通鉴·梁纪十八》的“城危如此，而都督不救，若万一不虞，殿下何颜自立于世”；《续资治通鉴·卷三十·宋纪三十》的“国朝将相家，能以身名自立不坠门阀者”；《禅真逸史·第八回》的“又恐声扬起来，难以自立”；《北齐书·第二十三卷·列传第十五》的“兰根虽以功名自立”；《汉书·薛宣硃博传第五十三》的“然好乐士大夫，为郡守九卿，宾客满门，欲仕宦者荐举之，欲报仇怨者解剑以带之。其趋事待士如是，博以此自立，然终用败”；《晋书·卷七十八·列传第四十八》的“以富强自立”。此外，“鲜能以名节自立”在《三国志》《宋书》《魏书》《隋书》《南史》5部古籍中共出现了6次。

第三，自立所体现的主体性在增强、相互依赖性在减弱。《礼记·儒行》在最初对自立的论述中并没有特别强调主体性，而是暗含有如前所述的相互依赖性(夏凌翔，钟慧，2004)。但是后来的古籍中却越来越强调自立的“自我依靠”涵义，这可以从表1个体自立的“自我拥立”“自行创立、创作(学说、学派、诗文等)”、“依靠自己创立、获得(事业、功绩等)”“依靠自己养活自己”等涵义中,表3自立人格维度中的“独立性”内容,《全唐诗·旅寓书事》的“时清不自立,发白傍谁门”和《全宋诗·寄生树》的“嗟哉寄生树,微根不自立”等诗句中,以及多部古籍中反复出现的“少孤能自立”之类的表达中看出。总之,在历史演进中“自我依靠”不断驱逐自立概念所暗含的“相互依赖”内容,以“自我依靠”为核心的经济自立和社会自立的内容不断得到强化。以至于《现代汉语词典》将自立就解释为“不依赖别人,靠自己的劳动而生活”。不过,在多数古籍中对“自我依靠”的强调还没有达到这种程度,多数古人在强调“自我依靠”的同时也强调暗含有相互依赖内容的人伦特征。例如,从表3中可以看出,古人在自立涵义中增加了“恭”、“孝”、“诚”、“敬”等反映相互依赖特征的人际内容。

第四,弱化了自立作为人格修行方法和人格养成结果的特征。随着对自立的外在社会标准的强调,社会自立、经济自立逐渐成为自立的核心内容,自立作为人格修养方法和人格养成结果的特征也就被逐渐弱化了。在自立涵义中“自我依靠”逐渐比“修身养性”更重要。在一些古籍中个体自立越来越多地被视为了在一定社会情境下的个人状态或行为。这也导致自立原本作为人格概念的特征被部分学者弱化了。

综上所述,古籍中的个体自立是一个具有复杂涵义的概念,其涵义有很强的涵盖性和伸缩性。自修与立身是自立概念的基本内容,它们又是相互缠绕的。“自修”的内容和方式也就是“立身”的内容和表现,因此个体自立的途径、表现和成果常常是难以截然分开的。自立既是一种人格特征也是一种人格塑造方法。自立的对象和范围是宽广的,既可以是内在的人格(包括智、德、才、身体等),也可以是外在的社会赞许物(包括名、利、地位、财富等)。最低程度的自立可以仅是“能够自己站立起来”,最高程度的自立则是“内圣外王”。因此儒家强调的“齐家、治国、平天下”与“忠、孝、仁、义、信、礼、智、勇”以及一般人所关注的成名成家、发家致富等都可以视为自立的表现和内容。

4.3 古籍中提及的自立人格的维度与特点

从表3可以看出,古籍中的自立人格主要包括主动性、道德性、独立性三大维度。这三个维度及其所包含的内容与前期调查共同发现的公众的自立观中的自立人格维度与内容有相当的一致性(夏凌翔, 2006; 夏凌翔,黄希庭, 2004, 2006c)。这暗示有影响力的古籍中的自立观对当前公众的自立认识可能是有一定影响的。此外也提示,自立人格所包含的内容是在长期历史发展过程中不断形成的,当前公众对自立的认识是在继承前人思想的同时,根据时代特点赋予了自立新的内容。因此,对于自立人格的建构也应该在发掘古代思想的同时,根据当前人们的认识以及时代要求来进行。

还可以发现,自《礼记·儒行》最初提出个体自立概念以来人们就一直强调道德因素在自立人格中的作用。此外,古籍中自立所涉及的道德因素不仅内容广泛,层次也很高。今天,自立仍被视为重要的道德品质,不仅前期研究中发现了道德性维度或内容,众多德育文件中也将自立作为思想品德教育的内容和目标。从上述对个体自立涵义的分析中还可以发现,自立概念中所强调的道德因素,不仅涉及静态的道德品质,更强调动态的道德修养过程(夏凌翔, 2006; 夏凌翔,黄希庭, 2004, 2006c, 2006b)。

总之,重视道德因素,特别是道德修养是自立概念与西方的自主(autonomy)、独立(independence)、自我决定(self-determine)、自我依靠(self-reliance)。自我满足(self-sufficiency)等类似概念的另一个重要区别。因为西方的这些人格概念基本上都不涉及道德因素,特别是不会涉及道德修养因素,即使有个别学者提及了道德因素,也不如自立概念对道德因素强调的程度深、范围广。

其实,对道德修养因素的强调也是中国人的人格概念与西方的人格概念的重要区别之一(杨中芳, 1997)。儒家思想所倡导的人格品质都是以德为中心的。在古代中国人的人格结构中,不仅德的集中表现——"仁"成为最高人格层面,而且其他几种基本人格维度中也都有德的成分(杨波, 1999)。

总之,古籍中的自立人格是以"德"为核心、统率、归属和落脚点的。主动性表现的是自立概念的动力特征。独立性表现的是自立的主体性特征,也是自立与其他人格概念的最显著区别所在。独立性和主动性都围绕"德"展开,它们的获得与表现是以德的修养和践行为目的,并且不能超出伦理道德所允许的范围。同时,由于对人伦关系的强调导致自立概念中暗含有相互依赖的因素。这些就导致自立概念中表现出的主体性、能动性不如西方的独立、自主等概念,体现出了传统文化所强调的中庸思想。

4.4 本研究在澄清古籍中自立涵义方面的优劣

进行任何科学研究之前都必须对所研究的概念有一个清楚的认识。要研究有中国特色的人格概念就需要对具有人格心理学涵义或思想的传统概念进行有效的清理,以剔除其模糊、晦涩的因素,并发现其与西方类似概念的异同,以指导进一步的研究。因此,对古籍中这些概念的涵义进行整理就是一个必不可少的基础工作。但是,进行这样的工作目前还没有一个成熟的便于操作的研究方式。

由于中国的传统概念多具有很强的文学、哲学色彩,涵义模糊而宽泛,并且涉及多个学科。因此,本研究就试图借鉴概念分析的方法来对古籍中的自立涵义进行初步的梳理,并试图为整理传统人格概念摸索出一种便于操作的、具有可重复性和可定量化的科学研究方法。应该说,经过努力本研究获得了一些有意义的结果,初步揭示和清理了自立的复杂涵义，也初步显示了概念分析模型在这类研究中的价值与优势。

作为初步地尝试，本研究也发现了此类研究容易面临的问题，以供今后的研究借鉴与改进。第一，古籍的选取问题。由于目前电子版的古籍并不算太多，因此在本研究中鉴于条件与能力的限制，仅收集到了200部古籍，这就使古籍选取的代表性与全面性受到了影响。相信随着我国古代文献的数字化进程，今后所有存世的古籍都能找到电子文本。不过，由于我国古籍众多，要想检索和分析完所有古籍也似乎是一个难以完成的任务，因此应该如何选取以及选取哪些古籍进行此类研究将是一个必须解决的问题。第二，如何既防止事前期望与过度推论又防止信息获取不足。古籍中的词的涵义常常宽泛而丰富，不少词有多种涵义，同时不少词或句又有相同涵义。就本研究而言，在一些古籍的部分论述中“自立”就与“立”等词的涵义相同或类似。本研究为了防止事前期望过高与过度推论，没有对“立”等概念中的“自立”涵义进行分析，这就可能导致了信息获取的不足。但是，如果对“立”等词进行分析又容易导致偏离主题以及理解上的分歧与过度推论。例如，要确定古籍中究竟有哪些“立”的涵义才等同于“自立”就不仅相当困难而且容易引发更多争议。

总之，对古籍中具有心理学涵义或思想的概念进行有效的整理与分析是一个相当困难的工作，本研究希望能有一个抛砖引玉的作用，以便深入推进这样的基础研究。最后，建议对此类研究的评价应该更多从研究过程的标准性（可操作性、可重复性）以及研究结果的价值的角度来进行，而不要过于苛求对古籍（或概念）检索的全面性。

合作者：夏凌翔。原文载于《心理学报》，2006年第38卷第6期。

从《四库全书》看小我自强的人格特征

1 目的

儒家典籍《中庸》言："天下之达道五，所以行之者三。曰：君臣也，父子也，夫妇也，昆弟也，朋友之交也，五者天下之达道也。知，仁，勇，三者天下之达德也，所以行之者一也。"强调个体通过智、仁、勇等品质处理好君臣、父子、夫妇、兄弟、朋友等关系。处理好各种人际关系则是"知所以治人"，如此"则知所以治天下国家矣"（《中庸》）。所以儒家称人伦实践为"达道"，并总结出个体有五"达道"以通行天下。那么这种理论在自强人格实践中是如何表现的呢？关于自强人格，已经有一系列理论和实证研究（夏凌翔，2005；郑剑虹，2007；黄希庭，2003），我们的研究则是试图通过检析《四库全书》"自强"资料，从"个我""小我""大我"三个维度来探讨中华传统文化中的自强人格特征，其中"个我"指个体的我，包括个人的身体及内在私欲等的自我；"小我"指人伦关系中的自我；"大我"指除小我以外的群体自我，它包括社会、国家乃至自然、宇宙关系中的自我。我们已经撰文探讨"大我"自强的人格特征及其与健全人格的关系（赵彩花，黄希庭，岳彩镇，蔡亮，赵天一，2009b）、个我自强人格的内涵及中国人的个人观念（赵彩花，黄希庭，岳彩镇，蔡亮，赵天一，2009a）。本研究是前两篇文章的姊妹篇，旨在探析我国传统文化中"小我"自强人格的内涵及其反映出的中国人家庭及人伦观念的特征。

2 方法

本研究材料采用计算机从电子版《四库全书》检索关键词"自强"而得（所用电子版是由上海人民出版社和迪志文化出版有限公司在1999年共同开发的文渊阁《四库全书》"原文和全文检索版"）。检索涵盖文渊阁《四库全书》的全部书籍3476种，以"自强"为关键词检索得到4747个含有句，去除"自"与"强"连用却不成词者153个，得到含"自强"的语句4594条。然后，由四位研究者（一位中国古代文学博士，二位中国古代文学在读硕士，一位心理学在读硕士）用内容分析法对检出资料进行处理。去除"自强"行为施动者为物、集体、国家等的语句。最后以"个我"、"小我"和"大我"为维度对自强的语句材料进行分类，并对其出现频次加以统计。属于"个我""小我""大我"自强语句材料共1674条，其中"小我"自强语句105条。本文专就"小我"自强语句材料加以分析。

3 结果

对小我自强 105 条语段材料予以分析，可分为“立门户”“慰亲故”“惠乡井”“合朋类”“追前英”“传师承”“答知遇”“成君臣”“正人我”九方面的内容特征。

表 1 小我内涵分类、典型表述和出处

含义	含有量/条	典型表述	出处
立门户	44	1. 而政权下移，不知自强以保其先世之业。	《洪氏春秋说· 卷十八》
		2. 汝等宜自强为善，以纉乃祖父之志。	《诚斋集· 卷一百三十一》
		3. 夙兴夜寐，各务努力，以求无忝于先人可也，天之密运，圣人之不已，君子之自强皆此意也。	《诗解颐· 卷二》
		4. 上虽苦，为妻子自强。	《通鉴纪事本末· 卷二上》
		5. 汝若不自强，伶俜辱爹娘。	《文简集· 卷十三》
		6. 戒二子自强以立门户 。	《端明集· 卷三十九》
		7. 吾宗子弟森森在，爱尔清年颇自强。 勤俭两言行到 底，管教门户日辉光。	《整庵存稿· 卷二十》
慰亲故	5	1. 甥切宜克己自强，以慰老怀。	《定宇集· 卷十》
		2. 窃惟节哀自强，以副故人亲友之望君怀。	《水东日记· 卷二十》
惠乡井	2	1. 果决有谋，既足自强，又能为姻族乡井捍御外侮。	《圭斋集· 卷十》
合朋类	8	1. 朋类自合，其志得行，能自强故也。	《易小传· 卷二上》
追前英	13	1. 黾勉以自强，前修庶足跂。	《东里集· 诗集卷一》
		2. 人能无以一生为客，则澡濯自强，期与前英联横。	《浙江通志· 卷二百六十一》
传师承	5	1. 铉绝今何苦，衣传拟自强。	《南湖集· 卷四》
		2. 而轻弱之质，终莫能自强，乃圣门一罪人耳。	《庄渠遗书· 卷三》
答知遇	7	1. 勉力自强，以副推择。	《彭城集· 卷十九》
		2. 敢无自强，少答知遇。	《栾城集· 卷五十》
		3. 不忘本心，自强汩没之中，少称平昔赏遇之厚耳。	《云溪居士集· 卷二十四》

续表

含义	含有量/条	典型表述	出处
成君臣	15	1.藩镇得以世袭，遂使自辟其人，自强其兵。	《礼记集说·卷二十七》
		2.哀公不能自强而下同于季氏之孤。	《礼记析疑·卷七》
		3.大夫而有自强以徇其君者，是亦三桓也。	《钦定礼记义疏·卷三十六》
		4.虽欲自强，念终无以当至仁登擢之宠。	《襄陵文集·卷七》
		5.奋志自强，勉为良吏。	《世宗宪皇帝朱批谕旨·卷三十四》
		6.在尔自强，以承朕志。	《元丰类稿·卷二十五》
正人我	6	1.秉正自强，莫或敢侮。	《儿易内仪以·卷五》
		2.夫自强者制人，自弱者制于人。	《筼窗集·卷八》

小我“立门户”“成君臣”以及为朋友、亲旧、乡井、先哲、知遇、师门和人我等九类内容可以说已经囊括了中国传统社会中的主要人伦关系。其中“立门户”占小我材料总数约一半，这个数字与我国传统社会重视个体要为家族荣耀努力正相符合。我们所得材料，“立门户”主要涉及三方面的内容：一是为宗族祖先而自强，如“以保其先世之业”“以攒乃祖父之志”等；二是为父母妻子而自强，不要使爹娘面上无光、妻子儿女衣食无着；三是为门户家风，为了光耀门庭，传承优美家风，个体应当自强不息。在中国历史上，好的门第和家风为塑造中华民族的民族美德和保存中华传统文化具有不容忽视的功用，从我们所得小我自强材料可见个体对此的自觉努力。为了宗亲自强而外，个体还处在姻亲和其他旁系亲属这些人伦关系之中，表1所列“甥切宜克己自强，以慰老怀”就是舅舅对外甥的期望，可为代表。个体要不辜负亲人的期望，让亲人得到安慰、荣耀和个体的仁爱，从而使亲族和美，这就是儒家所谓的“齐家”。

“齐家”之后，儒家主张“推恩”，也就是个体还要“老吾老以及人之老，幼吾幼以及人之幼”(《孟子·梁惠王上》)，首先要推恩行仁于邻里乡党，所以“惠乡井”是个体自强必及的内容。

我国传统文化非常重视朋友关系，个体不但要自我向善，还要通过与善人为朋友以提升自我。今天的心理学也证明朋友对个体成长具有重要的完善人格的作用。我国传统赋予朋友的义务是“责善”，“一乡之善士，斯友一乡之善士，一国之善士，斯友一国之善士，天下之善士，斯友天下之善士”(《孟子·万章下》)，朋友是以道相合、以义相从者，通过以善相互敦促和相互砥砺，以利于个人健康成长。朋友是相当重要的人伦关系，这一点在小我自强人格内涵中也反映了出来。

除了与同时代的善人为朋友外，还应该学习前贤先哲，“以友天下之善士为未足，又尚论古之人……是尚友也”（《孟子·万章下》），虽不与古人同时，但自强者却常把自己与古人放在同一坐标中衡量，“舜何人也，予何人也，有为者亦若是”（《孟子·滕文公上》）是以古人为坐标的典型体现。正因为心中常设置了以古人为目标，所以“追前英”成为小我中的一种特殊的人伦关系，个体自强的目标是为了成为某个先贤或某类古人。

个人的成长需要受教育，中国传统文化尊师重教，老师不但传道、授业、解惑，而且以自己的人格影响弟子，教育弟子做人；“且人之所以为人也，亲生之，而师成之。成之之恩，与生均矣”（熊十力，1999），弟子与老师之间情如父子，恩同再造，所以与老师构成了一种重要的人伦关系。

个人的成就同样也需要赏识者，所以赏识与被赏识、推荐与被推荐成为又一种人伦关系，更何况在封建社会，被荐举者犯法，荐举人要受连带责罚，使这种人伦关系纽带更牢固，所以“以副推择”“少答知遇”“少称平昔赏遇之厚耳”既表达情感的感激，也是一种行为的承诺。

孔子的“君君、臣臣、父父、子子”指出了中国社会主要的两种人伦关系就是君臣父子，另外孔子还曾说“君使臣以礼，臣事君以忠”（《论语·八佾》），揭示君臣之间正确的交往原则。到战国时候，把国君看成一个普通个体的倾向更严重，孟子的话可为代表：“君之视臣如手足，则臣视君如腹心；君之视臣如犬马，则臣视君如国人；君之视臣如土芥，则臣视君如寇仇。”（《孟子·离娄上》）甚至众叛亲离的商纣王被称为“一夫”（《孟子·梁惠王下》）。我们得到15条“成君臣”的材料，它们可分为三类：一是君臣关系倒错，如“大夫而有自强以徇其君者”，常态的君臣关系是君主拥有赏罚生杀的权力，可是在国君微弱、人臣强权之时，权臣自强的目标指向“徇其君”，以儒家伦理衡量，这种自强绝非适度；二是臣事君，主张以忠报答君王；三是君勉臣要自强于“勉为良吏”“以成朕志”等。

人我关系指一般的人与人之间的关系。对此，孔子的家族有极好的格言：“一命而偻，再命而伛，三命而俯，徇墙而走，亦莫余敢侮。”（《孔子家语·卷三》）这条家训主要是针对人我关系中我对他人的态度而言，要谦恭卑顺，不自招侮辱。当然，君子对人态度要巽顺而外，还要内健即要自强，这样他人就“莫或敢侮”，同时在与他人、国家、民族的对峙关系中，就能“制人”而不是“制于人”。从“自强”这一词语所得的人我关系的处理侧面反映儒家人我关系并不是一味卑顺，而是要端正人我关系，自强去侮。

4 讨论

4.1 小我的人伦内涵及相应的道德要求

中国传统文化中的"五伦"指君臣、父子、夫妇、兄弟、朋友等主要的五种人际关系。从我们所得材料看,"立门户"中包括了父子、夫妇、兄弟这三种关系,"追前英"是与古人做朋友,因而与"合朋类"都属于阐述"朋友"这类关系;中国人把老师、知遇者等同于父母般的人,因而"传师承""答知遇"从人伦关系上讲,即属于体现父子人伦这一类;乡井之中、亲故之中,有与父母同辈者、有与兄弟同辈者,所以从人伦看,"惠乡井""慰亲故"皆包含父子、兄弟二种人伦关系;"成君臣"即反映君臣人伦。于此可见,小我自强的人伦内涵囊括了中国传统文化中的五种人伦关系。而且,从与"我"形成关系的性质看,"立门户"包含的是家族中人、"慰亲故"是与支属亲属关系,这两者与"我"是血缘关系;邻人、乡里则与"我"是地缘关系;君臣、师徒、赏识者是血缘、地缘而外的事业缘;人我关系既指普遍而言的我与他人的一般行事原则,同时它也包含血缘、地缘、事业缘这些相对固定缘而言的偶然缘,指个体与"自己人"之外的他人形成的偶然、短暂的交叉关系。这些都是以"我"为圆心与他人组成的单线关系,而且在与他人组成关系中只有"我"对自己单方面的态度要求,并没有任何对他人如何对"我"的期望。诚如费孝通所言,中国人不是个人主义,而是自我主义,"以'己'为中心,像石子一般投入水中,和别人所联系成的社会关系……而是像水的波纹一般,一圈圈推出去","范围的大小也要依着中心的势力厚薄而定"(费孝通, 1998),自强人格体现于人伦,涵盖了几乎所有的人际关系,由此可知自强者自我力量之深厚及其主动施为倾向之强烈,《中庸》所谓的五"达道"在小我自强人格中有明显体现。

同时,我们在归纳小我材料时,发现有一个非常明显的特征,即"我"与每一种人际关系都有鲜明的情感倾向,而且各个不同。其中最大的区别当属对待"自己人"与非"自己人"的情感差异。"正人我"体现的是对非"自己人"的严正态度,而对待有血缘、地缘、事业缘这些属固定缘的"自己人",其情感区别与文献所载"父子有亲,君臣有义,夫妇有别,长幼有叙,朋友有信"(《孟子·滕文公上》)的规定合若符契,因而我们在总结时,有的用动词或形容词如"慰""惠"来体现它,其他虽用"立""追""传"等情感状态不明显的词,但其中包含着不同人际关系的不同情感要求。不同人际关系要求有相应的道德情感,不但体现了小我自强是施"仁"的过程,也体现出个体"推恩"的差序格局,具体表现正如《礼记》大传所言:"亲亲也、尊尊也、长长也、男女有别,此其不可得与民变革者也。"由亲到疏、由近及远、由尊到卑,愈推愈远。我们的研究也印证了费孝通的田野调查结论:"从己向外推以构成的社会范围是一根根私人联系,每根绳子被一种道德要素维系着。

社会范围是从‘己’推出去的，而推的过程里有着各种路线，最基本的是亲属：亲子和同胞，相配着的道德要素是孝和悌。……向另一路线推是朋友，相配的是忠信。”《大学》有言：“孝者，所以事君也；弟者，所以事长也；慈者，所以使众也。”施用“孝”“弟”“慈”，在家足以奉父母处兄弟待下辈，推行于邦国，足以侍君长友朋类爱幼弱。所以，“家”是人伦实践的始发站，不是终点站，把对“家”的情感推行开来即可以“治国”。我们所得到的“小我”自强的九个内涵，真正涉及家庭的只有“立门户”和“慰亲故”两类，其他七个内涵是把家庭“孝”“弟”“慈”伦理演绎实践的体现而已。就人伦实践首重家而言，可以说中国人很重视家庭，但从其目的不仅是为了家庭、更是为了治国乃至平天下而言，也可以说小我自强人格只是把家庭作为“小家”，乡井、朋类、师承、知遇、君臣则是“大家”关系，这就是小我自强的“齐家”外延。

4.2 中国传统文化中的自强人格特征及其“度”

我们已经用三篇文章对施动者为个体的自强目标材料从个我、小我、大我维度分别予以归纳分析。大我之“进德修业”、“盛德大业”和“天德圣业”可以典型地反映出自强的目标指向“德”“业”的特点；其实，小我之流惠他人、个我之“诗礼之书”、“富贵荣名”、“志节操行”何尝不隐含“德”与“业”呢？因此可以说，中国传统文化中“自强”的目标是“德”“业”并修，自强人格是“德”“业”人格。此外，大我之“进德修业”所包含的具体含义和个我之“养生乐生”“研读诗书”“志节操行”即为儒家“修身”的具体内涵，小我即相当于“齐家”之内容，“盛德大业”即“治国”，“天德圣业”即“平天下”，如此则“自强”的目标即儒家所提倡的“修身齐家治国平天下”，自强人格即具体指向“修齐治平”的“德”“业”人格。

更进一步分析，自强人格的最终目标是达到“中庸至诚”，其中包括两个指向，指向自身内在，是不断的“为学无荒”“求道不息”“德性修为”“去欲存刚”而达到“纯亦不已”的“刚健中正纯粹精”的内在至诚之德；指向外在，是修身、齐家、治国、平天下以达到“合乾德之大”、与天同一的刚健不息、生利万物的外在至诚之业。至诚之境是“全”、是“一”、是纯粹，在那里没有“度”与“不度”，所以从自强的最终目标来定义，自强即“刚健独运，无少休息”。但是，我们还应该注意到，中国文化中的概念内涵都是分层级的，自强也是如此，除最高的纯粹之境外，它还有许多层级目标是指向经验世界、现实人生的，如具体的修身、齐家、治国等。在具体事物、具体情境关系之中，“自强”便有了对立面和邻近面，如与之相反的有“自弱”“自卑”“自辱”等，与之相近的有“自奋”“自立”等，如此“自强”这一行为体现便存在“度”与“不度”、“适度”与“过度”。目标材料中有25条属于“过度”或不应该“自强”者，具体内容见表2。

表2　个体自强目标过"度"的含有量、具体表述和出处

维度	含有量/条	具体表述	出处
大我	18	1.自强为恶而不畏死，人无不恶之。	《尚书注疏·卷十三》
		2.且其自强于为恶。	《尚书全解·卷二十八》
		3.至纣之德则不然矣，自强为恶。	《尚书全解·卷三十五》
		4.受不能如汤之丕釐上帝耿命，乃自强于昏德。	《陈氏尚书详解·卷三十九》
		5.言纣自强于为恶。	《尚书要义·卷十七》
		6.坐食俸禄使人惭愧……然此意已决，虽欲自强而不能。	《晦庵集·别集卷一》
		7.互相噬以自强，为吞晋计耳。	《春秋四传质·卷下》
		8.大臣事圣主不敢废规儆，尽其当然。蒸蒸之义，非所以自强也；夔夔之齐，非以正行也；业业之致，非以要誉也。	《群书考索·续集卷五十三》
		9.若自强则有专权之罪，弱则受制于人。	《通志·卷八十上》
		10.谋臣思公共，不敢自强，故举事多臧。	《宋名臣奏议·卷四十八》
小我	3	1.藩镇得以世袭，遂使自辟其人，自强其兵。	《礼记集说·卷二十七》
		2.大夫而有自强以饷其君者，是亦三桓也。	《钦定礼记义疏·卷三十六》
		3.春秋之时君臣之礼不行，政在三家，固城自强，公室不能制矣。	《格物通·卷四十六》
个我	4	1.然世方婴于俗学以自强，屹乎其不可攻也。	《闽中理学渊源考·卷十五》
		2.今人自强自是乐己之同，恶己之异，便是有固必意我，无由得虚。	《张子全书·卷六》

表2材料显示大我、小我、个我都有自强过度者。其中大我的"天德圣业"不存在"度"的问题，所以没有"过度"的材料；但大我之"进德修业""盛德大业"指向现实世界，所以都有自强过度的材料，如"自强于为恶"是"进德修业"时自强的错误目标；"盛德大业"的过"度"自强表现在人臣处理国家事务时。人臣在处理国家大事之时，应该一心为公以称职任，应该"不敢挟权势以自强""不敢自强""蒸蒸之义，非所以自强也"。儒家一贯主张自强，但在处理国事之时，凡目标不是为了国家而是为了增强自己的势力或物质，都是不合"度"的自强。小我自强不符合"度"的材料存在于"成君臣"之中，儒家规定"君君、臣臣"的君领导臣的关系模式，但那些僭越篡夺之臣，或以"固城""专邑""夺神策兵""攘夺"等手段，达到自强"其兵""以饷其君"的目的，颠倒了君臣关系，其"自强"专指违背人伦道德的外在势力的增强，所以不符合"度"或"过度"。个我自强过度存在于"志节操行"之"世俗行为方式"中，如"今人自强自是乐己之同，恶己之异"之"今人"，他自强

的内涵是专门接受那些与自己相合的意见以证明自己强大,而对那些与自己相左者则深恶痛绝,这种自强是臆想中的“自以为强”,并非真正的自强。

由以上自强不符合“度”的材料分析可见,自强目标指向大我、小我、个我都可能出现过“度”或不符合“度”的情形。大我自强人格需要注意自我检查其自强的目的是否符合“善”,在处理国家之事时要严防夹杂私人目的而使自强过“度”;小我自强之“度”主要在君臣关系上,臣子要把好自强的分寸;个我自强人格需要时时警惕自己不要陷入“自以为强”的误区。但自强人格的行为指向内在道德的增强和外在“齐家治国平天下”之目的的自强则总是适度的、符合善的。

5 结论

(1)小我自强的人伦内涵,囊括了含“五伦”在内的几乎所有的人际关系。这些人际关系即小我自强的“齐家”内涵,传统文化中的中国人既重视家,同样重视国,属于家、国并重者。

(2)不同人际关系要求有相应的道德情感不但体现了小我自强是施“仁”的过程,也体现出个体“推恩”的差序格局。

(3)在具体关系、情境中,自强有适度与过度。中国传统文化中的自强人格是具体指向“修齐治平”的“德”“业”双修人格。

合作者:赵彩花,岳彩镇,蔡亮,赵天一。原文载于《西南大学学报(社会科学版)》,2010年第36卷第1期。

如何做社区心理学访谈

——以《社区心理学》教材研究思路和主题对社区工作者的访谈为例

1 引言

自改革开放以来，党中央和国务院一直十分重视社区建设在构建和谐社会中的重要作用。中国共产党第十九次全国人民代表大会明确提出要加强社会心理服务体系建设，培育自尊自信、理性平和、积极向上的社会心态。党中央对如何发挥心理学在社会治理和社区建设中的作用提出了新的要求，我国心理学家积极响应。

社区心理学研究社区中人的心理与行为，探究个体、社区与社会交互作用的性质、结构、机制、功能和规律，从多维度多层次视角来理解个体，预防心理与行为问题的发生，探索并激发社区居民的潜能，旨在促进个体、社区和社会的协调发展，提升个体、社区和社会的生活质量（黄希庭，2015）。目前我国社区心理学的研究尚处于起步阶段。

中国社区心理学的发展离不开人才培养和教材建设。为了从中国社区的实际出发，传承中华优秀传统文化，合理吸收西方社区心理学的有关研究成果和实践，我们拟编写一本《社区心理学》的新教材。其主要观点是：以系统分析观、交互作用观、科学性与人文性相统一的观点，来研究中国社区观念与价值观、社区群体和亚群体心理以及促进社区居民、社区和社会的健康、和谐发展，提升社区居民的获得感、幸福感和安全感，其目标是建设中国特色的社区心理学。

社区工作者既是社区服务的直接提供者，也是社区建设的直接参与者（金桥，2013）。他们长期扎根基层，对中国社区的现状有着最为直观的了解。从社区工作者中所获得的第一手资料，对于我们理解目前我国社区心理学所面临的问题将会有很大的帮助。为了检验本教材的指导思想和主要内容是否符合当前我国社区的实际需要，我们决定对社区工作者做一次访谈。这次访谈历时5个月，分别选取了贵阳、遵义、重庆和绍兴四个城市的基层工作者作为受访者。在这一过程中我们想探索社区心理学访谈的具体方法和步骤，同时也想听听社区工作者对拟编写中的《社区心理学》教材的指导思想及主要内容的意见，倾听他们的心声。

2 方法

2.1 受访者

按照研究目的抽取能够为研究问题提供最大信息量的受访者(Patton, 1990)。本研究以方便取样的方式选择了贵阳、遵义、重庆和绍兴四个地区社区的支部书记、主任以及街道(或村)办事处综合办主任,共计17人,其特征如表1所示。根据社区工作者性别(男为M,女为F)和访谈时间的顺序,分别编码为:M-1、M-2……M-8与F-1、F-2……F-9。在访谈前,负责联系的老师与受访者进行了沟通,确定访谈的时间和地点,受访者自愿参加,我们承诺对访谈内容的保密。

表1　17名受访者的特征

受访者的特征		个案数/个
单位类型	城市社区 农村社区	10
	农村社区	7
受教育程度	初中及以下	4
	中专或高中	2
	大　专	4
	本科及以上	7
性别	男	8
	女	9

受访者的特征		个案数/个
工作年限	5—10年	6
	10—15年	10
	20年以上	1
年龄范围	30—40岁	4
	41—50岁	10
	51—60岁	2
	60岁以上	1
地区	贵阳	7
	遵义	4
	重庆	2
	绍兴	4

2.2 访谈过程

尊重受访者的意愿,以方便受访者为原则来确定访谈地点和时间,我们尽量营造轻松、安全、安静交谈的氛围,使受访者自如地表达自己的看法。考虑到社区工作直面群众,工作具体而又繁琐,尽量选择相对独立于受访者日常工作的地方。同时,我们还采用个体访谈和团体访谈相结合的方法,主要地点选择了社区工作者的办公室,在13次访谈中共计采访了17名受访者,每次访谈平均被外界因工作而打断的次数为1至2次。每次访谈的时间一般为1至2小时。如果发现受访者感到疲劳时我们便用关切的口吻询问受访者:“您现在感觉累不累?”,并不时加上茶水。当发现受访者有倦意,不想继续接受访谈时,我们便结束访谈。

2.3 访谈提纲的拟定

我们访谈的目的是倾听社区工作者对拟编写的《社区心理学》教材在研究思路和主题内容上是否符合社区的实际需要的意见,因此访谈提纲主要包括以下两个方面:

(1) 粗线条地请受访者针对我们拟编写教材的基本思路和主题谈谈自己的看法。我们尽量用通俗的话语大概说了说基本思路及社区氛围和价值观、社区群体心理及社区应用心理等方面的主题,例如:“请您谈谈,您所在的社区的特色”“你们看重社区的哪些特色”“请您谈谈,您所在的社区的亚群体,例如坝坝舞的情况”“请您谈谈,您所在的社区的心理健康服务的状况”等。

(2) 没有提很具体的问题,但准备了具体问题,拟在访谈过程中提出。例如,拟追问的问题有“社区居民对心理健康服务有哪些需求? 最突出的表现在哪些方面?”“管理人员对心理健康服务工作的重视情况? 是否需要心理学领域的研究者或者工作人员提供帮助? 请具体谈谈需要哪些帮助?”等等。我们尽量从拉家常开始提问,引导受访者畅所欲言。例如,针对社区价值观的问题我们追问:“请您谈谈,刚才您所说的社区的特色,都有哪些最突出的表现? 举几个例子。”“不那么明显的特点,但被你看重的,也可以举例说说。”“社区管理人员最看重的事情是什么? 您认为最值得做的事情是什么?”等问题。

3 主要结果

3.1 社区工作者对社区性质及其发展问题的认识

3.1.1 对社区性质的认识

通过对社区工作者的访谈可知,直接面向城市居民提供社区服务活动的组织机构是社区居委会,为村民提供服务的是村民委员会。其中,社区工作者均将自身所在的机构认定为群众自我管理、自我教育和自我服务的基层群众性自治组织。例如,某城市社区居委会支部书记(M-2):“我们这个社区性质,就是一个群众性的自治组织。”某村委会综合办主任(F-2):“村的委员会,村民委员会依据村民委员会组织法,居民委员会有居民委员会组织法,大同小异,都是自治组织的。”这表明,本次访谈的社区工作者对于社区的本质均有着较为清晰的认识。

与西方社区自下而上的管理模式不同的是,我国实行自上而下的行政化社区管理模式。村委会或居委会是政府或其派出机关向社区的进一步延伸,成为向村民或市民传达政府指令、观察政府各项政策的具体办事机构。很多社区工作者也有这种觉悟与认识,如某城市社区居委会支部书记(F-4,M-5)说:“政府为了减少管理层级,将街道办事处改为社区,直接和老百姓打交道,希望老百姓到这个地方来,就像到自己的家一样,能够拉近老百姓和政府之间的距离。由原来的街道办事处,拆分成了很多个小的社区。社区是党委,下面就是居委会,居委会有党支部。”“政府设有多少职能部门,我们这边对应就管了多少事情。虽然有些不挂牌,但是部门分配给你(我们)做了,这些事情还是得去做的。”这种自上而下的管理模式是与我国的传统和国情密不可分的,也是我国社区迥然不同于西方社区之处。

3.1.2 对社区发展问题的认识

在访谈中,基层的社区工作者也反映其在实际工作中会遇到一些问题,其中最多的是过于繁重的工作职能和相对较低的薪酬。一方面,社区工作者普遍反映需要协助相关政府部门开展的行政事务工作种类太多、工作量过大,从而使社区的服务功能受到了削弱。例如,有社区工作者(F-1)说:“社区做的工作很多、很杂,简单点说,社区它是一个兜底的,部门管不了的事情,最后就说属地管理,就下放到社区来,社区那什么都得你管。有时候觉得很委屈,为什么这些工作都是我们的,其实有时候我觉得我自己也很浮躁,因为政府延伸下来的工作实在太多,以至于有时候,我都没有办法仔细去思考我们的服务和建设,怎么样才能做得更好。每天我觉得都面对不一样的事情。社区工作的一种感受吧,既幸福,也很委屈。”“我们做社区工作,应该是为群众服务,这个肯定是不容置疑的,我们是愿意的,但是很多不属于我们做的事情,那些职能部门下放到社区之后,大家要抽时间、抽精力去做,就觉得很不愉快、很不舒服,但是还得去完成。”(M-3)。另一方面,相当一部分基层社区工作者反映其薪资待遇偏低,进而影响了他们的工作满意度。例如,某城市社区服务中心党支部书记(F-3)说:“(这里)都是以女性为主,因为社区这点工资男人真的是养不活家。”某城市社区居委会支部书记(F-2)说:“我们里面七个都是女生,只有一个男生。他来这里,这点工资他根本不能养家糊口,作为一个男同志养不活一个家庭,再加上有个娃儿读书,生活就更困难了。”

值得注意的是,上述问题特别明显地表现出了我国地域东西部发展上的差异。具体而言,上述问题更多在贵阳、遵义等地的社区中得以反映,而在绍兴的农村和城市社区中却得到了较好的解决。例如,对于行政事务繁重的问题,绍兴实行了网格化管理制度,如某绍兴村支书说:“以自然村为网格,聘请专人(即网格员)进行走访,及时发现群众中出现的问题,在萌芽阶段就能得到解决。”“(M-7)群众法治观念比较强,平时发现的问题都能通过APP直接给以反映,处理比较及时。”(M-8)又如,关于薪资待遇问题,虽然绍兴地区的社区工作者也普遍反映不够理想,但仍没有影响他们的工作满意度。其中,某绍兴村委会综合办主任(M-7)认为:“虽然村干部待遇不是特别高,但很多村干部自己经济条件比较好,自己家有企业,做这个工作完全是为了服务村民,讲的是奉献。”某绍兴城市社区居委会支部书记(F-9)也说:“虽然横向比还是不太理想,但是纵向来看已经提高很多了。”这种差异与东西部社会经济发展不平衡有很大的关系,也是之后值得关注的研究主题。总的来说,一方面先进地区的社区管理经验值得在全国范围内进行推广和学习,另一方面也要根据不同地区的情况和发展水平制订社区管理人员的薪酬待遇。

3.2 社区工作者对社区心理学若干问题的认识

3.2.1 对社区文化氛围和价值观的认识

在本次访谈过程中,社区工作者普遍谈到了文化氛围和价值观在社区中的重要作用。总的来说,重视文化氛围的社区,其治理水平和居民生活满意度也比较高。例如,某城市社区服务中心党支部书记(F-9)反映:“我们这是一个老社区,从明朝就开始了,比较重视传统文化,邻里之间像亲人一样,有什么事情都能互相帮助,居民的幸福感很高。”相反,不具备浓厚文化氛围的社区,往往表现出较差的治理水平和居民心理满意度,如某村委会综合办主任(M-4)说:“我们这个区域最多的是麻将馆。不管你走到哪栋楼、哪个小区都能看到很多打麻将的人。一天就是耍,耍的时间长、机会多,大部分人受教育程度不高又没有什么追求,有的接触到毒品就开始吸毒,我们这里登记在册的吸毒人员都有五六十位。”很多基层社区工作者发出了这样的呼吁:“希望我们社区的每一个人都能够平心静气,通过读书,把社区的所有活动串起来,增加老百姓的凝聚力、邻里和谐。”(某城市社区服务中心党支部书记,F-3)“城市建设时应该多多考虑,比如说让这些人在这种美好向往的生活基础上要有一个精神支柱,精神上的一种寄托,正能量的。”(某城市社区服务中心党支部书记,F-4)这说明,在本教材中探讨社区文化氛围与价值观的心理建设是非常有必要的。

3.2.2 对社区亚群体的认识

社区工作者对社区亚群体的认识主要涉及两个方面的内容,一是对社区管理的认识,二是对社区所辖正式和非正式亚群体的认识。

社区管理是指社区管理层对社区的人、事、物等进行管理决策,以促进个体、社区和社会的健康、和谐发展的过程。从本次访谈结果来看,社区工作者所提及的问题主要包括以下几点。第一,对社区管理目标的认识。共享经济建设发展的成果,从而提高居民对社区的满意度、归属感和认同感，是很多社区工作者的主要目标。例如，某城市街道主任（M-5）说："现在提'获得感'，就是说要做实事。……获得感要不断地满足才有幸福感，不经常有获得感就没有幸福感。"第二，对社区管理层类型的认识。一方面，一些社区工作者表现出了非凡的领导魅力，是值得肯定的管理类型。例如，某城市社区居委会副主任（F-9）坦言："在这个工作中我还是很享受的，至少我现在走在小区，不论到哪里都会有很多人跟我打招呼，你就觉得所有人和你都是友善的，你说你自己是居委会的，别人也会觉得你说的话是可信的。"另一方面，一些社区工作者，如某城市街道政法委书记（M-6），也反映说有无所作为型的社区管理模式，主要表现为："坐在这啥事不做，年底给个处分，什么意思？不作为。天天忙得要死要活的，年底给个处分，怎么回事？乱作为。当你的能力跟岗位不能够匹配，也就是你的能力不能够略高于你的岗位要求，你就很容易出现这两个问题。"第三，对如何提升社区管理层能力素质的认识。首先，协调互动是社区管理工作的基础，管理层需要从自己与他人的双向关系中定义与理解自我。例如，某城市社区居委会副主任（F-8）说："我们这里大家都来自不同的地方，彼此之间都是不够信任的，经常发生争吵。所以我们通过开展一些文化活动，吸引一些人群，来为我们的社区服务，然后把这些人发展成我们的志愿者，开展一些丰富的文化活动，让居民觉得这个地方还是很有人情味、很热闹的。"其次，根据明确的社区目标进行合理分工和充分授权，培养社区领袖和合作精神，也是非常重要的。如某城市街道政法委书记（M-6）说："通过社工、全民参与，志愿者队伍、专业组织的介入，然后使社区（管理服务）形成一个开放式的运作方式，而不是说党委政府包办，党委政府应该在中间起到引领作用、规范作用。"

社区亚群体可以分为正式亚群体（指组织批准的低于社区服务中心一级的机构和组织）和非正式的亚群体（指居民自发组织的非正式的组织）。当我们询问社区工作者相关情况时，他们提到最多的是政府牵头的组织机构，如关心下一代工作委员会、武装部等。事实上，这些正式机构都是政府的派出机构，承担的是帮扶、文宣和教育工作。而社区工作者所提到的群众自发组织的非正式亚群体主要是舞蹈队和麻将馆，这是中国社区居民的典型活动类型。另外，我们所访谈的社区工作者均反映其所在社区没有大规模的不良亚群体，如传销组织、邪教组织或其他违法犯罪组织等。即使有少数人员从事类似的不法活动，也处于社区工作人员的监管之中。可以说，自上而下的中国社区管理模式的优势是：我国的社区环境比较和谐，违法犯罪活动不容易形成规模；但也可能有缺点，即社区工作人员缺少深入了解和组织社区亚群体的动力，这方面需要提升。事实上，社区亚群体可以包含很多的研究主题，例如社区居民的社区感（Mannarini，Rochira，& Talo，2014；Neal & Neal，2016）、社区居民的人际纽带和社区的家庭（Hollenbeck, McCall, & Silzer, 2006)、社区的民族和谐心理、虚拟社区的身份认同等(Lee & Suh, 2015),都需要社区管理人员去了解,包括其机制、功能、结构和影响因素,对于理解整个社区、社会都有一定的帮助。当代表着这个群体的广大心声的公众意识累积到一定程度,国家、社会、组织等都需要引起重视。另外,对于社区中的个体而言,群体心理代表着的大多数人群体意志,是否与群体心理相符对于个体的身心健康也显得非常重要。

3.2.3 对社区心理健康服务的迫切需求

从本次访谈结果来看,社区工作者对心理健康知识的普及、心理健康服务的需要十分迫切。在贵阳和遵义的某些欠发达的社区,这种需求表现为专业人才的缺乏和资金投入的缺失。例如,受访的当地社区工作者(F-5)普遍反映:“(心理健康服务)除了我们工作的人员需要外,我觉得老百姓他们也很需要”,“我们也需要心理健康培训的教育,因为我们也不懂(F-6)”。这与之前的研究结果相似,如王军等人调查结果表明,82.6%的社区居民期望在社区开设心理咨询服务点(王军, 张寿宝, 李永超, 王鸿芬,成玉美, 2009);潘孝富和朱新田抽样调查了全国16个省市74个社区的心理健康需求,也显示91%的居民希望设立社区心理健康服务机构(潘孝富,朱新田, 2012)。即使在建设和发展较为成熟的绍兴社区中,虽然心理咨询室已经作为社区内常设机构,很多社区工作者,如某绍兴村委会综合办主任(M-7)依然反映:“村干部很多处理事情都是靠经验或者人际关系,但是真正来说对心理学没有很专业的了解,这个确实很重要,尤其是在处理矛盾的时候,如果心理学的知识比较丰富的话,处理起来会比较有帮助。对群众的了解是通过经验,真正系统性的心理学培训都是没有的。”总之,我国社区心理健康服务尚处于刚刚起步的阶段,社区居民最需要了解的内容包括:家庭关系、子女教育、人际关系、心理健康知识普及等(杨凤池, 2014; 汪依帆 et al., 2014)。这也再一次说明,本教材关于社区心理健康服务在内容和结构上的合理性。

4 几点体会

4.1 加深了对如何做好社区心理学访谈的认识

4.1.1 访谈中如何开始说第一句话

访谈是一种研究性的交谈,需要访谈者和受访者双方对访谈的目的都很清楚,在相互问候之后,访谈开始的第一句话通常由访谈者真诚、坦诚地向受访者交代自己的身份和访谈目的而开始,访谈者要主动向受访者表示自己向对方学习的愿望和需要,然后讲解提纲的内容,征求受访者的意见后才开始。总之访谈要充分的准备,要拉近我们与受访者之间的距离。例如：

访谈者：我们是做心理学研究的。到这里来，有些问题想请教××书记，我们这个课题，怎么样做得更好，我们是来学习的。您先看看，这个访谈提纲合不合适？

4.1.2 在访谈过程中怎样提问

我们的访谈提纲内容会对受访者的谈话范围和深度有一定的影响，加上恰当的提问、追问和回应会有助于访谈者进一步按照访谈提纲相关的内容谈下去。这时候应当注意以下三个方面：

首先，访谈者的提问应放下研究设想，要充分尊重受访者的想法和意愿，让受访者自由表达，不要强制受访者一定要按照访谈提纲来谈。以对某城市社区居委会支部书记（F-2）的访谈为例：

访谈者：访谈的问题主要是关于社区的基本概况、亚群体的情况，社区中开展的心理健康服务的情况以及社区中的家庭情况，这些问题都是我们写书要反映的内容，听说你们这里很有特色。

受访者：但是我看这里面内容都是社区层面的，我们这里是居委会层面呢。

访谈者：这个居委会与社区是密切联系的，我们也想了解居委会的情况。

受访者：我看提纲前面的内容全都是针对社区这一大块的，那我们这边可能也就只能谈谈我们本辖区，就我们这个小区范围内，对吧？

访谈者：对。

其次，对受访者提出的问题要尽量口语化、生活化、通俗化和地方化，清晰、具体，避免使用专业术语，鼓励受访者进一步阐述并给予肯定或表示自己不懂。以对某城市社区服务中心党支部书记（F-3）的访谈为例：

访谈者：这个居委会是什么样的组织？我们都不懂。

受访者：属于居民自治组织，我们的收入都不叫工资，我们叫补贴，是民政局发给我们的，我们属于选举产生的委员。我们就是各部门的聘用人员，比如说负责社区就业工作的那位同志就是由就业局发工资，负责社区卫生方面的工作人员就是卫计局发工资。所以很多人很误解，以为居委会就属于编制内的，不是的，我们就是临时工。

最后，要全身心地倾听受访者谈话，不随意打断，除非受访者表达观点不清楚，访谈者没有听懂。要设身处地地为受访者着想。以对某城市社区服务中心党支部书记（F-3）的访谈为例：

受访者：但这个过程其实是很漫长。我给您举一个例子，我做了一个事情，我觉得挺失败的。我在我们这个社区，做了一两个试点，我们叫读书漂流活动，当时还是要花一笔钱，我做了一些书的架子，就在公共区域放一些图书，但是都失败了。

访谈者：怎么叫都失败了？

受访者：当时我们做了一些书架放在辖区，老百姓可以随时自由取送。后来我们因为缺乏管理，第一，我没有这么多人去管；第二，我没有这么多钱去请人管。需要我们老百姓进行自治，自己进行管理，但是老百姓又达不到这个条件。于是当时我把书放进去，后来我听周边的商户说，他们看到这些书好像被打扫卫生的人抬走，拿去卖了。

4.1.3 在访谈过程中怎样回应

我们对受访者的谈话内容应积极加以回应，这有助于建立良好的对话关系，拉近与受访者之间的心理距离。我们主要采用以下两种回应方式：

第一，通过言语或者非言语行为对受访者所说的话给予认可，鼓励其继续说下去。例如：

访谈者：嗯，这个很受教育，××书记的那些话，我都很欣赏，我们实际是有同感的，有很多共同的东西，做好一件事非常艰难。你要做好一件事情，做出高水平的事情，不是那么几句话就能解决问题。比如说你们那个氛围刚才讲了一些，我觉得讲得很好。你们这整个氛围是否可以再详细地讲一讲好吗？

第二，对受访者提的问题，为促进受访者的理解，我们对受访者的谈话内容加以整理后进行复述。例如：

受访者：您想说的氛围，我想知道具体指的是什么方面？

访谈者：就是这个社区的氛围好不好？好在哪里？是哪一种氛围？比如说你刚才讲的，你们建立一个读书室，鼓励大家读书，以后还要搞一个读书的比赛。这就是一个很好的氛围。我作为领导倡导要读书，只有读书才能改变人，这个整个氛围就起来了，对于这个思路，我就非常欣赏，你最看重的是什么？看重的是知识，看重的是和谐，对吧？

4.1.4 怎样结束访谈

结束访谈应综合考虑时间、受访者的疲劳程度、访谈资料收集的饱和度、访谈是否受到其他事情干扰等多个因素，我们尽可能做到以轻松、自然的方式结束访谈。访谈结束时，向受访者表达真诚的感谢，并给予鼓励，对于受访者在访谈中谈到的实际需求给予力所能及的支持。

访谈者：我们这个专家队伍里有的人熟悉婚姻和家庭关系，专门成立了一个分支；还有的对老年人、老年人的文化进行研究的；还有的从发展的角度来看，从孩子出生到孩子逐渐成长的过程直至选择不同的职业。如果社区需要，我们可请他们给你们讲一讲。今天上午书记给我们讲了许多，使我们深受教育。

受访者：没有，我只是讲一下我们工作的一些情况。

访谈者:这个是真的,因为你谈到的有些做法、理念,只要做下去,前景是很好的。您讲的内容,对于我写好这本书,也有很大的促进作用。社区心理学它不能浮在面上,必须沉下去跟社区的干部、社区的民众打成一片,才能写好。这个理念,我们是一定要这样做的。你们需要的书,我回到学校后就给你们寄上(返校后给这个社区寄去了一些图书)。

4.1.5 本次访谈中还存在的问题

虽然我们对做好社区心理学访谈有了一定的认识,但这次访谈也存在一些问题。例如,我们的大众化、口语化的词汇比较贫乏。访谈是一种研究性交谈,是研究者通过口头谈话的方式从受访者那里收集第一手资料的研究方法(陈向明, 2018)。成功的访谈应当了解受访者的所思所想,包括他们的价值观念、情感感受和行为规范。在我们本次的访谈中,虽然也朝着这个方向努力,但由于缺乏与社区基层工作者直接交流的经验,加上从心理学专业视角来理解相关问题,不可避免地出现与社区工作者沟通障碍的情况。我们与受访者之间的关系也比较陌生,可能影响受访者的畅所欲言。此外,另一个深刻体会是:这次访谈的取样也存在一定的问题,主要以四地的部分社区工作人员作为访谈对象,研究结果只能说明这些社区的现状,不代表中国其他地区的社区发展情况,在以后的研究中建议扩大样本量等等。以上这些都是需要今后进一步改正的。

4.2 加深了对如何编好《社区心理学》教材的认识

通过这次访谈,我们深切地感受到社区工作者对编写好《社区心理学》教材是相当期待的,对我们编写教材的指导思想也是认同的,我们也深感责任重大。那么怎样才能编写出中国特色的《社区心理学》教材,以满足我国社区建设的需要呢?我们认为以下几点十分重要。

首先是到社区中去,了解我们的文化在社区传承的情况,并把它反映在教材中。中华文化所蕴含的自我观念、价值取向、思维方式和行为规范,是影响中国人的过去、现在和将来的传统。“传统是社会的一种生存机制和创造机制。借助于它,历史才得以延续,社会的精神成就和物质成就才得以保存和发展。”(张岱年,方克立,2004)新时代的中国社区心理学建设必须到社区中去了解居民是怎样传承中华文化的;在改革开放、实现两个一百年奋斗目标的征程中,中华文化又有哪些变化和发展,这样我们的社区心理学教材才会有自己文化的特色。

其次是到社区中去,了解居民的生活实际以及他们的所思、所感和所行,提炼出指涉社区心理学的研究主题,以充实教材。例如社区居民中流行的“获得感”、“正能量”、“和谐社区”、“文化自信”、“心理扶贫”、“命运共同体”、“网络命运共同体”以及“节俭”、

"诚信"等概念,如果我们通过质的研究,界定这些概念的指标,然后再用量的方法去度量社区居民,这样这些概念就可以成为我们社区心理学的标准化概念。只要我们持之以恒地开展这方面的研究,中国特色社区心理学的理论体系就一定能够建设起来。

再次是到社区中去,厘清和检验国外社区心理学的研究,吸收其合理成分融入我们的教材。中国的社区心理学建设必须持开放包容的态度。凡是科学的研究成果和先进的理论,无论是美国的还是其他国家的,我们都要实事求是地进行检验和吸收,吸收其合理因素成为我们教材的一部分。但是我们不能采取"拿来主义",只做翻译、模仿的工作;也不能把国外的概念和理论硬生生地往中国居民头上套,鼓吹这就是本土研究。因为我们清醒地认识到,中国的社会发展不同于西方社会,中国社区文化不同于西方社区文化。我们建设中国的社区心理学就必须有自己的立足点,这个立足点只能是中国的社会文化和历史根基,在此基础上创建中国特色的社区心理学。

我们也认识到,新时代建设中国特色社区心理学有很好的机遇,也有很多困难,但是只要我们有学术自信、有坚韧不拔的精神,我们这个学术团队就一定会把这件事做好。这也是我们此次访谈的一个主要体会。

合作者:岳童,李雪。原文载于《社区心理学研究》,2019年第7卷第1期。

参考文献

艾伟.(1949).汉字心理.汉语认知研究.济南:山东教育出版社.

边玉芳,滕春燕.(2003).教师心理健康内隐观研究.心理科学,26(3):483-486.

蔡浩然,马万禄.(1978).视觉的分子生理学基础.北京:科学出版社.

曹传咏,沈晔.(1965).小学儿童分析、概括和辨认汉字字形能力的发展研究 Ⅰ.在速示条件下辨认字形能力的发展.心理学报,(1),1-9.

曾虹文.(1986).中国学生颜色爱好特点及其发展.心理科学,(1),18-24.

曾性初,宋美娥.(1998).汉字心理学.中国大百科全书《心理学》卷.北京:中国大百科全书出版社.

陈传锋,黄希庭.(1999).结构对称性汉字视觉识别特点的实验研究.心理学报,31(2),154-161.

陈传锋.(2000).结构对称汉字识别的加工机制研究.重庆:西南师范大学博士学位论文.

陈立,汪安圣.(1965).色、形爱好的差异.心理学报,(3):265-269.

陈凌育,赵信珍,孙复川.(1999).汉字识别的眼动特性-字频效应及信道容量.生物物理学报,15(1):91-97.

陈沛霖.(1984).心理学中需要问题的探讨.心理学探新,(2):1-10.

陈图云,郑明珠.(1986).二元对比排序.模糊数学,(4),47-52.

陈侠,崔红,王登峰,张洪.(2009).对青少年的期望:质化研究与量化研究的结合.西南大学学报(社会科学版),35(1),7-11.

陈向明.(2000).质的研究方法与社会科学研究.北京:教育科学出版社.

陈永明,崔耀.(1997).汉语歧义句的加工.心理学报,29(1),2-8.

陈永香,朱莉琪.(2015).影响动作图片命名的因素.心理学报,47(1):11-18.

程翠萍,黄希庭.(2014).勇气:理论、测量及影响因素.心理科学进展,22(7),1170-1177.

程翠萍,黄希庭.(2016).我国古籍中“勇”的心理学探析.心理科学,39(1),245-250.

程科,黄希庭.(2009).健全人格取向的大学生心理健康结构初探.心理科学,32(3),514-516.

程学超,王洪美.(1986).老年心理学.济南:山东教育出版社.

程雅君.(2013).论道家道教健康模式.四川大学学报(哲学社会科学版),(4):103-112.

崔金才,毕淑珍,李淑萍,曲振强,王娟,靖大全,阴国恩.(1985).关于老年人动作稳定性的实验报告.老年学杂志,3(2),58-59.

申荷永,高岚,(2002).灵性:分析与体验,132-145.广州:暨南大学出版社.

申荷永,高岚,(2002).灵性:分析与体验,162-168.广州:暨南大学出版社.

单怀海.(1989).气功的心理治疗作用和应用探讨.心理科学,(2):58-61.

丁强,卢家楣,陈宁.(2014).青少年责任感问卷的编制.中国临床心理学杂志,22(5),831-834,830.

杜继淑,王飞飞,冯维.(2007).大学生情绪管理能力与心理健康的关系研究.中国特殊教育,(9),75-80.

段文杰,白羽,张永红,唐小晴,王志章,李婷婷.(2011).优势行动价值问卷(VIA-IS)在中国大学生中的适用性研究.中国临床心理学杂志,19(4),473-475,478.

高定国,钟毅平,曾铃娟.(1995).字频影响常用汉字认知速度的实验研究.心理科学,(4),225-229,256.

高明书.(2001).全国部分骨干教师个性特征的初步调查.北京教育学院学报(社会科学版),15(3):42-45.

高尚仁.(1986).书法心理学.台北:台大图书股份有限公司.

顾蓓晔,缪小春.(1995).汉语习语理解研究.心理学报,27(1):15-20.

关忠文.(1982).青年心理学.哈尔滨:黑龙江人民出版社.

郭晋,龙兴跃.(2005).贫困大学生学习成绩与心理健康研究.西北医学教育,13(6),625,640.

郭桃梅,彭聃龄,卢春明,刘宏艳.(2005).汉语词汇产生中的义,音信息提取时间进程的ERP研究.心理学报,37(5):569-574.

韩进之.(1989).教育心理学纲要.北京:人民教育出版社.

韩磊,马娟,焦亭,高峰强,郭永玉,王鹏.(2010).羞怯与非羞怯大学生在早期面孔加工中的差异——来自ERP的电生理学证据.心理学报,42(2):271-278.

韩向前.(1989).我国中小学校教师人格特征研究.心理学探新,(3):18-22.

郝志红,梁宝勇.(2012).心理健康素质测评系统·中国成年人健康信念量表的编制.心理与行为研究,10(5):326-331.

何垚,黄希庭.(2017).《论语》中的人际责任感及其启示.西南大学学报)社会科学版),43(1):94-101.

贺莉,杨治良,郭纬.(2005).分散注意条件下间隔对小学生前瞻记忆影响的实验研究.心理科学,28(2):311-313.

黄铎香.(1994).心理健康调查表.大众心理学,6(6),31.

黄希庭,李嫒.(2001).大学生自立意识的探索性研究.心理科学,24(4):389-392.

黄希庭,孙承惠.(1991).时间词义赋值特征的分析.心理学报,(3),21-27.

黄希庭,孙承惠.(1992).模糊偏序关系在心理学研究中的应用.心理学报,(2),135-141.

黄希庭,夏凌翔.(2004).人格中的自我问题.陕西师范大学学报(哲学社会科学版),33(2),108-111.

黄希庭,徐光国.(1997).对变化/分割模型的检验(I).心理学报,29(3):326-334.

黄希庭,张增杰.(1979).5至8岁儿童时间知觉的实验研究.心理学报,(2),166-174.

黄希庭,张志杰.(2001).青少年时间管理倾向量表的编制.心理学报,33(4),338-343.

黄希庭,李伯约,张志杰.(2003).时间认知分段综合模型的探讨.西南师范大学学报(人文社会科学版),29(2):5-9.

黄希庭,李继波,刘杰.(2012).城市幸福指数之思考.西南大学学报(社会科学版):38(5):83-91.

黄希庭,杨宗义,刘中华.(1980).5-9岁儿童时间观念发展的实验研究.中国心理学会第二届年会发展心理教育心理论文选.北京:人民教育出版社.

黄希庭,张进辅,张蜀林.(1989).我国五城市青少年学生价值观的调查.心理学报,(3),274-283.

黄希庭,张进辅,李红.(1994).当代中国青年价值观与教育.成都:四川教育出版社.

黄希庭,郑涌,李宏翰.(2006).学生健全人格养成教育的心理学观点.广西师范大学学报(哲学社会科学版),42(3),90-94.

黄希庭.(1993).时距信息加工的认知研究.西南师范大学学报(自然科学版):18(2):207-215.

黄希庭.(1994).未来时间的心理结构.心理学报,26(2):121-127.

黄希庭.(1997).心理学.上海:上海人民出版社.

黄希庭.(1998).青年学生自我价值感量表的编制.心理科学,21(4),289-292,382.

黄希庭.(1998).人格心理学.台北:东华书局.

黄希庭.(2004).自《信心及其培养》序.自信心及其培养.北京:新华出版社.

黄希庭.(2014).探究人格奥秘.北京:商务印书馆.

黄希庭.(2015).社区心理学研究.广州:暨南大学出版社.(1),2-9.

黄宇霞,罗跃嘉.(2009).负性情绪刺激是否总是优先得到加工:ERP研究.心理学报,41(09):822-831.

姜勇,庞丽娟.(2000).幼儿责任心维度构成的探索性与验证性因子分析.心理科学,23(4):417-421.

金华,吴文源,张明园.(1986).中国正常人SCL-90评定结果的初步分析.中国神经精神疾病杂志,12(5):260-263.

金桥.(2013).社区工作者队伍建设与发展的反思.南通大学学报:社会科学版,29(5):77-83.

景海峰.(2012).仁义礼智信与中华文化的核心价值.马克思主义与现实,(4):188-194.

科恩.(1987).自我论:个人与个人自我意识.北京:生活·读书·新知三联书店.

寇彧,洪慧芳,谭晨,李磊.(2007).青少年亲社会倾向量表的修订.心理发展与教育,(1),112-117.

赖维铁.(1983).人机工程学.武汉:华中工学院出版社.

李伯约,黄希庭.(2002)."米制"的时间层次网络结构研究.心理科学,25(4):410-413.

李虹,陈会昌.(1998).大学生心理量表的初步编制及试用.中国心理卫生杂志,12(2):79-80.

李廉.(1994).《周易》哲学在于按规律行止.殷都学刊,(3):16-26.

李林兰.(2009).中国人的勇——心理结构及测量.武汉:华中师范大学硕士学位论文.

李梅美主编.(1996).多功能新华成语词典.长春:吉林美术出版社.

李明,耿进昂.(2010).责任意识的社会与文化心理学分析.南京师范大学学报(社会科学版),(3),111-115.

李明,叶浩生.(2009).责任心的多元内涵与结构及其理论整合.心理发展与教育,(3),123-128.

李文馥.(1990).中国城市人爱好颜色的特点——颜色爱好与几种因素的关系.心理科学,(5):15-21.

李沂.(1981).心理学与系统观点.中国心理学会建会60周年学术会议文摘选集.

李錚.(1964).六岁左右儿童的汉字字形知觉形位的初探.心理学报,(2):178-184.

李祚山.(2005).大学生健全人格特征的内隐观研究.心理科学,28(6):1406-1409.

连榕.(2004).新手—熟手—专家型教师心理特征的比较.心理学报,36(01):44-52.

梁九清.(2008).大学生成就目标定向,自我效能感和状态焦虑的关系研究.中国健康心理学杂志,16(1):16-18.

梁漱溟.(2005).中国文化要义.上海:上海人民出版社.

廖全明,苏丹,黄希庭.(2007).目前国内常用心理健康量表的回顾与反思.心理学探新,27(4):74-77.

林传鼎,凤肖玉.(1979).遗觉表象的实验研究.中国心理学会第三届学术年会论文资料.

凌辉.(2010).儿童自立品格的发展与养成.合肥:安徽教育出版社.

刘青.(2002).《易经》心理动词语法功能析微.重庆师院学报(哲学社会科学版),(2):108-111.

刘永宏, 冯洪海,吕谦.(2000).图形的直观视角、直观尺寸及直观数目.人类工效学, 6(3), 25-28.

刘兆吉,黄培松.(1980).对120名优秀教师和模范班主任心理特点的初步分析.心理学报,(3):287-297.

卢仲衡.(1984).提高自学效果的学习心理学研究.心理学报,(4):349-365.

陆九渊.(2008).陆九渊集.北京:中华书局.

陆洛.(2007).个人取向与社会取向的自我观:概念分析与实征测量.美中教育评论, 4(2), 1-23,29.

吕厚超,黄希庭.(2008).过去情绪体验对自尊影响的实验研究.西南大学学报(社会科学版):34(4):1-4.

马克思,恩格斯.(1960).德意志意识形态.马克思恩格斯全集第三卷.北京:人民出版社.

马克思.(1960).关于费尔巴哈的提纲.马克思恩格斯全集第三卷.北京:人民出版社.

马建青.(2004).心理卫生与心理咨询论丛.杭州:浙江大学出版社.

马谋超,汪培庄.(1985).心理学的方法学探讨——心理的模糊性及模糊统计试验评注.心理学报,(2):177-186.

马谋超.(1990).词义赋值的模糊统计分析.心理学报, (1), 51-57.

马斯洛，陈炳权，高文浩，邵瑞珍．(1981)．人的动机理论(上)．经济管理，(11)，67-69.

马文驹，王承璐．(1983)．马克思主义哲学与心理学方法论．心理科学通讯，(2)：3-6.

毛泽东．(1952)．毛泽东选集(第一卷)．北京：北京人民出版社．

梅传强，黄希庭．(1991)．A型与B型行为类型大学生的时间认知特点的实验研究．心理科学，14(4)：52-53.

梅传强，黄希庭．(1991)．A型与B型行为类型大学生的时间认知特点的实验研究．心理科学，(04)，52-53.

孟昭兰，阎军，孟宪东．(1985)．确定婴儿面部表情模式的初步尝试．心理学报，(1)，55-61，115-118.

莫雷．(1999)．阅读预期对快速阅读理解的影响的实验研究．心理科学，(3)，197-201.

墨翟．(2011)．墨子．北京：中华书局．

潘菽．(1985)．辩证唯物论心理学的方法论(上)．心理学探新，(1)：1-9.

潘菽．(1985)．辩证唯物论心理学的方法论(下)．心理学探新，(2)：1-10.

潘菽．(1987)．《个性心理学》序言．个性心理学．北京：知识出版社．

潘孝富，朱新田．(2012)．城市社区居民心理健康服务需求状况分析．湘南学院学报，33(4)：28-31.

潘修娴，张灵聪．(2010)．大学生自我中心调查问卷初步编制及心理测量学检验．中国健康心理学杂志，18(3)，366-368.

彭聃龄，丁国盛．(1997)．中文双字词的表征与加工(下)．心理科学，(5)，395-397+389.

彭聃龄，王春茂．(1997)．汉字加工的基本单元：来自笔画数效应和部件数效应的证据．心理学报，29(1)：8-16.

彭聃龄，杨旻，杨丽珠．(1985)．情境线索与面部线索在表情判断中的作用．心理科学，(2)：28-34.

彭小虎，罗跃嘉，魏景汉，王国锋．(2003)．面孔内外特征对东西方面孔识别影响的ERP研究．航天医学与医学工程，16(2)，123-127.

戚国栋．(1985)．心理学的新应用——用改进的对偶比较法确定权系数．心理学报，(4)：369-376.

钱铭怡，陈曦，钟杰．(2004)．社交焦虑个体的注意偏差．中国临床心理学杂志，12(4)：424-427.

邱炳武,王极盛.(1997).从《道德经》看中国传统文化中的健康心理学思想.社会心理科学,(1),10-14.

区奕勤,张先迪.(1988).模糊数学原理及应用.成都:成都电讯工程学院出版社.

申荷永,高岚.(2000).《易经》与中国文化心理学.心理学报,32(3),348-352.

申荷永,高岚.(2001).《易经》与“心理分析”——重访爱诺思.周易研究,(3):74-78.

沈烈敏,朱晓平.(1994).汉字识别中笔画数与字频效应的研究.心理科学,(4):245-247.

沈祖樾,曹中平.(1998).当前中学生心目中好教师形象的比较研究.社会心理科学,(2):24-32.

史忠植.(1988).知识工程.北京:清华大学出版社.

叔本华.(2008).叔本华的人生哲学.北京:中国戏剧出版社.

苏丹,黄希庭.(2007).中学生适应取向的心理健康结构初探.心理科学,30(6):1290-1294.

苏丹,黄希庭.(2014).健康信念的研究取向与展望.西南大学学报(社会科学版):40(4):84-90.

孙宝志,韩民堂.(1986).大学生的需要结构与变化规律的研究.心理科学,(6),36-39.

孙茜如.(2002).自我评价,自我提升及自我保护:个人取向与社会取向的观点.见华人本土心理学研究追求卓越计划办公室.华人本土心理学研究追求卓越计划九十一年度计划执行报告书.台北:华人本土心理学研究追求卓越计划办公室.

孙长华,许淑莲,吴振云,周晓蓉.(1986).气功对慢性病病人记忆影响的初步研究.心理科学,(3):48-49.

汪凤炎,郑红.(2008).中国文化心理学.广州:暨南大学出版社.

汪培庄.(1983).模糊集合论及其应用.上海:上海科学技术出版社.

汪培庄.(1985).模糊集与随机集落影.北京:北京师范大学出版社.

汪小琴,胡国进,庄伟,汪小霞.(2004).中学骨干教师人格特征的调查研究.中国临床心理学杂志,12(1):69-70.

汪依帆,王伟,何燕玲,严非,刘萍,缪栋蕾.(2014).上海市社区就诊居民心理健康服务需求调查.医学与社会,27(4):82-85.

王春茂,彭聃龄.(1999).合成词加工中的词频,词素频率及语义透明度.心理学报,31(3):266-273.

王登峰,崔红.(2003).中国人人格量表(QZPS)的编制过程与初步结果.心理学报,

35(1):127-136.

王登峰,崔红.(2004).中国人人格量表的信度与效度.心理学报,36(3),347-358.

王登峰,崔红.(2005).解读中国人的人格.北京:社会科学文献出版社.

王极盛.(1980).我国心理学现代化的基本理论观点和方法论——从我国心理学三十年的实践谈起.心理学报,(1),30-36

王极盛.(1984).试论我国心理学的方法论.心理科学,(2):35-40.

王军,张寿宝,李永超,王鸿芬,成玉美.(2009).社区居民心理卫生服务需求调查.神经疾病与精神卫生,(1):71-73.

王兰爽,刘森.(2008).师范大学生心理健康和应对方式的相关研究.中国健康心理学杂志,6(5),518-519.

王丽娟,张哲,张常锋,李广政,于战宇.(2014).进行中任务变化对轻度认知功能障碍者基于事件前瞻记忆的影响.心理学报,46(10):1454-1462.

王树茂.(1981).关于心理学研究方法分类的初探.心理学报,(2),129-134.

王先谦.(1988).荀子集解.北京:中华书局.

王晓刚,尹天子,黄希庭.(2012).心理疾病内隐污名述评.心理科学进展,20(3):384-393.

韦克平,许燕.(2002).教师和大学生对教师人格结构评定的因素分析(上)——一项中文人格特质词的基本维度研究.广西民族大学学报(自然科学版):8(3):42-46.

韦有华,汤盛钦.(1997).大学生应付活动的测验研究.心理学报,29(1),68-75.

温芳芳,佐斌.(2007).评价单一态度对象的内隐社会认知测验方法.心理科学进展,15(05):828-833.

沃建中,吴安春,林崇德.(1996).教师人格心理结构及影响因素.发展心理学年会论文集.

吴俊华,张进辅.(2008).我国大学生职业兴趣的特点调查.西南大学学报(社会科学版),34(2),6-11.

吴明隆.(2010).问卷统计分析实务:SPSS操作与应用.重庆:重庆大学出版社.

吴沙.(2009).大学生勇气问卷的编制及特点研究.重庆:西南大学硕士学位论文.

夏凌翔,黄希庭.(2004).典型自立者人格特征初探.心理科学,27(5):1065-1068.

夏凌翔,黄希庭.(2006).西方独立研究的现状与思考.西南师范大学学报(人文社会科学版)32(2),1-7.

夏凌翔,黄希庭.(2006).青少年学生的自立人格.心理学报,38(3),382-391.

夏凌翔,黄希庭.(2006).青少年学生自立的初步调查.西南师范大学学报(人文社会科学版), 32(1), 15-18.

夏凌翔,黄希庭.(2008).青少年学生自立人格量表的建构.心理学报,40(5):593-603.

夏凌翔,钟慧.(2004).论自立.西北师范大学学报(社会科学版),41(3):114-117.

夏凌翔.(2005).自立、自强特征的对比研究.心理科学,28(6):1379-1381.

夏凌翔.(2006).青少年学生心理自立的初步调查.中国心理卫生杂志,20(4):226-230.

夏凌翔.(2010).自立的法则与培养.合肥:安徽教育出版社.

汪向东, 王希林,马弘.(1999).心理卫生评定量表手册(增订版).北京:中国心理卫生杂志社.

肖崇好,黄希庭.(1998).汉字独体字识别中的框架结构效应.心理科学,(3), 221-225.

肖计划,向孟泽.(1995).587名青少年学生应付行为研究:年龄,性别与应付方式.中国心理卫生杂志,(3), 100-102.

辛涛,林崇德.(1996).教师心理研究的回顾与前瞻.心理发展与教育,12(4):45-51.

熊十力.(1999).复性书院开讲示诸生.熊十力学术文化随笔.北京:中国青年出版社.

徐胡燕.(2007).中学心理学教师健全人格结构的研究.心理科学,30(5):1208-1210.

燕国材.(1994).《周易》的心理学思想及其在先秦的发展.心理学报,26(3):312-318.

杨波.(1999).中国人的人格结构.北京:新华出版社.

杨伯峻.(1980).论语译注.台北:中华书局.

杨凤池.(2014).中国城市社区心理健康服务发展现状和展望.中华健康管理学杂志,8(4), 217-219.

杨国枢.(1993).中国人的社会取向:社会互动的观点.中国人的心理与社会行为——理念及方法篇.台北:巨流图书公司.

杨国枢.(2004).华人自我的理论分析与实证研究:社会取向与个人取向的观点.本土心理学研究, 22, 11-80.

杨红升.(2005).自我面孔识别的独特性.心理科学,28(6):1492,1517-1519.

杨鲁静.(2011).品格优势的评估及其在心理临床中的应用.上海:华东师范大学博士学位论文.

杨天宇.(1997).礼记译注.上海:古籍出版社.

杨中芳.(1997).《性格与社会心理测量总览》译序.性格与社会心理测量总览.台北:远流出版公司.

杨中芳.(2009).如何理解中国人:文化与个人论文集.重庆:重庆大学出版社.

叶岗.(1998).君子观:《论语》与《周易》之比较(上).绍兴文理学院学报:(哲学社会科学版),18(2),15-22.

尹华站,李丹,黄希庭.(2011).工作记忆影响时距加工的初步研究.心理学探新,31(4):308-313.

尹杰,黄希庭.(2015).时间性前瞻记忆的理论模型及神经机制.西南大学学报(社会科学版),41(1),107-117.

游季浦,黄克远.(1985).青年大学生需要的初步探讨.西华师范大学学报:哲学社会科学版,(04),67-75.

喻柏林,曹河圻.(1992).笔画数配置对汉字认知的影响.心理科学,(4),5-10.

喻柏林,荆其诚,司马贺.(1985).汉语语词的短时记忆广度.心理学报,17(4),361-368.

喻柏林,李朝晖,张蜀林.(1995).复杂性对倾斜汉字识别的影响.心理学报,27(4):337-343.

岳童,王晓刚,黄希庭.(2012).心理疾病自我污名:心理康复的一个高危因子.心理科学进展,20(9):1448-1456.

张必隐.(1997).中文双字词在心理词典中的储存模式.汉语认知研究.济南:山东教育出版社.

张伯源.(1988).冠心病人的时间知觉和联想(应激)词反应特点的探讨.心理科学通讯,(5),16-20.

张伯源.(1985).心血管病人的心身反应特点的研究:Ⅱ.对冠心病人的行为类型特征的探讨.心理学报,(3),314-321.

张承芬,张景焕.(2001).教师心理素质的隐含研究.心理科学,24(5),528-532.

张大均.(1999).教育心理学.北京:人民教育出版社.

张岱年,方克立.(2004).中国文化概论.北京:北京师范大学出版社.

张凤凤,董毅,汪凯,詹志禹,谢伦芳.(2010).中文版人际反应指针量表(IRI-C)的信度及效度研究.中国临床心理学杂志,18(2),155-157.

张厚粲,施岱安.(1984).关于同化和对比错觉的实验研究.心理学报,(1),34-41.

张美兰,车宏生.(1999).目标设置理论及其新进展.心理科学进展,(2):35-40.

张清芳,杨玉芳.(2004).汉语词汇产生中语义,字形和音韵激活的时间进程.心理学报,36(01):1-8.

张清芳,杨玉芳.(2005).汉语单音节词汇产生中音韵编码的单元.心理科学,28(2):374-378.

张清芳.(2008).汉语单音节和双音节词汇产生中的音韵编码过程:内隐启动范式研究.心理学报,40(03):253-262.

张日昇,生熊让二,于泳红.(2005).关于健康观认知构造的中日比较研究.心理科学,28(1),45-48.

张卫东,黄伟清,叶斌.(1998).应对的多测评维度的鉴别分析.心理科学,(1),29-33 +38.

张武田,冯玲.(1992).关于汉字识别加工单位的研究.心理学报,(4):379-385.

张晓,王晓艳,陈会昌.(2010).气质与童年早期的师生关系:家庭情感环境的作用.心理学报,42(07):768-778.

张雨新,方新.(1990).大学生应付策略的适应性和身心症状.心理学报,(2):217-223.

张增慧,林仲贤,茅于燕.(1984).1.5岁—3岁幼儿的同色配对,颜色爱好及颜色命名的初步研究.心理科学,(1):9-15.

张增杰,汪盼霞.(1963).影响儿童感知算式的两个有关因素的实验.心理学报,(4),304-311.

章志光,王广才,季慎英.(1982).个人在班级集体中的地位及其对品德影响的心理分析.心理学报,(2):190-198.

赵继明.(1998).安东尼及其《周易》心理学研究.周易研究,(3):40-46.

赵建华.(1985).我国当代大学生的需要初探.教育研究,(9),37-41.

赵晋全,杨治良,秦金亮,郭力平.(2003).前瞻记忆的自评和延时特点.心理学报,35(04),455-460.

郑日昌,邓丽芳,张忠华,郭召良.(2005).《中国大学生心理健康量表》的编制.心理与行为研究,3(2),102-108.

郑晓边.(1997).师范大学生心理健康调查与教学干预.健康心理学杂志,(2),82-84.

中国社科院语言研究所.(1990).现代汉语词典.北京:商务印书馆.

钟二杨.(1997).中小学教师的品质,行为特征及其相互关系的研究.心理科学,20(3),252-254,288.

周明洁,张建新.(2007).中国社会现代化进程和城市现代化水平与中国人群体人格变化模式. 心理科学进展, 15(2), 203-210.

周晓林,庄捷,吴佳音,杨大赫.(2003).汉语词汇产生中音,形,义三种信息激活的时间进程.心理学报,35(06):712-718.

朱永新.(2002).新教育之梦.北京:人民教育出版社.

巴甫洛夫.(1955).巴甫洛夫选集.吴生林等译,北京:科学出版社.

巴甫洛夫.(1959).巴甫洛夫全集(第五卷).赵璧如,吴生林译,北京:人民卫生出版社.

柏拉图.(1986).理想国.郭斌和译,北京:商务印书馆.

贝弗里奇.(1979).科学研究的艺术.陈捷译,北京:科学出版社.

彼得罗夫斯基,雅罗舍夫斯基.(1997).心理学辞典.赵璧如等译,北京:东方出版社.

波果斯洛夫斯基.(1981).普通心理学.魏庆安等译,北京:人民教育出版社.

恩格斯.(1971).自然辩证法.中共中央马克思、恩格斯、列宁、斯大林著作编译局,北京:人民出版社.

列昂捷夫.(1980).活动意识个性.李沂等译,上海:上海译文出版社.

列宁.(1974).哲学笔记.中共中央马克思、思格斯、列宁、斯大林著作编译局译局译,北京:人民出版社.

浅居喜代治.(1982).模糊系统理论入门.赵汝怀译,北京:北京师范大学出版社.

鲁宾斯坦.(1980).存在和意识.赵璧如译,上海:生活·读书·新知三联书店.

G.J. 威特罗著.文荆江,邝桃生译.(1982).时间的本质.北京:科学出版社.

Abney, S. P., & Johnson, M.(1991). Memory requirements and local ambiguities of parsing strategies. Journal of Psycholinguistic Research, 20(3);233-250.

Ackerman, J. M., Shapiro, J. R., Neuberg, S. L., Kenrick, D. T., Becker, D. V., Griskevicius, V., ··· Schaller, M. (2006). They all look the same to me (unless they're angry): From out-group homogeneity to out-group heterogeneity. Psychological Science, 17(10): 836-840.

Alario, F. X., Perre, L., Castel, C., & Ziegler, J. C. (2007). The role of orthography in speech production revisited. Cognition, 102(3): 464-475.

Alderfer, C. P. (1969). An empirical test of a new theory of human needs. Organizational Behavior & Human Performance, 4(2): 142-175.

Allen. (1972). Bystander Intervention and Helping On the Subway. In Beyond the Laboratory : field research in social psychology. New York: McGraw-Hill.

Allport, G. W. (1965). Letters from jenny. New York: Harcourt, Brace & World New York.

Allport, G. W., & Odbert, H. S. (1936). Trait-names: A psycho-lexical study. Psychological Monographs, 47(1), i-171.

Altarriba, J., Basnight, D. M., & Canary, T. M. (2003). Emotion Representation and Perception Across Cultures. Online Readings in Psychology and Culture, 4(1): 4.

Amrhein, C., Mühlberger, A., Pauli, P., & Wiedemann, G. (2004). Modulation of event-related brain potentials during affective picture processing: A complement to startle reflex and skin conductance response? International Journal of Psychophysiology, 54(3): 231-240.

Anderson, M. C. (2003). Rethinking interference theory: Executive control and the mechanisms of forgetting. Journal of Memory and Language, 49(4): 415-445.

Arnell, K. M., Shapiro, K. L., & Sorensen, R. E. (1999). Reduced repetition blindness for one's own name. Visual Cognition, 6(6): 609-635.

Asch, S. E. (1946). Forming impressions of personality. The Journal of Abnormal and Social Psychology, 41(3), 258-290.

Asch, S. E., & Witkin, H. A. (1948). Studies in space orientation. II. Perception of the upright with displaced visual fields and with body tilted. Journal of Experimental Psychology , 38 (4), 455-477.

Azañón, E., & Soto-Faraco, S. (2007). Alleviating the 'crossed-hands' deficit by seeing uncrossed rubber hands. Experimental Brain Research, 182(4), 537-548.

Azañón, E., & Soto-Faraco, S. (2008). Spatial remapping of tactile events: assessing the effects of frequent posture changes. Communicative & Integrative Biology, 1(1), 45-46.

Azañón, E., Camacho, K., & Soto-Faraco, S. (2010). Tactile remapping beyond space. European Journal of Neuroscience, 31(10): 1858-1867.

Belloc, N. B., & Breslow, L. (1972). Relationship of physical health status and health practices. Preventive Medicine, 1(3): 409-421.

Bendig, A. W. (1964). Factor analytic scales of need achievement. The Journal of General Psychology, 70(1): 59-67.

Bengtson, V. L., Reedy, M. N., & Gordon, C. (1985). Aging and self-conceptions: Personality processes and social contexts. In Handbook of the psychology of aging . Van Nostrand Reinhold Co.

Berlad, I., & Pratt, H. (1995). P300 in response to the subject's own name. Electroencephalography & Clinical Neurophysiology, 96(5): 472-474.

Billings, A. G., & Moos, R. H. (1984). Coping, stress, and social resources among adults with unipolar depression. Journal of Personality and Social Psychology, 46(4): 877-891.

Birren, J. E., & Schaie, K. W. (1977). Handbook of the Psychology of Aging. New York:

Van Nostrand Reinhold.

Bishop, F., & Yardley, L. (2010). The development and initial validation of a new measure of lay definitions of health: The wellness beliefs scale. Psychology and Health, 25(3): 271–287.

Blaxter, M. (2003). Health and lifestyles. Routledge.

Block, R. A. (1978). Remembered duration: Effects of event and sequence complexity. Memory & Cognition, 6(3): 320–326.

Bothwell, R. K., Brigham, J. C., & Malpass, R. S. (1989). Cross-Racial Identification. Personality & Social Psychology Bulletin, 15(1): 19–25.

Bowlby, J., Robertson, J., & Rosenbluth, D. (1952). A two-year-old goes to hospital. The Psychoanalytic Study of the Child, 7(1): 82–94.

Bradley, M. M., & Lang, P. J. (1994). Measuring emotion: the self-assessment manikin and the semantic differential. Journal of Behavior Therapy and Experimental Psychiatry, 25(1): 49–59.

Bradley, M. M., Greenwald, M. K., Petry, M. C., & Lang, P. J. (1992). Remembering Pictures: Pleasure and Arousal in Memory. Journal of Experimental Psychology: Learning, Memory, and Cognition, 18(2): 379–390.

Bradley, M. M., Hamby, S., Löw, A., & Lang, P. J. (2007). Brain potentials in perception: picture complexity and emotional arousal. Psychophysiology, 44(3): 364–373.

Briggs, K. E., & Martin, F. H. (2009). Affective picture processing and motivational relevance: arousal and valence effects on ERPs in an oddball task. International Journal of Psychophysiology, 72(3): 299–306.

Brown, S. W. (1985). Time perception and attention: The effects of prospective versus retrospective paradigms and task demands on perceived duration. Perception & Psychophysics, 38(2): 115–124.

Brown, S. W. (1997). Attentional resources in timing: Interference effects in concurrent temporal and nontemporal working memory tasks. Perception and Psychophysics, 59(7): 1118–1140.

Brown, S. W. (2008). Time and attention: review of the literature. Psychology of Time, 111–138.

Brown, S. W., & Merchant, S. M. (2007). Processing resources in timing and sequencing tasks. Perception and Psychophysics, 69(3): 439–449.

Brown, S. W., & West, A. N. (1990). Multiple timing and the allocation of attention. Acta Psychologica, 75(2): 103–121.

Cadieux, M. L., Barnett–Cowan, M., & Shore, D. I. (2010). Crossing the hands is more confusing for females than males. Experimental Brain Research, 204(3): 431–446.

Caldara, R., Rossion, B., Bovet, P., & Hauert, C.–A. (2004). Event–related potentials and time course of the "other–race" face classification advantage. Neuroreport, 15(5): 905–910.

Calnan, M. (1987). Health and illness. Tavistock Publications.

Campbell, L., & Kashy, D. A. (2002). Estimating actor, partner, and interaction effects for dyadic data using PROC MIXED and HLM: A user–friendly guide. Personal Relationships, 9(3): 327–342.

Cano, M. E., Class, Q. A., & Polich, J. (2009). Affective valence, stimulus attributes, and P300: color vs. black/white and normal vs. scrambled images. International Journal of Psychophysiology, 71(1): 17–24.

Caramazza, A., Laudanna, A., & Romani, C. (1988). Lexical access and inflectional morphology. Cognition, 28(3): 297–332.

Carmody, D. P., & Lewis, M. (2006). Brain activation when hearing one's own and others' names. Brain Research, 1116(1): 153–158.

Carney, R. E., Mann, P. A., & McCormick, R. P. (1966). Validation of an objective measure of achievement motivation. Psychological Reports, 19(1): 243–248.

Carretié, L., Hinojosa, J. A., Albert, J., & Mercado, F. (2006). Neural response to sustained affective visual stimulation using an indirect task. Experimental Brain Research, 174(4): 630–637.

Carretié, L., Hinojosa, J. A., Martín–Loeches, M., Mercado, F., & Tapia, M. (2004). Automatic attention to emotional stimuli: Neural correlates. Human Brain Mapping, 22(4): 290–299.

Carretié, L., Mercado, F., Tapia, M., & Hinojosa, J. A. (2001). Emotion, attention, and the "negativity bias", studied through event–related potentials. International Journal of Psychophysiology, 41(1): 75–85.

Chance, J. E., & Goldstein, A. G. (1996). The other–race effect and eyewitness identification. Psychological Issues in Eyewitness Identification, 153–176.

Chen, J. Y., & Chen, T. M. (2007). Form encoding in Chinese word production does not involve morphemes. Language and Cognitive Processes, 22(7): 1001–1020.

Chen, J. Y., Chen, T. M., & Dell, G. S. (2002). Word-form encoding in Mandarin Chinese as assessed by the implicit priming task. Journal of Memory and Language, 46(4): 751–781.

Chen, T. M., & Chen, J. Y. (2006). Morphological encoding in the production of compound words in Mandarin Chinese. Journal of Memory and Language, 54(4): 491–514.

Chirkova, K. (2002). The Morphology of Chinese: A Linguistic and Cognitive Approach (review). In Language (Vol. 78).

Chou, S. K., & Chen, H. P. (1935). General Versus Specific Color Preferences of Chinese Students. Journal of Social Psychology, 6(3): 290–314.

Chua, H. F., Boland, J. E., & Nisbett, R. E. (2005). Cultural variation in eye movements during scene perception. Proceedings of the National Academy of Sciences of the United States of America, 102(35): 12629–12633.

Codispoti, M., Ferrari, V., & Bradley, M. M. (2006). Repetitive picture processing: autonomic and cortical correlates. Brain Research, 1068(1): 213–220.

Codispoti, M., Ferrari, V., & Bradley, M. M. (2007). Repetition and event-related potentials: Distinguishing early and late processes in affective picture perception. Journal of Cognitive Neuroscience, 19(4): 577–586.

Compas, B. E., Forsythe, C. J., & Wagner, B. M. (1988). Consistency and variability in causal attributions and coping with stress. Cognitive Therapy and Research, 12(3): 305–320.

Conroy, M. A., & Polich, J. (2007). Affective valence and P300 when stimulus arousal level is controlled. Cognition and Emotion, 21(4): 891–901.

Conway, A. R. A., Cowan, N., & Bunting, M. F. (2001). The cocktail party phenomenon revisited: The importance of working memory capacity. Psychonomic Bulletin and Review, 8(2): 331–335.

Cook, A. E., Limber, J. E., & O'Brien, E. J. (2001). Situation-Based Context and the Availability of Predictive Inferences. Journal of Memory and Language, 44(2): 220–234.

Corrigan, P. W., Markowitz, F. E., & Watson, A. C. (2004). Structural levels of mental illness stigma and discrimination. Schizophrenia Bulletin, 30(3): 481–491.

Crawford, L. E., & Cacioppo, J. T. (2002). Learning where to look for danger: Integrating affective and spatial information. Psychological Science, 13(5): 449–453.

Crombez, G., Vlaeyen, J. W. S., Heuts, P. H. T. G., & Lysens, R. (1999). Pain-related fear is more disabling than pain itself: Evidence on the role of pain-related fear in chronic back pain disability. Pain, 80(1–2): 329–339.

Cuthbert, B. N., Schupp, H. T., Bradley, M. M., Birbaumer, N., & Lang, P. J. (2000). Brain potentials in affective picture processing: Covariation with autonomic arousal and affective report. Biological Psychology, 52(2): 95–111.

Damian, M. F., & Bowers, J. S. (2003). Effects of orthography on speech production in a form–preparation paradigm. Journal of Memory & Language, 49(1): 119–132.

Delplanque, S., Lavoie, M. E., Hot, P., Silvert, L., & Sequeira, H. (2004). Modulation of cognitive processing by emotional valence studied through event–related potentials in humans. Neuroscience Letters, 356(1): 1–4.

Delplanque, S., N'diaye, K., Scherer, K., & Grandjean, D. (2007). Spatial frequencies or emotional effects? . A systematic measure of spatial frequencies for IAPS pictures by a discrete wavelet analysis. Journal of Neuroscience Methods, 165(1): 144–150.

Delplanque, S., Silvert, L., Hot, P., & Sequeira, H. (2005). Event–related P3a and P3b in response to unpredictable emotional stimuli. Biological Psychology, 68(2): 107–120.

Delplanque, S., Silvert, L., Hot, P., Rigoulot, S., & Sequeira, H. (2006). Arousal and valence effects on event–related P3a and P3b during emotional categorization. International Journal of Psychophysiology, 60(3): 315–322.

Derogatis, L. R., Lipman, R. S., & Covi, L. (1977). SCL–90. Administration, Scoring and Procedures Manual–I for the R (Revised) Version and Other Instruments of the Psychopathology Rating Scales Series. Chicago: Johns Hopkins University School of Medicine.

Dohmes, P., Zwitserlood, P., & Bölte, J. (2004). The impact of semantic transparency of morphologically complex words on picture naming. Brain and Language, 90(1–3): 203–212.

Dolcos, F., & Cabeza, R. (2002). Event–related potentials of emotional memory: Encoding pleasant, unpleasant, and neutral pictures. Cognitive, Affective and Behavioral Neuroscience, 2(3): 252–263.

Dollard, J., & Miller, N. E. (1950). Personality and psychotherapy; an analysis in terms of learning, thinking, and culture.

Donchin, E., & Coles, M. G. H. (1988). Is the P300 component a manifestation of context updating? Behavioral and Brain Sciences, 11(3): 357–374.

Dovidio, J. F., Kawakami, K., & Gaertner, S. L. (2002). Implicit and explicit prejudice and interracial interaction. Journal of Personality and Social Psychology, 82(1): 62–68.

Downey, C. A., & Chang, E. C. (2013). Assessment of everyday beliefs about health: The Lay Concepts of Health Inventory, college student version. Psychology and Health, 28(7): 818–832.

Dulac, T., Coyle-Shapiro, J. A. M., Henderson, D. J., & Wayne, S. J. (2008). Not all responses to breach are the same: The interconnection of social exchange and psychological contract processes in organizations. Academy of Management Journal, 51(6): 1079-1098.

Efron, R. (1963). The Effect of Handedness on the Perception of Simultaneity and Temporal Order. Brain, 86(2): 276.

Eibl-Eibesfeldt, I. (1970). Männliche und weibliche Schutzamulette im modernen Japan. Homo: Journal of Comparative Human Biology, 21, 175-188.

Eimer, M., Forster, B., & Van Velzen, J. (2003). Anterior and posterior attentional control systems use different spatial reference frames: ERP evidence from covert tactile-spatial orienting. Psychophysiology, 40(6): 924-933.

Einstein, G. O., & McDaniel, M. A. (1990). Normal Aging and Prospective Memory. Journal of Experimental Psychology: Learning, Memory, and Cognition, 16(4): 717-726.

Ekman, P. (1973). Universal Facial Expressions in Emotion. Studia Psychologica, 15(2): 140-147.

Ekman, P. (1992). Are There Basic Emotions? Psychological Review, 99(3): 550-553.

Ekman, P., Friesen, W. V., & Ellsworth, P. (1972). Emotion in the human face: Guidelines for research and an integration of findings. Journal of Personality and Social Psychology (Vol. 74). Pergamon.

Estes, W. K. (1985). Memory for Temporal Information. In Time, Mind, and Behavior (pp. 151-168).

Fischler, I., Jin, Y. S., Boaz, T. L., Perry, N. W., & Childers, D. G. (1987). Brain potentials related to seeing one's own name. Brain and Language, 30(2): 245-262.

Fitts, W. H., & Warren, W. (1965). Tennessee Self Concept Scale manual TSCS:2. Counselor Recordings and Tests Nashville, TN.

Folmer, R. L., & Yingling, C. D. (1997). Auditory P3 responses to name stimuli. Brain and Language, 56(2): 306-311.

Fortin, C., Rousseau, R., Bourque, P., & Kirouac, E. (1993). Erratum to: Time estimation and concurrent nontemporal processing: Specific interference from short-term-memory demands. Perception & Psychophysics, 53(6): 703.

Fortin, Claudette, & Breton, R. (1995). Temporal interval production and processing in working memory. Perception & Psychophysics, 57(2): 203-215.

Fortin, Claudette, & Couture, E. (2002). Short-term memory and time estimation: Beyond the 2-second "critical" value. Canadian Journal of Experimental Psychology, 56(2): 120-127.

Fortin, Claudette, & Rousseau, R. (1998). Interference from short-term memory processing on encoding and reproducing brief durations. Psychological Research, 61(4): 269-276.

Fraisse, P. (1963). The psychology of time. New York: Harper & Row.

Fraisse, P. (1984). Perception and Estimation of Time. Annual Review of Psychology, 35(1): 1-36.

Friedman, M. (1974). Type A behavior and your heart. New York: Knopf.

Friedman, W. J. (1982). The developmental psychology of time. Academic Press New York.

Friedman, W. J. (2002). Children's knowledge of the future distances of daily activities and annual events. Journal of Cognition and Development, 3(3): 333-356.

Friis, R. H., & Knox, A. B. (1972). A validity study of scales to measure need achievement, need affiliation, impulsiveness, and intellectuality. Educational and Psychological Measurement, 32(1): 147-154.

Furl, N., Phillips, P. J., & O'Toole, A. J. (2002). Face recognition algorithms and the other-race effect: Computational mechanisms for a developmental contact hypothesis. Cognitive Science, 26(6): 797-815.

Fussell, S.R. (2002). Chapter 1: The Verbal Communication of Emotion: Introduction and Overview. In The verbal communication of emotions: interdisciplinary perspectives (pp. 9-24).

Ganesan, V. (1982). Perceptions of self, village, and nation under three temporal dimensions. Psychological Research Journal, 6(1): 7-15.

Garth, T. R. (1931). Race psychology. Whittlesey House (Mcgraw-Hill).

Gasbarri, A., Arnone, B., Pompili, A., Marchetti, A., Pacitti, F., Calil, S. S., ··· Tomaz, C. (2006). Sex-related lateralized effect of emotional content on declarative memory: An event related potential study. Behavioural Brain Research, 168(2): 177-184.

Geffen, G., Rosa, V., & Luciano, M. (2000). Effects of preferred hand and sex on the perception of tactile simultaneity. Journal of Clinical and Experimental Neuropsychology, 22(2): 219-231.

Gibson, E. (1990). Recency preference and garden-path effects. Proceedings of the Twelfth Annual Conference of the Cognitive Science Society, 372-379.

Glicksohn, J.(2001). Temporal cognition and the phenomenology of time: A multiplicative function for apparent duration. Consciousness and Cognition, 10(1): 1-25.

Golby, A. J., Gabrieli, J. D. E., Chiao, J. Y., & Eberhardt, J. L. (2001). Differential responses in the fusiform region to same-race and other-race faces. Nature Neuroscience, 4(8): 845-850.

Goldfarb, W. (1943). Infant rearing and problem behavior. American Journal of Orthopsychiatry, 13(2), 249-265.

Goud, N. H. (2005). Courage: Its Nature and Development. The Journal of Humanistic Counseling, Education and Development, 44(1), 102-116.

Gough, H. G. (1957). Manual for the California psychological inventory. Consulting Psychologists Press.

Graesser, A. C., Millis, K. K., & Zwaan, R. A. (1997). Discourse comprehension. Annual Review of Psychology, 48, 163-189.

Graesser, A. C., Millis, K. K., & Zwaan, R. A. (1997). Discourse comprehension. Annual Review of Psychology, 48, 163-189.

Guilford, J. P. (1929). An experiment in learning to read facial expression. The Journal of Abnormal and Social Psychology, 24(2), 191-202.

Hajcak, G., & Dennis, T. A. (2009). Brain potentials during affective picture processing in children. Biological Psychology, 80(3), 333-338.

Hajcak, G., & Nieuwenhuis, S. (2006). Reappraisal modulates the electrocortical response to unpleasant pictures. Cognitive, Affective, & Behavioral Neuroscience, 6(4): 291-297.

Hajcak, G., Moser, J. S., & Simons, R. F. (2006). Attending to affect: Appraisal strategies modulate the electrocortical response to arousing pictures. Emotion, 6(3): 517-522.

Hanson, C. L., Cigrang, J. A., Harris, M. A., Carle, D. L., Relyea, G., & Burghen, G. A. (1989). Coping Styles in Youths With Insulin-Dependent Diabetes Mellitus. Journal of Consulting and Clinical Psychology, 57(5): 644-651.

Harlow, H. F., & Suomi, S. J. (1970). Nature of love: Simplified. American Psychologist, 25(2), 161-168.

Harris, C. R., & Pashler, H. (2004). Attention and the Processing of Emotional Words and Names: Not So Special After All. Psychological Science, 15(3), 171-178.

Harris, C. R., Pashler, H. E., & Coburn, N. (2004). Moray revisited: High-priority affective stimuli and visual search. The Quarterly Journal of Experimental Psychology Section A, 57(1), 1-31.

Hart, A. J., Whalen, P. J., Shin, L. M., McInerney, S. C., Fischer, H., & Rauch, S. L.

(2000). Differential response in the human amygdala to racial outgroup vs ingroup face stimuli. Neuroreport, 11(11), 2351–2354.

Hattie, J. (1992). Self-concept. NJ: Erlbaum.

Hellkamp, D. T. (1968). Perceptual response sets on the rod-and-frame task in a college sample. Perceptual and Motor Skills, 27(2), 591–594.

Hermans, H. J. (1970). A questionnaire measure of achievement motivation. Journal of Applied Psychology, 54(4), 353–363.

Hicks, J. L., Marsh, R. L., & Russell, E. J. (2000). The Properties of Retention Intervals and Their Affect on Retaining Prospective Memories. Journal of Experimental Psychology: Learning Memory and Cognition, 26(5): 1160–1169.

Hicks, R. E., Miller, G. W., & Kinsbourne, M. (1976). Prospective and retrospective judgments of time as a function of amount of information processed. American Journal of Psychology, 89(4), 719–730.

Hilgard, E. R., Atkinson, R. L., & Atkinson, R. C. (1979). Introduction to psychology. Ed 7. New York: HarcourtBrace Jovanovich: 224.

Hinrichs, J. V. (1970). A two-process memory-strength theory for judgment of recency. Psychological Review, 77(3), 223–233.

Hirnstein, M., Ocklenburg, S., Schneider, D., & Hausmann, M. (2009). Sex differences in left-right confusion depend on hemispheric asymmetry. Cortex, 45(7): 891–899.

Holeckova, I., Fischer, C., Giard, M. H., Delpuech, C., & Morlet, D. (2006). Brain responses to a subject' s own name uttered by a familiar voice. Brain Research, 1082(1): 142–152.

Hollenbeck, G. P., McCall, M. W., & Silzer, R. F. (2006). Leadership competency models. The Leadership Quarterly, 17(4), 398–413.

Hopkins, G. W., & Kristofferson, A. B. (1980). Ultrastable stimulus-response latencies: Acquisition and stimulus control. Perception & Psychophysics, 27(3), 241–250.

Hot, P., Saito, Y., Mandai, O., Kobayashi, T., & Sequeira, H. (2006). An ERP investigation of emotional processing in European and Japanese individuals. Brain Research, 1122(1): 171–178.

Huang, Y. X., & Luo, Y. J. (2006). Temporal course of emotional negativity bias: An ERP study. Neuroscience Letters, 398(1–2): 91–96.

Hughner, R. S., & Kleine, S. S. (2004). Views of health in the lay sector: A compilation and review of how individuals think about health. Health : An Interdisciplinary Journal for the Social Study of Health, Illness and Medicine, 8(4), 395–422.

Ito, T. A., Thompson, E., & Cacioppo, J. T.(2004). Tracking the Timecourse of Social Perception: The Effects of Racial Cues on Event-Related Brain Potentials. Personality & Social Psychology Bulletin, 30(10), 1267–1280.

Ito, T. A., Larsen, J. T., Smith, N. K., & Cacioppo, J. T. (1998). Negative information weighs more heavily on the brain: the negativity bias in evaluative categorizations. Journal of Personality and Social Psychology, 75(4), 887–900.

Jaccard, J., & Dittus, P. (1990). Idiographic and nomothetic perspectives on research methods and data analysis. In Review of personality and social psychology. Sage.

Jackson, J. J., Bogg, T., Walton, K. E., Wood, D., Harms, P. D., Lodi-Smith, J., … Roberts, B. W. (2009). Not all Conscientiousness Scales Change Alike: A Multimethod, Multisample Study of Age Differences in the Facets of Conscientiousness. Journal of Personality and Social Psychology, 96(2): 446–459.

Jackson, J. J., Wood, D., Bogg, T., Walton, K. E., Harms, P. D., & Roberts, B. W. (2010). What do conscientious people do? Development and validation of the Behavioral Indicators of Conscientiousness (BIC). Journal of Research in Personality, 44(4): 501–511.

Jackson, T., Pope, L., Nagasaka, T., Fritch, A., Iezzi, T., & Chen, H. (2005). The impact of threatening information about pain on coping and pain tolerance. British Journal of Health Psychology, 10(3): 441–451.

Jervis, R. (2006). Understanding beliefs. Political Psychology, 27(5): 641–663.

Johnson, K. J., & Fredrickson, B. L. (2005). "We all look the same to Me" positive emotions eliminate the own-race bias in face recognition. Psychological Science, 16(11), 875–881.

Just, Marcel A, & Carpenter, P. A. (1992). A capacity theory of comprehension: individual differences in working memory. Psychological Review, 99(1), 122–149.

Just, M. A., Carpenter, P. A., & Keller, T. A. (1996). The capacity theory of comprehension: New frontiers of evidence and arguments. Psychological Review, 103(4), 773–780.

Kahneman, D. (1973). Attention and effort (Vol. 1063). NJ: Prentice-Hall: Englewood Cliffs.

Karpinski, A., & Steinman, R. B. (2006). The single category implicit association test as a measure of implicit social cognition. Journal of Personality and Social Psychology, 91 (1), 16–32.

Kassin, S. M., Tubb, V. A., Hosch, H. M., & Memon, A. (2001). On the "general acceptance" of eyewitness testimony research: A new survey of the experts. American Psychologist, 56 (5), 405-416.

Kausler, D. H. (1982). Experimental psychology and human aging. New York: Wiley.

Kavšek, M. J., & Seiffge-Krenke, I. (1996). The Differentiation of Coping Traits in Adolescence. International Journal of Behavioral Development, 19(3), 651-668.

Kavšek, M. J., Tismer, K.-G., & Hanselmann, E. (1995). Bewältigungs dimensionen im frühen Jugendalter: Deutsche und amerikanische Jugendliche im Vergleich. Psychologie in Erziehung Und Unterricht, 42(2), 106-114.

Keefe, D. E., & McDaniel, M. A. (1993). The Time Course and Durability of Predictive Inferences. Journal of Memory and Language, 32(4), 446-463.

Kelley, H. (1950). the Warm-Cold Variable in First Impressions of Persons. Journal of Personality, 18, 431-439.

Kelly, G. (1991). The psychology of personal constructs: Volume two: Clinical diagnosis and psychotherapy. Routledge;Sony Electronics [Distributor].

Kitazawa, S. (2002). Where conscious sensation takes place. Consciousness and Cognition, 11(3), 475-477.

Kóbor, I., Füredi, L., Kovács, G., Spence, C., & Vidnyánszky, Z. (2006). Back-to-front: Improved tactile discrimination performance in the space you cannot see. Neuroscience Letters, 400(1-2): 163-167.

Kopta, S. M., & Lowry, J. L. (2002). Psychometric evaluation of the Behavioral Health Questionnaire-20: A brief instrument for assessing global mental health and the three phases of psychotherapy. Psychotherapy Research, 12(4), 413-426.

Koriat, A., & Norman, J. (1985). Reading Rotated Words. Journal of Experimental Psychology: Human Perception and Performance, 11(4), 490-508.

Kuroki, S., Watanabe, J., Kawakami, N., Tachi, S., & Nishida, S. (2010). Somatotopic dominance in tactile temporal processing. Experimental Brain Research, 203(1): 51-62.

Kurtz, D., Trapp, C., Kieny, M. T., Wassmer, J. M., Mugnaioni, M. D., Pack, A., & Hoff, E. (1977). Study of recovery and the post-anaesthetic period (author's transl). Revue d'electroencephalographie et de Neurophysiologie Clinique, 7(1): 62-69.

LaChapelle, D., Higgins, N., Harman, K., & Hadjistavropoulos, T. (2009). Examining the contributions of coping style, pain appraisals, and emotional reactions to pain expressiveness.

The Journal of Pain, 10(4): S71.

Langfeld, H. S. (1918). The judgment of emotions from facial expressions. The Journal of Abnormal Psychology, 13(3), 172-184.

Larkin, W., & Burns, D. (1977). Sentence comprehension and memory for embedded structure. Memory & Cognition, 5(1), 17-22.

Lazarus, R. S., & Folkman, S. (1984). Stress, appraisal, and coping. Springer publishing company.

Lee, C. L., & Estes, W. K. (1981). Item and order information in short-term memory: Evidence for multilevel perturbation processes. Journal of Experimental Psychology: Human Learning and Memory, 7(3): 149-169.

Lee, J., & Suh, A. (2015). How do virtual community members develop psychological ownership and what are the effects of psychological ownership in virtual communities? Computers in Human Behavior, 45, 382-391.

Levelt, W. J. M., Roelofs, A., & Meyer, A. S. (1999). A theory of lexical access in speech production. Behavioral and Brain Sciences, 22, 1-75.

Levin, D. T. (2000). Race as a visual feature: Using visual search and perceptual discrimination tasks to understand face categories and the cross-race recognition deficit. Journal of Experimental Psychology: General, 129(4), 559-574.

Li, Y. R., Weinborn, M., Loft, S., & Maybery, M. (2013). Patterns of prospective memory impairment among individuals with depression: The influence of cue type and delay interval. Journal of the International Neuropsychological Society, 19(6): 718-722.

Lifshitz, K. (1966). the Averaged Evoked Cortical Response To Complex Visual Stimuli. Psychophysiology, 3(1): 55-68.

Link, B. G., & Phelan, J. C. (2001). Conceptualizing Stigma. Annual Review of Sociology, 27(1): 363-385.

Lynn, R. (1969). An achievement motivation questionnaire. British Journal of Psychology, 60(4): 529-534.

Mackinlay, R. J., Kliegel, M., & Mäntylä, T. (2009). Predictors of time-based prospective memory in children. Journal of Experimental Child Psychology, 102(3): 251-264.

Maclin, O. H., & Malpass, R. S. (2001). Racial categorization of faces: The ambiguous race face effect. Psychology Public Policy & Law, 7(1): 98-118.

Malpass, R. S., & Kravitz, J. (1969). Recognition for faces of own and other race. Journal of Personality and Social Psychology, 13(4): 330-334.

Malpass, R. S., Lavigueur, H., & Weldon, D. E. (1973). Verbal and Visual Training in Face Recognition. Perception & Psychophysics, 14(2): 285-292.

Mandel, D. R., Jusczyk, P. W., & Pisoni, D. B. (1995). Infants' recognition of the sound patterns of their own names. Psychological Science, 6(5): 314-317.

Mannarini, T., Rochira, A., & Talo, C. (2014). Negative psychological sense of community: Development of a measure and theoretical implications. Journal of Community Psychology, 42 (6): 673-688.

Mardaga, S., & Hansenne, M. (2009). Personality modulation of P300 wave recorded within an emotional oddball protocol. Neurophysiologie Clinique/Clinical Neurophysiology, 39(1): 41-48.

Marin, T. J., & Miller, G. E. (2013). The interpersonally sensitive disposition and health: An integrative review. Psychological Bulletin, 139(5): 941-984.

Markus, H. (1977). Self-schemata and processing information about the self. Journal of Personality and Social Psychology, 35(2), 63-78.

Marsh, H., & Hattie, J. (1996). Theoretical perspectives on the structure of self-concept. Handbook of Self-Concept: Developmental, Social, and Clinical Considerations, 38-90.

Marsh, R. L., Hicks, J. L., Cook, G. I., Hansen, J. S., & Pallos, A. L. (2003). Interference to Ongoing Activities Covaries with the Characteristics of an Event-Based Intention. Journal of Experimental Psychology: Learning Memory and Cognition, 29(5): 861-870.

Martin, B. A., Brown, N. L., & Hicks, J. L. (2011). Ongoing task delays affect prospective memory more powerfully than filler task delays. Canadian Journal of Experimental Psychology, 65(1): 48-56.

Maslow, A. H. (1954). The instinctoid nature of basic needs. Journal of Personality, 22, 326-347.

Maslow, A. H. (1981). Motivation and personality. Prabhat Prakashan.

May, R. (1975). The courage to create. New York: Norton.

McBride, D. M., Beckner, J. K., & Abney, D. H. (2011). Effects of delay of prospective memory cues in an ongoing task on prospective memory task performance. Memory and Cognition, 39(7): 1222-1231.

McClelland, D. C. (1951). Personality. New York: William Sloane Assocation.

McCracken, L. M., & Eccleston, C. (2006). A comparison of the relative utility of coping and acceptance-based measures in a sample of chronic pain sufferers. European Journal of Pain, 10(1), 23-29.

McCracken, L. M., & Vowles, K. E. (2008). A Prospective Analysis of Acceptance of Pain and Values-Based Action in Patients With Chronic Pain. Health Psychology, 27(2): 215-220.

McCracken, L. M., & Yang, S. Y. (2008). A Contextual Cognitive-Behavioral Analysis of Rehabilitation Workers' Health and Well-Being: Influences of Acceptance, Mindfulness, and Values-Based Action. Rehabilitation Psychology, 53(4): 479-485.

McCrae, R. R. (1989). Age differences and changes in the use of coping mechanisms. Journals of Gerontology, 44(6): 161-169.

McCracken, L. M., & Yang, S. Y. (2008). A Contextual Cognitive-Behavioral Analysis of Rehabilitation Workers' Health and Well-Being: Influences of Acceptance, Mindfulness, and Values-Based Action. Rehabilitation Psychology, 53(4), 479-485.

McKoon, G., & Ratcliff, R. (1998). MEMORY-BASED LANGUAGE PROCESSING: Psycholinguistic Research in the 1990s. Annual Review of Psychology, 49(1), 25-42.

Meier, B., Zimmermann, T. D., & Perrig, W. J. (2006). Retrieval experience in prospective memory: Strategic monitoring and spontaneous retrieval. Memory, 14(7): 872-889.

Meier-Ruge,W. (1987). The elderly patient in general practice. Basel: Karger.

Meissner, C. A., & Brigham, J. C. (2001). Thirty Years of Investigating the Own-Race Bias in Memory for Faces: A Meta-Analytic Review. Psychology, Public Policy, and Law, 7(1), 3-35.

Meng, X., Yuan, J., & Li, H. (2009). Automatic processing of valence differences in emotionally negative stimuli: Evidence from an ERP study. Neuroscience Letters, 464(3): 228-232.

Meunier, F., & Longtin, C. M. (2007). Morphological decomposition and semantic integration in word processing. Journal of Memory and Language, 56(4), 457-471.

Meyer, A. S. (1991). The time course of phonological encoding in language production: Phonological encoding inside a syllable. Journal of Memory and Language, 30(1): 69-89.

Michel, C., Rossion, B., Han, J., Chung, C. S., & Caldara, R. (2006). Holistic Processing Is Finely Tuned for Faces of One's Own Race. Psychological Science, 17(7): 608-615.

Michon, J. A. (1985). The Compleat Time Experiencer. In Time, Mind, and Behavior (pp. 20-52).

Miller, G. A. (1956). The magical number seven, plus or minus two: Some limits on our capacity for processing information. Psychological Review, 63(2): 81.

Miller, G. A. (1956). The magical number seven, plus or minus two: Some limits on our capacity for processing information. Psychological Review, 63(2), 81–97.

Mioni, G., & Stablum, F. (2014). Monitoring behaviour in a time–based prospective memory task: The involvement of executive functions and time perception. Memory, 22(5): 536–552.

Mitchell, D. B. (1989). How Many Memory Systems? Evidence From Aging. Journal of Experimental Psychology: Learning, Memory, and Cognition, 15(1): 31–49.

Morant, R. B., & Aronoff, J. (1966). Starting position, adaptation, and visual framework as influencing the perception of verticality. Journal of Experimental Psychology, 71(5): 684–686.

Moray, N. (1959). Attention in Dichotic Listening: Affective Cues and the Influence of Instructions. Quarterly Journal of Experimental Psychology, 11(1): 56–60.

Morgan, L. M., & Good, B. J. (1995). Medicine, Rationality, and Experience: An Anthropological Perspective. The Journal of the Royal Anthropological Institute, 1(1): 212.

Morgan, R. L., & Heise, D. (1988). Structure of Emotions. Social Psychology Quarterly, 51(1), 19–31.

Morris, J. S., Öhman, A., & Dolan, R. J. (1998). Conscious and unconscious emotional learning in the human amygdala. Nature, 393(6684), 467–470.

Moser, J. S., Hajcak, G., Bukay, E., & Simons, R. F. (2006). Intentional modulation of emotional responding to unpleasant pictures: an ERP study. Psychophysiology, 43(3), 292–296.

Müller, H. M., & Kutas, M. (1996). What's in a name? Electrophysiological differences between spoken nouns, proper names and one's won name. NeuroReport, 8, 221–225.

Munn, N. L. (1940). The effect of knowledge of the situation upon judgment of emotion from facial expressions. Journal of Abnormal and Social Psychology, 35(3), 324–338.

Murray, J. D., Klin, C. M., & Myers, J. L. (1993). Forward Inferences in Narrative Text. Journal of Memory and Language, 32(4), 464–473.

Nakajima, K., & Ikegami, T. (2010). Dynamical systems interpretation of reversal of subjective temporal order due to arm crossing. Adaptive Behavior, 18(3–4), 189–210.

Naveh–Benjamin, M. (1990). Coding of Temporal Order Information: An Automatic Process? Journal of Experimental Psychology: Learning, Memory, and Cognition, 16(1), 117–126.

Neal, Z. P., & Neal, J. W. (2014). The (in)compatibility of diversity and sense of community. American Journal of Community Psychology, 53, 1-12.

Neisser, U. (1986). Nested structure in autobiographical memory. Autobiographical Memory, 71-81.

Nesdale, D., & Durkin, K. (1998). Stereotypes and attitudes: Implicit and explicit processes. Implicit and Explicit Mental Processes., 219-232.

Ng, W. J., & Lindsay, R. C. L. (1994). Cross-Race Facial Recognition Failure of the Contact Hypothesis. Journal of Cross-Cultural Psychology, 25(2), 217-232.

Niedźwieńska, A., & Barzykowski, K. (2012). The age prospective memory paradox within the same sample in time-based and event-based tasks. Aging, Neuropsychology, and Cognition, 19(1-2), 58-83.

Nigro, G., & Cicogna, P. C. (2000). Does Delay Affect Prospective Memory Performance? European Psychologist, 5(3): 228-233.

Nigro, G., Senese, V. P., Natullo, O., & Sergi, I. (2002). Preliminary remarks on type of task and delay in children's prospective memory. Perceptual and Motor Skills, 95(2): 515-519.

Nuttin, J. (1985). Future time perspective and motivation: Theory and research method. Psychology Press.

Ofek, E., & Pratt, H. (2005). Neurophysiological correlates of subjective significance. Clinical Neurophysiology, 116(10): 2354-2362.

Olofsson, J. K., & Polich, J. (2007). Affective visual event-related potentials: Arousal, repetition, and time-on-task. Biological Psychology, 75(1): 101-108.

Olofsson, J. K., Nordin, S., Sequeira, H., & Polich, J. (2008). Affective picture processing: an integrative review of ERP findings. Biological Psychology, 77(3): 247-265.

Ornstein, R. E. (1969). On the experience of time.

Ortony, A., & Turner, T. J. (1990). What's basic about basic emotions? Psychological Review, 97(3), 315-331.

Oswald, I., Taylor, A. M., & Treisman, M. (1960). Discriminative responses to stimulation during human sleep. Brain : a journal of neurology, 83, 440-453.

Páez-Blarrina, M., Luciano, C., Gutiérrez-Martínez, O., Valdivia, S., Ortega, J., & Rodríguez-Valverde, M. (2008). The role of values with personal examples in altering the functions of pain: Comparison between acceptance-based and cognitive-control-based protocols.

Behaviour Research and Therapy, 46(1), 84-97.

Panides, W. (1984). The perception of the past, present, and future in preadolescent asthmatic children: An exploratory study. Sex Roles, 11(11-12): 1141-1152.

Patton, M. Q. (1990). Qualitative evaluation and research methods. SAGE Publications, inc.

Peris, T. S., Teachman, B. A., & Nosek, B. A. (2008). Implicit and explicit stigma of mental illness: Links to clinical care. Journal of Nervous and Mental Disease, 196(10), 752-760.

Perrin, F., Maquet, P., Peigneux, P., Ruby, P., Degueldre, C., Balteau, E., ··· Laureys, S. (2005). Neural mechanisms involved in the detection of our first name: A combined ERPs and PET study. Neuropsychologia, 43(1): 12-19.

Peterson, C., & Seligman, M. E. P. (2004). Character strengths and virtues: A handbook and classification (Vol. 1). Oxford University Press.

Piaget, J. (1969). The child's conception of time. Routledge.

Piaget, J. (2013). The child's conception of time. Routledge.

Pockett, S. (2002). On subjective back-referral and how long it takes to become conscious of a stimulus: A reinterpretation of Libet's data. Consciousness and Cognition, 11(2): 144-161.

Polit, D. F., Beck, C. T., & Owen, S. V. (2007). Focus on research methods: Is the CVI an acceptable indicator of content validity? Appraisal and recommendations. Research in Nursing and Health, 30(4): 459-467.

Pöppel, E. (1997). A hierarchical model of temporal perception. Trends in Cognitive Sciences, 1(2): 56-61.

Poquette, A. J., Moore, D. J., Gouaux, B., Morgan, E. E., Grant, I., & Woods, S. P. (2013). Prospective memory and antiretroviral medication non-adherence in HIV: An analysis of ongoing task delay length using the memory for intentions screening test. Journal of the International Neuropsychological Society, 19(2): 155-161.

Portas, C. M., Krakow, K., Allen, P., Josephs, O., Armony, J. L., & Frith, C. D. (2000). Auditory processing across the sleep-wake cycle: Simultaneous EEG and fMRI monitoring in humans. Neuron, 28(3): 991-999.

Potts, G. R., Keenan, J. M., & Golding, J. M. (1988). Assessing the occurrence of elaborative inferences: Lexical decision versus naming. Journal of Memory and Language, 27(4): 399-415.

Proverbio, A. M., Adorni, R., Zani, A., & Trestianu, L. (2009). Sex differences in the brain response to affective scenes with or without humans. Neuropsychologia, 47(12): 2374-2388.

Putman, D. A. (2004). Psychological courage. Dallas, TX: University Press of America.

Radilovά, J. (1982). The late positive component of visual evoked response sensitive to emotional factors. Activitas Nervosa Superior, 3(2): 334-337.

Ramírez-Maestre, C., Esteve, R., & López, A. E. (2008). Cognitive appraisal and coping in chronic pain patients. European Journal of Pain, 12(6): 749-756.

Ray, J. J. (1975). A behavior inventory to measure achievement motivation. Journal of Social Psychology, 95(1): 135-136.

Reed, T. E., Vernon, P. A., & Johnson, A. M. (2004). Sex difference in brain nerve conduction velocity in normal humans. Neuropsychologia, 42(12): 1709-1714.

Rhodes, G., Brake, S., Taylor, K., & Tan, S. (1989). Expertise and configural coding in face recognition. British Journal of Psychology, 80(3): 313-331.

Roberts, B. W., Lejuez, C., Krueger, R. F., Richards, J. M., & Hill, P. L. (2014). What is conscientiousness and how can it be assessed? . Developmental Psychology, 50(5), 1315-1330.

Roberts, R D, Wing, A. M., Durkin, J., & Humphreys, G. W. (2003). Effects of posture on tactile temporal order judgements. Eurohaptics, 300-304.

Roberts, Roberta D., & Humphreys, G. W. (2008). Task Effects on Tactile Temporal Order Judgments: When Space Does and Does Not Matter. Journal of Experimental Psychology: Human Perception and Performance, 34(3), 592-604.

Röder, B., Rösler, F., & Spence, C. (2004). Early Vision Impairs Tactile Perception in the Blind. Current Biology, 14(2): 121-124.

Rodriguez-Fornells, A., Schmitt, B. M., Kutas, M., & Münte, T. F. (2002). Electrophysiological estimates of the time course of semantic and phonological encoding during listening and naming. Neuropsychologia, 40(7): 778-787.

Roediger, H. L. I. (2000). Why retrieval is the key process in understanding human memory. Memory, Concsciousness, and the Brain: The Tallinn Conference, 52-75.

Roelofs, A. (1992). A spreading-activation theory of lemma retrieval in speaking. Cognition, 42, 107-142.

Roelofs, A. (1996). Serial order in planning the production of successive morphemes of a word. Journal of Memory and Language, 35, 854–876.

Roelofs, A. (1998). Rightward incrementality in encoding simple phrasal forms in speech production: Verb–particle combinations. Journal of Experimental Psychology: Learning Memory and Cognition, 24(4): 904–921.

Rogers. C. R. (1951). Client–centered therapy. Boston: Houghton Mifflin Company.

Rokeach, M. (1973). The nature of human values. New York: Free press.

Rosenstiel, A. K., & Keefe, F. J. (1983). The use of coping strategies in chronic low back pain patients: Relationship to patient characteristics and current adjustment. Pain, 17 (1): 33–44.

Rozenkrants, B., & Polich, J. (2008). Affective ERP processing in a visual oddball task: arousal, valence, and gender. Clinical Neurophysiology, 119, 2260–2265.

Rubin, G. S., Becker, C. A., & Freeman, R. H. (1979). Morphological structure and its effect on visual word recognition. Journal of Verbal Learning and Verbal Behavior, 18, 757–767.

Rüsch, N., Corrigan, P. W., Wassel, A., Michaels, P., Olschewski, M., Wilkniss, S., & Batia, K. (2009). Ingroup perception and responses to stigma among persons with mental illness. Acta Psychiatrica Scandinavica, 120, 320–328.

Rüsch, N., Lieb, K., Göttler, I., Hermann, C., Schramm, E., Richter, H., ⋯ Bohus, M. (2007). Shame and implicit self–concept in women with borderline personality disorder. American Journal of Psychiatry, 164(3), 500–508.

Rüsch, N., Todd, A. R., Bodenhausen, G. V., & Corrigan, P. W. (2010). Biogenetic models of psychopathology, implicit guilt, and mental illness stigma. Psychiatry Research, 179(3), 328–332.

Rüsch, N., Todd, A. R., Bodenhausen, G. V., Weiden, P. J., & Corrigan, P. W. (2009). Implicit versus explicit attitudes toward psychiatric medication: Implications for insight and treatment adherence. Schizophrenia Research, 112, 119–122.

Russell, J. A., & Fehr, B. (1994). Fuzzy concepts in a fuzzy hierarchy: Varieties of anger. Journal of Personality and Social Psychology, 67(2), 186–205.

Ryans, D. G. (1960). Characteristics of teachers: Their description, comparison, and appraisal. Washington.DC: American Council on Education.

Sangrigoli, S., Pallier, C., Argenti, A. M., Ventureyra, V. A. G., & De Schonen, S. (2005). Reversibility of the other–race effect in face recognition during childhood. Psychological Science, 16(6): 440–444.

Schicke, T., & Rôder, B. (2006). Spatial remapping of touch: Confusion of percieved stimulus order across hand and foot. Proceedings of the National Academy of Sciences of the United States of America, 103(31), 11808–11813.

Schupp, H. T., Cuthbert, B. N., Bradley, M. M., Cacioppo, J. T., Tiffany, I., & Lang, P. J. (2000). Affective picture processing: The late positive potential is modulated by motivational relevance. Psychophysiology, 37, 257–261.

Schupp, H. T., Cuthbert, B. N., Bradley, M. M., Hillman, C. H., Hamm, A. O., & Lang, P. J. (2004). Brain processes in emotional perception: Motivated attention. Cognition and Emotion, 18(5), 593–611.

Schupp, H. T., Flaisch, T., Stockburger, J., & Junghöfer, M. (2006). Emotion and attention: event–related brain potential studies. Progress in Brain Research, 156, 31–51.

Schupp, H. T., Junghöfer, M., Weike, A. I., & Hamm, A. O. (2003). Attention and emotion: An ERP analysis of facilitated emotional stimulus processing. NeuroReport, 14(8): 1107–1110.

Schupp, H. T., Junghöfer, M., Weike, A. I., & Hamm, A. O. (2004). The selective processing of briefly presented affective pictures: An ERP analysis. Psychophysiology, 41, 441–449.

Schupp, H. T., Stockburger, J., Bublatzky, F., Junghöfer, M., Weike, A. I., & Hamm, A. O. (2007). Explicit attention interferes with selective emotion processing in human extrastriate cortex. Bmc Neuroscience, 8, 16.

Schupp, H. T., Stockburger, J., Codispoti, M., Junghöfer, M., Weike, A. I., & Hamm, A. O. (2006). Stimulus novelty and emotion perception: the near absence of habituation in the visual cortex. Neuroreport, 17(4), 365–369.

Scullin, M. K., & McDaniel, M. A. (2010). Remembering to execute a goal: Sleep on it! . Psychological Science, 21(7), 1028–1035.

Seiffge–Krenke, I. (1993). Coping behavior in normal and clinical samples: More similarities than differences? .Journal of Adolescence, 16(3), 285–303.

Shapiro, K. L., Caldwell, J., & Sorensen, R. E. (1997). Personal Names and the Attentional Blink: A Visual "Cocktail Party" Effect. Journal of Experimental Psychology: Human Perception and Performance, 23(2), 504–514.

Shavelson, R. J., & Bolus, R. (1982). Self concept: The interplay of theory and methods. Journal of Educational Psychology, 74(1): 3–17.

Shelley–Tremblay, J., & Mack, A. (1999). Metacontrast Masking and Attention. Psychological Science, 10(6): 508-515.

Shen, N. C. (1937). The Color Preference of 1368 Chinese Students, with Special Reference to the Most Preferred Color. Journal of Social Psychology, 8(2): 185-204.

Sherman, M. (1927). The differentiation of emotional responses in infants. I. Judgments of emotional responses from motion picture views and from actual observation. Journal of Comparative Psychology, 7(3): 265-284.

Shiffrin, R. M., & Schneider, W. (1977). Controlled and automatic human information processing: II. Perceptual learning, automatic attending and a general theory. Psychological Review, 84(2): 127-190.

Shore, D. I., Gallace, A., Mimnagh, K., & Spence, C. (2006). Assessing the frames of references involved in the crossed hands temporal order judgments deficit: the role of response demands.

Shore, D. I., Spry, E., & Spence, C. (2002). Confusing the mind by crossing the hands. Cognitive Brain Research, 14, 153-163.

Signorino, M., D'Acunto, S., Angeleri, F., & Pietropaoli, P. (1995). Eliciting P300 in comatose patients. The Lancet, 345(8944), 255-256.

Simons, D. (2007). Inattentional blindness. In Scholarpedia (Vol. 2).

Singer, M., & Ferreira, F. (1983). Inferring consequences in story comprehension. Journal of Verbal Learning and Verbal Behavior, 22, 437-448.

Singer, M., Halldorson, M., Lear, J. C., & Andrusiak, P. (1992). Validation of causal bridging inferences in discourse understanding. Journal of Memory and Language, 31, 507-524.

Skeels, H. M. (1966). Adult status of children with contrasting early life experiences: A follow-up study. Monographs of the Society for Research in Child Development, 31(3), 1-65.

Skeels, H. M., & Dye, H. B. (1939). A study of the effects of differential stimulation on mentally retarded children. The Best of AAMR. Families and Mental Retardation: A Collection of Notable AAMR Journal Articles Across the 20th Century, 19-33.

Slone, A. E., Brigham, J. C., & Meissner, C. A. (2000). Social and cognitive factors affecting the own-race bias in whites. Basic and Applied Social Psychology, 22(2), 71-84.

Smith, E., Bartlett, M. S., & Movellan, J. (2001). Computer Recognition of Facial Actions: A study of co-articulation effects. Proceedings of the 8th Annual Joint Symposium on Neural Computation, 42, 1-6. sn.

Smith, J. M. (1973). A quick measure of achievement motivation. British Journal of Social and Clinical Psychology, 12, 137–143.

Smith, N. K., Cacioppo, J. T., Larsen, J. T., & Chartrand, T. L. (2003). May I have your attention, please: Electrocortical responses to positive and negative stimuli. Neuropsychologia, 41 (2), 171–183.

Spear, H. J., & Kulbok, P. (2004). Autonomy and adolescence: A concept analysis. Public Health Nursing, 21(2): 144–152.

Spitz, R. A. (1945). Hospitalism;An inquiry into the genesis of psychiatric conditions in early childhood. The Psychoanalytic Study of the Child, 1, 53–74.

Stark, L. J., Spirito, A., Williams, C. A., & Guevremont, D. C. (1989). Common problems and coping strategies I: Findings with normal adolescents. Journal of Abnormal Child Psychology, 17(2), 203–212.

Starreveld, P. A., & La Heij, W. (1996). Time-course analysis of semantic and orthographic context effects in picture naming. Journal of Experimental Psychology: Learning Memory and Cognition, 22(4): 896–918.

Stern, M., & Zevon, M. A. (1990). Stress, Coping, and Family Environment: The Adolescent's Response to Naturally Occurring Stressors. Journal of Adolescent Research, 5(3): 290–305.

Stier, A., & Hinshaw, S. P. (2007). Explicit and implicit stigma against individuals with mental illness. Australian Psychologist, 42(2): 106–117.

Symons, C. S., & Johnson, B. T. (1997). The self-reference effect in memory: A meta-analysis. Psychological Bulletin, 121(3): 371–394.

Taft, M., & Forster, K. I. (1975). Lexical storage and retrieval of prefixed words. Journal of Verbal Learning and Verbal Behavior, 14(6): 638–647.

Tatar, M., & Horenczyk, G. (1996). Immigrant and host pupils' expectations of teachers. British Journal of Educational Psychology, 66, 289–299.

Teachman, B. A., Wilson, J. G., & Komarovskaya, I. (2006). Implicit and explicit stigma of mental illness in diagnosed and healthy samples. Journal of Social and Clinical Psychology, 25(1), 75–95.

Thompson, D. F., & Meltzer, L. (1964). Communication of emotional intent by facial expression. Journal of Abnormal and Social Psychology, 68(2): 129–135.

Truchon, M., Côté, D., Fillion, L., Arsenault, B., & Dionne, C. (2008). Low-back-pain related disability: An integration of psychological risk factors into the stress process model. Pain,

137(3): 564-573.

Ulrich, R. (1987). Threshold models of temporal-order judgments evaluated by a ternary response task. Perception & Psychophysics, 42(3): 224-239.

Vaillant, G. E. (2003). Mental health. The American Journal of Psychiatry, 160(8): 1373-1384.

Van Lankveld, J. J. D. M., & Smulders, F. T. Y. (2008). The effect of visual sexual content on the event-related potential. Biological Psychology, 79(2): 200-208.

Von Steinbüchel, N., Wittmann, M., Strasburger, H., & Szelag, E. (1999). Auditory temporal-order judgement is impaired in patients with cortical lesions in posterior regions of the left hemisphere. Neuroscience Letters, 264(1-3): 168-171.

Vowles, K. E., Wetherell, J. L., & Sorrell, J. T. (2009). Targeting Acceptance, Mindfulness, and Values-Based Action in Chronic Pain: Findings of Two Preliminary Trials of an Outpatient Group-Based Intervention. Cognitive and Behavioral Practice, 16(1): 49-58.

Wang, X., Huang, X., Jackson, T., & Chen, R. (2012). Components of Implicit Stigma against Mental Illness among Chinese Students. PLoS ONE, 7(9): e46016.

Waters, G. S., & Caplan, D. (1996). The capacity theory of sentence comprehension: Critique of just and carpenter (1992). Psychological Review, 103(4): 761-772.

Weinborn, M., Woods, S. P., Nulsen, C., & Park, K. (2011). Prospective memory deficits in Ecstasy users: Effects of longer ongoing task delay interval. Journal of Clinical and Experimental Neuropsychology, 33(10): 1119-1128.

Witkin, H. A., Dyk, R. B., Fattuson, H. F., Goodenough, D. R., & Karp, S. A. (1962). Psychological differentiation: Studies of development.

Wittmann, M., Burtscher, A., Fries, W., & Von Steinbüchel, N. (2004). Effects of brain-lesion size and location on temporal-order judgment. NeuroReport, 15(15): 2401-2405.

Wixted, J. T., & Ebbesen, E. B. (1991). On the form of forgetting. Psychological Science, 2(6): 409-415.

Wolford, G., & Morrison, F. (1980). Processing of unattended visual information. Memory & Cognition, 8(6): 521-527.

Wood, N., & Cowan, N. (1995). The Cocktail Party Phenomenon Revisited: How Frequent Are Attention Shifts to One's Name in an Irrelevant Auditory Channel? .Journal of Experimental Psychology: Learning,Memory, and Cognition, 21(1), 255-260.

Wood, S., & Kisley, M. A. (2006). The negativity bias is eliminated in older adults: Age-related reduction in event-related brain potentials associated with evaluative categorization. Psychology and Aging, 21(4), 815-820.

Woodard, C. R., & Pury, C. L. S. (2007). The Construct of Courage: Categorization and Measurement. Consulting Psychology Journal: Practice & Research, 59(2), 135-147.

Woods, S. P., Moran, L. M., Dawson, M. S., Carey, C. L., Grant, I., & HIV Neurobehavioral Research Center (HNRC) Group, T. (2008). Psychometric characteristics of the memory for intentions screening test. The Clinical Neuropsychologist, 22, 864-878.

Yamamoto, S., & Kitazawa, S. (2001). Reversal of subjective temporal order due to arm crossing. Nature Neuroscience, 4(7), 759-765.

Yamamoto, S., & Kitazawa, S. (2001). Sensation at the tips of invisible tools. Nature Neuroscience, 4, 979-980.

Yamamoto, S., Moizumi, S., & Kitazawa, S. (2005). Referral of tactile sensation to the tips of L-shaped sticks. Journal of Neurophysiology, 93, 2856-2863.

Yuan, J., Zhang, Q., Chen, A., Li, H., Wang, Q., Zhuang, Z., & Jia, S. (2007). Are we sensitive to valence differences in emotionally negative stimuli? Electrophysiological evidence from an ERP study. Neuropsychologia, 45(12), 2764-2771.

Yue, Z., Bischof, G. N., Zhou, X., Spence, C., & Röder, B. (2009). Spatial attention affects the processing of tactile and visual stimuli presented at the tip of a tool: An event-related potential study. Experimental Brain Research, 193(1): 119-128.

Zakay, D. (1993). Time estimation methods--do they influence prospective duration estimates? . Perception, 22, 91-101.

Zakay, D., & Block, R. A. (1997). Temporal Cognition. Current Directions in Psychological Science, 6(1), 12-16.

Zhou, X., Marslen-Wilson, W., Taft, M., & Shu, H. (1999). Morphology, orthography, and phonology in reading Chinese compound words. Language and Cognitive Processes, 14(5-6), 525-565.

Zuckerman, M. (1979). Attribution of success and failure revisited, or: The motivational bias is alive and well in attribution theory. Journal of Personality, 47(2): 245-287.

Zwitserlood, P., Bölte, J., & Dohmes, P. (2002). Where and how morphologically complex words interplay with naming pictures. Brain and Language, 81(1-3): 358-367.